Office 2010六合一教程

成 昊 编著

科学出版社

内 容 简 介

Office 2010拥有全新的功能区操作界面，界面非常友好；收集网页信息到OneNote中，显示的是带有原网页链接的笔记记录；屏幕截图和屏幕剪辑功能；更加丰富的SmartArt；自动保存未保存的文件；全新的Ribbon用户化定制界面等，这些特色让Office 2010一经发布便好评如潮。

本书为初学者全面介绍Office 2010的六大主要组件的应用，帮助您全面提升工作效率。全书共分6篇35章，主要内容包括：使用Word 2010组件创建和编辑具有专业外观的文档；使用Excel 2010组件执行计算、分析信息以及可视化电子表格中的数据；使用PowerPoint 2010组件创建和编辑用于幻灯片播放、会议和网页的演示文稿；使用Access 2010组件创建与管理数据库系统；使用Outlook 2010组件发送和接收电子邮件，管理日程、联系人和任务以及记录活动；使用 OneNote 2010组件搜集、组织、查找和共享笔记与信息。熟练掌握Office 2010中各个组件的操作方法，能够快速提高工作效率。考虑到绝大多数初学者的实际情况，本书选取的都是最实用的内容，并在此基础上进行适当的拓展，各章安排了适量的"案例实训"和"课后练习与上机操作"，激发学习兴趣。

为方便教学，本书为用书教师提供超值的立体化教学资源包，含多媒体教学视频（播放时间长达280分钟）、电子课件、知识拓展文档、素材与效果文件、课程设计的文档与源文件等教学内容。

本书适合作为职业院校、大中专院校相关专业的教材或各类计算机培训班的培训教材，也可供计算机初学者和已经具有一定基础希望深入使用Office的读者参考学习。

图书在版编目（CIP）数据

新概念Office 2010六合一教程 / 成昊编著. —北京：科学出版社，2012.6

ISBN 978-7-03-034244-7

Ⅰ. ①新… Ⅱ. ①成… Ⅲ. ①办公自动化—应用软件—高等职业教育—教材 Ⅳ. ①TP317.1

中国版本图书馆CIP数据核字（2012）第088030号

责任编辑：周晓娟　桂君莉　吴俊华 / 责任校对：杨慧芳

责任印刷：华　程　/ 封面设计：彭琳君

科学出版社 出版

北京东黄城根北街16号

邮政编码：100717

http://www.sciencep.com

中国科技出版传媒集团新世纪书局策划

天时彩色印刷有限公司 印刷

中国科技出版传媒集团新世纪书局发行　各地新华书店经销

*

2012年8月第一版　开本：16开

2012年8月第一次印刷　印张：20

字数：486 000

定价：39.80元

（如有印装质量问题，我社负责调换）

第6版新概念 丛书使用指南

一、编写目的

“新概念”系列教程于2000年初上市，当时是图书市场中唯一的IT多媒体教学培训图书，以其易学易用、高性价比等特点备受读者欢迎。在历时11年的销售过程中，我们按照同时期最新、最实用的多媒体教学理念，根据用书教师和读者需求对图书的内容、体例、写法进行过4次改进，丛书发行量早已超过300万册，是深受计算机培训学校、职业教育院校师生喜爱的首选教学用书。

随着《国家中长期教育改革和发展规划纲要（2010～2020年）》的制定和落实，我国职业教育改革已进入一个活跃期，地方的教育改革和制度创新的案例日渐增多。为了顺应教改的大潮流，我们迎来了本系列教程第6版的深度改版升级。

为此，**我们组织国内26名职业教育专家、43所著名职业院校和职业培训机构的一线优秀教师联合策划与编写了“第6版新概念”系列丛书——“十二五”职业教育计算机应用型规划教材**。

二、丛书的特色

本丛书作为“十二五”职业教育计算机应用型规划教材，根据《国家中长期教育改革和发展规划纲要（2010～2020年）》职业教育的重要发展战略，按照现代化教育的新观念开发而来，为您的学习、教学、工作和生活带来便利，主要有如下特色。

- **强大的编写团队**。由26名职业教育专家、43所著名职业院校和职业培训机构的一线优秀教师联合组成。
- **满足教学改革的新需求**。在《国家中长期教育改革和发展规划纲要（2010～2020年）》职业教育重要发展战略的指导下，针对当前的教学特点，以职业教育院校为对象，以“实用、够用、好用、好教”为核心，通过课堂实训、案例实训强化应用技能，最后以来自行业应用的综合案例，强化学生的岗位技能。
- **秉承“以例激趣、以例说理、以例导行”的教学宗旨**。通过对案例的实训，激发读者兴趣，鼓励读者积极参与讨论和学习活动；让读者可以在实际操作中掌握知识和方法，提高实际动手能力，强化与拓展综合应用技能。
- **好教、好用**。每章均按内容讲解、课堂实训、案例实训、课后习题和上机操作的结构组织内容，在领悟知识的同时，通过实训强化应用技能。在开始讲解之前，归纳出所讲内容的知识要点，便于读者自学，方便学生预习、教师讲课。

三、立体化教学资源包

为了迎合现代化教育的教学需求，我们为丛书中的每一本书都开发了一套立体化多媒体教学资源包，为教师的教学和学生的学习提供了极大的便利，主要包含以下元素。

- **素材与效果文件**。为书中的实训提供必要的操作文件和最终效果参考文件。
- **与书中内容同步的教学视频**。在授课中配合此教学视频演示，可代替教师在课堂上的演示操作，这样教师就可以将授课的重心放在讲授知识和方法上，从而大大增强课堂授课效果，同时学生课后还可以参考教学视频，进行课后演练和复习。
- **电子课件**。完整的PowerPoint演示文档，协助用书教师优化课堂教学，提高课堂教学质量。
- **附赠的教学案例及其使用说明**。为教师课堂上的举例和教学拓展提供多个实用案例，丰富课堂内容。

- ✪ **习题的参考答案**。为教师评分提供参考。
- ✪ **课程设计**。提供多个综合案例的实训要求，为教师布置期末大作业提供参考。

用书教师请致电(010)64865699 转 8067/8082/8081/8033 或发送 E-mail 至 bookservice@126.com 免费索取此教学资源包。

四、丛书的组成

新概念 Office 2010 三合一教程
新概念 Office 2010 六合一教程
新概念 Photoshop CS5 平面设计教程
新概念 Illustrator CS5 平面设计教程
新概念 Flash CS5 动画设计与制作教程
新概念 3ds Max 2011 中文版教程
新概念网页设计三合一教程——Dreamweaver CS5、Flash CS5、Photoshop CS5
新概念 Dreamweaver CS5 网页设计教程
新概念 CorelDRAW X5 图形创意与绘制教程
新概念 Premiere Pro CS5 多媒体制作教程
新概念 After Effects CS5 影视后期制作教程
新概念 Excel 2010 教程
新概念计算机组装与维护教程
新概念计算机应用基础教程
新概念文秘与办公自动化教程
新概念 AutoCAD 2011 教程
新概念 AutoCAD 2011 建筑制图教程
新概念 AutoCAD 2012 机械设计教程
新概念 Maya 2012 中文版教程
……

五、丛书的读者对象

“第 6 版新概念”系列教材及其配套的立体化教学资源包面向初、中级读者，尤其适合用作职业教育院校、大中专院校、成人教育院校和各类计算机培训学校相关课程的教材。即使没有任何基础的自学读者，也可以借助本套丛书轻松入门，顺利完成各种日常工作，尽情享受 IT 的美好生活。对于稍有基础的读者，可以借助本套丛书快速提升综合应用技能。

六、编者寄语

“第 6 版新概念”系列教材提供满足现代化教育新需求的立体化多媒体教学环境，配合一看就懂、一学就会的图书，绝对是计算机职业教育院校、大中专院校、成人教育院校和各类计算机培训学校以及计算机初学者、爱好者的理想教程。

由于编者水平有限，书中疏漏之处在所难免。我们在感谢您选择本套丛书的同时，也希望您能够把对本套丛书的意见和建议告诉我们。联系邮箱：l-v2008@163.com。

丛书编者
2012 年 1 月

Contents 目录

第1篇 文档——中文Word 2010的使用

第2篇　表——中文Excel 2010的使用

第 6 篇 笔记本——中文 OneNote 2010 的使用

第1章

创建 Word 2010 文档

本章导读

通过对本章的学习，读者可以了解 Word 2010 的基本原理和操作方法，能够使用其完成常用的操作。

知识要点

- 启动 Word 2010
- Word 2010 工作窗口
- 选择视图方式
- 改变显示比例
- 保存与关闭文档
- Web 版式视图
- 阅读版式视图

1.1 启动Word 2010

使用 Word 2010 进行文档处理工作，首先需要启动 Word 2010，这里我们介绍 3 种常用的启动方法。

1. 使用“开始”菜单启动

单击 Windows 任务栏上的“开始”按钮，然后指向“程序”选项，从弹出的级联菜单中选择 Microsoft Office | Microsoft Office Word 2010 命令，即可启动 Word 2010。

2. 使用“文档”启动

在“我的电脑”或“Windows 资源管理器”中找到一个 Word 文档，双击它即可。

另外，单击 Windows 任务栏上的“开始”按钮，从弹出的菜单中选择“文档”命令，在其级联菜单中选择要使用的 Word 文档（最近使用过的），即可启动 Word 2010。

3. 使用桌面快捷方式启动

首先在桌面上创建 Word 2010 快捷方式图标，可以在 Microsoft Office Word 2010 命令中单击鼠标右键，在弹出的快捷菜单中选择“发送到”|“桌面快捷方式”，然后双击该图标，即可启动 Word 2010。

1.2 Word 2010 工作窗口

启动 Word 2010 后，可以看到如图 1.1 所示的 Word 工作窗口。下面分别介绍其组成部分。

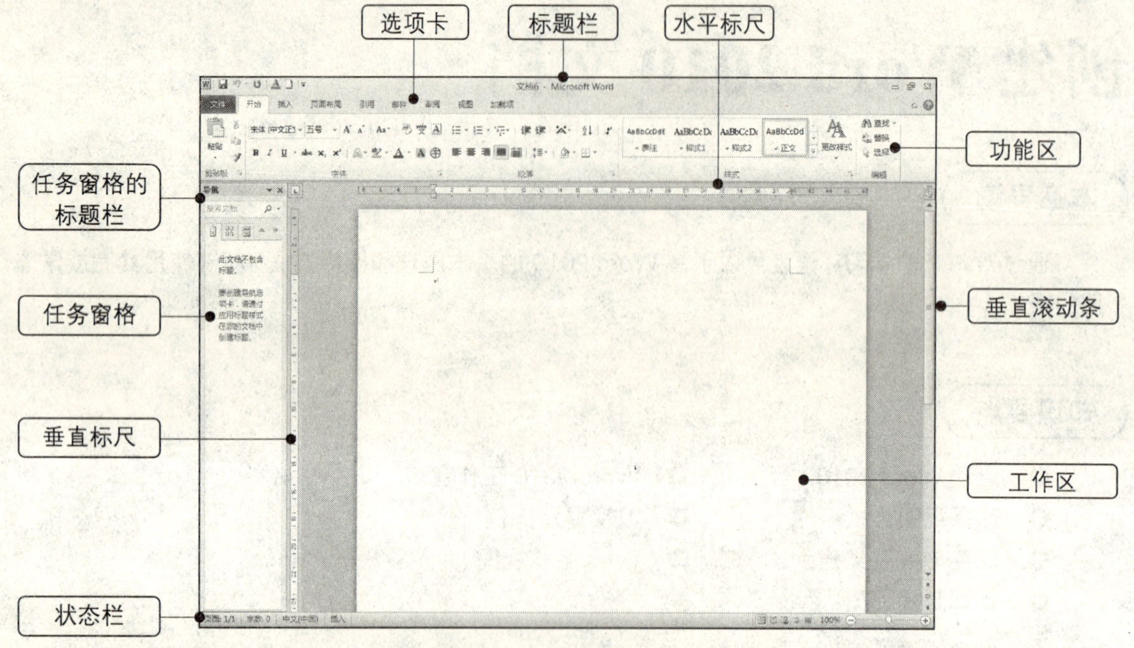

图 1.1　Word 2010 工作窗口

1．标题栏

在图 1.1 所示的窗口的最上方是标题栏，其中从左到右依次为“控制菜单”图标、当前正在编辑的文档名、程序名称、“最小化”按钮、“向下还原”按钮和“关闭”按钮。

Word 控制菜单中的命令用于改变窗口的大小、位置和关闭窗口等。例如，选择控制菜单中的“最小化”命令或单击右上角的“最小化”按钮，即可将整个窗口最小化。此时再单击任务栏中的应用程序图标，即可将窗口复原。

如果选择 Word 控制菜单中的“还原”命令或单击右上角的“向下还原”按钮，就可以将窗口恢复到上次出现的窗口大小。这时再选择控制菜单中的“最大化”命令或单击右上角的“最大化”按钮，就可以将窗口恢复到最大化状态。

如果想关闭 Word 程序，可以在控制菜单中选择“关闭”命令，也可以通过单击右上角的“关闭”按钮退出 Word。如果在退出之前用户没有保存已编辑的文档，系统会自动弹出一个对话框，询问是否保存该文档。

2．选项卡

在标题栏的下方是选项卡，选项卡是将一类活动（功能）组织在一起，选项卡中包含若干个组，通过对选项卡中命令的选择可以执行 Word 的各种功能，选项卡如图 1.2 所示。

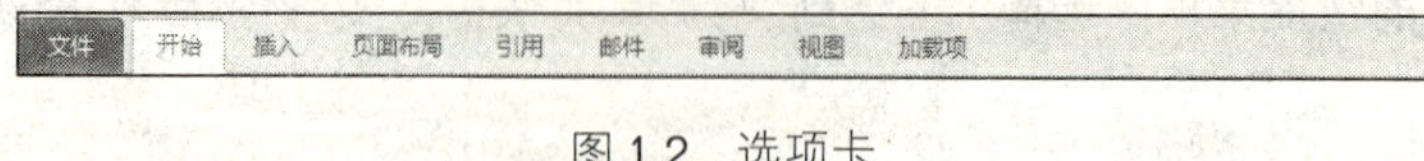

图 1.2　选项卡

在选项卡的右侧还有一个“帮助”按钮，单击该按钮，在弹出的对话框中输入需要咨询的问题关键字，如输入“字体”两字，就会打开“搜索结果”任务窗格，其中列有相应的关于设置、更改字体方面的帮助信息。

3．功能区

功能区位于选项卡的下方，可以帮助用户快速找到完成某一任务所需的按钮选项。按钮选项被组织在组中，组集中在选项卡中。为减少混乱，某些选项卡只在需要时才显示，功能区如图 1.3 所示。

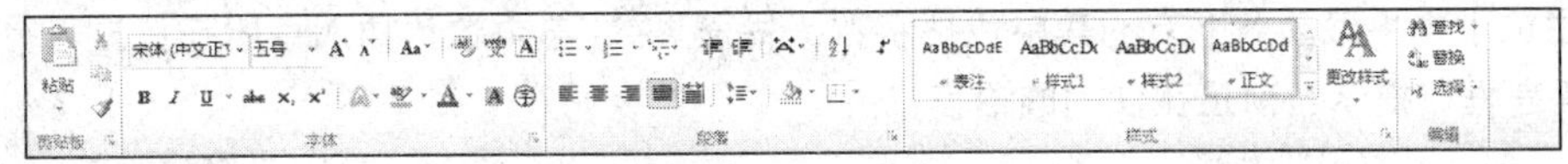

图 1.3　功能区

有些组含有“对话框启动器”按钮，以便打开相应的对话框，从而进行对更多按钮选项的访问。使用键盘操作功能区，可以通过几个按键访问任意按钮选项，操作步骤如下。

Step 01 按住 Alt 键，在当前视图中每个功能都会显示键盘提示，如图 1.4 所示。

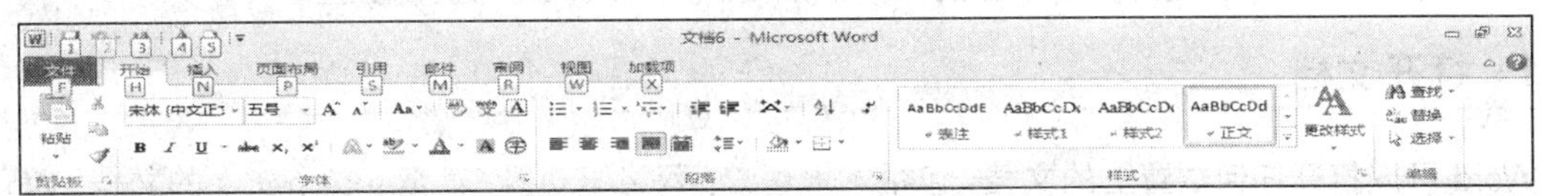

图 1.4　按住 Alt 键后在当前视图中显示的键盘提示

Step 02 在键盘上按下视图中所提示的按键，可以打开相应的选项卡。例如，在 Word 2010 中，先按下 Alt 键，在当前视图中每个可用功能上方显示键盘提示，然后按 N 键，则会显示“插入”选项卡及选项中各个组的提示键。

Step 03 根据“插入”选项卡中各个组的按键提示，按下某个键，可以打开相应的按钮选项。例如，在“插入”选项卡中按 P 键，可以打开”插入图片”对话框。

4．标尺

在通常情况下，水平标尺位于“段落”功能区的正下方。标尺的功能很多，如缩进段落、改变栏宽、设置制表位等。另外，在窗口的左侧还有垂直标尺。同工具栏的默认提示一样，将鼠标指针移到各个标尺符号上稍停片刻，屏幕就会出现相应的提示。

5．工作区

水平标尺下方是 Word 2010 工作窗口中最大的区域：工作区。在普通视图中，工作区中会有一个不断闪烁的竖条（称为插入点），它指示的是下一个字符输入的位置。

如果是在页面视图中，工作区可能会出现灰色的网格线，这是帮助编辑的，不会被打印出来。如果不想在视图中出现网格线，可以选择“视图”选项卡，在“显示”组中取消“网格线”复选框的勾选。

6．滚动条

滚动条包括垂直滚动条（右侧）和水平滚动条（下方）两个。用户可以通过拖动滚动条来移动文档视图。

在垂直滚动条左侧有 5 个视图切换按钮："页面视图"按钮、"阅读版式视图"按钮、"Web 版式视图"按钮、"大纲视图"按钮和"草稿"按钮。单击相应的按钮，可切换到不同的视图模式。

在垂直滚动条下方有一个"选择浏览对象"按钮，单击该按钮，会出现"选择浏览对象"面板，选择所要浏览的项目，即可快速浏览文档。

7．状态栏

状态栏位于水平滚动条下方，其中包括字数、目前页数/总页数、插入点所在位置（行和列）等信息和语言框（提示当前正在使用的语言）。

8．任务窗格

任务窗格是提供常用命令的独立窗口，一般位于文档窗口的右侧，如图 1.1 所示的就是"导航"任务窗格。

如果不希望任务窗格出现在屏幕右边而占据过多的编辑区域，可以拖动任务窗格标题栏的左侧，任务窗格会从屏幕右边的固定位置跳出来，然后将其拖到任何希望的位置。

1.2.1 打开文档

Word 可以打开任何位置上的文档，包括本地磁盘、网络驱动器，甚至 Internet 上的文档。Word 还能打开文档的副本，对副本的任何修改不会影响它的源文档。

1．打开本地磁盘上的文档

要打开本地磁盘上的文档，具体操作步骤如下。

Step 01 单击"文件"按钮，在弹出的下拉菜单中选择"打开"命令，出现如图 1.5 所示的"打开"对话框。

Step 02 选择包含要打开文档的驱动器。

Step 03 指定要打开文件的类型，即指定文件扩展名，此处显示值为默认值。

Step 04 选定要打开的文档。

Step 05 单击"打开"按钮。

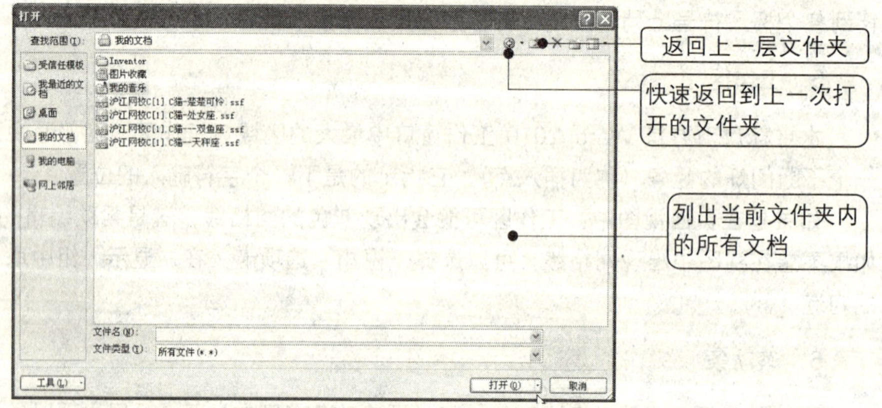

图 1.5 "打开"对话框

2. 以只读方式和副本方式打开文档

要想在查看文档时不修改文档，Word 允许以只读方式打开文档，其具体操作步骤如下。

Step 01 单击“文件”按钮，在弹出的下拉菜单中选择“打开”命令，如图 1.6 所示。打开“打开”对话框，选择包含所要打开文档的文件夹。

Step 02 选择要打开的文档。

Step 03 单击“打开”按钮右边的下三角按钮，从弹出的下拉菜单中选择“以只读方式打开”命令，如图 1.7 所示。

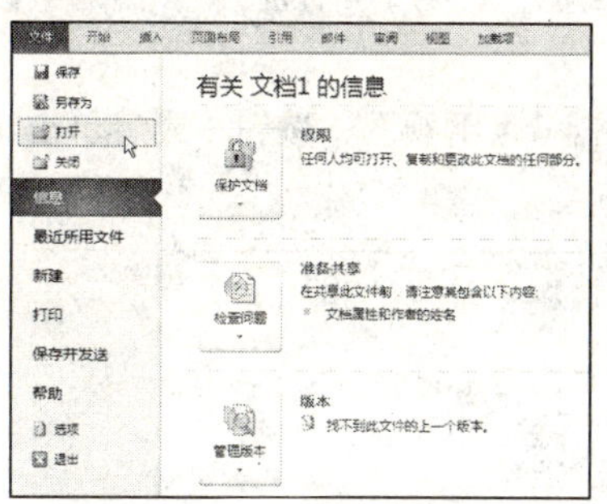

图 1.6 选择“打开”下拉命令

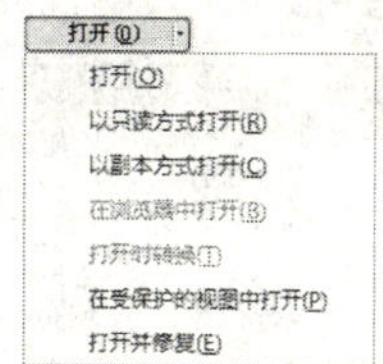

图 1.7 “打开”下拉列表

要以副本方式打开文档，可在上述 Step 03 中，从弹出的下拉菜单中选择“以副本方式打开”命令。以副本方式打开文档的好处是，对副本所做的任何修改都不会影响它的源文档。

用“打开并修复”方式打开一个断电前没有保存的文档时，Word 可以将它恢复到最后一次自动备份的状态，这在一定程度上保护了使用者的劳动成果。

1.2.2 选择视图方式

Word 2010 为用户提供了 5 种基本视图方式：草稿视图、页面视图、大纲视图、Web 版式视图和阅读版式视图。

1. 草稿视图

用户经常用到的是如图 1.8 所示的草稿视图。在草稿视图中，用户能够看到字体、字号、字形及行距等格式，但没有页眉和页脚的显示，与实际的打印效果有些不同。

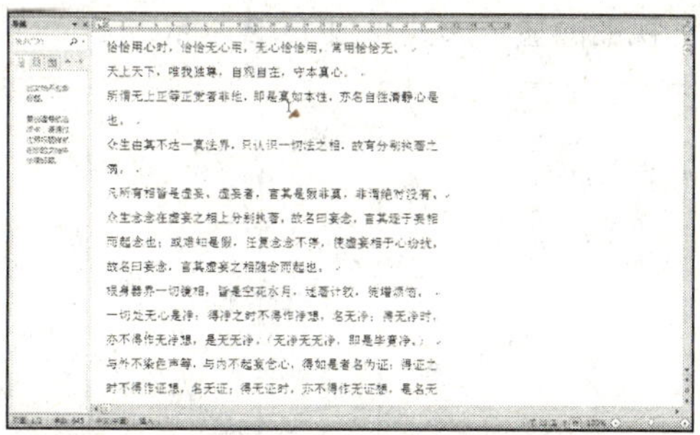

图 1.8 草稿视图

切换到“视图”选项卡，在“文档视图”组中单击“草稿”按钮，或者单击状态栏中的“草稿”按钮，都可以切换到草稿视图。

2. 页面视图

在页面视图中，文档的显示效果跟实际打印出来的效果是一致的，可以显示页眉和页脚，页面视图的效果如图 1.9 所示。

要切换到页面视图也有两种方法：一是单击“视图”|“文档视图”|“页面视图”按钮；二是单击状态栏中的“页面视图”按钮。

3. 大纲视图

为了方便用户查看整个文档的内容，用户可以选择大纲视图。在大纲视图中，用户可以方便地折叠文档，只看标题；展开文档，查看内容。

要切换到大纲视图，可以单击“视图”|“文档视图”|“大纲视图”按钮，或者单击状态栏中的“大纲视图”按钮，大纲视图的效果如图 1.10 所示。

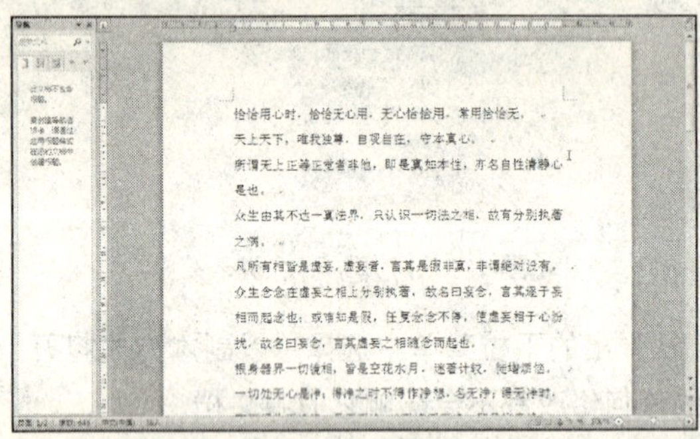

图 1.9　页面视图

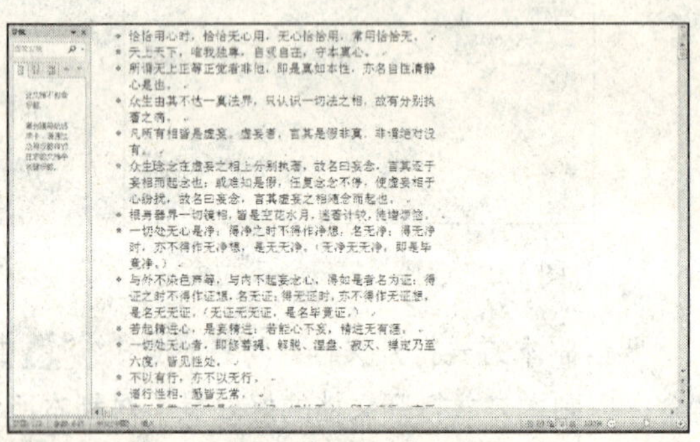

图 1.10　大纲视图

4. Web 版式视图

Web 版式视图是专门用来创作 Web 页的视图形式。在此视图中，文档的显示就像在 Web 浏览器中看到的一样。在 Web 版式视图中，用户可以看到 Web 文档的背景，而且文档会自动换行以适应窗口的大小。要切换到 Web 版式视图，可单击“视图”|“文档视图”|“Web 版式视图”按钮，或单击状态栏中的“Web 版式视图”按钮，Web 版式视图的效果如图 1.11 所示。

5. 阅读版式视图

要切换到阅读版式视图，单击“视图”|“文档视图”|“阅读版式视图”按钮，或者单击状态栏中的“阅读版式”按钮，视图的显示形式如图 1.12 所示。

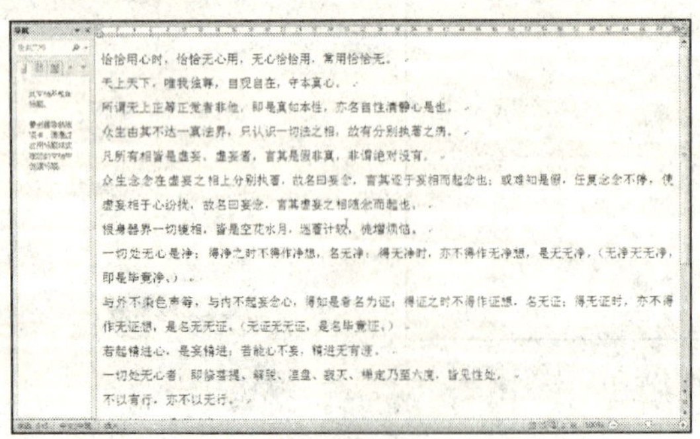

图 1.11　Web 版式视图

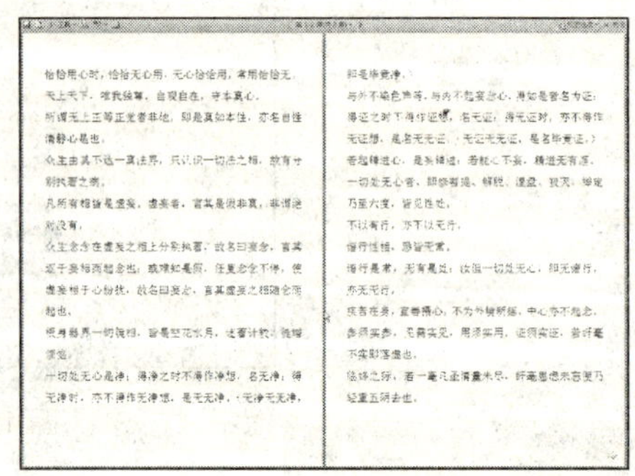

图 1.12　阅读版式视图

要在文档中翻页，可以单击“向右”按钮或按 Page Down 键和 Page Up 键。若要跳转到文档的开头或结尾，可以按 Ctrl+Home 键或 Ctrl+End 键；输入一个屏幕编号，然后按 Enter 键，可以跳转到指定的屏幕上。

提 示

只有插入点不在文档中的情况下才可使用输入屏幕编号的方式，并且在输入屏幕编号前请不要在文档中单击。

1.3 改变显示比例

在 Word 2010 的编辑过程中，用户可以选择各种比例来显示文档。这里只是改变显示比例，并不能改变实际打印效果。

在选项卡中单击“视图”|“显示比例”|“显示比例”按钮，如图 1.13 所示。在弹出的对话框中输入合适的百分比，如图 1.14 所示。

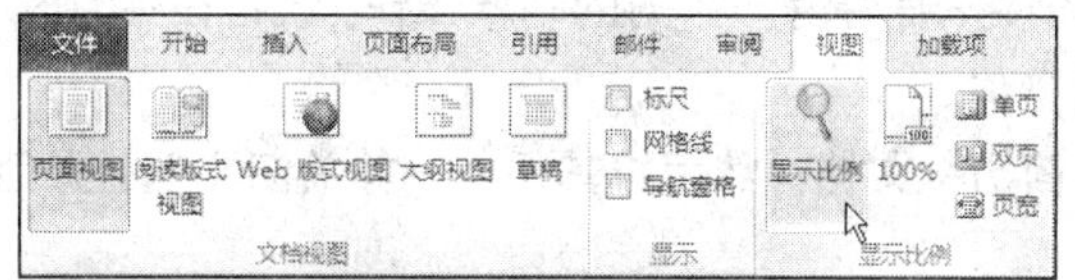

图 1.13 单击“显示比例”按钮

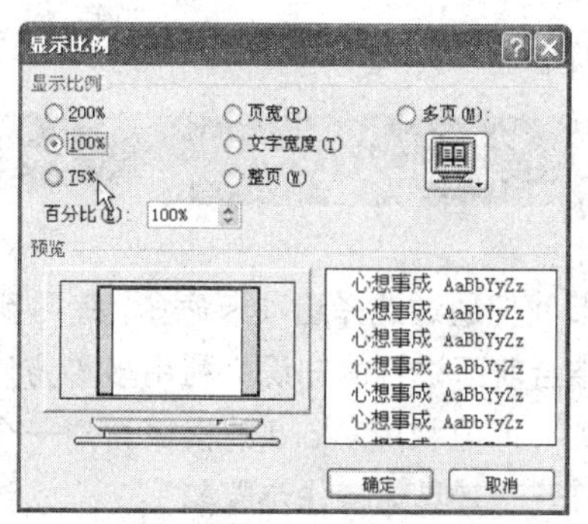

图 1.14 “显示比例”对话框

1.4 保存与关闭文档

保存新建文档的操作步骤如下。

Step 01 选择“文件”|“保存”命令，或单击“快速访问工具栏”中的“保存”按钮，打开如图 1.15 所示的“另存为”对话框。

当在文档中完成了所有的操作后，就可以将已经保存过的文档直接关闭了。关闭文档与关闭应用程序窗口一样也有许多方法，其中常用的有以下 4 种。

- 单击 Word 应用程序右上角的“关闭”按钮。
- 在标题栏上右击鼠标，会打开一个快捷菜单，然后选择“关闭”命令即可。
- 选择“文件”|“关闭”命令。
- 按键盘上的 Ctrl+F4 快捷键。

提 示

当保存一个新文档时，默认的文件夹是“我的文档”。

Step 02 可选择任何文件夹，把文件保存在不同的文件夹中。

Step 03 要把文件保存到其他位置，可从“保存位置”下拉列表中选择所需的驱动器及存放路径。

Step 04 显示指定驱动器下的所有文件夹和文档。

Step 05 单击“保存”按钮，即可保存该文档。

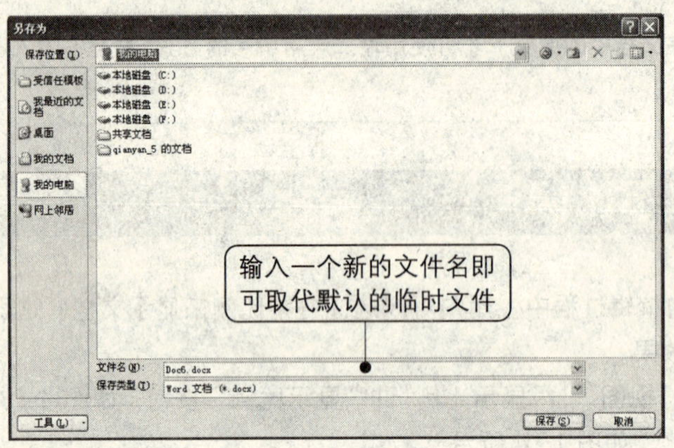

图 1.15　“另存为”对话框

1.5 案例实训

本节我们通过选择选项卡命令，练习新文档的创建、保存等一系列的基本操作。读者在练习时，应注意结合前面讲到的知识，利用多种方法来进行操作。

例如，练习利用 Word 的模板新建一个“市内简历”文档，然后将其保存，并关闭文档，最后再将其打开，其具体操作步骤如下。

Step 01 选择“文件”|“新建”命令，打开“新建”选项卡。

Step 02 单击“样本模板”按钮，在展开的“样本模板”列表框中，选择“市内简历”，单击“创建”按钮，如图 1.16 所示。

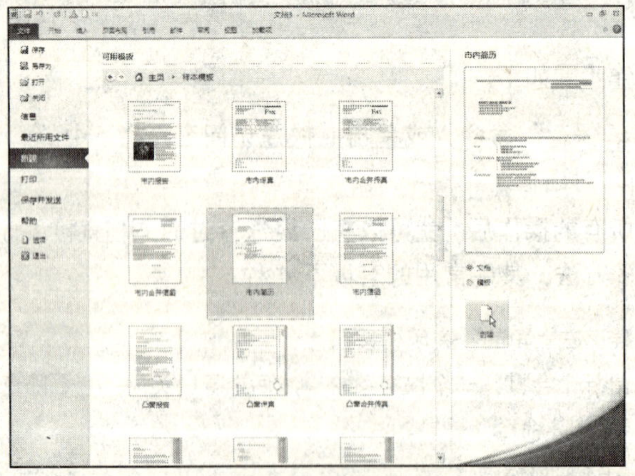

图 1.16　选择“市内简历”模板

Step 03 将文档保存起来，选择“文件”|“保存”命令，打开“另存为”对话框，如图 1.17 所示。

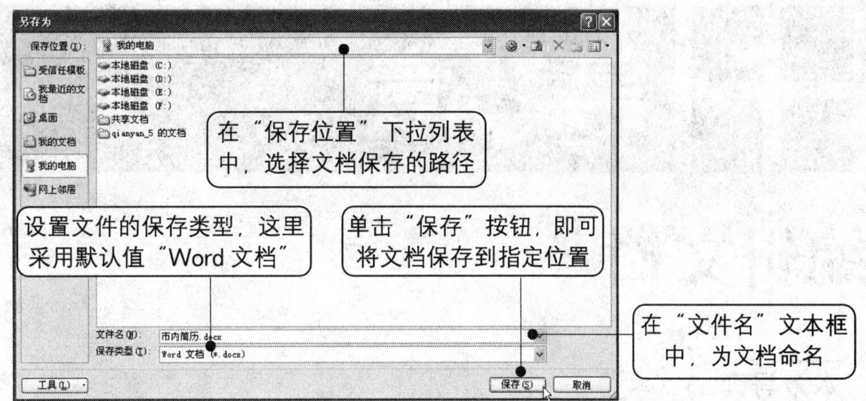

图 1.17　保存文档

提 示

单击"另存为"对话框中的"新建文件夹"按钮，在打开的"新文件夹"对话框的"名称"文本框中输入新文件夹的名称，单击"确定"按钮，即可在当前文件夹下创建一个新的文件夹。

1.6 课后练习与上机操作

一、选择题

1．Word 是________软件包中的一个组件。

A. Microsoft Office　　B. WPS Office　　C. CAI　　D. Internet Explorer

2．在 Word 工作界面最上方的是________。

A. 标题栏　　B. 菜单栏　　C. 工具栏　　D. 状态栏

3．通过对________中命令的选择，可以执行 Word 的各种功能。

A. 任务窗格　　B. 选项卡　　C. 工具栏　　D. 状态栏

4．________可以显示出页眉和页脚。

A. 草稿视图　　B. Web 版式视图　　C. 页面视图　　D. 大纲视图

二、简答题

1．Word 2010 有哪几种视图方式？

2．如何创建新 Word 文档？

三、操作题

1．练习用不同的方法启动和退出 Word 2010。

2．熟悉工具栏中各按钮的功能。

第2章

编辑文档

本章导读

Word 可以打开任何位置上的文档，并对文档进行各种编辑操作。

知识要点

- 新建文档
- 撤销与恢复操作
- 选定文本
- 移动、删除和复制文本
- 查找与替换文本

2.1 文档编辑的基本操作

认识 Word 2010 后，下面我们学习其主要功能——文档的编辑。

2.1.1 新建文档

打开 Word 2010，有两种新建文档的方法可供用户选择。

方法 1：在启动 Word 2010 时，Word 会自动新建一个空白文档。如果还要另外新建一个文档，则直接单击“快速访问工具栏”中的“新建”按钮即可。

方法 2：选择“文件”|“新建”命令，在展开的选项卡中选中“空白文档”，单击“创建”按钮，如图 2.1 所示。

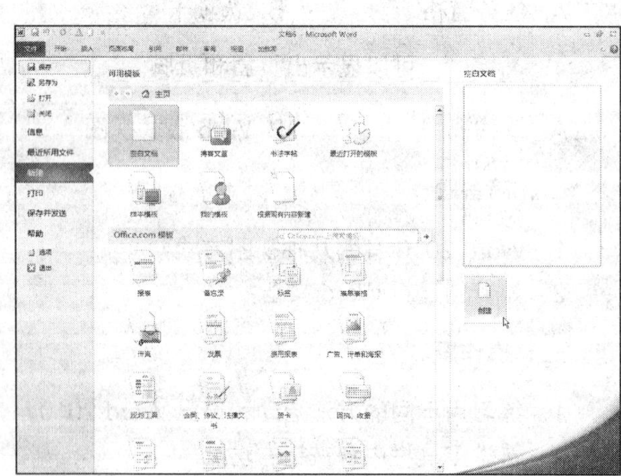

图 2.1　选择“空白文档”

2.1.2 输入文字和符号

把插入点移到某个位置，就可以插入新的文本了。不过，要先搞清楚当前的状态是插入方式，还是改写方式。在插入方式下，新输入的文本将添加到插入点所在的位置，该插入点后的文本将向后移；在改写方式下，新输入的文本将改写位于插入点后的文本。

从 Word 状态栏上的“改写”按钮可以知道当前的方式是插入还是改写。如果“改写”按钮是灰色的，表示当前是插入方式；如果是黑色的，则表示当前是改写方式。双击状态栏中的“改写”按钮，或者按键盘上的 Insert 键可以在这两种方式之间进行转换。

在输入文本时，用户经常需要使用键盘无法插入的符号，这时就需要利用 Word 提供的插入符号功能，其具体操作步骤如下。

Step 01 在需要插入符号处单击，选择插入点。

Step 02 切换到“插入”选项卡，单击“符号”按钮，在弹出的下拉菜单中选择“其他符号”命令，打开如图 2.2 所示的对话框。

Step 03 可以在“字体”下拉列表框中选择符合要求的选项。

Step 04 单击选中的符号，便会更清楚地看到所选的符号。

Step 05 单击“插入”按钮，即可插入符号。

图 2.2 “符号”对话框

注 意

有的字体只包括符号，无子集可选。

2.1.3 选定文本

最常用的选定文本方法就是按住鼠标左键并拖过要选定的文本，使其在屏幕上反白显示。对于图形，可以单击该图形进行选定。

1. 利用鼠标选定文本

利用鼠标可以选定一个单词、任意数量的文本或一句文本内容。

- 要选定一个单词，用鼠标左键双击该单词即可。
- 要选定任意数量的文本，首先把鼠标指针 I 指向要选定的文本开始处，按住鼠标左键并拖过想要选定的正文。当拖动到选定文本的末尾时，释放鼠标左键，Word 以淡蓝色显示选定的文本，屏幕显示如图 2.3 所示。
- 要选定一句文本，可以按住 Ctrl 键，再单击句中的任意位置。

2. 利用选定栏选定文本

选定栏是指文档窗口左端至文本之间的空白区域，当把鼠标指针移至选定栏时，鼠标指针会变成一个向右指的箭头 ↗。

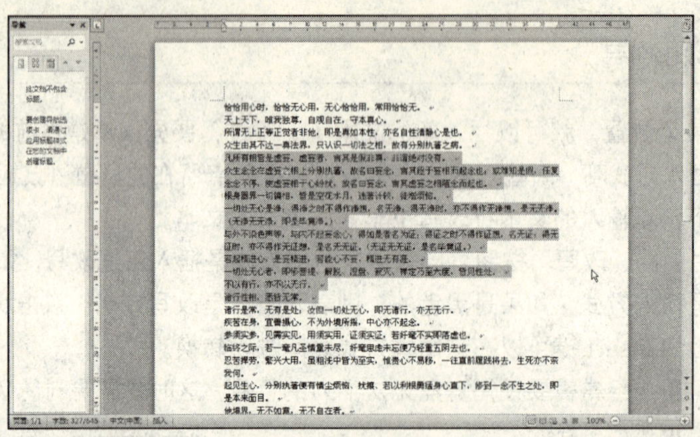

图 2.3　选定文本

- 要选定一行文本，单击该行左侧的选定栏。
- 要选定多行文本，将鼠标指针移至第一行左侧的选定栏中，按住鼠标左键在选定栏中拖动。
- 要选定一段文本，双击该段左侧的选定栏，也可以在该段的任意位置快速连续单击 3 次鼠标。
- 要选定整个文档，按住 Ctrl 键，再单击选定栏。
- 要选定一个矩形文本块，首先将鼠标指针移至该区域的左上角，按住 Alt 键，然后按住鼠标左键向区域的右下角拖动。

3. 利用扩展选定方式选定文本

在 Word 中，可以使用扩展选定方式来选定文本。按 F8 键，可以一句句地扩展选定范围；多次按 F8 键，可以选择整篇文档。如果想关闭扩展选定方式，只需在文档的开始处单击鼠标左键即可。

2.2 移动、删除和复制文本

1. 删除文本

最常用的删除字符的方法就是把插入点置于该字符的右边，然后按 Back Space 键。与此同时，该字符后面的文本会自动左移一格来填补被删除的字符位置。同样也可以按 Delete 键来删除插入点后面的字符。

要删除一大块文本，可以先选定该文本块，然后单击“开始”|“剪贴板”选项组上的“剪切”按钮（把剪切下的内容存放在剪贴板上，以后可粘贴到其他位置），或者按 Delete 键将所选定的文本块删除。

2. 移动文本

（1）使用拖放法移动文本

在 Word 2010 中，可以使用拖放法来移动文本，其具体操作步骤如下。

Step 01 选定要移动的文本，例如，选定“自观自在”。

Step 02 将鼠标指针指向选定的文本，鼠标指针变成箭头形状。

Step 03 按住鼠标左键，鼠标指针变成，并且还会出现一条虚线插入点，屏幕界面如图 2.4 所示。

Step 04 拖动鼠标时，虚线插入点表明将要移到的目标位置。

Step 05 释放鼠标左键后，选定的文本便从原来的位置移至新的位置，屏幕界面如图 2.5 所示。

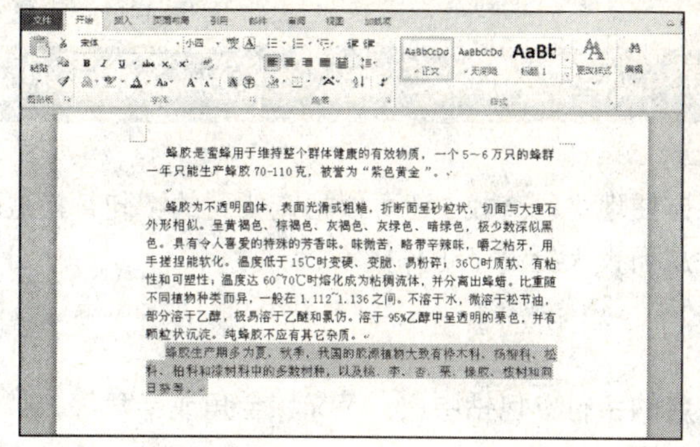

图 2.4 拖放操作

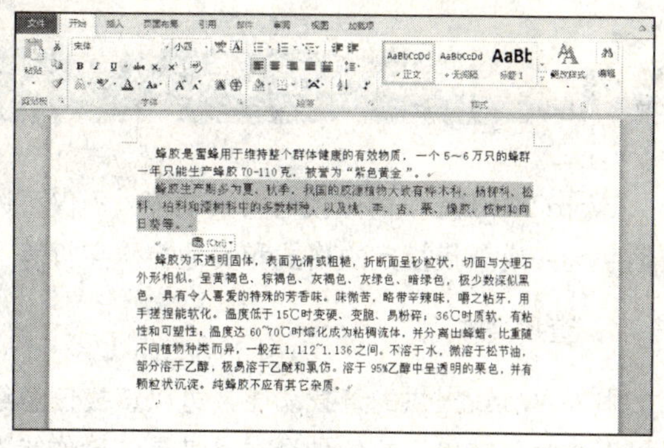

图 2.5 将选定的文本移至新的位置

（2）使用剪贴板移动文本

如果文本的原位置离目标位置较远，不能在同一屏幕中显示，可以使用剪贴板来移动文本，其具体操作步骤如下。

Step 01 选定要移动的文本。

Step 02 单击“开始”|“剪贴板”|“剪切”按钮，或者按 Ctrl+X 组合键，选定的文本将从原位置处删除，被存放到剪贴板中。

Step 03 把插入点移到目标位置。如果是在不同的文档间移动内容，将活动文档切换到目标文档中。

Step 04 单击“开始”|“剪贴板”|“粘贴”按钮，或者按 Ctrl+V 组合键即可。

3. 复制文本

复制到 Office 剪贴板中的内容，用“粘贴”命令可以多次插入。因此在输入较长的文本时，使用“复制”命令可以节省时间、提高效率。

使用拖放法复制文本，其具体操作步骤如下。

Step 01 选定要复制的文本。

Step 02 将鼠标指针指向选定的文本，鼠标指针变成箭头形状。

Step 03 按住 Ctrl 键，然后按住鼠标左键，鼠标指针将变成，并且还会出现一条虚线插入点。

Step 04 拖动鼠标时，虚线插入点表明将要复制的目标位置。

Step 05 释放鼠标左键后，选定的文本便从原来的位置复制到新的位置。

2.3 撤销与恢复操作

如果不小心删除了一段不该删除的文本，Word 允许单击“快速访问工具栏”中的“撤销”按钮把刚刚删除的内容恢复。如果又要删除该段文本，则可以单击“快速访问工具栏”中的“恢复”按钮。

“撤销”命令与用户最近完成的操作有关。如果刚刚删除了文本，则“快速访问工具栏”上会出现“撤销清除”按钮，单击该按钮可以恢复刚被删除的文本。

在 Word 2010 中，不但可以撤销和恢复上一次的操作，还可以撤销和恢复最近进行的多次操作，方法是单击“撤销”按钮（或“恢复”按钮）右侧的下三角按钮，将弹出最近执行的可撤销操作下拉列表，单击要撤销的操作即可。

2.4 查找与替换文本

Word 2010 提供的查找与替换功能，不仅可以方便地进行查找，还可以把查找到的字句替换成其他字句，或查找指定的格式和其他特殊字符等，从而大大提高了工作效率。

1. 查找文本

利用 Word 提供的查找功能，可以查找任意组合的字符，包括中文、英文、全角或半角等，甚至可以查找英文单词的各种形式，其具体操作步骤如下。

Step 01 选择“开始”|“编辑”|“查找”|“高级查找”命令，会打开如图 2.6 所示的“查找和替换”对话框。

Step 02 打开“查找”选项卡。

Step 03 在“查找内容”下拉列表框中输入要查找的文本（例如输入“切”）。

Step 04 单击“查找下一处”按钮即可查找指定的文本。如果 Word 找到了用户指定查找的文本，会把该文本所在的页设为当前页，并且在当前页中以淡蓝色显示该文本。此时“查找和替换”对话框仍然显示在窗口中，用户可以再次单击“查找下一处”按钮来继续查找特定的内容。

Step 05 单击“取消”按钮可以取消本次查找工作。

图 2.6 “查找和替换”对话框

如果要查找“第 1 章”、“第 2 章”、“第 3 章”等这样的内容，用户可以使用通配符来帮助查找。例如，可以在“查找内容”下拉列表框中输入“第？章”。如果需要查找“项目 5”、“项目 8”、“项目 11”，则可以在“查找内容”下拉列表框中输入“项目*”。当然，可能会出现查找到的是“第 1 部分的文章”这样的情况。

使用通配符查找特定文本的具体操作步骤如下。

Step 01 选择“开始”|“编辑”|“查找”|“高级查找”命令，打开“查找和替换”对话框，单击“更多”按钮。

Step 02 选中“使用通配符”复选框。

Step 03 单击“特殊格式”按钮，弹出下拉菜单，如图 2.7 所示。

Step 04 从下拉菜单中选择一个通配符。

Step 05 或者直接在“查找内容”下拉列表框中输入通配符，然后输入其他的字符。

Step 06 单击“查找下一处”按钮。

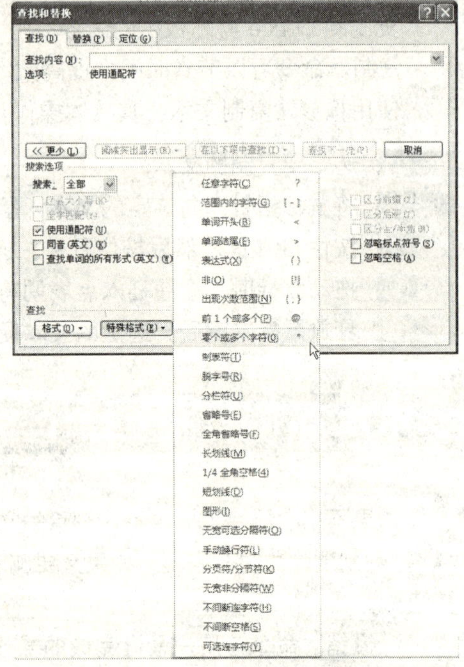

图 2.7 “特殊格式”下拉菜单

2. 替换文本

如果在编辑文档时需要将文档中的“书”替换为“本”，可以单击“开始”|“编辑”|“替换”按钮，打开如图 2.8 所示的“查找和替换”对话框，并打开“替换”选项卡。

替换完毕后，Word 会显示一个对话框，表明已经完成文档的搜索并替换，单击“确定”按钮关闭对话框。

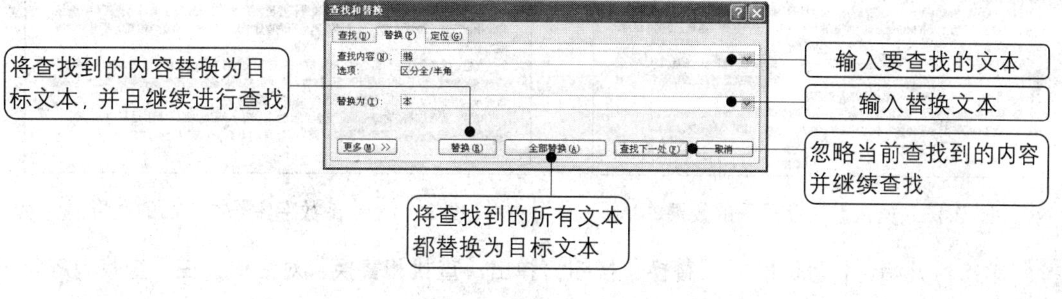

图 2.8 “替换”选项卡

2.5 案例实训

本案例实训主要练习应用 Word 2010 的文本编辑、查找与替换功能，其具体操作步骤如下。其中涉及文本的选定、删除和特殊符号的插入等操作。

Step 01 打开“素材\第二章\颜色物语.doc”文档，如图 2.9 所示。

Step 02 将鼠标移至最后一段文本中，然后连续 3 次单击鼠标左键，选定整段文本，如图 2.10 所示。

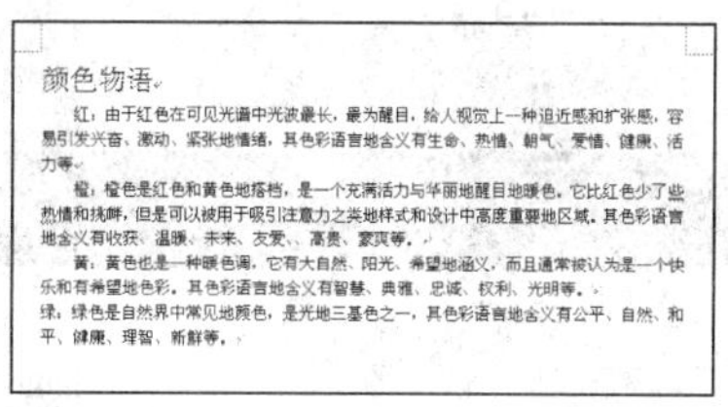

图 2.9 “颜色物语”文档

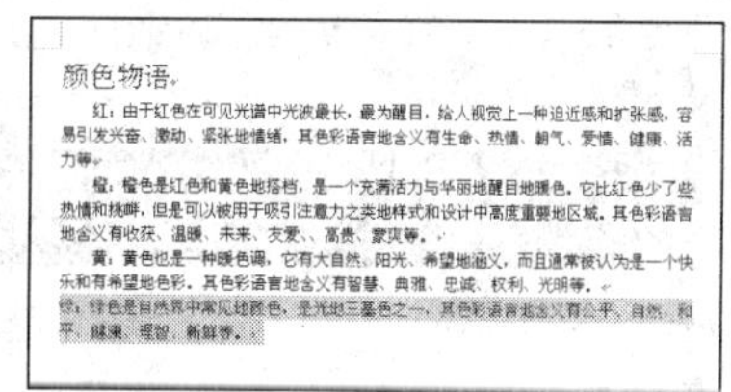

图 2.10 选择整段文本

Step 03 按 Delete 键将选中的文本删除，删除后的效果如图 2.11 所示。

Step 04 将光标定位在第 1 段正文文本的开始处，切换到“插入”选项卡，单击“符号”按钮，在弹出的下拉菜单中选择“其他符号”命令，打开“符号”对话框。在“字体”下拉列表中选中 Wingdings，然后在下方的列表框中选中带圆圈的数字符号“①”，如图 2.12 所示。

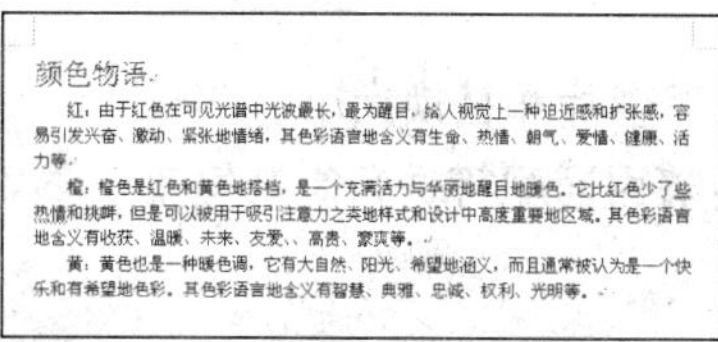

图 2.11 删除文本效果

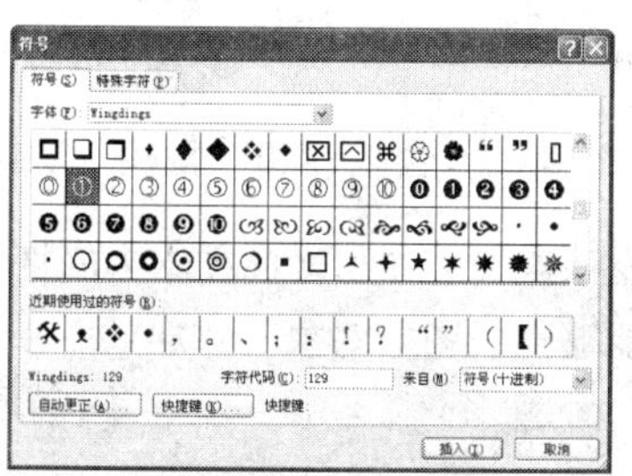

图 2.12 选择插入的数字符号

Step 05 选择完成后单击“插入”按钮，即可在光标所在位置插入选择的数字序号，如图 2.13 所示。

Step 06 使用相同的方法，在下方两段段首依次插入数字序号“②”、“③”，设置完成后的效果如图 2.14 所示。

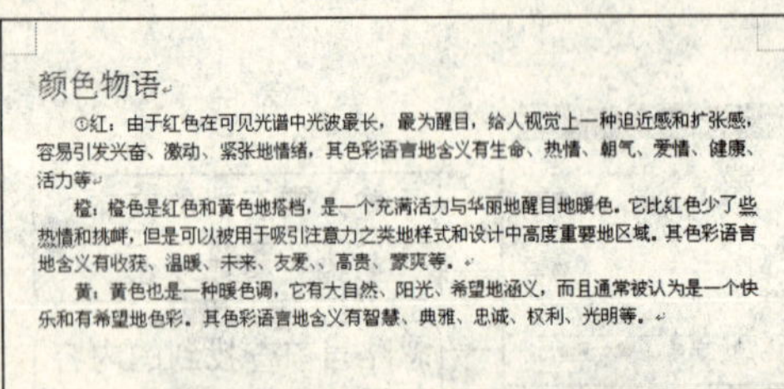

颜色物语

①红：由于红色在可见光谱中光波最长，最为醒目，给人视觉上一种迫近感和扩张感，容易引发兴奋、激动、紧张地情绪，其色彩语言地含义有生命、热情、朝气、爱情、健康、活力等

橙：橙色是红色和黄色地搭档，是一个充满活力与华丽地醒目地暖色。它比红色少了些热情和挑衅，但是可以被用于吸引注意力之类地样式和设计中高度重要地区域。其色彩语言地含义有收获、温暖、未来、友爱、、高贵、豪爽等。

黄：黄色也是一种暖色调，它有大自然、阳光、希望地涵义，而且通常被认为是一个快乐和有希望地色彩。其色彩语言地含义有智慧、典雅、忠诚、权利、光明等。

图 2.13　插入数字序号后的效果

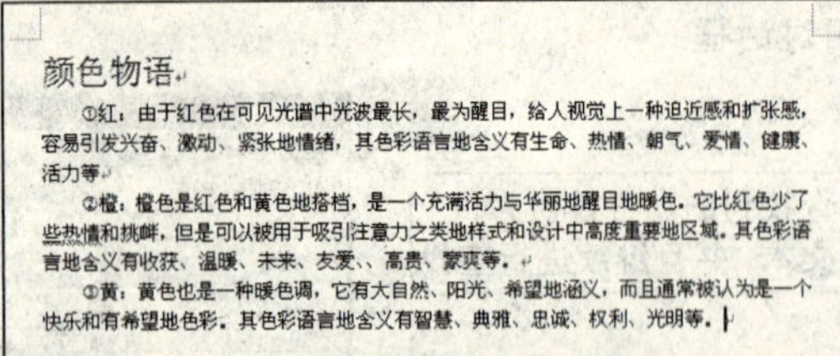

颜色物语

①红：由于红色在可见光谱中光波最长，最为醒目，给人视觉上一种迫近感和扩张感，容易引发兴奋、激动、紧张地情绪，其色彩语言地含义有生命、热情、朝气、爱情、健康、活力等

②橙：橙色是红色和黄色地搭档，是一个充满活力与华丽地醒目地暖色。它比红色少了些热情和挑衅，但是可以被用于吸引注意力之类地样式和设计中高度重要地区域。其色彩语言地含义有收获、温暖、未来、友爱、、高贵、豪爽等。

③黄：黄色也是一种暖色调，它有大自然、阳光、希望地涵义，而且通常被认为是一个快乐和有希望地色彩。其色彩语言地含义有智慧、典雅、忠诚、权利、光明等。

图 2.14　全部数字序号插入后的效果

Step 07 单击“开始”|“编辑”|“替换”按钮，弹出“查找和替换”对话框，在“查找内容”下拉列表框中输入“地”，在“替换为”下拉列表框中输入“的”，如图 2.15 所示。

Step 08 输入完成后，单击“全部替换”按钮。全部替换完毕后，Word 会弹出一个提示对话框，如图 2.16 所示。单击“确定”按钮，关闭该对话框。

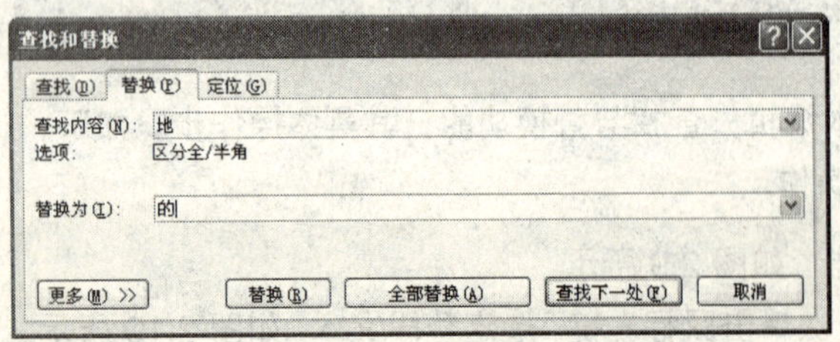

图 2.15　“查找和替换”对话框

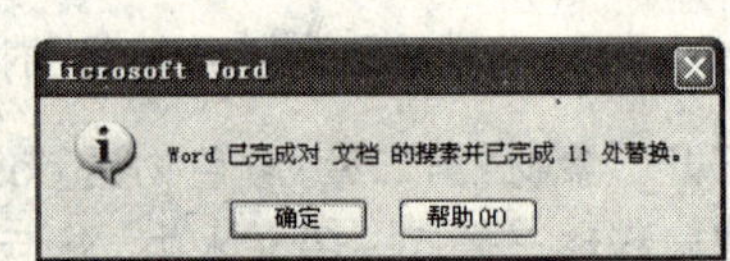

图 2.16　替换完成后的提示对话框

2.6 课后练习与上机操作

一、选择题

1．在文本段落中连续 3 次单击鼠标，将选定________。

A．一行文本　　B．多行文本　　C．一段文本　　D．多段文本

2．要选定一个矩形文本块，首先将鼠标指针移至该区域的左上角，按住________键，然后按住鼠标左键向区域的右下角拖动。

A. Alt　　B. Shift　　C. Ctrl　　D. Tab

3．Word 的“查找”和“替换”功能十分强大，不属于其中之一的是________。

A．能够查找文本和替换文本中的格式　　B．能够查找和替换大小写字母

C．能够查找图形对象　　D．能够用通配符进行复杂搜索

二、简答题

1．如何恢复被删除的操作？

2．怎样查找和替换文档中的文本？

三、操作题

1．新建一个文档，输入“素材\第二章\02xt.doc”文件中的内容，如图 2.17 所示。

扫描仪通常可分为手持式扫描仪、平板式扫描仪和滚筒式扫描仪。

滚筒式扫描仪一般应用在大幅面扫描领域上，因为图稿幅面过大，采用滚筒式走纸装置可以有效减小扫描仪的体积。滚筒式扫描仪为 CAD、测绘、勘探、地理信息系统、工程图纸管理等应用领域提供了新的输入手段，在这些领域得到了广泛应用。

平板式扫描仪主要应用于各类图形图像处理、电子出版、印前处理、广告制作、办公自动化等方面。经过多年来的发展，目前平板式扫描仪的性能已经达到了很高的水平。分辨率通常为 600DPI～1200DPI 左右，高的可达 2400DPI。色彩数一般为 30bit，高的可达 36bit。

键盘是最常见的计算机输入设备，它广泛应用于微型计算机和各种终端设备上。计算机操作者通过键盘向计算机输入各种指令、数据，指挥计算机的工作。计算机的运行情况输出到显示器，操作者可以很方便地利用键盘和显示器与计算机对话，对程序进行修改、编辑，控制和观察计算机的运行。

DVD 光盘以光信息作为存储物的载体，来存储数据的一种物品。其超大容量用于提供图像、图形素材，DVD 光盘的尺寸分为两种：一种是常用的 120mm 光盘，一种是很少见到的 80mm 光盘。其容量有 4.7GB。

图 2.17　输入文档内容

2．分别选定第 3 行文本、第 3 段文本、前 3 段文本。

3．将第 1 段文本复制到文档的最后，然后将当前的第 2 段文本移动到文档的开始处。

第3章

字符格式编排

本章导读

本章将介绍文本格式的编排。通过对本章的学习，读者可以在文本中设置所需的格式，以达到理想的编排效果。

知识要点

- 设置文本格式
- 设置特殊效果
- 添加边框和底纹
- 字符缩放
- 调整字符间距

3.1 设置文本格式

文本格式的设置主要包括设置字体、字号和字形 3 个部分。其中字体是指文本采用的是宋体、黑体还是楷体等字体形式；字号是指字的大小；字形是指有无加粗、倾斜、下划线等形式。

3.1.1 设置字体

1. 在“字体”下拉列表中设置字体

用户可以利用“字体”下拉列表改变文本的字体。例如要把“山东简介”这几个字改为楷体字，其具体操作步骤如下。

Step 01 打开“素材\第三章\山东简介.doc”文件，选中“山东简介”文本。

Step 02 切换到“开始”选项卡，在“字体”组中单击“字体”下拉列表框右侧的下三角按钮，会打开如图 3.1 所示的下拉列表。

Step 03 在“字体”下拉列表中选择“楷体_GB2312”选项，则“山东简介”变成楷体字，效果如图 3.2 所示。

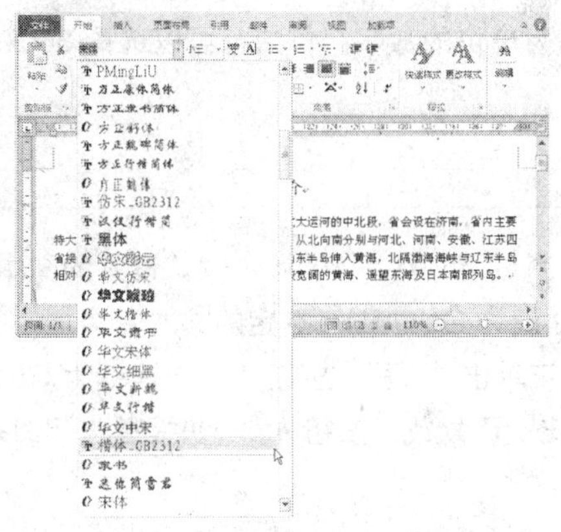

图 3.1 “字体”下拉列表

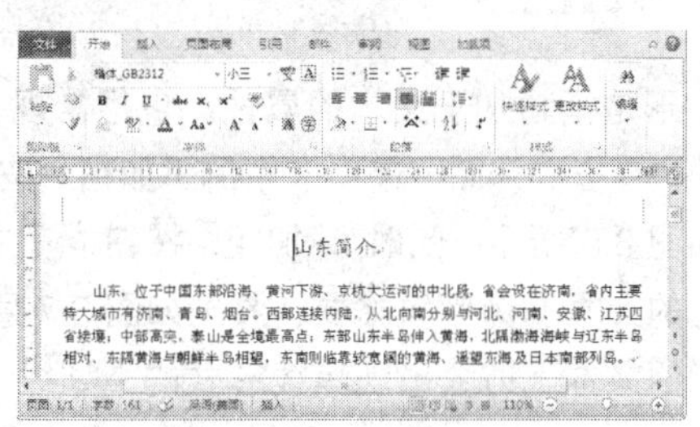

图 3.2 选定的文本变为楷体字

2. 通过对话框设置字体

通过对话框设置字体，其具体操作步骤如下。

Step 01 选定要改变字体的文本。

Step 02 单击“开始”|“字体”右下角的“对话框启动器”按钮，打开如图 3.3 所示的“字体”对话框。

Step 03 在“中文字体”下拉列表中选择要设置的中文字体。

Step 04 在“西文字体”下拉列表中选择要设置的西文字体。

Step 05 单击“确定”按钮。

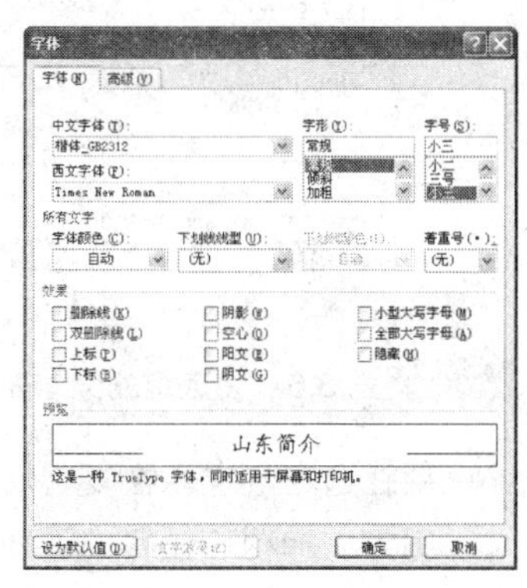

图 3.3 “字体”对话框

3.1.2 设置字号

字号就是字的大小，Word 默认设置的字号为五号。此外，还有一种常见的衡量字号的单位是“磅”(1 磅相当于 1/72 英寸)。“磅”与“号”之间有一定的关系，例如，9 磅的字与小五号字大小相当。

通过改变字号，可以将不同层次的文字从大小上区分开来。例如，文档中的“山东简介”作为标题有点小，要将其由原来的小三改为二号，其具体操作步骤如下。

Step 01 打开“素材\第三章\山东简介.doc”文件。

Step 02 切换到“开始”选项卡，在“字体”选项组中单击“字号”下拉列表框右侧的下三角按钮，打开如图 3.4 所示的“字号”下拉列表。

Step 03 单击“字号”下拉列表中的“二号”，效果如图 3.5 所示。

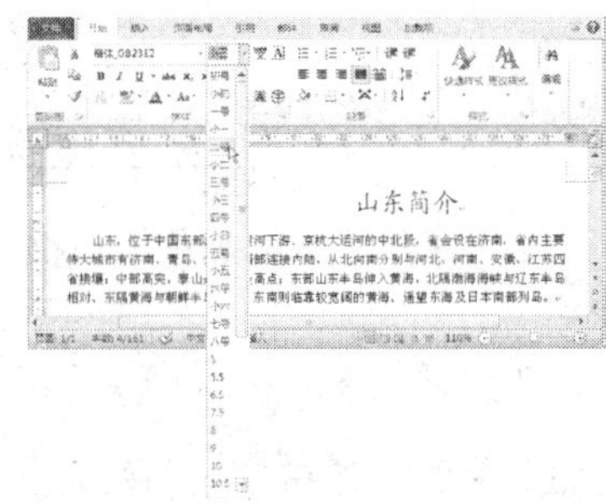

图 3.4 “字号”下拉列表

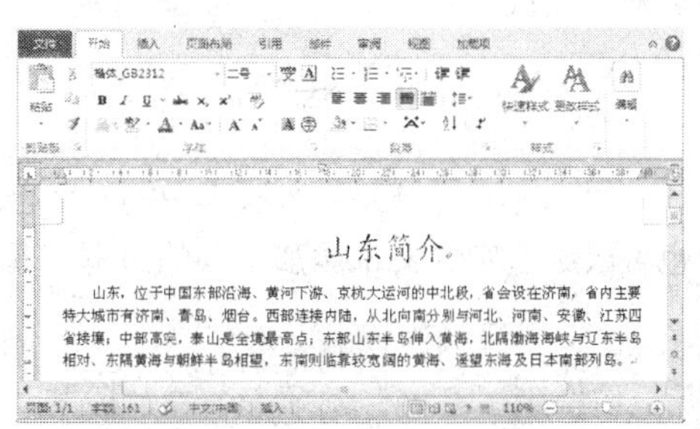

图 3.5 将选定文本的字号改为二号

当然，用户也可以在“字号”下拉列表中选择以磅为单位的数字。例如，可以选择 36 来改变文本的字号。

3.1.3 设置字形

字形是指附加于文本的属性，包括常规、加粗、倾斜或下划线等。Word 默认设置的文本为常规字形。单击“开始”选项卡中的“加粗”按钮 B（快捷键为 Ctrl+B），选定的文本变为加粗格式，效果如图 3.6 所示。此时，“加粗”按钮 B 呈按下状态。若单击“倾斜”按钮 I（快捷键为 Ctrl+I），则选定的文本变为倾斜格式，效果如图 3.7 所示。若单击“下划线”按钮 U（快捷键为 Ctrl+U），则选定的文本下方会出现单线形式的下划线。

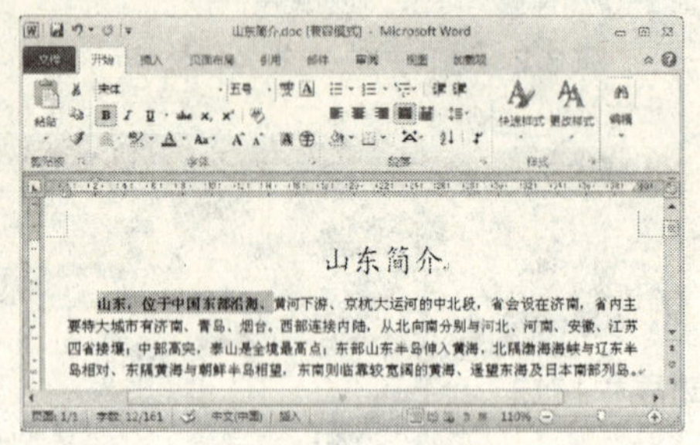
图 3.6 将选定的文本变为加粗格式

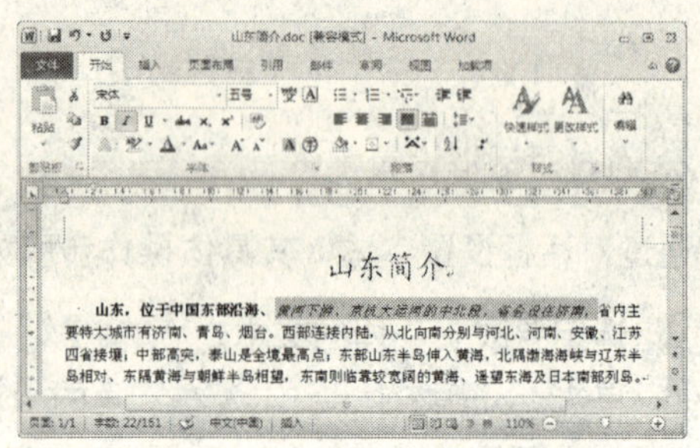
图 3.7 将选定的文本变为倾斜格式

要让选定的文本恢复常规字形，可以再次单击这些按钮，此时它们又恢复为弹起状态。

另外，加粗、倾斜、下划线这 3 种字符格式还可以综合起来使用。例如，要使选定的文本同时具有加粗、倾斜格式，可以分别单击“加粗”按钮和“倾斜”按钮。

要添加其他类型的下划线，可以单击“下划线”按钮右边的下三角按钮，打开如图 3.8 所示的下拉列表，从中选择所需的下划线，例如，双下划线、虚下划线或波浪线等。

如果要设置下划线的颜色，则从“下划线”下拉列表中选择“下划线颜色”选项，再从出现的调色板中选择所需的颜色。

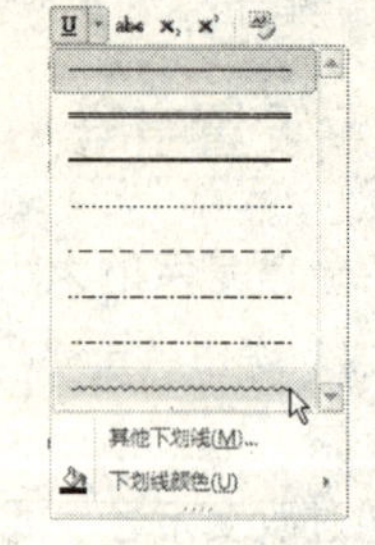

图 3.8 “下划线”下拉列表

3.2 添加边框和底纹

有时为了使某些文本突出显示，需要给这些文本添加边框和底纹。下面就分别介绍如何给文本添加边框和底纹。

3.2.1 为文本添加边框

用户可以单击“开始”选项卡中的“字符边框”按钮 A，给选定的文本添加单线边框。除此之外，也可以给选定的文本添加不同的边框，其具体操作步骤如下。

Step 01 选定要添加边框的文本。

Step 02 切换到“开始”选项卡，在“段落”组中单击“边框和底纹”按钮，弹出“边框和底纹”对话框，如图 3.9 所示。

Step 03 切换到“边框”选项卡。

Step 04 在“设置”选项组中，提供了 5 个选项：“无”、“方框”、“阴影”、“三维”和“自定义”。当选择不同的选项时，右边的“预览”区中会显示相应的设置效果。这里选择“方框”选项。

Step 05 在“样式”列表框中，可以指定边框的线型。

Step 06 在“颜色”和“宽度”下拉列表中，可以选定边框的颜色和宽度。

Step 07 在“应用于”下拉列表中选择“文字”。

Step 08 单击“确定”按钮，效果如图 3.10 所示。

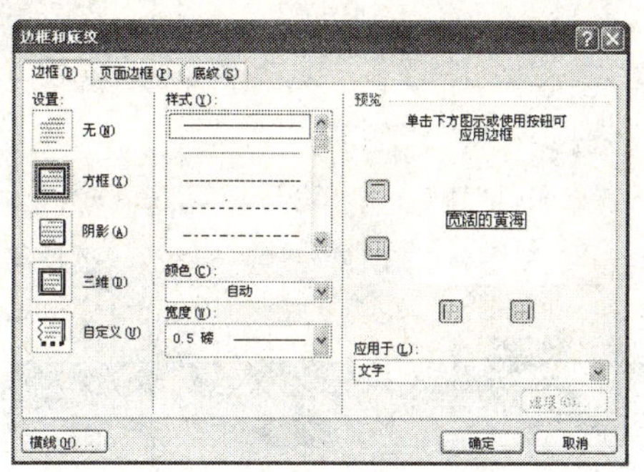

图 3.9 “边框和底纹”对话框

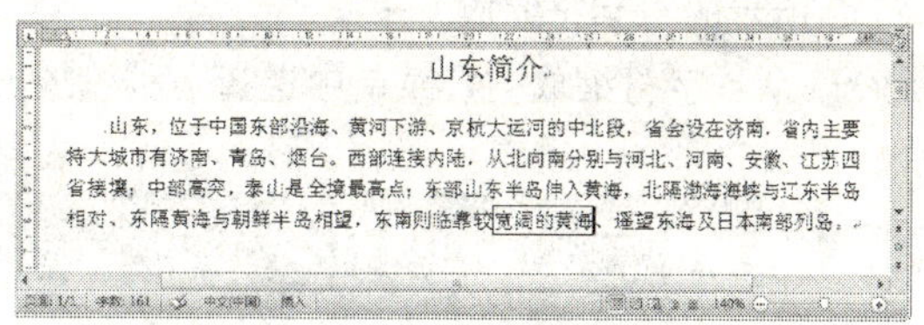

图 3.10 添加边框后的效果

3.2.2 为文本添加底纹

单击“开始”选项卡中的“字符底纹”按钮 A，可以给选定的文本添加灰色底纹。另外，也可以利用“开始”|“段落”|“边框和底纹”按钮添加不同色彩的底纹，其具体操作步骤如下。

Step 01 选定要添加底纹的文本，如这里选择“山东简介”。

Step 02 切换到“开始”选项卡，在“段落”组中单击“边框和底纹”按钮，弹出“边框和底纹”对话框，如图 3.11 所示。

Step 03 切换到“底纹”选项卡。

Step 04 在“填充”选项组中选择底纹的背景颜色，这里选择“浅蓝色”。

Step 05 从“样式”下拉列表中选择底纹的样式，例如选择“深色横线”。

Step 06 从“颜色”下拉列表中选择底纹内填充点的颜色，在“预览”区中能够看到效果。这里选择“自动”。

Step 07 在“应用于”下拉列表中选择“文字”。

Step 08 单击“确定”按钮，即可给选定的文本添加底纹，效果如图 3.12 所示。

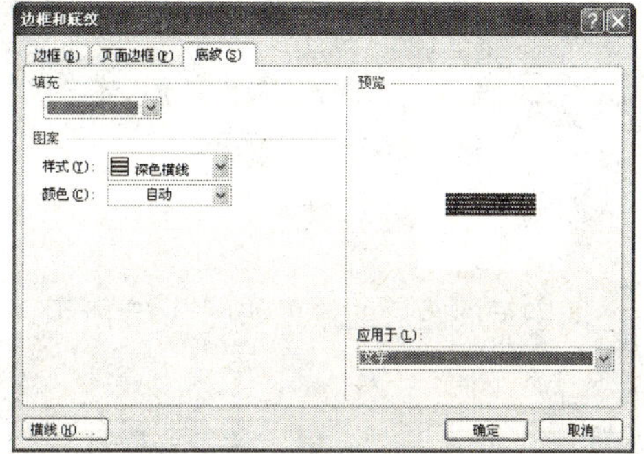

图 3.11 “底纹”选项卡

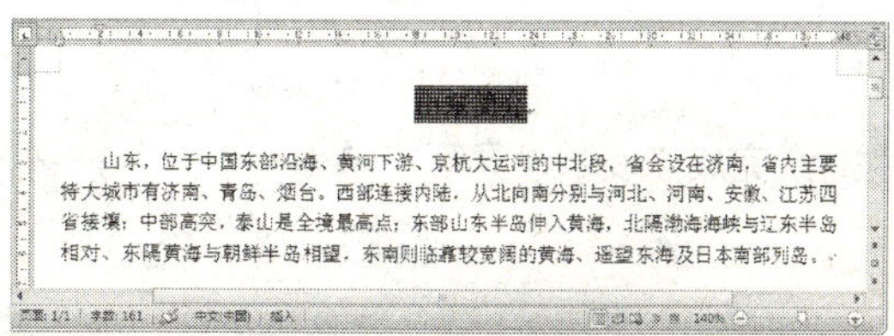

图 3.12 添加底纹后的文本

3.3 字符缩放

通常情况下，Word 显示的文字是标准型的，如果对一些文字进行“拉长”或“压扁”的缩放，则它们将会产生特别的效果。对字符缩放的具体操作步骤如下。

Step 01 选定要进行字符缩放的文本。

Step 02 切换到“开始”选项卡，在“段落”组中单击“中文版式”按钮，在弹出的下拉菜单中选择“字符缩放”，打开如图 3.13 所示的“字符缩放”子菜单。

Step 03 从“字符缩放”子菜单中选择一种缩放比例即可。

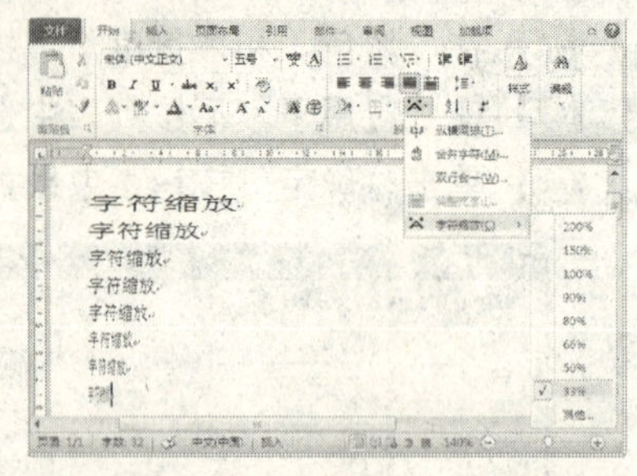

图 3.13 “字符缩放”下拉菜单

3.4 调整字符间距

通常情况下，用户无须考虑字符间距，因为 Word 已经设置了一定的字符间距。但有时为了版面的美观，可以适当改变字符间距来达到理想的排版效果。这时，可以按照下述步骤来精确设置字符间距。

Step 01 选择“素材\第三章\山东简介 1.doc”文件，然后选中要设置字符间距的文本，如“山东简介”。

Step 02 切换到“开始”选项卡，在“字体”组中单击右下角的“对话框启动器”按钮，打开“字体”对话框。

Step 03 切换到“高级”选项卡，如图 3.14 所示。

字符位置可以选择“标准”、“提升”或“降低”选项。默认情况下，Word 选择“标准”选项。当选择“提升”或“降低”选项后，用户可以在其右边的“磅值”文本框中输入一个数值，其单位为“磅”

在此可以输入任意一个值来设置字符缩放的比例

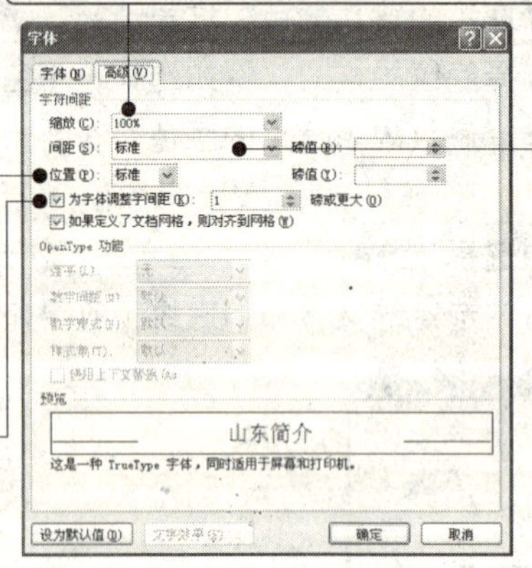

字符间距可以选择“标准”、“加宽”或“紧缩”选项。默认情况下，Word 选择“标准”选项。当选择“加宽”或“紧缩”选项后，用户可以在其右边的“磅值”文本框中输入一个数值，其单位为“磅”

如果要让 Word 在大于或等于某一尺寸的条件下自动调整字符间距，就选中该复选框，然后在“磅或更大”文本框中输入磅值

图 3.14 “高级”选项卡

Step 04 完成必要的设置后，单击“确定”按钮。设置不同字符间距后的效果如图 3.15 所示。

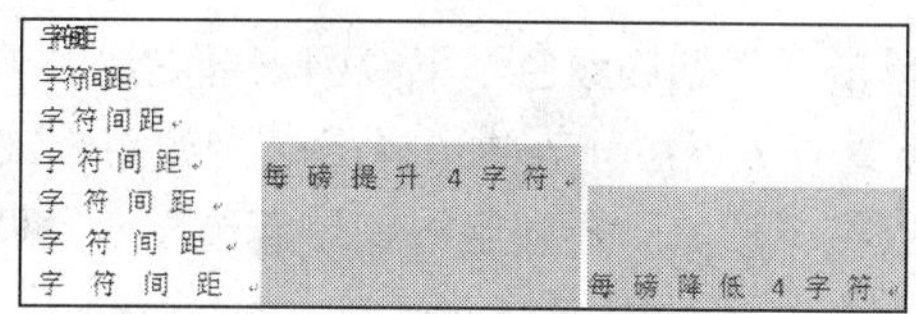

图 3.15　不同字符间距的效果

3.5 案例实训

本案例实训以一个简单的实例，介绍如何对文本字体进行编排，其具体操作步骤如下。

Step 01 打开“素材\第三章\颜色物语.doc”文档，选定标题文本，如图 3.16 所示。

Step 02 切换到“开始”选项卡，在“字体”组中单击右下角的“对话框启动器”按钮，打开“字体”对话框。切换到“字体”选项卡，将中文字体设置为“黑体”，然后在“字形”列表框中选择“加粗　倾斜”，如图 3.17 所示。

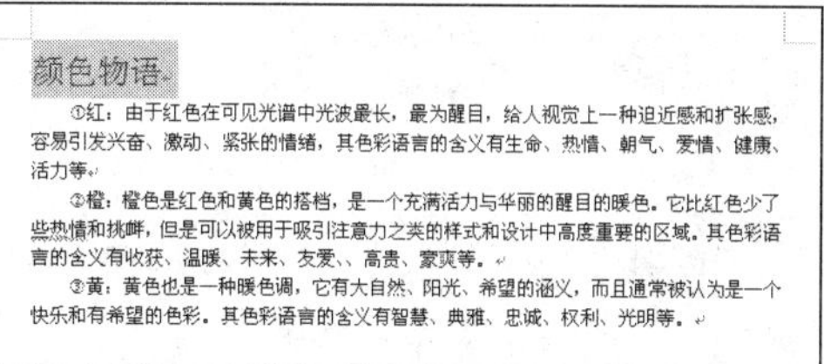
颜色物语

①红：由于红色在可见光谱中光波最长，最为醒目，给人视觉上一种迫近感和扩张感，容易引发兴奋、激动、紧张的情绪，其色彩语言的含义有生命、热情、朝气、爱情、健康、活力等。

②橙：橙色是红色和黄色的搭档，是一个充满活力与华丽的醒目的暖色。它比红色少了些热情和挑衅，但是可以被用于吸引注意力之类的样式和设计中高度重要的区域。其色彩语言的含义有收获、温暖、未来、友爱、高贵、豪爽等。

③黄：黄色也是一种暖色调，它有大自然、阳光、希望的涵义，而且通常被认为是一个快乐和有希望的色彩。其色彩语言的含义有智慧、典雅、忠诚、权利、光明等。

图 3.16　选择标题文本

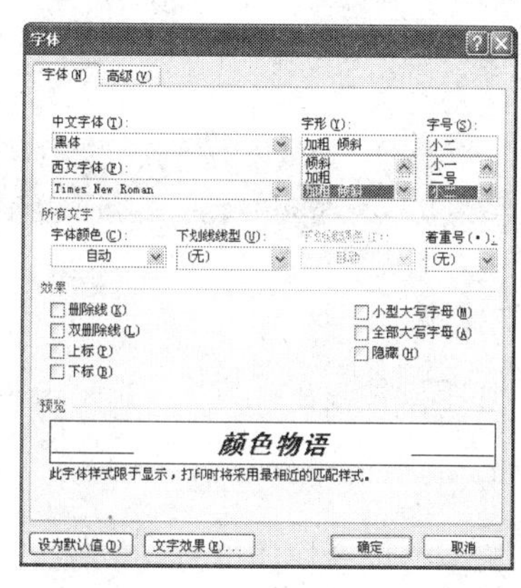

图 3.17　“字体”对话框

Step 03 在“所有文字”选项组中单击“字体颜色”下拉列表框右边的下三角按钮，在弹出的颜色列表中选择“深蓝，文字 2，淡色 40%”，如图 3.18 所示。

Step 04 单击“下划线线型”下拉列表框右边的下三角按钮，在弹出的下拉列表中选择所需要的线型，如这里选择“双下划线”，如图 3.19 所示。

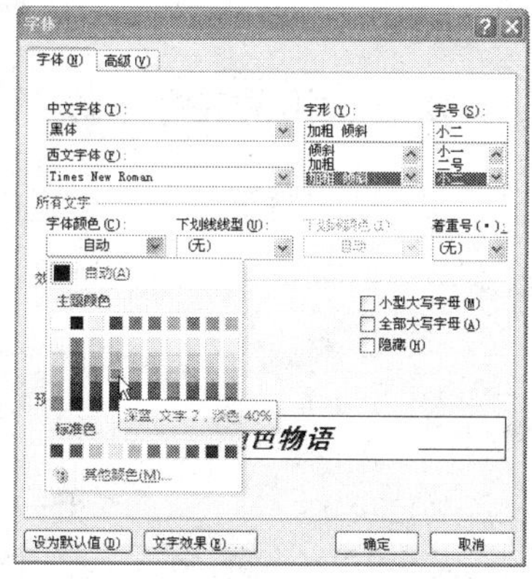

图 3.18　设置字体颜色

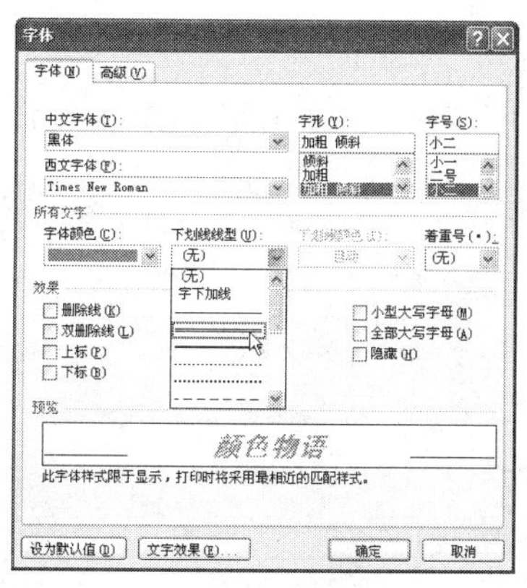

图 3.19　添加双下划线

Step 05 选择下划线线型后，单击“下划线颜色”下拉列表框右边的下三角按钮，在弹出的颜色列表中选择“红色”，然后在“着重号”下拉列表中选择“▪”，如图 3.20 所示。

Step 06 完成字体设置后，可以在“预览”选项组中查看所选文本的显示效果，然后单击“确定”按钮，即可设置所选文本的字体格式，如图 3.21 所示。

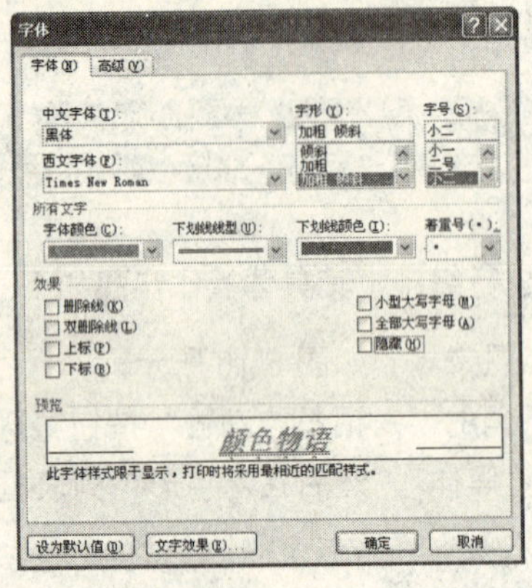

图 3.20 设置下划线颜色及着重号

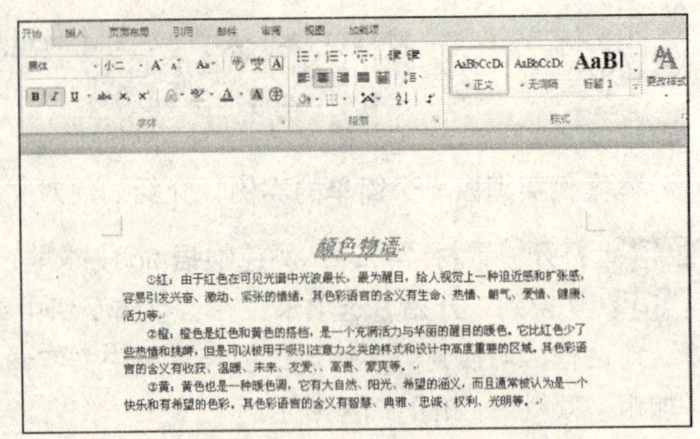

图 3.21 设置完成后的文本效果

3.6 课后练习与上机操作

一、选择题

1．“加粗”按钮在________选项卡中。

A. “开始” B. “格式” C. “图片” D. “其他格式”

2．“倾斜”命令快捷键为________。

A. Ctrl+B B. Ctrl+I C. Ctrl+U D. Ctrl+S

二、简答题

1．如何设置下划线的颜色？

2．如何为文本添加边框和底纹？

三、操作题

1．打开“素材\第三章\山东简介 1.doc”文件，给标题文本加上边框和底纹。

2．调整第一段文本的字符间距。

第4章

段落格式编排

本章导读

段落格式是 Word 2010 中操作的重中之重，通过对本章的学习，可以使我们熟练掌握段落格式的设置和应用。

知识要点

- 设置段落缩进
- 设置段落对齐方式
- 设置段间距
- 设置行距
- 段落换行与分页
- 项目符号与编号列表的使用
- 设置制表位
- 自定义项目符号与编号列表

4.1 设置段落缩进

段落缩进是指改变文本和页边距之间的距离，使文档段落更加清晰、易读。在 Word 2010 中，段落缩进一般包括首行缩进、悬挂缩进、左缩进和右缩进。下面分别对它们进行介绍。

- 首行缩进：控制段落的第一行第一个字的起始位置。
- 悬挂缩进：控制段落中第一行以外的其他行的起始位置。
- 左缩进：控制段落左边界的位置。
- 右缩进：控制段落右边界的位置。

在 Word 2010 中，可以使用标尺和“段落”对话框来设置段落缩进。

4.1.1 使用标尺设置缩进

图 4.1 中注明了文档上方的水平标尺中各缩进标记的名称。在 Word 2010 中，只要把鼠标指针移到缩进标记之上，就会显示出相应的提示。

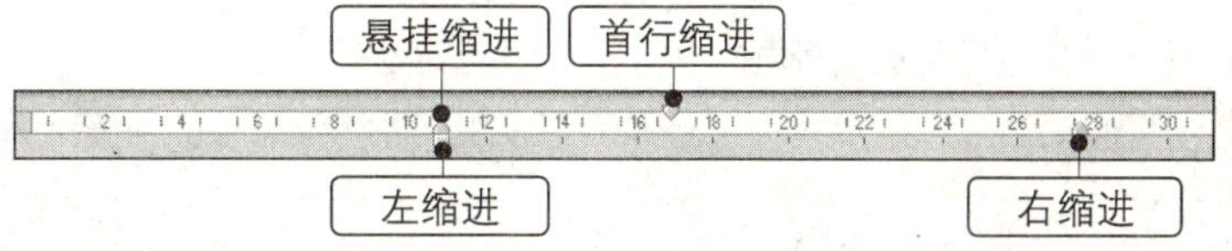

图 4.1　水平标尺中各缩进标记的名称

4.1.2 使用“段落”对话框设置缩进

要精确地设置缩进值，就需要使用“段落”对话框，具体操作步骤如下。

Step 01 选定想要缩进的段落，或者同时选定几个段落。

Step 02 单击“开始”|“段落”右下角的“对话框启动器”按钮，打开“段落”对话框。

Step 03 切换到“缩进和间距”选项卡，如图 4.2 所示。

Step 04 在“缩进”选项组中有 3 个选项：“左侧”、“右侧”和“特殊格式”，在其中设置缩进量。

Step 05 设置完成后，单击“确定”按钮。

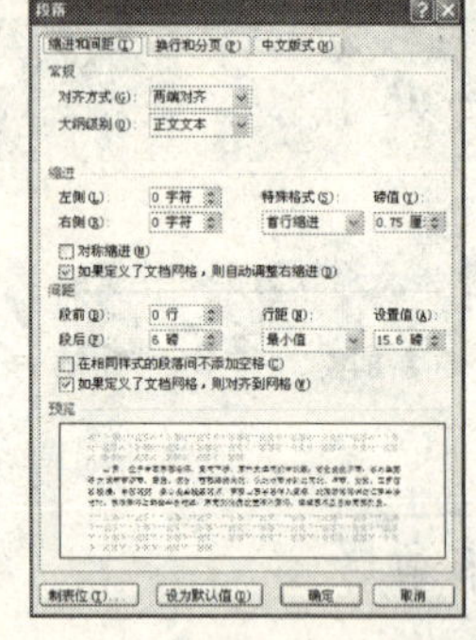

图 4.2 “缩进和间距”选项卡

4.2 设置段落对齐方式

4.2.1 段落水平对齐方式

段落的水平对齐方式是指定段落中的文字在水平方向排列对齐的基准，包括文本左对齐、居中、文本右对齐、两端对齐和分散对齐 5 种。

利用“开始”选项卡中的 5 个按钮可以设置段落的水平对齐方式。如果 5 个按钮都不选择，Word 默认设置为左对齐方式。要设置段落的对齐方式，应先将插入点置于某个段落之中或者选定多个段落，然后单击所需的按钮即可。另外，还可以选择如图 4.2 所示的“缩进和间距”选项卡中的“对齐方式”来设置段落的对齐方式。

下面对这 5 种对齐方式进行介绍。

- 两端对齐▤：是指段落中除最后一行文本外，其他行文本的左右两端分别向左右边界靠齐。对于纯中文的文本来说，两端对齐方式与左对齐方式没有太大的差别。但如果文档中含有英文单词，左对齐方式可能会使文本的右边缘参差不齐，如图 4.3 所示；选择两端对齐后的效果如图 4.4 所示。

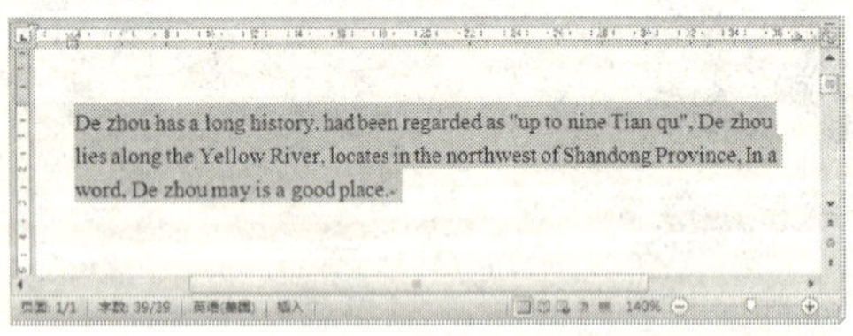

图 4.3 左对齐时文本的右边缘参差不齐

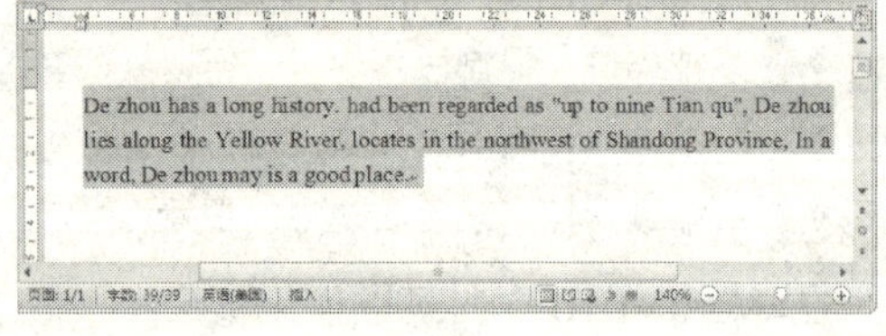

图 4.4 两端对齐后的效果

- 文本右对齐▤：是将选定的段落向文档的右边界对齐。
- 分散对齐▤：是将段落所有行的文本（包括最后一行）字符等距离排布在左、右文本边界之间。
- 文本左对齐▤：是指段落中每行文本都向文档的左边界对齐。
- 居中▤：是将选定的段落放在页面的中间，这对排版很有好处。

4.2.2 段落垂直对齐方式

如果需要在一段文字中使用不同字号的字符，可以将这些字符居下、居中和居上对齐，以得到特殊的效果。设置段落垂直对齐方式的具体操作步骤如下。

Step 01 将插入点置于要进行垂直对齐操作的段落中。

Step 02 单击“开始”|“段落”右下角的“对话框启动器”按钮，打开“段落”对话框。

Step 03 切换到“中文版式”选项卡，如图 4.5 所示。

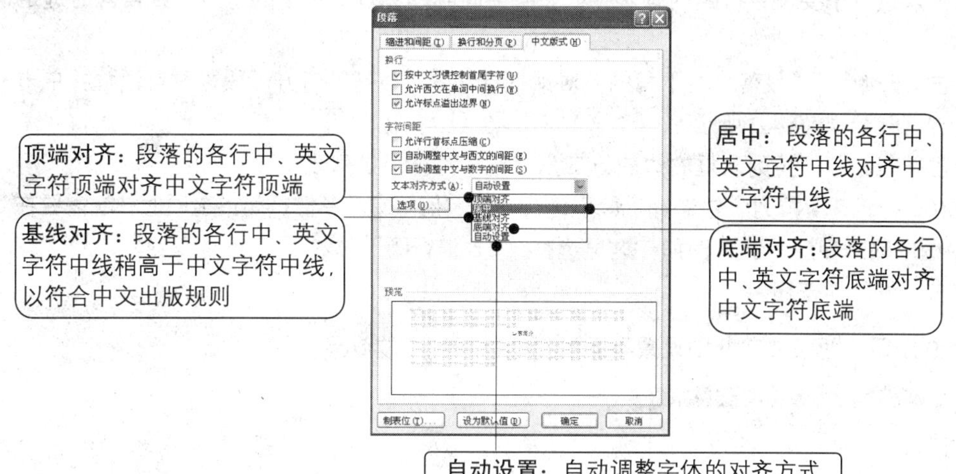

图 4.5 “中文版式”选项卡

Step 04 选择所需的文字对齐方式后，单击“确定”按钮。选择不同对齐方式的效果如图 4.6 所示。

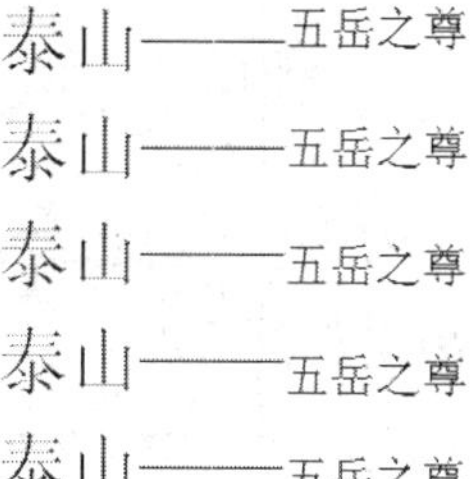

图 4.6 设置文本对齐方式

4.3 设置段间距

段间距是指段落与它前后相邻段落之间的距离。精确设置段间距的具体操作步骤如下。

Step 01 选定要设置段间距的段落。打开“素材\第四章\山东简介.doc”文档，选择第二段文本。

Step 02 单击“开始”|“段落”右下角的“对话框启动器”按钮，打开“段落”对话框并单击“缩进和间距”选项卡。

Step 03 在“段前”文本框中输入与前一段落的间距，例如，输入“0.5 行”。

Step 04 在“段后”文本框中输入与后一段落的间距，例如，输入“0.1 行”。

Step 05 单击“确定”按钮，效果如图 4.7 所示。

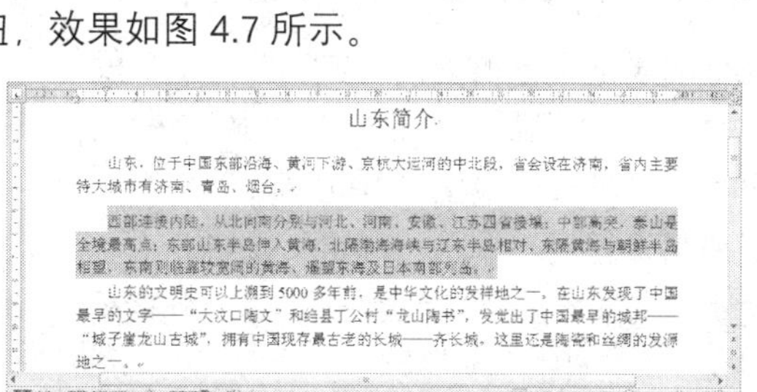

图 4.7 设置段间距

4.4 设置行距

行距是指段落中行与行之间的距离。精确设置行距的具体操作步骤如下。

Step 01 将插入点置于要设置行距的段落中。如果要同时设置多个段落的行距，则需同时选定这几个段落。

Step 02 单击“开始”|“段落”右下角的“对话框启动器”按钮，打开“段落”对话框并单击“缩进和间距”选项卡，如图 4.8 所示。

Step 03 单击“行距”下拉列表框右边的下三角按钮，打开下拉列表。

Step 04 当在“行距”下拉列表中选择“最小值”、“固定值”或“多倍行距”选项时，就需要在“设置值”文本框中输入相应的值。例如，这里选择“1.5 倍行距”。

Step 05 单击“确定”按钮。

如图 4.9 所示为两段文字分别设置不同的行距后所产生的效果。

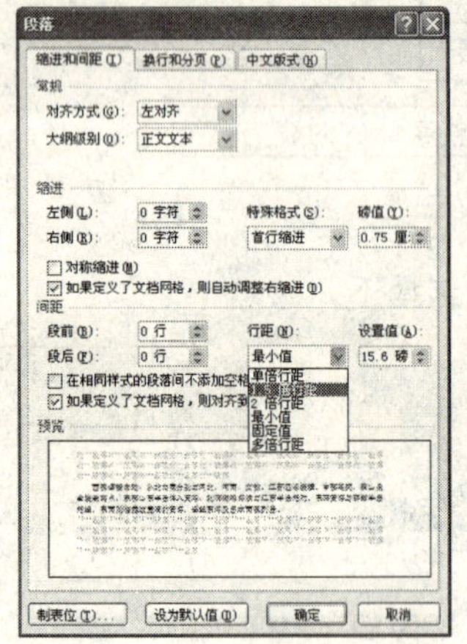

图 4.8 “缩进和间距”选项卡

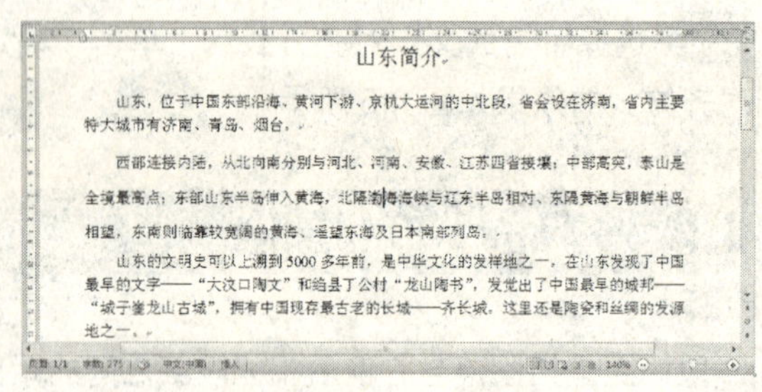

图 4.9 设置不同行距的效果

4.5 段落换行与分页

输入文本时，Word 会自动把文档划分成页。当满一页时，Word 会自动地增加一个分页符并且开始新的页面。但是用户可以利用“段落”对话框的“换行和分页”选项卡中的选项来控制 Word 自动插入分页符。调整段落换行和分页的具体操作步骤如下。

Step 01 将插入点置于要调整的段落中，或者选定要调整的多个段落。

Step 02 单击“开始”|“段落”右下角的“对话框启动器”按钮，打开“段落”对话框。

Step 03 切换到“换行和分页”选项卡，如图 4.10 所示。

Step 04 在该选项卡中完成所需设置后，单击“确定”按钮。

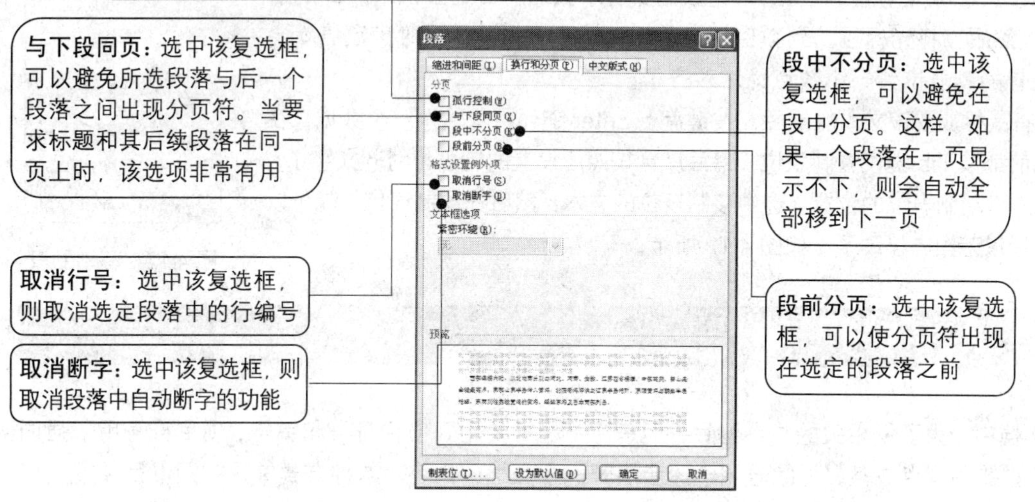

图 4.10　“换行和分页”选项卡

另外，如果要在某一个页面没有满的情况下强行分页，这时可以插入分页符，其具体操作步骤如下。

Step 01 把插入点置于要插入分页符的位置。

Step 02 单击“页面布局”|“页面设置”|“分隔符”按钮，打开“分隔符”下拉菜单，如图 4.11 所示。

Step 03 在“分隔符”下拉菜单中选择“分页符”。

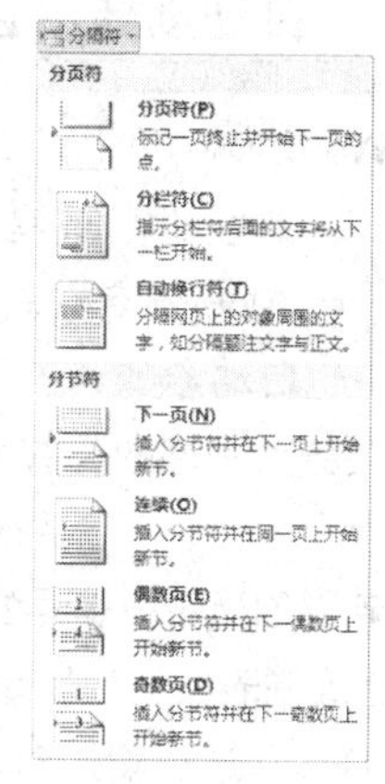

图 4.11　“分隔符”下拉菜单

注 意

在文档编辑过程中，可能需要频繁地重新分页，应尽量少用分页符。

4.6 设置制表位

制表位是用来在段落中定位文字的，当按键盘上的 Tab 键后，插入点会向右移动到指定的位置。例如，默认情况下，把插入点置于段落的开始处后按 Tab 键，原来顶格的文字会自动向右移动两个字的距离；如果按退格键，光标就会自动向左移动两个字的距离。

制表位还可以自定义。自定义制表位位置可以使用水平标尺或“制表位”对话框来设置。下面介绍设置制表位对齐方式的方法。

Step 01 选中需要设置制表位符段落，对该段落可以先设置制表符，再输入文本，也可以先输入文本，再设置制表符。

Step 02 在水平标尺的左边有一个制表符按钮，当单击该按钮时，按钮上显示的对齐方式制表符将按“左对齐式制表符”、“居中式制表符”、“右对齐式制表符”、“小数点对齐式制表符”、“竖线对齐式制表符”、“首行缩进”和“悬挂缩进”的顺序循环改变。

Step 03 如果选择“小数点对齐式制表符”，在水平标尺上单击要插入制表符的位置，在文档中输入需要设置小数点对齐的数据，（此数据要有小数点，否则会以最后面的字符对齐）。然后，将光标移动到数值的最前面，按下 Tab 键，这时该数值就会按照已设置的制表位置与小数点为准对齐了。

Step 04 将鼠标放置该文本的最后，按键盘上 Enter 键，再次输入一个数据，在每个数据前都按 Tab 键设置制表位，最后就会按照所设置的制表位对齐文字了。此时，若想移动制表位的位置，选中该制表位的文本，然后拖动制表位，就可以在文档的标尺范围内移动了，如图 4.12 所示。

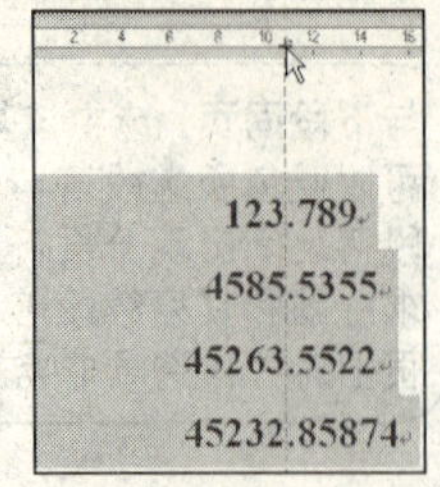

图 4.12　移动制表

4.7 项目符号与编号

在文档中，为了使相关的内容醒目并且有序，经常要用到项目符号和编号。项目符号用于强调一些特别重要的观点或条目；编号用于逐步展开一个文档的内容，这种方式常用在图书目录或文档索引格式上。

4.7.1 自动创建项目符号与编号

Word 2010 可以在输入文本时自动创建项目符号或编号。如果要创建项目符号列表，在文档中输入一个星号（*）或者两个连字符（-），后跟一个空格或制表符，然后输入文本。当按 Enter 键结束该段时，Word 自动将该段转换为项目符号列表（如星号会自动转换成黑色的圆点），同时在新的一段中也自动添加该项目符号。

要结束列表时，按 Enter 键开始一个新段，然后按 Back Space 键，即可删除为该段添加的项目符号。

若要创建带有编号的列表，先输入“1.”，“a)”，“(1)”，“1)”，“一、”，“第一、”等格式，后跟一个空格或制表位，然后输入文本。当按 Enter 键时，在新的一段开始处会自动接着上一段进行编号。

如果不想在输入时自动创建项目符号或编号列表，可以选择“文件”|“选项”|“校对”|“自动更正选项”，单击“自动更正选项”按钮，打开“自动更正”对话框，打开“键入时自动套用格式”选项卡，然后清除“自动项目符号列表”复选框和“自动编号列表”复选框。

要把已经输入的文本转换成项目符号列表，其具体操作步骤如下。

Step 01 选定要添加项目符号的段落，如图 4.13 所示。

Step 02 单击鼠标右键，在快捷菜单中选择“项目符号”命令，Word 会在这些段落之前添加一个黑圆点，效果如图 4.14 所示。

图 4.13　选定要添加项目符号的段落

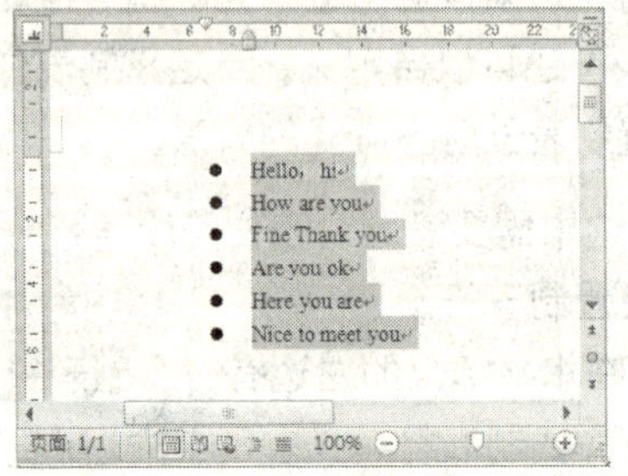

图 4.14　添加项目符号（一）

如果要给选定的段落添加其他的项目符号，其具体操作步骤如下。

Step 01 选定要添加项目符号的段落。

Step 02 单击鼠标右键，在快捷菜单中选择“项目符号”命令，会自动弹出级联菜单，如图 4.15 所示。

Step 03 在“项目符号库”中提供了几种项目符号格式（其中的“无”选项，用于取消所选段落的项目符号）。选择所需的项目符号格式，效果如图 4.16 所示。

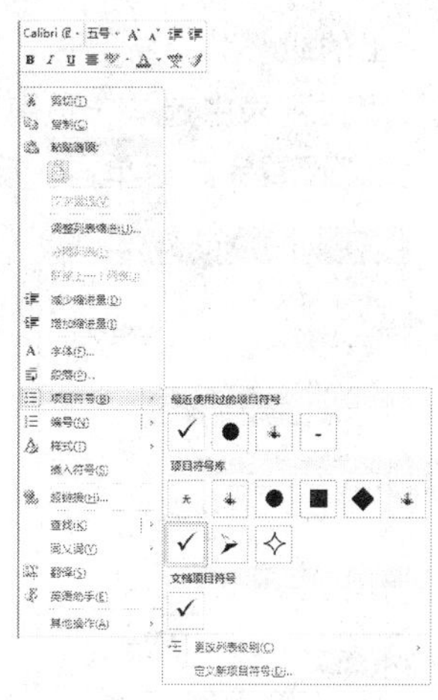

图 4.15 “项目符号”快捷菜单

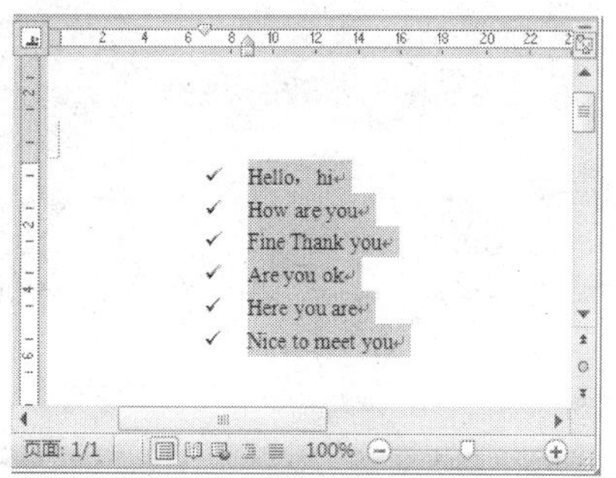

图 4.16 添加项目符号（二）

4.7.2 自定义的项目符号

添加自定义项目符号，其具体操作步骤如下。

Step 01 选定要添加项目符号的段落。

Step 02 单击鼠标右键，在快捷菜单中选择“项目符号”命令，在弹出的级联菜单中选择“定义新项目符号”命令，打开如图 4.17 所示的“定义新项目符号”对话框。

Step 03 单击“符号”按钮，打开如图 4.18 所示的“符号”对话框，用户可选择所需的符号。单击“确定”按钮，返回到“定义新项目符号”对话框中。

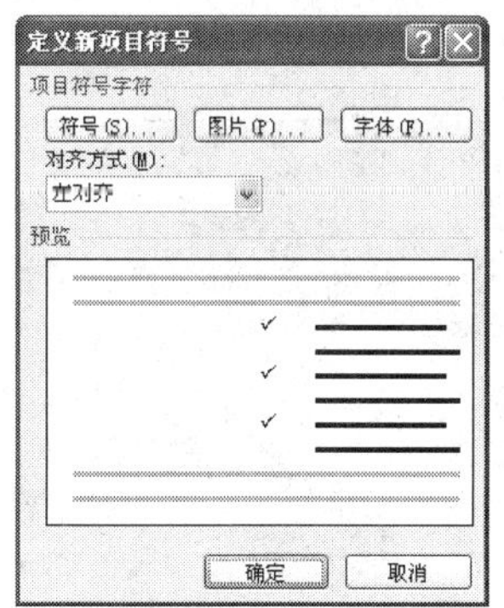

图 4.17 “定义新项目符号”对话框

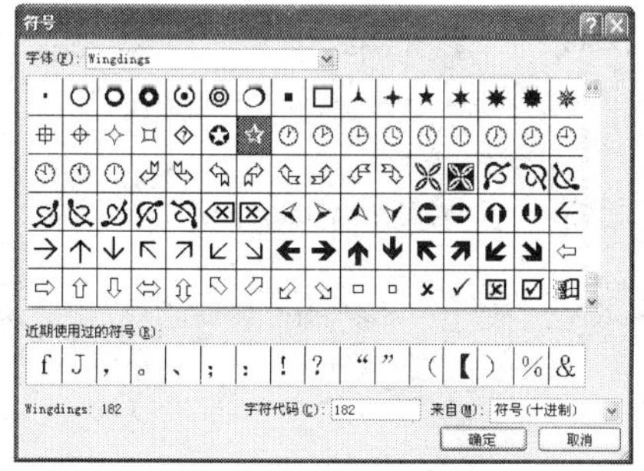

图 4.18 “符号”对话框

Step 04 在“定义新项目符号”对话框中，单击“字体”按钮，可以打开“字体”对话框以设置项目符号的大小或颜色等；单击“图片”按钮，可以将图片作为项目符号。设置完成后，单击“确定”按钮，返回到“定义新项目符号”对话框中。

Step 05 在“对齐方式”选项组中，可以选择左对齐、居中和右对齐这些对齐方式。

Step 06 单击“确定”按钮，即可给段落添加自定义的项目符号，效果如图 4.19 所示。

同使用项目符号列表类似，用户既可以使用已有的编号列表，也可以使用自定义的编号列表。如果要给段落添加自定义编号，具体操作步骤如下。

Step 01 选定要添加编号的段落。

Step 02 单击鼠标右键，在快捷菜单中选择“编号”命令，在弹出的级联菜单中选择“定义新编号格式”命令，打开“定义新编号格式”对话框，在“编号样式”下拉列表中选择一种编号样式，如图 4.20 所示。在“对齐方式”中，用户可以选择所需的对齐方式，设置完成后单击“确定”按钮。

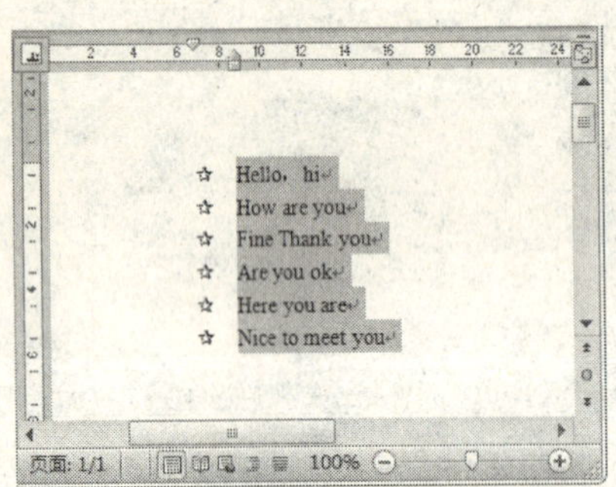

图 4.19　使用自定义项目符号列表

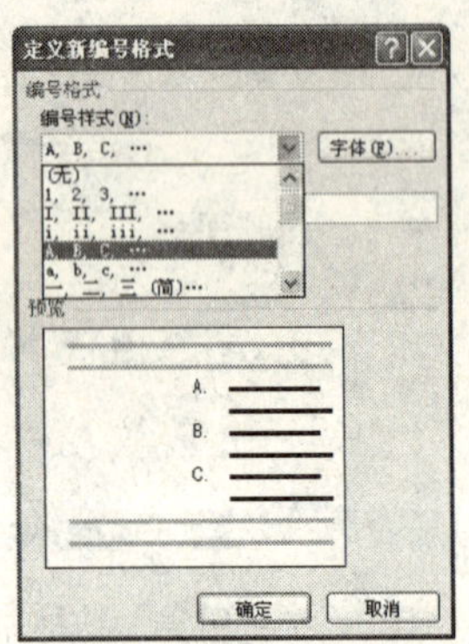

图 4.20　选择一种编号样式

4.8 案例实训

在本案例实训中，我们编排合作协议书中的字符格式和段落，并为其中的段落设置项目符号，具体操作步骤如下。

Step 01 打开“素材\第三章\合作人协议书.docx”文件，如图 4.21 所示。

Step 02 选择“合作协议书”，将“字体”设置为“宋体”，“字号”设置为“小一”，按 Ctrl+B 快捷键，将其加粗，并单击“居中”按钮，如图 4.22 所示。

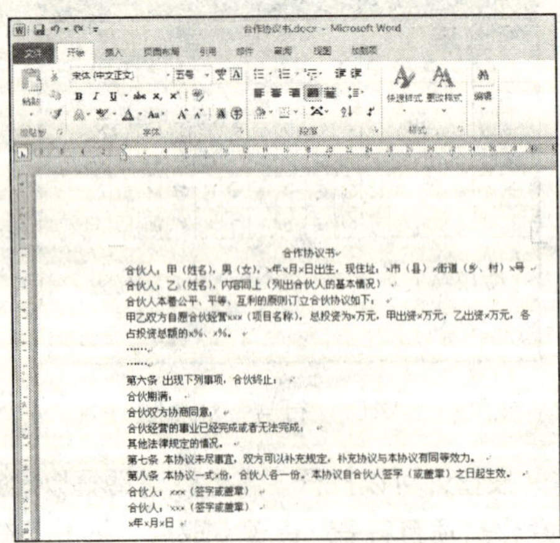

图 4.21　打开素材

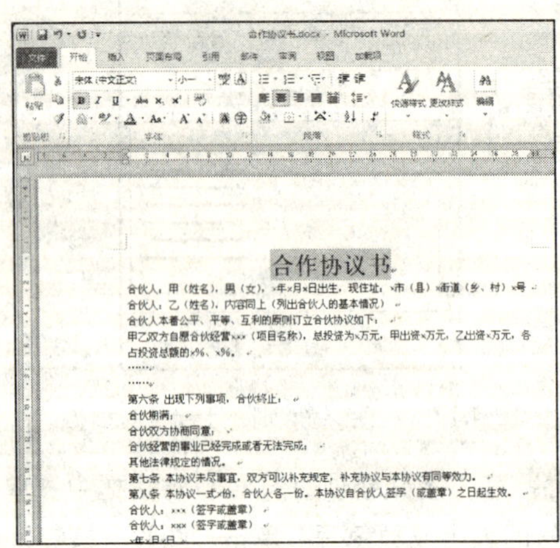

图 4.22　设置文本

Step 03 选择“合作协议书”内容，单击“段落”组右下角的“对话框启动器”按钮，打开“段落”对话框。切换到“缩进和间距”选项卡，在“缩进”栏中，将“左侧”与“右侧”分别设置为 4 字符和 0 字符；在“间距”栏中，将“段前”和“段后”均设置为 0.5 行，设置“行距”为“最小值”、“设置值”为“15 磅”，如图 4.23 所示。

Step 04 设置完成后，单击“确定”按钮，设置完成后的效果如图 4.24 所示。

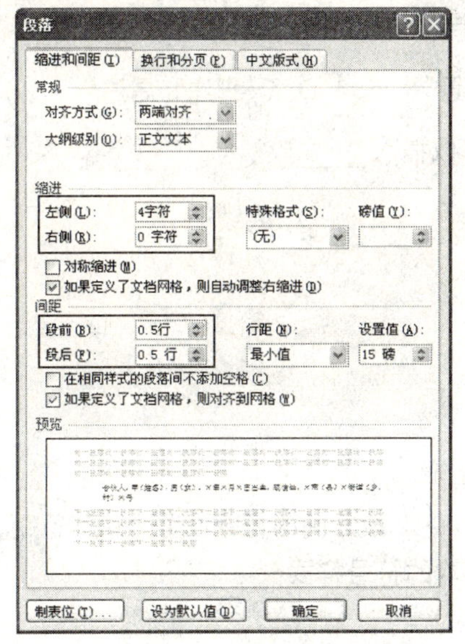

图 4.23 “段落”对话框

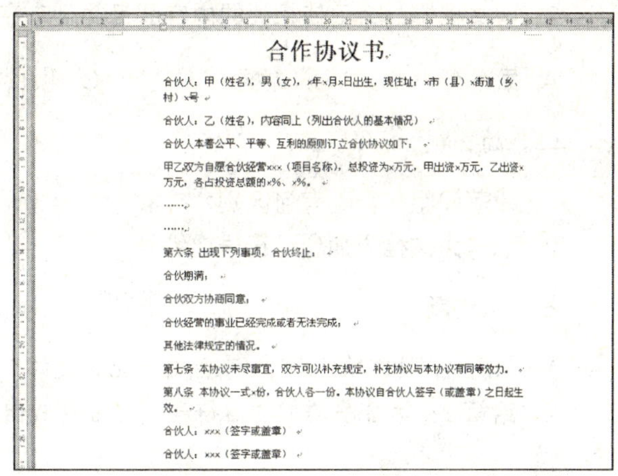

图 4.24 间距设置完成后的效果

Step 05 选择“第六条”下方的 4 行文本，在“开始”选项卡的“段落”组中单击“编号”按钮，在弹出的下拉列表中选择一种编号样式，如图 4.25 所示。

Step 06 选择完成后，即可为文本应用编号样式。选择设置编号列表的文本，单击“段落”组中“增加缩进量”按钮，设置完成后的效果如图 4.26 所示。

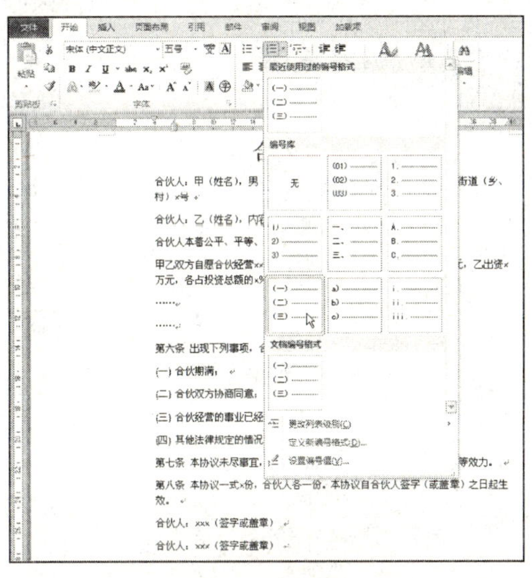

图 4.25 选择编号

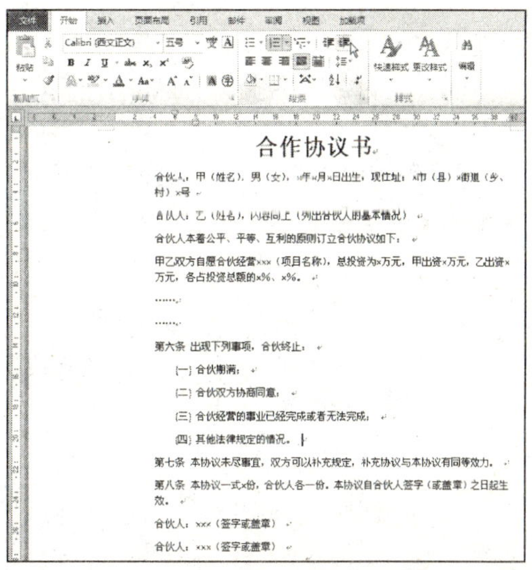

图 4.26 编号及缩进设置完成后的效果

4.9 课后练习与上机操作

一、选择题

1．在 Word 2010 中，可以使用标尺和______对话框来设置段落缩进。

A. “字体” B. “段落” C. “页面设置” D. “脚注和尾注”

2．在文档中，为了使相关的内容醒目并且有序，可以插入______。

A. 回车符 B. 边框 C. 项目符号 D. 底纹

二、简答题

1．段落间距和行距有何区别？

2．怎样为文档添加项目符号或编号？

三、操作题

1．打开“素材\第四章\山东简介.doc”文件，将第 1~2 段之间的行距设置为单倍行距。

2．给第 2、第 3 段添加项目符号，并设置成自己喜欢的符号样式。

第5章

样式和模板

本章导读

本章将讲解样式的基本知识，以及模板的使用。通过对本章的学习，可以更简便、快捷地整理文本。

知识要点

- 设置样式
- 创建和应用字符样式
- 创建和应用段落样式
- 修改和删除样式
- 使用与修改模板

5.1 设置样式

固定的字体、段落、制表位、边框和编号等格式称为样式。在对文档的排版操作中，只要将所需要的段落指定为预先设置好的样式，就可以快速、高效地完成对文档的排版，而不必逐个选择各种格式命令。

在 Word 2010 中，样式分为字符样式、段落样式、链接段落和字符样式、表格样式、列表样式。

“段落样式”是运用于整个段落中，可以包含影响段落外观的格式化，例如，对齐、缩进、上（下）间距和制表位等。

“字符样式”可以适用于正文的任意一节，包含运用于单个字符的任何格式化，例如字体、加粗、下划线和字号等。

切换到“开始”选项卡，在“样式”组中单击右下角的“对话框启动器”按钮，打开如图 5.1 所示的“样式”任务窗格。

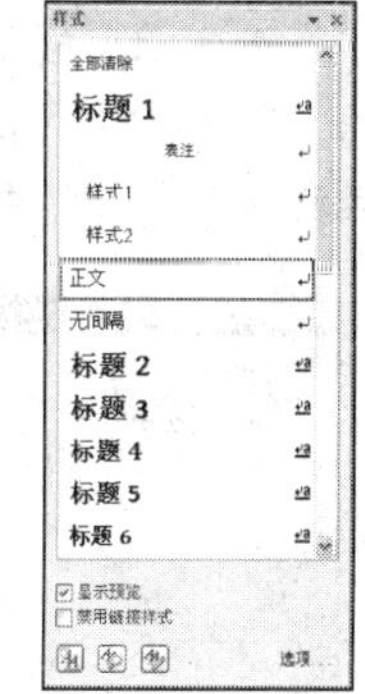

图 5.1 “样式”任务窗格

5.2 创建和应用字符样式

将字符格式的组合（例如字体、字号、加粗、倾斜、下划线以及字符颜色等）保存为字符样式，不但可以节省大量的时间，还可以保证整个文档中字符版面的一致性。

5.2.1 创建字符样式

创建字符样式的具体操作步骤如下。

Step 01 切换到“开始”选项卡，在“样式”组中单击右下角的“对话框启动器”按钮，打开“样式”任务窗格。

Step 02 单击“新建样式”按钮，弹出“根据格式设置创建新样式”对话框，如图5.2所示。

Step 03 在“名称”文本框中，输入新建样式的名称，例如输入“关键字”。

Step 04 单击“样式类型”下拉列表框右边的下三角按钮，打开下拉列表。在该下拉列表中提供了5个选项：“段落”、“字符”、“链接段落和字符”、“表格”和“列表”。选择“段落”选项可以定义段落样式；选择“字符”选项可以定义字符样式，这里选择“字符”选项。

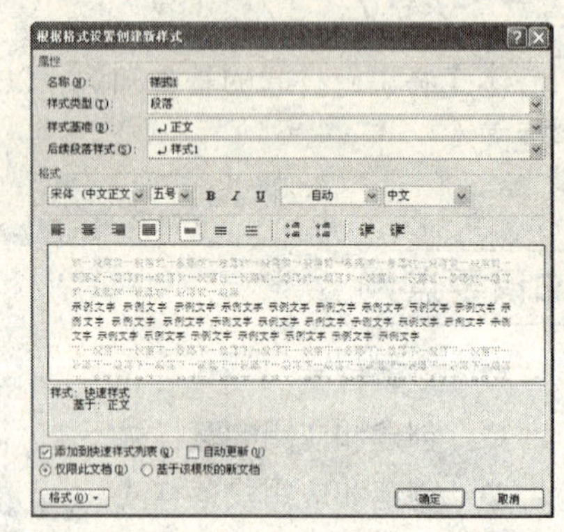

图5.2 “根据格式设置创建新样式”对话框

Step 05 在“样式基准”下拉列表中，选择该样式的基准样式（所谓“基准样式”，就是最基本或原始的样式，文档中的其他样式以此为基础，如果更改文档基准样式的格式元素，则所有基于基准样式的其他样式也相应发生变化）。

Step 06 单击“格式”按钮，弹出的“格式”下拉菜单中包含一些命令：“字体”、“段落”、“制表位”、“边框”、“语言”、“图文框”、“编号”、“快捷键”和“文字效果”，如图5.3所示。

Step 07 选择“字体”命令，打开“字体”对话框。在“中文字体”下拉列表中选择所需的字体，这里选择“黑体”；在“字形”列表框中选择所需的字形，这里选择“倾斜”；在“字号”列表框中选择所需的字号，这里选择“小四”。单击“确定”按钮，返回到“根据格式设置创建新样式”对话框。设置完的字体样式可在“预览”区中看到，且在“预览”区的下面还有该样式的说明，如图5.4所示。

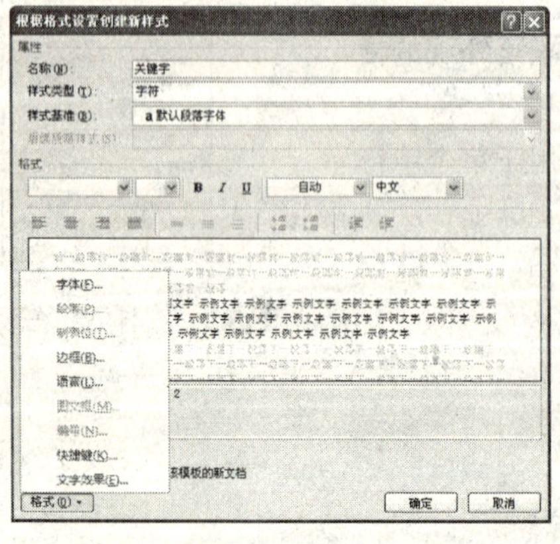

图5.3 打开“格式”下拉菜单

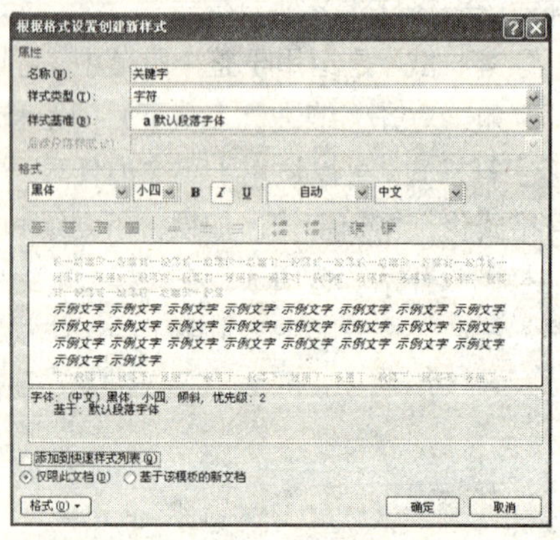

图5.4 新建字符样式的预览

Step 08 单击“确定”按钮，即完成“关键字”字符样式的创建并返回到文档中。单击“样式”任务窗格中的“关闭”按钮×，关闭该窗格。

5.2.2 应用字符样式

使用“样式”任务窗格应用字符样式的具体操作步骤如下。

Step 01 选定要应用字符样式的文本。例如，选定“‘齐多甘泉，冠于天下’”。
Step 02 选择“样式”任务窗格中刚刚创建的名为“关键字”的字符样式，如图5.5所示。
Step 03 这时即给选定的文本应用了该字符样式，效果如图5.6所示。

图5.5 选择关键字的字符样式

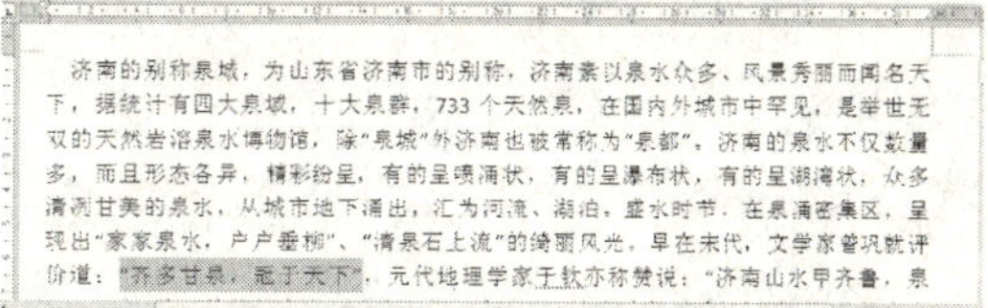

图5.6 为选定的文本应用“关键字”字符样式

5.3 创建和应用段落样式

同字符样式类似，可以将段落格式的组合（例如对齐、边框、缩进等）保存为段落样式。以后在编排段落时，可以直接应用段落样式。

5.3.1 创建段落样式

创建段落样式的具体操作步骤如下。

Step 01 在图5.3中的“样式类型”下拉列表中选择“段落”选项可以定义段落样式。
Step 02 在“样式基准”下拉列表中选择一种样式作为基准样式。默认情况下，显示的是“正文”样式。如果不想指定基准样式，可以从“样式基准”下拉列表中选择“(无样式)”选项。
Step 03 如果要为已设定样式的段落的后续段落应用一个已存在的样式，可以在“后续段落样式”下拉列表中选择所需的样式名。
Step 04 单击“格式”按钮，弹出“格式”下拉菜单，从该菜单中选择相应的命令来为样式定义格式。
Step 05 定义完成后，单击“确定”按钮返回到“根据格式设置创建新样式”对话框。
Step 06 重复Step 05，为样式定义其他的格式，例如“段落”格式、“制表位”格式和“边框”格式等。
Step 07 如果要把新样式添加到当前活动文档选用的模板中，使得基于同样模板的文档都使用该样式，需选中“基于该模板的新文档”单选按钮；否则，新样式仅存在于当前的文档中。
Step 08 如果选中“自动更新”复选框，则以后只要将手动设置应用于具有此样式的任何段落，就可以自动重新定义此样式。Word还将自动更新活动文档中所有应用此样式的段落。
Step 09 单击“确定”按钮，即完成样式创建并返回到文档中。

5.3.2 应用段落样式

用户可以使用“样式”任务窗格应用段落样式，具体操作步骤如下。

Step 01 选定要应用段落样式的一个或多个段落。

Step 02 切换到“开始”选项卡，在“样式”组中单击右下角的“对话框启动器”按钮，打开“样式”任务窗格。

Step 03 在“样式”任务窗格中选择所需的样式，单击“选项”链接，如图 5.7 所示。弹出“样式窗格选项”对话框，在“选择要显示的样式”下拉列表中，用户可以设置可选样式的显示范围，如图 5.8 所示。“选择要显示的样式”下拉列表中的默认选项为“当前文档中的样式”，当显示的样式没有符合要求时，可以选择“所有样式”选项来显示当前文档中的所有内置样式。

图 5.7 单击“选项”链接

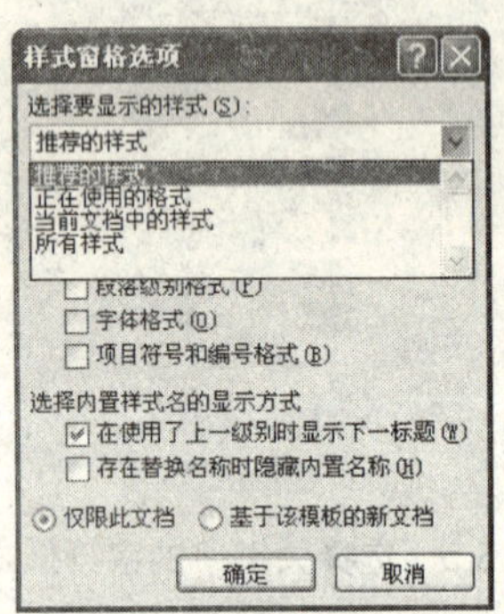

图 5.8 “样式窗格选项”对话框

5.4 修改和删除样式

5.4.1 修改样式

使用“样式”任务窗格可以修改样式，其具体操作步骤如下。

Step 01 选择需要更改样式属性的文本，打开“样式”任务窗格。

Step 02 在要修改的样式名上右击，在弹出的快捷菜单中选择“修改”命令，如图 5.9 所示。弹出如图 5.10 所示的“修改样式”对话框。

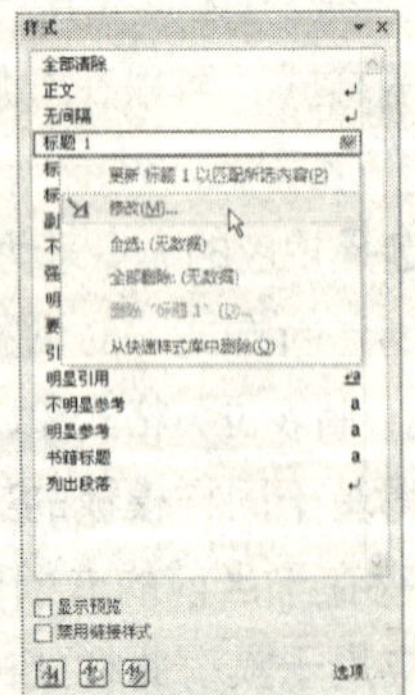

图 5.9 选择“修改”命令

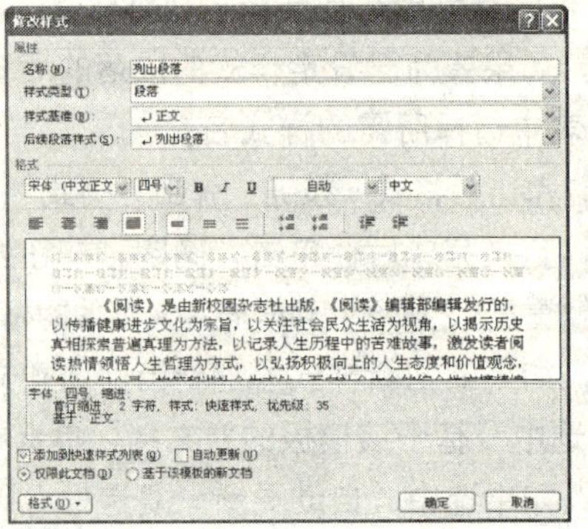

图 5.10 “修改样式”对话框

Step 03 在“名称”文本框中输入一个新的样式名。

Step 04 如果要重新指定该样式的基准样式，可以在“样式基准”下拉列表中选择需要的基准样式。

Step 05 如果要重新指定该样式的后续段落样式，可以在“后续段落样式”下拉列表中选择新的样式。

Step 06 根据需要决定是否选中“基于该模板的新文档”复选框和“自动更新”复选框。

Step 07 单击“确定”按钮，即可完成对样式的更改并返回到文档中。

5.4.2 删除样式

当不再需要某个样式时，用户可以在“样式”任务窗格中删除样式，则文档中采用该样式的段落都将变为正文样式，但无法删除模板的内置样式。删除样式的具体操作步骤如下。

Step 01 打开“样式”任务窗格，在打开的任务窗格中选择需要删除的样式。

Step 02 在选择的样式上单击鼠标右键，在弹出的快捷菜单中选择“删除‘关键字’”命令，如图 5.11 所示。将弹出确认删除提示对话框，如图 5.12 所示。如果选择的是 Word 的内置样式，则该命令变为灰色。

Step 03 单击“是”按钮，即可删除不需要的样式并返回到文档中。

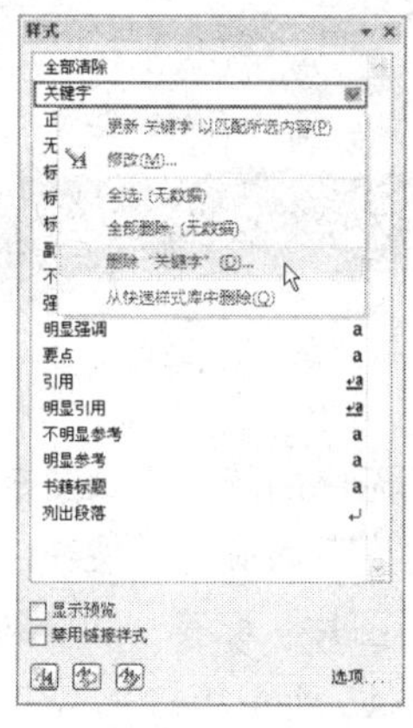

图 5.11 选择“删除‘关键字’”命令

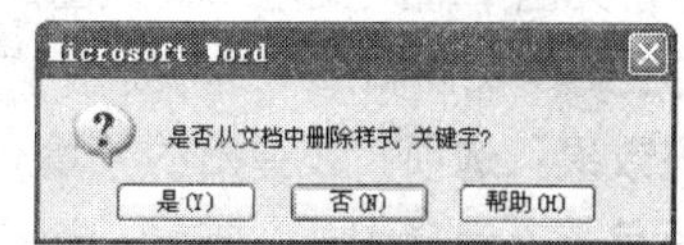

图 5.12 确认是否删除

5.5 使用与修改模板

模板就是将各种类型的文档预先编排成一种“文档框架”，这里的“文档框架”包括一些固定的文字内容以及所要使用的样式等。其中，样式是模板的一个重要组成部分。用户可以将创建的样式保存在模板中，从而使所有使用该模板创建的文档都应用该样式。这样既可以提高工作效率，又可以统一文档的风格。

在 Word 中，每一个文档都是在模板的基础上建立的。Word 默认使用的模板是 Normal 模板。在同一类型的所有文档中，文字、图形、页面设置、样式、自动图文集词条、工具栏、自定义菜单和快捷键等元素的设置都相同。另外，Word 2010 带有一些常用的文档模板，如传真、信函、备忘录以及出版物等（见图 5.13），用户可以使用这些模板来快速创建文档。

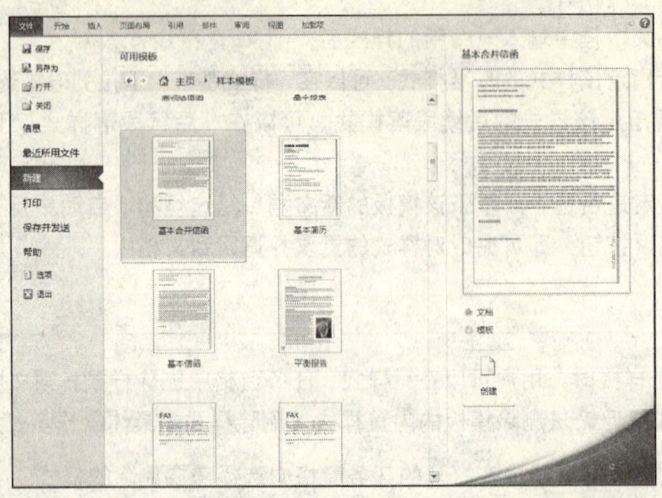

图 5.13　常用内置模板

用户可以修改模板，使其包括文档所需的特殊文本、图形、格式、样式等设置。这与修改一般的 Word 文档没有什么区别。

如果要更改模板，则会影响根据该模板创建的新文档。但更改模板后，并不影响基于此模板的原有文档内容。

5.6 案例实训

本案例实训介绍图文混排的制作，具体操作步骤如下。

Step 01 在新文档中输入文字和插入图片，文档在图文混排前是无序的状态，如图 5.14 所示。

Step 02 切换到“页面布局”选项卡，在“页面背景”组中单击“页面颜色”按钮，在下拉菜单中选择“填充效果”选项，在弹出的“填充效果”对话框中单击“图片”标签，切换到“图片”选项卡中，然后单击“选择图片”按钮，选择文档背景图片，如图 5.15 所示。

图 5.14　无序文档

图 5.15　设置文档背景

Step 03 选择第一张图片，单击鼠标右键，在弹出的快捷菜单中选择“自动换行”|“四周型环绕”

命令，如图 5.16 所示。

Step 04 使用步骤 Step 03 中的方法，将第二张和第三张图片设置为“穿越型环绕”，然后将图片拖至合适的位置，设置完成后的效果如图 5.17 所示。

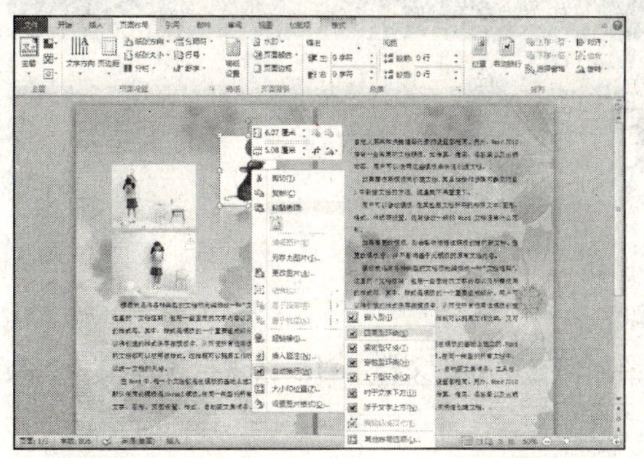

图 5.16　选择“四周型环绕”命令

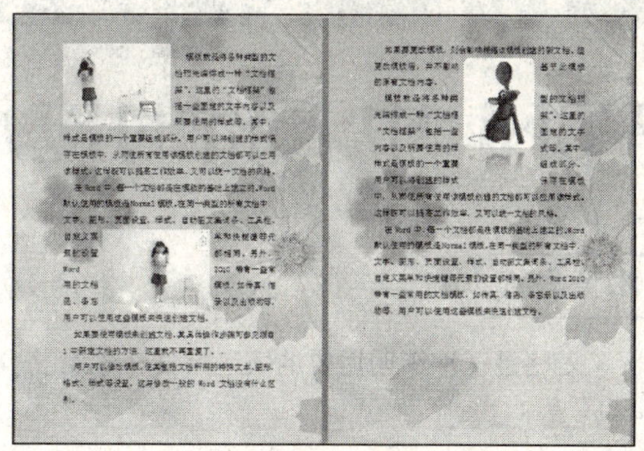

图 5.17　设置完成后的效果

5.7 课后练习与上机操作

一、选择题

1．下列________不是 Word 原有的样式。

A. 标题 1　　B. 标题 2　　C. 正文　　D. 新标题 2

2．Word 默认使用的模板是________模板。

A. Normal　　B.传真　　C. 信函　　D. Web 页

二、简答题

1．如何创建一个新的字符样式？

2．如何创建一个新的段落样式？

三、操作题

1．新建一个二号、黑体、倾斜字体，居中对齐，段前、段后间距为 12 磅的样式。

2．打开“素材\第五章\故宫简介.doc”文件，然后对各个自然段应用不同的样式，观察结果。

第6章

Word 中表格的应用

本章导读

表格是一种简明扼要的表达方式，本章将介绍如何在 Word 文档中对表格进行操作。

知识要点

- 创建表格
- 调整表格
- 文字与表格混排
- 表格与文本的转换
- 表格的计算与排序

6.1 创建表格

Word 2010 提供了多种创建表格的方式，可以在“插入”选项卡中单击“表格”按钮，在下拉菜单中拖动所需的表格创建表格，也可以在下拉菜单中选择“插入表格”命令创建表格。下面就对这两种方法进行介绍。

1. 拖动所需表格创建表格

例如，需要创建一个 5 行 5 列的表格，其具体操作步骤如下。

Step 01 将光标置于文档中需要插入表格的位置。

Step 02 单击“插入”|“表格”|“表格”按钮，会弹出如图 6.1 所示的下拉菜单，其左上角有所选中的表格列数×行数的显示情况。

Step 03 在该下拉框中移动鼠标，可以选择不同的行列组合方式，但此时最多可以创建 8 行 10 列的表格。

Step 04 将鼠标拖动至 5 行 5 列的选定位置上单击，此时，在光标的位置上就插入了一个 5 行 5 列的表格。

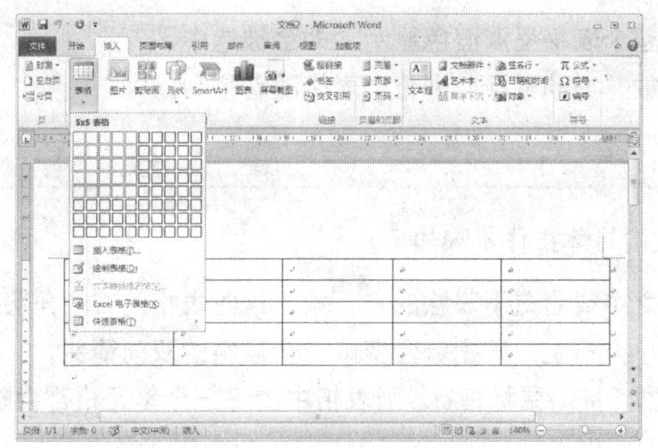

图 6.1 “插入表格”下拉菜单

2. 使用“插入表格”命令创建表格

使用“插入表格”命令创建表格的具体操作步骤如下。

Step 01 将光标置于文档中需要创建表格的位置。

Step 02 在“插入”选项卡中单击“表格”按钮，在弹出的下拉菜单中选择“插入表格”命令，会弹出“插入表格”对话框，如图 6.2 所示。

Step 03 在“表格尺寸”选项组中，分别输入所需的具体列数和行数。

Step 04 单击“确定”按钮，在光标处就插入了所需创建的表格。

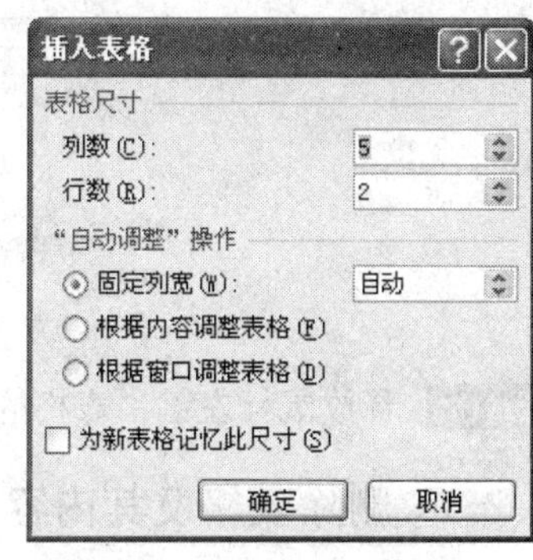

图 6.2 “插入表格”对话框

6.2 调整表格

表格创建完成后，往往还需要根据实际要求对表格进行调整，下面我们学习调整表格的方法。

6.2.1 移动表格

Word 2010 为用户提供了简单的整体移动和整体缩放表格的方法。整体移动表格的具体操作步骤如下。

Step 01 将鼠标置于表格之中或者置于表格的左上角，此时，表格的左上角就会出现一个小方框，如图 6.3 所示。

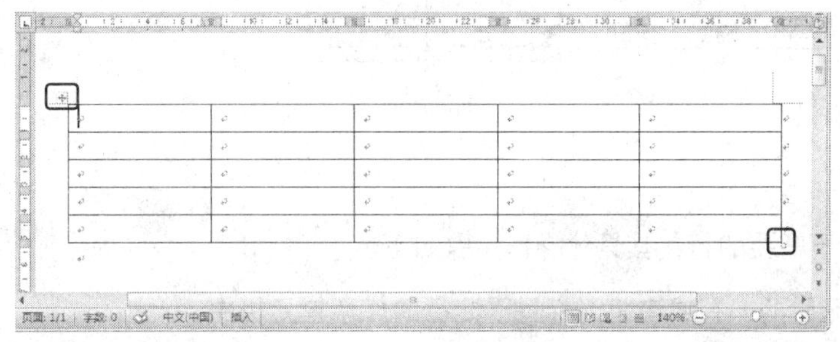

图 6.3 表格的整体移动方框（左上角）标志和表格的整体缩放（右下角）标志

Step 02 单击此方框，则整个表格呈淡蓝色显示，即全被选中。

Step 03 按住鼠标左键不放，拖动鼠标，则整个表格随着移动。

6.2.2 缩放表格

对表格进行整体缩放的具体操作步骤如下。

Step 01 将光标置于表格之中或者置于表格的右下角，这时表格的右下角会出现一个小方框。

Step 02 将鼠标指针置于小方框上，则指针会变成一个倾斜的双向箭头。

Step 03 按住鼠标左键不放，拖动鼠标指针，则表格中的每一个单元格都会随着均匀地放大或缩小，如图 6.4 所示。

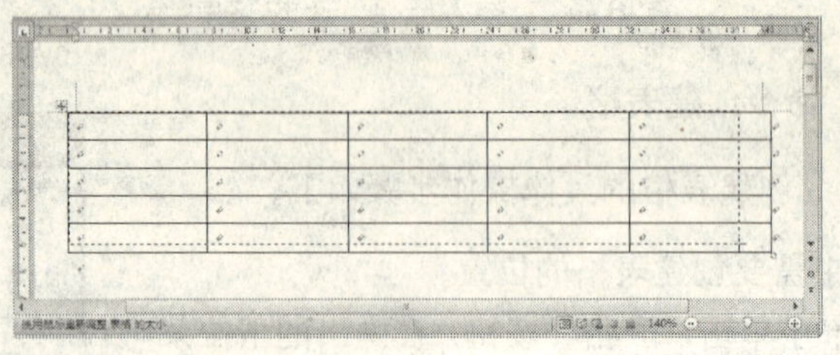

图 6.4 对表格进行整体缩放

Step 04 释放鼠标左键，表格的缩放完成。

6.2.3 删除表格及其内容

对表格的删除操作包括删除单元格、删除行、删除列、删除表格和删除表格内容等。下面分别介绍这 5 种常用的操作方法。

1. 删除单元格

删除单元格的具体操作步骤如下。

Step 01 选定所要删除的一个或者多个单元格后，单击鼠标右键，在弹出的快捷菜单中选择“删除单元格”命令，打开如图 6.5 所示的“删除单元格”对话框，选择所需的删除选项。

Step 02 单击“确定”按钮，即可删除不需要的单元格。

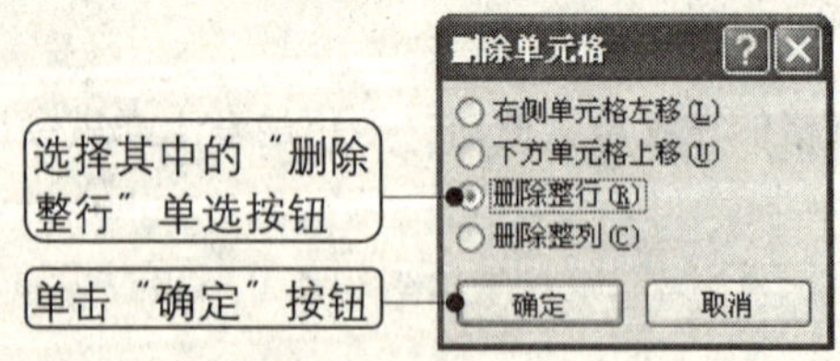

图 6.5 “删除单元格”对话框

2. 删除行

要删除表格中不需要的行，其具体操作步骤如下。

Step 01 选定需要删除的一行或者将光标置于此行的任意单元格中。

Step 02 在光标位置所在处右击，在弹出的快捷菜单中选择“删除单元格”命令，弹出“删除单元格”对话框，再选择“删除整行”单选按钮，单击“确定”按钮。

3. 删除列

与“删除行”方法相同，只不过把“行”改为“列”。

4. 删除表格

将光标置于所要删除的表格左上角的小方块中，表格将呈现淡蓝色，单击鼠标右键，在弹出的快捷菜单中选择“删除表格”命令，即可将表格删除。

5. 删除表格内容

要删除单元格中的内容，其具体操作步骤如下。

Step 01 将光标置于此单元格中。

Step 02 连续 3 次单击鼠标左键，选定单元格中的内容，或将鼠标指针移到该单元格左端，当指针变为黑色加粗反向箭头时，单击鼠标左键，也可以选中该单元格中的内容。

Step 03 按 Delete 键，即可删除单元格中的内容。

删除表格中某行或者某列中的内容，其具体操作步骤如下。

Step 01 将鼠标置于此行或列第 1 个单元格的外侧，当鼠标指针变成反向空心箭头形状时单击，即可选定此行或此列的全部内容。

Step 02 按 Delete 键，即可将不需要的内容删除。

注 意

Step 01 中选定的仅仅是内容，而不是表格的行及其内容的综合，此时不能使用鼠标右键进行删除操作。鼠标右键提供的“删除行”（或者“删除列”）仅针对 1 表格而言，不针对内容。

6.2.4 表格的拆分与合并

在对表格进行操作时，常常需要在不改变表格整体大小的情况下，将某个单元格拆分为几个单元格，或者将两个或多个单元格合并为一个单元格，甚至需要将一个表格拆成几个表格以适应实际的需要，这就要求掌握表格的拆分和合并的操作。

1. 拆分单元格

拆分单元格的具体操作步骤如下。

Step 01 将光标置于表格内需要拆分的单元格中。

Step 02 单击“布局”|“合并”|“拆分单元格”按钮，弹出如图 6.6 所示的“拆分单元格”对话框。

Step 03 在“列数”和“行数”文本框中分别输入需要拆分的列数和行数。

Step 04 单击“确定”按钮，所选的单元格就会按照要求进行拆分，如图 6.7 所示。

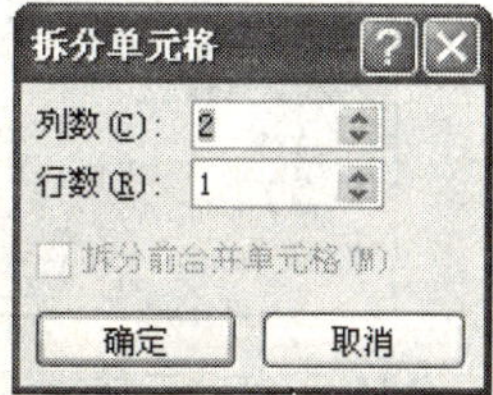

图 6.6 “拆分单元格”对话框

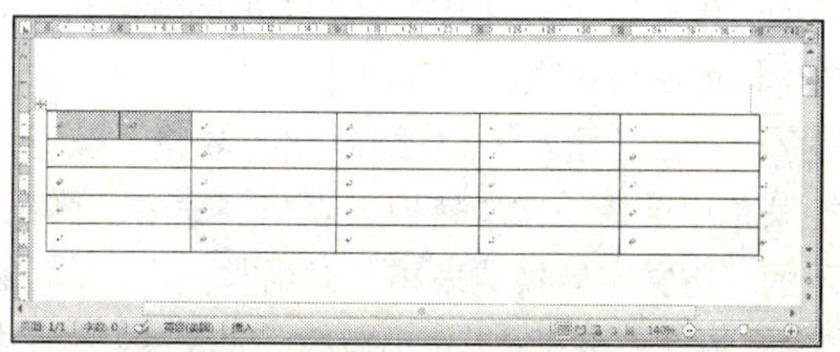

图 6.7 拆分单元格后的表格

2. 合并单元格

将拆分的单元格重新合并为一个单元格，其具体操作步骤如下。

Step 01 选中需要合并的单元格（将鼠标置于表格的相应位置，当其指针变成一个竖条“|”时，拖动鼠标）。

Step 02 单击“布局”|“合并”|“合并单元格”按钮，即可将所选的几个单元格合并成一个单元格；也可以通过单击鼠标右键，在弹出的快捷菜单中选择“合并单元格”命令来实现。

3. 拆分表格

当需要将一个综合数据表中的每一类数据拆分成不同的表格时，就会用到拆分表格操作。其具体操作步骤为：将光标置于要拆分为第二个表格的第一行，其位置可以是此行中的任意一个单元格，如这里选择图 6.8 中第 2 行的任一单元格，按 Ctrl+Shift+Enter 组合键，原来的一个表格就变成了两个，效果如图 6.9 所示。

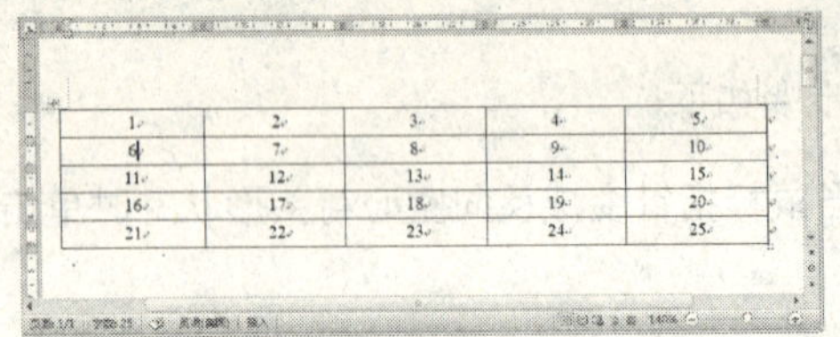

图 6.8　拆分表格前

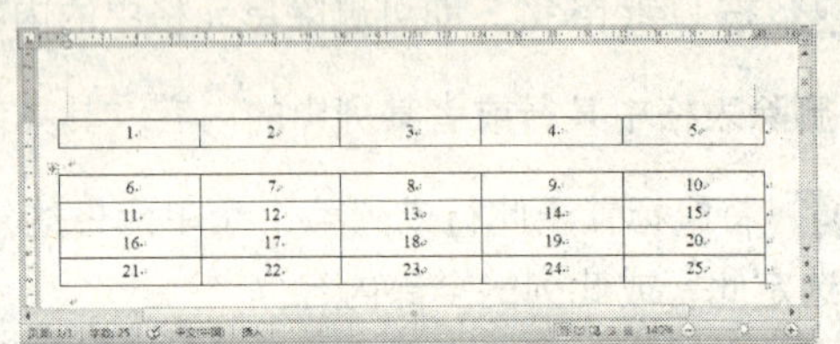

图 6.9　拆分表格后

4. 合并表格

如果两个表格的内容相互关联，那么可以将它们合并为一个表格。当表格处于相邻的位置时，将表格选中并单击鼠标右键，在弹出的快捷菜单中选中“合并单元格”命令，即可将两个表格合并。

6.3 文本与表格的转换

如何把文本转换为表格或者把表格转换为文本呢？学习完本节的内容之后，就可以轻松地实现文本与表格的相互转换。

6.3.1 将文本转换成表格

将文本转换成表格时，使用逗号、制表符或其他分隔符标记新列开始的位置。例如，要将 1~12 这 12 个数字转换为 3 行 4 列的表格时，其具体操作步骤如下。

Step 01 在要划分列的位置插入特定的分隔符，例如“，”。

Step 02 选定要转换的文本。

Step 03 单击“插入”|“表格”|“表格”按钮，在弹出的下拉菜单中选择“文本转换成表格”命令，弹出如图 6.10 所示的“将文字转换成表格”对话框。

Step 04 在“表格尺寸”选项组的“列数”文本框中，输入 4。

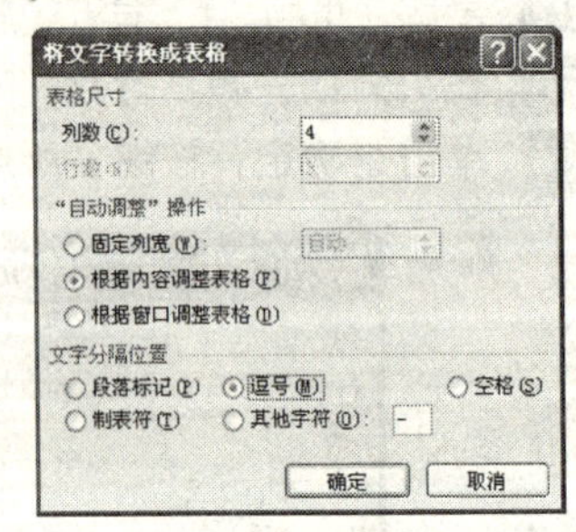

图 6.10　“将文字转换成表格”对话框

Step 05 在“‘自动调整’操作”选项组中选择“根据内容调整表格”单选按钮。

Step 06 在“文字分隔位置”选项组中选择所需的分隔符选项，在本例中选中“逗号”单选按钮。

Step 07 单击“确定”按钮，转换完成。将文本转换为表格的过程，如图 6.11 所示。

1,2,3,4
5,6,7,8
9,10,11,12

插入分隔符

1,2,3,4
5,6,7,8
9,10,11,12

选定文本

1	2	3	4
5	6	7	8
9	10	11	12

转换完成

图 6.11　将文字转换为表格的过程示例

注 意

所选择的文字分隔符一定要与实际一致。例如，文档中分隔要转换为表格的文字使用的是中文逗号“，”，而对话框中输入的是英文逗号“,”，那么转换的结果很可能与希望的不同。

6.3.2　将表格转换成文本

当需要将表格转换成纯文本时，其具体操作步骤如下。

Step 01 选定要转换为段落的行或表格，然后切换到“布局”选项卡，在“数据”组中单击“转换为文本”按钮，如图 6.12 所示。弹出“表格转换成文本”对话框，如图 6.13 所示。

Step 02 在“文字分隔符”选项组中，选中所需的字符作为替代列边框的分隔符，本例选中“逗号”单选按钮，单击“确定”按钮，表格就被转换成文本了。

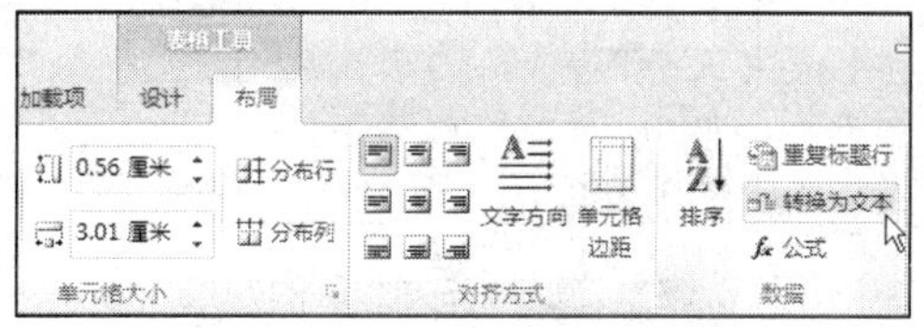

图 6.12　单击“转换为文本”按钮

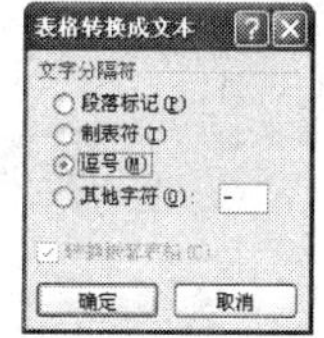

图 6.13　“表格转换成文本”对话框

6.4　表格内容与表格的排版

设置单元格中的文本与设置文档中的文本相同，同样可以设置字体、字号以及改变文字方向，也可以为其添加底纹或修改文本在单元格中的对齐方式等操作。通过在文档中排版表格可以方便阅读，也可以使版面更加规范和美观。

6.4.1　设置文字方向

默认状态下，表格中的文本都是横向排列的。在 Word 中可以改变整个表格中文本的文字方向，也可只改变某一个单元格的文字方向。

选择整个表格或将插入符置入要改变文字方向的单元格中，然后切换到“表格工具-布局”选项卡，在“对齐方式”组中单击“文字方向”按钮，即可实现单元格内文字横排和竖排方式间的转换。

6.4.2　设置单元格中文本的对齐方式

用户可以根据需要调整文本的对齐方式。当对一个或多个单元格中的文本设置对齐方式时，首先应将光标放置在该单元格中或选中这些单元格。若选中整个表格，则对整个表格设置对齐方式。

在“表格工具-布局”选项卡中的“对齐方式”组中汇集了多种对齐方式，如图 6.14 所示。如果要对单元格中竖排的文本设置对齐方式，在选中单元格后，“对齐方式”组中的对齐方式将发生相应改变，如图 6.15 所示。

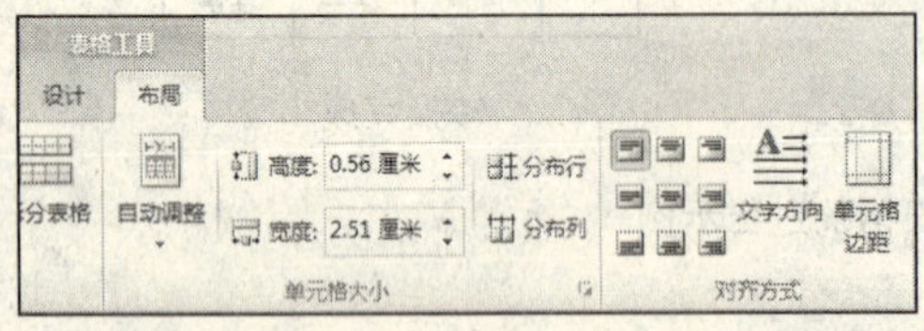

图 6.14　横排文字方向

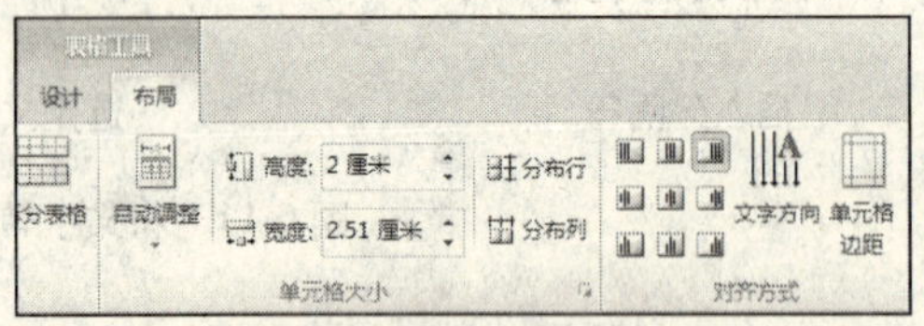

图 6.15　竖排文字方向

设置单元格中文本对齐方式的操作步骤如下。

Step 01　单击“文件”按钮，在弹出的下拉菜单中选择“打开”命令，在弹出的对话框中选择“素材\第六章\表格.docx”文件，单击“打开”按钮，然后选择要设置对齐方式的单元格，如图 6.16 所示。

Step 02　切换到“表格工具-布局”选项卡，在“对齐方式”组中单击“水平居中”按钮，设置对齐方式后的效果如图 6.17 所示。

12 月

一	二	三	四	五	六	日
28	29	30	1	2	3	4
5	6	7	8	9	10	11
12	13	14	15	16	17	18
19	20	21	22	23	24	25
26	27	28	29	30	31	1

图 6.16　选择单元格

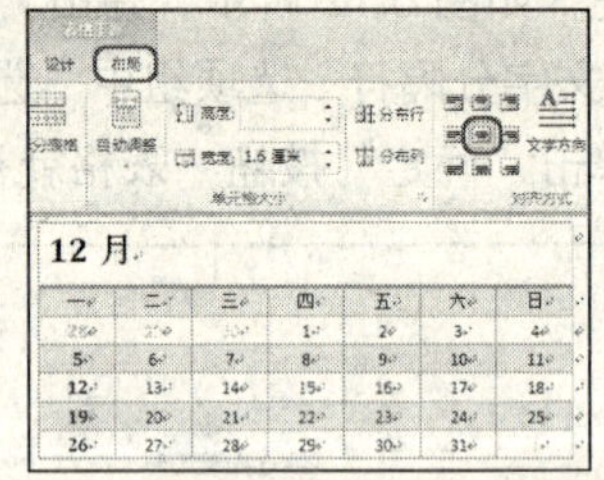

图 6.17　设置对齐方式后的效果

6.4.3　使用“自动调整”命令调整表格

使用“自动调整”命令可以调整表格的列宽，具体的操作步骤如下。

Step 01　单击“文件”按钮，在弹出的下拉菜单中选择“打开”命令，在弹出的对话框中选择“素材\第六章\表格.docx”文件，单击“打开”按钮，然后将插入符置入表格内的任意单元格中或选择整个表格，如图 6.18 所示。

Step 02　切换到“表格工具-布局”选项卡，在“单元格大小”组中单击　“自动调整”按钮，在弹出的下拉菜单中选择下列命令之一，如图 6.19 所示。

12 月

一	二	三	四	五	六	日
28	29	30	1	2	3	4
5	6	7	8	9	10	11
12	13	14	15	16	17	18
19	20	21	22	23	24	25
26	27	28	29	30	31	1

图 6.18　指定插入符位置

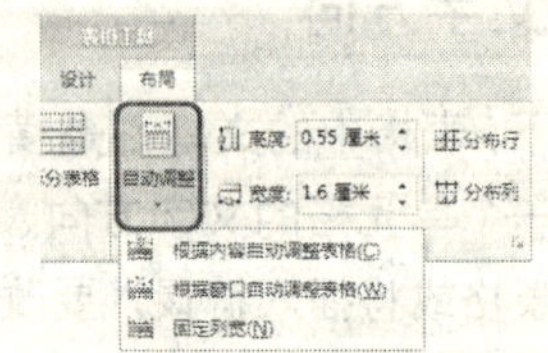

图 6.19　单击“自动调整”按钮

- 选择“根据内容自动调整表格”命令：表格会按每一列的文本内容重新调整列宽，调整后的表格看上去更加紧凑、整洁，如图 6.20 所示。
- 选择“根据窗口自动调整表格”命令：表格中每一列的宽度将按照相同的比例扩大，调整后的表格宽度与正文区宽度相同，如图 6.21 所示。
- 选择“固定列宽”命令：表格中每一列的宽度不会随内容变化，但仍可拖动线框调整列宽。

12 月						
一	二	三	四	五	六	日
28	29	30	1	2	3	4
5	6	7	8	9	10	11
12	13	14	15	16	17	18
19	20	21	22	23	24	25
26	27	28	29	30	31	1

图 6.20　根据内容自动调整表格

12 月						
一	二	三	四	五	六	日
28	29	30	1	2	3	4
5	6	7	8	9	10	11
12	13	14	15	16	17	18
19	20	21	22	23	24	25
26	27	28	29	30	31	1

图 6.21　根据窗口自动调整表格

注 意

通过单击“单元格大小”组中的“分布行”按钮 分布行 或“分布列”按钮 分布列，可以将整个表格或选定的行（列）设置成相同的高度（宽度）。

6.4.4　指定文本到表格线的距离

默认情况下，文本与表格线是有一定距离的，这个距离也可以由用户来指定。在指定时，可以指定整个表格，也可以单独指定任意单元格中文本到表格线的距离。

指定文本到表格线的距离，具体操作方法如下。

Step 01 单击“文件”按钮，在弹出的下拉菜单中选择“打开”命令，在弹出的对话框中选择“素材\第六章\表格.docx”文件，单击“打开”按钮，然后将插入符置入表格的任意单元格中，如图 6.22 所示。

Step 02 切换到“表格工具-布局”选项卡，在“单元格大小”组中单击右下角的按钮，打开“表格属性”对话框，如图 6.23 所示。

12 月						
一	二	三	四	五	六	日
28	29	30	1	2	3	4
5	6	7	8	9	10	11
12	13	14	15	16	17	18
19	20	21	22	23	24	25
26	27	28	29	30	31	1

图 6.22　指定插入符位置

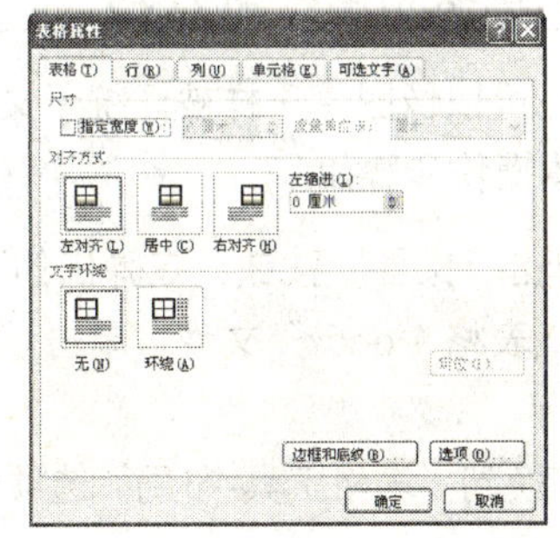

图 6.23　“表格属性”对话框

Step 03 在“表格”选项卡中单击“选项”按钮，打开“表格选项”对话框，如图 6.24 所示。

Step 04 在“默认单元格边距”选项组中可以设置整张表格中的每一个单元格中文本到表格线的距离，例如将“上”、“下”、“左”和“右”都设置为 0.3 厘米，单击“确定”按钮，返回到“表格属性”对话框，再次单击“确定”按钮，设置完成后的效果如图 6.25 所示。

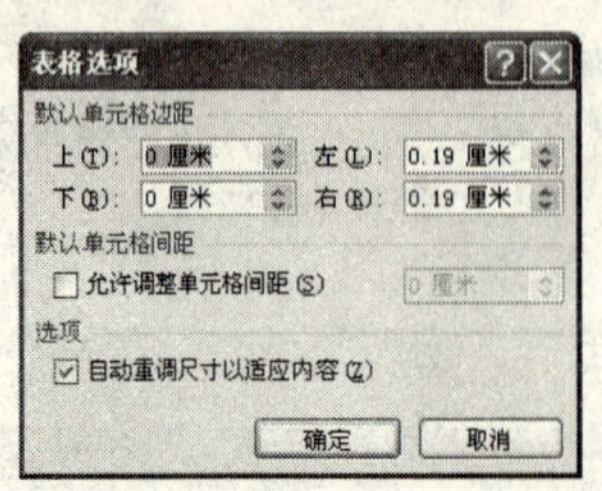

图 6.24 “表格选项”对话框

12 月

一	二	三	四	五	六	日
28	29	30	1	2	3	4
5	6	7	8	9	10	11
12	13	14	15	16	17	18
19	20	21	22	23	24	25
26	27	28	29	30	31	1

图 6.25 设置完成后的效果

提 示

如果要单独调整某一个单元格的边框距离，则将插入符置入要调整的单元格中，然后切换到“表格工具—布局”选项卡，在“单元格大小”组中单击右下角的按钮，在打开的“表格属性”对话框中选择“单元格”选项卡，单击“选项”按钮，打开“单元格选项”对话框，在该对话框中进行设置即可，如图 6.26 所示。

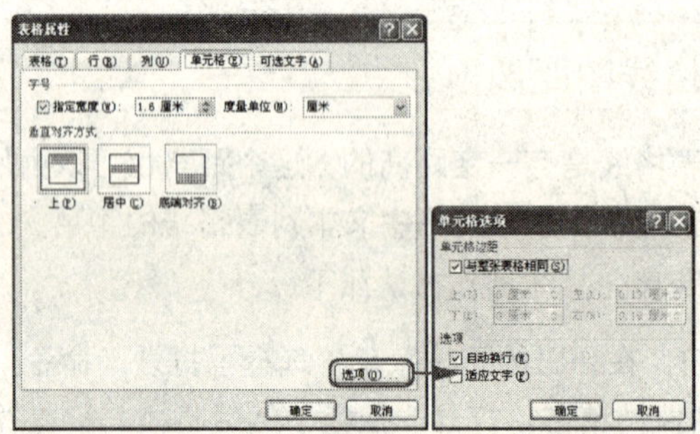

图 6.26 “单元格选项”对话框

6.4.5 设置表格的环绕方式

表格也可以像图片一样被环绕于文字中。使用“表格属性”对话框可以精确地设置表格的环绕方式，具体操作步骤如下。

Step 01 单击“文件”按钮，在弹出的下拉菜单中选择“打开”命令，在弹出的对话框中选择“素材\第六章\表格 1.docx”文件，单击“打开”按钮，然后将插入符置入表格中的任意单元格中，如图 6.27 所示。

Step 02 切换到“表格工具-布局”选项卡，在“表”组中单击“属性”按钮，如图 6.28 所示。

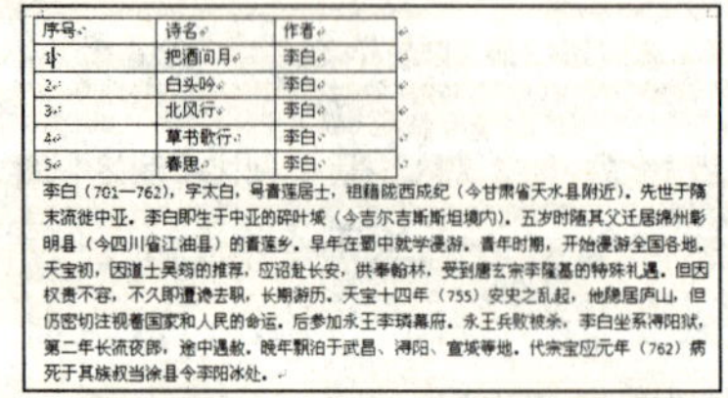

序号	诗名	作者
1	把酒问月	李白
2	白头吟	李白
3	北风行	李白
4	草书歌行	李白
5	春思	李白

李白（701—762），字太白，号青莲居士，祖籍陇西成纪（今甘肃省天水县附近）。先世于隋末流徙中亚。李白即生于中亚的碎叶城（今吉尔吉斯斯坦境内）。五岁时随其父迁居绵州彰明县（今四川省江油县）的青莲乡。早年在蜀中就学漫游。青年时期，开始漫游全国各地。天宝初，因道士吴筠的推荐，应诏赴长安，供奉翰林，受到唐玄宗李隆基的特殊礼遇。但因权贵不容，不久即遭谗去职，长期游历。天宝十四年（755）安史之乱起，他隐居庐山，但仍密切注视着国家和人民的命运。后参加永王李璘幕府。永王兵败被杀，李白坐系浔阳狱，第二年长流夜郎，途中遇赦。晚年飘泊于武昌、浔阳、宣城等地。代宗宝应元年（762）病死于其族叔当涂县令李阳冰处。

图 6.27 指定插入符位置

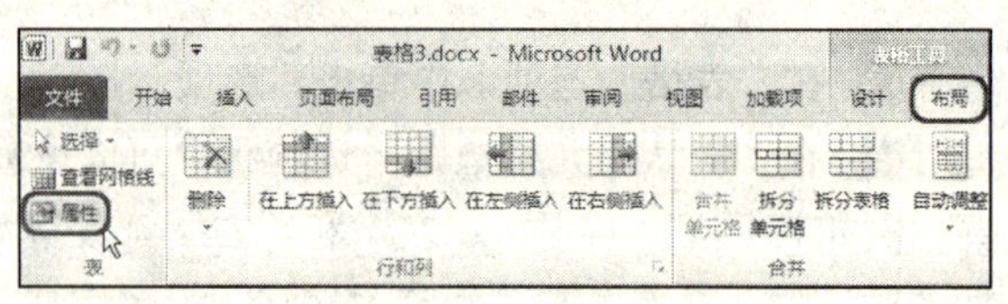

图 6.28 单击“属性”按钮

Step 03 打开“表格属性”对话框，切换到“表格”选项卡，在“文字环绕”选项区中选择“环绕”选项；在“对齐方式”选项区中选择一种对齐方式，例如，选择“右对齐”选项，如图 6.29 所示。

Step 04 单击“确定”按钮，即可完成对表格的环绕设置，如图 6.30 所示。

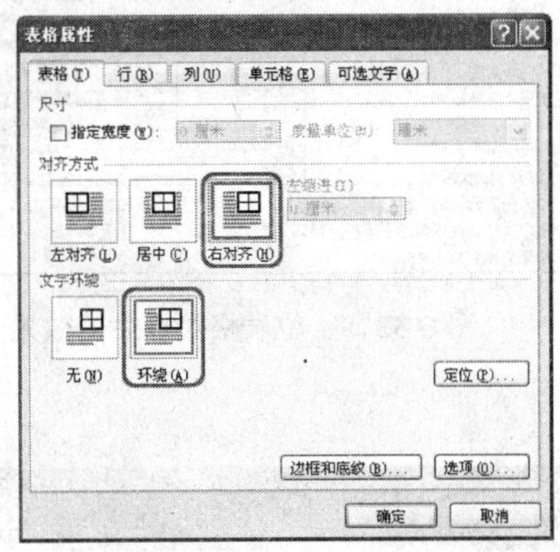

图 6.29 “表格属性”对话框

序号	诗名	作者
1	把酒问月	李白
2	白头吟	李白
3	北风行	李白
4	草书歌行	李白
5	春思	李白

李白（701—762），字太白，号青莲居士，祖籍陇西成纪（今甘肃省天水县附近）。先世于隋末流徙中亚。李白即生于中亚的碎叶城（今吉尔吉斯斯坦境内）。五岁时随其父迁居绵州彰明县（今四川省江油县）的青莲乡。早年在蜀中就学漫游。青年时期，开始漫游全国各地。天宝初，因道士吴筠的推荐，应诏赴长安，供奉翰林，受到唐玄宗李隆基的特殊礼遇。但因权贵不容，不久即遭谗去职，长期游历。天宝十四年（755）安史之乱起，他隐居庐山，但仍密切注视着国家和人民的命运。后参加永王李璘幕府。永王兵败被杀，李白坐系浔阳狱，第二年长流夜郎，途中遇赦。晚年飘泊于武昌、浔阳、宣城等地。代宗宝应元年（762）病死于其族叔当涂县令李阳冰处。

图 6.30 设置环绕方式后的效果

6.4.6 定位表格的位置

如果要精确设置表格的环绕方式以及设置表格与文字之间的距离，可以使用“表格属性”对话框将表格定位到一个指定位置，操作方法如下。

Step 01 继续上一小节的操作，将插入符置入表格中的任意单元格中。

Step 02 切换到“表格工具-布局”选项卡，在“单元格大小”组中单击右下角的按钮，打开“表格属性”对话框，在该对话框中切换到“表格”选项卡，然后单击“定位”按钮，如图 6.31 所示。

Step 03 打开“表格定位”对话框，如图 6.32 所示。

图 6.31 “表格属性”对话框

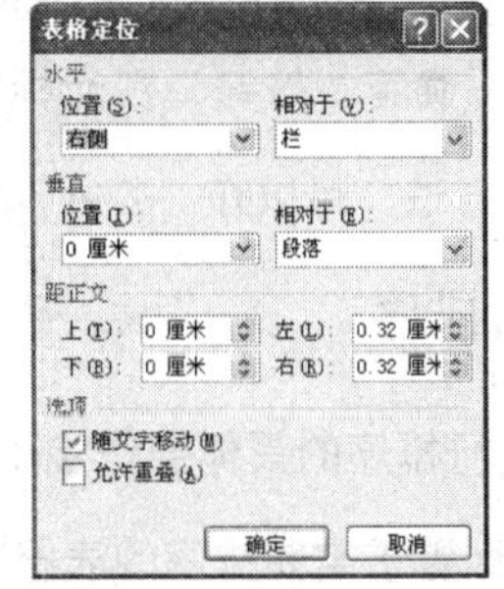

图 6.32 “表格定位”对话框

注 意

只有在“文字环绕”选项组中选择“环绕”选项后，才可以使用“定位”按钮。

Step 04 在“水平”选项组中的“位置”下拉列表框中输入一个精确的数值，也可以单击其右侧的按钮，在弹出的下拉列表中进行选择，还可以在“相对于”下拉列表中设置表格相对页面左右边界、页边距以及分栏的距离。在这里设置“位置”为“居中”、“相对于”为“栏”。

Step 05 在“垂直”选项组中的“位置”下拉列表框中输入一个精确的数值，也可以单击其右侧的▼按钮，在弹出的下拉列表中进行选择，同样，还可以在“相对于”下拉列表中设置表格相对页面上下边界、页边距以及段落的距离。在这里设置“位置”为 1.4 厘米、“相对于”为“段落”。

Step 06 再在“距正文”选项组中设置表格与周围正文的距离，在这里将“上”、“下”、“左”、“右”全部设置为 0 厘米。设置完成后，单击“确定”按钮，返回到“表格属性”对话框，再次单击“确定”按钮即可，定位表格位置后的效果如图 6.33 所示。

李白（701—762），字太白，号青莲居士，祖籍陇西成纪（今甘肃省天水县附近）。先世于隋末流徙中亚。李白即生于中亚的碎叶城（今吉尔吉斯斯坦境内）。五岁时随其父迁居绵州彰明县（今四川省江油 县）的青莲乡。早年在蜀中就学漫游。青 年时期，开始漫游全国各地。天宝初，因 道士吴筠的推荐，应诏赴长安，供奉翰林 受到唐玄宗李隆基的特殊礼遇。但因权 贵不容，不久即遭谗去职，长期游历。天 宝十四年（755）安史之乱起，他隐居庐 山，但仍密切注视着国家和人民的命运。后参加永王李璘幕府。永王兵败被杀，李白坐系浔阳狱，第二年长流夜郎，途中遇赦。晚年飘泊于武昌、浔阳、宣城等地。代宗宝应元年（762）病死于其族叔当涂县令李阳冰处。

序号	诗名	作者
1	把酒问月	李白
2	白头吟	李白
3	北风行	李白
4	草书歌行	李白
5	春思	李白

图 6.33　定位表格位置后的效果

6.5 表格的计算与排序

Word 2010 提供了强大的表格计算（如表格中的加、减、乘、除等运算）与表格排序处理功能，下面分别对表格中的运算和表格排序进行介绍。

6.5.1　表格中的加、减、乘、除法运算

使用 Word 2010 表格中的“公式”对话框进行求和运算，其具体操作步骤如下。

Step 01 将光标置于要存放求和结果的单元格中。

Step 02 单击“布局”|“数据”|“公式”按钮，会弹出“公式”对话框，如图 6.34 所示。在“公式”文本框中输入等号，单击“粘贴函数”下拉按钮，从下拉列表中选择 SUM（求和函数），然后在括号内输入要进行计算的单元格范围。也可在“公式”文本框中直接输入要求和的各项目的位置，如“=b1+b2”，其计算结果是相同的。

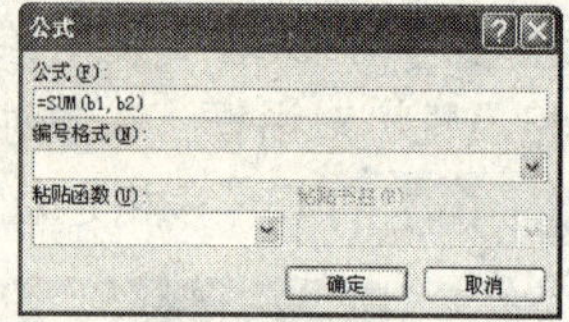

图 6.34　“公式”对话框

Step 03 单击“确定”按钮，在光标所在处就会出现求和的结果。

依照上述方法，可以在“公式”文本框中输入减法、乘法或除法公式来计算相应的值。

6.5.2　表格排序

对表格进行排序的具体操作步骤如下。

Step 01 将光标置于需要排序的表格中，如图 6.35 所示。

学生	向雪	夏梅	夏苗
语文	91	83	95
政治	86	96	89
历史	78	79	71
平均	85	86	85

图 6.35　排序前的表格

Step 02 单击“布局”|“数据”|“排序”按钮，会弹出“排序”对话框，如图 6.36 所示。设置完成后，单击“确定”按钮，排序后的效果如图 6.37 所示。

Step 03 在“主要关键字”下拉列表中列出了第一行中每个单元格的内容：学生、向雪、夏梅和夏苗，从中选择“向雪”。

Step 04 在“类型”下拉列表中选择“数字”，并选择“降序”方式。

Step 05 单击“确定”按钮，即可将表格按照向雪成绩的降序排序，这样便很容易看出向雪同学各科成绩的分布情况。

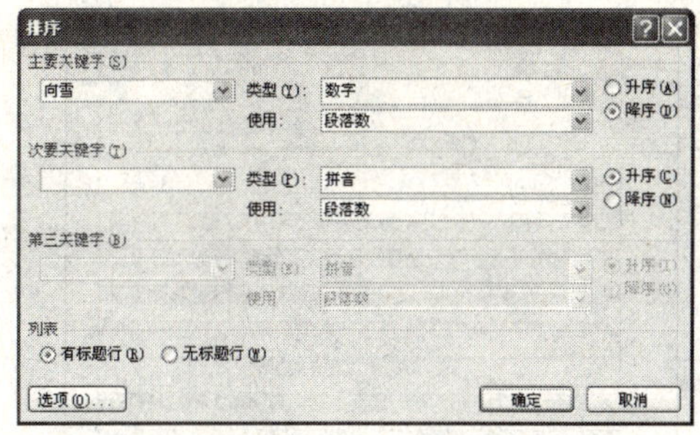

图 6.36 “排序”对话框

学生	向雪	夏梅	夏苗
语文	91	83	95
政治	86	96	89
平均	85	86	85
历史	78	79	71

图 6.37 排序后的表格

6.6 案例实训

本案例实训主要通过制作一份装机配置单来练习在 Word 中对表格的操作，其具体操作步骤如下。

Step 01 在 Word 中新建一个空白文档，将光标定位到要插入表格的位置。切换到“插入”选项卡，在“表格”组中单击“表格”按钮，在弹出的下拉菜单中选择“插入表格”命令，如图 6.38 所示。

Step 02 打开“插入表格”对话框，在“列数”文本框中输入“4”，在“行数”文本框中输入“15”，如图 6.39 所示。

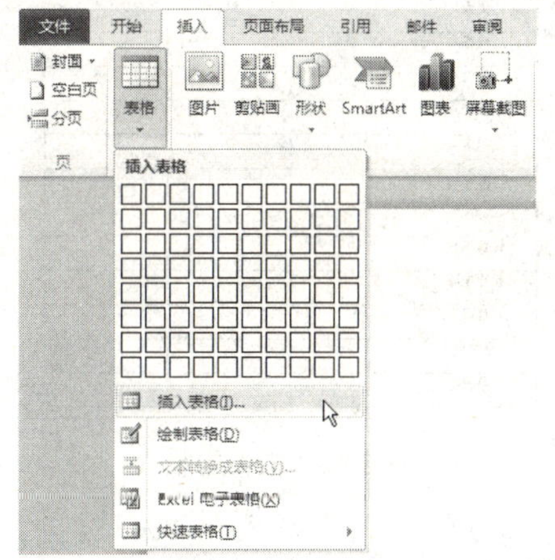

图 6.38 选择“插入表格”命令

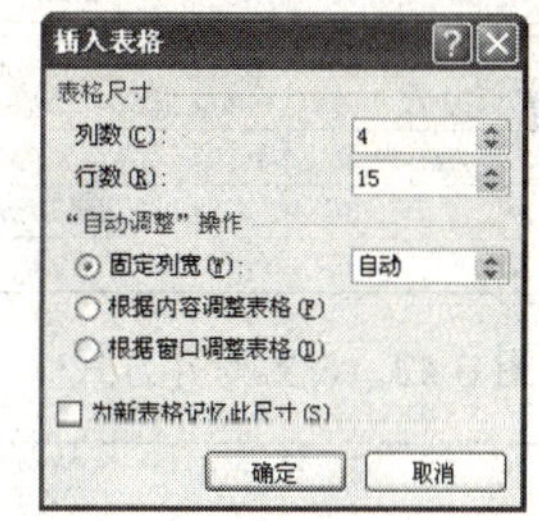

图 6.39 “插入表格”对话框

Step 03 设置完成后，单击“确定”按钮，插入一个 15 行 4 列的表格，选择第一行表格，将其合并，然后将该表格高度设置为 1.23 厘米，如图 6.40 所示。

Step 04 选择第 3~15 行表格，将高度都设置为 1 厘米，效果如图 6.41 所示。

Step 05 选择所有表格，在“布局”选项卡下“对齐方式”组中单击“靠上居中对齐”按钮，效果如图 6.42 所示。

Step 06 设置完成后，在表格中输入文本，将输入的文本设置为“黑色”，并单击“加粗”按钮，效果如图 6.43 所示。

Step 07 选择整个表格，在“设计”选项卡下“表格样式”组中单击“其他”按钮，在弹出的库中选择一种表格样式，如图 6.44 所示。

Step 08 选择完成后，表格即可应用选择的样式，效果如图 6.45 所示。

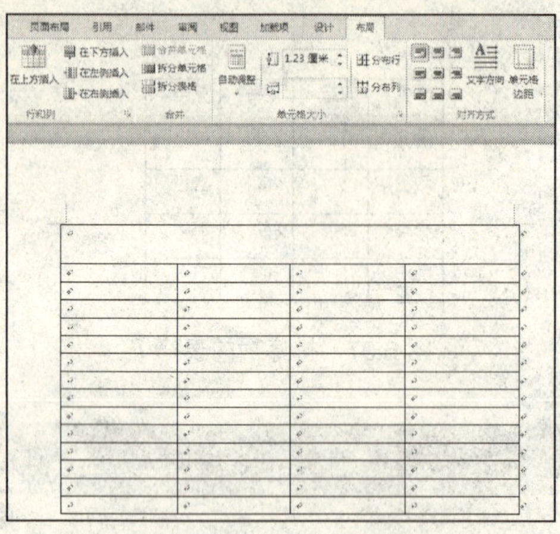

图 6.40　合并表格

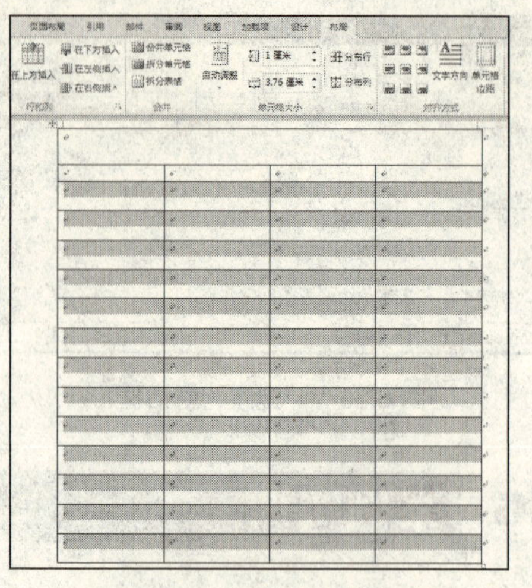

图 6.41　设置表格高度

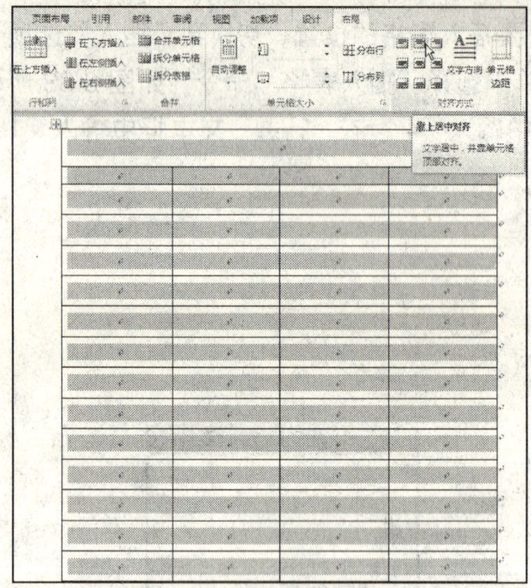

图 6.42　设置对齐方式

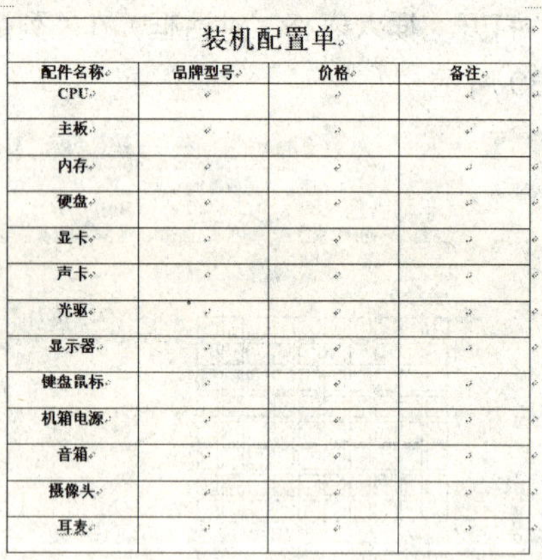

装机配置单			
配件名称	品牌型号	价格	备注
CPU			
主板			
内存			
硬盘			
显卡			
声卡			
光驱			
显示器			
键盘鼠标			
机箱电源			
音箱			
摄像头			
耳麦			

图 6.43　输入文本

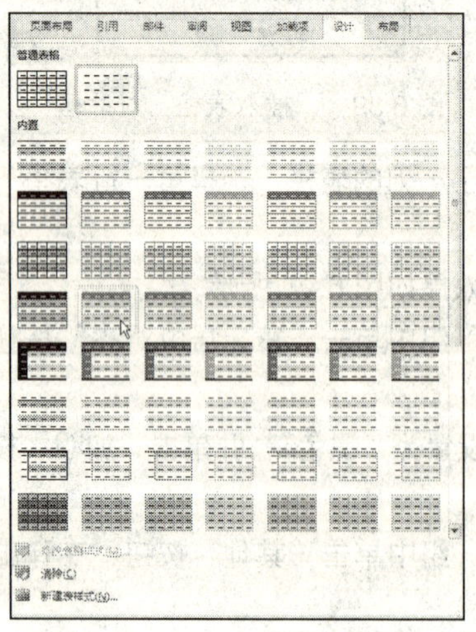

图 6.44　选择表格样式

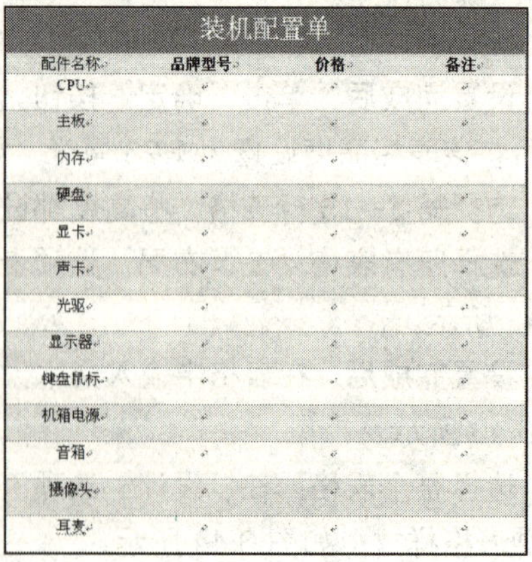

装机配置单			
配件名称	品牌型号	价格	备注
CPU			
主板			
内存			
硬盘			
显卡			
声卡			
光驱			
显示器			
键盘鼠标			
机箱电源			
音箱			
摄像头			
耳麦			

图 6.45　表格样式效果

Step 09 选择所有表格，在“开始”选项卡下“段落”组中单击“下框线”按钮，在弹出的下拉菜单中选择“所有框线”命令，如图 6.46 所示。

Step 10 此时表格即可显示边框线，如图 6.47 所示。至此，装机配置单就制作完成了，将完成后的文件进行保存。

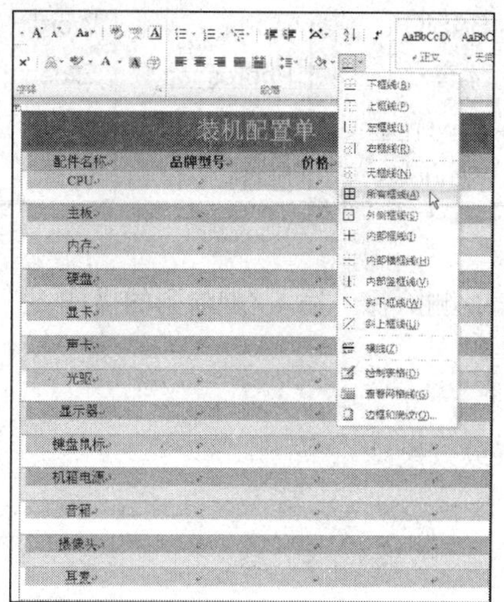

图 6.46 选择“所有框线”命令

装机配置单			
配件名称	品牌型号	价格	备注
CPU			
主板			
内存			
硬盘			
显卡			
声卡			
光驱			
显示器			
键盘鼠标			
机箱电源			
音箱			
摄像头			
耳麦			

图 6.47 最终效果

6.7 课后练习与上机操作

一、选择题

1．在“删除单元格”对话框中有______选择方式。

A. 3 种　　B. 4 种　　C. 5 种

2．拆分表格的快捷键是______。

A. Ctrl+Shift+Enter　　B. Ctrl+Alt+Enter　　C. Enter

3. 选择______命令，表格会按每一列的文本内容重新调整列宽，调整后的表格看上去更加紧凑、整洁。

A. “根据内容自动调整表格”　　B. “根据窗口自动调整表格”　　C. “固定列宽”

二、简答题

1．简述创建表格的操作步骤。

2．简述拆分和合并表格的操作步骤。

3．简述将文本转换为表格以及将表格转换为文本的操作步骤。

三、操作题

1．新建一个文档并创建如下表所示的课程表。

课程表

节 星期	1	2	3	4	5	6
一	英语	数学	Word	Excel	Photoshop	课外活动
二	英语	PowerPoint	Windows	BASIC	政治	Word
三	英语	Flash	数学	体育	<u>Photoshop</u>	Excel
四	数学	<u>BASIC</u>	英语	<u>PowerPoint</u>	<u>Word</u>	政治
五	英语	英语	<u>Excel</u>	<u>Windows</u>	<u>Flash</u>	体育

注：带有下划线的表示实验课。

2. 根据上面的课程表，练习插入/删除单元格、插入/删除行、插入/删除列的操作。
3. 适当调整行高和列宽，使表格的整体效果更加美观。
4. 将课程表中理论课左对齐，实验课右对齐。
5. 为课程表中最左侧的一列和最上面的一行添加底纹效果。

第7章

图片、图形和艺术字设置

本章导读

为了使 Word 文档更加美观，我们可以为其插入图片、图形以及艺术字。

知识要点

- 插入剪贴画
- 插入图形文件
- 绘制图形
- 插入艺术字
- 编辑艺术字

7.1 插入剪贴画

Word 2010 的剪辑库中包含了大量的剪贴画，从人物到动物，从办公室到运动，其内容和形式可谓丰富多彩，用户可以根据需要直接将它们插入到文档中。

在文档中插入剪贴画的具体操作步骤如下。

Step 01 将插入点置于需要插入剪贴画的位置。

Step 02 单击“插入”|“插图”|“剪贴画”按钮，文档窗口右侧将弹出“剪贴画”任务窗格，如图 7.1 所示。

Step 03 在“剪贴画”任务窗格的“搜索文字”文本框中，输入描述要搜索剪贴画类型的单词/短语，或输入剪贴画的完整/部分文件名。例如要搜索与人物有关的剪贴画，可输入“卡通”，如图 7.2 所示。

Step 04 在“结果类型”下拉列表中，选择要查找的剪辑类型。

Step 05 单击“搜索”按钮进行搜索。

Step 06 在“剪贴画”任务窗格的“结果”列表框中，将显示出搜索到的与搜索关键字“卡通”有关的剪贴画，如图 7.2 所示。

图 7.1 "剪贴画"任务窗格

图 7.2 搜索剪贴画结果

Step 07 单击要插入的剪贴画，就可以将剪贴画插入到光标所在的位置。

7.2 插入图形文件

在 Word 文档中插入图片的操作步骤类似于插入剪贴画的操作步骤，其具体操作步骤如下。

Step 01 将插入点置于需要插入图片的位置。

Step 02 单击"插入" | "插图" | "图片"按钮，打开如图 7.3 所示的对话框。

Step 03 在"查找范围"下拉列表中选择图形文件所在的位置，或者在"文件名"下拉列表框中输入文件的路径，选择图形文件。

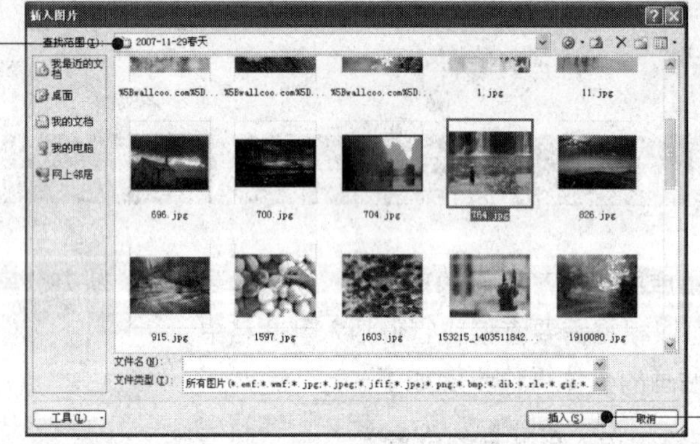

Step 04 单击"插入"按钮右侧的下三角按钮，会弹出一个下拉菜单，如图 7.4 所示。

图 7.3 "插入图片"对话框

插入：将选定的图形文件直接插入到文档中，成为文档的一部分。当图形文件发生变化时，文档不会自动更新

插入和链接：将图形以链接的方式插入到文档中。当图形文件发生变化时，文档自动更新；保存文档时，图形文件连同文档一同保存，文档长度明显增加

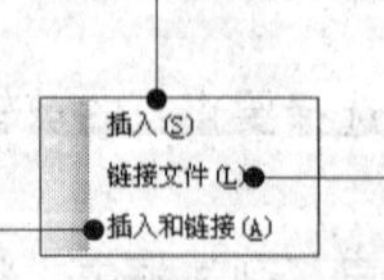

链接文件：将图形文件以链接的方式插入到文档中。当图形文件发生变化时，文档会自动更新；保存文档时，图形文件仍然保存在原来保存的位置，这样不会增加文档的长度

图 7.4 "插入"下拉菜单

注 意

如果要预览插入的图形文件，可以单击“视图”图标右边的下三角按钮，从其下拉菜单中选择“缩略图”命令。

Step 05 单击“插入”按钮，即可插入所需的图形文件。

7.3 绘制图形

Word 2010 允许在文档中直接绘图，因此用户可以通过“绘图工具”轻松地绘制出所需的图形，还可以对所绘制的图形进行填充、旋转、设置颜色，或与其他图形组合成更为复杂的图形。

7.3.1 “自选图形”下拉菜单

单击“插入”选项卡中“插图”组的“形状”按钮，即可弹出“形状”下拉菜单，单击某一形状图标，如图 7.5 所示。

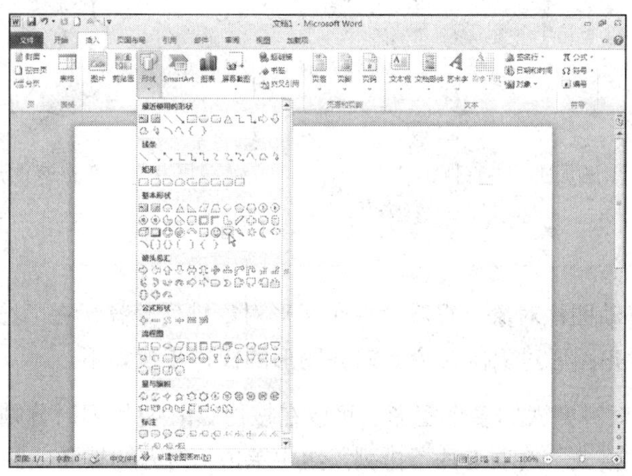

图 7.5 “形状”下拉菜单

使用“绘图工具-格式”选项卡，用户可以完成对图片的大多数操作，例如绘制线条、圆形及方形等简单的基本图形；插入图片、纹理、图案或文本框；管理分层图片；对齐图形以及设置图片的格式等。

7.3.2 绘制自选图形

利用“形状”下拉菜单中的“直线”按钮、“矩形”按钮或“椭圆”按钮，用户可以在文档中绘制出直线、矩形和圆形等一系列简单图形，其具体操作步骤如下。

Step 01 打开“插入”选项卡，单击“形状”按钮，在弹出的“形状”下拉菜单中选择“心形”按钮或其他基本图形按钮，此时文档切换到页面视图，鼠标指针变为“十”字光标。

Step 02 将鼠标指针移到文档中要绘制线条或图形的起始位置。

注 意

绘制形状时，无论是方形还是圆形，总是要从图形的一角开始。

Step 03 按住鼠标左键，然后沿对角线方向拖动，直至所绘制的图形达到要求的大小为止。释放鼠标左键，即可完成图形的创建，并且所绘图形处在被选定状态。

注 意

绘制图形时，按住 Shift 键可限定所绘制的图形为特殊形状或角度，例如在绘制直线时，直线与水平面的角度将被限定按 15°增加，此时可以完成完全水平或垂直直线的绘制；绘制矩形时，矩形被限定为正方形；绘制椭圆时，椭圆被限定为圆形；自选图形被限定为“形状”菜单的级联菜单中的原始形状。

Word 会在选定的图形周围显示控制点，如图 7.6 所示。通过拖动这些控制点，用户可以调整图形的大小；拖动上方的绿色控制点，可以旋转图形。

7.3.3 在自选图形中添加文字

在任何一个自选图形中，用户都可以添加文字。其具体操作步骤：右击要添加文字的图形，从弹出的快捷菜单中选择“添加文字”命令，可向自选图形中添加文字，效果如图 7.7 所示。

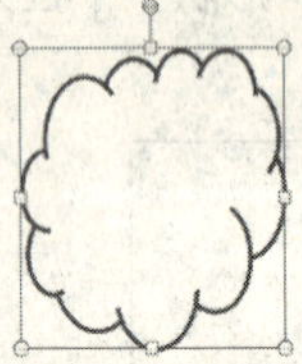

图 7.6 被选定图形周围有控制点

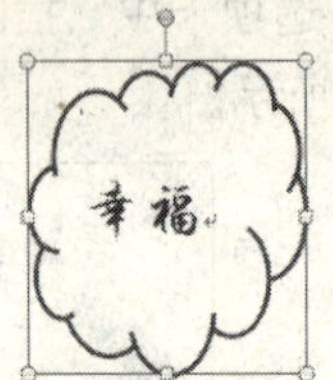

图 7.7 在自选图形中添加文字

7.3.4 对齐图形

如果使用鼠标来移动图片对象，很难使多个图形对象排列整齐。在“绘图工具”下的“格式”选项卡中提供了快速对齐图形对象的命令，对齐图形的操作步骤如下。

Step 01 选中准备设置对齐方式的多个图形（可以在按住 Ctrl 键的同时分别选中每个图形）。

Step 02 在“绘图工具-格式”选项卡的“排列”组中单击“对齐”按钮，并在打开的下拉菜单中选择“对齐所选对象”命令，然后再次选择“顶端对齐”命令，如图 7.8 所示。

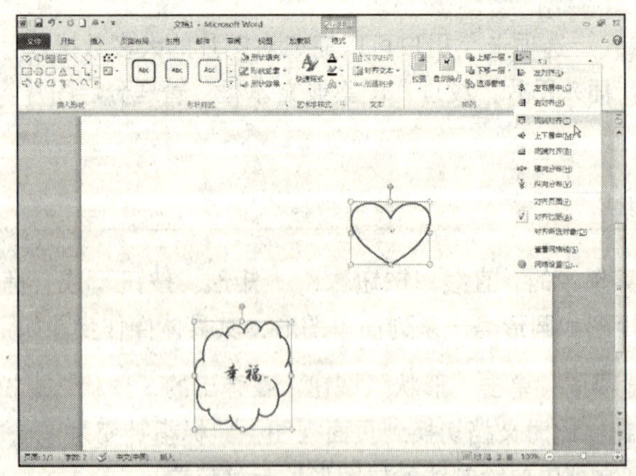

图 7.8 对齐图形

Step 03 选择对齐方式后，Word 将重新排列图形。

7.4 插入艺术字

艺术字就是有特殊效果的文字，Word 2010 提供了多种艺术字样式，使用起来十分方便。因为艺术字是文字对象，所以“艺术字”位于“插入”选项卡的“文本”组中。

插入艺术字的具体操作步骤如下。

Step 01 切换到“插入”选项卡，在“文本”组中单击“艺术字”按钮，将打开如图 7.9 所示的“艺术字”下拉菜单。

Step 02 在该下拉菜单中提供了多种艺术字的样式，单击需要的“艺术字”样式，如这里选择第 6 行第 4 列的样式，会出现如图 7.10 所示的文本框。

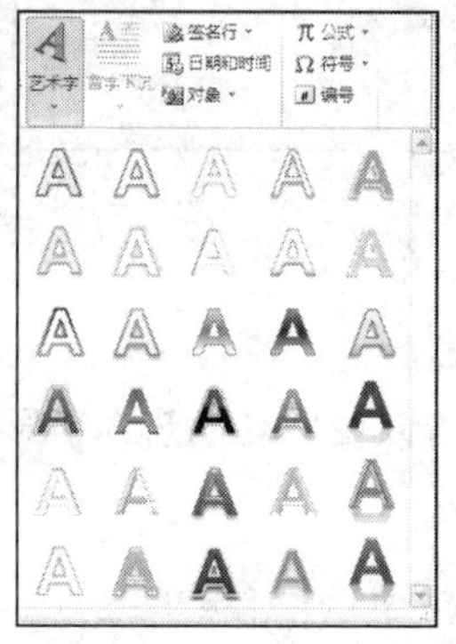

图 7.9 “艺术字”下拉菜单

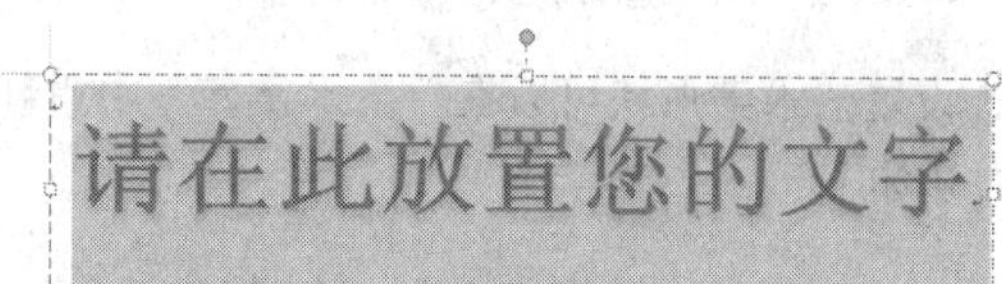

图 7.10 “艺术字”文本框

Step 03 在“文本框”中输入“艺术字”，将“艺术字”这几个字选中，切换到“开始”选项卡，在“字体”组中将“字体”设置为“汉仪雪君体简”，将“字号”设置为“小初”。现在，艺术字已经插入到文档中了。当艺术字被选中时，会出现如图 7.11 所示的“格式”选项卡，在“格式”选项卡下的功能区中可对“艺术字”进行以下各种操作。

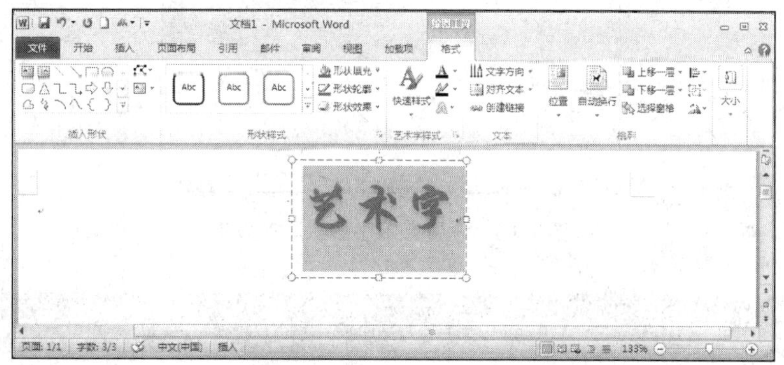

图 7.11 插入的艺术字和“格式”选项卡

- 要选定艺术字，只需在所要选定的艺术字上单击，这些艺术字就会被选定。
- 要取消对艺术字的选定，只需将鼠标指针移到艺术字之外，当鼠标指针变成 I 形时，单击即可。
- 要更改艺术字中的文字，只需双击要更改的艺术字，在文本框中对文字进行更改（包括字体和字号）即可。

7.5 编辑艺术字

在插入艺术字后，还可以为其选择各种风格，包括形状、格式、旋转、字符间距、对齐和排列方式等。Word 2010 中文版提供了多种选择，用户可以尽情发挥自己的想象力。

1. 设置艺术字

在工作区中单击“艺术字”文本框，在功能区中会自动显示“绘图工具-格式”选项卡，在“格式”选项卡中可以设置样式、填充颜色、形状、大小等，还可以重新输入艺术字，如图 7.12 所示是“艺术字”功能区。

图 7.12 “艺术字”功能区

2. 改变艺术字的形状

设置艺术字形状可以在“艺术字库”中重新使用样式，也可以使用其他艺术字形状。其具体操作方法如下。

- 重新设置艺术字的样式，可以直接在“艺术字库”中重新选择新的艺术字样式。
- 要对艺术字进一步变形，可以单击“艺术字样式”中的“文字效果”按钮，在下拉菜单中选择“转换”|“弯曲”|“倒三角”样式，设置艺术字形状后的效果如图 7.13 所示。

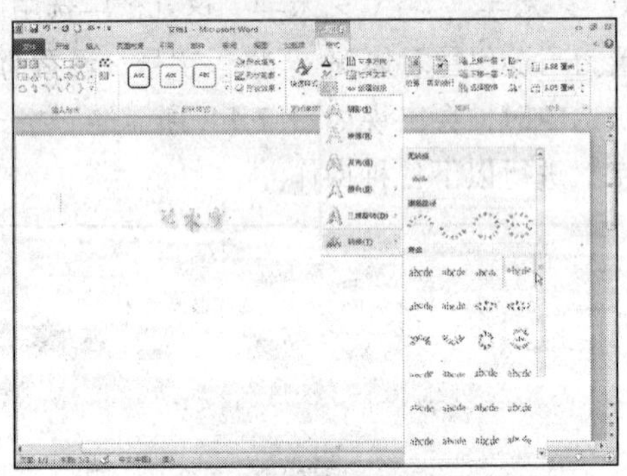

图 7.13 设置艺术字形状后的效果

7.6 案例实训

本案例实训介绍艺术字的制作，主要知识点是艺术字各种效果的运用。其具体操作步骤如下。

Step 01 打开 Word 2010，新建空白文档。切换到“插入”选项卡，在“插图”组中单击“图片”按钮，如图 7.14 所示。

Step 02 在弹出的“插入图片”对话框中选择“素材\第七章\图框.jpg”，然后单击“插入”按钮，如图 7.15 所示。

图 7.14　单击“图片”按钮

Step 03 插入完成后，在“文本”组中单击“艺术字”按钮，在下拉菜单中选择一种艺术字样式，如图 7.16 所示。

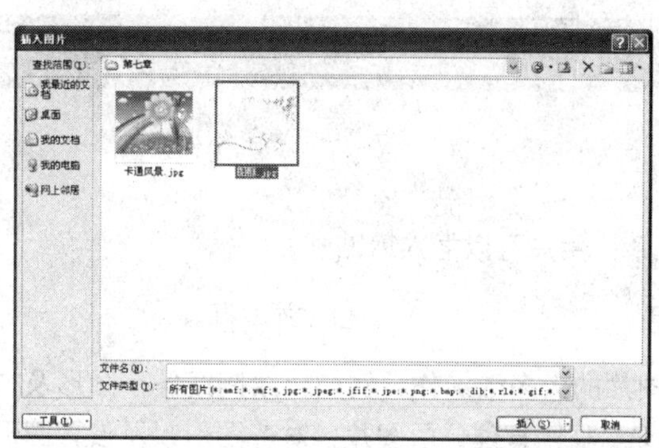

图 7.15　“插入图片”对话框

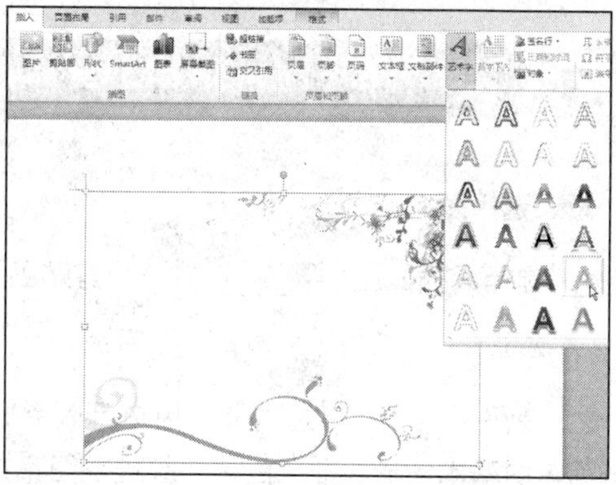

图 7.16　选择艺术字样式

Step 04 在弹出的“编辑艺术字文字”文本框中输入“春之韵”，如图 7.17 所示。

Step 05 输入完成后，切换到“绘图工具-格式”选项卡，在“艺术字样式”组中单击“文字效果”按钮，在下拉菜单中选择“转换”|“弯曲”|“倒 V 形”样式，如图 7.18 所示。

图 7.17　插入艺术字

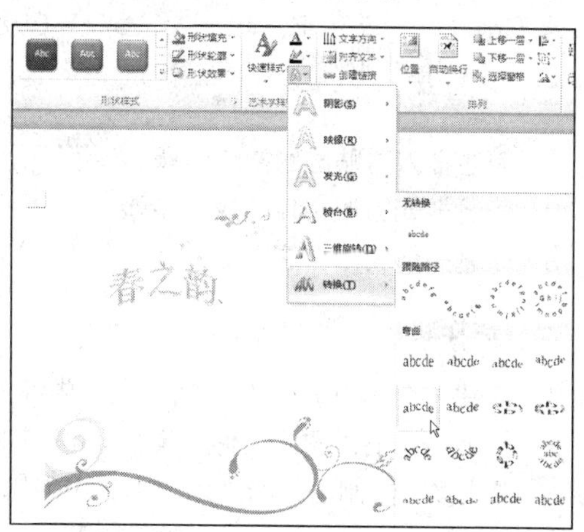

图 7.18　选择文字效果

Step 06 选择艺术字，在“格式”选项卡的“形状样式”组中单击“其他”按钮，在弹出的艺术字库中选择一种形状样式，如图 7.19 所示。

Step 07 至此，艺术字的制作已经完成，如图 7.20 所示。为了以后随时调用，将制作完成后的场景文件进行保存。

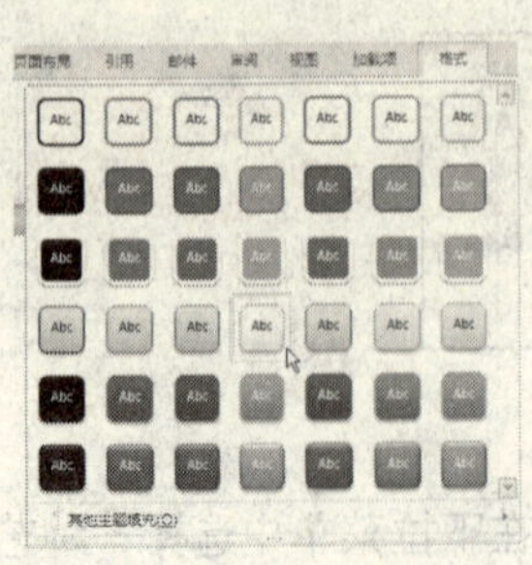

图 7.19 选择形状样式

图 7.20 设置完成后的效果

7.7 课后练习与上机操作

一、选择题

1．选择“插入”|“______”|“剪贴画”命令，用户可以插入剪贴画。

A. 符号　　B. 图片　　C. 引用　　D. 文本框

2．使用“______”选项卡，用户可以完成对图片的大多数操作，例如，绘制线条、圆形及方形等简单的基本图形；插入图片、纹理、图案或者文本框；管理分层图片；对齐图形以及设置图形的格式等。

A. 绘图　　B. 插入　　C. 绘图工具-格式　　D. 图片

3．按住______键，绘制矩形时，矩形被限定为正方形；绘制椭圆时，椭圆被限定为圆形。

A. Ctrl　　B. Alt　　C. Shift　　D. Caps Lock

二、简答题

1．简述插入剪贴画的操作步骤。
2．简述插入图形文件的操作步骤。
3．简述如何绘制自选图形。

三、操作题

1．新建一个 Word 2010 文档，在其中插入一个有关“人物”的剪贴画。
2．接上题，插入图片文件“素材\第七章\卡通风景.jpg”。
3．接上题，绘制出如图 7.21（左）中所示的图形，并组合为图 7.21（右）中所示的一个图形。

图 7.21 组合前后控制点的比较

4．练习对本大题中第 1~2 小题插入的剪贴画及绘制的图形进行对齐调整。

第8章

页面设置和打印输出

本章导读

通过对上面章节的学习，我们已经可以使用 Word 进行文件的处理，最后我们学习如何将 Word 中的文件进行输出。

知识要点

- ✪ 设置页边距和方向
- ✪ 插入分节符
- ✪ 设置页眉和页脚
- ✪ 设置版式
- ✪ 设置页码
- ✪ 设置分栏排版

8.1 页面的基本设置

页面设置是对文档最基本的排版操作，主要包括设置页面的纸型、方向、页边距、版式等内容。另外，也可以根据需要对文档的各个部分设置不同的版面效果。

8.1.1 设置页边距和方向

页边距是文本与页边之间的距离。打开一个新文档时，Word 2010 默认的设置为：左右页边距为 3.17 厘米，上下页边距为 2.54 厘米，无装订线。

1. 精确设置页边距

要精确设置页边距，其具体操作步骤如下。

Step 01 要调整某一节的页边距，可以把插入点放在该节中。如果整篇文档没有分节，页边距的设置将影响整篇文档。

Step 02 单击“文件”|“打印”|“页面设置”链接，如图 8.1 所示。

Step 03 打开“页面设置”对话框。切换到“页边距”选项卡，如图 8.2 所示。

Step 04 在“上”、“下”、“左”、“右”文本框中输入或者选定一个数值来设置页面四周页边距的宽度。

Step 05 在“应用于”下拉列表中，可以指定页边距的应用范围。设置完成后，单击“确定”按钮。

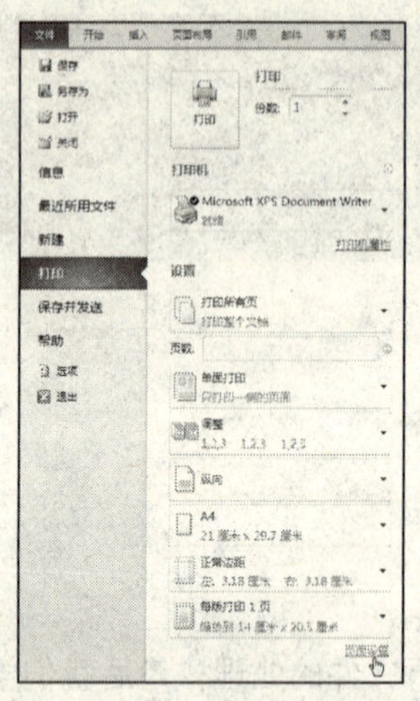

图 8.1 单击“页面设置”链接

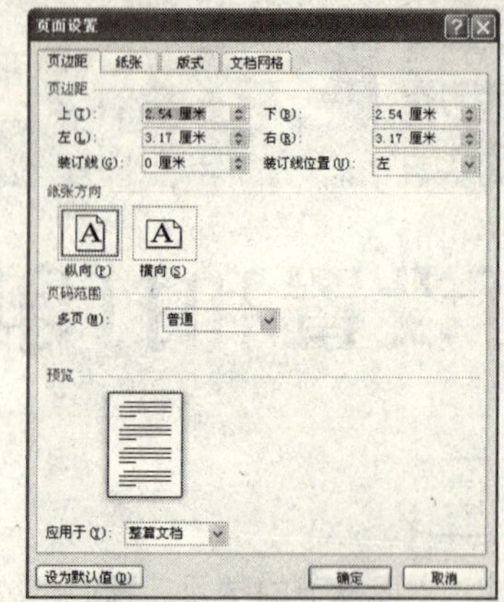

图 8.2 “页边距”选项卡

2. 设置装订区

如果要设置装订区，在图 8.2 中的“装订线位置”下拉列表中有“左”、“上”两个选项，选择“上”选项，则装订线设置在页的顶端；选择“左”选项，则装订线设置在页的左侧。在“装订线”文本框中输入装订线边距的值。

3. 设置方向

在“纸张方向”选项组中，用户可以根据自己的需要选择“纵向”或“横向”两个选项。

8.1.2 设置版式

Word 2010 提供了设置版式的功能，主要包括设置页眉与页脚、垂直对齐方式以及行号等特殊的版式选项。设置版式的具体操作步骤如下。

Step 01 选定要按特定版式打印的文本，或者在要按某一特定版式开始打印的位置上设置插入点。

Step 02 单击“文件”|“打印”|“页面设置”链接，打开“页面设置”对话框。

Step 03 选择“版式”选项卡，如图 8.3 所示。

Step 04 在该选项卡中设置选项以后，单击“确定”按钮。

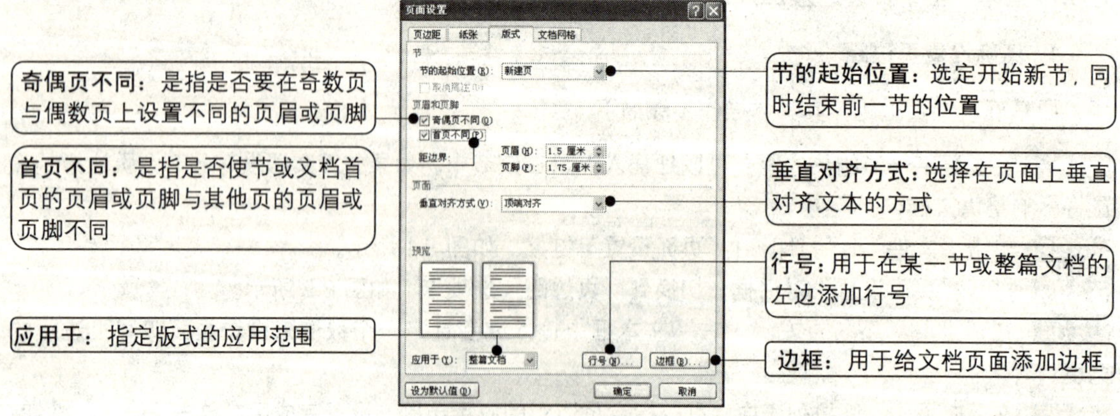

图 8.3 “版式”选项卡

8.1.3 设置分节符

如果想在文档的某一部分中采用不同的格式设置，就必须分节。节可以小至一个段落，大至整篇文档。节用分节符标识，在普通视图中分节符是两条横向平行的虚线。Word 将当前节的文本边距、纸型、方向以及该节所有的格式化信息存储于分节符中。当要改变部分文档中的元素时，可以创建新节。

说 明

文档中的元素包括页边距、纸型或页面方向、垂直对齐文本的方式、行号及其显示行号的间隔、起始行号、报版样式的栏数、页眉与页脚的文本/位置和格式、页码的格式和位置等。

1. 插入分节符

在文档中插入分节符，其具体操作步骤如下。

Step 01 将插入点置于新节开始处。

Step 02 选择“页面布局”|“页面设置”|“分隔符”命令，打开如图 8.4 所示的下拉菜单。

Step 03 在“分节符”选项组中选择一种分节符类型，如“下一页”。

Step 04 在草稿视图下，可以看到插入点位置处显示的分节符，如图 8.5 所示。

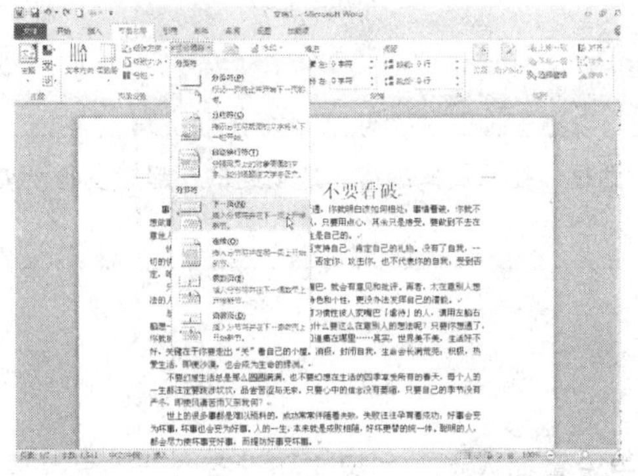

图 8.4 “分隔符”下拉菜单

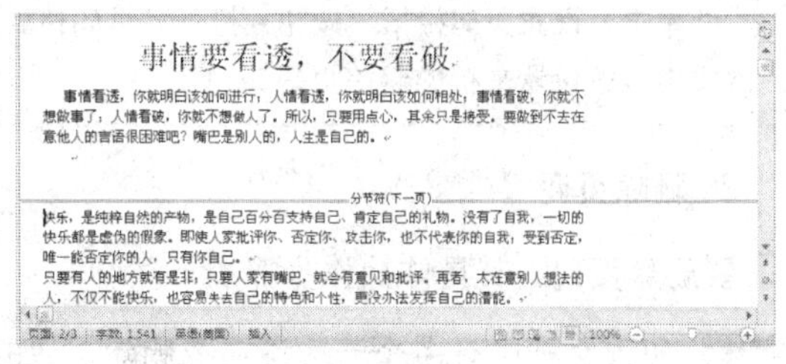

图 8.5 在插入点位置处显示分节符

2. 删除分节符

要删除分节符，其具体操作步骤如下。

Step 01 选择“视图”|“文档视图”|“草稿”命令，切换到草稿视图。

Step 02 把插入点置于分节符上。

Step 03 按 Delete 键，该分节符即被删除。

8.1.4 设置页码

有时为了阅读方便，需要给文档添加页码。下面就介绍如何添加或删除页码。

1. 添加页码

如果仅想在文档中添加页码，其具体操作步骤如下。

Step 01 在当前文档中单击“插入”选项卡中“页眉和页脚”组中的“页码”按钮，在弹出的下拉菜单中可以设置页码的位置，有“页面顶端”、“页面底端”、“页边距”和“当前位置”多种设置，如图 8.6 所示。

Step 02 在下拉菜单中选择“设置页码格式”选项，打开“页码格式”对话框，在“编号格式”下拉列表中选择插入的页码形式。

Step 03 勾选“包含章节号”复选框，下面的列表框变为可用状态，从中可以设置“章节起始样式”和“使用分隔符”，表示与页码一起显示及打印文章的章节号，如图 8.7 所示。

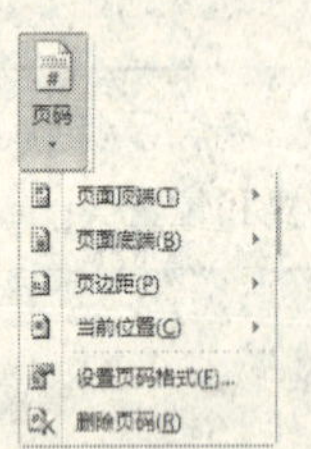

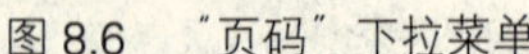
图 8.6 “页码”下拉菜单

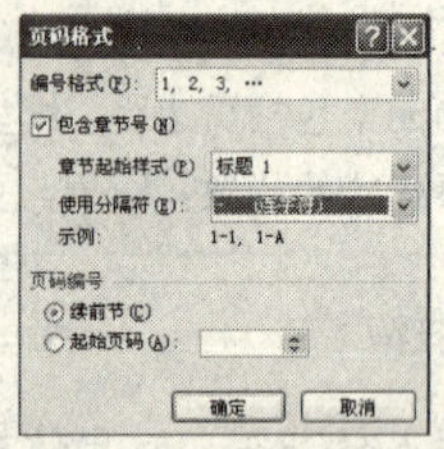

图 8.7 “页码格式”对话框

Step 04 “页码编号”选项组中有两个选项，其中“续前节”表示遵循前一节的页码顺序继续编排页码，如果当前文档使用分节符分成两个以上的章节，可以使用“续前节”选项；如果这篇文档没有分节，或者分节时不按前面的章节续页码，就可以在“起始页码”文本框中输入要出现在所选章节起始位置上的页码。

Step 05 单击“确定”按钮，即可为文档添加页码。

> **提 示**
>
> 单击“设置页码格式”按钮，打开“页码格式”对话框。在“页码编排”选项组的“起始页码”文本框中可以设置文档的起始页码。

2. 删除页码

要删除页码，其具体操作步骤如下。

Step 01 如果文档中有多个节，请在要删除页码的节中设置插入点。如果文档没有分节，只需要把插入点放在文档的开始处即可。

Step 02 选择“插入”|“页眉和页脚”|“页眉”（或“页脚”）|“空白”命令，进入“页眉”（或“页脚”）区，并且显示“页眉和页脚工具-设计”选项卡。

Step 03 拖动垂直滚动条找到并选定所要删除的页码。

Step 04 按 Delete 键将页码删除。

Step 05 单击“页眉和页脚工具-设计”选项卡中的“关闭页眉和页脚”按钮。

8.1.5 设置页眉和页脚

在文档中可以将每一页都出现的相同内容置于页眉、页脚中。例如，公司信笺上的公司名称、公司的标志图形、页号和文档作者名等都可以放在页眉或页脚中。一般情况下，页眉出现在每页的顶部，页脚出现在每页的底部。无论当前处于哪种显示视图，只要选择了“页眉”、“页脚”命令，Word 2010 就会自动将视图切换到页面视图中。

1. 创建页眉或页脚

如果要创建页眉或页脚，其具体操作步骤如下。

Step 01 在页面视图下，切换到“插入”选项卡，单击“页眉和页脚”组中的“页眉”或“页脚”按钮，在弹出的下拉菜单中选择“编辑页眉”或“编辑页脚”命令，进入“页眉”和“页脚”编辑状态后，正文呈灰色，则表示不能对正文进行编辑，如图 8.8 所示。

Step 02 切换到“页眉和页脚工具-设计”选项卡，单击“导航”组中的“转至页脚”按钮，则页脚处在被编辑状态，如图 8.9 所示。

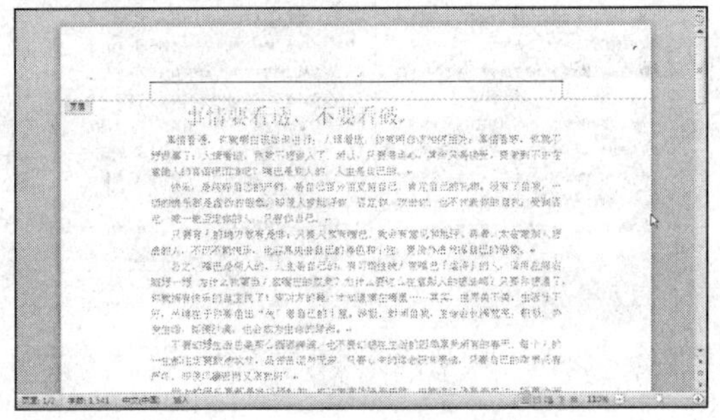

图 8.8　页眉编辑状态

图 8.9　页脚编辑状态

Step 03 “页眉和页脚工具-设计”选项卡下的功能区中各个按钮选项如图 8.10 所示。

Step 04 在页眉或页脚中输入文字或插入图片，也可以切换到“页眉和页脚工具-设计”选项卡，在其中单击“图片”按钮或“日期和时间”等按钮，为其插入相应的内容。

Step 05 设置完后，单击“设计”选项卡中的“关闭页眉和页脚”按钮返回文档，如图 8.11 所示。

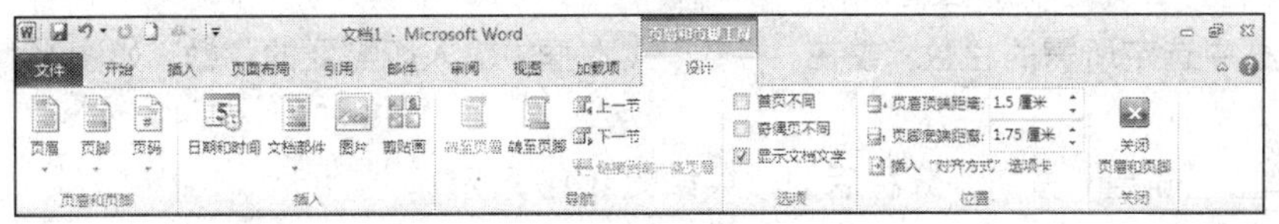

图 8.10　“设计”选项卡下的功能区

图 8.11　单击“关闭页眉和页脚”按钮

2. 设置页眉和页脚的不同效果

在同一文档中创建不同的页眉和页脚，其具体操作步骤如下。

Step 01 进入“页眉和页脚”编辑状态，切换到“页面布局”选项卡，单击“页面设置”组右下角的按钮，打开“页面设置”对话框，切换到“版式”选项卡。

Step 02 在“页面和页脚”选项组中勾选“奇偶页不同”复选框，这样就为奇数页和偶数页设置不同的页眉和页脚，如图 8.12 所示。

Step 03 勾选“首页不同”复选框，为文档或节的首页创建与奇偶页都不同的页眉和页脚。

Step 04 设置完成后，单击“确定”按钮，就会在编辑页眉和页脚时出现首页、奇数、偶数不同的页眉和页脚。

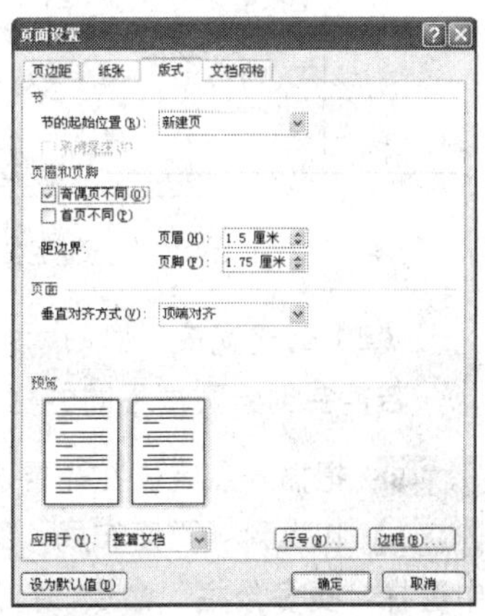

图 8.12　设置页眉和页脚奇偶页不同

8.2 设置分栏排版

我们在报刊上看到的版式往往都是以多栏排版的方式出现的，如图 8.13 所示。Word 2010 提供了分栏排版的功能，用户可以控制栏数、栏宽以及栏间距等。仅在页面视图或打印预览视图下，才能真正看到多栏并排显示的效果。在普通视图中，只能按一栏的宽度显示文本。

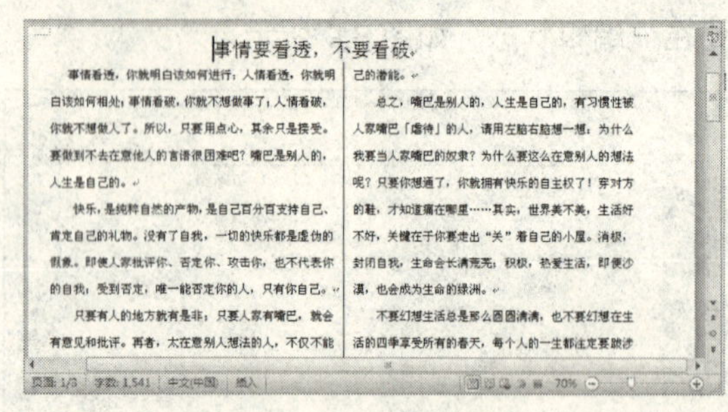

图 8.13　分栏示意图

1. 设置栏数

用户既可以创建宽度相同的栏，也可以创建宽度不同的栏。

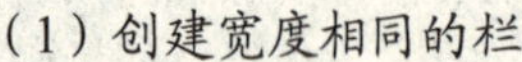

（1）创建宽度相同的栏

创建宽度相同的栏，其具体操作步骤如下。

Step 01 将插入点定位在需要进行分栏的节中，或者选定需要进行分栏的正文/节。

Step 02 创建“页面布局”选项卡，单击“页面设置”组中的“分栏”按钮，在弹出的下拉菜单中单击“更多分栏”命令，打开“分栏”对话框。

Step 03 在“分栏”对话框中选定所需的栏数，或在“栏数”文本框中输入所需要的栏数，如图 8.14 所示。

Step 04 选择完成后，单击“确定”按钮，分栏后的效果如图 8.15 所示。

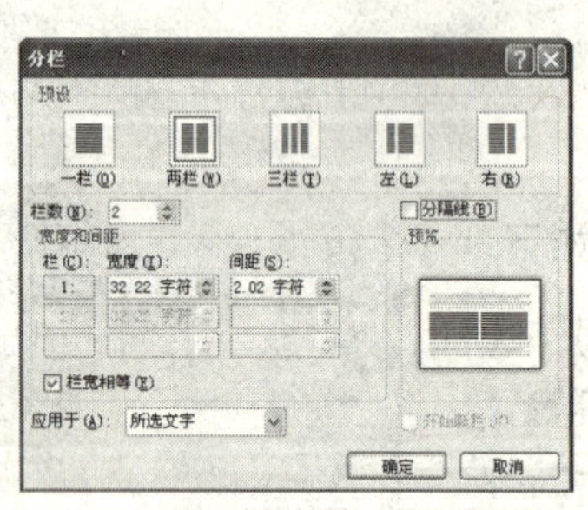

图 8.14　选定栏数

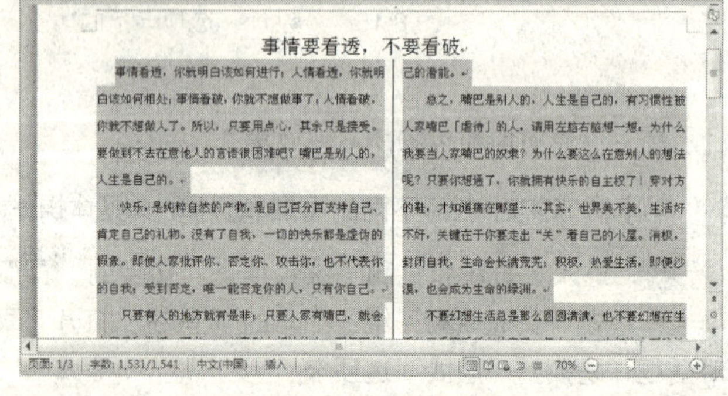

图 8.15　分栏后的效果

（2）创建宽度不同的栏

若需要创建宽度不同的栏，也可以利用“分栏”对话框，其具体操作步骤如下。

Step 01 把插入点定位在需要进行分栏的节中，或者选定需要进行分栏的正文/节。

Step 02 切换到“页面布局”选项卡，单击“页面设置”组中的“分栏”按钮，在弹出的下拉菜单中选择“更多分栏”命令，打开“分栏”对话框。

Step 03 要分成左宽右窄的两栏，可以选择“预设”选项组中的“右”选项。

Step 04 要在栏之间添加分隔线，选中“分隔线”复选框即可。分隔线的长度与节中最长栏的长度相等。

Step 05 单击“确定”按钮，设置完成后的效果如图 8.16 所示。

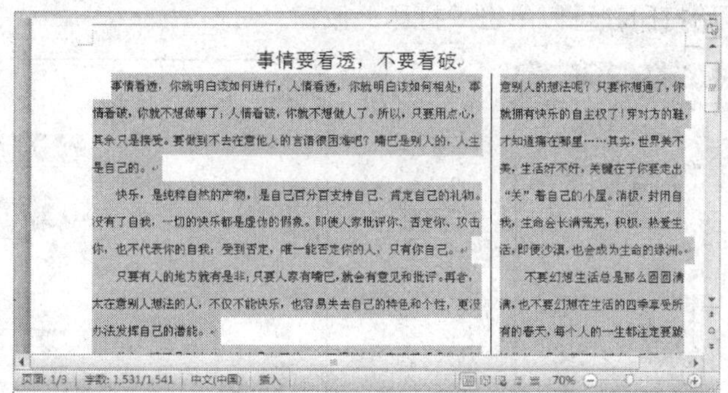

图 8.16 宽度不同的栏

2. 取消分栏排版

如果要将多栏版式恢复为单栏版式，其具体操作步骤如下。

Step 01 将插入点置于要恢复为单栏版式的文档中，或者选定需要进行分栏的正文/节。

Step 02 切换到“页面布局”选项卡，单击“页面设置”组中的“分栏”按钮，在弹出的下拉菜单中选择“更多分栏”命令，打开“分栏”对话框。

Step 03 在“预设”选项组中选择“一栏”选项。

Step 04 单击“确定”按钮，即可将多栏版式恢复为单栏版式。

8.3 案例实训

本案例实训以装机配置单为例进行文档页面设置及打印的介绍，具体操作步骤如下。

Step 01 打开“素材\第八章\装机配置单.docx”，如图 8.17 所示。

Step 02 单击“文件”|“打印”|“页面设置”链接，如图 8.18 所示。

装机配置单

配件名称	品牌型号	价格	备注
CPU			
主板			
内存			
硬盘			
显卡			
声卡			
光驱			
显示器			
键盘鼠标			
机箱电源			
音箱			
摄像头			
耳麦			

图 8.17 装机配置单

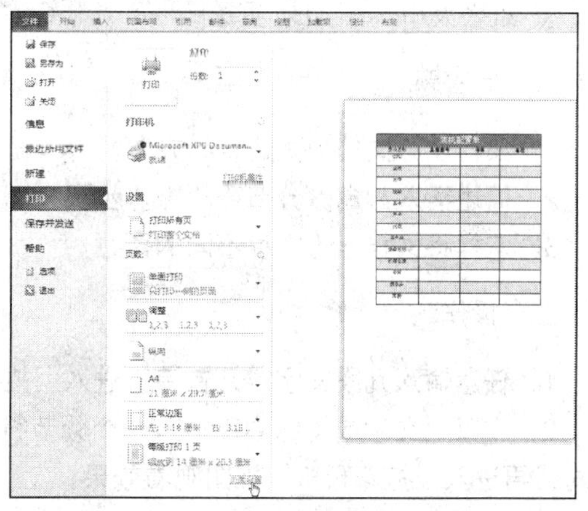

图 8.18 单击“页面设置”链接

Step 03 在打开的“页面设置”对话框中，单击“页边距”标签，打开“页边距”选项卡。将上下页边距都设置为 2.54 厘米，左右页边距都设置为 3.17 厘米，单击“确定”按钮，如图 8.19 所示。

Step 04 此时可以对打印效果进行预览，如图 8.20 所示。若对以上的设置不满意，可以重复前面的步骤更改设置；若要开始打印，可以单击“打印”按钮。

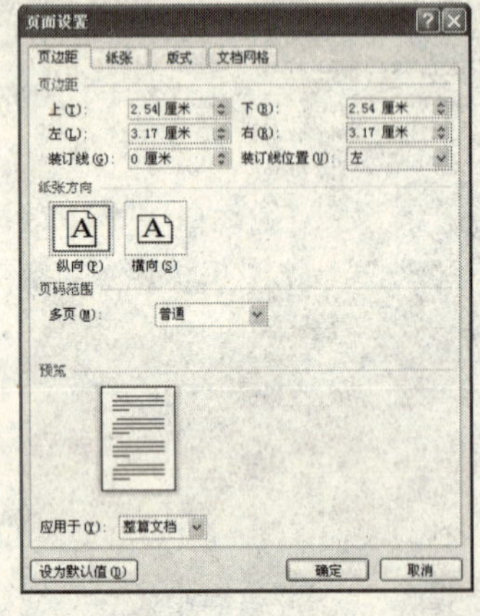

图 8.19 “页面设置”对话框

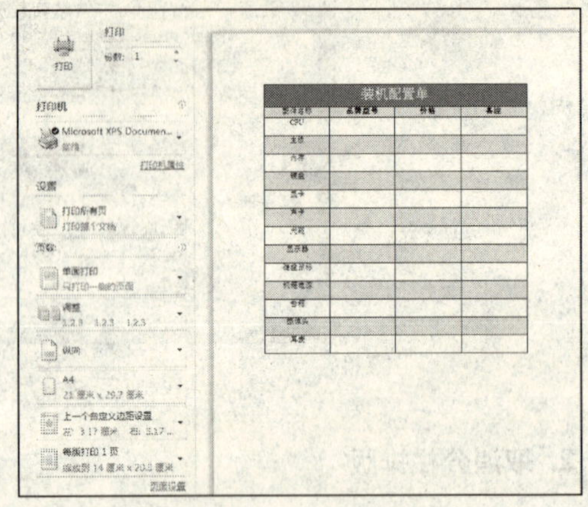

图 8.20 打印预览

8.4 课后练习与上机操作

一、选择题

1．Word 中的分隔符分为______等几种。

A. 分页符　　B. 分栏符　　C. 换行符　　D. 分节符

2．在页眉和页脚区域内可以插入______内容。

A. 文字　　B. 图形　　C. 文字及图形

3．在“页面设置”对话框中不能设置______。

A. 纸张大小　　B. 页边距　　C. 打印范围　　D. 正文横排或竖排

二、简答题

1．如何设置文档的页边距和方向？

2．简述插入和删除分节符的操作步骤。

3．怎样将文档分为宽度不同的两栏？

三、操作题

1．任意输入几段文字或几首诗，进入“打印预览”视图观看效果。

2．在以上文字或诗的中部插入一个分节符，然后为前后两节的内容设置不同的页边距和页面方向，再进入“打印预览”视图观看效果。

第9章

Excel 2010 的基本操作

本章导读

本章将主要介绍 Excel 2010 的基本操作，包括启动与退出 Excel 2010、新建并保存工作簿以及编辑单元格等操作。

知识要点

- Excel 2010 的启动与退出
- Excel 2010 的工作界面
- 输入信息
- 新建并保存工作簿
- 编辑单元格
- 插入与删除行或列

9.1 启动Excel 2010

在顺利安装完 Excel 2010 后，系统会自动将 Excel 2010 列入“程序”菜单中。启动 Excel 2010 有多种方法，下面介绍常用的两种方法。

1. 使用“开始”菜单启动

单击 Windows 任务栏上的“开始”按钮，从弹出的下拉菜单中选择“程序”| Microsoft Office | Microsoft Excel 2010 命令，即可启动 Excel 2010。

2. 使用快捷图标启动

如果经常使用 Excel 2010，那么可以在桌面上创建 Excel 2010 的快捷方式。这样，在桌面上直接双击 Excel 图标就可以启动 Excel 2010。

在桌面上创建 Excel 2010 快捷方式的具体操作步骤如下。

Step 01 单击 Windows 任务栏上的“开始”按钮，然后指向“程序”选项。

Step 02 将鼠标指针指向 Microsoft Office | Microsoft Excel 2010 程序的图标后并右击，此时将弹出一个快捷菜单。

Step 03 将鼠标指针指向快捷菜单中的“发送到”命令，此时将出现级联菜单。

Step 04 将鼠标指针指向级联菜单中的“桌面快捷方式”命令，单击即可。

9.2 退出Excel 2010

退出 Excel 2010 常用的方法有以下 3 种。

方法 1：选择“文件”|“退出”命令。

方法 2：按 Alt+F4 组合键。

方法 3：单击 Excel 标题栏最右侧的“关闭”按钮 。

如果要关闭的工作簿在最后一次保存后又做了修改，则在关闭该工作簿时会弹出如图 9.1 所示的提示对话框，询问用户是否保存所做的修改。此时，要根据实际情况选择相应的按钮。

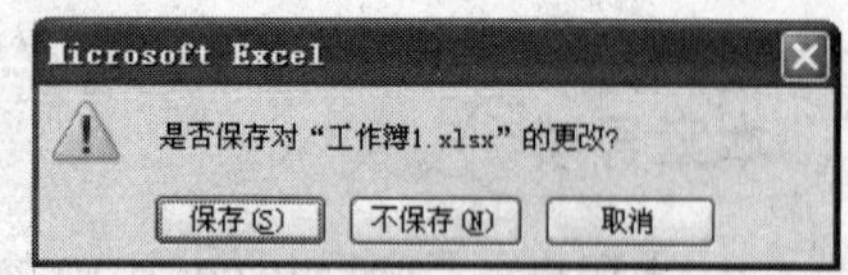

图 9.1　询问是否保存文件

9.3 Excel 2010工作界面

启动 Excel 2010 后，屏幕上首先会出现 Excel 标题，然后自动创建一个名为工作簿 1 的空白工作簿，并会出现如图 9.2 所示的 Excel 工作界面。

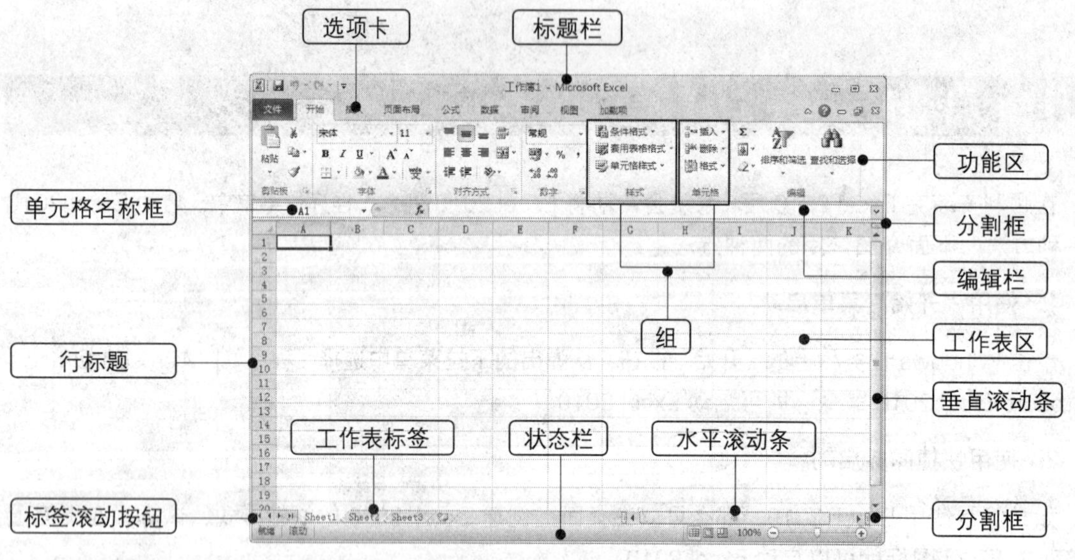

图 9.2　Excel 2010 工作界面

Excel 2010 工作界面中主要部分说明如下。

1. 标题栏

位于工作界面顶端的是标题栏，它显示了应用程序名和当前工作簿的名称。在图 9.2 中，由于是新打开的工作簿，标题栏显示的是“工作簿 1”，这是系统启动时默认的新工作簿名。在保存工作簿时，可以为它取一个更直观的名称。

2. 选项卡

选项卡中包括“插入”、“页面布局”、“公式”等 9 个选项卡名，单击任意一个标签，都会弹出一组命令，用户可以根据需要选择相应命令以完成操作。

3. 功能区

Excel 2010 不但将所有功能以命令方式放在各个下拉菜单中，还将一些常用的命令用图标代替，并且将功能相近的图标集中在一起形成功能区，以方便用户操作。

4. 工作表区

工作表区是由一个个单元格组成的，用户可以在“工作表区”中输入信息。事实上，Excel 2010 的强大功能，主要是依靠对“工作表区”中的数据进行编辑及处理来实现的。

5. 编辑栏

编辑栏用来显示活动单元格中的常数、公式或文本内容。

6. 工作表标签

工作表标签显示了当前工作簿中包含的工作表。当前工作表以白底显示，其他工作表以灰底显示。

9.4 输入信息

Excel 2010 允许在工作表区的单元格中输入文本、数值、日期和时间、批注、公式等多种类型的信息，下面分别加以介绍。

1. 输入文本

文本包括汉字、英文字母、特殊符号、数字以及空格等。在 Excel 2010 中，每个单元格最多可包含 32 767 个字符。要在一个单元格中输入文本，只需先选择该单元格，然后输入文本，最后按 Enter 键或者选择另一个单元格即可。伴随着输入操作，该文本会同时出现在活动单元格和工作表上方的编辑栏中。单元格中只能显示 1024 个字符；而编辑栏中可以显示全部 32 767 个字符。

在默认情况下，所有文本都在单元格中左对齐，用户可以根据需要改变对齐方式。如果相邻单元格中无数据，Excel 允许长文本串覆盖在右边的单元格上。如果相邻单元格中有数据，当前单元格中过长的文本将被截断；要想看到单元格中的全部内容，可以单击该单元格，此时，在编辑栏中会显示单元格的全部内容，如图 9.3 所示。

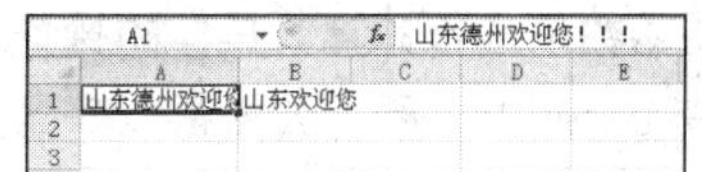

图 9.3　在编辑栏中会显示单元格的全部内容

在 Excel 2010 中文版中，对单元格中的数据进行编辑的方法有两种：通过编辑栏进行编辑（先选取要修改的单元格，再单击编辑栏进行修改）和双击单元格后在单元格内直接编辑。

2. 输入数字

上文已经提到，数字也是一种文本，但由于数字在数据处理中扮演着极其重要的角色，用户需要对其有一个全面的了解。在 Excel 2010 中，有效的数字输入可以是表示数字的 0~9，表示负号的“-”或括号“()”，表示小数点的“.”，表示千位的“，”，表示分数线的“/”，表示货币符号的“$”、“￥”和百分号“%”等。

- 输入数字时，Excel 2010 自动将它沿单元格右边对齐。
- 输入分数，如 6/13，应先输入 0 和一个空格，然后输入 6/13。否则，Excel 2010 会把该数据作为日期处理，认为输入的是“6 月 13 日”。
- 负数有两种输入法，分别应用“-”或“()”。例如，-1 可以用-1 或(1)来表示。

3. 输入日期和时间

要在工作表中输入日期和时间，需采用 Excel 事先定义的格式来输入数据。这样，它们才能用“单元格”命令进行格式化。在后面的章节中，我们将学习如何改变单元格格式。

用户可以使用多种格式来输入一个日期，可以用斜杠“/”或“-”来分隔日期的年、月、日。传统的日期表示方法是以两位数来表示年份的，如 2008 年 8 月 8 日，可表示为 08/8/8 或 08-8-8。当在单元格中输入 08/8/8 或 08-8-8 并按 Enter 键后，Excel 2010 会自动将其转换为默认的日期格式，并将两位数表示的年份更改为 4 位数的年份。

在单元格中输入时间的方式有两种：按 12 小时制和按 24 小时制输入。两者的输入方法不同，如果按 12 小时制输入时间，要在时间数字后加一个空格，然后输入 a（AM）或 p（PM），字母 a 表示上午，p 表示下午，例如，下午 4 时 30 分 20 秒的输入格式为 4:30:20p。如果按 24 小时制输入时间，则只需输入 16:30:20 即可。如果用户只输入时间数字，而不输入 a 或 p，则 Excel 将默认是上午的时间。

提 示

> 在同一单元格中输入日期和时间时，必须用空格隔开，否则 Excel 2010 将把输入的日期和时间当做文本。在默认状态下，日期和时间在单元格中右对齐。如果 Excel 2010 无法识别输入的日期和时间，也会把它们当做文本，并在单元格中左对齐。此外，要输入当前日期，可以使用 Ctrl+；组合键；要输入当前时间，可以使用 Ctrl+Shift+；组合键。

4. 输入公式

Excel 2010 最强大的功能是计算。用户可以在单元格中输入公式，用于对工作表中的数据进行计算。所谓公式，是指一个等式，利用它可以从已有的值计算出一个新值。公式中可以包含数值、算术运算符、单元格引用（即地址）和内置等式（即函数）。只要我们输入正确的计算公式，经过简单的操作步骤后，计算的结果就将显示在对应的单元格中。如果工作表内的数据有变动，系统会自动将变动后的答案算出，这样，我们就可以随时查看正确的结果。另外，在 Excel 中可以在公式内使用函数来进行计算，具体的操作方法将在后面的章节中介绍。

在 Excel 中，所有公式都以等号开始。等号标志着数学计算的开始，并告诉 Excel 将其后的等式作为一个公式存储。输入公式的操作步骤如下。

Step 01 选定要输入公式的单元格。

Step 02 在单元格中输入一个“=”。

Step 03 输入公式的内容。

Step 04 输入完毕后，按 Enter 键或者单击编辑栏中的“输入”按钮✓。

9.5 编辑单元格

9.5.1 选定编辑范围

在进行编辑操作之前，应该选定要编辑的范围（或内容）。直接单击某个需要编辑的单元格，即可使其成为活动单元格。

- 选择连续单元格的方法是单击第一个单元格，然后拖动鼠标到结束单元格位置。
- 选择不连续单元格的方法是单击第一个单元格后，按住 Ctrl 键不放，拖动鼠标到需选择的单元格后单击即可。

注 意

本章中所提到的“单元格（区域）”包括单元格、单元格区域和多重选定的区域（即不连续的单元格）。

单击行号（工作表左侧的数字）或列号（工作表上方的字母），可以选定一行单元格（或一列单元格），如图 9.4 所示。按住 Ctrl 键，然后用鼠标单击行号或列号，可以选取不连续的多行或多列单元格。

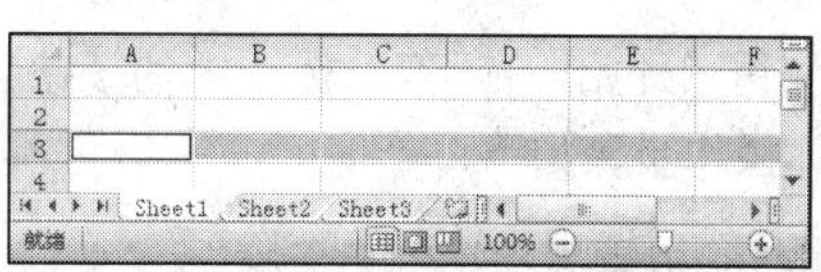

图 9.4　单击行号选中第 3 行

单击第 A 列（A 字符）左侧的空框，就可以选定整张工作表。

9.5.2 撤销与恢复操作

如果不小心进行了误操作，Excel 2010 允许单击“快速访问工具栏”中的“撤销”按钮或者按 Ctrl+Z 组合键取消刚才的操作；如果又想恢复该操作，则可单击“快速访问工具栏”中的“恢复”按钮或者按 Ctrl+Y 组合键。

在 Excel 2010 中，不但可以撤销和恢复上一次的操作，还可以撤销和恢复最近进行的多次操作。方法是单击“快速访问工具栏”中“撤销”按钮（或“恢复”按钮）右侧的下三角按钮，将弹出最近执行的可撤销操作下拉列表，单击要撤销的操作即可。

9.5.3 复制单元格数据

复制单元格数据是指将某个单元格或区域的数据复制到指定位置，原位置的数据仍然存在（也可以删除原位置的数据，即“剪切”操作）。

1. 复制单元格区域

用以下两种方法可以复制整个单元格。

（1）使用剪贴板复制单元格

当需要对工作表中的单元格进行多次复制，或者需要将它复制到其他工作簿中的时候，可以使用剪贴板来完成复制操作，其具体操作步骤如下。

Step 01 选定需要复制的单元格区域。

Step 02 单击“开始”|“剪贴板”|“复制”按钮，或按 Ctrl+C 组合键。

Step 03 选定粘贴目标区域左上角的单元格。

Step 04 单击“开始”|“剪贴板”|“粘贴”按钮，或按 Ctrl+V 组合键，就完成了复制操作。

提 示

选定粘贴区域时，除了选择粘贴区域的左上角单元格外，还可以选定与原区域大小完全一致的区域。

（2）使用鼠标复制单元格

当复制一个单元格时，使用这种方法比较简便，其具体操作步骤如下。

Step 01 选定需要复制的单元格区域。

Step 02 将鼠标指针放在选定数据的边框上，鼠标指针变成带“十”字的斜向箭头。

Step 03 按住 Ctrl 键不放，然后按住鼠标左键，将选定区域拖动到新的位置。为帮助用户正确定位，当移动鼠标指针的时候，Excel 会显示出一个虚线轮廓和位置提示。

Step 04 释放鼠标左键，然后释放 Ctrl 键，在新的位置上将出现复制的数据。

2. 复制单元格中的数据到其他单元格

使用“开始”|“剪贴板”中的按钮，可以复制单元格中的部分数据（内容）到其他单元格，其具体操作步骤如下。

Step 01 双击需要编辑的单元格。

Step 02 在单元格中选定要复制的数据。

Step 03 单击“开始”|“剪贴板”|“复制”按钮。

Step 04 在工作表中单击需要粘贴数据的位置，然后单击“开始”|“剪贴板”|“粘贴”按钮。

3. 复制单元格中的特定内容

我们还可以有选择地复制单元格中的内容，其具体操作步骤如下。

Step 01 选定需要复制的单元格区域。

Step 02 单击“开始”|“剪贴板”|“复制”按钮，或按 Ctrl+C 组合键。

Step 03 选定粘贴区域左上角的单元格。

Step 04 单击“粘贴”按钮下面的下三角按钮，在弹出的下拉菜单中单击“选择性粘贴”按钮，打开如图 9.5 所示的“选择性粘贴”对话框。然后选择所需的选项，单击“确定”按钮，即可复制单元格中的特定内容。

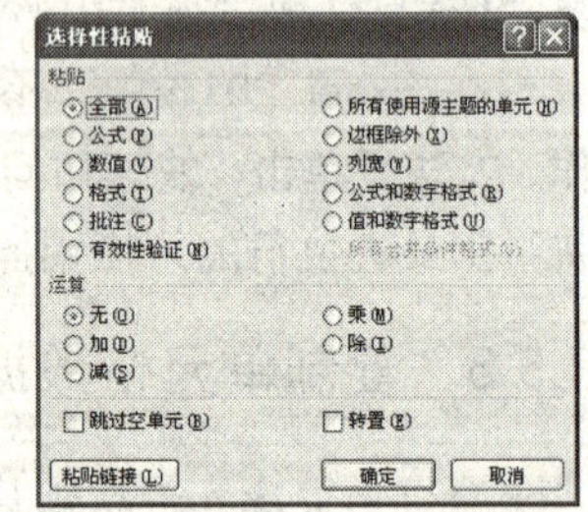

图 9.5 “选择性粘贴”对话框

9.6 插入与删除行或列

在工作表中插入与删除行或列的操作是经常用到的，下面分别加以介绍。

9.6.1 插入行（或列）

插入行（或列）的操作步骤如下。

Step 01 在要插入行的行标题（或列的列标题）上拖动鼠标，以选定所需的行（或列），所选定的行数（或列数）与要插入的行数（或列数）相同，例如这里选定“素材\第九章\销售.xls”文件的第 5~7 行，如图 9.6 所示。

Step 02 切换到“开始”选项卡，在“单元格”组中单击“插入”按钮右侧的下三角按钮，在弹出的下拉菜单中选择“插入工作表行”（或“插入工作表列”）命令，即可在工作表中插入空白行（或列），效果如图 9.7 所示。

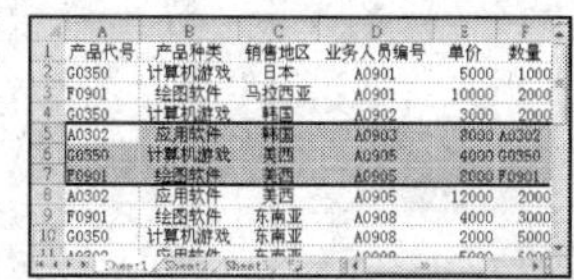

图 9.6　选定要插入的行数

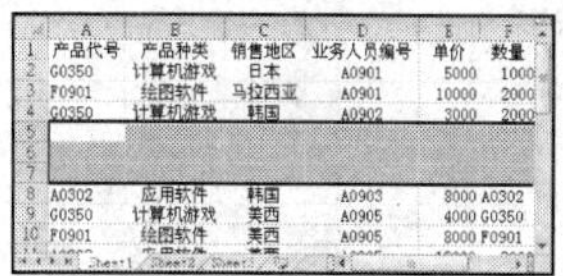

图 9.7　插入的空白行

提 示

上面 Step 02 可以换成为在选定的任一行（或列）内右击鼠标，并在快捷菜单中选择“插入”命令。

在“插入”下拉菜单中选择“插入单元格”命令，在弹出的“插入”对话框中选择“整行”（或“整列”）单选按钮，再单击“确定”按钮，也可在所选行（或列）的上方（或左侧）插入行（或列）。

9.6.2　删除行（或列）

如果要删除一整行或一整列的内容，只需选定需要删除的行（或列），按 Delete 键。如果要删除一整行或一整列，需选定该行或该列，然后在“开始”选项卡的“单元格”组中单击“删除”按钮。

9.7　案例实训

本案例实训主要练习对 Excel 工作簿的基本操作，包括新建、保存和关闭。下面练习基于模板创建一个工作簿。

Step 01 选择“文件”|“新建”命令，在“样本模板”列表框中选择“销售报表”模板，然后单击“创建”按钮，如图 9.8 所示。

Step 02 此时即可创建选择的模板，如图 9.9 所示。

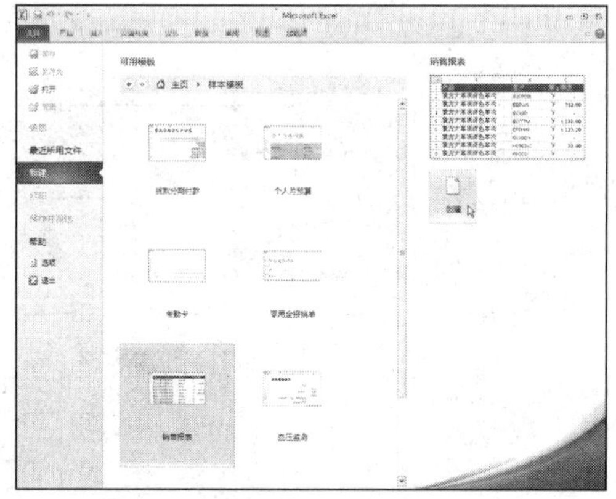

图 9.8　创建模板

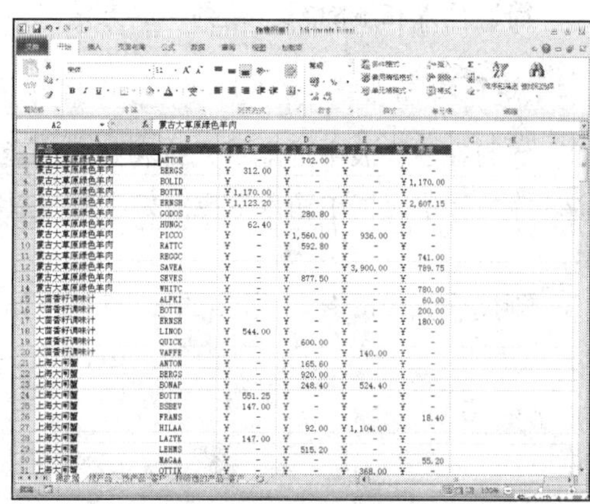

图 9.9　创建的模板效果

Step 03 单击“快速访问工具栏”中的“保存”按钮，弹出“另存为”对话框，选择所需保存的位置，在“文件名”文本框中输入文件名，单击“保存”按钮，如图 9.10 所示。

Step 04 选择“文件”|“关闭”命令，将此工作簿关闭。

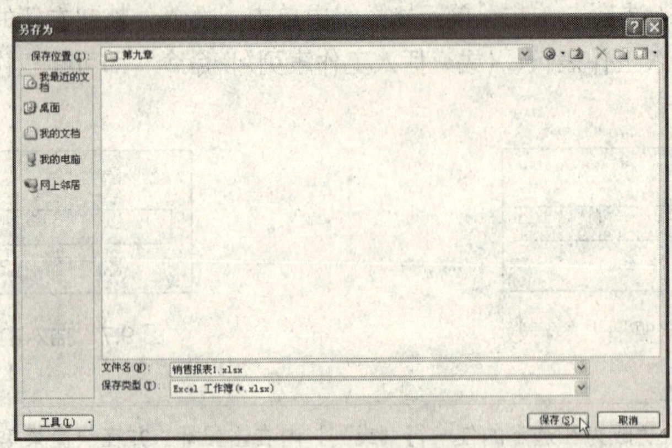

图 9.10 “另存为”对话框

9.8 课后练习与上机操作

一、选择题

1．在单元格中输入文本后，如果要激活当前单元格相邻右侧的单元格，则按_____键。

A. Ctrl　　B. Alt　　C. Tab　　D. Enter 键

2．在 Excel 工作表中，C3 单元格内为“=16”，将 C3 单元格的内容复制到 D4 单元格中，D4 单元格中的数值为_____。

A. 15　　B. 16　　C. 17　　D. 18

二、简答题

1．试述使用鼠标选定不相邻单元格区域的操作步骤。

2．如何一次性撤销一系列没有保存的操作?

3．简述插入和删除行（或列）的方法。

三、操作题

1．练习在工作表中选定单元格和区域的操作。

2．练习在单元格中输入数据（如文本、数字、时间、日期）的操作。

3．创建一张如图 9.11 所示的表格。

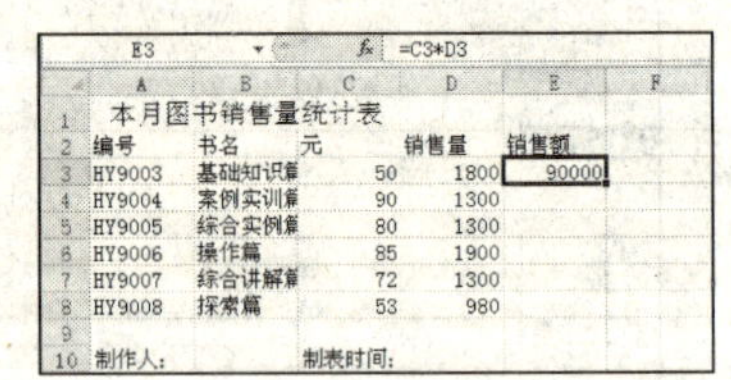

图 9.11 创建表格

第10章

管理工作表

本章导读

本章将学习工作表的基本操作以及对工作表进行设置的方法，从而使工作表更具有条理性。

知识要点

- 设置工作表
- 重命名工作表
- 工作表的移动和复制
- 保护单元格和工作表
- 显示与隐藏工作表

10.1 设置工作表

在 Excel 中，一个工作簿中可以包含多个工作表。用户可以根据需要随时插入、删除、移动或复制工作表，还可以为工作表命名以及隐藏工作表。

10.1.1 在工作簿中增加默认工作表个数

在新建一个工作簿时，Excel 的默认工作表只有 3 个：Sheet1、Sheet2 和 Sheet3。Excel 允许用户在工作簿内增加默认工作表个数，工作表数范围为 1~255。添加工作簿的具体操作步骤如下。

Step 01 单击“文件”按钮，在弹出的下拉菜单中选择“选项”命令，如图 10.1 所示。

Step 02 打开“Excel 选项”对话框，选择“常规”选项，在右侧的“新建工作簿时”区域中，在“包含的工作表数”后面的文本框中输入 5，如图 10.2 所示。

Step 03 完成设置后，单击“确定”按钮。再新建一个工作簿时，可以看见默认的工作表变为 5，如图 10.3 所示。

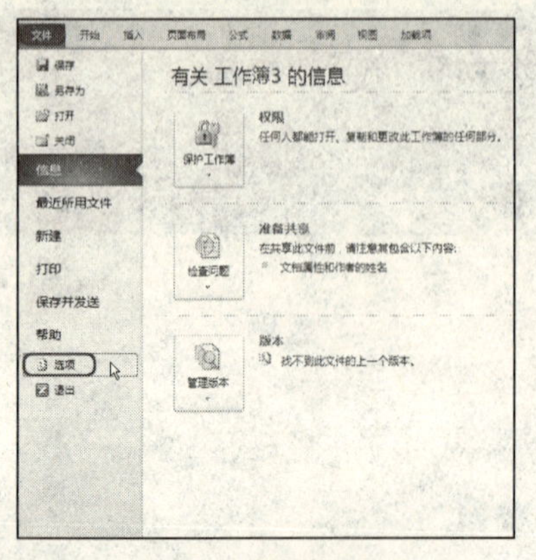

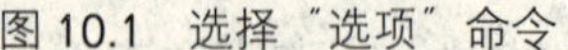

图 10.1　选择“选项”命令

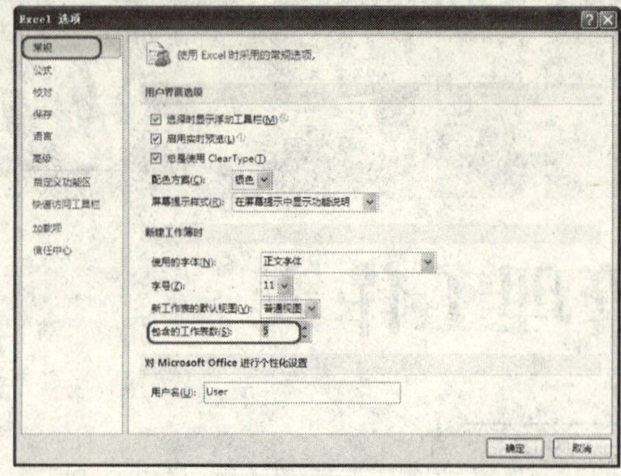

图 10.2　“Excel 选项”对话框

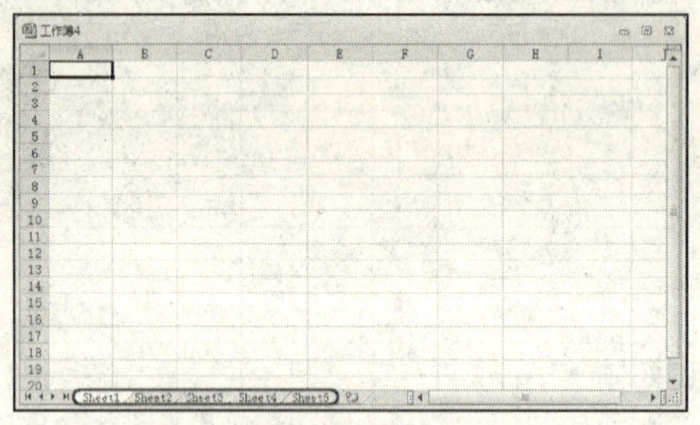

图 10.3　新工作簿内默认工作表的数目

10.1.2　选择工作表

由于一个工作簿中往往包含多个工作表，因此操作前需要选择工作表。选择工作表的方法有以下 4 种。

- 选定一张工作表，直接单击该工作表的标签即可。
- 选定相邻的工作表，首先单击第一张工作表标签，然后按住 Shift 键不松开并单击其他相邻工作表的标签即可。
- 选定不相邻的工作表，首先单击第一张工作表标签，然后按住 Ctrl 键不松开并单击其他任意一张工作表标签即可。
- 选定工作簿中的所有工作表，右击任意一个工作表标签，在弹出的快捷菜单中选择“选定全部工作表”命令，如图 10.4 所示。选择完成后的效果，如图 10.5 所示。

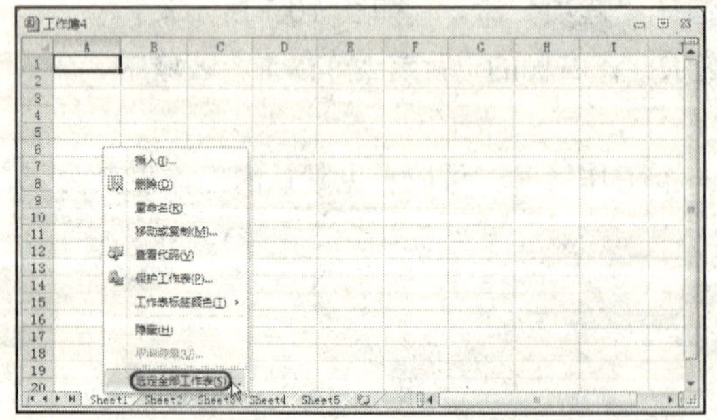

图 10.4　选择“选定全部工作表”命令

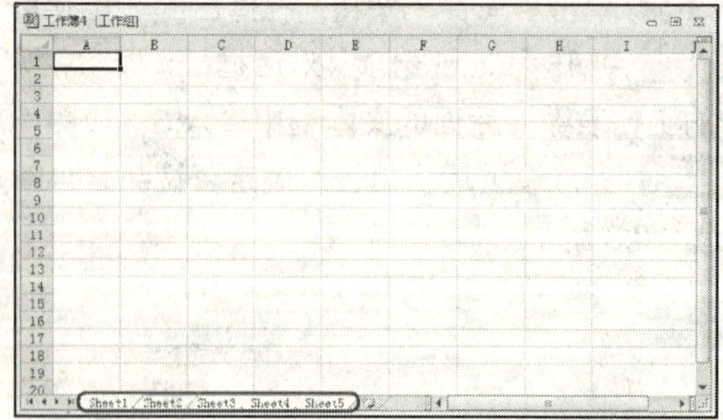

图 10.5　选择全部工作表

10.1.3　插入工作表

若工作簿中的工作表数量不够，用户可以在工作簿中插入工作表，并且不仅可以插入空白的工作表，还可以根据模板插入带有样式的新工作表。

若要在现有工作表的末尾快速插入新工作表，具体操作步骤如下。

Step 01 单击工作表标签，使其显示当前工作表，如选择 Sheet1。

Step 02 单击工作表标签右侧的“插入工作表”按钮，如图 10.6 所示。

Step 03 新的工作表将插入在现有工作表的末尾，如图 10.7 所示。

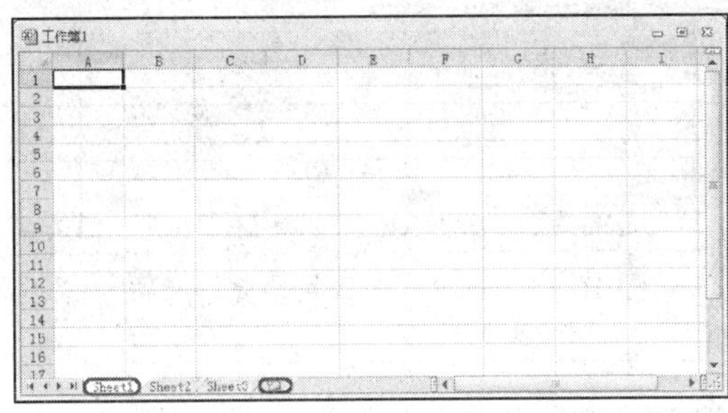

图 10.6　单击“插入工作表”按钮

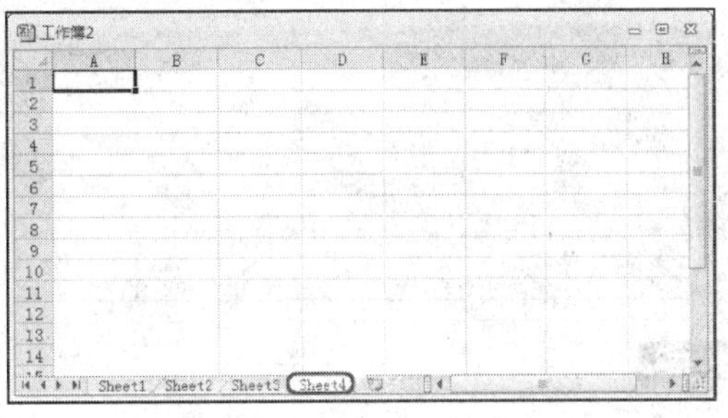

图 10.7　插入工作表后的效果

提 示

插入的新工作表由 Excel 自动命名，默认情况下第一个插入的工作表为 Sheet4，以后依次是 Sheet5、Sheet6 等。

要在现有工作表之前插入新工作表，具体操作步骤如下。

Step 01 选择要在前面插入新工作表的工作表标签，单击“开始”选项卡中“单元格”组中的“插入”按钮右侧的下拉按钮，在打开的下拉菜单中选择“插入工作表”命令，如图 10.8 所示。

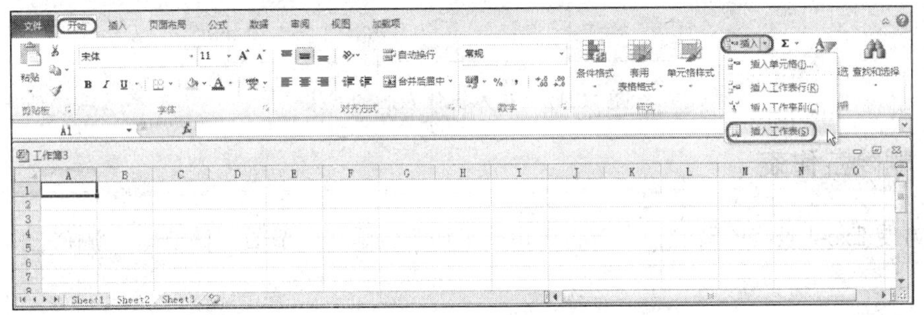

图 10.8　选择“插入工作表”命令

Step 02 在选择的工作表前面可以插入一个新的工作表，如图 10.9 所示。

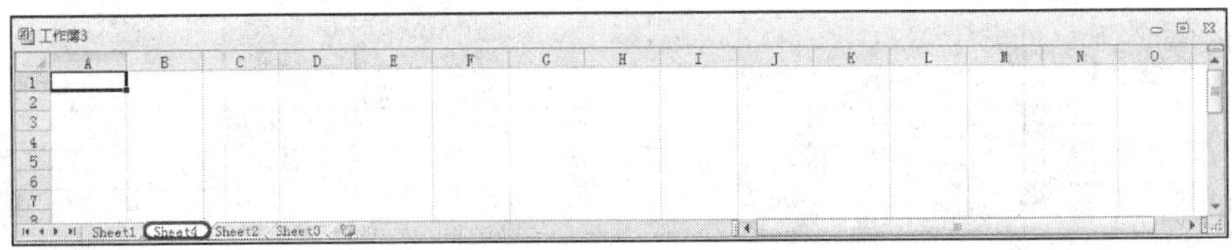

图 10.9　插入新的工作表

还可以根据模板插入带有样式的新工作表，具体操作步骤如下。

Step 01 选择当前活动工作表标签并单击鼠标右键，在弹出的快捷菜单中选择“插入”命令，如图10.10 所示。

Step 02 打开“插入”对话框，切换到“电子表格方案”选项卡，选择“个人月预算”选项，如图10.11 所示。

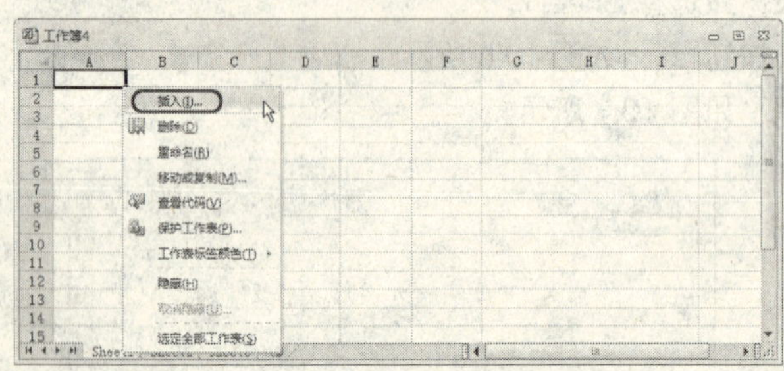

图 10.10 选择“插入”命令

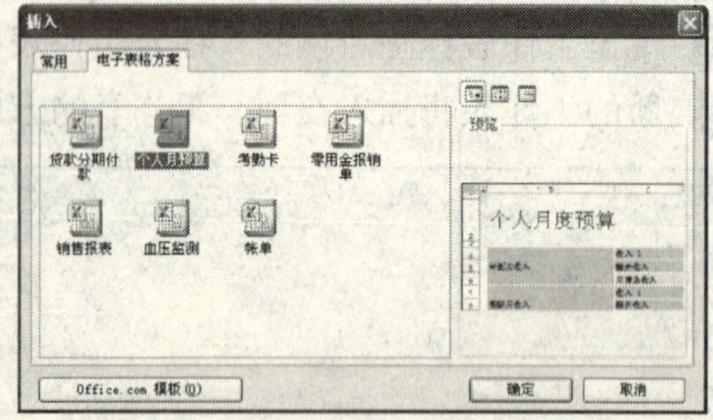

图 10.11 选择“个人月预算”选项

提 示

用户也可以一次插入多个工作表，方法是按住 Shift 键，然后在打开的工作簿中选择与要插入的工作表数目相同的现有工作表标签。例如，如果要添加 3 个新工作表，则选择 3 个现有工作表的标签，单击“开始”选项卡中“单元格”组中的“插入”按钮右侧的下三角按钮，在打开的下拉菜单中选择“插入工作表”选项即可。

Step 03 单击“确定”按钮，插入工作表后的效果如图 10.12 所示。

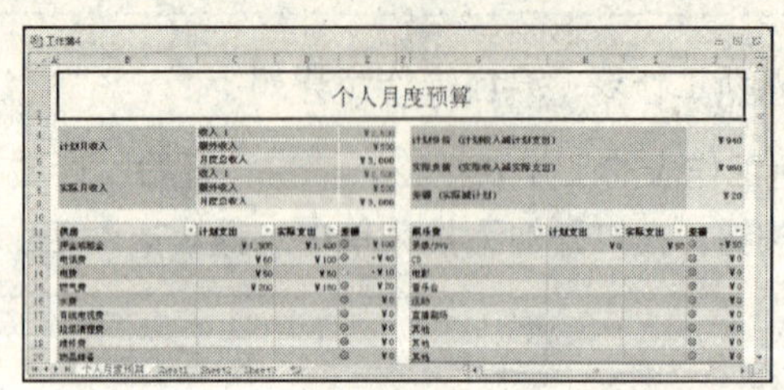

图 10.12 插入工作表后的效果

10.1.4 删除工作表

为了方便 Excel 表格的管理，可以将无用的工作表删除，以节省存储空间。删除工作表的操作步骤如下。

Step 01 选择要删除的工作表标签，单击“开始”选项卡中“单元格”组的“删除”按钮 删除 右侧的下三角按钮，在打开的下拉菜单中选择“删除工作表”命令，如图 10.13 所示。

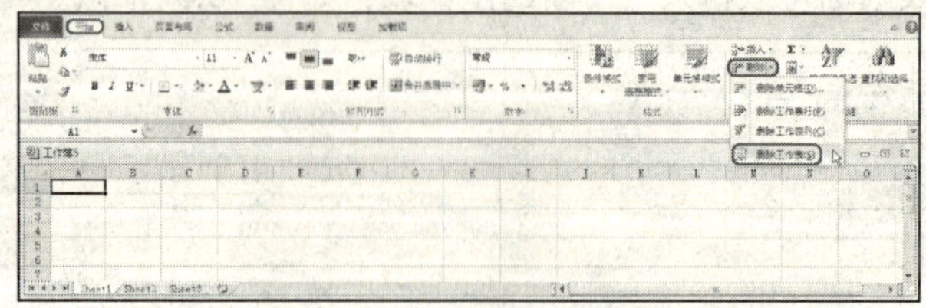

图 10.13 选择“删除工作表”命令

Step 02 删除完成后的效果如图 10.14 所示。

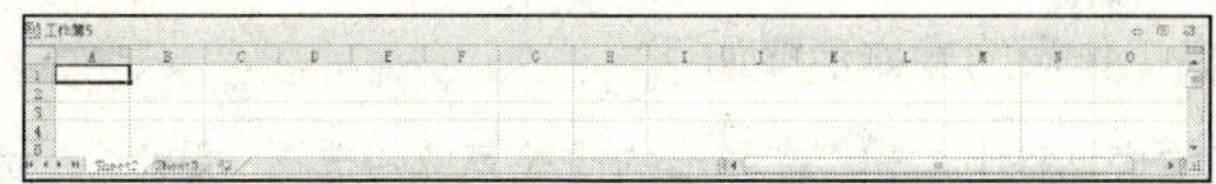

图 10.14 删除工作表后的效果

提 示

在要删除的工作表标签上单击鼠标右键，在弹出的快捷菜单中选择“删除”命令，如图 10.15 所示。

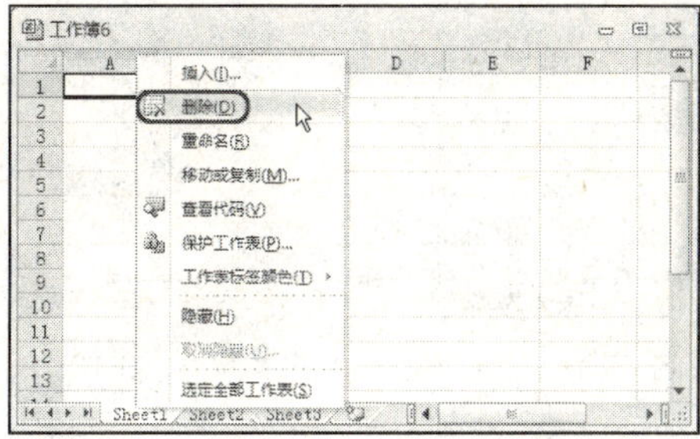

图 10.15 选择“删除”命令

对于不需要的工作表可以将其删除，但执行时一定要慎重，因为删除的工作表将被永久删除，且不能恢复。

10.1.5 改变工作表的名称

每个工作表都有自己的名称，默认情况下以 Sheet1、Sheet2、Sheet3……命名工作表。这种命名方式不便于工作表的管理，用户可以对工作表进行重命名操作，以便更好地管理工作表。

1．在工作表标签上直接重命名

直接重命名工作表的操作步骤如下。

Step 01 双击要重命名的工作表标签 Sheet1，此时该标签以高亮显示，进入可编辑状态，如图 10.16 所示。

Step 02 输入新的标签名，按 Enter 键，即可完成对该工作表的重命名操作，如图 10.17 所示。

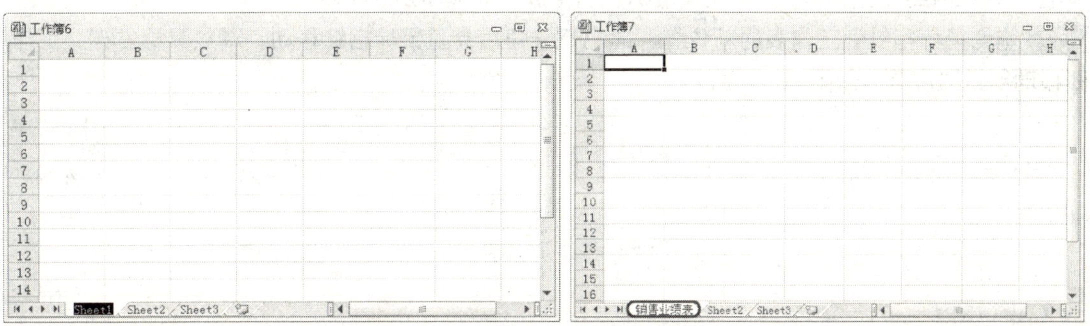

图 10.16 双击工作表标签

图 10.17 重命名工作表

2. 使用快捷菜单重命名

使用快捷菜单重命名工作表的操作步骤如下。

Step 01 在要重命名的工作表标签上右击，在弹出的快捷菜单中选择"重命名"命令，如图 10.18 所示。

Step 02 此时工作表以高亮显示，在标签上输入新的标签名，按 Enter 键，即可完成工作表的重命名，如图 10.19 所示。

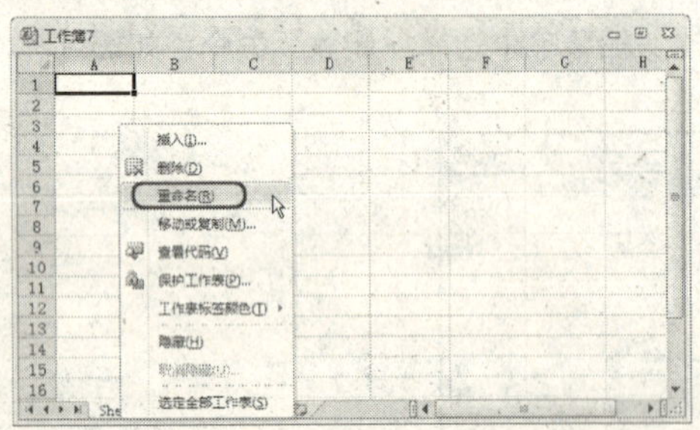

图 10.18 选择"重命名"命令

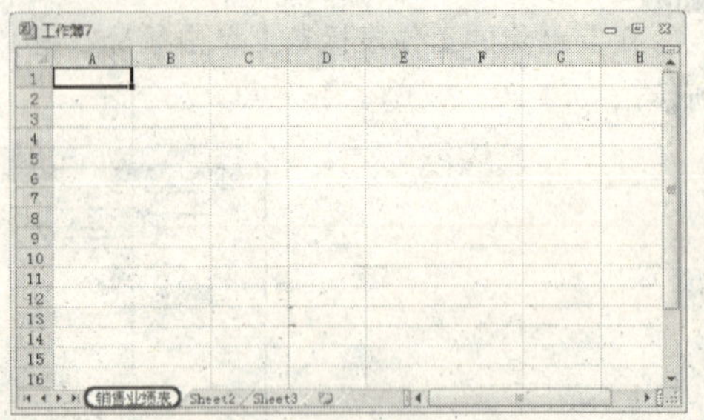

图 10.19 输入新的工作表名

提 示

Excel 规定工作表的名称最多可以使用 31 个中英文字符。另外，还可以选择要重新命名的工作表标签，单击"开始"选项卡中"单元格"组中的"格式"按钮右侧的下三角按钮，在打开的下拉菜单中选择"重命名工作表"命令，对工作表进行重命名。

10.2 工作表的移动和复制

工作表可以在同一个 Excel 工作簿中或不同的 Excel 工作簿间进行移动和复制。

1. 移动工作表

在一个或多个工作簿中可以移动工作表。若要在不同的工作簿间移动工作表，则这些工作不必须是打开的。移动工作表有以下两种方法。

（1）使用直接拖曳移动

直接拖曳移动工作表的具体操作步骤如下。

Step 01 选择 Shee1 工作表标签，按住鼠标左键不放，如图 10.20 所示。

Step 02 拖曳鼠标指针到工作表的新位置，黑色倒三角后会随鼠标指针移动。释放鼠标左键，工作表即移动到新的位置，如图 10.21 所示。

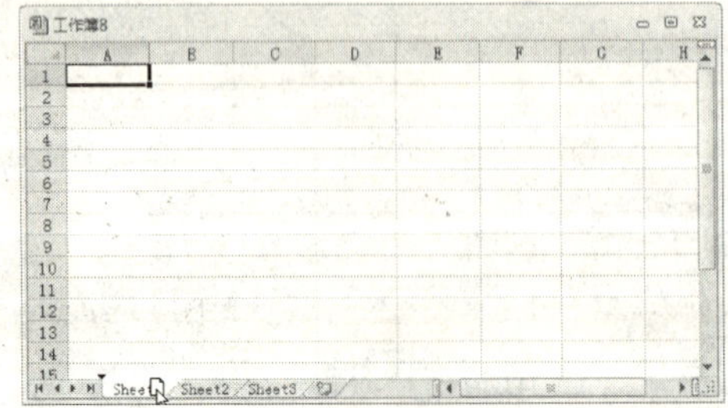

图 10.20 按住鼠标左键

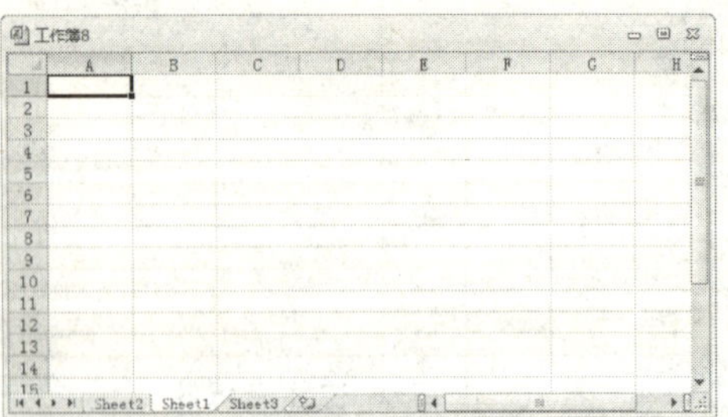

图 10.21 移动到新位置

（2）使用快捷菜单移动

使用快捷菜单移动工作表的具体操作步骤如下。

Step 01 选择 Shee1 工作表标签，单击鼠标右键，在弹出的快捷菜单中选择“移动或复制”命令，如图 10.22 所示。

Step 02 在弹出的对话框中的“下列选定工作表之前”列表框下选择“（移至最后）”选项，如图 10.23 所示。

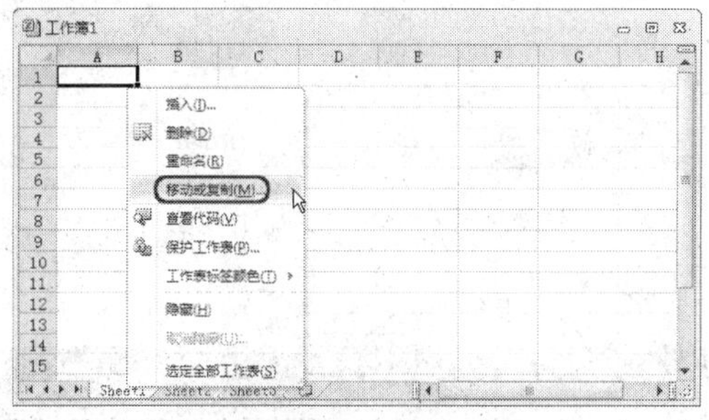

图 10.22　选择“移动或复制”命令

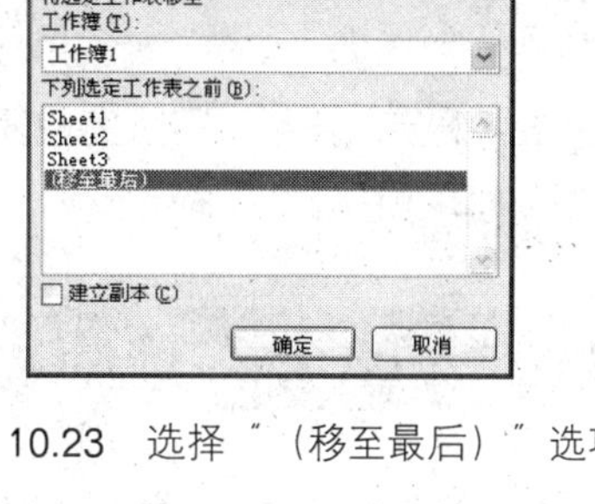

图 10.23　选择“（移至最后）”选项

Step 03 单击“确定”按钮，这样就可以将工作表移动到指定的位置，即移动到最后，如图 10.24 所示。

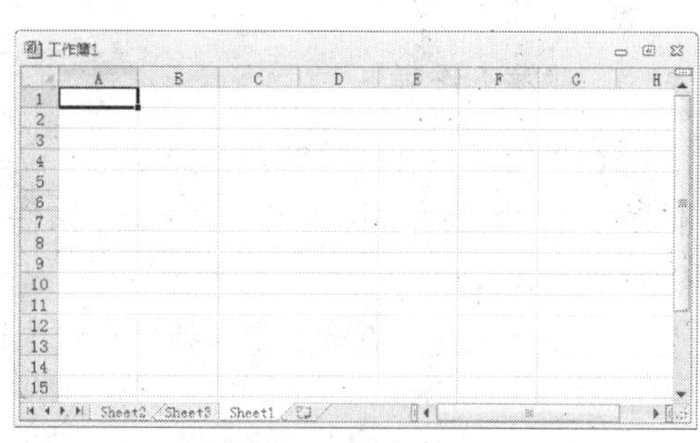

图 10.24　移动后的工作表

2．复制工作表

用户可以在一个或多个 Excel 工作簿中复制工作表，主要有以下两种方法。

（1）使用鼠标复制

用鼠标复制工作表的步骤与移动工作表的步骤相似，只是在拖动鼠标的同时按住 Ctrl 键即可。

（2）使用快捷菜单复制

使用快捷菜单复制工作表的具体操作步骤如下。

Step 01 选择 Sheet1 工作表，右击鼠标，在弹出的快捷菜单中选择“移动或复制”命令，如图 10.25 所示。

Step 02 在弹出的对话框中的“下列选定工作表之前”列表框下选择 Sheet2 选项，然后勾选“建立副本”复选框，如图 10.26 所示。该对话框中各选项的功能如下。

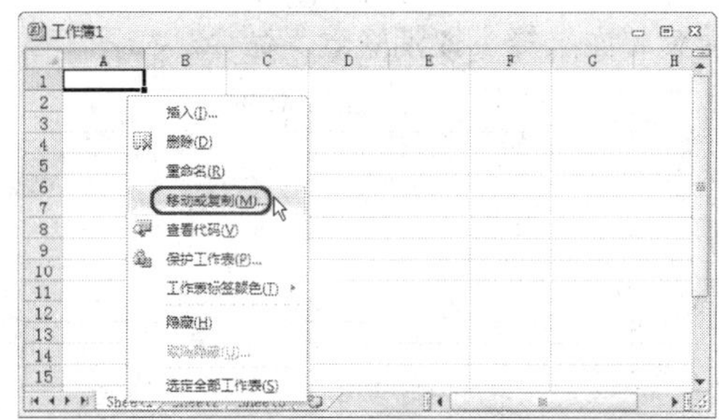

图 10.25　选择“移动或复制”命令

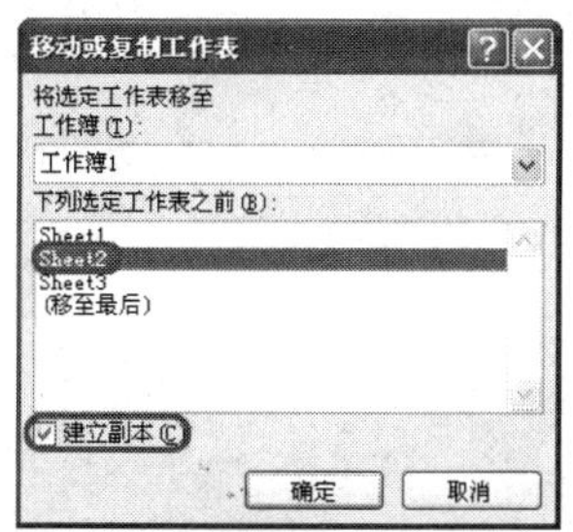

图 10.26　“移动或复制工作表”对话框

- “将选定工作表移至工作簿”：该下拉列表用于选择目标工作簿。
- “下列选定工作表之前”：该列表框用于选择将工作表复制或移动到目标工作簿的位置。若选择列表框中某一工作表标签，则复制或移动的工作表将位于该工作表之前；如果选择“(移到最后)”，则复制或移动的工作表将位于框中所有工作表之后。
- “建立副本”：选中该复选框，则执行复制工作表的操作；不选该复选框，则执行移动工作表的操作。

Step 03 单击“确定”按钮，即可完成复制工作表的操作，如图 10.27 所示。

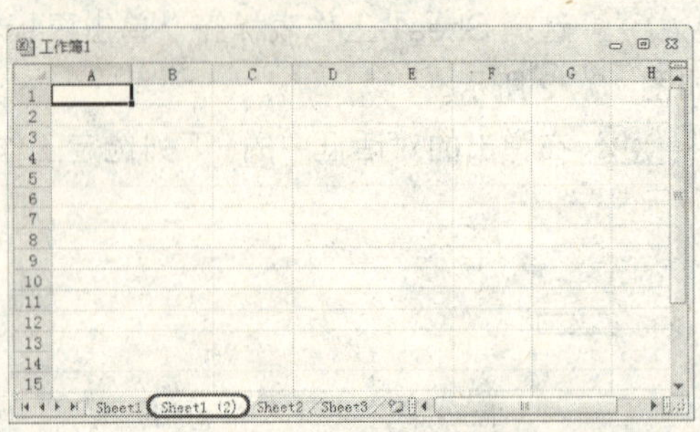

图 10.27　复制工作表

10.3 显示与隐藏工作表

在 Excel 2010 中，可以将工作表隐藏起来，在需要时再把工作表显示出来。

1. 隐藏工作表

Step 01 单击“文件”按钮，在弹出的下拉菜单中选择“打开”命令，在弹出的对话框中选择“素材\第十章\旭升冰箱订购记录单.xlsx”文件，单击“打开”按钮，选择“订购记录单”标签，如图 10.28 所示。

Step 02 右击鼠标，在弹出的快捷菜单中选择“隐藏”命令，如图 10.29 所示。

图 10.28　选择“订购记录单”标签　　图 10.29　选择“隐藏”命令

Step 03 这时，“订购记录单”标签会被隐藏，如图 10.30 所示。

2. 显示工作表

Step 01 在任意一个工作表标签上右击，在弹出的快捷菜单中选择“取消隐藏”命令，如图 10.31 所示。

图 10.30　隐藏工作表

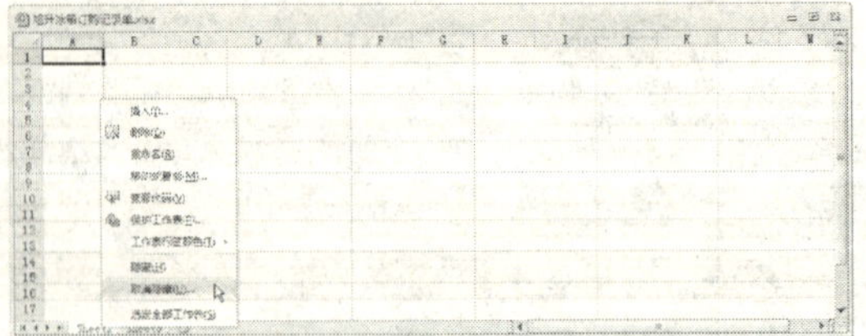
图 10.31　选择“取消隐藏”命令

Step 02 在弹出的“取消隐藏”对话框中选择“订购记录单”选项，如图 10.32 所示。

Step 03 单击“确定”按钮，将隐藏的工作表取消隐藏，如图 10.33 所示。

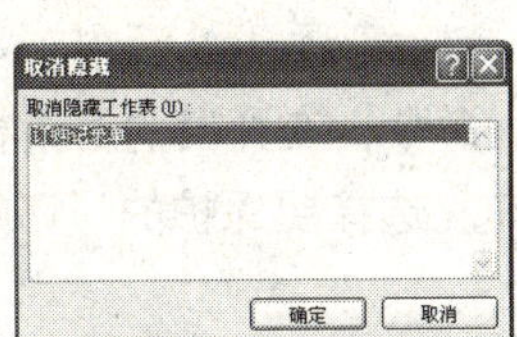

图 10.32 “取消隐藏”对话框

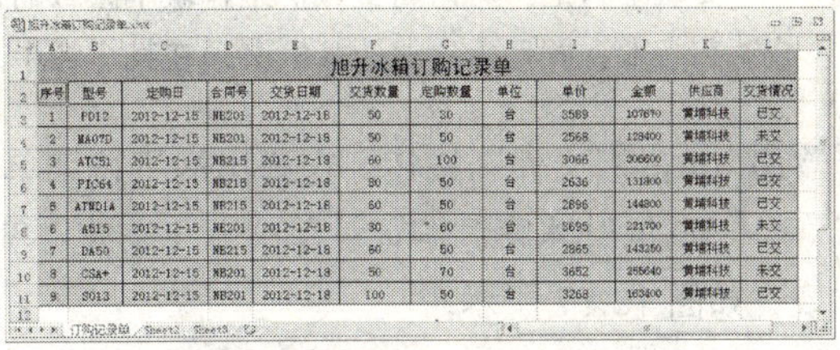

图 10.33 将工作表取消隐藏

10.4 保护单元格和工作表

对于所有单元格、工作表、方案以及窗口等，Excel 所设置的默认格式都是可见的状态。只有对工作表设置保护后，工作表的所有单元格才能锁定且不能修改。

10.4.1 保护单元格

保护单元格的具体操作步骤如下。

Step 01 单击“文件”按钮，在弹出的下拉菜单中选择“打开”命令，在弹出的对话框中选择“素材\第十章\旭升冰箱订购记录单.xlsx”文件，单击“打开”按钮，选择如图 10.34 所示的单元格区域。

Step 02 在选择的单元格或单元格区域上右击鼠标，在弹出的快捷菜单中选择“设置单元格格式”命令，如图 10.35 所示。

图 10.34 打开文件并选择单元格区域

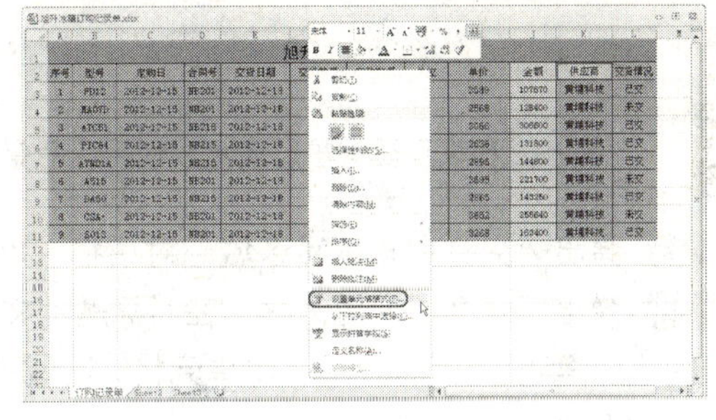

图 10.35 选择“设置单元格格式”命令

Step 03 弹出“设置单元格格式”对话框，切换到“保护”选项卡，勾选“锁定”复选框，如图 10.36 所示。

Step 04 单击“确定”按钮，完成对单元格的保护。

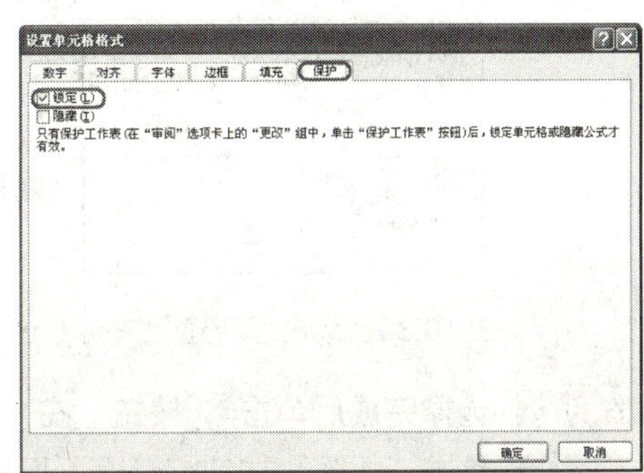

图 10.36 勾选“锁定”复选框

10.4.2 允许特定用户编辑受保护的工作表区域

若用户的系统中创建有多个用户，我们可以只允许特定的用户编辑受保护的工作表区域，具体操作步骤如下。

提 示

要赋予特定用户访问受保护工作表中区域的权限，用户的计算机必须运行 Microsoft Windows XP 或更高版本，并且用户的计算机必须在某个域中。

Step 01 单击“文件”按钮，在弹出的下拉菜单中选择“打开”命令，在弹出的对话框中选择“素材\第十章\旭升冰箱订购记录单.xlsx”文件，单击“打开”按钮，选择要保护的“订购记录单”工作表，如图 10.37 所示。

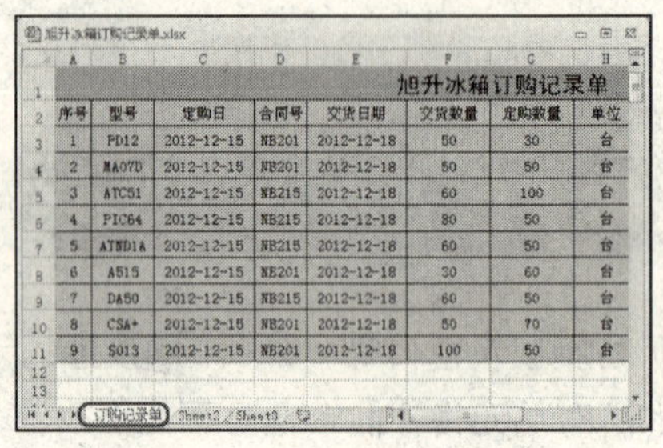

旭升冰箱订购记录单

序号	型号	定购日	合同号	交货日期	交货数量	定购数量	单位
1	PD12	2012-12-15	NB201	2012-12-18	50	30	台
2	MA07D	2012-12-15	NB201	2012-12-18	50	50	台
3	ATC51	2012-12-15	NB215	2012-12-18	60	100	台
4	PIC64	2012-12-15	NB215	2012-12-18	80	50	台
5	ATND1A	2012-12-15	NB215	2012-12-18	60	50	台
6	A515	2012-12-15	NB201	2012-12-18	30	60	台
7	DA50	2012-12-15	NB215	2012-12-18	60	50	台
8	CSA+	2012-12-15	NB201	2012-12-18	50	70	台
9	S013	2012-12-15	NB201	2012-12-18	100	50	台

图 10.37 选择工作表

Step 02 在“审阅”选项卡的“更改”组中单击“允许用户编辑区域”按钮 允许用户编辑区域，如图 10.38 所示。

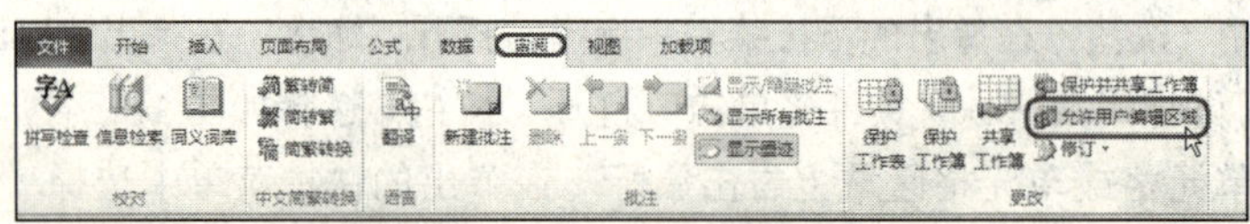

图 10.38 单击“允许用户编辑区域”按钮

提 示

只有在工作表不受保护时才可以使用此命令。

Step 03 弹出“允许用户编辑区域”对话框，单击“新建”按钮，如图 10.39 所示。

Step 04 弹出“新区域”对话框，在“标题”文本框中使用默认的“区域 1”，在“引用单元格”文本框中输入等号“=”，在“引用单元格”区域下单击按钮，然后在工作表中选择 D2:I11 单元格区域，如图 10.40 所示。

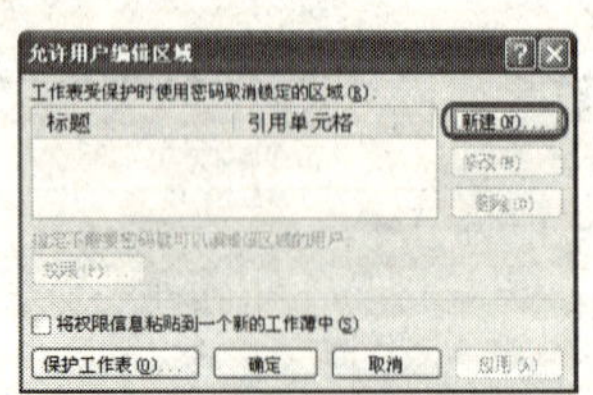

图 10.39 单击“新建”按钮

图 10.40 选择单元格区域

Step 05 选择完成后单击按钮，在“区域密码”区域下设置密码，如图 10.41 所示。

Step 06 单击“权限”按钮，打开“区域 1 的权限”对话框，然后单击“添加”按钮，如图 10.42 所示。

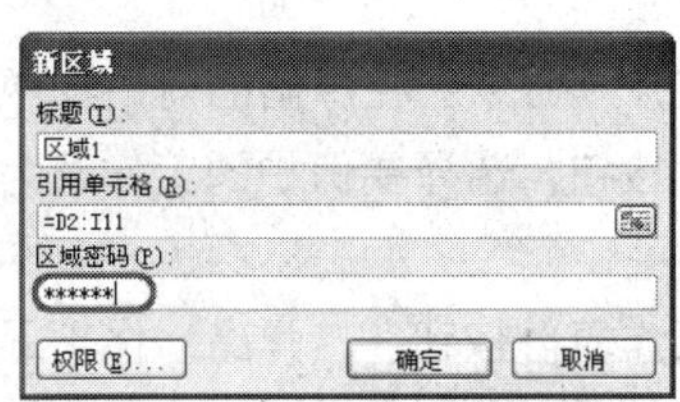

图 10.41 设置密码

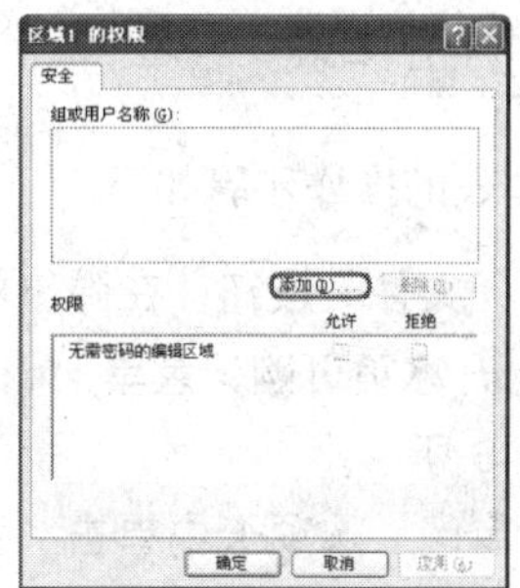
图 10.42 单击“添加”按钮

Step 07 打开“选择用户或组”对话框，在“输入对象名称来选择（示例）”编辑框中输入 QIANYAN，然后单击“确定”按钮，如图 10.43 所示。

提 示

在“输入对象名称来选择（示例）”编辑框中输入用户希望其能够编辑区域的用户姓名或单击“高级”按钮来进行查找。

Step 08 单击两次“确定”按钮，弹出“确认密码”对话框。在该对话框中再次输入设置的密码，如图 10.44 所示。

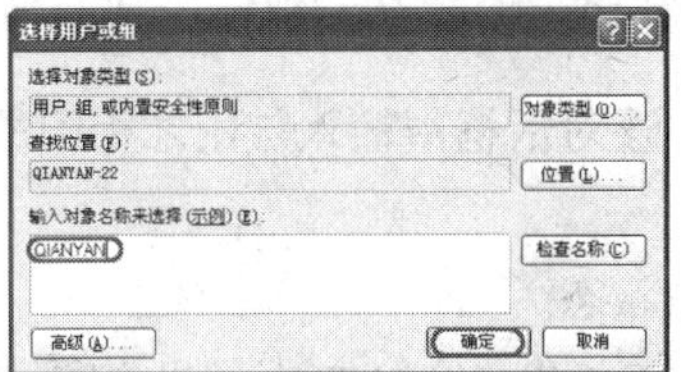
图 10.43 “选择用户或组”对话框

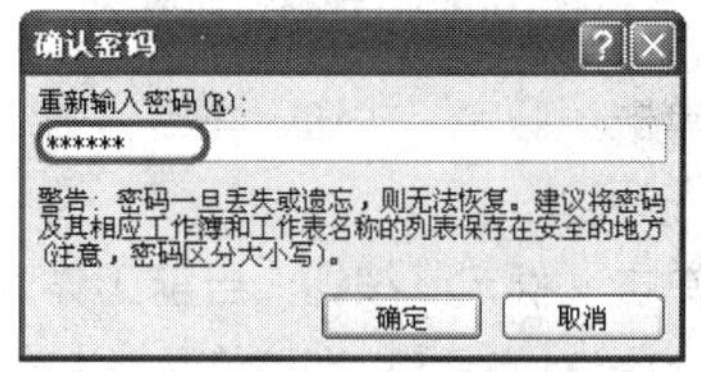

图 10.44 确认密码

Step 09 返回“允许用户编辑区域”对话框，单击“保护工作表”按钮，在弹出的对话框中的“取消工作表保护时使用的密码”文本框中输入密码，如图 10.45 所示。

Step 10 单击“确定”按钮，然后在弹出的对话框中重新输入密码，再单击“确定”按钮进行确认，如图 10.46 所示。

如果要取消所保护的单元格区域，只需单击“审阅”选项卡中“更改”组中的“撤销工作表保护”按钮。如果设置了密码，在打开的对话框中输入所设置的密码，如图 10.47 所示，然后单击“确定”按钮。

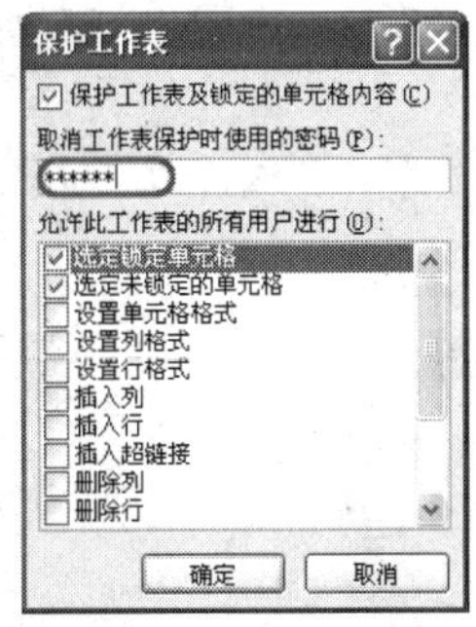

图 10.45 输入密码

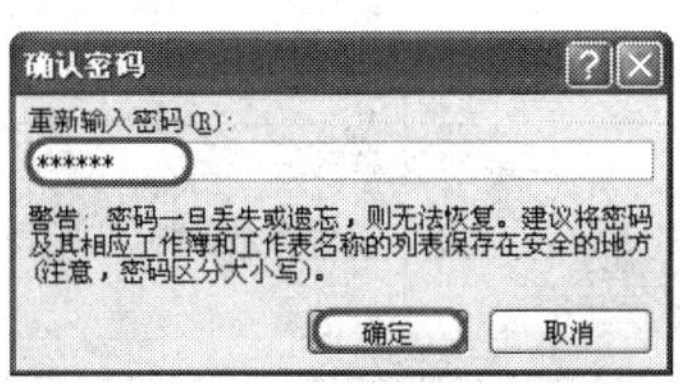

图 10.46 再次输入密码确认

图 10.47 “撤销工作表保护”对话框

10.4.3 保护工作表

保护工作表的操作步骤如下。

Step 01 单击“文件”按钮，在弹出的下拉菜单中选择“打开”命令，在弹出的对话框中选择“素材\第十章\旭升冰箱订购记录单.xlsx”文件，单击“打开”按钮，选择要保护的工作表为当前工作表，如图 10.48 所示。

Step 02 在“审阅”选项卡中单击“更改”组中的“保护工作表”按钮，弹出“保护工作表”对话框，在“允许此工作表的所有用户进行”列表框中勾选“编辑对象”复选框，在“取消工作表保护时使用的密码”文本框中输入密码，如图 10.49 所示。

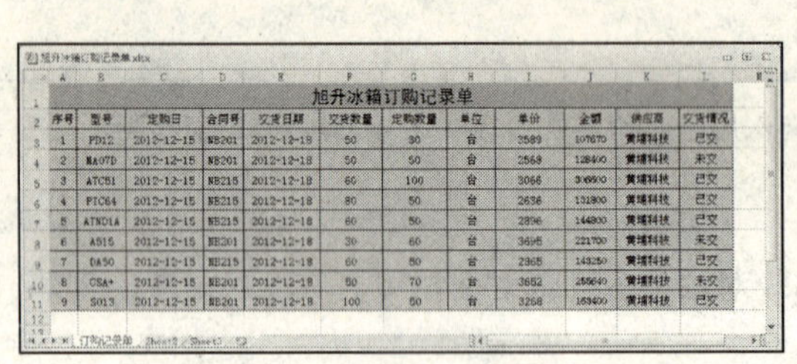

图 10.48 选择工作表

图 10.49 “保护工作表”对话框

Step 03 单击“确定”按钮，弹出“确认密码”对话框，在该对话框中输入与刚才相同的密码，如图 10.50 所示。

Step 04 单击“确定”按钮，当前工作表便处于一定的保护状态。

Step 05 选择 D4 单元格，在该单元格中输入 NB222，这时 Excel 弹出一个警告对话框，如图 10.51 所示。

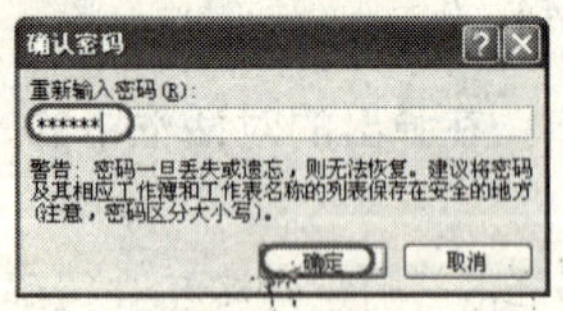

图 10.50 “确认密码”对话框

图 10.51 警告对话框

10.4.4 撤销工作表保护

撤销工作表保护的具体操作步骤如下。

Step 01 在“审阅”选项卡中单击“更改”组中的“撤销工作表保护”按钮，如图 10.52 所示。

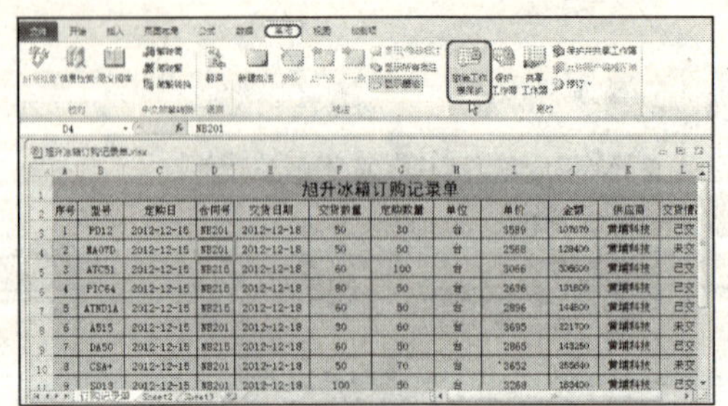

图 10.52 单击“撤销工作表保护”按钮

Step 02 若设置了密码，在弹出的“撤销工作表保护”对话框中输入保护时设置的密码，如图 10.53 所示。

Step 03 单击“确定”按钮，这样就对工作表撤销了保护。选择 D4 单元格，在该单元格中输入 NB222，这时就可以对其更改，如图 10.54 所示。

图 10.53 输入密码

旭升冰箱订购记录单.xlsx

	A	B	C	D	E	F	G	H	I	J	K	L
1	旭升冰箱订购记录单											
2	序号	型号	定购日	合同号	交货日期	交货数量	定购数量	单位	单价	金额	供应商	交货情
3	1	PD12	2012-12-15	NB201	2012-12-18	50	30	台	3589	107670	黄埔科技	已交
4	2	MA07D	2012-12-15	NB222	2012-12-18	50	50	台	2568	128400	黄埔科技	未交
5	3	ATC51	2012-12-15	NB215	2012-12-18	60	100	台	3066	306600	黄埔科技	已交
6	4	PIC64	2012-12-15	NB215	2012-12-18	80	50	台	2636	131800	黄埔科技	已交
7	5	ATND1A	2012-12-15	NB215	2012-12-18	60	50	台	2896	144800	黄埔科技	已交
8	6	A515	2012-12-15	NB201	2012-12-18	30	60	台	3695	221700	黄埔科技	未交
9	7	DA50	2012-12-15	NB215	2012-12-18	60	50	台	2865	143250	黄埔科技	已交
10	8	CSA+	2012-12-15	NB201	2012-12-18	50	70	台	3652	255640	黄埔科技	未交
11	9	S013	2012-12-15	NB201	2012-12-18	100	50	台	3268	163400	黄埔科技	已交

订购记录单 / Sheet2 / Sheet3

图 10.54 更改数据

10.5 案例实训

本案例实训主要练习对工作表的管理操作，例如对不同工作表间单元格的复制、同一工作簿中工作表间的引用、不同工作簿中工作表间的引用。

在不同工作表之间也可以复制单元格或单元格区域，操作方法与在同一工作表中复制单元格类似，具体操作步骤如下。

Step 01 单击“文件”按钮，在弹出的下拉菜单中选择“打开”命令，在弹出的对话框中选择“素材\第十章\部分种植单位水果产量.xlsx”文件，单击“打开”按钮，选择 A2:A14 单元格区域，如图 10.55 所示。

部分种植单位水果产量.xlsx

	A	B	C	D	E	F	G	H	I	J	K
1	部分种植单位水果产量（公斤/公顷）										
2	产地	苹果	桃	梨	草莓	香蕉	葡萄	橙子	西瓜	杏	总计
3	红旗村	6258	5963	6958	2596	2679	1026	3590	6220	2596	38086
4	向阳村	6548	6923	7896	3695	3398	2596	3486	5920	3620	44082
5	前进村	3659	5769	6582	4562	2659	2635	4592	4562	4520	39560
6	长江村	4596	5265	5962	3695	3165	3581	5920	4023	2630	38837
7	丰收村	3698	3695	6625	3426	3652	2563	3584	5623	3561	36427
8	[illegible]	6984	6956	6356	2695	1469	2630	6582	2630	4520	40801
9	团结村	5983	4562	5856	4695	3569	3650	5962	5962	4950	45228
10	花园村	3695	3695	4582	3210	2693	1439	5026	4562	5960	34912
11	胜利村	4592	5962	4685	3695	4596	5480	4302	2620	5321	41253
12	高产村	6521	7892	3598	2659	4026	2630	6021	2605	4896	41226
13	高阳村	4963	5896	5015	4896	4962	5478	6523	2698	5962	46393
14	[illegible]	3958	3652	5875	3025	3590	2630	4520	4562	2540	34356

Sheet1 / Sheet2 / Sheet3

图 10.55 选择单元格区域

Step 02 单击“开始”选项卡中“剪贴板”组中的“复制”按钮，如图 10.56 所示。

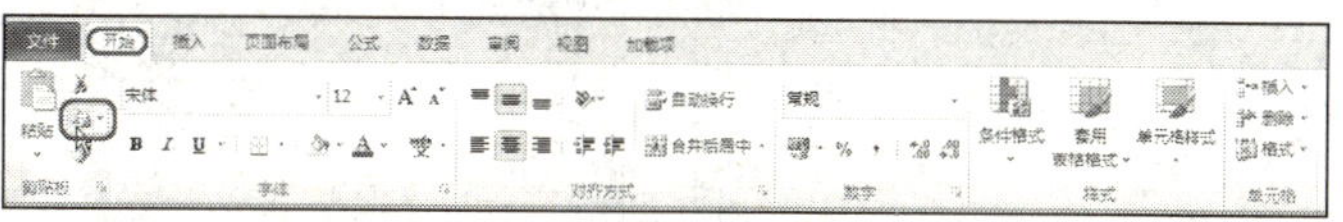

图 10.56 单击“复制”按钮

Step 03 选择 Sheet2 工作表的 A1 单元格。

Step 04 单击“开始”选项卡中“剪贴板”组中的“粘贴”按钮，完成后的效果如图 10.57 所示。

Excel 还允许用户在公式中引用不同工作表中的单元格或单元格区域，下面学习同一工作表中单元格间的引用。

Step 01 单击“文件”按钮，在弹出的下拉菜单中选择“打开”命令，在弹出的对话框中选择“素材\第十章\部分种植单位水果产量 2 .xlsx”文件，单击“打开”按钮，选择 G14 单元格，如图 10.58 所示。

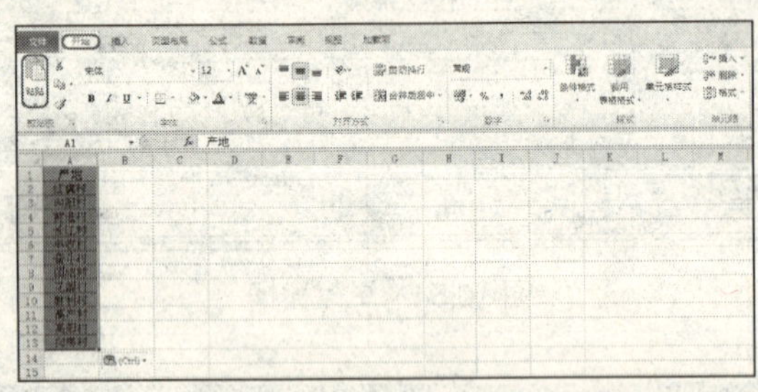

图 10.57 单击“粘贴”按钮后的效果

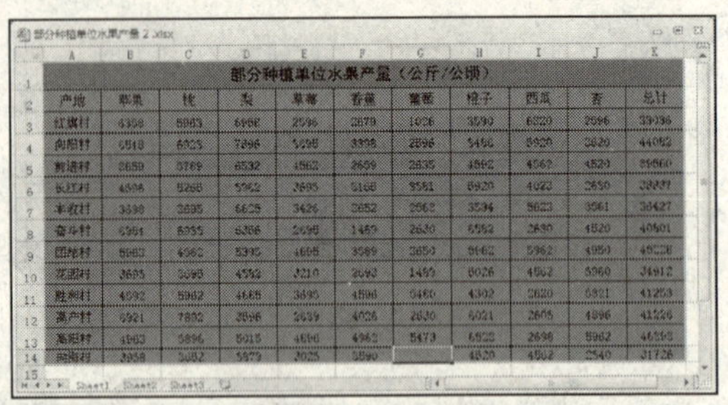

图 10.58 选择单元格

Step 02 在 G14 单元格中输入“=Sheet1!$G$12”，如图 10.59 所示。

Step 03 按 Enter 键，这样对同一工作表中单元格的引用就完成了，如图 10.60 所示。

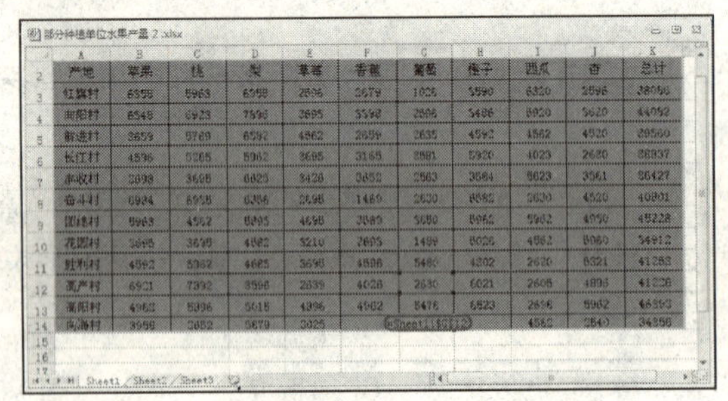

图 10.59 输入公式

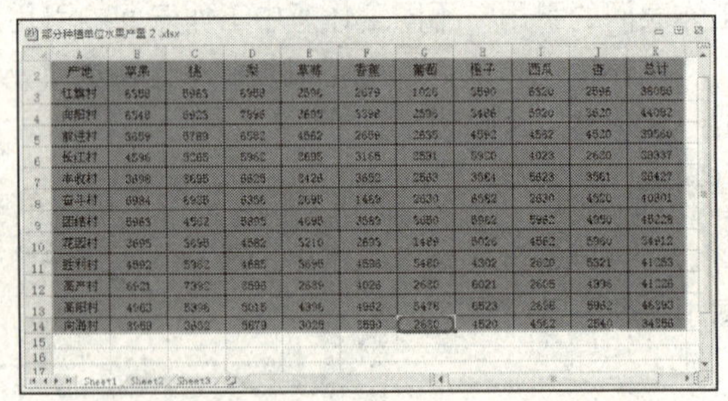

图 10.60 引用同一工作表中单元格后的效果

提 示

引用另一个工作表单元格或单元格区域的数据时大多数都采用绝对引用，如上述的$A$3。如果工作表名称中包含空格，则必须用单引号将工作表引用括起来。

当需要引用其他工作簿中的单元格或单元格区域时，其具体的步骤如下。

Step 01 继续上面的操作，新建一个工作簿，然后在单元格中输入公式，如图 10.61 所示。

Step 02 按 Enter 键，就将“部分种植单位水果产量 2.xlsx”文件的 A2 单元格中的数据引用到新建的工作簿中，如图 10.62 所示。

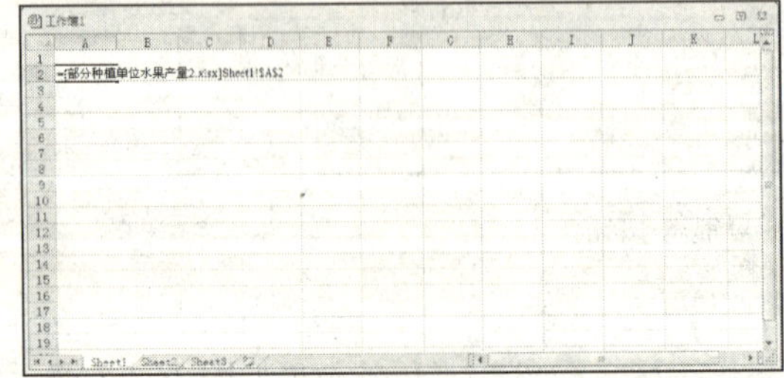

图 10.61 输入公式

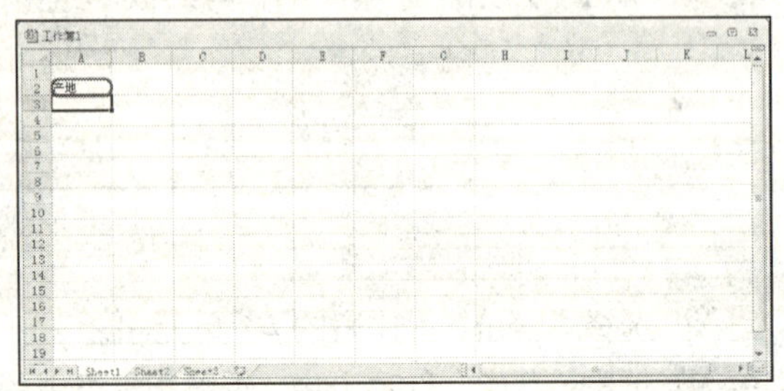

图 10.62 引用其他工作簿中单元格后的效果

提 示

在进行不同工作簿中工作表间单元格的引用时，将包含需要引用工作表的工作簿与被引用工作表的工作簿同时打开。

10.6 课后练习与上机操作

一、选择题

1．选定相邻的工作表，首先选定第一张工作表标签，然后按住_____键不松开并单击其他相邻工作表的标签即可。

A．Ctrl　　B．Shift　　C．Alt　　D．Tab

2．在使用键盘选定工作表时，如果要选定多个不相邻的工作表，则需要按_____键。

A．Ctrl　　B．Shift　　C．Alt　　D．Tab

3．新建一个工作簿时，Excel 的默认工作表只有_____个。

A．1　　B．2　　C．3　　D．4

二、简答题

1．怎样选定工作簿中多个相邻和不相邻的工作表？
2．如何选定工作簿中所有的工作表？
3．简述在工作簿中删除工作表的操作步骤。
4．简述在同一个工作簿中和在不同的工作簿之间移动或复制工作表的操作步骤。
5．如何恢复显示被隐藏的工作表？

三、操作题

1．创建一个默认工作表数量为 8 的工作簿。
2．接上题，练习选定、插入、删除工作表的操作。
3．接上题，练习重命名工作表的操作。
4．接上题，练习移动和复制工作表的操作。
5．接上题，练习隐藏和恢复工作表的操作。

第11章

格式化工作表及检测工作簿信息

本章导读

所谓格式化工作表，即设置工作表的数字格式。设置完成后，还可以利用“检测”功能检测输入的信息是否正确。

知识要点

- ✪ 单元格的数据类型
- ✪ 设置数字格式
- ✪ 使用审核工具
- ✪ 检测工作簿信息
- ✪ 检测无效数据

11.1 单元格的数据类型

有时会发现输入后显示的数据和我们输入时的数据不一样，例如输入身份证号码（307475199310141000），就会显示如图 11.1 所示的情形。

这是由于数字过大，Excel 默认以科学计数法处理。那么，如何才能显示正确的身份证号码呢？可以通过设置此单元格的数据类型。右击该单元格，在弹出的快捷菜单中选择“设置单元格格式”命令，弹出“设置单元格格式”对话框，如图 11.2 所示。在该对话框中选择“数字”选项卡，左侧列表框中列出了各种数据的类型，此处选择“文本”，如图 11.3 所示。单击“确定”按钮，再输入身份证号，就会正确的显示了。

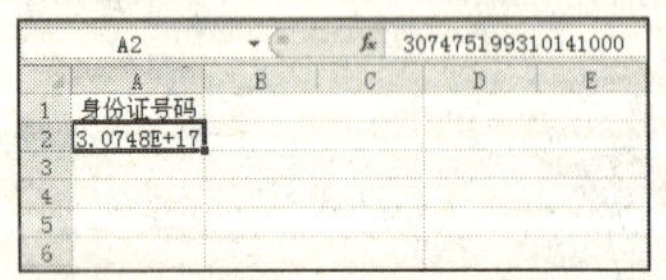

图 11.1　显示数据

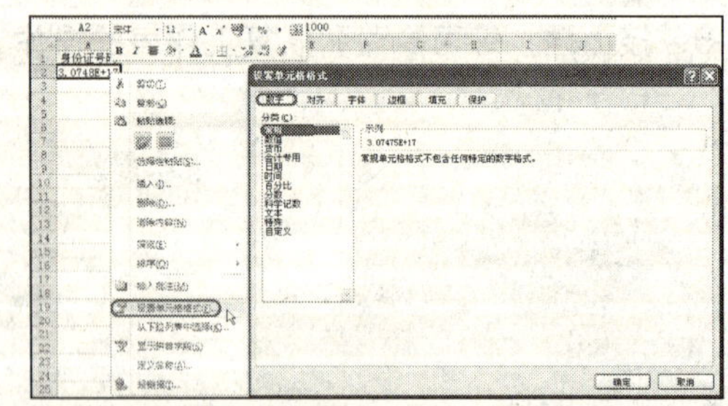

图 11.2　“设置单元格格式”对话框

显示的身份证号单元格左上角有个绿色的标记，单击单元格，右侧会显示出⚠▾标志。单击该标志，会弹出一个如图 11.4 所示的快捷菜单，其中，“以文本形式存储的数字”命令是指当前数字类型为“文本”类型；若选择“转换为数字”命令，则会回到原始的状态，即重新以数字形式存储。

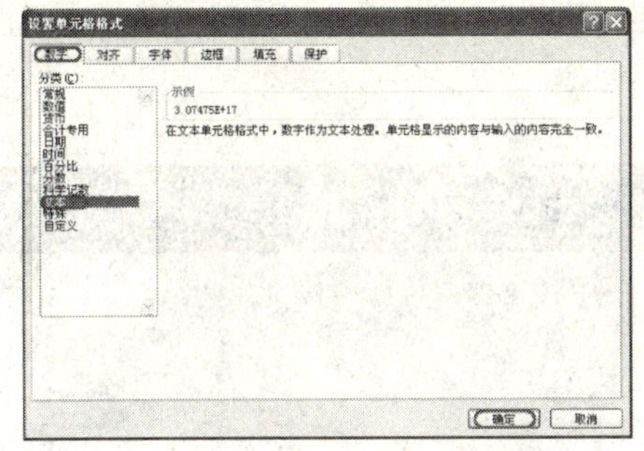

图 11.3　设置单元格格式

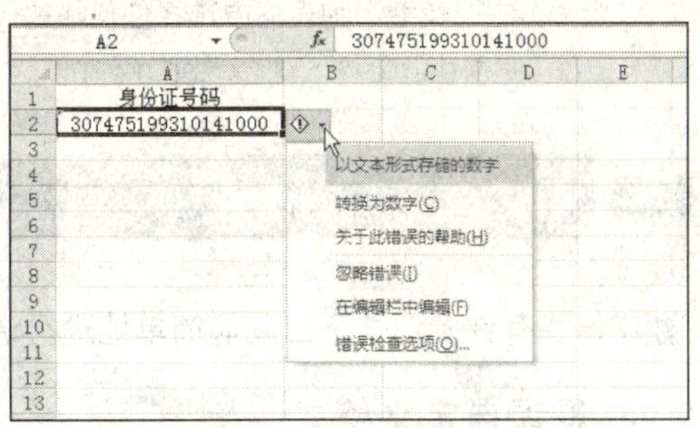

图 11.4　快捷菜单

下面我们对“设置单元格格式”对话框中各数据类型进行介绍。

- 常规：这种格式是输入数字时 Excel 的默认数字格式。大多数情况下，“常规”格式的数字以输入的方式显示。如果单元格的宽度不够显示整个数字时，“常规”格式会用小数点对数字进行四舍五入，还对较大的数字使用科学计数法表示，例如，10.6、$462、103.00。
- 数值：这种格式用于数字的一般表示。可以指定要使用的小数位数，是否使用千位分隔符以及如何显示负数。默认数值格式有零个小数位，当数值为负数时以红色显示，例如 3400.10、-3400.10。
- 货币：这种格式用于一般货币值并显示带有数字的默认货币符号。可以指定要使用的小数位数、是否使用千位分隔符以及如何显示负数。默认货币格式有零个小数位和一个人民币符，例如￥3521.30。负数以红色显示，并放在括号中。
- 会计专用：这种格式也用于货币值，但它会在一列中对齐货币符号和数字的小数点。使用这种格式在列中对齐人民币和小数点，默认的会计格式有零个小数位和一个人民币符，例如￥3400.00。
- 日期：这种格式会根据指定的类型和区域设置（国家/地区），将日期和时间系列数值显示为日期值。以星号（*）开头的日期格式响应在 Windows“控制面板”中指定的区域日期和时间设置的更改；不带星号的格式不受“控制面板”设置的影响，例如，2006-3-19。
- 时间：这种格式会根据指定的类型和区域设置，将日期和时间系列数显示为时间值。以星号（*）开头的时间格式响应在 Windows“控制面板”中指定的区域日期和时间设置的更改；不带星号的格式不受“控制面板”设置的影响。默认时间格式是冒号分开的小时和分，但是可以选择是秒、AM 或 PM，例如 10:00。
- 百分比：这种格式以百分数形式显示单元格的值。可以指定要使用的小数位数。默认百分数格式有零个小数位，Excel 把单元格中的值乘以 100，并在结果中显示百分号，例如 30.03%。
- 分数：这种格式会根据指定的分类类型以分数形式显示数字，默认分类格式是在斜线两侧各有一位数字。使用这种格式显示在斜线两端的位数和分数类型，例如 1/2。
- 科学记数：这种格式以指数表示法显示数字，用“E+n”替代数字的一部分，其中用 10 的 n 次幂乘以 E 前面的数字。例如，两位小数的科学计数格式将 12345678901 显示为 1.23E+10，即用 1.23 乘 10 的 10 次幂。默认科学计数格式有零件小数位，例如，3.40E+03。
- 文本：使用这种格式把单元格中所有的内容定义为文本。
- 特殊：这种格式特别用于显示邮政编码、电话号码和身份证号码等，不必输入任何特殊字符，例如 02110。
- 自定义：这种格式允许修改现有数字格式代码的副本。它会创建一个自定义数字格式并将其添加到数字格式代码的列表中。可以添加 200~250 个自定义格式数字格式，具体取决于安装的 Excel 语言版本。在“类型”列表框中选择任何格式代码，然后对这些代码进行修改。“#”代表数字占位符，“0”代表 0 占位符，例如，00.0%。

11.2 设置数字格式

数字格式有许多种，下面我们简单地进行讲解。

11.2.1 设置自定义格式

有时候默认的格式不能满足需要，用户可以设置自定义格式。例如，在学生输入学号时前面几位是相同的，对于这样的字符可以简化输入过程，且能保持数位一致，具体的操作步骤如下。

Step 01 启动 Excel 2010，新建一个空白文档，选择第一列单元格，如图 11.5 所示。

Step 02 右击鼠标，在弹出的快捷菜单中选择“设置单元格格式”命令，如图 11.6 所示。

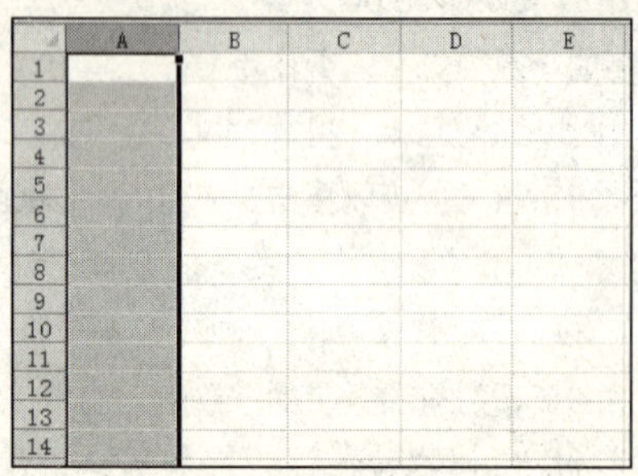

图 11.5 选择第一列

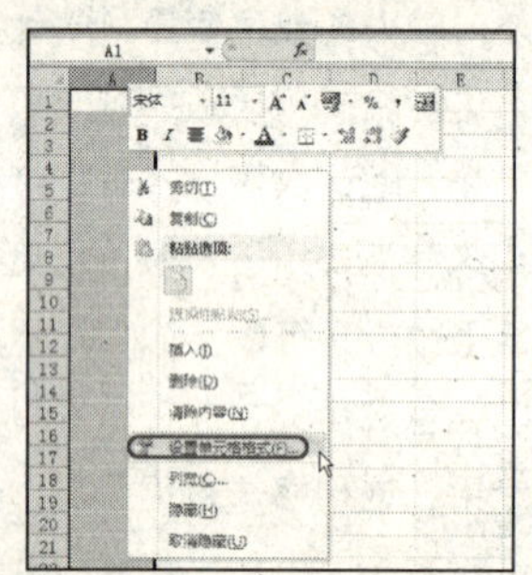

图 11.6 选择“设置单元格格式”命令

Step 03 弹出“设置单元格格式”对话框，在“数字”选项卡的“分类”列表框中选择“自定义”选项，在右侧“类型”文本框中输入“20112800”，如图 11.7 所示。

Step 04 单击“确定”按钮，在第一列中输入两位数字，如 01、02、03、…，Excel 将自动在输入值的前面添加 7 位数字，如图 11.8 所示。

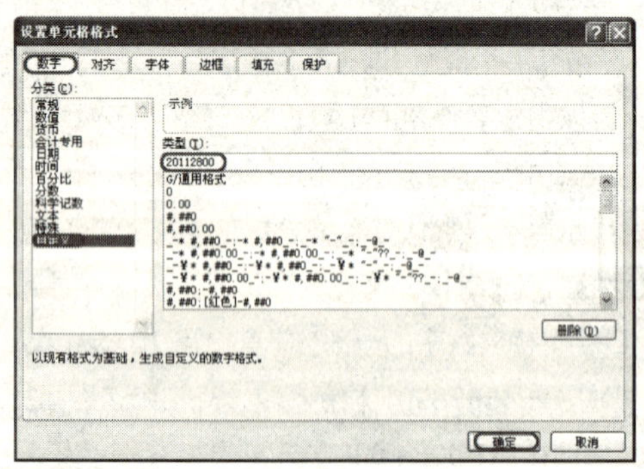

图 11.7 设置数字类型

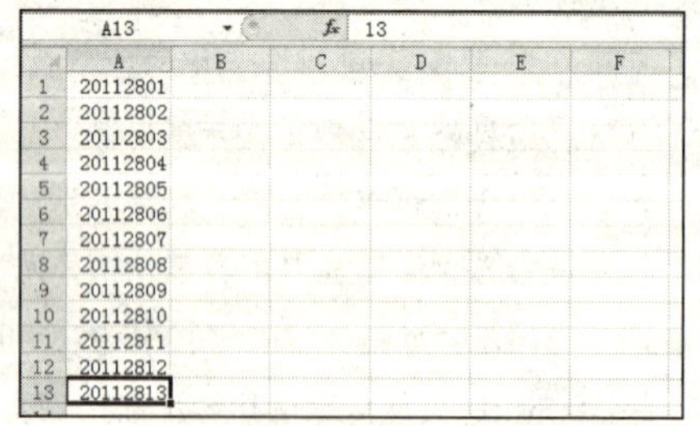

图 11.8 完成后的效果

提 示

如果想取消数字格式，只需选择当前单元格，在“开始”选项卡的“编辑”组中单击按钮，在弹出的下拉菜单中选择“清除格式”命令，如图 11.9 所示。

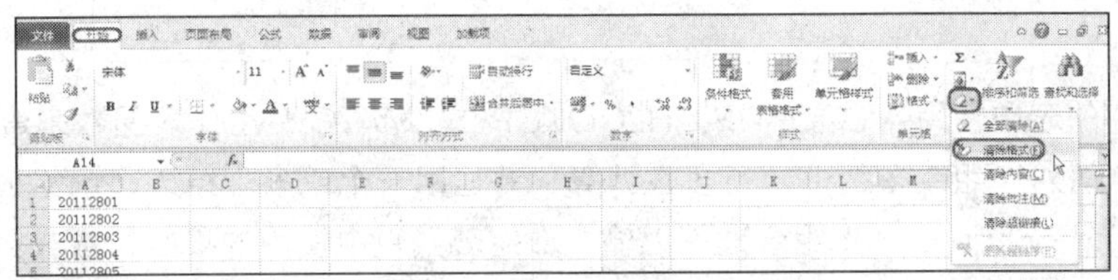

图 11.9 选择“清除格式”命令

11.2.2 使用格式按钮

在“开始”选项卡的“数字”组中，有以下 5 个按钮可以用来选择数字格式。

- “会计数字格式”：例如，￥2310.03。
- “百分比样式”：例如，20.01%。
- “千位分隔样式”：例如，12,254.00。
- “增加小数点的位数”：增加小数点的位数。
- “减少小数点的位数”：减少小数点的位数。

选择需要格式化的单元格，然后单击“数字”组中的这些按钮即可。

11.3 检测工作簿信息

用户希望创建起来的工作簿都是正确的，但是在工作中难免有疏忽和遗漏。因此应经常对工作簿中的数据进行审核，以保证工作簿中的数据准确无误。在 Excel 中内置了一些命令、宏和错误值，帮助用户在工作簿中发现错误。

11.3.1 显示错误提示信息

处理出现的错误信息是审核工作簿的一部分工作。输入计算公式之后，经常会因为输入错误，使系统读不懂该公式而在单元格中显示错误信息。下面介绍一些常见的错误信息发生的原因以及解决的方法。

（1）#####

错误原因： 列宽不足以显示所有内容，或者在单元格中使用了负日期或时间。

解决方法： 适当调整单元格的列宽，或者应用另一种数字格式或日期格式。

（2）#DIV/0!

错误原因： ① 输入了执行显式零除（0）计算的公式。

② 将空白单元格（包含零）作为执行除法操作的公式或函数中的除数的单元格引用。

③ 运行了使用返回值为 #DIV/0! 错误的函数或公式的宏。

解决方法： ① 确保函数或公式中的除数不为零（0）或不是空值。

② 将公式中的单元格引用指向的单元格更改为不含零或空值的其他单元格。

（3）#N/A

错误原因： ① 数据缺失，并且在其位置输入了#N/A 或 NA()。

② 为 HLOOKUP、LOOKUP、MATCH 或 VLOOKUP 工作表函数的 lookup_value 参数赋

予了不正确的值。

③ 在未排序的表中使用 VLOOKUP、HLOOKUP 或 MATCH 工作表函数来查找值。

④ 数组公式（对一组或多组值执行多重计算，并返回一个或多个结果。数组公式括于大括号（{ }）中，按 Ctrl+Shift+Enter 组合键可以输入数组公式）中使用的参数行数或列数与包含数组公式的区域行数或列数不一致。

⑤ 内置或自定义工作表函数中省略了一个或多个必需参数。

⑥ 使用的自定义工作表函数不可用。

⑦ 运行的宏程序所输入的函数返回 #N/A。

解决方法：① 如果在 Excel 中启用了错误检查，则单击显示错误单元格旁边的按钮◈，并单击“显示计算步骤”，然后单击适合所用数据的解决方案。

② 如果之前在单元格中手动输入了 #N/A，请在数据可用时将其替换为实际的数据。例如，如果之前在数据尚不可用的单元格中输入了 #N/A，引用这些单元格的公式也会返回“#N/A”而不是尝试计算值。如果输入值来代替它们，则应能够解决含有公式的单元格中出现的这一错误。

③ 确保在 HLOOKUP、LOOKUP、MATCH 或 VLOOKUP 工作表函数中输入的 lookup_value 参数（“参数”：函数中用来执行操作或计算的值。参数的类型与函数有关，函数中常用的参数类型包括数字、文本、单元格引用和名称）值的类型正确。例如，检查输入内容是否为值或单元格引用，而不是区域引用。

④ 有关在函数中使用正确的参数信息，请参阅 HLOOKUP、LOOKUP、MATCH 或 VLOOKUP 函数。

⑤ 默认情况下，在表中查找信息的函数必须按升序排序。但是，VLOOKUP 和 HLOOKUP 工作表函数中包含一个 range_lookup 参数，指示函数查找完全匹配项（即使表未进行排序）。若要查找完全匹配项，请将 range_lookup 参数设置为 FALSE。

⑥ MATCH 函数包含一个 match_type 参数，用于指定列表要查找匹配项时必须遵循的列表排序顺序。如果函数找不到匹配项，请尝试更改 match_type 参数的值。若要查找完全匹配项，请将 match_type 参数设置为 0。

⑦ 如果已在多个单元格中输入数组公式，请确保公式所引用的区域具有相同的行数和列数，或者将数组公式输入到更少的单元格中。例如，如果在高为 15 行的区域（C1:C15）中输入了数组公式，但公式引用的区域（A1:A10）高为 10 行，则区域 C11:C15 中将显示“#N/A”。若要更正此错误，请在较小的区域（如 C1:C10）中输入公式，或将公式所引用的区域更改为相同的行数（如 A1:A15）。

⑧ 对于返回错误的函数，请输入该函数的所有必需参数。

⑨ 确保包含工作表函数的工作簿已经打开，并且函数工作正常。

⑩ 确保函数中的参数正确，并且用在正确的位置。

（4）#NAME?

错误原因：① 在公式中使用了 EUROCONVERT 函数，而没有加载“欧元转换工具”加载宏。

② 公式引用了一个不存在的名称 （“名称”：在 Excel 中代表单元格、单元格区域、公式或常量值的单词/字符串）。

③ 公式引用的名称拼写不正确。

④ 公式中使用的函数名称拼写不正确。

⑤ 在公式中输入的文本可能没有放在双引号中。

⑥ 区域引用中漏掉了冒号（:）。

⑦ 对另一张工作表的引用未放在单引号（'）中。

⑧ 工作簿调用的用户定义函数（UDF）在您的计算机上不可用。

解决方法：确认使用的名称是否存在或检查名称拼写是否正确；区域引用和文本输入是否正确。

（5）#NULL!

错误原因：可能使用了错误的区域运算符或在公式中指定的区域并不相交。

解决方法：① 如果在 Excel 中启用了错误检查，则单击显示错误单元格旁边的按钮，并单击“显示计算步骤”，然后单击适合所用数据的解决方案。

② 更改引用以使得区域相交。

（6）#NUM!

错误原因：公式或函数中某些数字参数有问题。

解决方法：检查数字是否超出限定区域，确认函数中使用的参数类型是否正确。

（7）#REF!

错误原因：可能删除了其他公式所引用的单元格，或者可能将单元格粘贴到其他公式所引用的其他单元格上。

解决方法：更改公式；在删除或粘贴单元格之后，立即单击“撤销”按钮以恢复工作簿中的单元格。

（8）#VALUE!

错误原因：① 公式中所含的一个或多个单元格包含文本，并且公式使用标准算术运算符（+、-、* 和 /）对这些单元格执行数学运算。

② 数学函数的公式包含的参数是文本字符串，而不是数字。

解决方法：确认公式或函数所需的运算符、参数正确，并且公式引用的单元格中包含有效的数值。

11.3.2 使用审核工具

使用“公式”选项卡中“公式审核”组中的各按钮，可以检查工作簿公式与单元格之间的相互关系，并指出错误。在使用审核工具时，追踪箭头将指明哪些单元格为公式提供了数据，哪些单元格包含相关的公式。同时，在为公式提供数据的单元格区域（两个以上相邻的单元格）周围将出现边框。

1. “公式审核”组

切换到“公式”选项卡，在“公式审核”组中可以看到许多按钮，如图 11.10 所示。

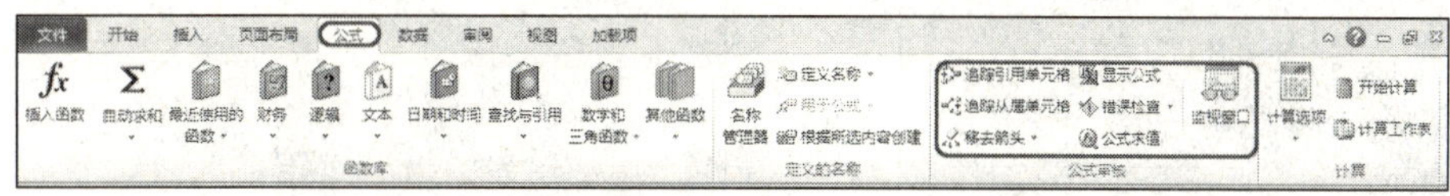

图 11.10 “公式审核”组

“公式审核”组中各按钮的功能如下。

- “追踪引用单元格” ：用箭头指示影响当前所选择单元格值的单元格。
- “追踪从属单元格” ：用箭头指示受当前所选择单元格值影响的单元格。
- “移去箭头” ：删除工作簿上所有的追踪箭头。

- “显示公式” 显示公式：在每个单元格中显示的是公式，而不是结果值。
- “错误检查” 错误检查：检查公式中的常见错误。
- “公式求值” 公式求值：显示“公式求值”对话框，对公式每个部分单独求值以调试公式。
- “监视窗口” ：在更改工作簿时，监视某些单元格中的值，这些值在单独的窗口中显示，无论工作簿中显示哪个区域，该窗口将始终可见。

2. 查找与公式相关的单元格

要查找为公式提供数据的单元格（即公式中的引用单元格），具体操作步骤如下。

Step 01 单击“文件”按钮，在弹出的下拉菜单中选择“打开”选项，在弹出的对话框中选择“素材\第十一章\初三一班语文、数学、英语前 20 名成绩.xlsx”文件，单击“打开”按钮，选择 E19 单元格，如图 11.11 所示。

Step 02 在“公式”选项卡中单击“公式审核”组的“追踪引用单元格”按钮 追踪引用单元格，此时，Excel 将在工作簿中用蓝色的追踪箭头和边框指明为公式提供数据的单元格，如图 11.12 所示。

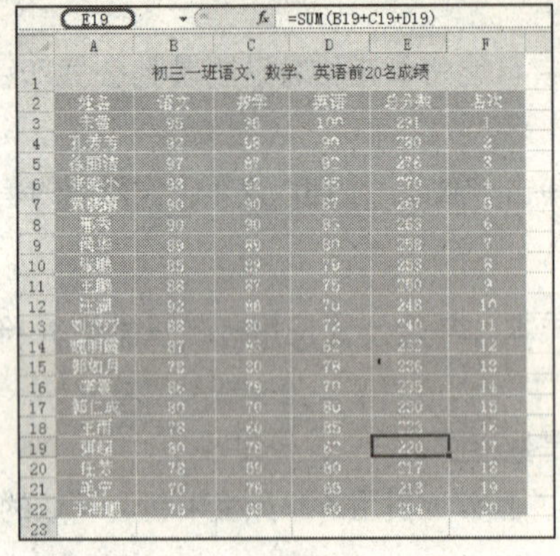

图 11.11 选择单元格（一）

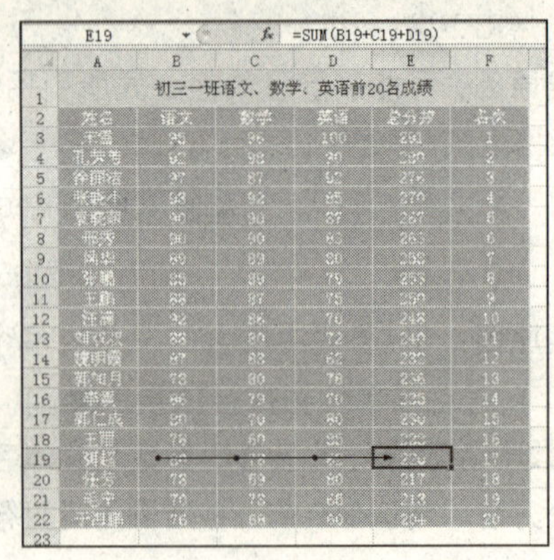

图 11.12 追踪引用单元格

查找某个单元格被哪些公式使用，具体操作步骤如下。

Step 01 继续上面的操作，选择 C15 单元格，如图 11.13 所示。

Step 02 单击“公式审核”组中的“追踪从属单元格”按钮 追踪从属单元格，此时，Excel 将在工作簿中把引用该单元格的公式所在的单元格（即从属单元格）用蓝色箭头线标出，如图 11.14 所示。

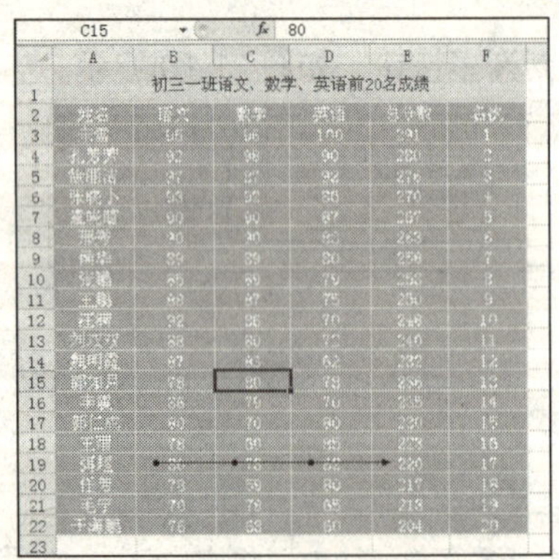

图 11.13 选择单元格（二）

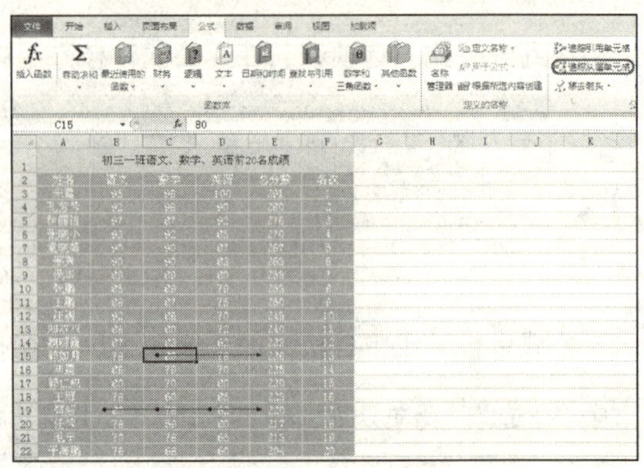

图 11.14 追踪从属单元格

3. 查找错误源

当某单元格的公式出现错误（例如，显示类似于#VALUE 的错误值）时，使用审核工具可以方便地查找该错误是由哪些单元格引起的，具体操作步骤如下。

Step 01 单击“文件”按钮，在弹出的下拉菜单中选择“打开”命令，在弹出的对话框中选择“素材\第十一章\初三一班语文、数学、英语前 20 名成绩 2.xlsx”文件，单击“打开”按钮，选择 E3 单元格，如图 11.15 所示。

Step 02 在“公式”选项卡中单击“公式审核”组中的“错误检查”按钮 错误检查 后面的下三角按钮，在打开的下拉菜单中选择“追踪错误”命令，此时，Excel 将在工作簿中指出该公式所引用的所有单元格，如图 11.16 所示。

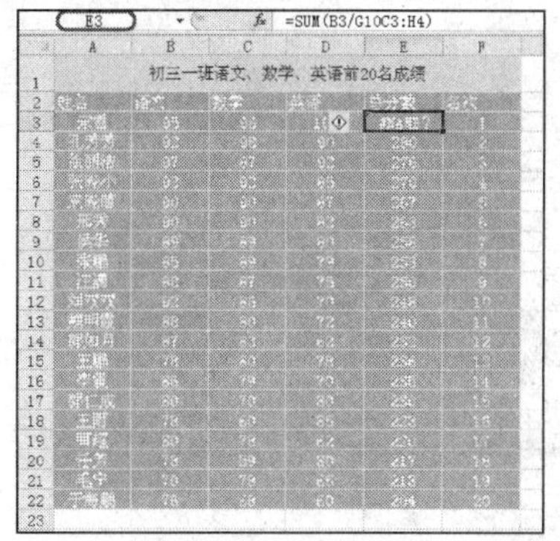

图 11.15 选择单元格（三）

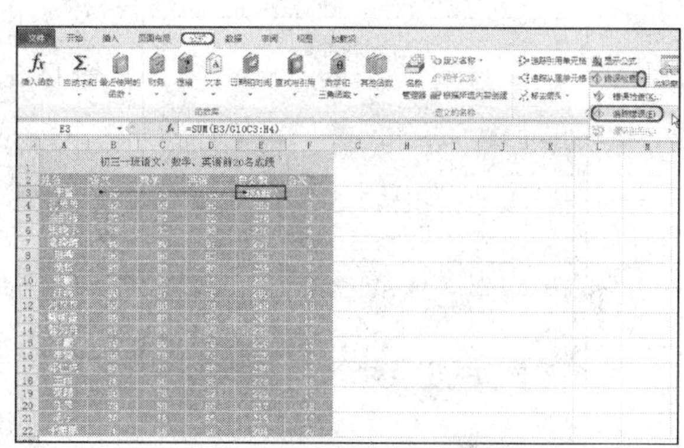

图 11.16 追踪错误命令

4. 取消追踪箭头

查找完毕，可以通过单击“公式审核”组中的“移去箭头”按钮 移去箭头 右侧的下三角按钮，在打开的下拉菜单中选择移除箭头的方式，如图 11.17 所示。

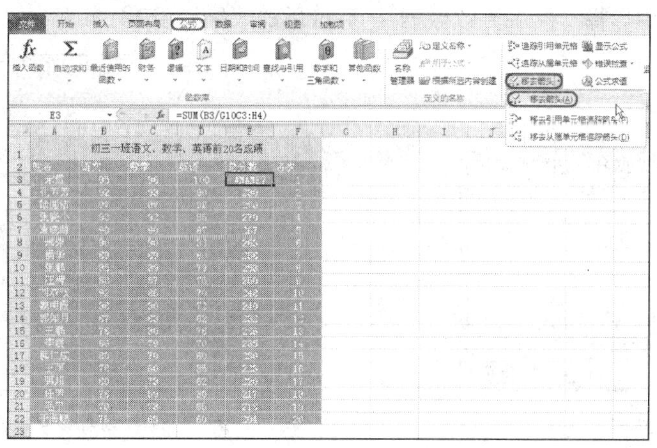

图 11.17 “移去箭头”下拉菜单

11.3.3 检测无效数据

如果已经输入完了数据，那么如何快速检测这些数据是否符合要求呢？可以通过圈定无效数据的功能将这些数据显示出来。

1. 圈定无效数据

圈定无效数据是指系统自动化将不符合要求的数据用红色的全标注出来，以便查找和修改，具体操作步骤如下。

Step 01 单击“文件”按钮，在弹出的下拉菜单中选择“打开”命令，在弹出的对话框中选择“素材\第十一章\初三一班语文、数学、英语前 20 名成绩.xlsx”文件，单击“打开”按钮，选择 C3:C22 单元格，如图 11.18 所示。

Step 02 在“数据”选项卡中单击“数据工具”组中的“数据有效性”按钮的下三角按钮，在弹出的下拉菜单中选择“数据有效性”命令，如图 11.19 所示。

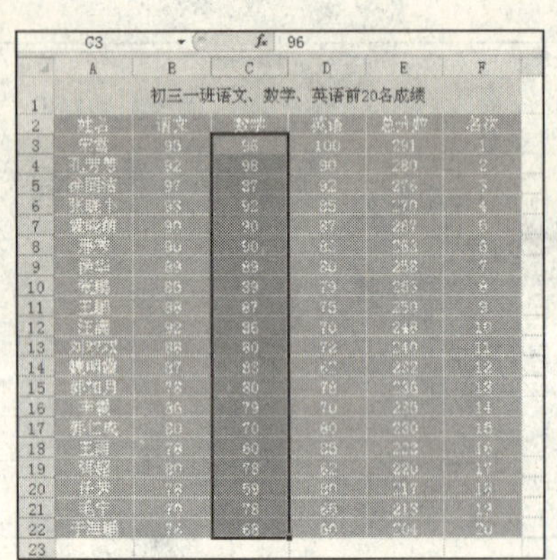

图 11.18 选择单元格

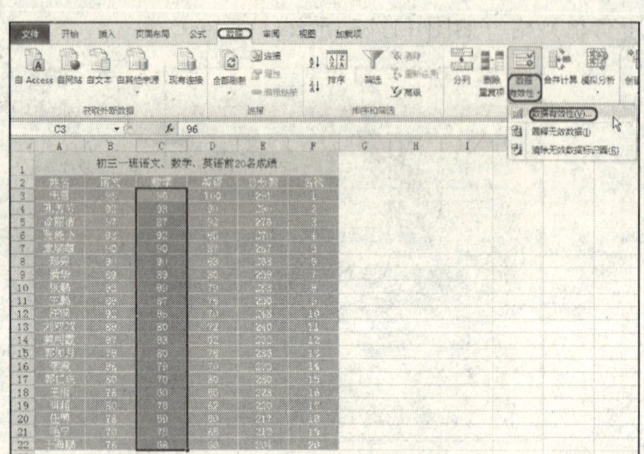

图 11.19 选择“数据有效性”命令

Step 03 弹出“数据有效性”对话框，在该对话框的“设置”选项卡中，设置“允许”为“整数”、“数据”为“介于”、“最小值”为 70、“最大值”为 100，如图 11.20 所示。

Step 04 单击“确定”按钮，再单击“数据工具”组中的“数据有效性”按钮的下三角按钮，然后在弹出的下拉菜单中选择“圈释无效数据”，完成后的效果如图 11.21 所示。

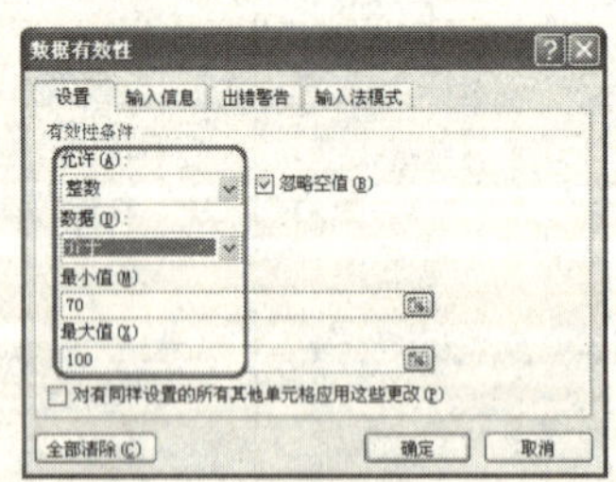

图 11.20 “数据有效性”对话框

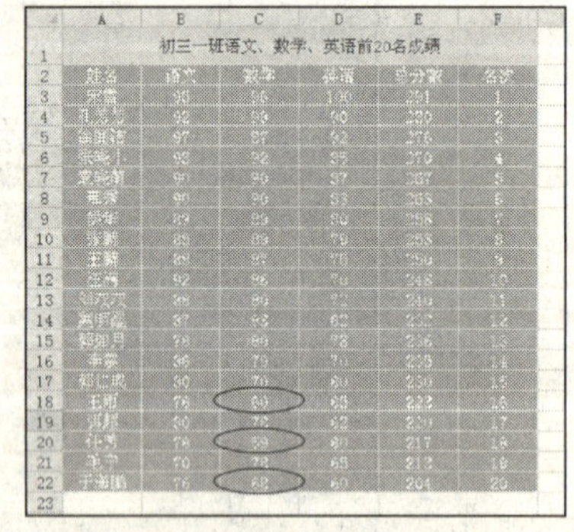

图 11.21 圈释无效数据后的效果

2. 清除圈定数据

圈定这些无效数据后，就可以很方便地找到并修改为正确、有效的数据了。如何清除红色的椭圆标注呢？主要有以下两种方法。

方法 1：修改为正确的数据以后，标注会自动清除，如图 11.22 所示。

方法 2：在“数据”选项卡中，单击“数据工具”组中“数据有效性”按钮的下三角按钮，在弹出的下拉菜单中选择“清除无效数据标识圈”命令，这些红色的标识圈就会被清除，如图 11.23 所示。

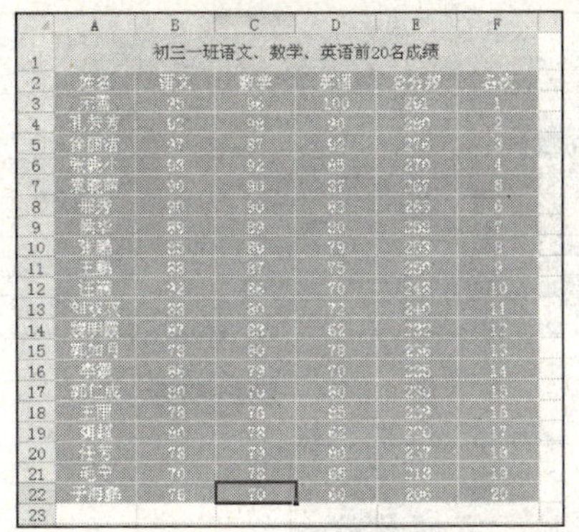

图 11.22　修改数据

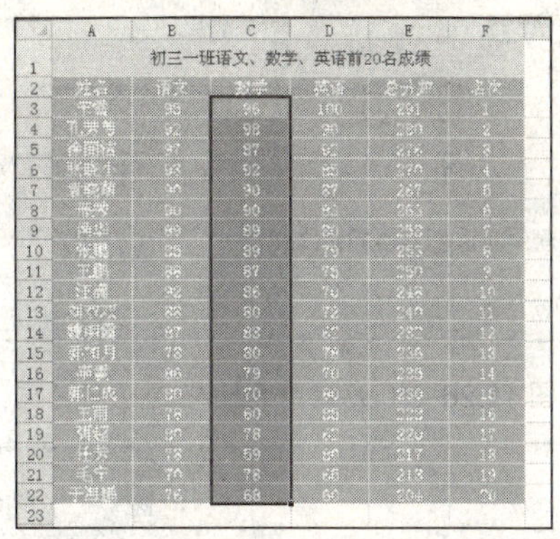

图 11.23　选择“清除无效数据标识圈”命令

11.4 案例实训

本案例实训主要练习工作表日期和时间格式的设置。在单元格中输入时间和日期时，系统会以默认的日期和时间格式显示，可以用其他的日期和格式来显示数字，具体操作步骤如下。

Step 01 启动 Excel 2010，单击“文件”按钮，在弹出的下拉菜单中选择“打开”命令，在弹出的对话框中选择“素材\第十一章\老板抽油烟机日售货单.xlsx”文件，单击“打开”按钮，打开的素材文件如图 11.24 所示。

Step 02 选择 D3 单元格，右击鼠标，在弹出的快捷菜单中选择“设置单元格格式”命令，如图 11.25 所示。

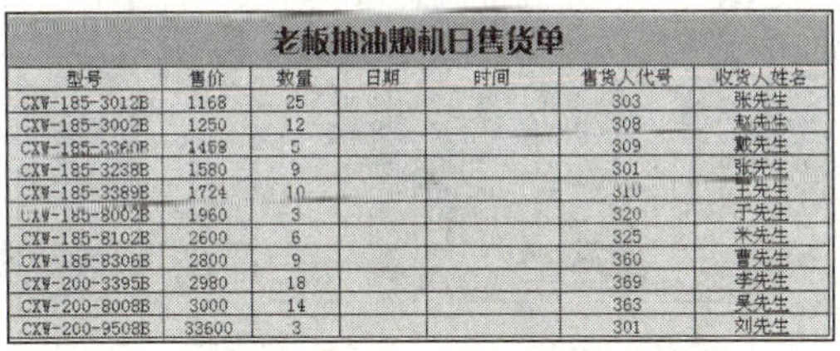

老板抽油烟机日售货单

型号	售价	数量	日期	时间	售货人代号	收货人姓名
CXW-185-3012B	1168	25			303	张先生
CXW-185-3002B	1250	12			308	赵先生
CXW-185-3360B	1468	5			309	戴先生
CXW-185-3238B	1580	9			301	张先生
CXW-185-3389B	1724	10			310	王先生
CXW-185-8002B	1960	3			320	于先生
CXW-185-8102B	2600	6			325	米先生
CXW-185-8306B	2800	9			360	曹先生
CXW-200-3395B	2980	18			369	李先生
CXW-200-8008B	3000	14			363	吴先生
CXW-200-9508B	33600	3			301	刘先生

图 11.24　打开的素材文件

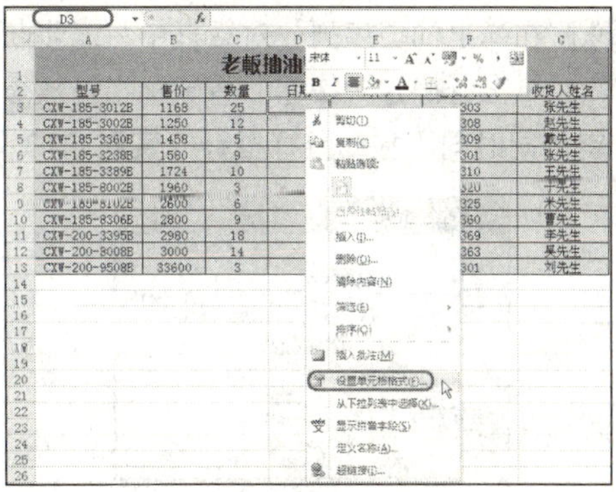

图 11.25　选择“设置单元格格式”命令

Step 03 在弹出的“设置单元格格式”对话框中切换到“数字”选项卡，在“分类”列表框中选择“日期”选项，在右侧的“类型”列表框中选择“2001 年 3 月 14 日”格式，如图 11.26 所示。

Step 04 单击“确定”按钮，在 D3 单元格中输入“2010-12-26”，如图 11.27 所示。

Step 05 按 Enter 键，这时在 D3 单元格中就可以显示为“2011 年 12 月 26 日”，如图 11.28 所示。

Step 06 切换到“开始”选项卡，在“编辑”组中单击 “填充”按钮，在弹出的下拉菜单中选择“系列”命令，如图 11.29 所示。

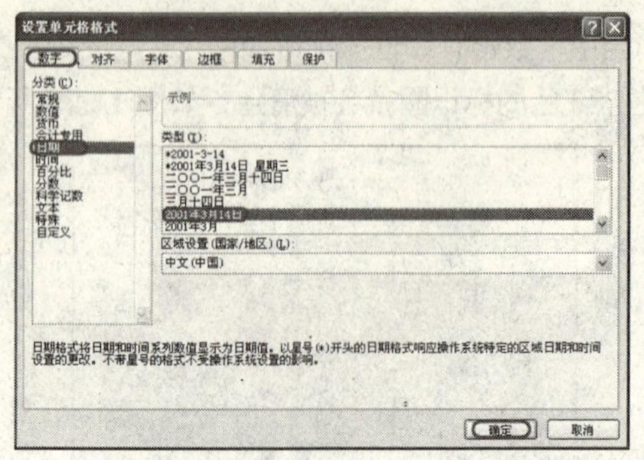

图 11.26 “设置单元格格式”对话框

	A	B	C	D	E	F	G
1	老板抽油烟机日售货单						
2	型号	售价	数量	日期	时间	售货人代号	收货人姓名
3	CXW-185-3012B	1168	25	2011-12-26		303	张先生
4	CXW-185-3002B	1250	12			308	赵先生
5	CXW-185-3360B	1458	5			309	戴先生
6	CXW-185-3238B	1580	9			301	张先生
7	CXW-185-3389B	1724	10			310	王先生
8	CXW-185-8002B	1960	3			320	于先生
9	CXW-185-8102B	2600	6			325	米先生
10	CXW-185-8306B	2800	9			360	曹先生
11	CXW-200-3395B	2980	18			369	李先生
12	CXW-200-8008B	3000	14			363	吴先生
13	CXW-200-9508B	33600	3			301	刘先生

图 11.27 输入数据

	A	B	C	D	E	F	G
1	老板抽油烟机日售货单						
2	型号	售价	数量	日期	时间	售货人代号	收货人姓名
3	CXW-185-3012B	1168	25	2011年12月26日		303	张先生
4	CXW-185-3002B	1250	12			308	赵先生
5	CXW-185-3360B	1458	5			309	戴先生
6	CXW-185-3238B	1580	9			301	张先生
7	CXW-185-3389B	1724	10			310	王先生
8	CXW-185-8002B	1960	3			320	于先生
9	CXW-185-8102B	2600	6			325	米先生
10	CXW-185-8306B	2800	9			360	曹先生
11	CXW-200-3395B	2980	18			369	李先生
12	CXW-200-8008B	3000	14			363	吴先生
13	CXW-200-9508B	33600	3			301	刘先生

图 11.28 显示设置的数字类型

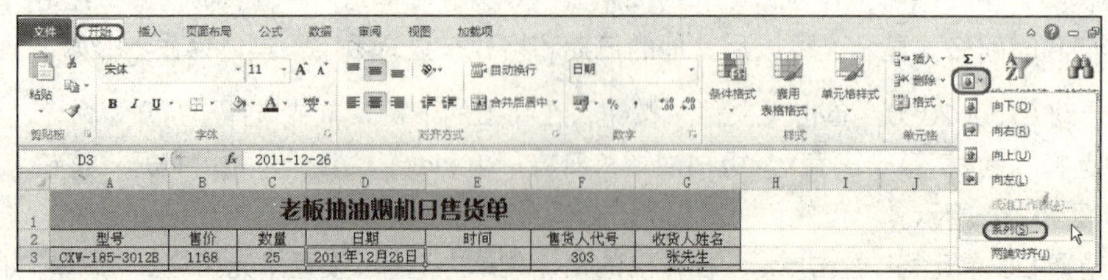

图 11.29 选择“系列”命令

Step 07 在弹出的“序列”对话框中将“步长值”设置为 0，如图 11.30 所示。

Step 08 单击“确定”按钮，将鼠标指针放置在 D3 单元格的右下角，当指针变为＋形状时，按住 Ctrl 键的同时向下拖动鼠标指针，直到 D13 单元格为止，如图 11.31 所示。

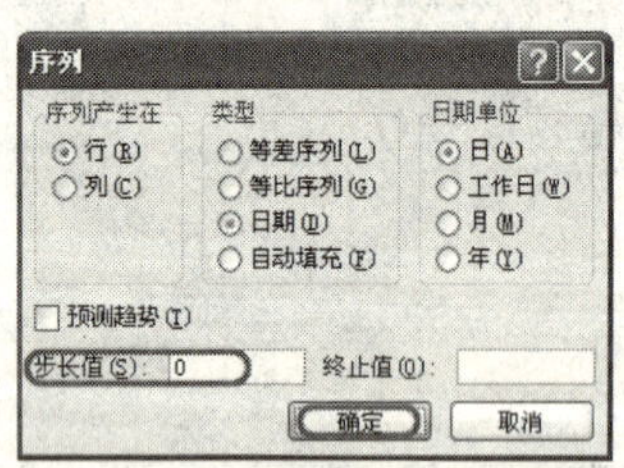

图 11.30 设置“步长值”

	A	B	C	D	E	F	G
1	老板抽油烟机日售货单						
2	型号	售价	数量	日期	时间	售货人代号	收货人姓名
3	CXW-185-3012B	1168	25	2011年12月26日		303	张先生
4	CXW-185-3002B	1250	12	2011年12月26日		308	赵先生
5	CXW-185-3360B	1458	5	2011年12月26日		309	戴先生
6	CXW-185-3238B	1580	9	2011年12月26日		301	张先生
7	CXW-185-3389B	1724	10	2011年12月26日		310	王先生
8	CXW-185-8002B	1960	3	2011年12月26日		320	于先生
9	CXW-185-8102B	2600	6	2011年12月26日		325	米先生
10	CXW-185-8306B	2800	9	2011年12月26日		360	曹先生
11	CXW-200-3395B	2980	18	2011年12月26日		369	李先生
12	CXW-200-8008B	3000	14	2011年12月26日		363	吴先生
13	CXW-200-9508B	33600	3	2011年12月26日		301	刘先生

图 11.31 填充单元格

Step 09 选择 E3:E13 单元格，右击鼠标，在弹出的快捷菜单中选择“设置单元格格式”命令，如图 11.32 所示。

Step 10 在弹出的对话框中切换到“数字”选项卡，在“分类”列表框中选择“时间”选项，将“类型”设置为“1:30:55 PM”，如图 11.33 所示。

Step 11 单击“确定”按钮，在 E3 单元格中输入“9:52”，按 Enter 键，显示为“9:52:00 AM”，如图 11.34 所示。

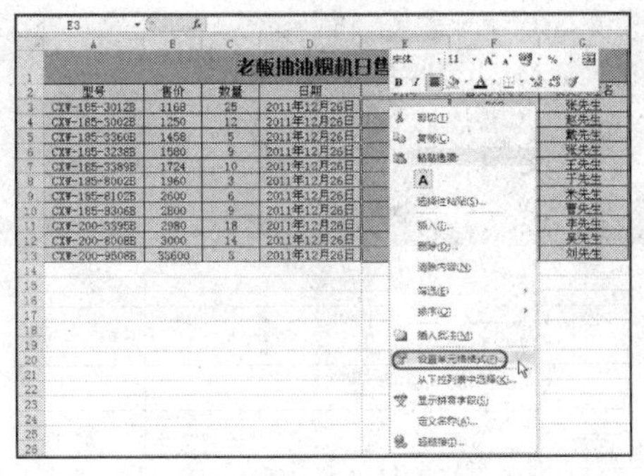

图 11.32 选择"设置单元格格式"命令

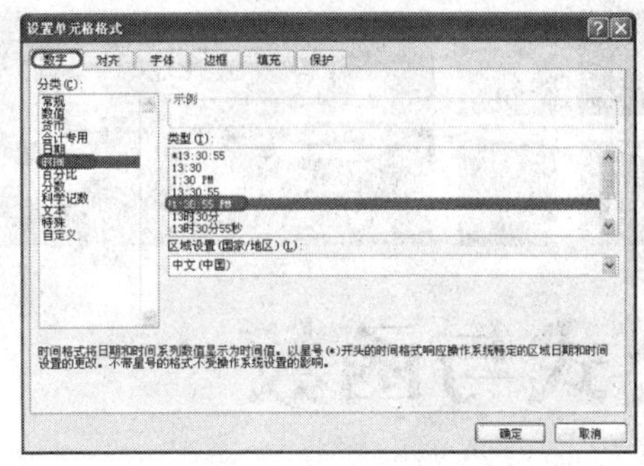

图 11.33 设置数字格式

Step 12 使用相同的方法，再在其他单元格中输入时间，完成后的效果如图 11.35 所示。

E3 09:52:00 AM

老板抽油烟机日售货单						
型号	售价	数量	日期	时间	售货人代号	收货人姓名
CXW-185-3012B	1168	25	2011年12月26日	9:52:00 AM	303	张先生
CXW-185-3002B	1250	12	2011年12月26日		308	赵先生
CXW-185-3360B	1458	5	2011年12月26日		309	戴先生
CXW-185-3238B	1580	9	2011年12月26日		301	张先生
CXW-185-3389B	1724	10	2011年12月26日		310	王先生
CXW-185-8002B	1960	3	2011年12月26日		320	于先生
CXW-185-8102B	2600	6	2011年12月26日		325	木先生
CXW-185-8306B	2800	9	2011年12月26日		360	曹先生
CXW-200-3395B	2980	18	2011年12月26日		369	李先生
CXW-200-8008B	3000	14	2011年12月26日		363	吴先生
CXW-200-9508B	33600	3	2011年12月26日		301	刘先生

图 11.34 显示数字类型

E13 05:45:59 AM

老板抽油烟机日售货单						
型号	售价	数量	日期	时间	售货人代号	收货人姓名
CXW-185-3012B	1168	25	2011年12月26日	9:52:00 AM	303	张先生
CXW-185-3002B	1250	12	2011年12月26日	10:52:03 AM	308	赵先生
CXW-185-3360B	1458	5	2011年12月26日	11:58:36 AM	309	戴先生
CXW-185-3238B	1580	9	2011年12月26日	2:19:26 PM	301	张先生
CXW-185-3389B	1724	10	2011年12月26日	12:15:39 PM	310	王先生
CXW-185-8002B	1960	3	2011年12月26日	1:36:42 PM	320	于先生
CXW-185-8102B	2600	6	2011年12月26日	3:55:39 PM	325	木先生
CXW-185-8306B	2800	9	2011年12月26日	3:59:03 PM	360	曹先生
CXW-200-3395B	2980	18	2011年12月26日	5:36:49 PM	369	李先生
CXW-200-8006B	3000	14	2011年12月26日	5:45:39 AM	363	吴先生
CXW-200-9508B	33600	3	2011年12月26日	5:45:59 AM	301	刘先生

图 11.35 完成后的效果

11.5 课后练习与上机操作

一、选择题

1. 在"开始"选项卡的"数字"组中，有______个按钮可以用来选择数字格式。

A. 5　　B. 6　　C. 7　　D. 8

2. 列宽不足以显示所有内容，或者在单元格中使用了负日期或时间时显示的错误提示信息为_____。

A. #####　　B. #DIV/0!　　C. #N/A　　D. #NULL!

3. 使用"公式"选项卡的"______"组中的各按钮，可以检查工作簿公式与单元格之间的相互关系，并指出错误。

A. 公式检测　　B. 公式审核　　C. 错误检查　　D. 单元格检查

二、简答题

1. 简述如何检测工作簿信息。
2. 简述如何检测无效数据。
3. 如何设置日期和时间的格式？

三、操作题

1. 打开"素材\第十一章\财务报表.xls"文件，设置其中单元格的数据类型。
2. 接本题第 1 小题，检测其中无效数据。
3. 接本题第 1 小题，检测完成后对无效数据进行修改。

第12章

公式与函数

本章导读

公式与函数是 Excel 中必不可少的。本章将介绍公式与函数的使用方法，以便我们更加快速地计算出所需数据。

知识要点

- 单元格的引用
- 函数的输入
- 公式的计算
- “自动计算”与“自动求和”功能
- 函数的说明

12.1 单元格的引用

要把 Excel 2010 作为计算器，只要在单元格中输入一个等式即可。如图 12.1 所示，选定一个单元格，在其中输入公式“=21*2”，然后按 Enter 键，就会得到相应的计算结果。

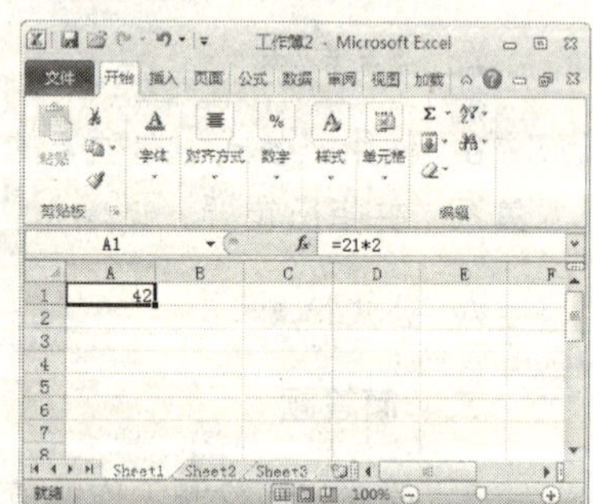

图 12.1 Excel 的计算功能

12.1.1 引用当前工作表中的单元格

在公式中引用单元格的作用是引用一个单元格或一组单元格的内容，这样可以利用工作表不同部分的数据进行所期望的计算。在 Excel 2010 中，可以以相对引用、绝对引用来表示单元格的位置。因此，在创建的公式中必须正确使用单元格的引用类型。

1. 相对引用

打开“素材\第十二章\成绩表.xlsx”文件，计算其中的 5 门学科的总成绩。如图 12.2 所示，使 G3 单元格成为活动单元格（单击它即可），在编辑栏中输入“=B3+C3+D3+E3+F3”，按 Enter 键后，G3 单元格将得到图 12.2 所示的结果。

相对引用指向相对于公式所在单元格相应位置的单元格。例题中的 B3、C3、D3、E3、F3 属于相对引用，它们所指的分别是向 G3 单元格左侧移 5 格、4 格、3 格、2 格及 1 格的单元格。

将图 12.2 中编辑栏中的公式复制到 G4 单元格中（拖曳填充柄即可），此时 G4 单元格中的内容，如图 12.3 所示。从图中可以看出 G4 单元格中的内容并不是"B3+C3+D3+E3+F3"的结果，而是"B4+C4+D4+E4+F4"的结果。

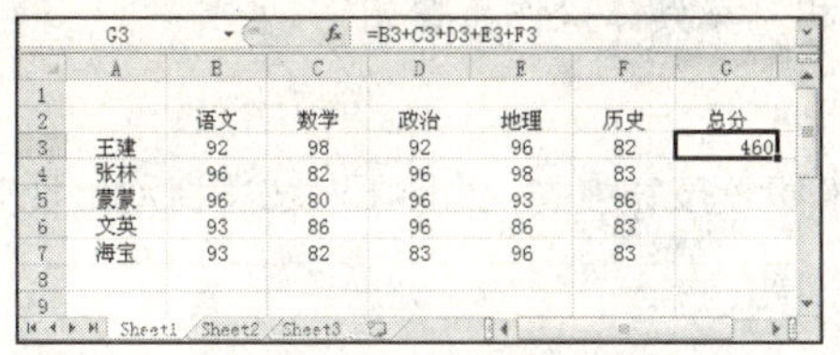

G3 =B3+C3+D3+E3+F3

	A	B	C	D	E	F	G
1							
2		语文	数学	政治	地理	历史	总分
3	王建	92	98	92	96	82	460
4	张林	96	82	96	98	83	
5	蒙蒙	96	80	96	93	86	
6	文英	93	86	96	86	83	
7	海宝	93	82	83	96	83	

图 12.2　相对引用前

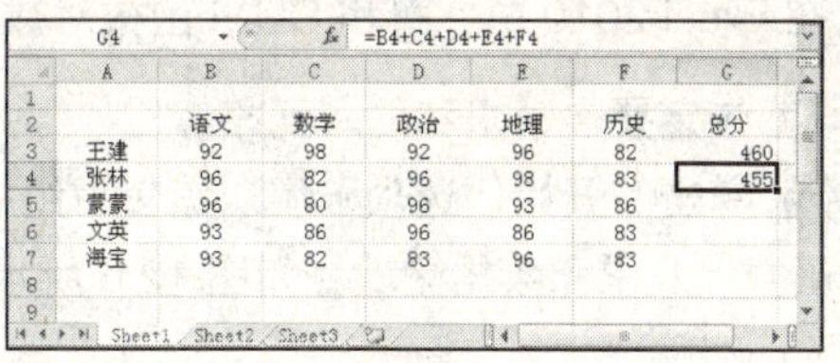

G4 =B4+C4+D4+E4+F4

	A	B	C	D	E	F	G
1							
2		语文	数学	政治	地理	历史	总分
3	王建	92	98	92	96	82	460
4	张林	96	82	96	98	83	455
5	蒙蒙	96	80	96	93	86	
6	文英	93	86	96	86	83	
7	海宝	93	82	83	96	83	

图 12.3　相对引用后

由此可见，当要将公式复制到一个新的位置，并且要保持单元格引用不变，相对引用是解决不了问题的，此时应该绝对引用。

2. 绝对引用

绝对引用指向工作表中固定位置的单元格，它的位置与包含公式的单元格无关。在列字母及行数字的前面加上"$"，就变成了绝对引用。例如，在 G3 单元格中输入"=$B$3+$C$3+$D$3+$E$3+$F$3"，再把 G3 单元格中的公式复制到 G4 单元格中，将看到另一种结果，如图 12.4 所示。

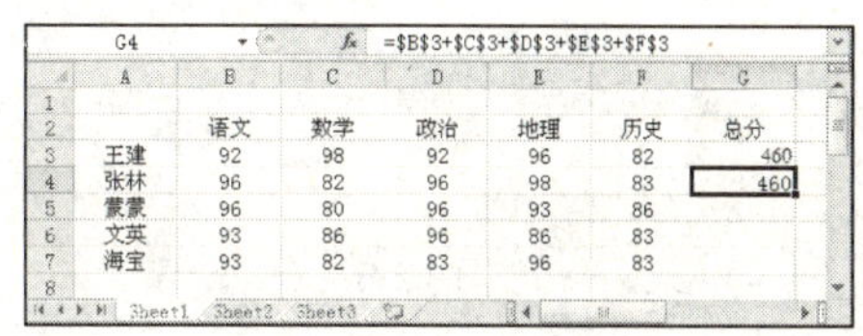

G4 =$B$3+$C$3+$D$3+$E$3+$F$3

	A	B	C	D	E	F	G
1							
2		语文	数学	政治	地理	历史	总分
3	王建	92	98	92	96	82	460
4	张林	96	82	96	98	83	460
5	蒙蒙	96	80	96	93	86	
6	文英	93	86	96	86	83	
7	海宝	93	82	83	96	83	

图 12.4　绝对引用后

12.1.2　引用其他工作表中的单元格

用户可以在工作簿中引用其他工作表中的单元格。例如，要引用工作表 Sheet3 中的 A2 单元格，应该在公式中输入"=Sheet3! A2"，其具体操作步骤如下。

Step 01　在需要引用结果出现的单元格中输入公式"=Sheet3! A2"。

Step 02　单击需要引用的单元格所在的工作表标签。

Step 03　选中需要引用的单元格，完成后的单元格引用包括工作表引用，会显示在编辑栏中。如果工作表名称包括空格，Excel 2010 会用单引号括住工作表引用。

Step 04　按 Enter 键，完成对其他工作表中单元格的引用。

12.2　"自动计算"与"自动求和"功能

计算是对公式进行求解，并在包含公式的单元格中以数值方式显示出计算结果。

1. 自动计算

有时可能需要快速查找某个范围内的最大值、最小值等数据，使用公式就显得比较烦琐。这时，可以使用 Excel 2010 提供的"自动计算"功能。

例如，要找出如图 12.5 所示的工作表中 C3:C7 单元格中的最大值，具体操作步骤如下。

Step 01　选取 C3:C7 单元格区域。

Step 02 右击状态栏，在弹出的函数列表中选择“最大值”选项，此时在状态栏中将显示刚刚选取的 C3:C7 单元格区域中的最大值。

2. 自动求和

在 Excel 2010 中，可用 SUM 函数对数字自动求和，其具体操作步骤如下。

Step 01 选定要自动求和的单元格。

Step 02 单击“开始”选项卡中“编辑”组的“自动求和”按钮 Σ ，此时 Excel 将自动出现 SUM 求和函数以及求和数据区域，如图 12.6 所示。

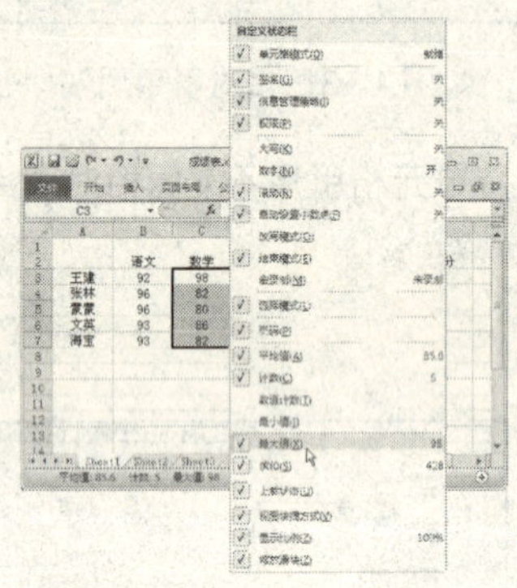

图 12.5　自动计算

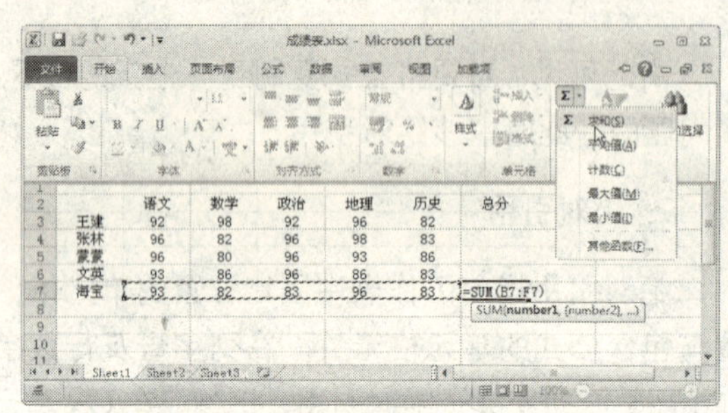

图 12.6　自动求和

Step 03 如果出现的求和数据区域是自己需要的，可按 Enter 键；如果出现的求和数据区域不是自己需要的，可以输入新的求和数据区域，然后按 Enter 键。

其实，使用“自动求和”按钮 Σ 不仅能一次求和，单击该按钮右边的下拉按钮还可以求出平均值、计数、最大值和最小值等。

12.3 函数的输入

用户可以在编辑栏中像输入公式一样直接输入函数，也可以按下列步骤进行操作。

Step 01 选定要输入函数的单元格。

Step 02 输入“=”，此时在名称框中出现函数选项，它的旁边有一个下三角按钮，单击后弹出如图 12.7 所示的函数下拉列表，其中包括最近 10 次所用过的函数。

Step 03 在函数下拉列表中选择需要的函数后，会弹出相应的“函数参数”对话框，在其中输入参数即可。例如，选择 SUM 函数后，打开如图 12.8 所示的对话框。

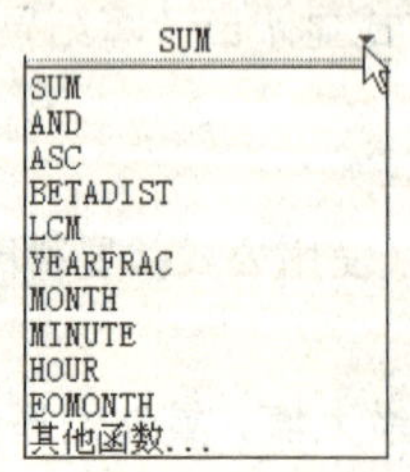

图 12.7　函数下拉列表

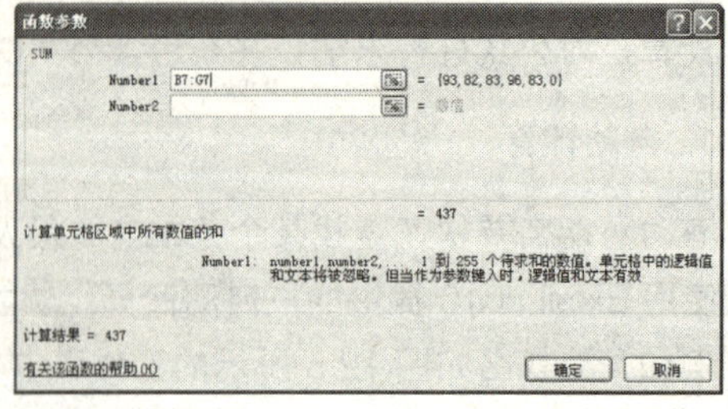

图 12.8　“函数参数”对话框

在 Number1 和 Number2 文本框中输入参数后，会出现一个新的文本框。这时可以在这个新的文本框中输入第 3 个参数，也可以将其忽略，直接单击“确定”按钮。

常用函数可以通过上述的方法直接输入；对于那些不常用函数的输入，虽然没有常用函数那么方便，但也有以下两种输入方法。

方法 1：在如图 12.7 所示的函数下拉列表中，选择“其他函数”命令。

方法 2：选择“公式”|“函数库”|“插入函数”命令。

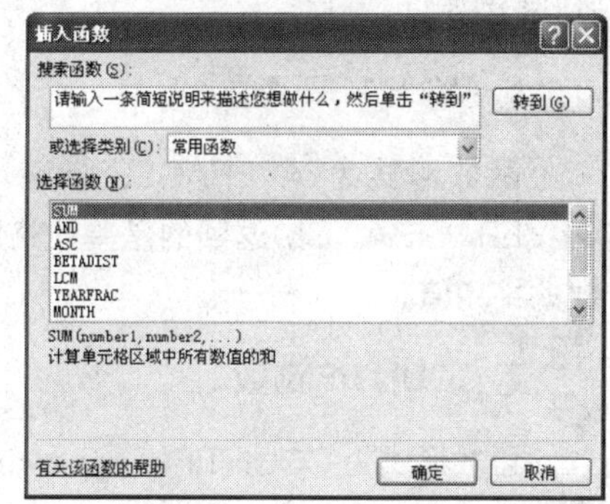

图 12.9　“插入函数”对话框

无论使用哪一种方法，均会打开如图 12.9 所示的“插入函数”对话框。在该对话框的“搜索函数”文本框中直接输入所需函数名，然后单击“转到”按钮；或者单击“或选择类别”下拉列表框右边的下三角按钮，从打开的下拉列表中选择所需的类别，然后在“选择函数”列表框中选择所需的函数，最后单击“确定”按钮即可。

12.4 Excel中的几个常用函数

函数通过参数来接收数据，输入的参数应放在函数名的后面。函数中使用参数的方法与等式中使用变量的方法相同。

有些函数由于经常被使用，所以称其为常用函数，例如 SUM、ROUND、AND、IF、DATE、AVERAGE、COUNTIF 函数。下面对一些常用函数举例。

1. SUM 函数

公式：=SUM(A2:A6,C3:D8)指的是对单元格区域 A2:A6 和 C3:D8 中所包含的数据进行求和运算。

2. ROUND 函数

函数形式为 ROUND(number,num_digits)。其功能是根据指定的位数，将数字四舍五入。
例如输入公式“=ROUND(123.4567,3)”后，单元格中的值为 123.457。

3. AND 函数

函数形式为 AND(logical1,logical2,...)。其功能是如果所有参数值均为 TRUE，返回 TRUE；如果有一个参数值为 FALSE，则返回 FALSE。

4. IF 函数

函数形式为 IF(logical_test,value_if_true,value_if_false)，其中第一个参数必须是个逻辑测试表达式；第二个参数是在第一个参数正确时希望公式显示的结果；第三个参数是在第一个参数错误时希望公式显示的结果。其功能是根据逻辑测试的真/假值，返回不同的结果。

5. DATE 函数

函数形式为 DATE(year,month,day)。其功能是返回某一指定日期的序列数。假设单元格 C6 中包含 2009，单元格 D6 中包含 3，单元格 E6 中包含 5，由公式：=DATE(C6,D6,E6)返回的日期是 2009 年 3 月 5 日。

6. AVERAGE 函数

函数形式为 AVERAGE(number1,number2,...)。其功能是返回所有参数的平均值。公式：=AVERAGE(A2:C5)返回的是单元格区域 A2:C5 中所有数的平均值。

7. COUNTIF 函数

函数形式为 COUNTIF(range,criteria)。其功能是计算某个区域中满足给定条件单元格的数目。打开“素材\第十二章\学习评价.xlsx”文件，如图 12.10 所示，这就是一个使用 COUNTIF 函数的实例。要统计工作评定中各个等级的人数，在单元格 E7 中输入公式“=COUNTIF(B2:B18,D7)”，公式含义为在 B2:B18 单元格区域中，统计其中内容和 D7 单元格内容相同的单元格数目。

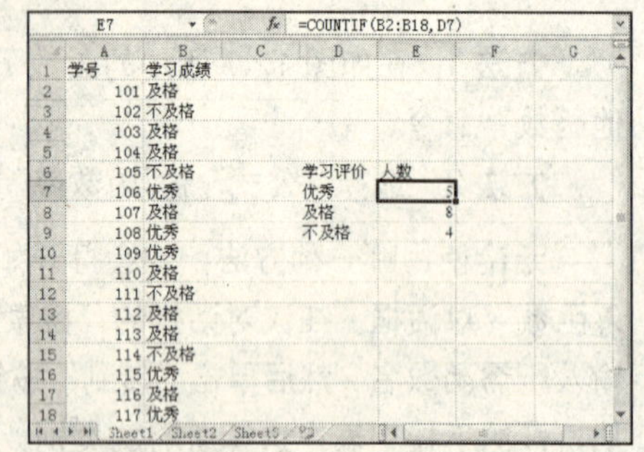
E7 =COUNTIF(B2:B18,D7)

	A	B	C	D	E
1	学号	学习成绩			
2	101	及格			
3	102	不及格			
4	103	及格			
5	104	及格			
6	105	不及格		学习评价	人数
7	106	优秀		优秀	5
8	107	及格		及格	8
9	108	优秀		不及格	4
10	109	优秀			
11	110	及格			
12	111	不及格			
13	112	及格			
14	113	及格			
15	114	不及格			
16	115	优秀			
17	116	及格			
18	117	优秀			

Sheet1 Sheet2 Sheet3

图 12.10　使用 COUNTIF 函数的实例

12.5 案例实训

本案例实训主要练习对函数和公式的基本操作，例如求和、求所占比率等，操作步骤如下。

Step 01 打开“素材\第十二章\北方木业 2012 年上半年销售记录.xlsx”文件，其内容如图 12.11 所示。

Step 02 在 E2 单元格中输入文本“回款率”，如图 12.12 所示。

	A	B	C	D	E
1	北方木业2012年上半年销售记录				
2	客户代码	所属地区	发货额	回款额	
3	120	山东	75632	70625	
4	25	河南	25621	20336	
5	6	广东	25633	18256	
6	7	山西	15465	10263	
7	14	黑龙江	32356	29635	
8	10	沈阳	46522	42563	
9	3	广东	12355	12000	
10	1	深圳	65423	54893	
11	7	深圳	25510	24025	
12	5	云南	28562	23945	
13	19	湖南	102153	96462	
14	11	山东	12302	10256	
15	83	北京	56542	46253	
16	20	北京	156212	90663	
17	222	上海	100523	65685	
18	160	天津	462155	406259	
19	126	天津	356545	229635	
20	2	上海	165256	106654	
21	202	湖南	565665	496895	

图 12.11　打开素材文件

E2 回款率

	A	B	C	D	E
1	北方木业2012年上半年销售记录				
2	客户代码	所属地区	发货额	回款额	回款率
3	120	山东	75632	70625	
4	25	河南	25621	20336	
5	6	广东	25633	18256	
6	7	山西	15465	10263	
7	14	黑龙江	32356	29635	
8	10	沈阳	46522	42563	
9	3	广东	12355	12000	
10	1	深圳	65423	54893	
11	7	深圳	25510	24025	
12	5	云南	28562	23945	
13	19	湖南	102153	96462	
14	11	山东	12302	10256	
15	83	北京	56542	46253	
16	20	北京	156212	90663	
17	222	上海	100523	65685	
18	160	天津	462155	406259	
19	126	天津	356545	229635	
20	2	上海	165256	106654	
21	202	湖南	565665	496895	

图 12.12　输入文本

Step 03 输入完成后，在 E3 单元格中输入公式“=D3/C3”，表示该单元格中数据需要使用 D3 单元格除以 C3 单元格得出，如图 12.13 所示。

Step 04 输入完成后，按 Enter 键确认，此时单元格中即可显示求得的结果，如图 12.14 所示。

Step 05 选择 E3 单元格，并将鼠标指针指向其右下角的填充柄，鼠标指针变成➕形状后向下拖动鼠标至 E21 单元格，如图 12.15 所示。

Step 06 释放鼠标左键，即可自动填充其他回款率数据，如图 12.16 所示。

图 12.13　输入公式

图 12.14　计算数据

图 12.15　公式自动填充

	北方木业2012年上半年销售记录			
客户代码	所属地区	发货额	回款额	回款率
120	山东	75632	70625	93.38%
25	河南	25621	20336	79.37%
6	广东	25633	18256	71.22%
7	山西	15465	10263	66.36%
14	黑龙江	32356	29635	91.59%
10	沈阳	46522	42563	91.49%
3	广东	12355	12000	97.13%
1	深圳	65423	54893	83.90%
7	深圳	25510	24025	94.18%
5	云南	28562	23945	83.84%
19	湖南	102153	96462	94.43%
11	山东	12302	10256	83.37%
83	北京	56542	46253	81.80%
20	北京	156212	90663	58.04%
222	上海	100523	65685	65.34%
160	天津	462155	406259	87.91%
126	天津	356545	229635	64.41%
2	上海	165256	106654	64.54%
202	湖南	565665	496895	87.84%

图 12.16　填充后的效果

Step 07 选择 C22 单元格，在“开始”选项卡的“编辑”组中单击“自动求和”按钮右侧的下拉按钮，在弹出的下拉菜单中选择“求和”，如图 12.17 所示。

Step 08 此时在 C22 单元格中即可出现公式，如图 12.18 所示。查看公式是否为我们所需要的，如果是，按 Enter 键确认；如果不是，在单元格中拖动鼠标选择需要求和的公式即可。

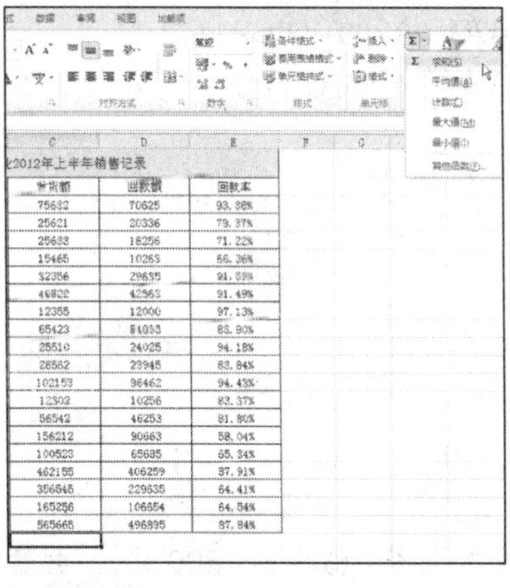

图 12.17　选择“求和”命令

图 12.18　选择求和单元格范围

Step 09 按 Enter 键确认，此时即可计算出所选择单元格的发货额，如图 12.19 所示。

Step 10 选择 C22 单元格，并将鼠标指针指向其右下角的填充柄，鼠标指针变成➕形状后向右拖动鼠标至 D22 单元格，然后在 B22 单元格中输入“总额”文本，如图 12.20 所示。制作完成后，将场景文件进行存储。

C22 =SUM(C3:C21)

	A	B	C	D	E
1	北方木业2012年上半年销售记录				
2	客户代码	所属地区	发货额	回款额	回款率
3	120	山东	75632	70625	93.38%
4	25	河南	25621	20336	79.37%
5	6	广东	25633	18256	71.22%
6	7	山西	15465	10263	66.36%
7	14	黑龙江	32356	29635	91.59%
8	10	沈阳	46522	42563	91.49%
9	3	广东	12355	12000	97.13%
10	1	深圳	65423	54893	83.90%
11	7	深圳	25510	24025	94.18%
12	5	云南	28562	23945	83.84%
13	19	湖南	102153	96462	94.43%
14	11	山东	12302	10256	83.37%
15	83	北京	56542	46253	81.80%
16	20	北京	156212	90663	58.04%
17	222	上海	100523	65685	65.34%
18	160	天津	462155	406259	87.91%
19	126	天津	356545	229635	64.41%
20	2	上海	165256	106654	64.54%
21	202	湖南	565665	496895	87.84%
22			2330432		

图 12.19　选择“求和”命令后的效果

	A	B	C	D	E
1	北方木业2012年上半年销售记录				
2	客户代码	所属地区	发货额	回款额	回款率
3	120	山东	75632	70625	93.38%
4	25	河南	25621	20336	79.37%
5	6	广东	25633	18256	71.22%
6	7	山西	15465	10263	66.36%
7	14	黑龙江	32356	29635	91.59%
8	10	沈阳	46522	42563	91.49%
9	3	广东	12355	12000	97.13%
10	1	深圳	65423	54893	83.90%
11	7	深圳	25510	24025	94.18%
12	5	云南	28562	23945	83.84%
13	19	湖南	102153	96462	94.43%
14	11	山东	12302	10256	83.37%
15	83	北京	56542	46253	81.80%
16	20	北京	156212	90663	58.04%
17	222	上海	100523	65685	65.34%
18	160	天津	462155	406259	87.91%
19	126	天津	356545	229635	64.41%
20	2	上海	165256	106654	64.54%
21	202	湖南	565665	496895	87.84%
22		总额	2330432	1855303	

图 12.20　完成后的效果

12.6 课后练习与上机操作

一、选择题

1．在输入公式时应以一个______开头，表明之后的字符为公式。

A．=　　B．*　　C．-　　D．#

2．当行号或列标前面加上______时，表示是一个绝对引用。

A. @　　B. &　　C．#　　D. $

3．如在 Excel 单元格中输入公式“=SUM(A1:A2,B1:C2)”，其功能是______。

A．=A1+A2+B1+B2+C2　　B．=A1+A2+A3+B2+C2

C．=A1+A2+B1+B2+C1+C2　　D．=A1+A2+B1+C2

二、简答题

1．简述相对单元格引用和绝对单元格引用有何不同。

2．简述怎样输入函数。

3．简述 ROUND 函数的功能。

4．简述 DATE 函数的功能。

三、操作题

1．创建一张工资表，其中要有编号、姓名、部门、基本工资（假设为 1800 元）、奖金、所得税、实发工资 7 栏，并输入相应的数据。说明：所得税等于工资总额（基本工资+奖金）乘以税率（假设为 10%）；实发工资等于工资总额减去所得税。

2．用 SUM 函数求出每位员工的工资总额。

3．用公式求出每位员工的所得税和实发工资。

第13章

图表的创建与编辑

本章导读

图表是 Excel 中重要的组成部分，可以根据工作表中的数据创建出所需图表，使得数据的表现更加直观。

知识要点

- ✪ 图表类型
- ✪ 修改图表
- ✪ 创建图表
- ✪ 添加或删除数据

13.1 创建图表

我们可以使用快捷键，也可以使用功能区创建图表。下面我们来介绍如何创建图表。

1. 使用快捷键创建图表

班级	人数
一班	96
二班	82
三班	99
四班	78
五班	63
六班	83

图 13.1　输入文本

Step 01　输入如图 13.1 所示的文本。

Step 02　选中需要作为图表数据的单元格，按键盘上 F11 键，这时就会在工作簿中插入一个新的工作表，如图 13.2 所示。

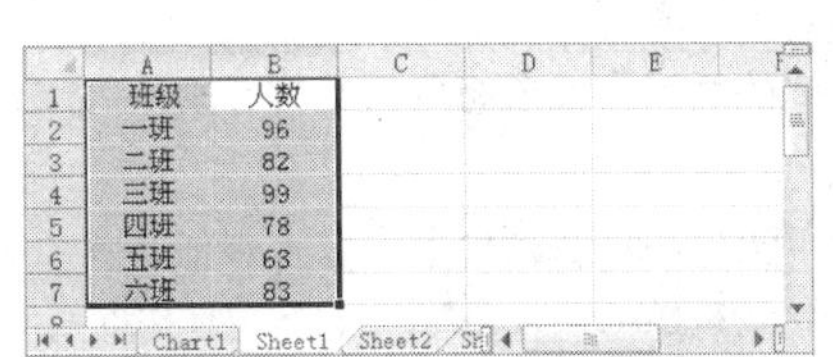

班级	人数
一班	96
二班	82
三班	99
四班	78
五班	63
六班	83

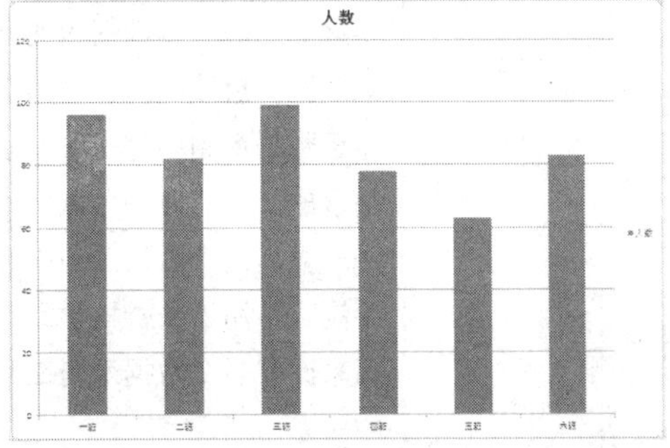

图 13.2　使用快捷键创建图表

2. 使用功能区创建图表

使用功能区在工作表中插入图表，并选择合适的图表类型，其具体操作步骤如下。

Step 01 选中作为图表数据源的单元格，在“插入”选项卡的“图表”组中选择所需要的图表类型，然后在弹出的下拉菜单中选择一种图表类型，如图 13.3 所示。

Step 02 此时，就会在当前工作表中插入一个内嵌图表，如图 13.4 所示。如果需要更改图表类型，可以在相应的功能区中对其类型、布局、格式等进行更改，直到达到理想的效果为止。

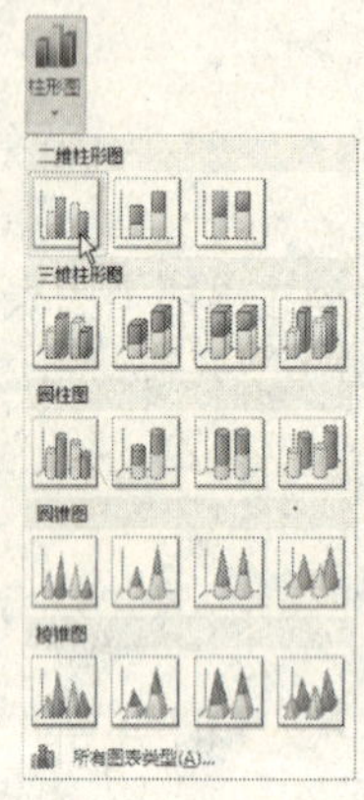

图 13.3 选择一种图表类型

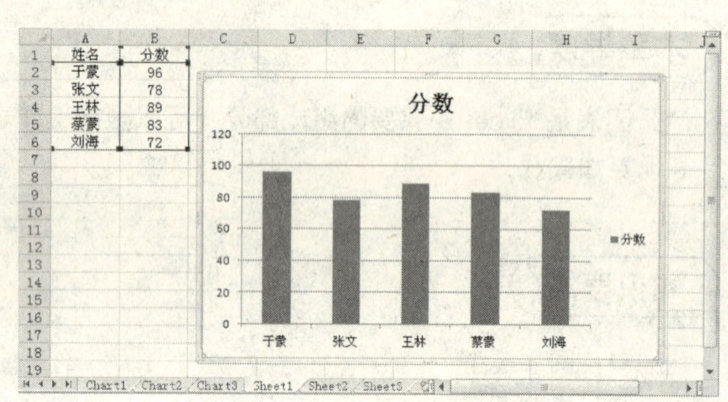

图 13.4 插入一个图表

13.2 图表的类型

Excel 2010 提供了 11 种标准图表类型和许多自定义的图表类型。下面介绍其中最能有效展示数据的 11 种方式（如表 13.1）。对每一种标准图表类型来说，都有几种自动套用格式可以用在图表上。

表13.1 各种标准图表类型的使用

图表类型	名称	功能说明
	柱形图	用来表示一段时期内数据的变化或者各项之间的比较。柱形图通常用来强调数据随时间的变化而变化；堆积柱形图用来表示各项与整体的关系，具有透视效果的三维柱形图可以沿着两条坐标轴对数据点进行比较
	条形图	用来显示不连续的且无关的对象的差别情况，这种图表类型淡化数值随时间的变化而变化，能突出数值的比较
	折线图	用来显示等间隔数据的变化趋势，如果分类数据点不在等分区间上，应使用 XY 散点图。折线图主要适用于显示产量、销售额或股票市场随时间的变化趋势
	饼图	显示数据系列中每一项占该系列数值总和的比例关系，当想知道某个数据点占总数的百分比时，可以使用这种图表类型
	XY（散点图）	用于显示几个数据系列中数据间的关系，或者将两组数据分别作为 XY 坐标而绘制，常用于分析科学数据
	面积图	用来比较多个数据系列在幅度上连续的变化情况，可以直观地看到部分和整体的关系

（续表）

图表类型	名称	功能说明
	圆环图	与饼图很相似，用于比较一个单位中各环片的大小，但是圆环图能显示多个数据系列，圆环图中的每一个环代表一个数据系列
	雷达图	每个分类都拥有自己的数值坐标轴，这些坐标轴由中心点向外辐射，并由折线将同一系列中的值连接起来。使用雷达图，可以显示独立的数据系列之间以及某个特定的系列与其他系列的整体之间的关系。应避免使用雷达图，因为雷达图难以读取和理解
	曲面图	与条形图相似，可以使用不同的颜色和图案来显示同一取值范围内的区域。当需要寻找两组数据之间的最佳组合时，曲面图是非常有用的
	气泡图	是一种特殊的散点图，气泡的大小可以用来表示数组中第三变量的数值
	股价图	可以用来描绘股票的价格走势和成交量，也可以用来描绘科学数据，例如随温度变化的数据。生成股市图时，必须以正确的顺序组织数据

由表 13.1 可以看出在选择图表类型之前，必须先搞清当前的数据最适合使用哪种类型的图表。

13.3 修改图表

在生成了图表之后，修修补补是经常的事。本节将介绍一些修改图表的方法。

选中了一个嵌入式图表或切换到图表工作表中时，选项卡的内容会发生一些小小的变化——出现“图表工具-设计、布局、格式”选项卡。使用这些选项卡中的命令，可以对图表进一步的修改。

1. 调整图表的位置和大小

嵌入式图表可以在工作簿窗口中随意移动，方法是在图表上单击，按住鼠标不放，然后拖动图表，鼠标指针会变成十字箭头形状，并且会有一个模糊框显示当前的位置，拖动到满意的位置后释放鼠标，图表就移到新的位置了。

将鼠标指针置于边框四周的 4 个角中的某一个角上，鼠标指针会变为不同方向的双向箭头，这时按住鼠标左键不放并拖动，可以调整图表的大小。

2. 改变图表类型

创建完图表后，Excel 2010 允许用户对图表的类型进行修改，下面举例说明。

要想把图 13.4 所示的柱形图改为折线图，可先单击图表，然后右击图表中的任意区域，弹出图表快捷菜单。选择快捷菜单中的“更改系列图表类型”命令，屏幕上就会打开“更改图表类型”对话框。

该对话框中的主要选项在前面已经提到，其中列出了 Excel 2010 的所有预定义图表类型清单，可以根据自己的需要选取，本例选择“折线图”，然后再从右侧的“子图表类型”列表框中选择第一个类型，单击“确定”按钮。这样，Excel 2010 就会把图表中的柱形图变为折线图，效果如图 13.5 所示。

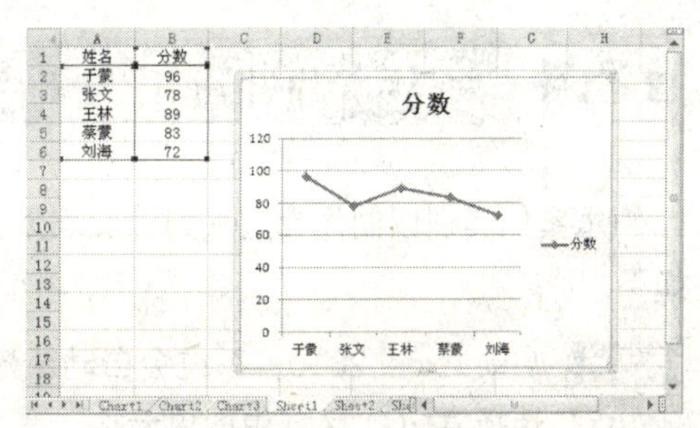

图 13.5　把柱形图变为折线图

3. 添加或删除数据

由于图表与其源数据之间在创建图表时已经建立了链接关系，因此，当对工作表中的数据进行修改后，Excel 会自动更新图表。反之，当对图表进行修改后，其源数据中的数据也会随着改变。

要向图表添加数据，其具体操作步骤如下。

Step 01 选中如图 13.6 所示的折线，单击鼠标右键，在弹出的快捷菜单中选择“选择数据”命令，弹出如图 13.7 所示的对话框。

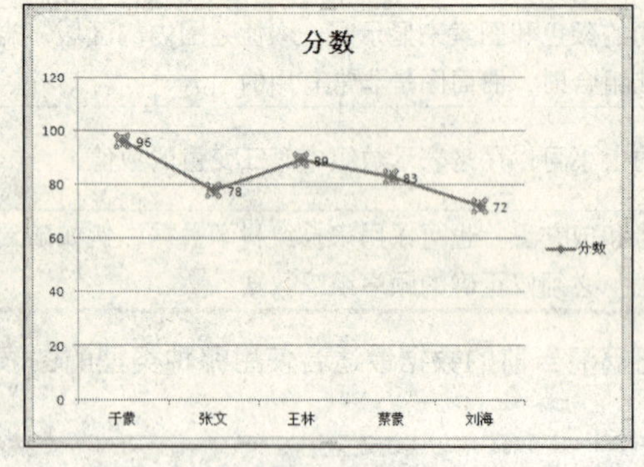

图 13.6 选择折线

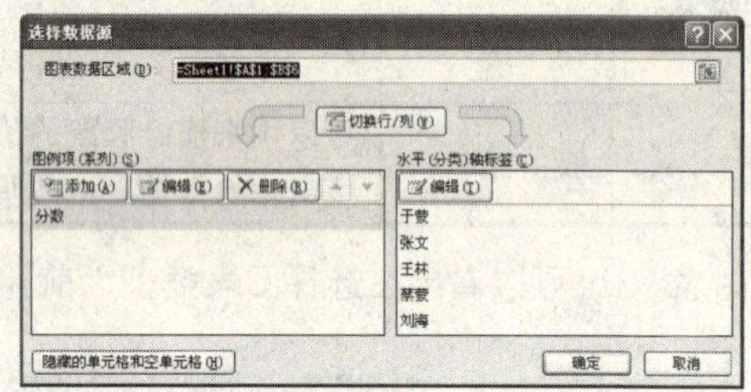

图 13.7 “选择数据源”对话框

Step 02 选中工作表中的 A1:B7 单元格区域，单击“确定”按钮，即可将数据添加到图表中，如图 13.8 所示。

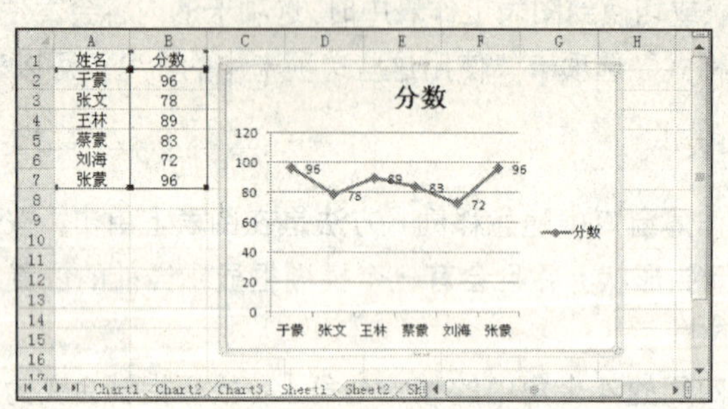

图 13.8 拖动数据到图表中

用户要删除数据，其操作非常简单：如果要同时删除工作表和图表中的数据，只要从工作表中删除数据，图表将会自动更新；如果只从图表中删除数据，则在图表上单击要删除的数据系列，然后按 Delete 键即可。

13.4 案例实训

本案例实训以制作食堂采购情况表来介绍在 Excel 中创建并修改图表的方法，其具体操作步骤如下。

Step 01 启动 Excel 2010，系统会自动新建一个 Excel 工作簿。

Step 02 选择 A1:G1 区域中的单元格，在“对齐方式”选项组中单击“合并后居中”按钮，然后在“字体”选项组中设置“字体”为“方正康体简体”、“字号”为 18，设置完成后在该单元格中输入文本，如图 13.9 所示。

Step 03 选择 A2:A5 区域中的单元格，在该区域的单元格中分别输入“类型”、“蔬菜”、“水果”、“肉类”，然后将输入的文本全部选中，在“字体”选项组中设置“字体”为“方正行楷简体”、“字号”为 14，单击“对齐方式”组中的“居中”按钮，如图 13.10 所示。

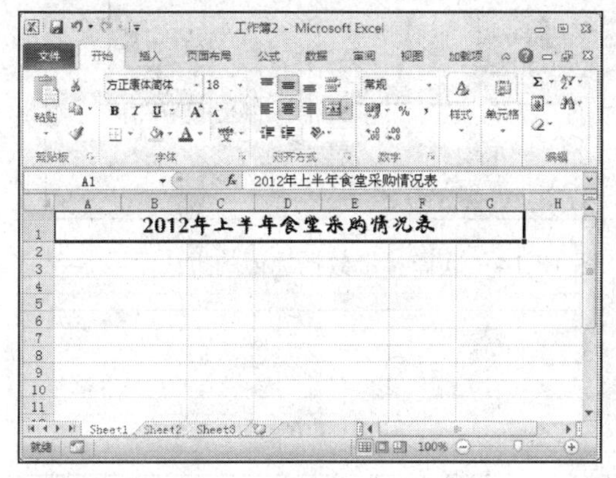

图 13.9 设置并输入文本（一）

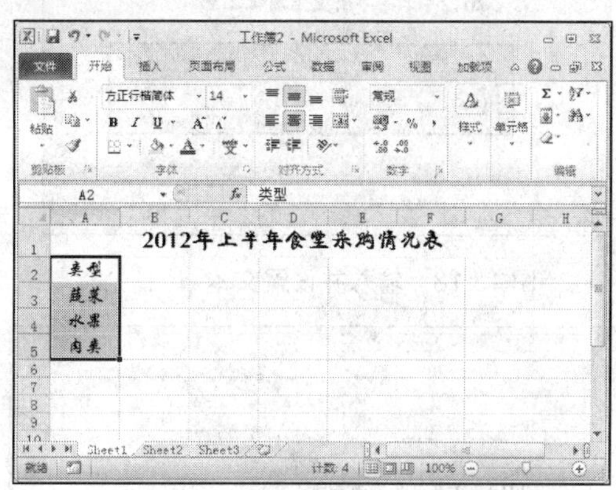

图 13.10 设置并输入文本（二）

Step 04 选择 B2:G2 区域中的单元格，然后在该区域的单元格中分别输入文本。输入完成后将输入的文本进行全部选中，然后在“对齐方式”组中单击“居中”按钮，如图 13.11 所示。

Step 05 选择 B3:G5 单元格区域，单击鼠标右键，在弹出的快捷菜单中选择“设置单元格格式”命令，打开“设置单元格格式”对话框，切换到“数字”选项卡，在“分类”列表框中选择“数值”，将“小数位数”设置为 1，单击“确定”按钮，如图 13.12 所示。

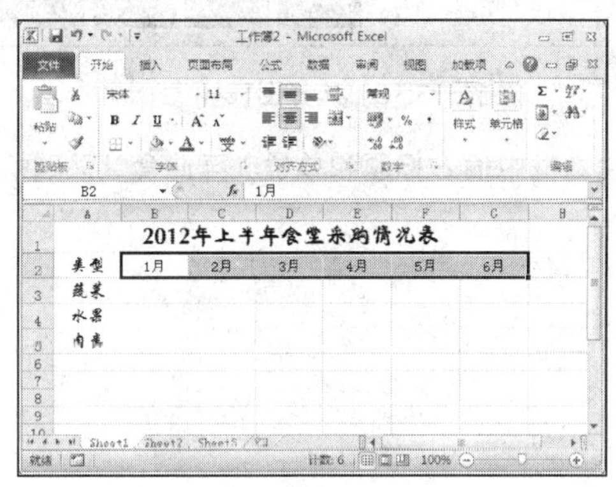

图 13.11 输入并设置文本（三）

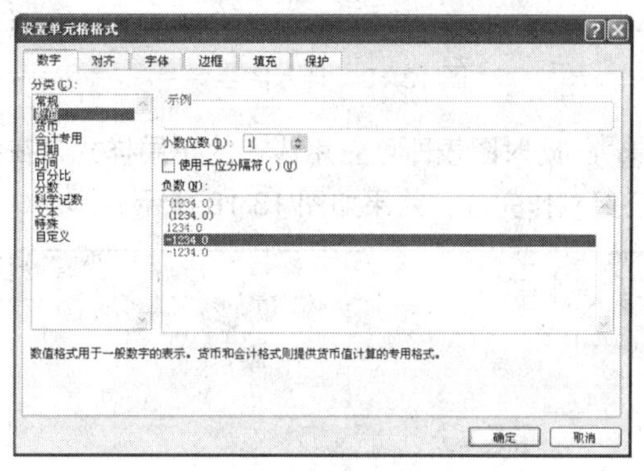

图 13.12 “设置单元格格式”对话框

Step 06 在其他单元格中输入内容，并选中输入内容的单元格，单击“对齐方式”组中的“居中”按钮，如图 13.13 所示。

Step 07 将 A1:G5 区域中的单元格数据选中，然后切换到“插入”选项卡，在“图表”组中单击“折线图”按钮，在打开的下拉菜单中选择“带数据标记的折线图”命令，如图 13.14 所示。

Step 08 创建完成图表后的样式如图 13.15 所示。

Step 09 选择创建的图表，单击“图表工具-设计”选项卡中“图表样式”组中的“其他”按钮，在弹出的库中选择一种样式，如图 13.16 所示。

Step 10 设置完样式后选择图表，单击“图表工具-设计”选项卡中“图表布局”组中的“其他”按钮，在弹出的库中选择一种图表布局，如图 13.17 所示。

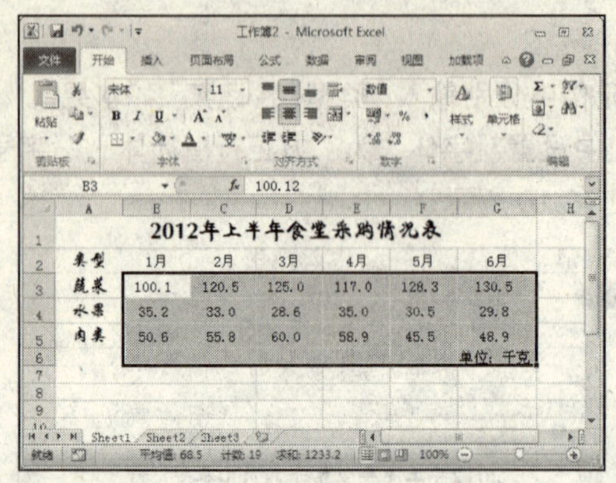

图 13.13　输入并设置文本（四）

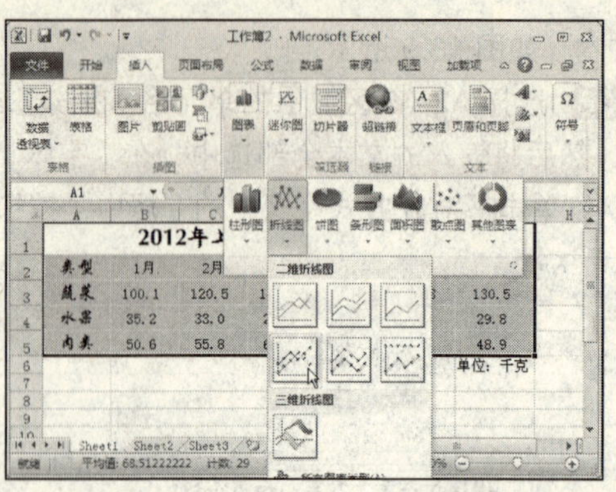

图 13.14　选择"带数据标记的折线图"命令

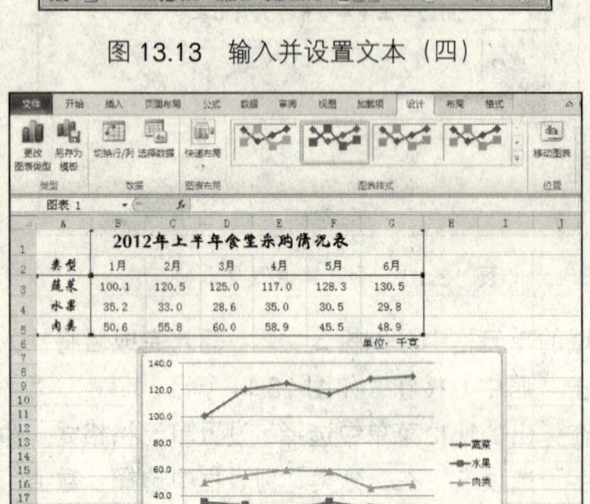

图 13.15　插入图表

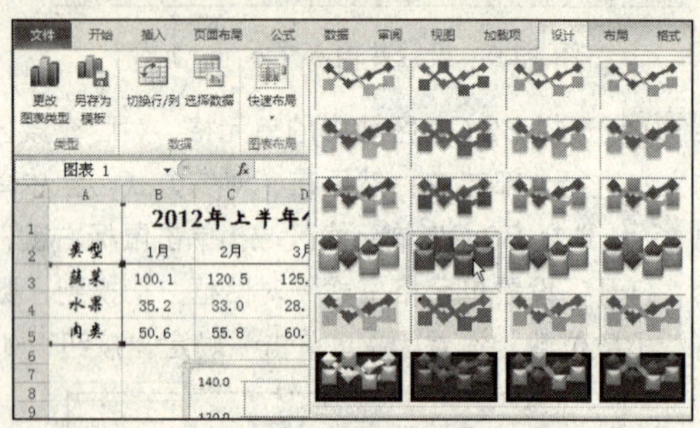

图 13.16　选择图表样式

Step 11　此时图表即可应用选择的布局样式，在标题文本框中输入标题和单位，至此食堂采购情况表已经制作完成，效果如图 13.18 所示。

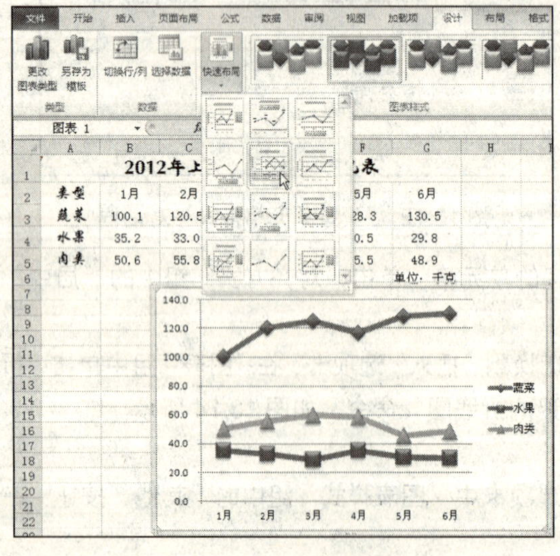

图 13.17　选择图表布局

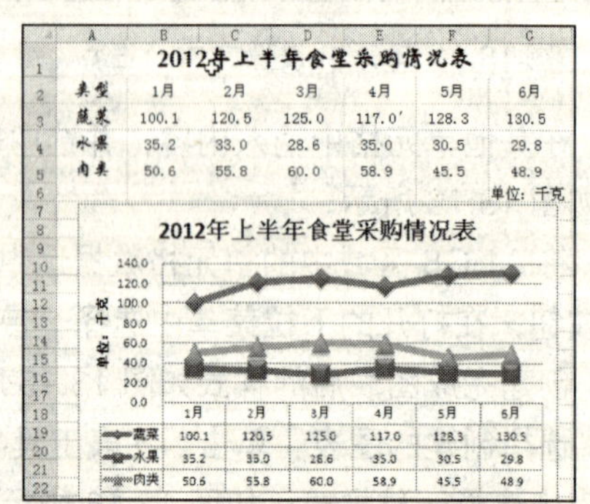

图 13.18　设置完成后的效果

13.5 课后练习与上机操作

一、选择题

1．使用______快捷键，可以快速创建图表。

A. F8　　B. F9　　C.F11　　D. G6

2．Excel 2010 提供了______种标准图表类型和许多自定义的图表类型。

A. 8　　B. 9　　C.11　　D. 6

二、简答题

1．怎样调整图表的位置和大小？
2．用什么方法可以向图表中添加新的数据？

三、操作题

1．请根据图 13.19 中的数据创建一个图表。

姓名	语文	数学	地理	物理	化学
张蒙	96	82	79	68	98
小小	82	99	82	88	96
李海	79	79	68	83	99
张建	98	96	82	79	68
王文	96	69	72	98	99

图 13.19　创建的图表

2．练习更改图表类型的操作。

3．练习设置图表格式的操作。

第14章

管理数据

本章导读

Excel 可以对数据进行排序、筛选以及创建数据透视表等，通过对本章的学习可以掌握对数据的进一步操作。

知识要点

- 指定筛选条件
- 创建数据透视表
- 单列数据的排序
- 多列数据的排序
- 筛选数据
- 指定筛选条件
- 数据透视表的使用

14.1 数据的排序

在进行数据统计过程中，我们会经常用到 Excel 2010 的“排序”功能。如果没有特殊指定，Excel 2010 会根据选择的“主要关键字”字段的内容按升序（从低到高）对记录进行排序。排序时，Excel 2010 会遵循以下原则。

- 根据某一字段来排序时，如果在该字段上有完全相同的记录，将保持它们的原始次序。排序字段数据为空白单元格的记录会被放在数据清单的最后。
- 排序选项如选定的字段、顺序和方向等，在最后一次排序后便会被保存下来，直到修改它们或修改区域/列标题为止。当按照多个字段进行排序时，若主字段中的项完全相同，则会根据指定的第二个字段进行排序，依此类推。

下面将简要介绍两种排序方法。

1. 单列数据排序

单列数据排序也就是简单排序，以“素材\第十四章\考试成绩.xlsx”文件中的数据为例（其内容如图 14.1 所示），按某一选定的列进行排序，其具体操作步骤如下。

Step 01 在数据清单中任意选择一个单元格。

Step 02 切换到“数据”选项卡，在“排序和筛选”组中单击“排序”按钮，弹出如图 14.2 所示的

“排序”对话框。

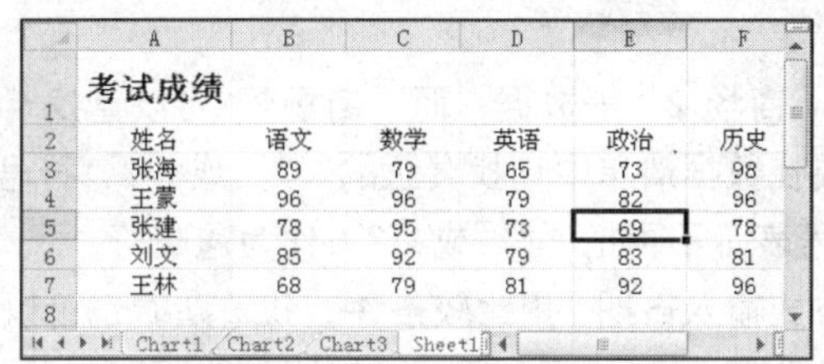

考试成绩					
姓名	语文	数学	英语	政治	历史
张海	89	79	65	73	98
王蒙	96	96	79	82	96
张建	78	95	73	69	78
刘文	85	92	79	83	81
王林	68	79	81	92	96

图 14.1 打开的素材文件

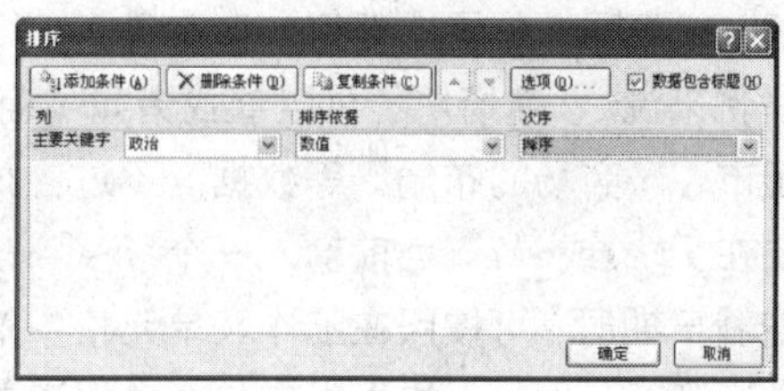

图 14.2 “排序”对话框

Step 03 单击“主要关键字”下拉列表框右边的下三角按钮，在打开的下拉列表中选择排序字段，本例选择“政治”。

Step 04 在“次序”下拉列表中选择“升序”或“降序”，以指定排序次序，本例选择“降序”。

Step 05 在“排序依据”下拉列表中，选择排序依据，本例选择根据“数值”进行排序。

Step 06 单击“确定”按钮，排序后的效果如图 14.3 所示。

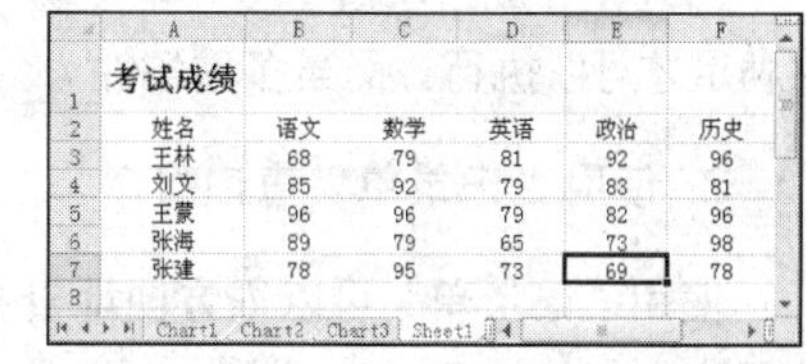

考试成绩					
姓名	语文	数学	英语	政治	历史
王林	68	79	81	92	96
刘文	85	92	79	83	81
王蒙	96	96	79	82	96
张海	89	79	65	73	98
张建	78	95	73	69	78

图 14.3 考试成绩按降序排序后的结果

当然，使用“开始”|“排序和筛选”|“升序”按钮和“降序”按钮对数据清单或选中的数据区域进行排序，同样可以达到如图 14.3 所示的效果。

2. 多列数据排序

如果想选择多列排序，应设置排列选项，具体操作步骤如下。

Step 01 单击“主要关键字”下拉列表框右边的下三角按钮，在打开的下拉列表中选择所需的选项，然后单击“确定”按钮，返回到“排序”对话框。

Step 02 单击“选项”按钮，在弹出的“排序选项”对话框中对其进行设置。完成后，单击“确定”按钮。

14.2 筛选数据

筛选功能可以使 Excel 2010 只显示符合筛选条件的某一值或符合一组条件的行，而隐藏其他行，这样有利于快速查找数据清单中希望得到的数据。Excel 2010 提供了“自动筛选”和“高级”命令可以用来筛选数据，还可以使用记录单筛选。

1. 指定筛选条件

在 Excel 2010 中可以使用的比较运算符有以下几种。

=（等于），>（大于），>=（大于或等于），<（小于），<=（小于或等于），<>（不等于）

例如，要查找所有以字母“M”或“M”之前的字母开头的文本输入项，可以使用条件“<=M”。

提 示

“=”后面不跟任何字符，可以查找空白字段；“<>”后面不跟任何字符，可以查找非空字段。

在 Excel 2010 中，可以使用两个通配符："*"和"?"。其中"*"代表同一位置上任意一组字符；"?"代表同一位置上任何一个字符。

举例来说，"商场？"可以查找诸如"商场 1"、"商场 2"等数据，而"商场*"可以查找"商场或超市"、"商场的布局"等数据。不过，如果需要在数据清单中查找真正的"*"或"?"符号，那么要在"*"或"?"之前输入一个"~"，这个符号表示不再把"*"或"?"作为通配符。

查找日期时，可按照在工作表单元格中输入的方式输入日期，用比较条件查找日期时也可以使用比较运算符。例如，如果想在某个数据清单中查找大于 1993 年 11 月 13 日的日期，只要在相关字段中输入条件">1993-11-13"就可以了。

另外，还应该明白"与"和"或"条件的区别。当多重条件为"与"关系时，必须所有的条件都要满足才可以执行；而当多重条件为"或"关系时，只要满足一个条件，就可以执行。

2. 使用"记录单"查询数据

使用"记录单"可以很方便地查找到所需要的数据，方法是在记录单中输入条件，并要求查找满足这个条件的下一个或前一个记录，然后记录单就会显示出满足条件的下一条或前一条记录。其具体操作步骤如下。

Step 01 打开"素材\第十四章\考试成绩.xlsx"文件。

Step 02 在数据清单中选择任意一个单元格。

Step 03 单击"数据"|"记录单"按钮，打开"记录单"对话框。

Step 04 单击"条件"按钮，进入记录查询状态。

Step 05 在相应字段旁边的文本框中输入条件，例如在"数学"文本框中输入">92"，如图 14.4 所示。

Step 06 单击"上一条"按钮或"下一条"按钮，即可查到所有销售量大于 92 的记录。

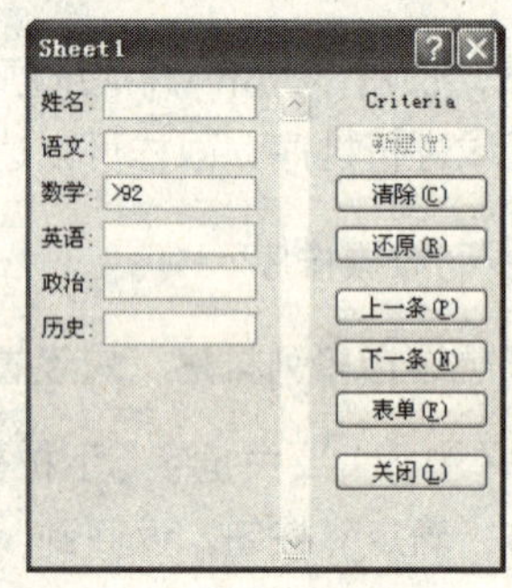

图 14.4 使用"记录单"进行简单条件的查询

记录单只能用来查找简单的或多重的比较条件，不能用它来查找计算条件或复杂的"与"和"或"比较条件。

3. 使用"自动筛选"功能筛选数据

首先必须明白一点，如果要执行自动筛选操作，在数据清单中必须有列标记。使用"自动筛选"功能来筛选数据的操作步骤如下。

Step 01 打开"素材\第十四章\考试成绩.xlsx"文件。

Step 02 在要进行筛选的数据清单中选择任意一个单元格。

Step 03 切换到"数据"选项卡，在"排序和筛选"组中单击"筛选"按钮，这时数据清单中的每个列标记边都插入了一个下三角按钮。

Step 04 单击要筛选的数据列（如"姓名"）右边的下三角按钮，会出现一个下拉菜单，其中列出了该列中的所有项目，如图 14.5 所示。

Step 05 在"搜索"文本框中输入所要筛选的文本，如"张海"，单击"确定"按钮，筛选的结果就只显示出符合条件的记录，即名为"张海"的记录，如图 14.6 所示。

"自动筛选"命令对某一特定的数据进行筛选非常方便，但其功能有一定的局限性，例如对介于两个数值之间的记录筛选就很困难。Excel 2010 中的“自定义筛选”命令为用户提供了自定义筛选条件的功能。用户可以自定义筛选条件，筛选分数在 80~ 100 之间的记录，其具体操作步骤如下。

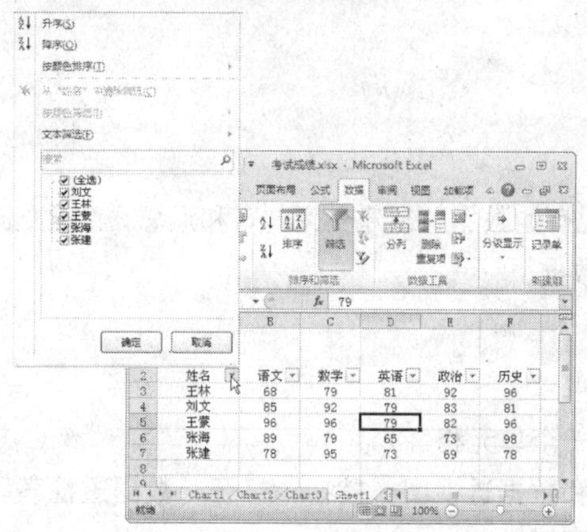

图 14.5 “姓名”下拉菜单

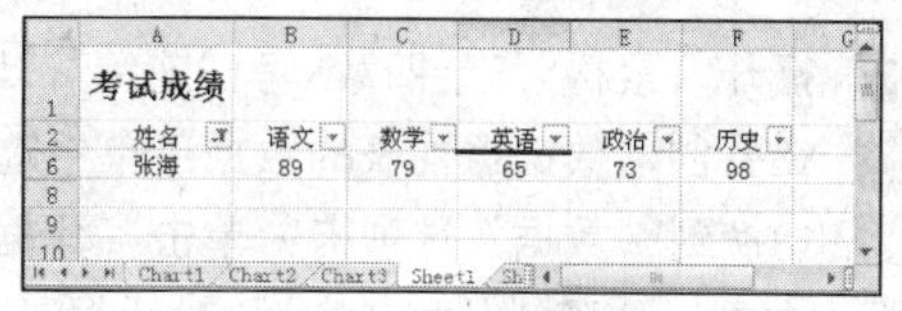

图 14.6 筛选后的结果

Step 01 打开“素材\第十四章\考试成绩.xlsx”文件。

Step 02 在数据清单中选择任意一个单元格。

Step 03 切换到“数据”选项卡，在“排序和筛选”组中单击“筛选”按钮，单击“数学”下三角按钮，在打开的下拉菜单中选择“文本筛选”，在级联菜单中选择“自定义筛选”命令。

Step 04 打开“自定义自动筛选方式”对话框，在该对话框上面的两个下拉列表框中设置第 1 个条件，在下面的两个下拉列表框中设置第 2 个条件；两个条件的关系可以通过中间的“与”或“或”单选按钮进行设置，如图 14.7 所示。

Step 05 在上面的第 1 个下拉列表中选择“大于”选项，在其右侧的下拉列表框中输入“80”；在下面的第 1 个下拉列表中选择“小于”选项，然后在其右侧的下拉列表框中输入“100”。由于所需的条件是“>80”且“<100”，所以两者的关系为“与”。

Step 06 单击“确定”按钮，此时就显示出经过筛选的数据清单，如图 14.8 所示。

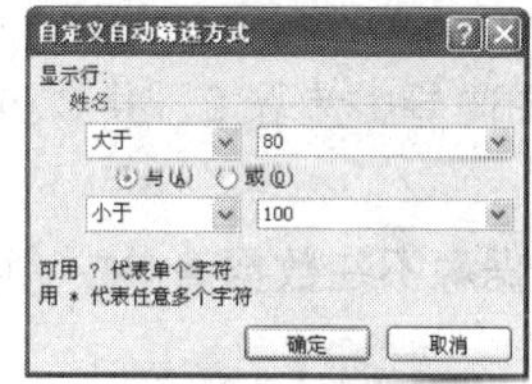

图 14.7 “自定义自动筛选方式”对话框

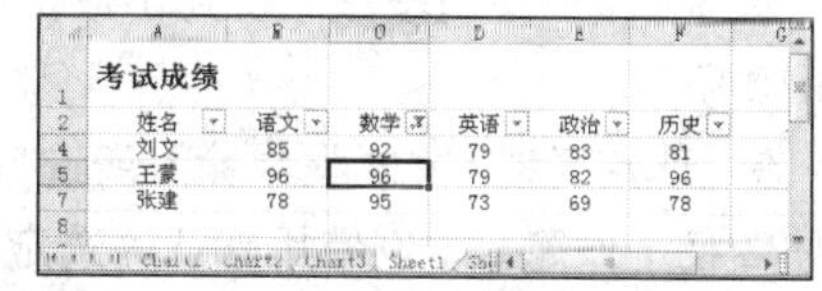

图 14.8 经过自定义筛选后的数据清单

4. 取消筛选功能

如果想取消单列的筛选，则单击设置条件列旁边的下三角按钮，然后从下拉列表中选择“全选”，就可以恢复没有筛选以前的情形。

14.3 使用数据透视表

数据透视表是一种特殊形式的表，它能从一个数据清单的特定字段中概括出信息。在创建数据透视表时，可以说明对哪些字段感兴趣，包括希望生成的表如何组织，以及工作表执行哪种形式的计算。创建数据透视表后，也可以重新排列表，以便从另一角度查看数据，并且随时可以根据原始数据的改变而更新数据透视表。

本节通过实例来介绍如何创建并使用数据透视表。

1. 创建数据透视表

使用“数据透视表和数据透视图”命令，可以对现有的数据源创建交叉制表和汇总，且能立即计算出结果。在创建过程中，用户必须考虑该如何汇总数据。

创建数据透视表的具体操作步骤如下。

Step 01 打开“素材\第十四章\考试成绩 2.xlsx”文件。

Step 02 在要创建数据透视表的数据清单中选择任意一个单元格。

Step 03 切换到“数据”选项卡，单击“数据透视表和数据透视图”按钮，打开“数据透视表和数据透视图向导—步骤 1（共 3 步）”对话框，如图 14.9 所示。

“Microsoft Excel 列表或数据库”：选中该单选按钮，可通过Microsoft Excel工作表中按行和列组织的数据来创建数据透视表或数据透视图报表

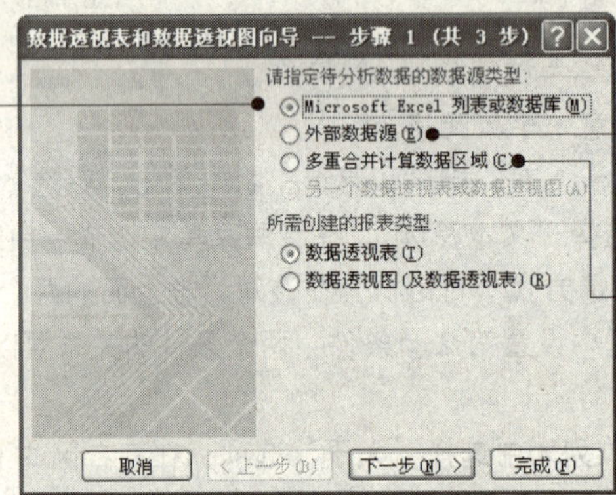

“外部数据源”：选中该单选按钮，可根据存储在当前工作簿或 Microsoft Excel 之外的数据库/文件中的数据创建数据透视表或数据透视图报表

“多重合并计算数据区域”：选中该单选按钮，则以Microsoft Excel 工作表的多个区域中的数据创建数据透视表或数据透视图报表

图 14.9 “数据透视表和数据透视图向导—步骤 1（共 3 步）”对话框

Step 04 选择正确的数据源类型，本例选中“Microsoft Excel 列表或数据库”单选按钮，然后选中“数据透视表”单选按钮（通常系统默认为此选项）。

Step 05 单击“下一步”按钮，打开“数据透视表和数据透视图向导—步骤 2（共 3 步）”对话框，如图 14.10 所示。

Step 06 在“选定区域”文本框中输入所选数据的范围，如果数据源不在数据清单中，可以单击“浏览”按钮查找工作簿，本例使用默认的选定区域。

Step 07 选定数据源后，单击“下一步”按钮，打开“数据透视表和数据透视图向导—步骤 3（共 3 步）”对话框，如图 14.11 所示。

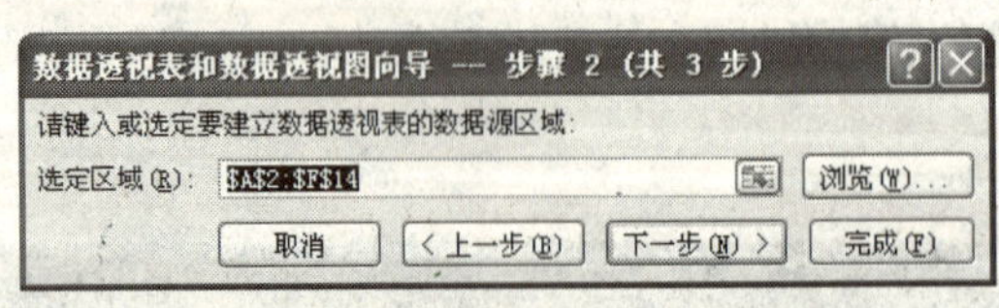

图 14.10 “数据透视表和数据透视图向导—步骤 2（共 3 步）”对话框

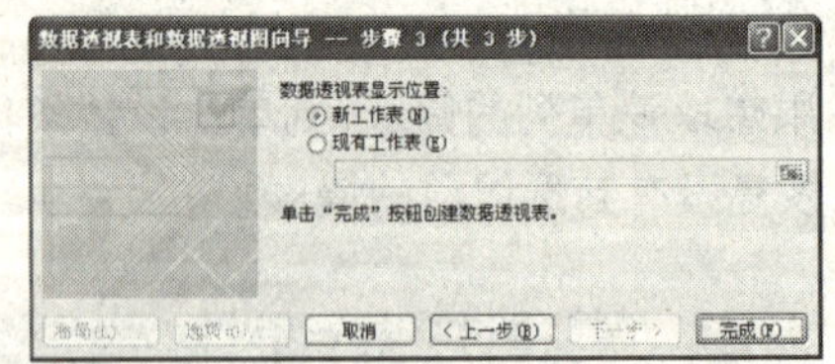

图 14.11 “数据透视表和数据透视图向导—步骤 3（共 3 步）”对话框

Step 08 单击“完成”按钮，会打开数据透视表以及数据透视表字段列表，如图 14.12 所示。在“数

据透视表字段列表”任务窗格的“选择要添加到报表的字段”列表框中，选择所需要添加到报表的字段，本例勾选“数学”复选框。

Step 09 最后的效果如图 14.13 所示。

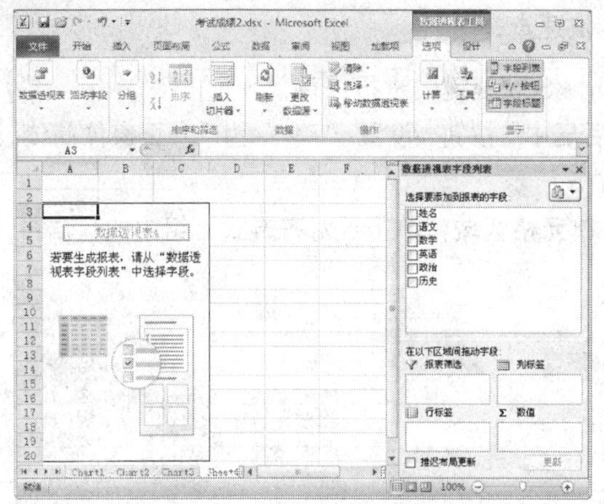

图 14.12 弹出数据透视表以及数据透视表字段列表

图 14.13 新建数据透视表效果

提 示

在 Excel 2010 中，无论是新建工作表还是现有工作表，都可以放置数据透视表，但最好不要把数据透视表放在可能改写数据的地方。

2. 修改和添加透视表中的数据

创建数据透视表以后，如果发现数据透视表中的布局与设想的不同，可以通过重建数据透视表来改变布局，但那样操作太麻烦。在 Excel 2010 中，可以通过修改的方法来创建符合要求的数据透视表。例如在上一小节新建的数据透视表中，发现所需的求和项是“语文”而不是“数学”，这时在“数据透视表字段列表”任务窗格中，取消勾选“数学”复选框，再次勾选“语文”复选框即可。

除了直接在数据透视表字段列表中对字段进行修改外，还可以利用“创建数据透视表”对话框添加的字段，其具体操作步骤如下。

Step 01 打开“素材\第十四章\考试成绩 2.xlsx”文件，在要创建数据透视表的数据清单中选择任意一个单元格。

Step 02 单击“数据”选项卡中的“数据透视表”按钮，弹出“创建数据透视表”对话框，如图 14.14 所示。在该对话框中对其进行设置，完成后单击“确定”按钮。

Step 03 在“数据透视表字段列表”任务窗格中选择所要添加的字段即可。

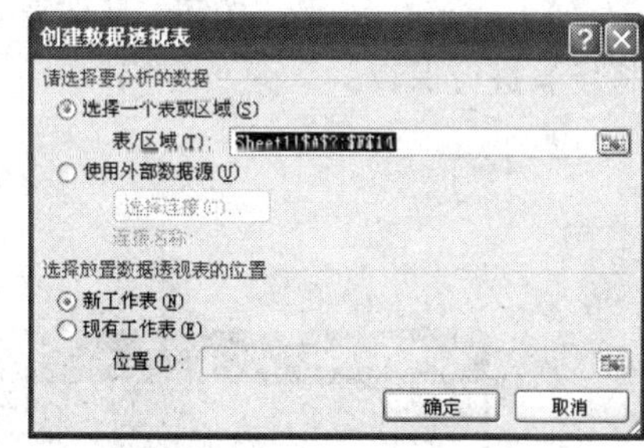

图 14.14 “创建数据透视表”对话框

3. 更新数据透视表

虽然数据透视表是根据源数据清单或表格中的数据创建的，但是如果对源数据进行修改，数据透视表并不会自动随着改变。此时，必须先在数据透视表中选定任意单元格并在“数据透视表工具”选项卡中单击“刷新”按钮，数据透视表才会改变。

14.4 案例实训

下面我们利用“排序和筛选”功能进行工资的快速查询。

Step 01 启动 Excel 2010，新建一个工作簿，按 Ctrl+S 快捷键，进行保存。

Step 02 选择 A1:E1 区域中的单元格，单击“合并后居中”按钮，设置“字体”为“方正康体简体”、“字号”为 18，并在单元格中输入文本，如图 14.15 所示。

Step 03 输入如图 14.16 所示的内容，选择 A2:G8 单元格区域，单击“对齐方式”组中的“居中”按钮，将其内容居中。

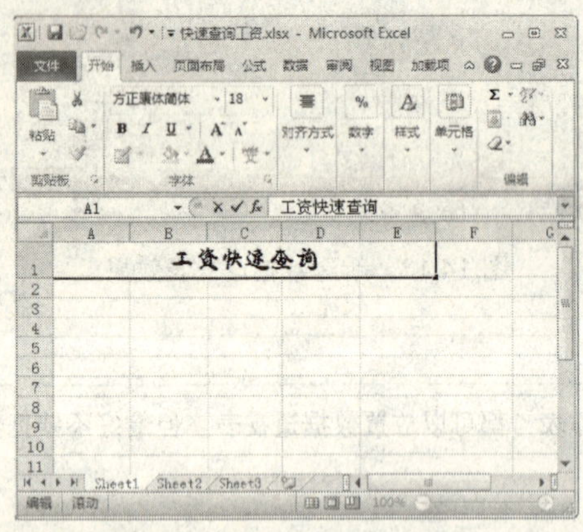

图 14.15 设置并输入文本（一）

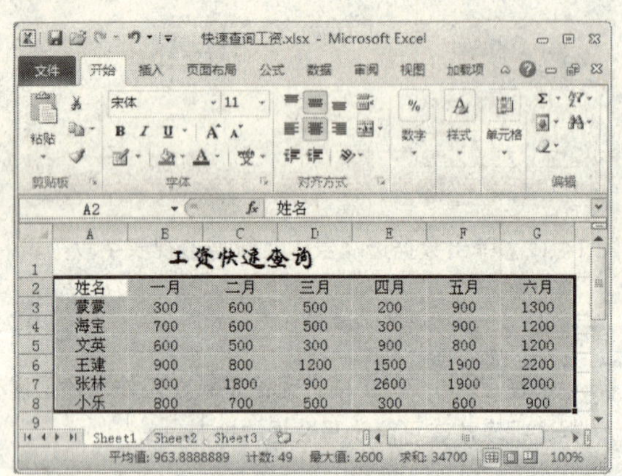

图 14.16 设置并输入文本（二）

Step 04 单击“数据”|“排序和筛选”|“筛选”按钮，单击“三月”下三角按钮，在弹出的下拉菜单中选择“数字筛选”，在弹出的级联菜单中选择“自定义筛选”命令。打开“自定义自动筛选方式”对话框，如图 14.17 所示。

Step 05 在上面的第 1 个下拉列表中选择“大于或等于”选项，在其右侧的下拉列表框中输入“500”；在下面的第 1 个下拉列表中选择“小于”选项，然后在其右侧的下拉列表框中输入“1200”。由于所需的条件是“≥500”且“<1200”，所以两者的关系为“与”。

Step 06 单击“确定”按钮，此时就显示出三月经过筛选的数据清单，如图 14.18 所示。完成后，将场景进行保存。

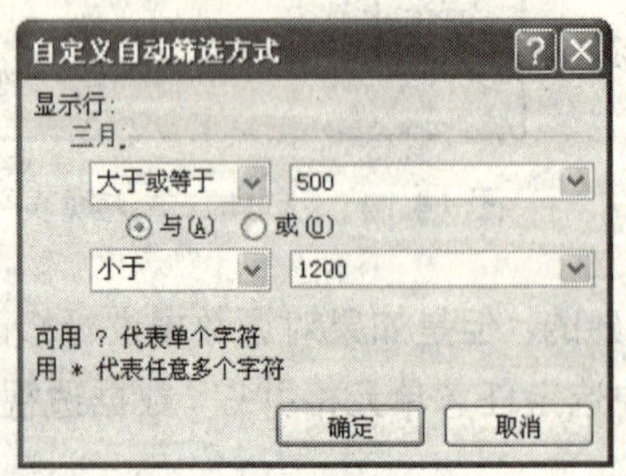

图 14.17 “自定义自动筛选方式”对话框

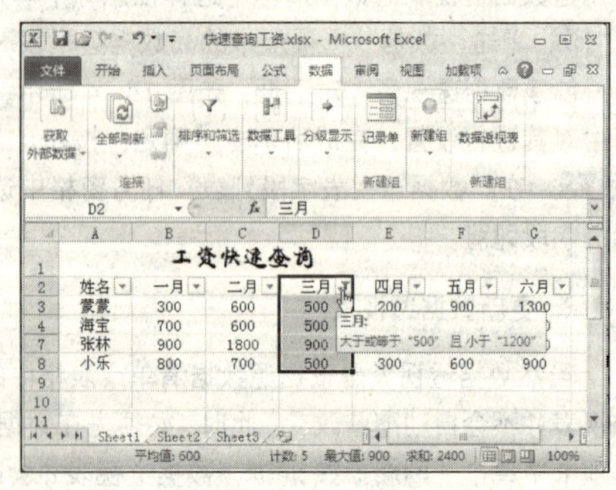

图 14.18 筛选完成后的效果

14.5 课后练习与上机操作

一、选择题

Excel 2010 会根据选择的______字段的内容按升序（从低到高）对记录进行排序。

A. 主要内容　　B. 次要关键字　　C. 主要关键字　　D. 次要内容

二、简答题

1．对数据清单中的数据如何按多列进行排序？
2．如何取消筛选功能？
3．怎样创建数据透视表？

三、操作题

1．打开“素材\第十四章\考试成绩 3.xlsx”文件，练习记录单的使用。
2．练习数据的排序和筛选。

第15章

工作表的打印

本章导读

当工作表制作完成后，我们需要对其进行打印输出。通过对本章的学习可以熟练掌握工作表的打印。

知识要点

- ✪ 打印预览工作表
- ✪ 对页面进行设置

15.1 页面设置

在 Excel 2010 中，通过改变“页面设置”对话框中的选项，用户可以控制打印工作表的外观和版面。

15.1.1 设置页面

页面的打印方式包括页面的打印方向、缩放比例、纸张大小以及打印质量。用户可以根据自己的需要进行设置，其具体操作步骤如下。

Step 01 选定需要设置页面打印方式的工作表。如果希望对多张工作表进行设置，需要先选中多张工作表。

Step 02 单击“页面布局”|“页面设置”右下角的“对话框启动器”按钮，打开“页面设置”对话框。

Step 03 单击“页面”标签，进入“页面”选项卡，如图 15.1 所示。

Step 04 相关设置完毕后，单击“确定”按钮，即可完成操作。

图 15.1 “页面”选项卡

15.1.2 设置页边距

页边距是指正文与页面边缘的距离。用户可以通过设置页边距调整文本在页面中的打印区域，其具体操作步骤如下。

Step 01 在图 15.1 中单击“页边距”标签，打开“页边距”选项卡，如图 15.2 所示。

Step 02 分别在“上”、“下”、“左”、“右” 4 个数值框中输入所需的页边距数值。

注 意

页边距的设置值应该大于打印机所要求的最小页边距值。

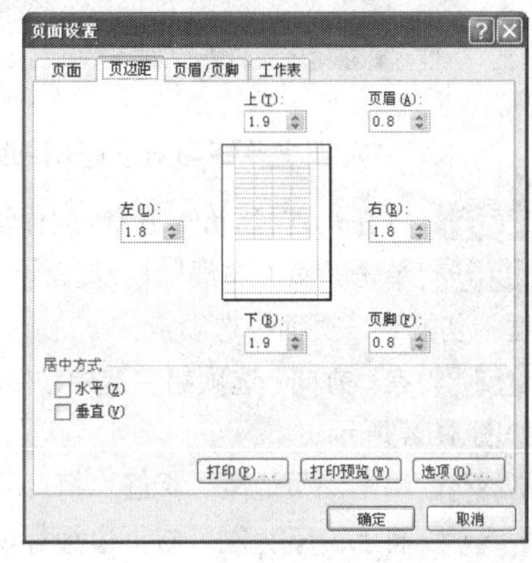

图 15.2 “页边距”选项卡

Step 03 在“页眉”和“页脚”文本框中可以指定页眉和页脚与纸张边缘的距离。

Step 04 如果选中“水平”复选框，则该工作表在页面上水平居中；如果选中“垂直”复选框，则该工作表在页面上垂直居中。

Step 05 设置完毕后，单击“确定”按钮，即可完成操作。

15.2 打印预览

在打印工作表之前，可以先预览一下实际打印的效果。启动打印预览的方法很简单，只需选择“文件”|“打印”命令，即可进入打印预览界面，如图 15.3 所示。

在“打印”选项下，可以设置打印的份数；在“设置”选项下，可以对页数、纸张的大小以及边距等进行设置。

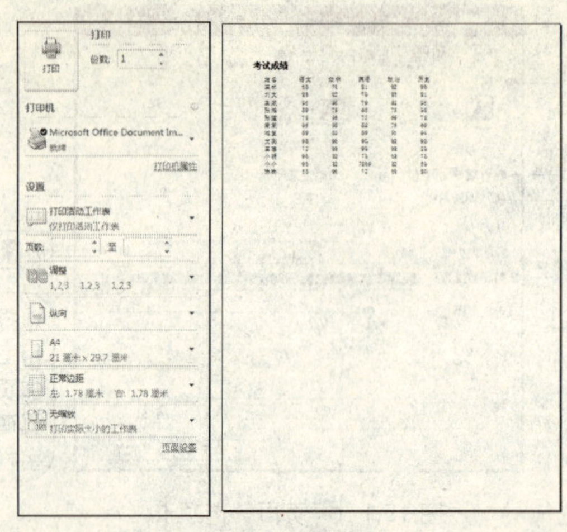

图 15.3　打印预览界面

15.3 案例实训

本案例实训主要练习对家庭明细账的页面设置和打印操作，具体操作步骤如下。

Step 01　打开“素材\第十五章\制作简单的家庭明细账.xlsx”文件。

Step 02　单击“页面布局”|“页面设置”右下角的“对话框启动器”按钮，打开“页面设置”对话框，切换到“页面”选项卡。

Step 03　在“方向”选项组中选中“横向”单选按钮，将“缩放”选项组中“缩放比例”设置为 95%，如图 15.4 所示。

Step 04　单击“页边距”标签，打开“页边距”选项卡。

Step 05　将上、下、左、右页边距都设置为 1.3；选中“居中方式”选项组中的“水平”和“垂直”复选框，如图 15.5 所示。

Step 06　单击“打印预览”按钮，查看设置效果。

Step 07　若对以上的设置不满意，可以重复前面的步骤更改设置。若要开始打印，可以单击“打印”按钮。

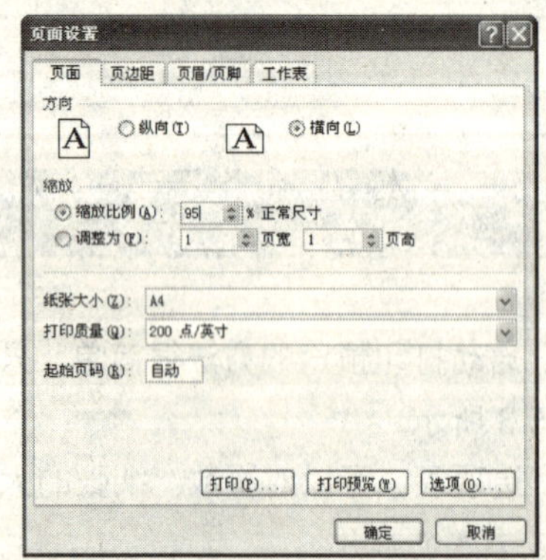

图 15.4　设置“页面”选项卡

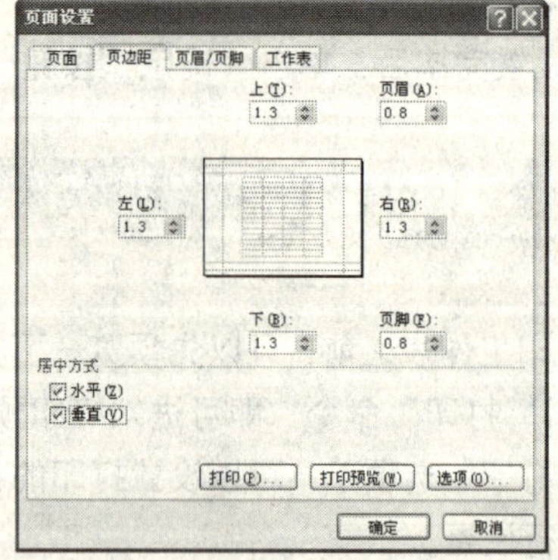

图 15.5　设置“页边距”选项卡

15.4 课后练习与上机操作

一、选择题

1．在以下 4 个标签中，不属于“页面设置”对话框的是______。

A．页面　　B．页边距　　C．字体　　D．工作表

2．工作表的打印方向有______和______。

A．横向　　B．纵向　　C．水平　　D．垂直

二、简答题

1．怎样设置页边距？

2．如何进行打印预览？

三、操作题

1．利用 Excel 自带模板新建一个工作簿，并练习页面设置的各种操作。

2．接上题，练习打印预览的操作。

第16章

信息共享与超链接

本章导读

本章将介绍如何在应用程序间复制数据、创建/更改/删除链接，从而更全面地掌握 Excel 与其他外界组件等的联系。

知识要点

- ✪ 在应用程序间复制数据
- ✪ 创建超链接
- ✪ 更改超链接
- ✪ 删除超链接

16.1 在应用程序间复制数据

利用 Excel 可以与不同应用程序的文档交换信息的特性，用户可用复制和粘贴的方法来实现信息共享。

在 Excel 中，可以将工作表或图表复制到其他不同的应用程序中，这里仅以复制到 Word 中为例，其具体操作步骤如下。

Step 01 选定要复制的工作表或图表，这里选定了工作表中的全部数据，如图 16.1 所示。

Step 02 在选定的部分右击，从弹出的快捷菜单中选择“复制”命令，如图 16.2 所示，即可将数据内容复制到剪贴板中。

产品	客户	第 1 季度	第 2 季度	第 3 季度	第 4 季度
蒙古大草原绿色羊肉	ANTON	¥ -	¥ 702.00	¥ -	¥ -
蒙古大草原绿色羊肉	BERGS	¥ 312.00	¥ -	¥ -	¥ -
蒙古大草原绿色羊肉	BOLID	¥ -	¥ -	¥ -	¥ 1,170.00
蒙古大草原绿色羊肉	BOTTM	¥ 1,170.00	¥ -	¥ -	¥ -
蒙古大草原绿色羊肉	ERNSH	¥ 1,123.20	¥ -	¥ -	¥ 2,607.15
蒙古大草原绿色羊肉	GODOS	¥ -	¥ 280.80	¥ -	¥ -
蒙古大草原绿色羊肉	HUNGC	¥ 62.40	¥ -	¥ -	¥ -
蒙古大草原绿色羊肉	PICCO	¥ -	¥ 1,560.00	¥ 936.00	¥ -
蒙古大草原绿色羊肉	RATTC	¥ -	¥ 592.80	¥ -	¥ -
蒙古大草原绿色羊肉	REGGC	¥ -	¥ -	¥ -	¥ 741.00
蒙古大草原绿色羊肉	SAVEA	¥ -	¥ -	¥ 3,900.00	¥ 789.75
蒙古大草原绿色羊肉	SEVES	¥ -	¥ 877.50	¥ -	¥ -
蒙古大草原绿色羊肉	WHITC	¥ -	¥ -	¥ -	¥ 780.00

图 16.1　选择需要复制的数据

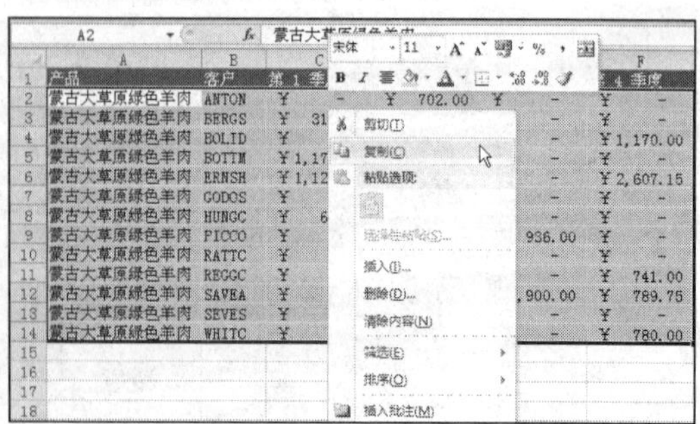

图 16.2　选择“复制”命令

Step 03 切换到用于粘贴数据的 Word 程序中，将插入点移到要插入数据的位置。单击鼠标右键，从弹出的快捷菜单中选择“粘贴选项”|“保留源格式”命令，即可将数据粘贴到 Word 文档中，如图 16.3 所示。

蒙古大草原绿色羊肉	ANTON	¥ -	¥ 702.00	¥ -	¥ -
蒙古大草原绿色羊肉	BERGS	¥ 312.00	¥ -	¥ -	¥ -
蒙古大草原绿色羊肉	BOLID	¥ -	¥ -	¥ -	¥1,170.00
蒙古大草原绿色羊肉	BOTTM	¥1,170.00	¥ -	¥ -	¥ -
蒙古大草原绿色羊肉	ERNSH	¥1,123.20	¥ -	¥ -	¥2,607.15
蒙古大草原绿色羊肉	GODOS	¥ -	¥ 280.80	¥ -	¥ -
蒙古大草原绿色羊肉	HUNGC	¥ 62.40	¥ -	¥ -	¥ -
蒙古大草原绿色羊肉	PICCO	¥ -	¥1,560.00	¥ 936.00	¥ -
蒙古大草原绿色羊肉	RATTC	¥ -	¥ 592.80	¥ -	¥ -
蒙古大草原绿色羊肉	REGGC	¥ -	¥ -	¥ -	¥ 741.00
蒙古大草原绿色羊肉	SAVEA	¥ -	¥ -	¥3,900.00	¥ 789.75
蒙古大草原绿色羊肉	SEVES	¥ -	¥ 877.50	¥ -	¥ -
蒙古大草原绿色羊肉	WHITC	¥ -	¥ -	¥ -	¥ 780.00

图 16.3 复制到 Word 文档中的数据

16.2 创建超链接

为了快速访问另一个文件中或网页上的相关信息，用户可以在工作表单元格中插入，还可以在特定的图表元素中插入超链接。超链接是来自文档中的链接，单击它时会打开另一个页面或文件。目标链接通常是另一个网页，也可以是图片、电子邮件地址或程序。超链接本身可以是文本或图片。

16.2.1 创建新文档的超链接

创建新文档超链接的具体操作方法如下。

Step 01 单击“文件”按钮，在弹出的下拉菜单中选择“打开”命令，在弹出的对话框中选择“素材\第十六章\员工档案.xlsx”文件，单击“打开”按钮，打开的文件如图 16.4 所示。

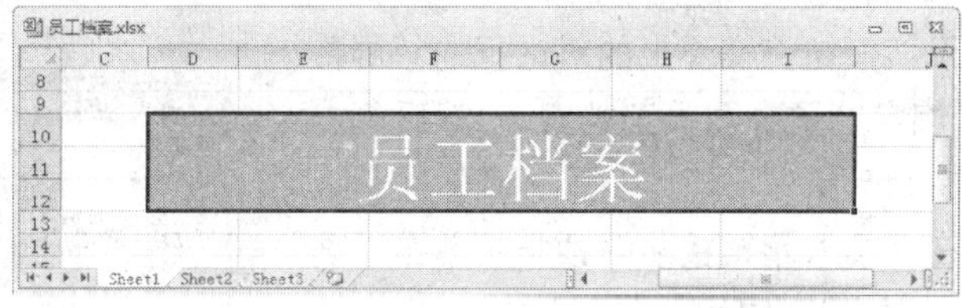

图 16.4 打开的文件

Step 02 选择 D10 单元格，切换到“插入”选项卡，在“链接”组中单击“超链接”按钮，打开“插入超链接”对话框，如图 16.5 所示。

提 示

打开“插入超链接”对话框可以右击单元格或图形，然后在弹出的快捷菜单中单击“超链接”选项，另外也可以按 Ctrl+K 组合键。

Step 03 在“链接到”组中单击“新建文档”按钮，在“新建文档名称”文本框中输入“档案”，如图 16.6 所示。

Step 04 单击完整路径中的“更改”按钮，设置路径，在打开的对话框中将“保存类型”设置为“工作簿”，如图 16.7 所示。

Step 05 返回到“插入超链接”对话框，在“何时编辑”中选中“开始编辑新文档”单选按钮，如

图 16.8 所示。

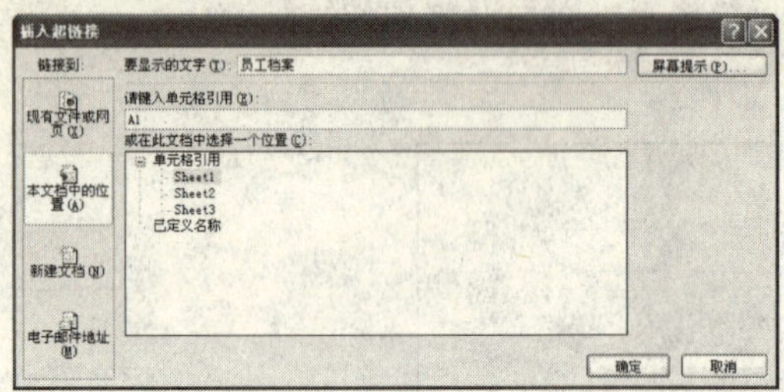

图 16.5 “插入超链接”对话框

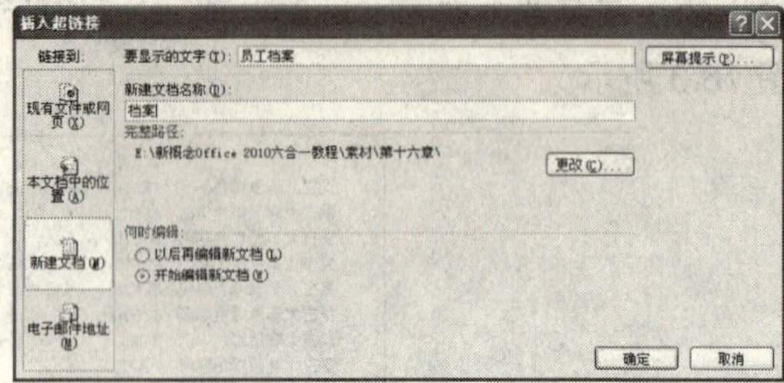

图 16.6 设置新建文档名称

提 示

“以后再编辑新文档”和“开始编辑新文档”单选按钮是为了指定何时要打开新文件以进行编辑。

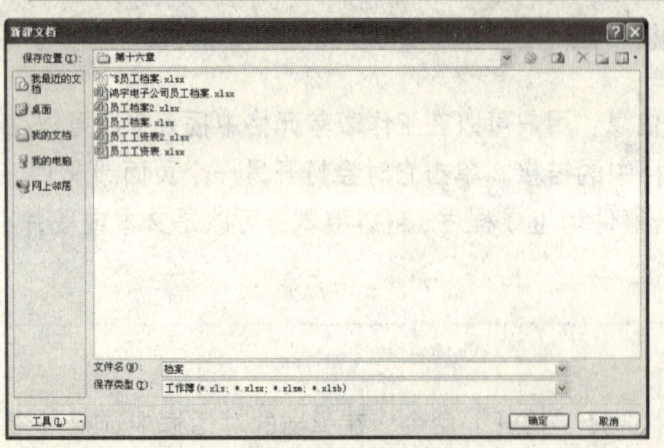

图 16.7 更改路径

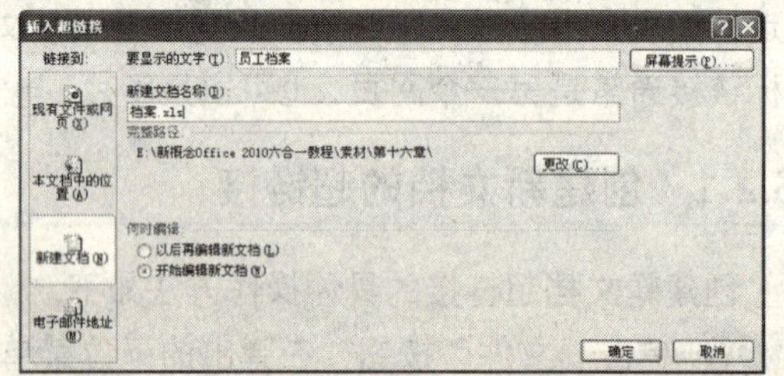

图 16.8 选中“开始编辑新文档”单选按钮

Step 06 单击“屏幕提示”按钮，在弹出的对话框的“屏幕提示文字”框中输入“鸿宇电子公司员工档案”，然后单击“确定”按钮，如图 16.9 所示。

图 16.9 设置“屏幕提示”文字

Step 07 设置完成后，在“插入超链接”对话框中单击“确定”按钮，用户可以在新建的工作簿中进行设置。

16.2.2 创建现有文件或网页的超链接

根据现有文件或网页创建超链接的具体操作步骤如下。

Step 01 单击“文件”按钮，在弹出的下拉菜单中选择“打开”命令，在弹出的对话框中选择“素材\第十六章\员工档案 2.xlsx”文件，单击“打开”按钮，选择 D10 单元格，如图 16.10 所示。

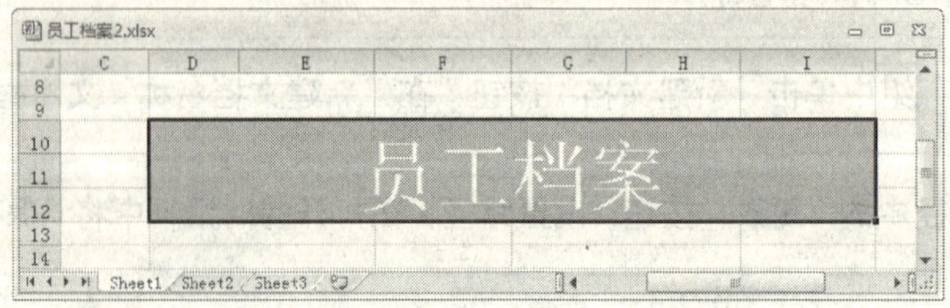

图 16.10 打开文件并选择单元格

Step 02 切换到“插入”选项卡，在“链接”组中单击“超链接”按钮，打开“插入超链接”对话框。在“链接到”组中单击“现有文件或网页”选项，如图 16.11 所示。

Step 03 在“要显示的文字”文本框中输入“鸿宇电子公司员工档案”，如图 16.12 所示。

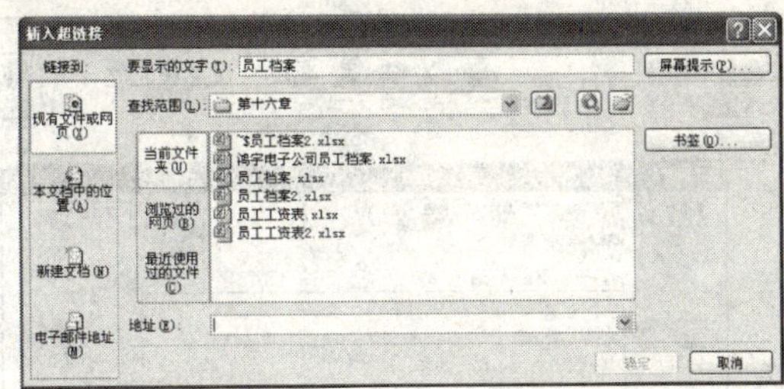

图 16.11 选择“现有文件或网页”选项

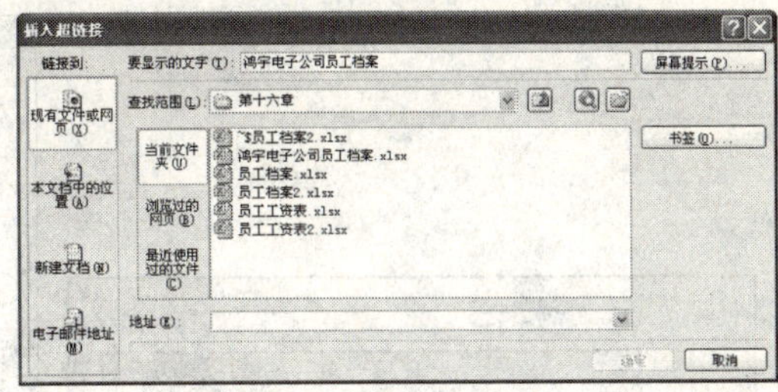

图 16.12 设置“现有文件或网页”的链接

提 示

“插入超链接”对话框中各选项的功能介绍如下。

- 当前文件夹：用户可以在打开的文件夹中选择需要链接的文件。
- 查找范围：通过在“查找范围”下拉列表中选择不同的文件夹，您可以更改当前文件夹。
- 浏览 Web：单击该按钮，可以打开要链接到的网页，然后切换回 Excel，而不关闭浏览器。
- 浏览文件夹：单击该按钮，可以在弹出的“链接到文件”对话框中选择要链接的位置。
- 浏览过的网页：单击该按钮，可以打开最近浏览过的网页。
- 最近使用过的文件：单击该按钮，可以打开最近打开过的文件。
- 地址：要输入需链接到的已知文件或网页的名称和位置，请在“地址”框中输入信息。
- 书签：如果要创建指向文件中或网页上特定位置的超链接，请单击“书签”按钮，然后双击要使用的书签。

Step 04 单击“当前文件夹”按钮，在“查找范围”中选择“素材\第十六章”，再在右侧的列表框中选择“鸿宇电子公司员工档案.xlsx”文件，如图 16.13 所示。

Step 05 单击“确定”按钮，返回到工作簿中，这时我们单击以蓝色字显示的“鸿宇电子公司员工档案”，会打开一个工作簿，在该工作簿中可以查看员工档案，如图 16.14 所示。

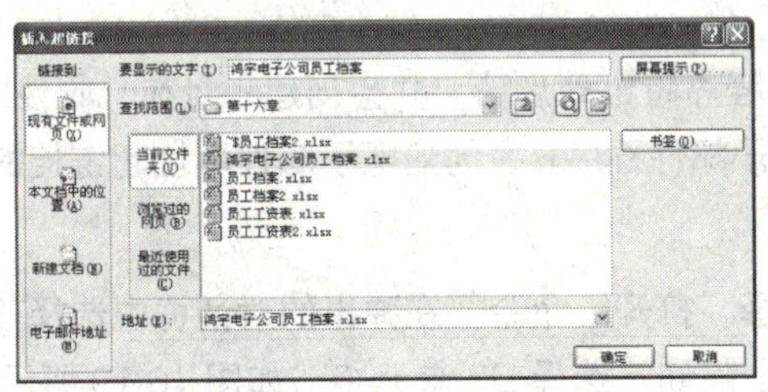

图 16.13 选择文件

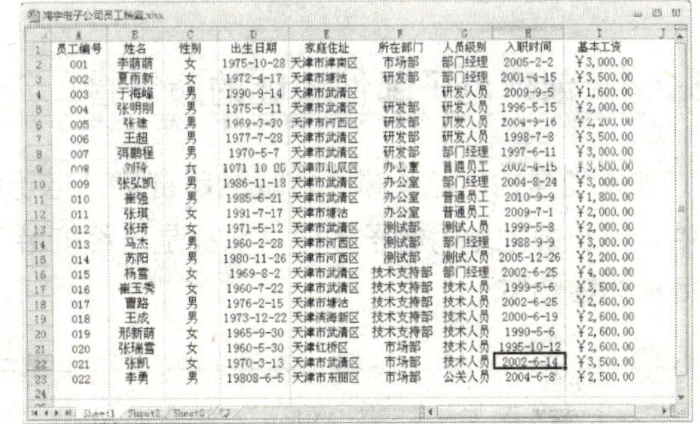

员工编号	姓名	性别	出生日期	家庭住址	所在部门	人员级别	入职时间	基本工资
001	李萌萌	女	1975-10-28	天津市津南区	市场部	部门经理	2005-2-2	¥3,000.00
002	夏雨新	女	1972-4-17	天津市塘沽	研发部	部门经理	2001-4-15	¥3,500.00
003	于海峰	男	1990-9-14	天津市武清区		研发人员	2009-9-5	¥1,600.00
004	张明刚	男	1975-6-11	天津市武清区	研发部	研发人员	1996-5-15	¥2,000.00
005	张建	男	1969-3-30	天津市河西区	研发部	研发人员	2004-9-16	¥2,200.00
006	王超	男	1977-7-28	天津市武清区	研发部	研发人员	1998-7-8	¥3,500.00
007	弭鹏程	男	1970-5-7	天津市武清区	研发部	部门经理	1997-6-11	¥3,000.00
008	刘玲	女	[illegible]	天津市北辰区	办公室	普通员工	2002-4-15	¥3,500.00
009	张弘凯	男	1986-11-18	天津市武清区	办公室	部门经理	2004-8-24	¥3,000.00
010	崔强	男	1985-6-21	天津市武清区	办公室	普通员工	2010-9-9	¥1,800.00
011	张琪	女	1991-7-17	天津市塘沽	办公室	普通员工	2009-7-1	¥2,000.00
012	张琦	女	1971-5-12	天津市武清区	测试部	测试人员	1999-5-8	¥2,000.00
013	马杰	男	1960-2-28	天津市河西区	测试部	部门经理	1988-9-9	¥3,000.00
014	苏阳	男	1980-11-26	天津市河西区	测试部	测试人员	2005-12-26	¥2,200.00
015	杨雪	女	1969-8-2	天津市武清区	技术支持部	部门经理	2002-6-25	¥4,000.00
016	崔玉秀	女	1960-7-22	天津市武清区	技术支持部	技术人员	1999-5-6	¥3,500.00
017	曹路	男	1976-2-15	天津市塘沽	技术支持部	技术人员	2002-6-25	¥2,600.00
018	王成	男	1973-12-22	天津滨海新区	技术支持部	技术人员	2000-6-19	¥2,600.00
019	邢新萌	女	1965-9-30	天津市武清区	技术支持部	技术人员	1990-5-6	¥2,600.00
020	张瑞雪	女	1960-5-30	天津红桥区	市场部	技术人员	1995-10-12	¥2,600.00
021	张凯	女	1970-3-13	天津市武清区	市场部	技术人员	2002-6-14	¥3,500.00
022	李勇	男	19808-6-5	天津市东丽区	市场部	公关人员	2004-6-8	¥2,500.00

图 16.14 链接的员工档案工作簿

16.2.3 创建本文档中的超链接

在本文档中创建超链接的操作步骤如下。

Step 01 单击“文件”按钮，在弹出的下拉菜单中选择“打开”命令，在弹出的对话框中选择“素材\第十六章\员工工资表.xlsx”文件，单击“打开”按钮，选择 D7 单元格，如图 16.15 所示。

Step 02 切换到“插入”选项卡，在“链接”组中单击 “超链接”按钮，打开“插入超链接”对话框。在“链接到”组下单击“本文档中的位置”按钮，如图 16.16 所示。

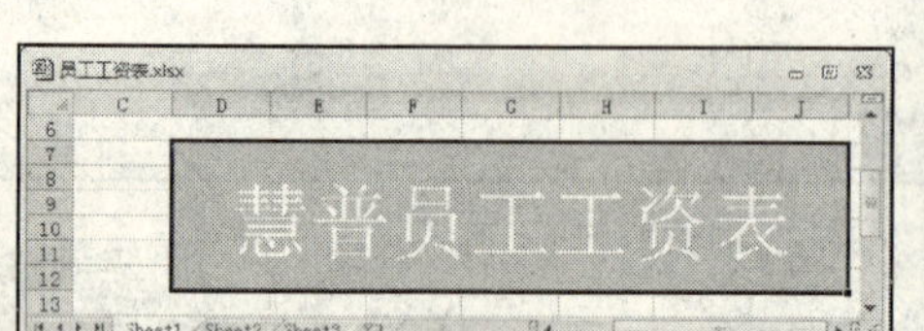

图 16.15 打开的文件并选择单元格

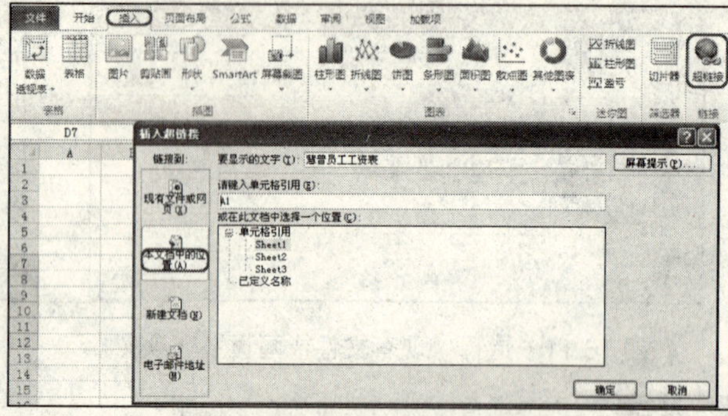

图 16.16 “插入超链接”对话框

Step 03 在“或在此文档中选择一个位置”列表框中选择 Sheet2 工作表，如图 16.17 所示。

Step 04 单击“确定”按钮，即可在文档中创建超链接，如图 16.18 所示。用户可以在链接到的 Sheet2 工作表中设置员工工资表。

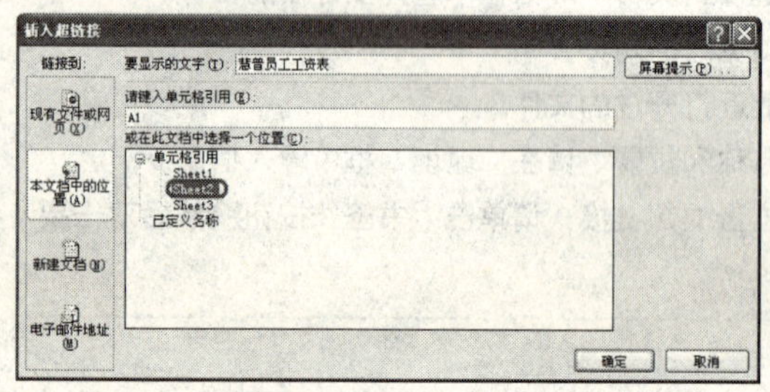

图 16.17 选择 Sheet2 工作表

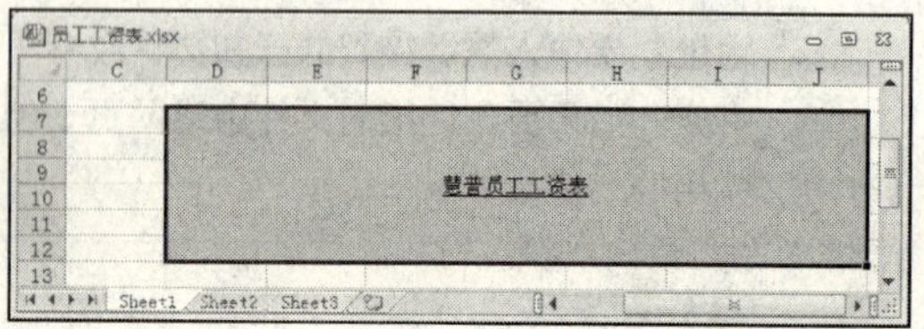

图 16.18 创建完成后的超链接

提 示

当创建超链接时，在文档中创建超链接单元格中的文字会呈蓝色。单击蓝色文字即可链接到创建链接的文档中。

16.2.4 创建电子邮件地址的超链接

如果创建指向电子邮件地址的超链接，电子邮件程序将自动启动，并会创建一封在“收件人”框中显示正确地址的电子邮件（前提是已经安装了电子邮件程序）。创建电子邮件地址超链接的具体操作步骤如下。

Step 01 单击“文件”按钮，在弹出的下拉菜单中选择“打开”命令，在弹出的对话框中选择“素材\第十六章\员工工资表 2.xlsx”文件，单击“打开”按钮，选择 D7 单元格，如图 16.19 所示。

Step 02 切换到“插入”选项卡，在“链接”组中单击 “超链接”按钮，打开“插入超链接”对话框，在“链接到”组中单击“电子邮件地址”按钮，如图 16.20 所示。

Step 03 在右侧的“电子邮件地址”文本框中输入电子邮件的地址，在“主题”文本框中输入电子邮件的主题，如图 16.21 所示。

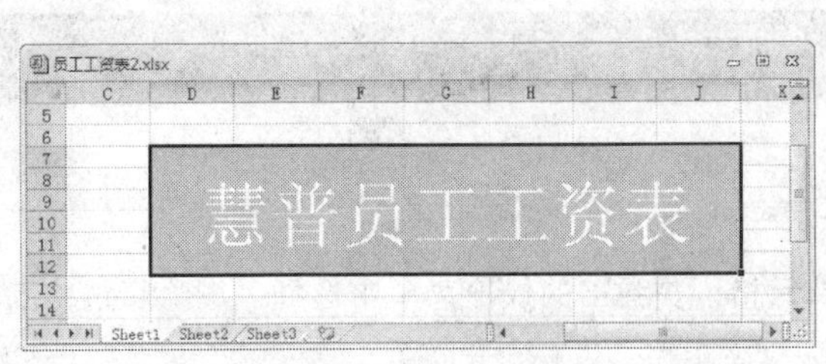

图 16.19　打开文件并选择单元格

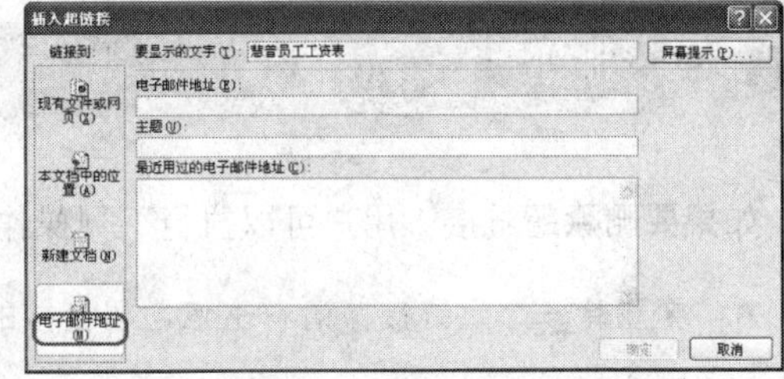

图 16.20　“插入超链接”对话框

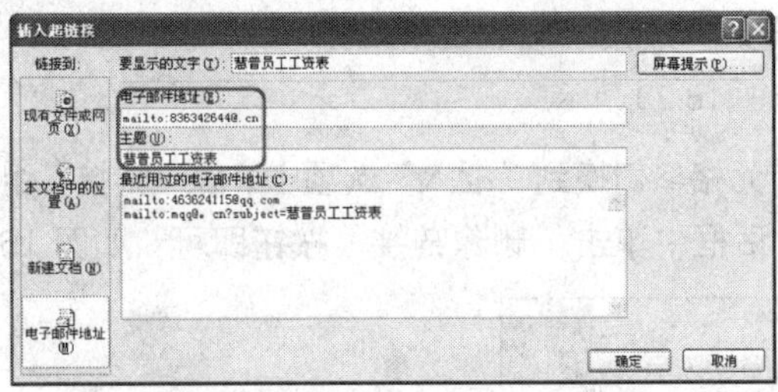

图 16.21　输入电子邮件地址

Step 04　设置完成后，单击“确定”按钮，即可创建电子邮件的超链接。

提 示

直接在单元格中输入电子邮件地址，也可以创建指向该地址的超链接。例如，当输入诸如*******@qq.com 的电子邮件地址时，将会自动创建一个超链接。

16.3 更改超链接

用户除了可以创建超链接外，还可以对其进行更改，例如更改超链接的链接目标、链接文本的外观等。

如果用户需要更改超链接的目标，可选择要更改的超链接单元格或图形，然后切换到“插入”选项卡，在“链接”组中单击 “超链接”按钮，在打开的“编辑超链接”对话框中实现，如图16.22 所示。

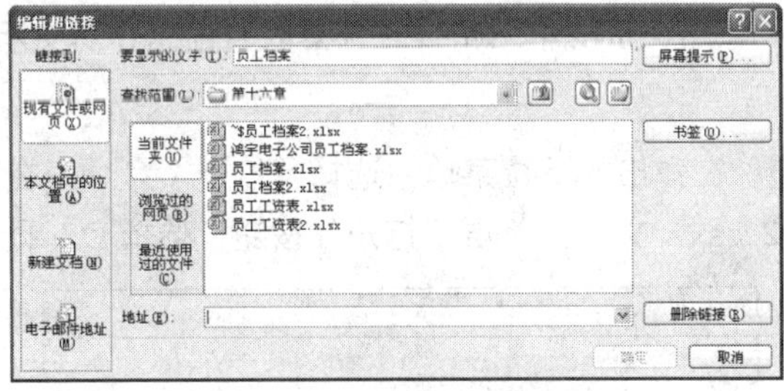

图 16.22　“编辑超链接”对话框

提 示

要选择包含超链接的单元格，但不转到超链接的目标，只需将鼠标指针移至需要更改的超链接上，直到鼠标指针变为“十”字形 ✥ 时，单击该单元格即可。若要选择某个图形，请按住 Ctrl 键并单击该图形。

16.4 删除超链接

如果要删除超链接，用户可以执行下列操作之一。

- 要删除一个超链接，请右击包含超链接的单元格，在弹出的快捷菜单中选择“删除超链接”命令。
- 要删除超链接以及表示超链接的图形，请在按住 Ctrl 键的同时单击图形，然后按 Delete 键。
- 如果要删除多个超链接，可按住 Ctrl 键选择要删除的超链接并右击，在弹出的快捷菜单中选择“删除超链接”命令，如图 16.23 所示。

选择要删除超链接的单元格，切换到“插入”选项卡，在“链接”组中单击“超链接”按钮，在打开的“编辑超链接”对话框中单击“删除链接”按钮即可，如图 16.24 所示。

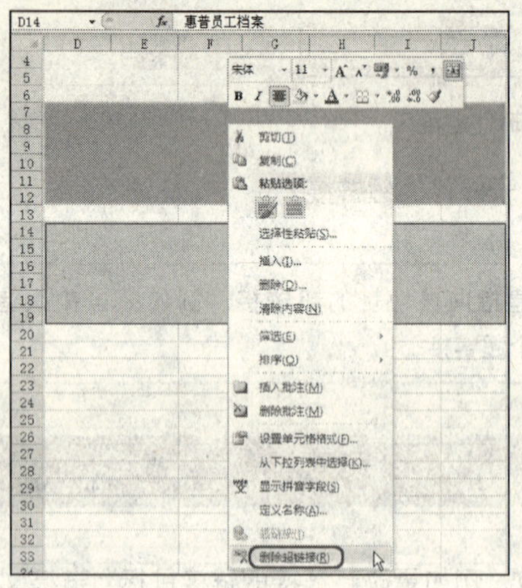

图 16.23　选择“删除超链接”命令

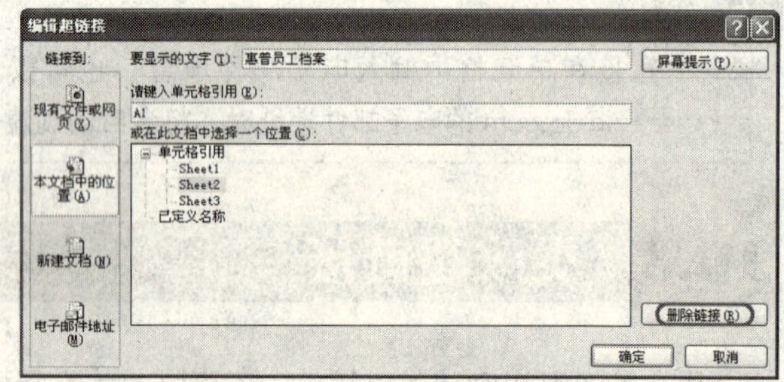

图 16.24　单击“删除链接”按钮

16.5 案例实训

本案例实训主要通过更改超链接的单元格样式来更改当前工作簿中所有超链接文本的外观，其具体操作步骤如下。

Step 01 单击“文件”按钮，在弹出的下拉菜单中选择“打开”命令，在弹出的对话框中选择“素材\第十六章\员工工资表 2.xlsx”文件，单击“打开”按钮，选择 D7 单元格，如图 16.25 所示。

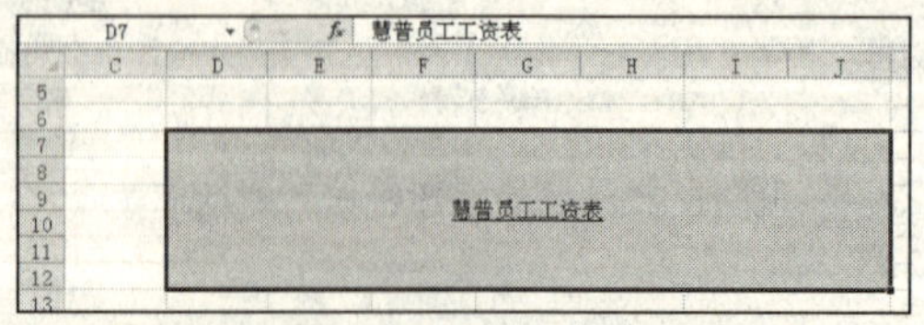

图 16.25　打开文件并选择单元格

Step 02 单击“开始”选项卡，在“样式”组中单击“单元格样式”按钮，在弹出的下拉菜单中的“数据和模型”选项组中选择“链接单元格”选项，如图 16.26 所示。

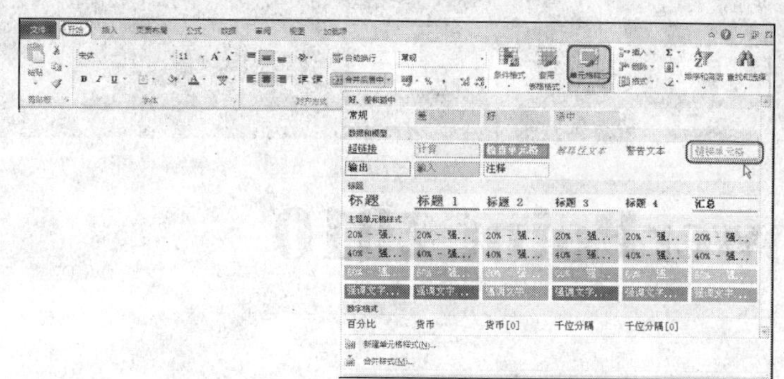

图 16.26 选择“链接单元格”选项

Step 03 执行操作后，即可为选中的单元格更改链接样式，如图 16.27 所示。

Step 04 确认 D7 单元格处于选择状态，在“开始”选项卡的“字体”选项组中将“字号”设置为 45，完成后的效果如图 16.28 所示。

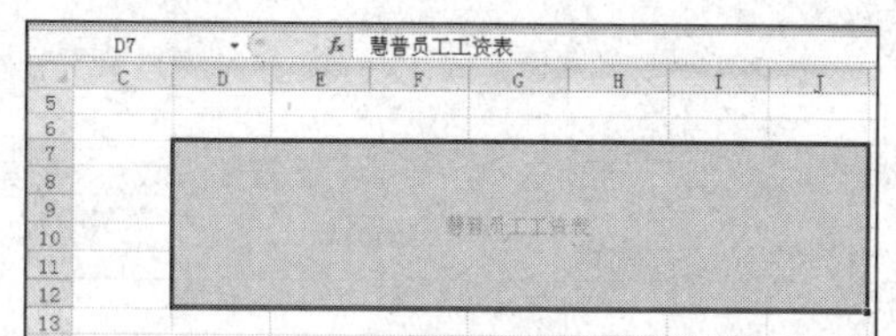

图 16.27 更改链接后的效果

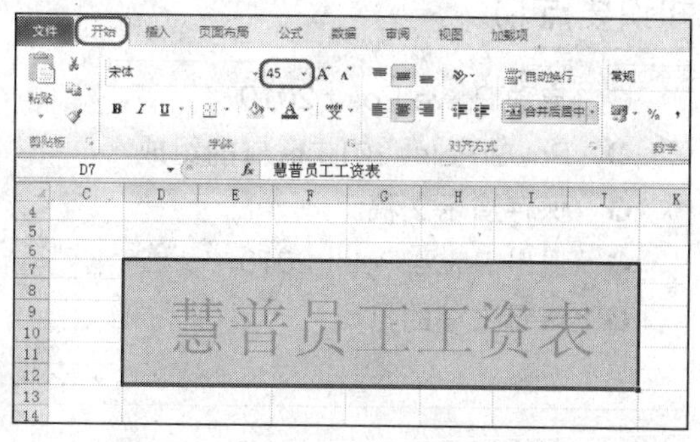

图 16.28 设置字号

16.6 课后练习与上机操作

一、选择题

在 Excel 与 Word 之间______复制数据。

A．不能　　B．只可以部分　　C．可以

二、简答题

1．如何建立超链接？

2．怎样修改超链接的目标？

3．怎样删除超链接？

三、操作题

1．练习在 Excel 和 Word 之间复制数据。

2．练习在几个文档之间建立超链接。

第17章

认识 PowerPoint 2010

本章导读

本章将介绍 PowerPoint 2010 的基本知识以及打印演示文稿的基本操作。

知识要点

- 启动 PowerPoint 2010
- PowerPoint 2010 窗口的组成
- 保存演示文稿
- 退出 PowerPoint 2010
- 演示文稿的打印

17.1 了解PowerPoint 2010

17.1.1 启动PowerPoint 2010

启动 PowerPoint 2010 有多种方法，下面主要介绍 3 种方法：使用“开始”菜单启动、使用演示文稿文件启动和使用快捷方式图标启动 PowerPoint 2010。

1. 使用“开始”菜单启动

在安装了 PowerPoint 2010 之后，PowerPoint 2010 程序名就自动添加到“程序”菜单中。单击 Windows 任务栏上的“开始”按钮，然后选择“所有程序”| Microsoft Office | Microsoft PowerPoint 2010 命令，就可以启动 PowerPoint 2010。

2. 使用演示文稿文件启动

若要启动 PowerPoint 2010 并同时打开指定的演示文稿，只需在“Windows 资源管理器”或“我的电脑”中双击指定的 PowerPoint 2010 演示文稿文件即可。

3. 使用快捷方式图标启动

用户可以在桌面上为 PowerPoint 2010 创建一个快捷方式图标，通过双击该快捷方式图标启动

PowerPoint 2010。在桌面上创建快捷方式图标的具体操作步骤如下。

Step 01 在桌面上的空白处右击，弹出一个快捷菜单。

Step 02 在“新建”子菜单中找到“快捷方式”命令，单击它，打开“创建快捷方式”对话框。

Step 03 单击“浏览”按钮，打开“浏览文件夹”对话框，找到所安装的 Office 2010 应用程序的文件夹（通常位于 C:\Program Files\Microsoft Office 中），进一步选择 Office14 子文件夹（这是安装 Office 时默认的文件夹名），并选择其中的 POWERPNT.EXE 文件。

Step 04 单击“确定”按钮，其路径已添加到“创建快捷方式”对话框中的“请输入项目的位置”文本框中。

Step 05 单击“下一步”按钮，在打开的“选择程序标题”对话框中输入快捷方式的名称，然后单击“完成”按钮结束。

如果想删除快捷方式，只需选中图标，然后右击，从弹出的快捷菜单中选择“删除”命令；或者在选中该图标后，按 Delete 键，并在打开的对话框中单击“删除快捷方式”按钮。

17.1.2 PowerPoint 2010的窗口组成

启动 PowerPoint 2010 后，就可以看到 PowerPoint 2010 窗口，如图 17.1 所示。其中标题栏、选项卡、功能区和状态栏，在 Word 2010 和 Excel 2010 中都已做了介绍，这里不再阐述。对于“幻灯片”窗格、“大纲”窗格、“备注”窗格，将在下面的“普通视图”中介绍。

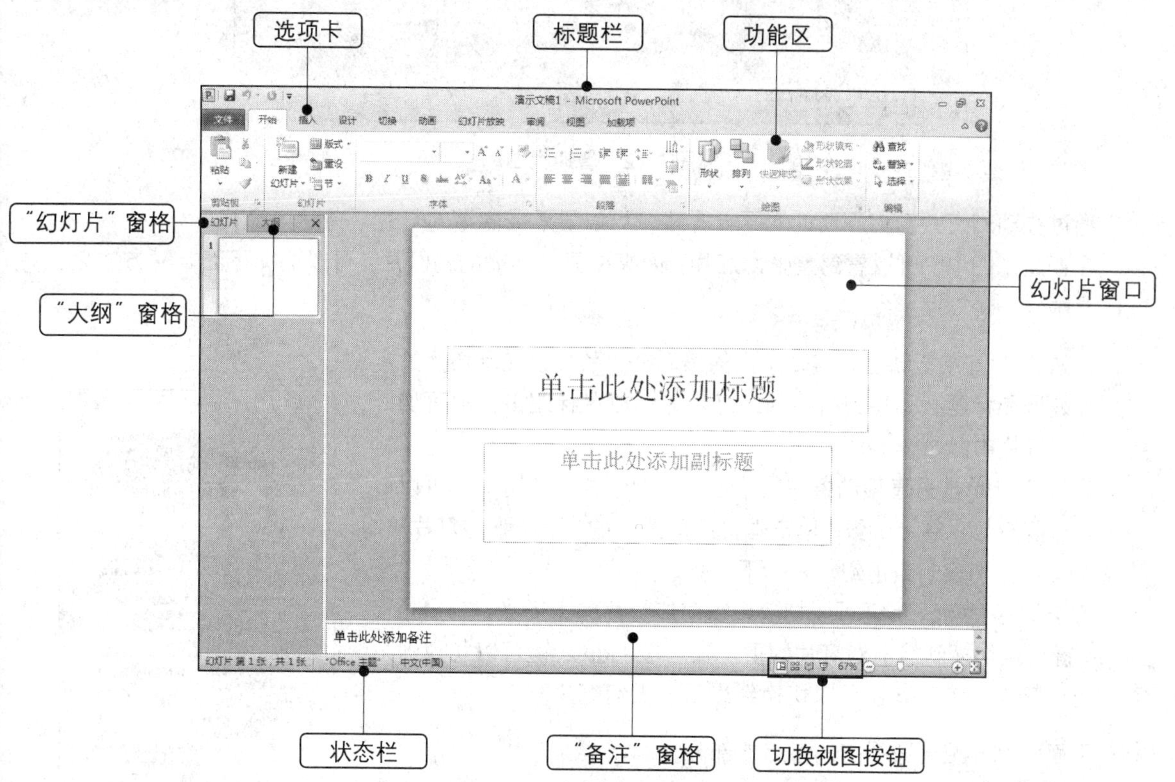

图 17.1 PowerPoint 2010 窗口

PowerPoint 提供了 5 种视图模式，下面对各个视图进行说明。

1．普通视图

普通视图是主要的编辑视图，如图 17.2 所示。通常认为该视图有 3 个工作区域：最左边以缩略图显示的是“幻灯片”选项卡，或称之为“幻灯片”窗格，可对幻灯片进行简单的操作（例如选择、移动、复制幻灯片等）；其右侧是显示幻灯片文本大纲的“大纲”选项卡，或称之为“大纲”窗格；右边是幻灯片窗口，用来显示当前幻灯片的一个大视图，可以对幻灯片进行编辑。在大视图的底部是“备注”窗格，可以对幻灯片添加备注。普通视图是默认的视图，多用于加工单张幻灯片，不但可以处理文本和图形，而且可以处理声音、动画及其他特殊效果。

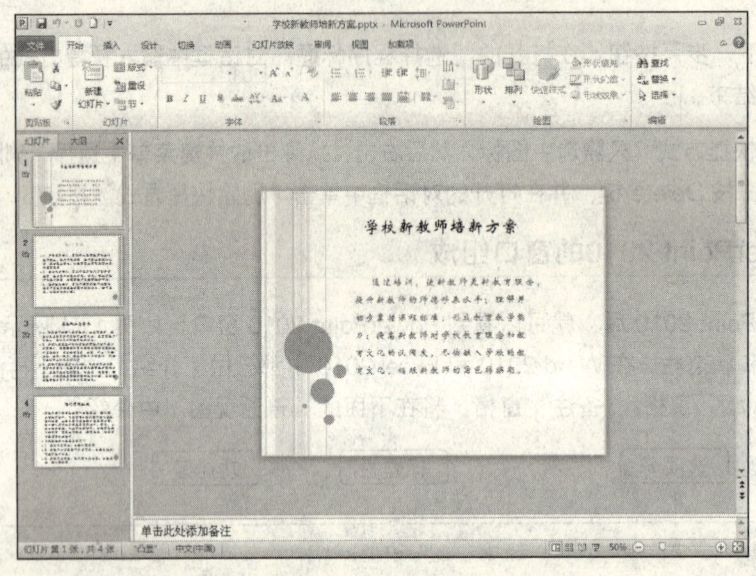

图 17.2　普通视图

通过拖动幻灯片窗口下面的水平分界线，可以显示或隐藏幻灯片“备注”窗格。

在普通视图中，可以看到整张幻灯片，如果要显示所需的幻灯片，可以选择下面 3 种方法之一进行操作。

方法 1：直接拖动垂直滚动条上的滚动块，系统会提示切换的幻灯片编号和标题。如指到所要的幻灯片时释放鼠标左键，即可切换到该幻灯片中。

方法 2：单击垂直滚动条中的“上一张幻灯片”按钮▲，可以切换到当前幻灯片的上一张；单击垂直滚动条中的“下一张幻灯片”按钮▼，可以切换到当前幻灯片的下一张。

方法 3：按 Page Up 键可以切换到当前幻灯片的上一张；按 Page Down 键可以切换到当前幻灯片的下一张；按 Home 键可以切换到第一张幻灯片；按 End 键可以切换到最后一张幻灯片。

下面分别介绍普通视图的各组成部分。

（1）“大纲”选项卡（或称为“大纲”窗格）

如图 17.3 所示，在该选项卡中，用户可以方便地输入演示文稿要介绍的一系列主题，系统将根据这些主题自动生成相应的幻灯片，

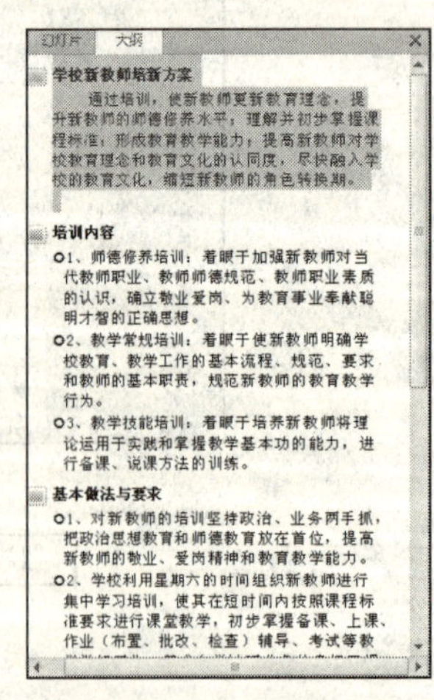

图 17.3　“大纲”窗格

且把主题自动设置为幻灯片的标题。在这里，可对幻灯片进行简单的操作（例如选择、移动和复制幻灯片）和编辑（例如添加标题）。在该选项卡中，按幻灯片编号由小到大的顺序和幻灯片内容的层次关系，显示演示文稿中的全部幻灯片的编号、图标、标题和主要的文本信息，所以最适合编辑演示文稿的文本内容。

（2）“幻灯片”选项卡（或称为“幻灯片”窗格）

单击“幻灯片”标签，切换到“幻灯片”窗格中，可以看到演示文稿中的每张幻灯片都将以缩略图方式整齐地排列在该窗格中（见图 17.2），从而呈现演示文稿的总体效果。编辑时使用缩略图，可以方便地观看设计更改的效果，也可以重新排列、添加或删除幻灯片。

如果仅希望在幻灯片窗口中观看当前幻灯片，可以单击该选项卡右上角的“关闭”按钮✕关闭该选项卡。如果要打开该选项卡，单击窗口右下角的“普通视图”按钮即可。

提 示

> 在普通视图中，可以通过拖动窗格边框调整不同窗格的大小。

（3）幻灯片窗口

在该窗口中不但可以显示当前幻灯片，还可以添加文本及插入图片、表格、图表、绘图对象、文本框、电影、声音、超链接和动画等对象。

（4）“备注”窗格

在其中可以添加与每个幻灯片内容相关的备注，并且在放映演示文稿时将它们用做参考资料，或者创建希望让观众以打印形式或在 Web 页上能看到的备注。

2. 幻灯片浏览视图

单击窗口右下角的“幻灯片浏览”按钮，演示文稿就切换到幻灯片浏览视图的显示方式。幻灯片浏览视图可把所有幻灯片缩小并排放在屏幕上，通过该视图可重新排列幻灯片的显示顺序，查看整个演示文稿的整体效果。如图 17.4 所示为一个幻灯片浏览视图的示例。在幻灯片浏览视图中，用户可以看到整个演示文稿的内容，各幻灯片将按次序排列，可以浏览各幻灯片及其相对位置，也可以通过鼠标重新排列幻灯片次序，还可以插入、删除或移动幻灯片等。

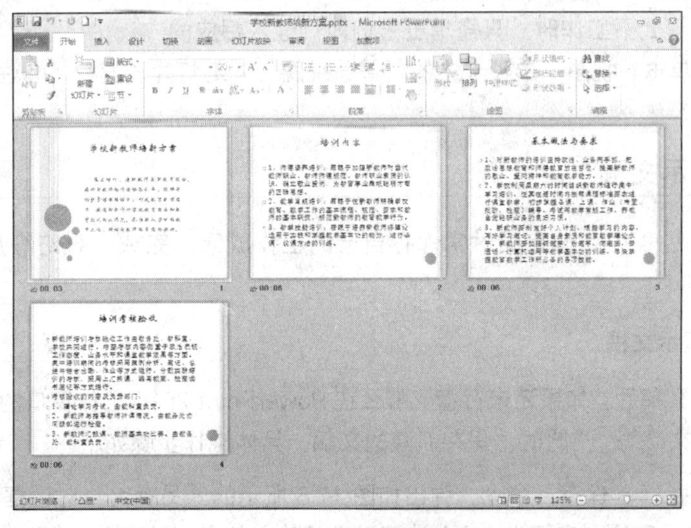

图 17.4　幻灯片浏览视图的示例

3．阅读视图

该视图与 Word 中的“阅读视图”功能相似，这里不再介绍。

4．幻灯片放映视图

幻灯片放映视图用于查看幻灯片的播放效果，如图 17.5 所示为一个幻灯片放映视图的示例。在幻灯片放映时，用户可以加入许多特效，使得演示过程更加有趣。

5．备注页视图

PowerPoint 2010 没有提供“备注页视图”按钮，但可以通过单击“视图”|“备注页”按钮来打开备注页视图，如图 17.6 所示。在这个视图中，用户可以添加与幻灯片相关的说明内容。

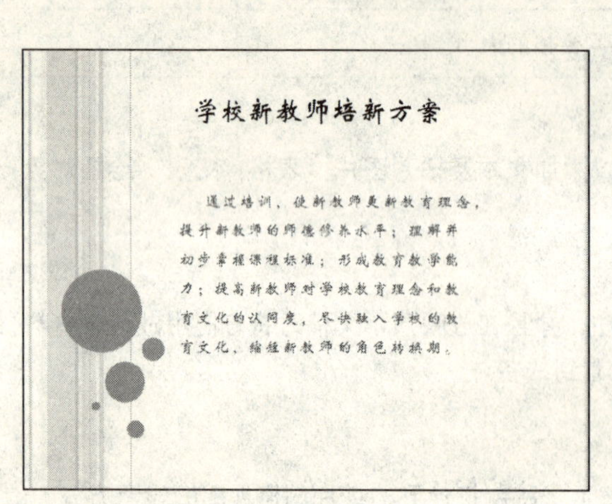

图 17.5　幻灯片放映视图的示例

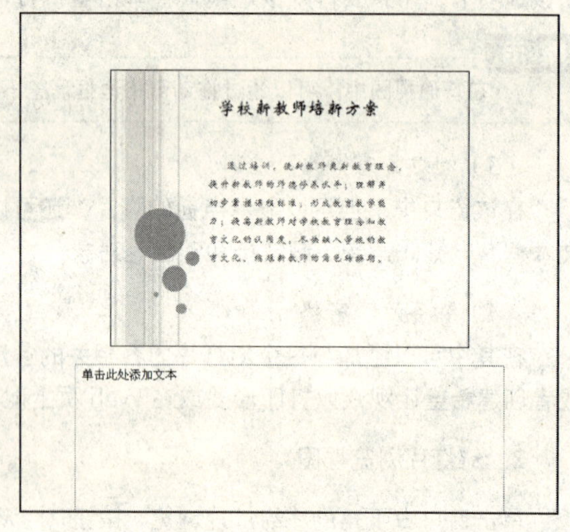

图 17.6　备注页视图

在 PowerPoint 2010 窗口（见图 17.1）的右下方有切换视图按钮，如图 17.7 所示。其中按钮从左向右依次为“普通视图”、“幻灯片浏览”、“阅读视图”和“幻灯片放映”。

图 17.7　切换视图按钮

要在这些视图模式下工作时，只需单击它们即可进入相应的视图模式，也可以单击“视图”选项卡中的“普通视图”、“幻灯片浏览”、“备注页”、“阅读视图”按钮。

17.1.3　保存演示文稿

在幻灯片制作过程中，一定要时常保存自己的工作成果。完成一张幻灯片的制作后，应立即存盘。

1．保存新的演示文稿

新建一个演示文稿后，如果还未存盘，那么在 PowerPoint 2010 工作窗口的标题栏中，显示的默认名称是“演示文稿 1”。此时，保存新建的文稿，具体操作步骤如下。

Step 01　选择“文件”|“保存”命令，弹出如图 17.8 所示的“另存为”对话框。

Step 02　在“文件名”下拉列表框中，输入该演示文稿的文件名，例如输入“学校新教师培新方案”。

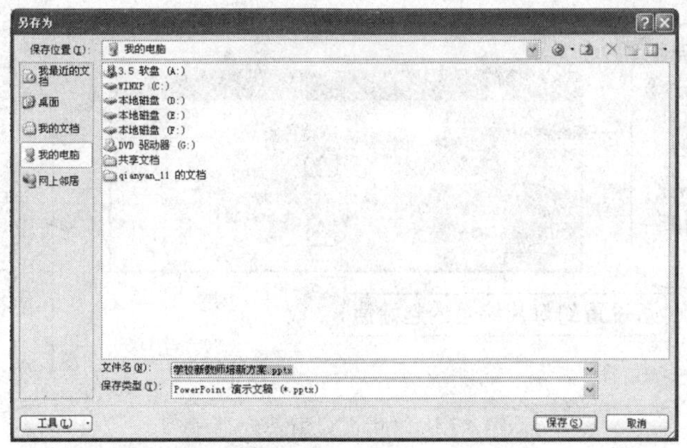

图 17.8 “另存为”对话框

Step 03 在“保存位置”下拉列表框中，选择该演示文稿保存的路径，例如选择“我的文档”。

Step 04 在“保存类型”下拉列表框中，选择保存类型。例如选择默认的演示文稿类型。

Step 05 单击“保存”按钮，即将该演示文稿以指定的文件名存入到指定的文件夹中。

2. 保存已有的演示文稿

保存已有演示文稿的方法为：单击“快速访问工具栏”中的“保存”按钮，或按 Ctrl+S 快捷键进行保存。

17.1.4 退出PowerPoint 2010

要退出 PowerPoint 2010，可以使用以下 3 种方法之一。

方法 1：选择“文件”|“退出”命令。

方法 2：按 Alt+F4 组合键。

方法 3：单击 PowerPoint 标题栏最右侧的“关闭”按钮。

和 Office 中的其他软件一样，当对演示文稿进行了操作，且在退出之前没有保存文件时，PowerPoint 会弹出一个提示对话框，询问是否要在退出之前保存该文件。如果需要保存，就单击“是”按钮；否则，单击“否”按钮。

17.2 演示文稿的打印

在演示文稿制作完毕后，不仅可以在计算机上进行幻灯片放映，还可以将幻灯片打印出来，以供浏览和保存。

17.2.1 页面设置

要进行页面设置，可以在“设计”选项卡的“页面设置”组中单击“页面设置”按钮，打开如图 17.9 所示的“页面设置”对话框，在此可以设置幻灯片的宽度和高度、幻灯片编号起始值、幻灯片的打印方向，以及备注、讲义和大纲的打印方向等选项。

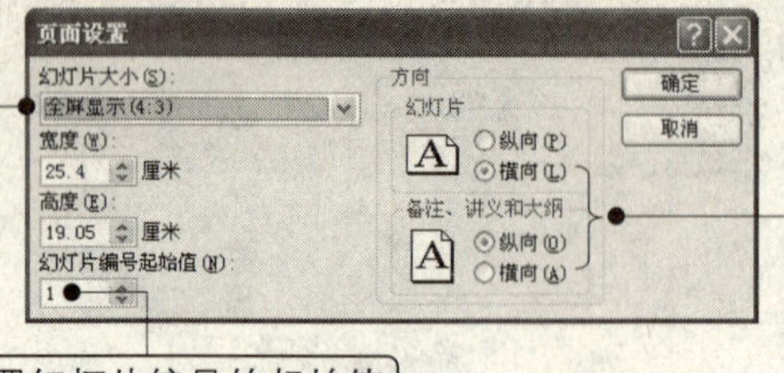

图 17.9 “页面设置”对话框

17.2.2 打印讲义和备注页

讲义是指每页演示文稿中有 1 张、2 张、3 张、4 张、6 张或 9 张幻灯片，这样观众既可以在你进行演示时观看到相应的文稿，也可以在将来参考该文稿。

对于讲义，首先要安排讲义的内容，可以在打印预览中实现；可以指定将页面设置为“横向”或“纵向”，指定每页显示的幻灯片数；可以添加、预览及编辑页眉和页脚（如页码）。在每页 1 张幻灯片的版式中，如果不希望页眉和页脚文本、日期或幻灯片号显示在幻灯片上，可以只将页眉和页脚应用于讲义而不应用于幻灯片。

打印讲义和备注页的具体操作步骤如下。

Step 01 打开要打印讲义的演示文稿。

Step 02 选择“文件”|“打印”命令，打开“打印”选项卡。

Step 03 在“设置”选项组中选择“自定义范围”命令，在“幻灯片”中可以输入幻灯片编号或者幻灯片范围，例如（1,3）或（5-12）。

Step 04 单击“打印”按钮，进行打印。

17.2.3 打印大纲

若要打印大纲视图中显示的演示文稿大纲，则可从“打印”选项卡的“打印内容”下拉列表中选择“大纲”选项。在打印大纲时，所有“大纲”窗口中显示的细节都能打印出来，但不打印折叠项。

17.3 案例实训

本案例实训将使用“样本模板”来创建一个演示文稿，并练习幻灯片的保存等操作，对前面学习过的知识进行巩固。

Step 01 选择“文件”|“新建”命令，在右侧列表框中选择“样本模板”下的“都市相册”幻灯片，在最右侧的预览区中可以看到效果，如图 17.10 所示。

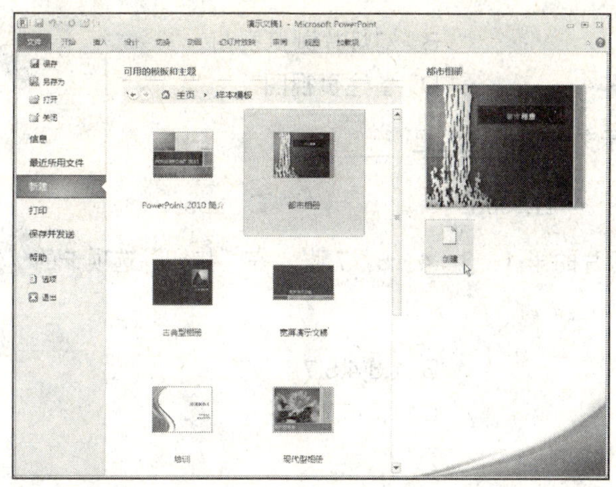

图 17.10　选择样本模板

Step 02 单击“创建”按钮，此时即可创建“都市相册”模板幻灯片，如图 17.11 所示。

Step 03 单击“文件”按钮，在弹出的下拉菜单中选择“保存”命令。

Step 04 弹出“另存为”对话框，在“保存位置”下拉列表中选择保存路径；在“保存类型”下拉列表中选择“PowerPoint 演示文稿”保存类型；在“文件名”下拉列表框中输入文件名“都市相册”，如图 17.12 所示。

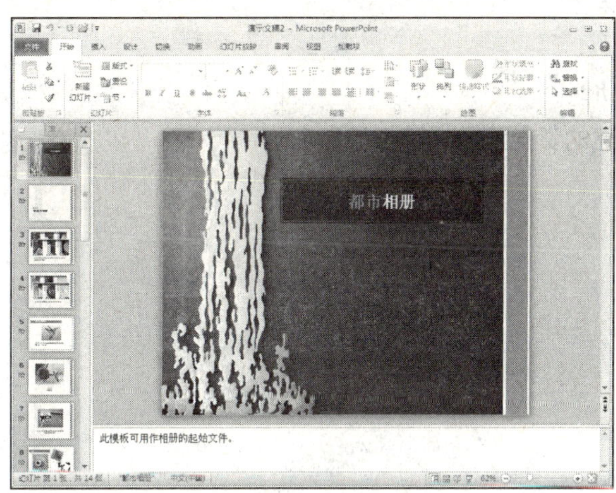

图 17.11　创建“都市相册”模板幻灯片

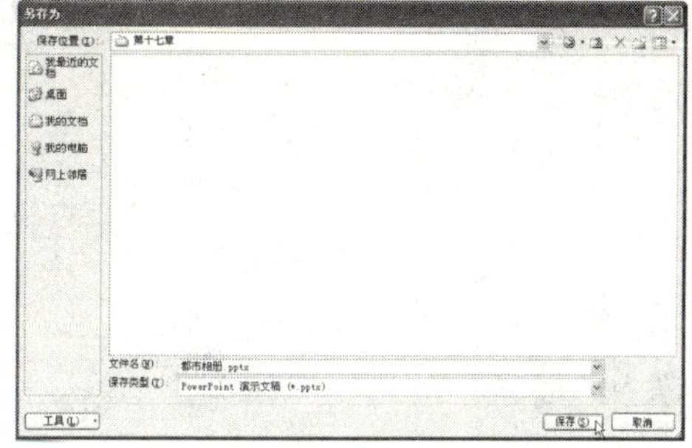

图 17.12　“另存为”对话框

Step 05 单击“保存”按钮，完成该演示文稿的保存工作。

17.4 课后练习与上机操作

一、选择题

1．位于 PowerPoint 工作窗口顶部的是________。

A. 标题栏　　B. 菜单栏　　C. 工具栏　　D. 状态栏

2．没有显示在切换视图按钮中的是________按钮。

A. 普通视图　　　　　　　B. 幻灯片浏览视图
C. 幻灯片放映视图　　　　D. 备注页视图

3．PowerPoint 演示文稿的扩展名是_______。

A．.ppt　　　　B．.ppz　　　　C．.pot　　　　D．.pps

4．如果要打印幻灯片的第 1、3、4、5、7 张，在“打印”选项卡的“幻灯片”文本框中可以输入_______。

A. 1-3-4-5-7　　　　B. 1,3,4,5,7
C. 1-3,4,5-7　　　　D. 1,3-5,7

二、简答题

1．如何利用样本模板创建演示文稿?
2．PowerPoint 2010 有哪几种视图方式?
3．保存新的演示文稿与保存已有演示文稿的方法有何不同?
4．有哪些方法可以退出 PowerPoint 2010?

三、操作题

1．练习启动和退出 PowerPoint 2010 的方法。
2．熟悉 PowerPoint 2010 的工作窗口。
3．熟悉 PowerPoint 2010 各种视图方式的功能。
4．如果你的电脑连接有打印机，试着将创建的贺卡演示文稿打印出来。

第18章

格式化幻灯片

本章导读

本章主要介绍如何在幻灯片中输入文本、调整文本以及设置文本的对齐方式和行距等，从而使我们的幻灯片更加整齐、简洁。在案例实训中，还将学习在幻灯片中添加备注的方法。

知识要点

- 输入文本
- 格式化文本
- 添加备注

18.1 在幻灯片中输入文本

在每张幻灯片中，最重要的内容就是文本。本节主要介绍如何输入文本、调整文本区的大小和位置以及如何使用“大纲”工具。

18.1.1 输入文本

在幻灯片中输入文本的方法有两种：直接将文本输入到占位符中；利用“插入”选项卡中的“横排文本框”或“垂直文本框”命令。

1. 在占位符中直接输入文本

当选定一个幻灯片之后，占位符中的文本是一些提示性的内容，用户可以用实际所需要的内容去替换占位符中的文本。如图 18.1 所示，其中包括两个文本占位符：一个是标题占位符，另一个是副标题占位符。

在占位符中输入标题文本的具体操作步骤如下。

Step 01 单击标题占位符，将插入点置于该占位符内。

Step 02 直接输入标题文本，例如在标题区内输入“幻灯片”，如图 18.2 所示。

Step 03 输入完毕后，单击幻灯片的空白区域，即可结束文本输入并取消对该占位符的选择，此时占位符的虚线边框将消失。

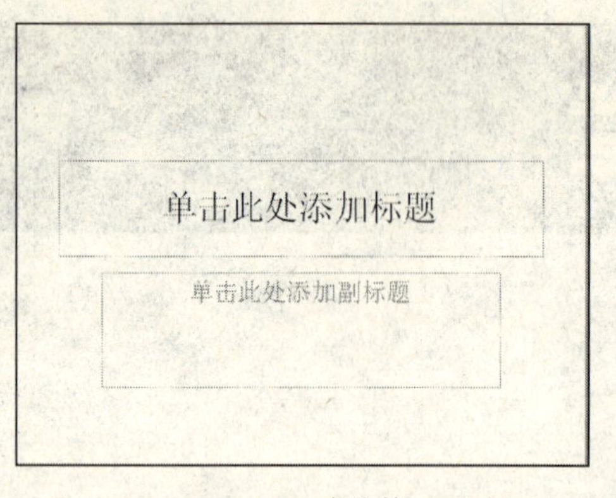

图 18.1　占位符

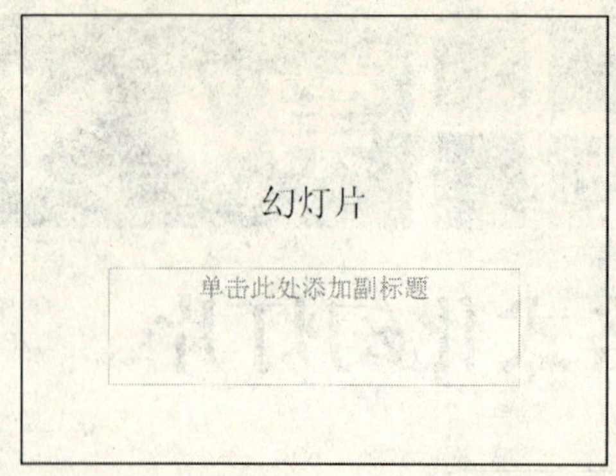

图 18.2　输入标题文本

2. 使用“横排文本框”或“垂直文本框”命令输入文本

当需要在幻灯片占位符外的位置添加文本时，可切换到“插入”选项卡中的“文本”组，其具体操作步骤如下。

Step 01 切换到“插入“选项卡，单击“文本”组中的 “文本框”按钮，在下拉菜单中选择“横排文本框”或“垂直文本框”命令，如图 18.3 所示。

Step 02 在要添加文本的位置处按住鼠标左键不放并拖动鼠标，则在幻灯片上出现一个具有实线边框的方框。选择合适的大小，释放鼠标左键，则幻灯片上出现一个可编辑的文本框，如图 18.4 所示。

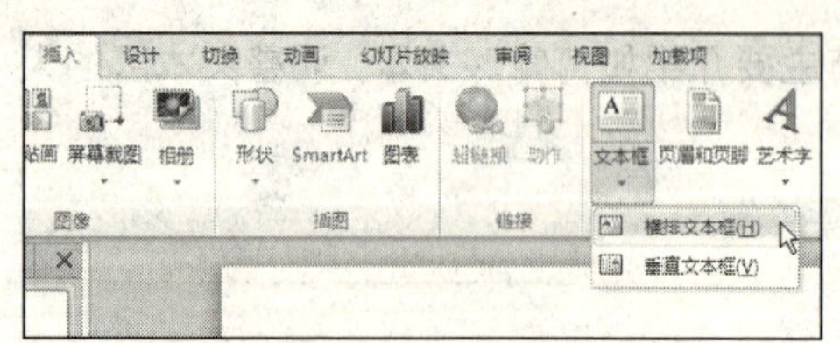

图 18.3　选择“横排文本框”命令

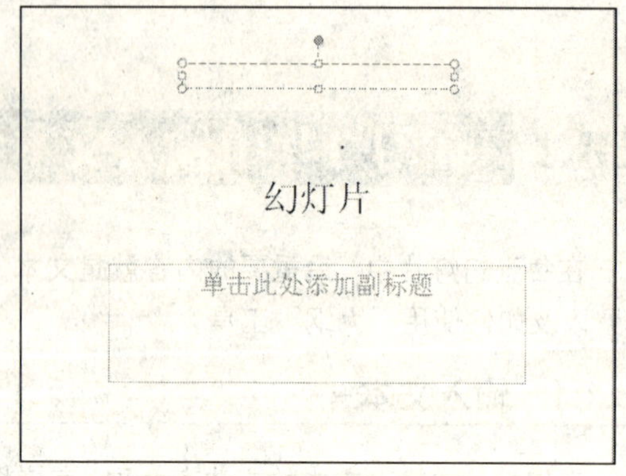

图 18.4　可编辑的文本框

Step 03 此时在该文本框中会出现一个闪烁的插入点，表示用户可以输入文本内容。

Step 04 输入完毕后，单击文本框以外的任何位置即可。

18.1.2　调整文本区的大小和位置

新建幻灯片后，在幻灯片上可以看到文本区，该文本区的大小和位置是可以改变的。要调整文本区的大小和位置，其具体操作步骤如下。

Step 01 单击文本区，显示文本区控制点。

Step 02 将鼠标指针移到除控制点以外的任一边框上，此时鼠标指针变为十字箭头形，如图 18.5 所示，按住鼠标左键不放并拖动，即可改变文本区的位置。

Step 03 将鼠标指针移到任意控制点上，此时鼠标指针变为带双箭头的指针，如图 18.6 所示。

Step 04 按住鼠标左键不放并拖动，即可调整文本区的大小。

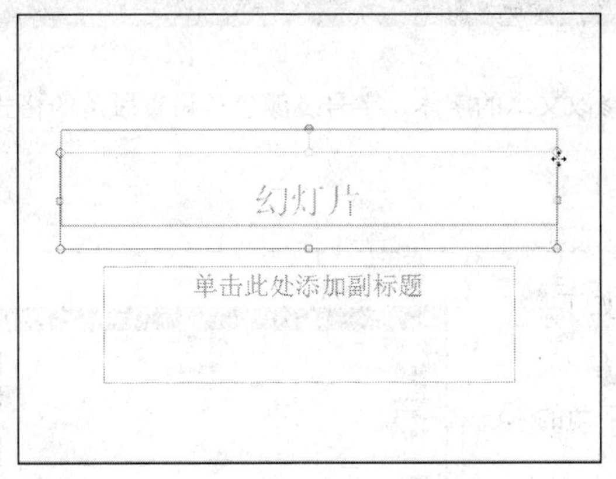

图 18.5　鼠标指针变为十字箭头

图 18.6　鼠标指针变为带双箭头的指针

18.1.3　“大纲”窗格

在“大纲”窗格（见图 18.7）中，主要显示幻灯片的标题和文本信息，因此，很容易看出幻灯片的结构和主要内容，并可以任意改变幻灯片的顺序和层次关系。使用“大纲”窗格，可帮助用户将自己的观点条理化，同时也能帮助观众更加有效地理解作者的观点。

使用“大纲”窗格的具体操作步骤如下。

Step 01 当刚刚输入的文本为一个幻灯片标题时，如果按 Enter 键，可创建一张新幻灯片；如果按 Ctrl+Enter 组合键，可创建一个层次小标题。

Step 02 当刚刚输入的文本为一个层次小标题时，如果按 Enter 键，可创建一个与当前标题一致的新段落；如果按 Ctrl+Enter 组合键，可创建一个新的幻灯片。

Step 03 要创建一个具有多个层次级别的大纲，可右击“大纲”窗格中文本，在快捷菜单中选择“升级”或“降级”命令，如图 18.8 所示。

Step 04 如果想调整幻灯片的位置，可右击“大纲”窗格中的标题，在弹出的快捷菜单中选择“上移”或“下移”命令。

图 18.7　“大纲”窗格

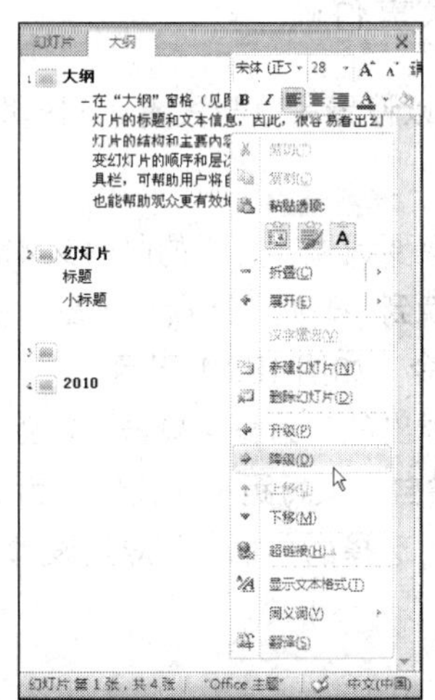

图 18.8　建立层次级别

18.2 格式化文本

在 PowerPoint 中，也可像 Word、Excel 那样修改文本的字体、字号及颜色，设置段落的格式以及使用项目符号和编号等来美化幻灯片。

18.2.1 更改文本字体、字形及字号

改变文本的字体、字形及字号的具体操作步骤如下。

Step 01 选取要格式化的文本或段落。

Step 02 切换到“开始”选项卡，单击“字体”组右下角的按钮，弹出如图 18.9 所示的“字体”对话框。

Step 03 在“字体”对话框中，可以选择所需的中文字体、西文字体、字形、字号以及颜色，还可以在“效果”选项组中选择所需的效果（例如下划线、阴影等），然后单击“确定”按钮。

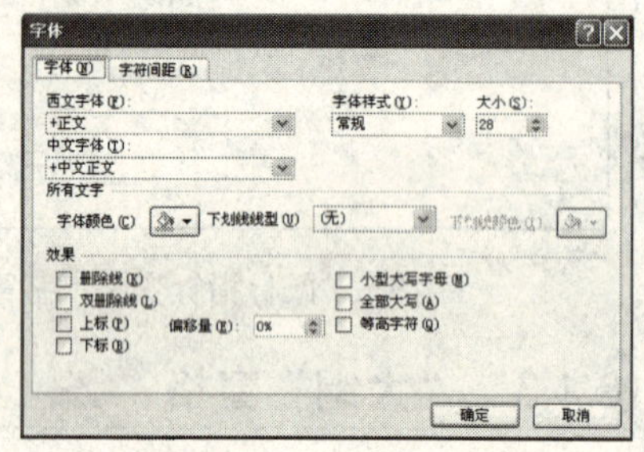

图 18.9 “字体”对话框

18.2.2 设置文本对齐方式

设置文本对齐方式的具体操作步骤如下。

Step 01 选取要对齐的文本。

Step 02 切换到“开始”选项卡，单击“段落”组右下角的按钮，或右击文本，在弹出的快捷菜单中选择“段落”命令，则会弹出“段落”对话框。

Step 03 在该对话框中单击“对齐方式”下拉列表框右侧的按钮，在下拉列表中选择需要对齐的方式，如图 18.10 所示。

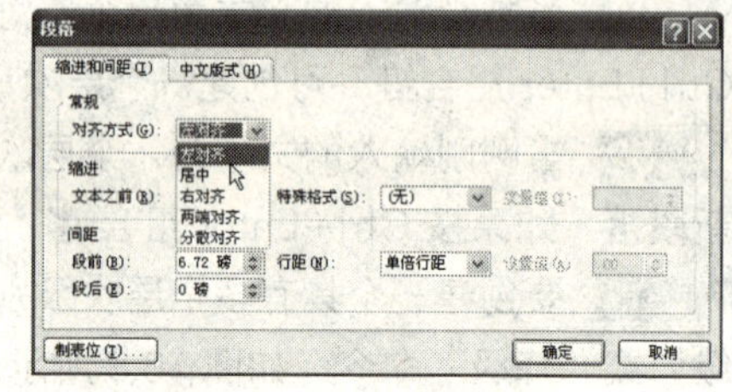

图 18.10 选择对齐方式

18.2.3 设置行距

用户可以设置段落与段落之间的距离，也可以设置段落中行与行之间的距离，具体操作步骤如下。

Step 01 选取要设置行间距的段落文本。

Step 02 切换到“开始”选项卡，在“段落”组中单击“行距”按钮，在打开的下拉菜单中选择“行距选项”命令，如图 18.11 所示。

Step 03 在弹出的对话框中单击“行距”下拉列表框右侧的按钮，在打开的下拉列表中选择“多倍行距”，并自定义行距“设置值”为 2，如图 18.12 所示。设置完成后，单击“确定”按钮。

Step 04 此时选择的文本即可应用设置的行距，如图 18.13 所示。

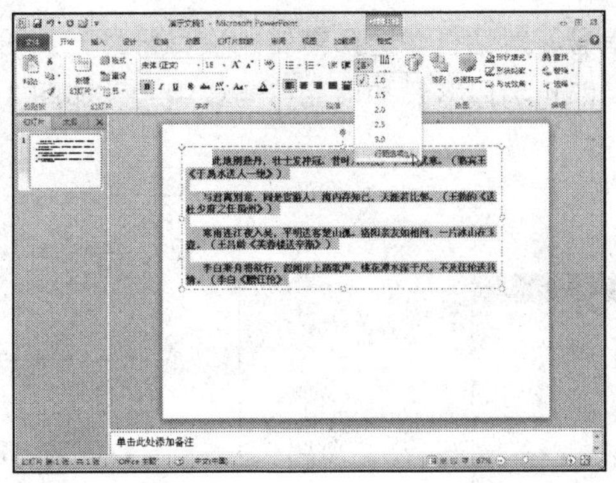

图 18.11　选择“行距选项”命令

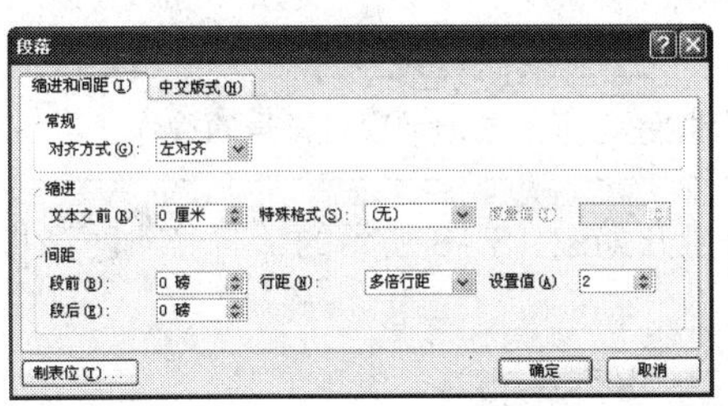

图 18.12　自定义行距及设置值

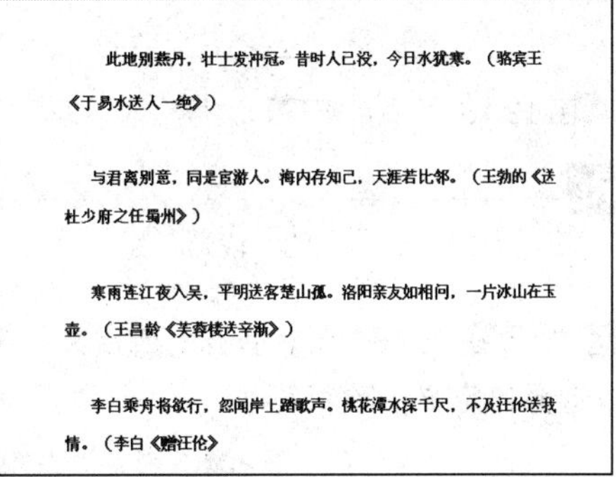

图 18.13　设置的行距效果

提 示

在“行距”下拉列表中选择预设行距，也可以对行距进行调整。

18.2.4　添加项目符号或编号

项目符号和编号一般用在层次小标题的开始位置，其作用是突出这些层次小标题，使得幻灯片更加具有条理性，易于阅读。添加项目符号或编号的具体操作步骤如下。

Step 01　选取要添加项目符号或编号的段落，如图 18.14 所示。

Step 02　右击文本，在弹出的快捷菜单中选择“项目符号”命令，在弹出的子菜单中选择“项目符号和编号”命令，如图 18.15 所示。

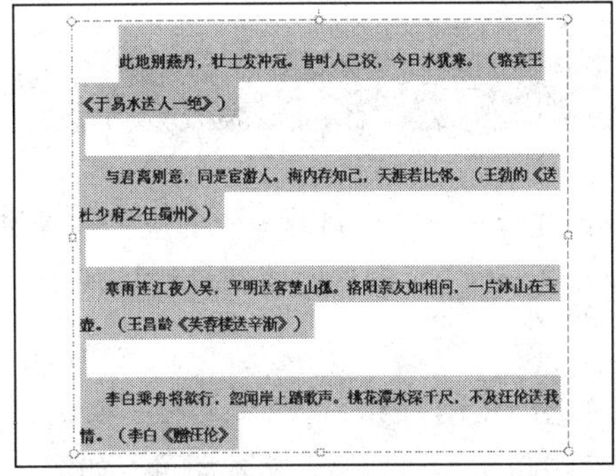

图 18.14　选择文本

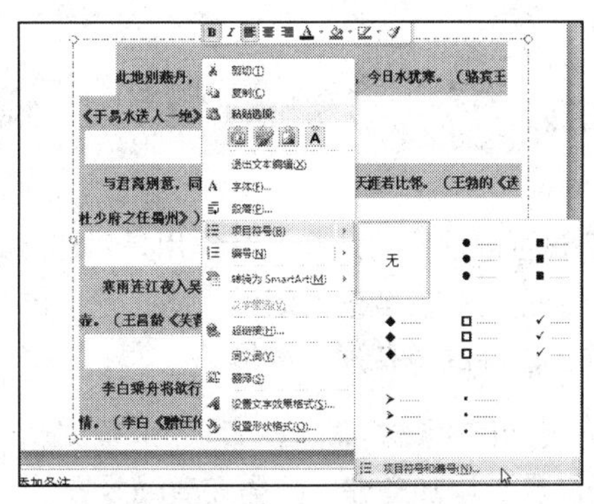

图 18.15　选择“项目符号和编号”命令

Step 03 打开“项目符号和编号”对话框，选择需要的项目符号，如图 18.16 所示。

Step 04 单击“确定”按钮，即可为段落添加项目符号或编号。如图 18.17 所示为添加项目符号后的效果。

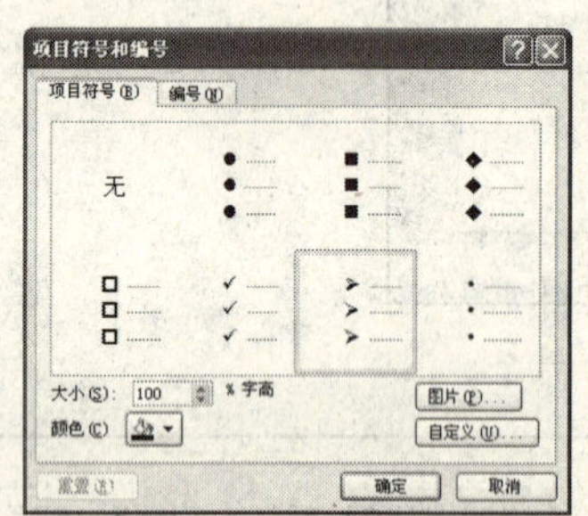

图 18.16 “项目符号和编号”对话框

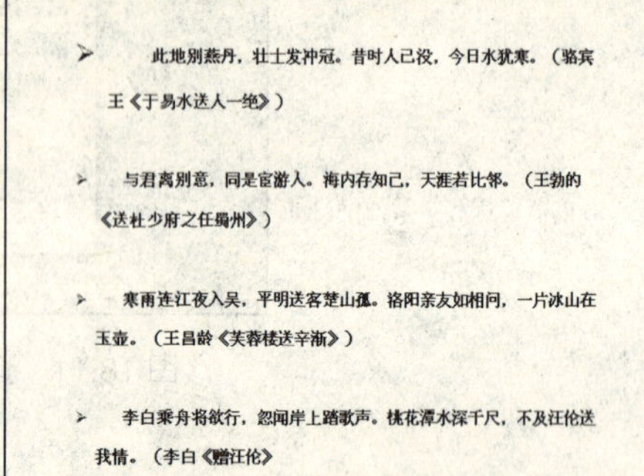

图 18.17 添加项目符号后的效果

提 示

在“开始”选项卡的“段落”组中单击“项目符号”按钮也可完成添加项目符号的操作。

Step 05 如果在图 18.16 中单击“自定义”按钮，则会打开如图 18.18 所示的“符号”对话框，在此可以选择自定义的项目符号。

图 18.18 “符号”对话框

提 示

在“开始”选项卡的“段落”组中单击“项目编号”按钮，可以为文本添加编号。

18.3 案例实训

备注可以理解为注释，其作用是对幻灯片的内容进行注释，它与幻灯片一一对应。在演讲时，可以对照备注的内容进行演说，防止遗忘内容。在 PowerPoint 中，对应每张幻灯片都有一个专门用于输入注释的“备注”窗格。

Step 01 打开“素材\第十八章\添加备注.pptx”文件，如图 18.19 所示。

Step 02 若要添加备注，只需在普通视图的“备注”窗格中单击，然后输入文本即可。如图 18.20 所示为添加备注后的效果。

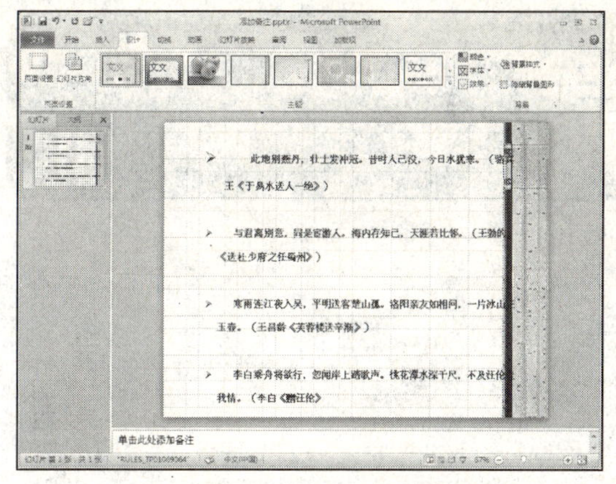

图 18.19　打开素材文件

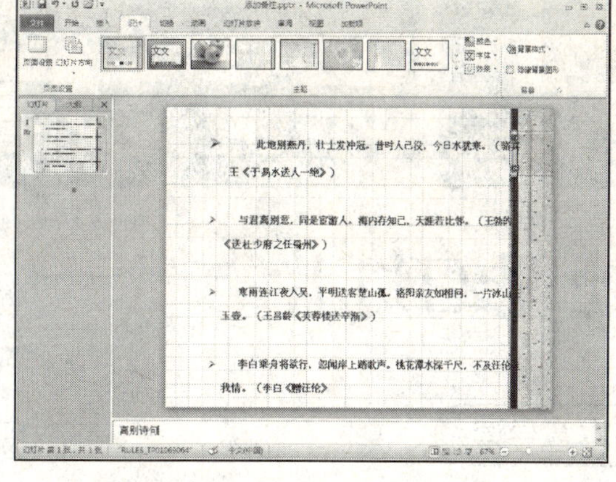

图 18.20　添加备注后的效果

Step 03　添加完成后对幻灯片进行保存。

18.4　课后练习与上机操作

一、选择题

1．在________中，主要显示幻灯片的标题和文本信息，因此，很容易看出幻灯片的结构和主要内容。

A．文本框　　B．“备注”窗格　　C．“大纲”窗格　　D．“视图”窗格

2．在“段落”对话框中，文本的对齐方式有________种。

A. 4　　B. 5　　C. 6　　D. 7

二、简答题

1．在“幻灯片”窗口中输入文本的方式有哪几种？

2．文本对齐方式有哪几种？可通过什么途径设置文本对齐方式？

三、操作题

1．插入“素材\第十八章\大纲.pptx”文件。

2．接上题，对输入的文本进行编辑，包括字体和字号、对齐方式、行距的设置以及查找和替换的应用。

3．接上题，为“大纲”视图下的文本幻灯片内容添加项目符号或编号。

4．练习在“大纲”选项卡中编辑文本幻灯片，包括文本的插入、删除、复制和移动。

5．为文本幻灯片添加批注和备注。

第19章

处理幻灯片

本章导读

本章将介绍幻灯片的选定、插入、删除、移动操作以及设置演示文稿的外观等。

知识要点

- ✪ 选定幻灯片
- ✪ 插入、复制、删除、移动幻灯片
- ✪ 统一演示文稿外观
- ✪ 幻灯片母版和配色方案的使用

19.1 管理幻灯片

制作完一个演示文稿后，就可以在幻灯片浏览视图中观看幻灯片的布局、检查前后幻灯片是否符合逻辑、有没有前后矛盾或重复的内容。对幻灯片的调整，可以使其更加具有条理性。

19.1.1 选定幻灯片

根据当前使用的视图不同，选定幻灯片的方法也各不相同，下面分别加以介绍。

1. 在普通视图的“大纲”选项卡中选定幻灯片

在普通视图的“大纲”选项卡中列出了幻灯片的标题及正文。此时，单击幻灯片标题前面的图标▣，即可选定该幻灯片。

如果要选定一组连续的幻灯片，可以先单击第一张幻灯片图标，然后按住 Shift 键的同时，单击最后一张幻灯片图标。

2. 在幻灯片缩略图中选定幻灯片

在幻灯片浏览视图中，只需单击相应幻灯片的缩略图，即可选定该幻灯片，且被选定的幻灯片的边框处于高亮显示。如图 19.1 所示，第 2 张幻灯片被选定。

如果要选定一组连续的幻灯片，可以先单击第一张幻灯片的缩略图，然后在按住 Shift 键的同时，单击最后一张幻灯片的缩略图。

如果要选定多张不连续的幻灯片，在按住 Ctrl 键的同时，分别单击需要选定的幻灯片的缩略图。

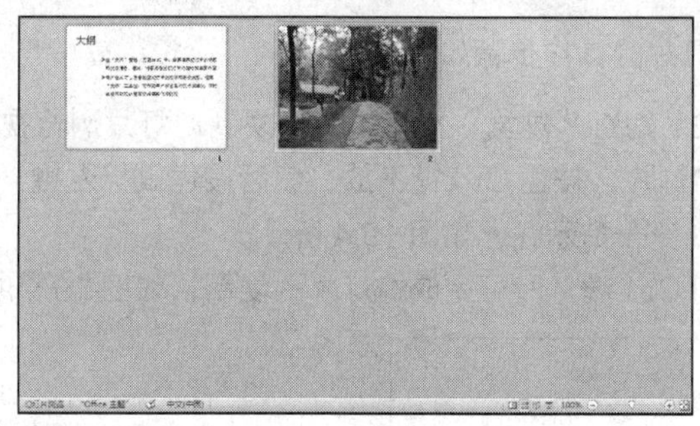

图 19.1　第 2 张幻灯片被选定

19.1.2　插入新幻灯片

在各种视图中插入新幻灯片的方法是不同的，在普通视图中插入新幻灯片的操作步骤如下。

Step 01　选中要插入新幻灯片位置处的前一张幻灯片，或按 Page Up 键或 Page Down 键。例如要在第 2 张和第 3 张幻灯片之间插入新幻灯片，则先选中第 2 张幻灯片。

Step 02　切换到“开始”选项卡，单击“幻灯片”组中的“新建幻灯片”按钮，在 PowerPoint 工作窗口中将出现新插入的等待编辑的幻灯片。

Step 03　选中新创建的幻灯片，单击“幻灯片”组中的“版式”按钮，在弹出的下拉菜单中选择一种需要的版式（见图 19.2），便可在新建的幻灯片中更改版式，如图 19.3 所示。

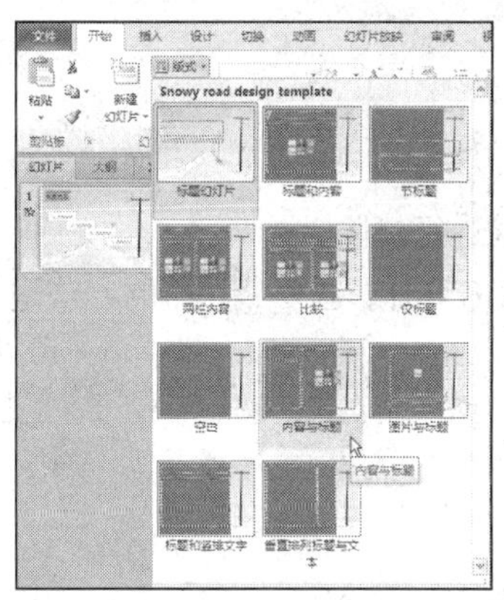

图 19.2　选择版式

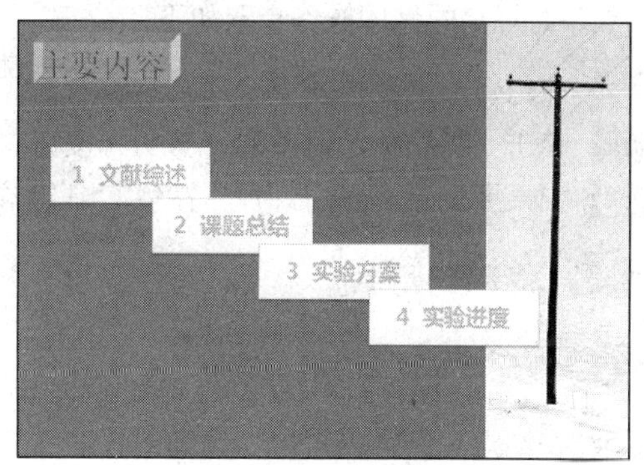

图 19.3　应用版式后的效果

19.1.3　复制幻灯片

复制幻灯片有多种方法，用户可以使用以下任意一种方法来复制。

1. 使用“复制”与“粘贴”按钮复制幻灯片

使用“复制”按钮与“粘贴”按钮复制幻灯片的操作步骤如下。

Step 01　选中要复制的幻灯片。

Step 02　切换到“开始”选项卡，单击“剪贴板”组中的“复制”按钮。

Step 03　将插入点置于想要插入幻灯片的位置，然后单击“剪贴板”组中的“粘贴”按钮进行粘贴。

2. 使用鼠标拖动复制幻灯片

使用鼠标拖动复制幻灯片的操作步骤如下。

Step 01 单击窗口右下方的“幻灯片浏览”按钮，切换到幻灯片浏览视图。

Step 02 选中想要复制的幻灯片，按住 Ctrl 键不放，然后按住鼠标左键，将幻灯片拖到目标位置，此时在幻灯片插入位置出现一条指示线，如图 19.4 所示。

Step 03 再释放鼠标左键和 Ctrl 键，即可完成幻灯片的复制，如图 19.5 所示。

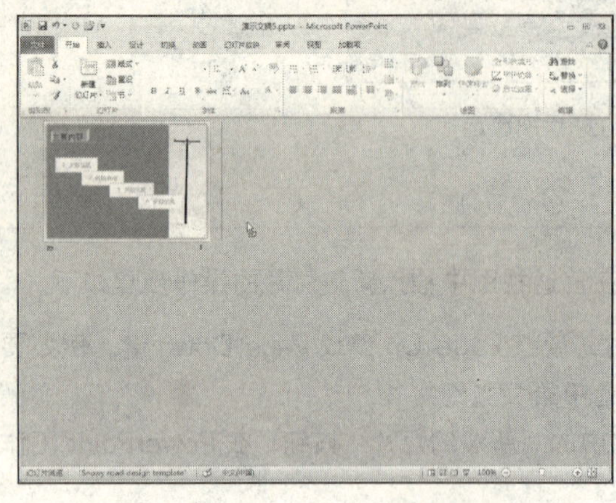
图 19.4　按住 Ctrl 键拖动幻灯片

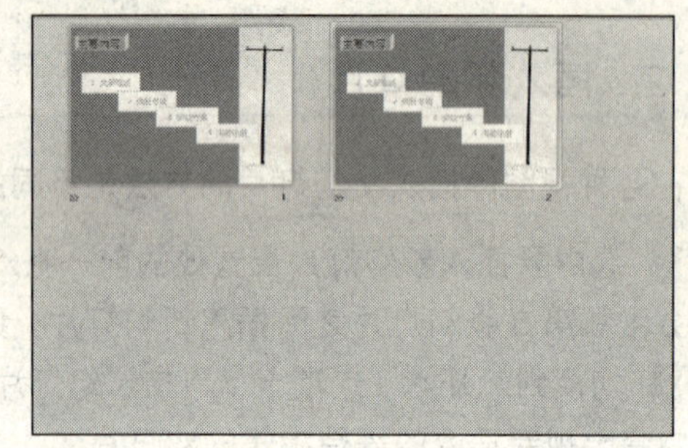
图 19.5　复制前后的幻灯片

19.1.4　删除幻灯片

删除幻灯片的具体操作步骤如下。

Step 01 在幻灯片浏览视图中选择要删除的幻灯片。

Step 02 单击“剪贴板”组中的“剪切”按钮或按 Delete 键进行删除。

Step 03 如果要删除多张幻灯片，按住 Ctrl 键选择要删除的幻灯片，按 Step 02 的方法进行操作。

19.1.5　移动幻灯片

移动幻灯片的具体操作步骤如下。

Step 01 在幻灯片浏览视图中，选定要移动的幻灯片。

Step 02 按住鼠标左键，并拖动幻灯片到目标位置，拖动时有一个长条的直线就是插入点。

Step 03 释放鼠标左键，即可将幻灯片移动到新的位置。

当然也可以利用“剪切”和“粘贴”功能来移动幻灯片。

19.2　统一演示文稿外观

创建完演示文稿后，通常要求演示文稿具有统一的外观。PowerPoint 2010 的一大特点就是可以使演示文稿中的所有幻灯片具有统一的外观。统一演示文稿外观的方法有 3 种：母版、配色方案和设计模板。

19.2.1　使用幻灯片母版

幻灯片母版决定着所有幻灯片的外观。如果要切换到幻灯片母版中，可选择“视图”|“母版视图”|“幻灯片母版”命令，打开如图 19.6 所示的“幻灯片母版”编辑窗口。下面分别介绍如何更改文本格式和幻灯片背景颜色，添加页眉、页脚，关闭“幻灯片母版”视图等操作。

1. 更改文本格式

如果要对所有文本格式进行统一的修改，先选定对应的占位符，再设置文本的字体、字号、颜色、加粗、倾斜、下划线和段落对齐方式等。

如果只改变某一级的文本格式，先在母版的正文区中选定该层次的文本，再选择“格式”选项卡中的具体字体样式，即可对其进行格式化。

2. 更改幻灯片背景颜色

更改幻灯片背景的具体操作步骤如下。

Step 01 如果要设置单张幻灯片背景，需要在普通视图中选择该幻灯片；如果要设置所有幻灯片的背景，则需要在“幻灯片母版”视图中进行相应的操作。

Step 02 切换到“幻灯片母版”选项卡，在“背景”组中单击“背景样式”按钮，在弹出的下拉菜单中选择“设置背景格式”命令，将会弹出如图 19.7 所示的对话框。

Step 03 在该对话框中，可以设置渐变填充、图片或纹理填充、图案填充效果。

Step 04 在该对话框中，选择“颜色”下三角按钮，在下拉菜单中选择背景颜色，选择完成后即可将颜色应用于当前幻灯片。如果要将更改的背景应用到所有的幻灯片，则单击“全部应用”按钮。

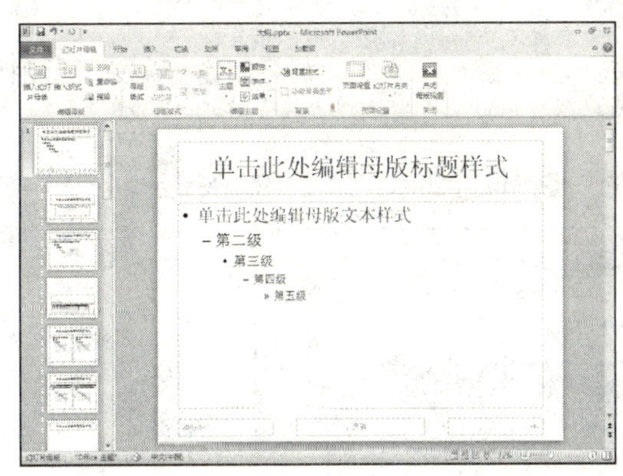

图 19.6　“幻灯片母版”编辑窗口

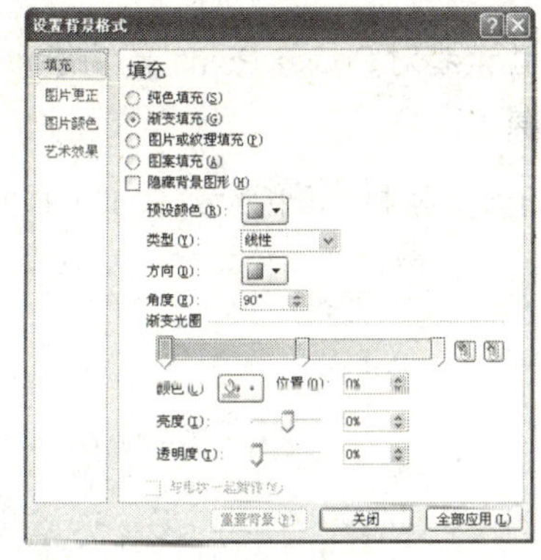

图 19.7　“设置背景格式”选项卡

3. 关闭“幻灯片母版”视图

单击“幻灯片母版”选项卡上的“关闭母版视图”按钮即可关闭“幻灯片母版”视图，返回到普通视图。

19.2.2　使用配色方案

幻灯片的配色方案是指在 PowerPoint 中，将各种颜色设置了其特定的用途。每一个默认的配色方案都是精心制作的，一般在套用演示文稿设计模板时，相当于套用了一种配色方案。当然，用户也可以自己创建新的配色方案。

使用配色方案的具体操作步骤如下。

Step 01 在普通视图中，选择要应用配色方案的幻灯片。

Step 02 切换到“设计”选项卡，在“主题”组中单击“颜色”按钮，在弹出的下拉菜单中选择“新建主题颜色”命令，如图 19.8 所示。

Step 03 在弹出的“新建主题颜色”对话框中可以设置主题颜色和自定义名称，如图 19.9 所示。

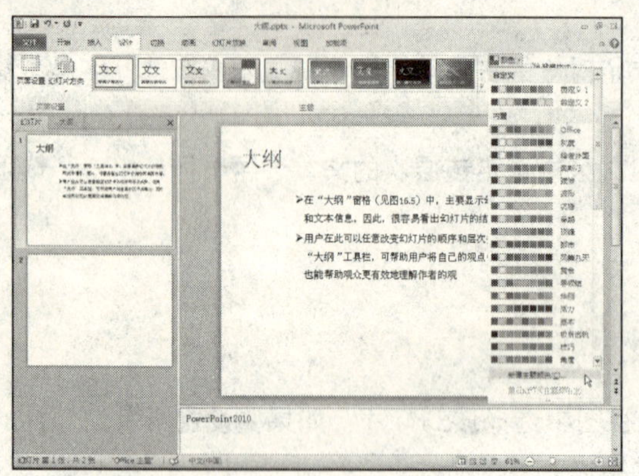

图 19.8 选择“新建主题颜色”命令

图 19.9 “新建主题颜色”对话框

Step 04 设置完成后，单击“保存”按钮进行保存。

19.3 案例实训

为了让读者对 Power Point 的功能和操作有更进一步了解，本案例实训将制作一个关于“211 工程”的演示文稿。

Step 01 打开“素材\第十九章\211 工程 pptx”文件，将占位符删除，如图 19.10 所示。

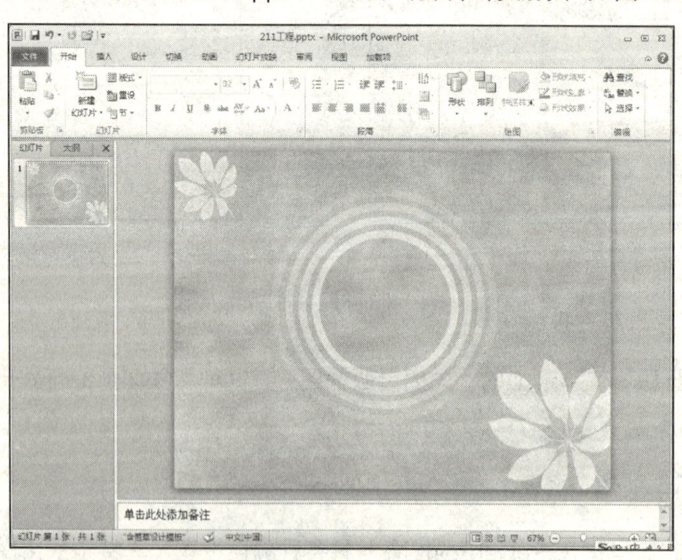

图 19.10 打开素材文件

Step 02 切换到“插入”选项卡，单击“文本”组中的“文本框”按钮，在弹出的下拉菜单中选择

“横排文本框”命令，拖动鼠标绘制文本框，如图 19.11 所示。

Step 03 绘制完成后，在文本框中输入文本，切换到“开始”选项卡，在“字体”组中将字体设置为“黑体”，字号设置为“60”，字体颜色设置为“蓝色”，分别单击“加粗”按钮和“居中”按钮，如图 19.12 所示。

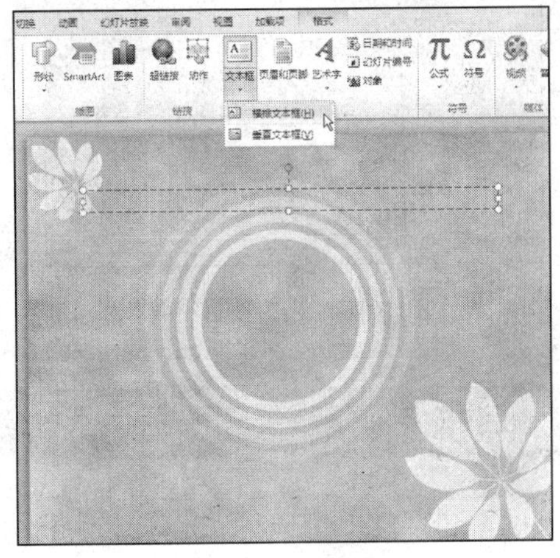

图 19.11　绘制文本框

图 19.12　输入并设置文本

Step 04 设置完成后，使用相同的方法继续绘制文本框，并输入文本，完成后的效果如图 19.13 所示。

Step 05 切换到“开始”选项卡，单击“幻灯片”组中的“新建幻灯片”按钮，在弹出的下拉菜单中选择“空白”版式，如图 19.14 所示。

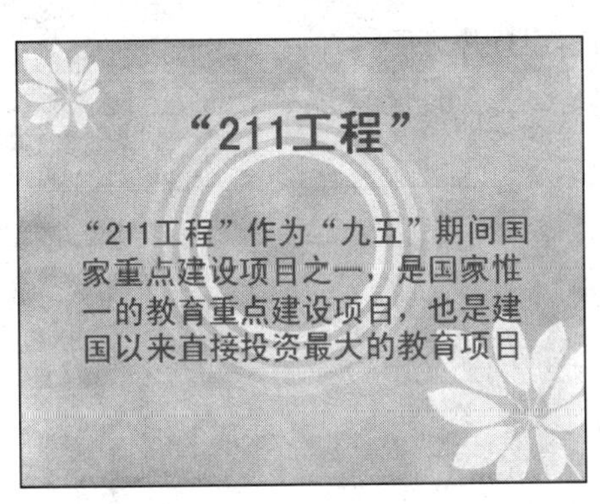

图 19.13　输入剩余文本

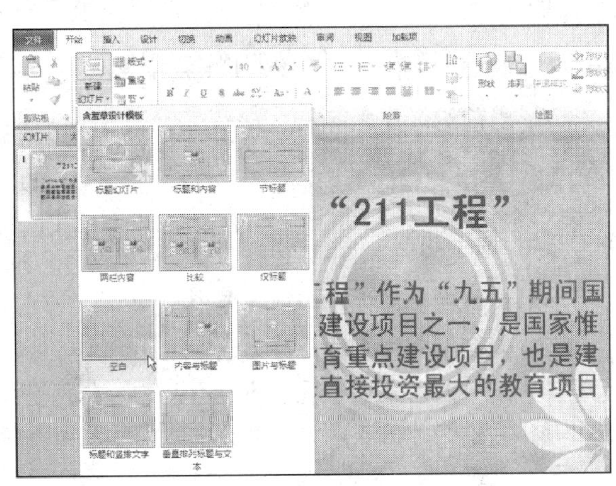

图 19.14　新建“空白”幻灯片

Step 06 在幻灯片中输入文本内容，字体的设置与 Step 03 相同，如图 19.15 所示。

Step 07 输入完成后，选择下方文本框中的段落，在“开始”选项卡的“段落”组中单击“项目符号”按钮，在弹出的下拉菜单中选择一种项目符号样式，如图 19.16 所示。

Step 08 设置完成后，选择“文件”|“另存为”命令，在弹出的对话框中设置存储路径等，单击“保存”按钮，完成文档保存。

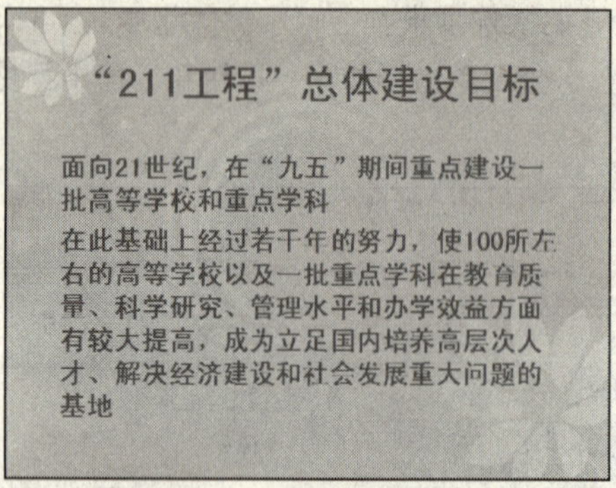

“211工程”总体建设目标

面向21世纪，在“九五”期间重点建设一批高等学校和重点学科

在此基础上经过若干年的努力，使100所左右的高等学校以及一批重点学科在教育质量、科学研究、管理水平和办学效益方面有较大提高，成为立足国内培养高层次人才、解决经济建设和社会发展重大问题的基地

图 19.15　设置第二张幻灯片

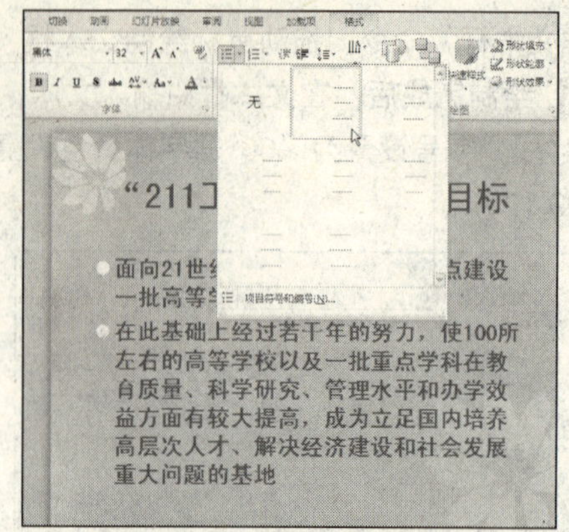

图 19.16　选择项目符号

19.4 课后练习与上机操作

一、选择题

1．按住________键可以选择多张不连续的幻灯片。

A. Shift　　B. Ctrl　　C. Alt　　D. Ctrl+Shift

2．按住鼠标左键，并拖动幻灯片到其他位置是进行幻灯片的________操作。

A. 移动　　B. 复制　　C. 删除　　D. 插入

3．插入新幻灯片的位置位于________。

A. 当前幻灯片之前　　B．当前幻灯片之后

C．整个文档的最前面　　D．整个文档的最后面

二、简答题

1．怎样在普通视图中插入新幻灯片？

2．复制幻灯片有哪几种方法？

3．统一演示文稿外观的方法有几种？分别是什么？

4．在幻灯片母版中如何更改文本格式和背景颜色？

三、操作题

1．打开“幻灯片母版”视图，练习移动、删除和恢复占位符的操作。

2．制作一张幻灯片，为幻灯片填充蓝色背景，然后再为所有幻灯片定义一种“新闻纸”纹理背景。

3．自定义一种配色方案，将其存为标准配色方案，并应用于上一题中打开的演示文稿。

4. 查找关于“211 工程”的资料，进一步完善幻灯片。

第20章

在幻灯片中插入各种对象

本章导读

本章将介绍如何将图形和多媒体插入到幻灯片中及对插入的内容进行设置，使幻灯片更加美观。

知识要点

- 插入图片、表格、图表
- 绘制图形对象
- 组织结构图
- 多媒体对象的插入与设置

20.1 插入图片/表格/图表及图形

在 PowerPoint 2010 中，用户可以将图片或图表等插入到幻灯片中，下面分别加以介绍。

20.1.1 “插入”选项卡

PowerPoint 2010 为用户提供了功能强大的“插入”选项卡，如图 20.1 所示。

图 20.1 “插入”选项卡

该功能区中的按钮使用方法如下。

- “表格”按钮：在文档中插入或绘制表格。
- “图片”按钮：插入来自文件的图片。
- “剪贴画”按钮：将剪贴画插入到文档，包括绘图、影片、声音或库存照片，以展示特定的主题。
- “屏幕截图”按钮：选择要截的图片，按键盘上的 PrintScreenSysRq 键，按下鼠标左键并拖动，拖动到适当的位置松开鼠标即可。

- “相册”按钮：根据一组图片新建一个演示文稿，每个图片占用一张幻灯片。
- “形状”按钮：插入现成的形状，如矩形和圆、线条、流程图等。
- SmartArt 按钮：插入 SmartArt 图形，以直观的方式交流信息。
- “图表”按钮：插入用于演示和比较数据的图表，可用类型包括条形图、面饼、曲面图等。
- “超链接”按钮：创建指向网页、图片、电子邮件地址或程序的超链接。
- “动作”按钮：为所选对象添加一个操作，已指定单击该对象或鼠标指针悬停其上时应执行的操作。
- “文本框”按钮：绘制横排文本框或竖排文本框。
- “页眉和页脚”按钮：编辑页眉或页脚，页眉或页脚中的信息将会显示在每个打印页的顶端或底端。
- “艺术字”按钮：在文档中插入装饰文字。
- “日期和时间”按钮：将当前的日期或时间插入当前文档。
- “幻灯片编号”按钮：插入幻灯片的编号，编号反映了幻灯片在演示文稿中的位置。
- “对象”按钮：插入嵌入对象。
- “公式”按钮：插入常见的数学公式，或者使用数学符号库构造自己的公式。
- “符号”按钮：插入键盘上没有的字符，如版权符号、商标符号等。
- “视频”按钮：在幻灯片中插入视频剪辑。
- “音频”按钮：在幻灯片中插入音频剪辑。

20.1.2 插入图片

在幻灯片中插入来自文件的图片，具体操作步骤如下。

Step 01 在“幻灯片”窗格中选择要插入图片的幻灯片图标。

Step 02 切换到“插入”选项卡，在“图像”组中单击“图片”按钮，如图 20.2 所示。打开“插入图片”对话框，如图 20.3 所示。

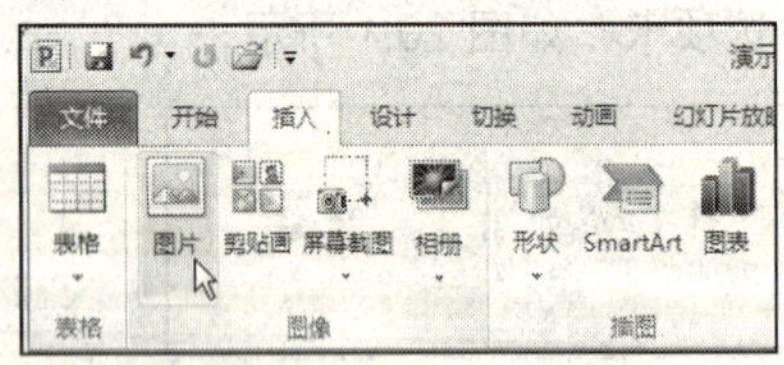

图 20.2 “图片”按钮

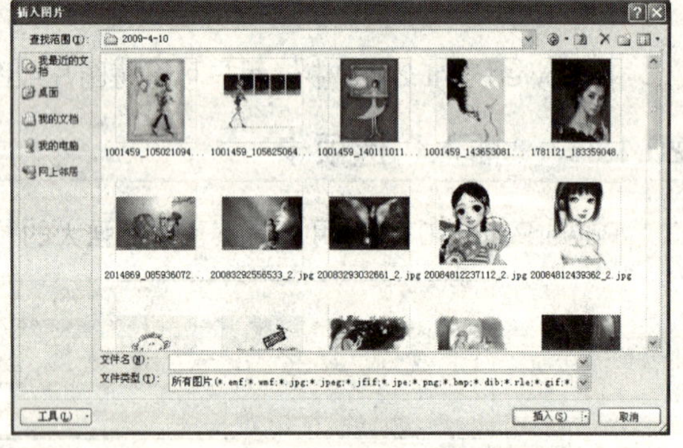

图 20.3 “插入图片”对话框

Step 03 在“查找范围”下拉列表中选择图形文件所在的位置，或者在“文件名”下拉列表框中输入文件的路径，并选择要插入的图形文件。

注 意

如果要预览插入的图形文件，可以单击“视图”按钮右边的下三角按钮（见图 20.3），从其下拉菜单中选择“预览”命令。

Step 04 单击对话框右下角“插入”按钮右侧下三角按钮，会弹出一个下拉菜单，其中包括以下几项。

- 插入：将选定的图形文件直接插入到演示文稿的幻灯片中，成为演示文稿的一部分。当图形文件发生变化时，演示文稿不会自动更新。
- 链接文件：将图形文件以链接的方式插入到演示文稿中。当图形文件发生变化时，演示文稿会自动更新。保存演示文稿时，图形文件仍然保存在原来的位置，这样不会增加演示文稿的长度。

Step 05 单击“插入”按钮，即可插入所需的图形文件。

20.1.3 插入表格

PowerPoint 2010 支持表格制作功能，不必依靠 Word 来制作表格，而且其方法跟 Word 表格的制作方法是一样的。插入表格的具体操作步骤如下。

Step 01 打开一个演示文稿，并切换到要插入表格的幻灯片中。

Step 02 切换到“插入”选项卡，单击“表格”组中的“表格”按钮，在下拉菜单中选择“插入表格”命令，则会弹出如图 20.4 所示的对话框。

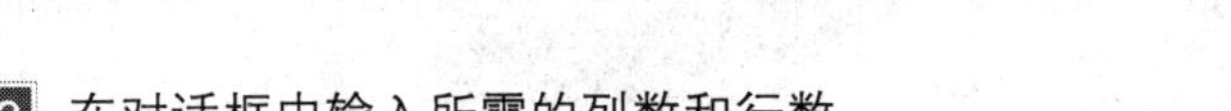

Step 03 在对话框中输入所需的列数和行数。

Step 04 单击“确定”按钮，即可插入表格。

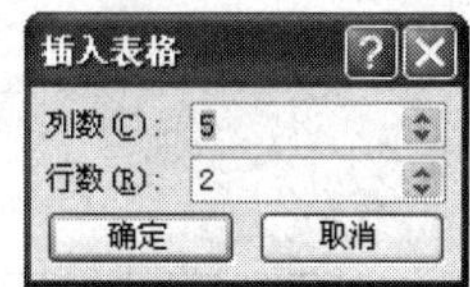

图 20.4 “插入表格”对话框

20.1.4 插入图表

PowerPoint 2010 中包括 Microsoft Graph 提供的 14 种标准图表类型和 20 种用户自定义的图表类型，在自定义的图表中则包含了更多的变化。使用 Microsoft Graph 可以简单快捷地插入图表。

1. 在幻灯片中直接插入图表

插入图表的具体操作步骤如下。

Step 01 打开一个演示文稿，并切换到要插入图表的幻灯片中。

Step 02 切换到“插入”选项卡，单击“插图”组中的“图表”按钮，在弹出的对话框中选择一种图表，在插入图表的同时 Microsoft Excel 窗口会与 PowerPoint 窗口一起弹出，如图 20.5 所示。

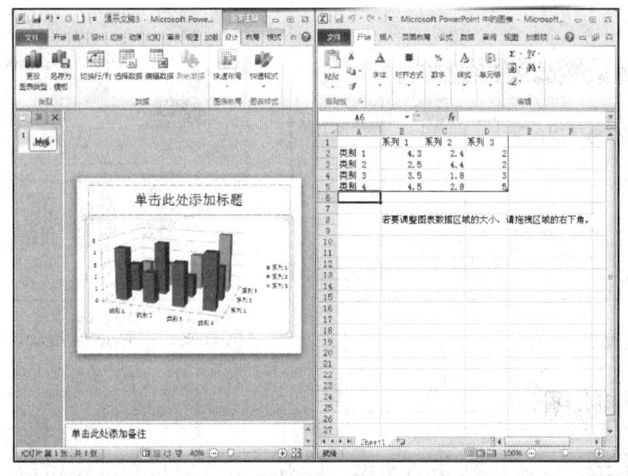

图 20.5 插入的图表

2. 复制来自 Microsoft Excel 中的图表

直接将 Excel 中的表格数据复制到演示文稿中作为表格，具体操作步骤如下。

Step 01 打开一个演示文稿，并切换到要插入图表的幻灯片中。

Step 02 切换到“插入”选项卡，单击“插图”组中的“图表”按钮，如图 20.6 所示。在弹出的对话框中选择一种图表类型，在插入图表的同时 Microsoft Excel 窗口会与 PowerPoint 窗口一起弹出。

Step 03 在 Microsoft Excel 窗口中选择要复制的 Excel 单元格区域，再单击“剪贴板”组中的“复制”按钮，如图 20.7 所示。

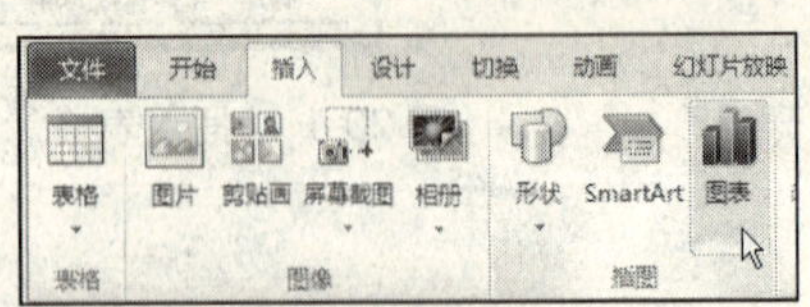

图 20.6 单击“图表”按钮

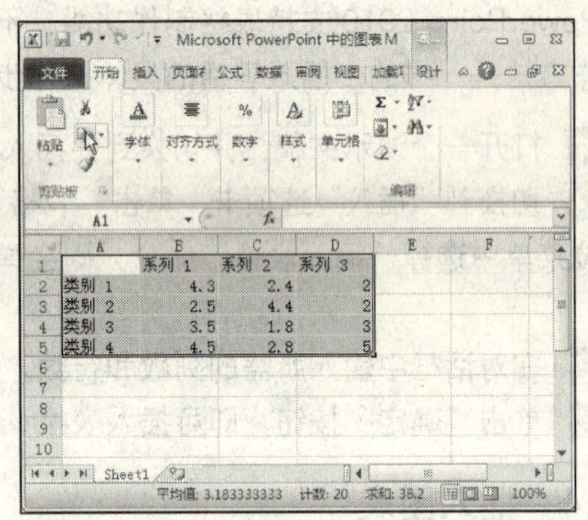

图 20.7 选择并复制 Excel 单元格

Step 04 切换到 PowerPoint 2010 中，然后选择要插入单元格区域的幻灯片或备注页，切换到“开始”选项卡，单击“剪贴板”组中“粘贴”按钮下方的下三角按钮，在弹出的下拉菜单中选择“选择性粘贴”命令，打开“选择性粘贴”对话框，如图 20.8 所示。

Step 05 在该对话框中选择“Microsoft Excel 工作表 对象”，单击“确定”按钮，将 Excel 单元格插入 PowerPoint 2010 中。

Step 06 双击插入的对象，会发现在 PowerPoint 中可以像在 Excel 中一样编辑表格，如图 20.9 所示。

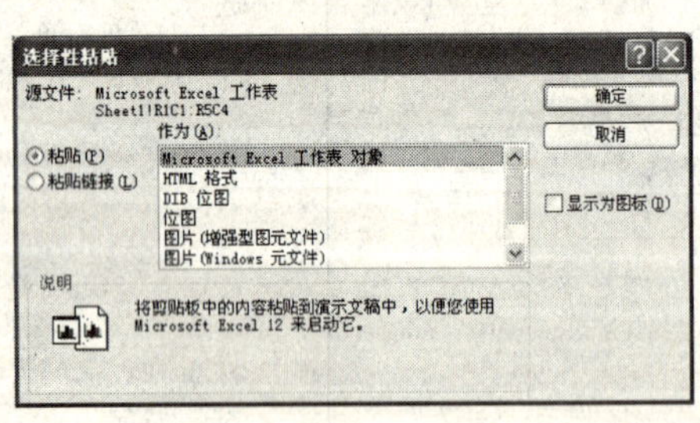

图 20.8 “选择性粘贴”对话框

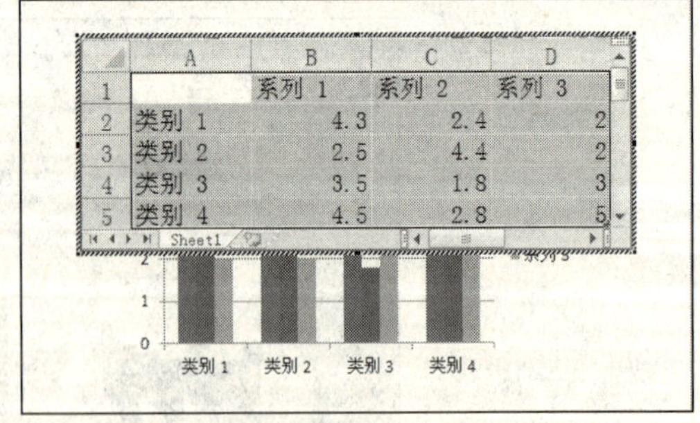

图 20.9 在 PowerPoint 中编辑 Excel 表格

20.1.5 插入组织结构图

组织结构图就是用于表现组织结构的图表，它由一系列图框和连线组成，通常用来显示一个组织机构的等级和层次关系。

1. 添加组织结构图

添加组织结构图的具体操作步骤如下。

Step 01 切换到“开始”选项卡，在“幻灯片”组中单击“版式”按钮，在弹出的下拉菜单中选择“标题和内容”版式，如图 20.10 所示。

Step 02 切换到“插入”选项卡，在“插图”组中单击 SmartArt 按钮，如图 20.11 所示。

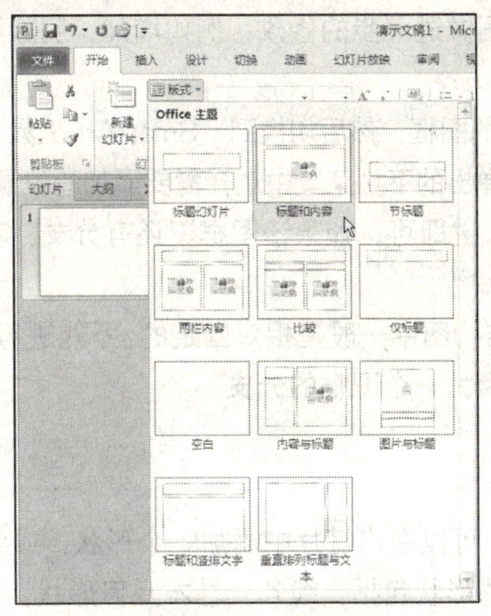

图 20.10 选择“标题和内容”版式

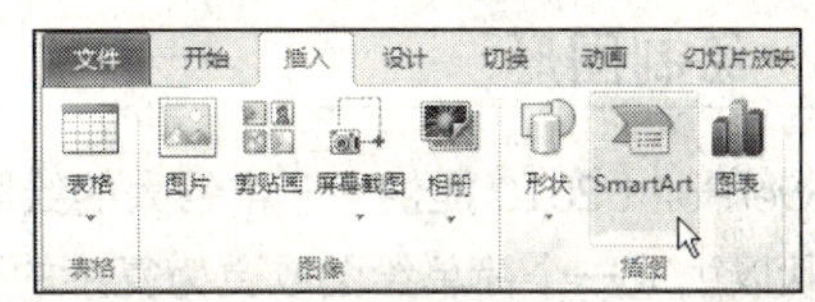

图 20.11 单击 SmartArt 按钮

Step 03 在弹出的“选择 SmartArt 图形”对话框中选择“层次结构”命令，在弹出的列表框中选择“组织结构图”，如图 20.12 所示。单击“确定”按钮，就为该幻灯片创建了一个基本的组织结构图，如图 20.13 所示。

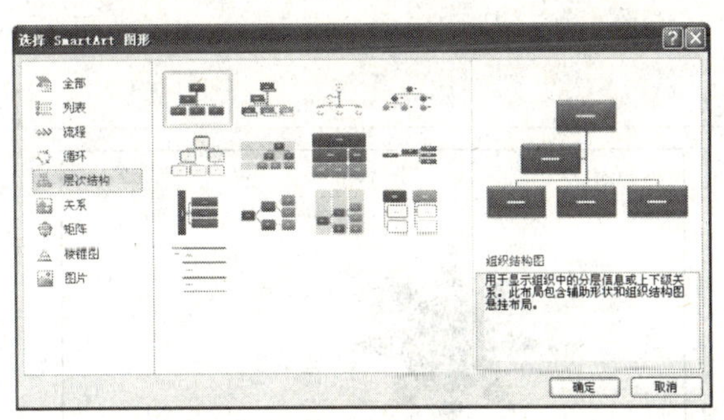

图 20.12 选择组织结构图

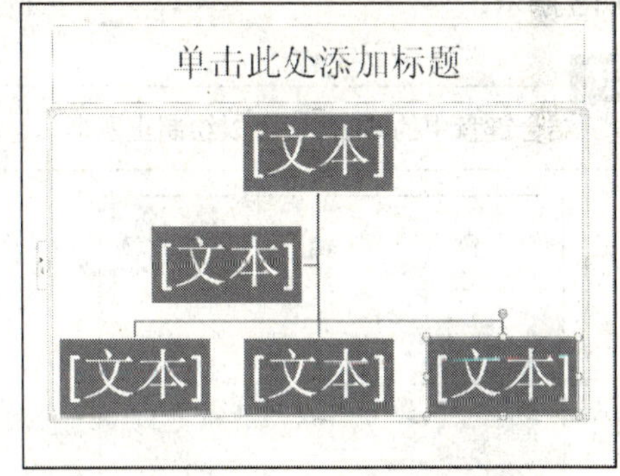

图 20.13 创建了组织结构图的幻灯片

可以看到，组织结构图中包含一些占位符，这是为减少用户工作量而设计的，使得用户向组织结构图中输入信息的工作变得简便易行。组织结构图还有自己的工具栏，可以让用户非常方便地对组织结构图进行创建、编辑以及设置图表格式等操作。

2. 在组织结构图中输入文本

在组织结构图中输入文本的具体操作步骤如下。

Step 01 单击图框中的文字，将插入点置入其中相应的位置。

Step 02 这时，用户就可以像在其他编辑软件中一样进行输入操作。

Step 03 要删除文字，可以先选择它们，然后按 Delete 键。此外，也可以移动插入点到要删除文字的前面或后面，然后按 Delete 键或 Back Space 键进行删除。

3. 添加、删除和调整图框

在 PowerPoint 2010 中提供的只是一个简单的组织结构图。在实际工作中，这样简单的组织结构图是不能满足用户需求的，因此用户必须对组织结构图做进一步的修改，例如增加、删除和移动图框等，以适应工作的需要。

若要添加图框，请选择要在其下方或旁边添加新图框的图框，然后切换到“SmartArt 工具-设计”选项卡，在“创建图形”组中单击“添加形状”按钮，在弹出的下拉菜单中选择需要添加的位置。

若要删除某个图框，先选择该图框，然后按 Delete 键即可。如果该图框下还有分支，其分支将上升一级，连接到被删除图框的上级图框下。

如果不调整组织结构图的版式，图框的位置在组织结构图中一般是相对固定的，不能进行移动。但如果将一个图框拖动到另一个图框上，则该图框将成为另一个图框的分支。

20.1.6 绘制图形

PowerPoint 2010 提供了非常强大的绘图工具，用户可以在幻灯片中添加一个形状，或者合并多个形状以生成一个简单绘图或更为复杂的形状。可用的形状包括：线条、基本几何形状、箭头、公式形状、流程图形状等，绘制图形的具体操作步骤如下。

Step 01 切换到“插入”选项卡，在“插图”组中单击“形状”按钮，在弹出的下拉菜单中选择“太阳形”，如图 20.14 所示。

Step 02 在工作区中单击鼠标左键并向右下角拖动，在合适的位置上释放鼠标，即可绘制图形，如图 20.15 所示。

提 示

结合键盘中的 Shift 键可以绘制正图形。

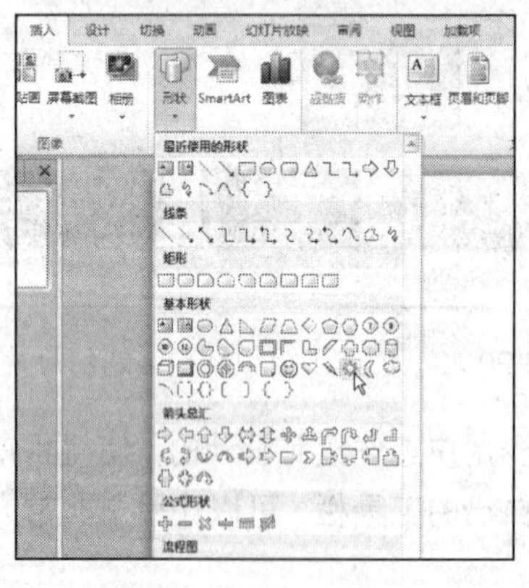

图 20.14 选择“太阳形”

图 20.15 绘制图形

Step 03 使用相同的方法，绘制“云形”，选择绘制的云形，在“绘图工具-格式”选项卡的“形状样式”组中单击“其他”按钮，在弹出的库中选择如图 20.16 所示的样式。

Step 04 使用相同的方法为太阳设置样式，设置完成后的效果如图 20.17 所示。

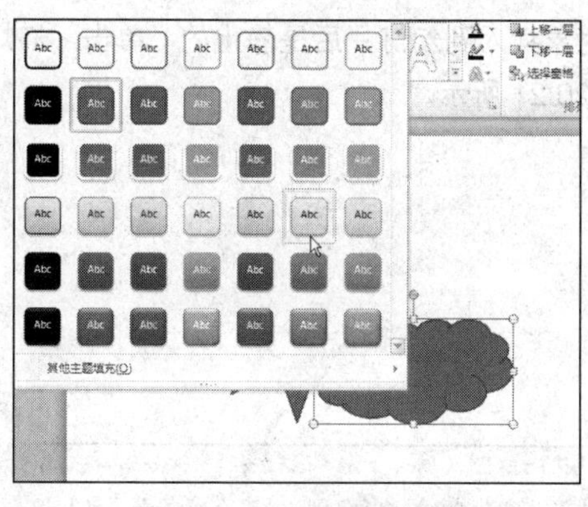

图 20.16　选择形状样式

图 20.17　设置完成后的效果

20.2 插入并设置多媒体对象

在幻灯片中不仅可以插入各种图形、图片，还可以添加多媒体效果，如插入剪辑库中的影片、外部文件的影片、声音、CD 音乐，设置影片和声音的播放方式及录制旁白等。插入多媒体效果后的幻灯片将更为生动有趣。

20.2.1 插入剪辑库中的影片

插入剪辑库中的影片的具体操作步骤如下。

Step 01 在普通视图中，选中要插入影片的幻灯片。切换到“插入”选项卡，单击“媒体”组中的“视频”按钮，在弹出的下拉菜单中选择“剪贴画视频”命令，如图 20.18 所示。

Step 02 此时会弹出如图 20.19 所示的任务窗格。

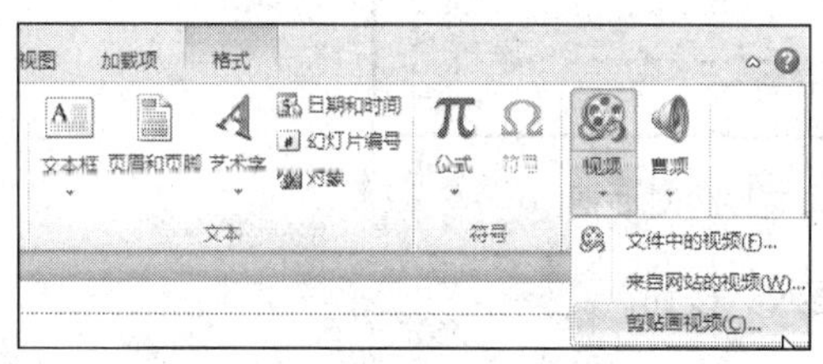

图 20.18　选择“剪贴画视频”命令

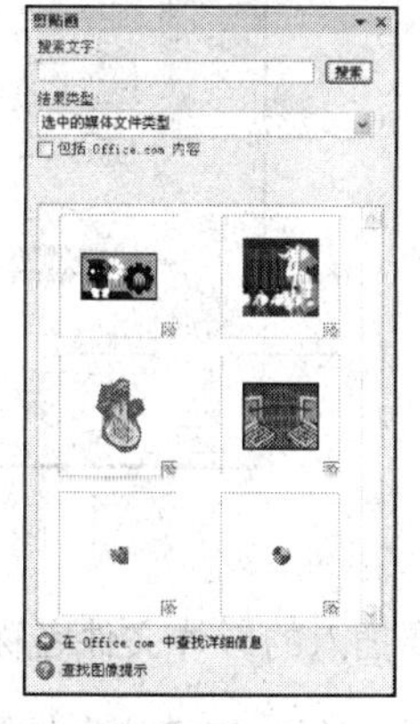

图 20.19　“剪贴画”任务窗格

Step 03 选择“剪贴画”任务窗格中要插入的影片，右击鼠标，在弹出的快捷菜单中选择“插入”命令，如图 20.20 所示。或单击影片右侧下拉按钮，也可以弹出该菜单。

提 示

直接在影片上单击鼠标，即可将影片直接插入。

Step 04 幻灯片上会出现剪辑的片头图像，这些视频对象插入到幻灯片后是静止的，单击“幻灯片放映”选项卡中的“从当前幻灯片开始”按钮，如图 20.21 所示。

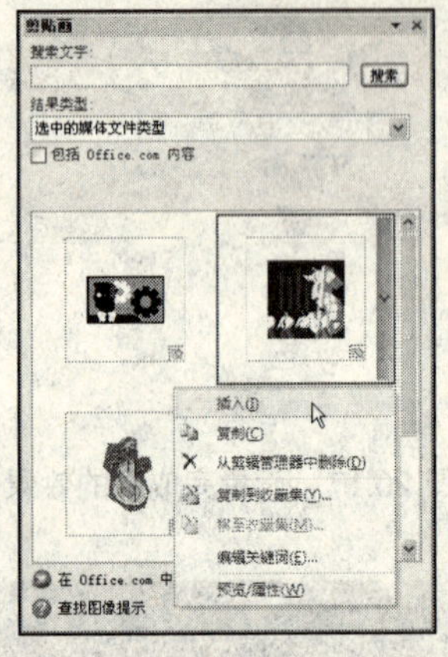

图 20.20　选择“插入”命令

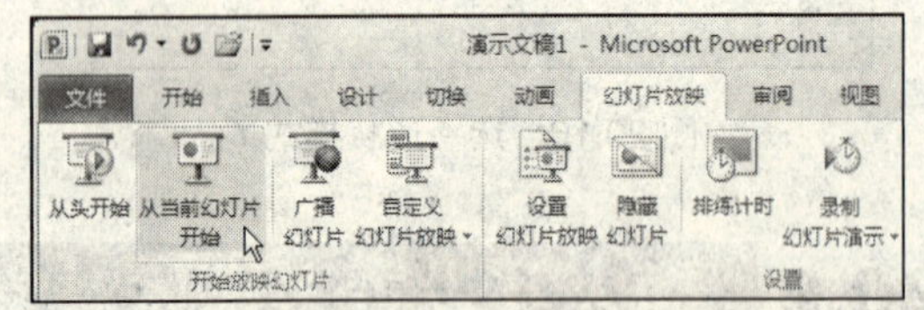

图 20.21　单击“从当前幻灯片开始”按钮

20.2.2　插入外部文件的影片

插入外部文件的影片，具体操作步骤如下。

Step 01 在幻灯片窗格中，选中要插入影片的幻灯片。

Step 02 切换到“插入”选项卡，单击“媒体”组中的“视频”按钮，在弹出的下拉菜单中选择“文件中的视频”命令，弹出如图 20.22 所示的对话框。

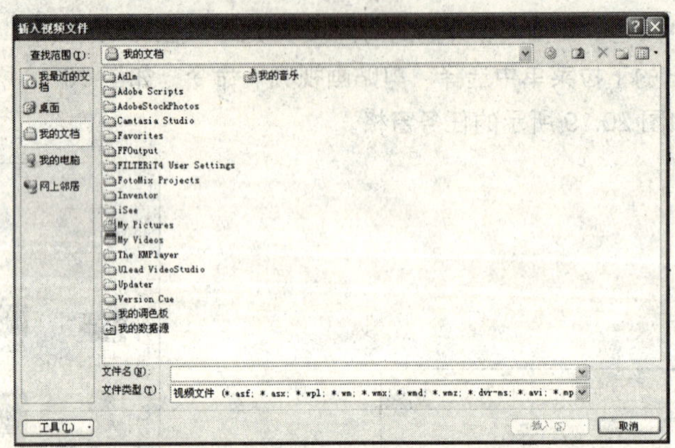

图 20.22　“插入视频文件”对话框

Step 03 选择要插入的影片文件名称，然后单击“插入”按钮。

影片插入完毕后，幻灯片中的影片自动保持为被选中状态，此时影片四周有尺寸句柄，可以通过拖动尺寸句柄调节影片的大小。

20.2.3　插入声音

插入声音和插入影片相同，将音乐或声音插入幻灯片后，会显示一个代表该声音文件的“扬声器”图标。如果要隐藏该图标，可以将它拖出幻灯片并将声音设置为自动播放。要删除插入的声音，选择“扬声器”图标后按 Delete 键即可。

提 示

如果 PowerPoint 2010 不支持某种特殊的媒体类型或特性，而且不能播放某个声音文件，请尝试用 Windows Media Player 播放。Windows Media Player 是 Windows 的一部分，当把声音作为对象插入时，它能播放 PowerPoint 2010 中的多媒体文件。

如果声音文件大于 100 KB，默认情况下是自动将声音链接到文件，而不是嵌入文件。演示文稿链接到文件后，如果要在另一台计算机上播放此演示文稿，则必须在复制该演示文稿的同时复制它所链接的文件。

20.2.4 设置影片和声音的播放方式

插入影片或声音后，还可以根据需要对其播放方式进行设置。

1. 设置影片和声音的开始播放方式

除了在插入时设置影片或声音的开始播放方式之外，还可以在插入后进行调整，其具体操作步骤如下。

Step 01 在幻灯片上，单击影片或声音图标以选择它们。

Step 02 切换到“动画”选项卡，单击“计时”组中“开始”右侧的下三角，打开下拉菜单，然后执行下列操作之一。

- 若要自动播放影片或声音，请选择“从上一项开始”选项。
- 若要在单击影片或声音图标之后播放影片或声音，请选择“高级动画”组中的“动画窗格”按钮，在弹出的任务窗格中选择要设置的对象，单击该对象右侧的下三角，在弹出的下拉菜单中选择“效果选项”命令，在打开的“播放音频”对话框中切换到“计时”选项卡，单击“触发器”按钮，然后选中“单击下列对象时启动效果”单选按钮，并在其右边的下拉列表中选择影片或声音，如图 20.23 所示。

提 示

以上方法仅适用于没有自定义动画序列或动画方案的幻灯片上的影片或声音文件。

2. 设置影片和声音的循环播放方式

如果已经添加影片又希望修改其选项，可以切换到“音频工具-播放”选项卡，在“音频选项”组中勾选“循环播放，直到停止”复选框或“播完返回开头”复选框，如图 20.24 所示。

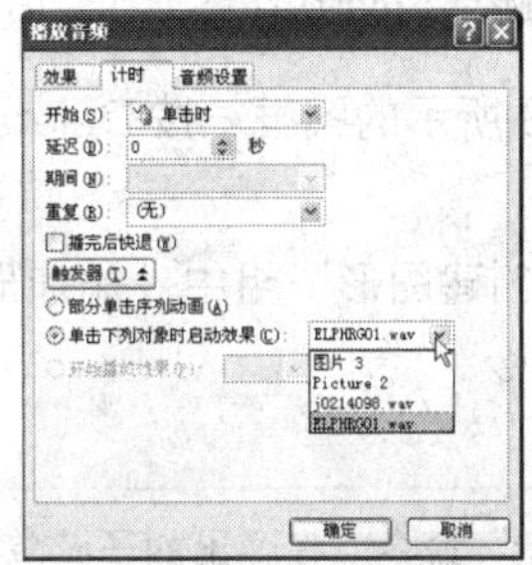

图 20.23 “计时”选项卡

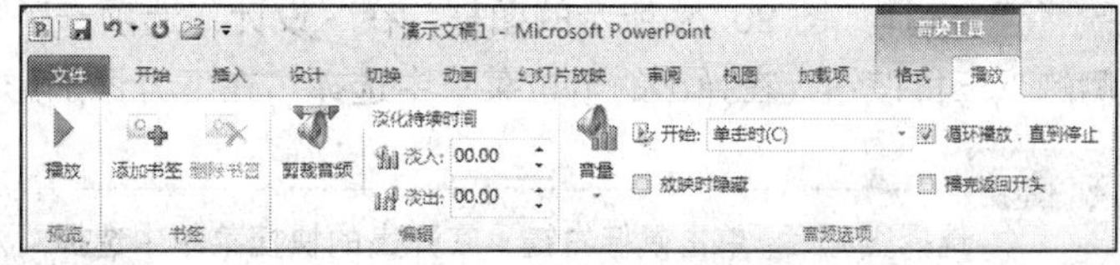

图 20.24 勾选“循环播放，直到停止”复选框

20.3 案例实训

本案例实训将根据前面所学的内容来制作一张计算机系统配置图，操作步骤如下。

Step 01 切换到“开始”选项卡，单击“幻灯片”组中的“版式”按钮，在弹出的下拉菜单中选择“仅标题”命令，如图 20.25 所示。

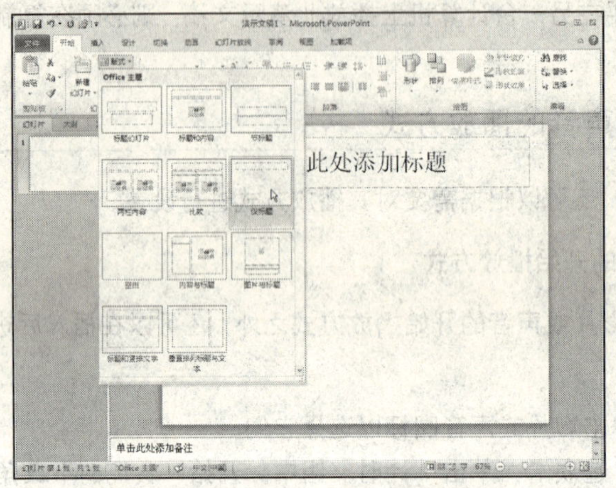

图 20.25 新建幻灯片

Step 02 在幻灯片的标题栏中输入标题，设置字体为“宋体”、字号为“18”，单击“字体”组中的“加粗”按钮，如图 20.26 所示。

Step 03 设置完成后，切换到“插入”选项卡，单击“插图”组中的 SmartArt 按钮，在弹出的“选择 SmartArt 图形”对话框中选择“层次结构”选项，在右侧的选项框中选择“水平多层层次结构”图形，如图 20.27 所示。

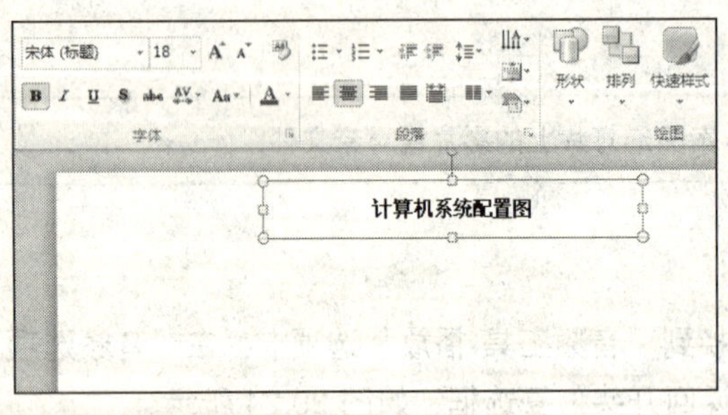

图 20.26 输入并设置标题文本

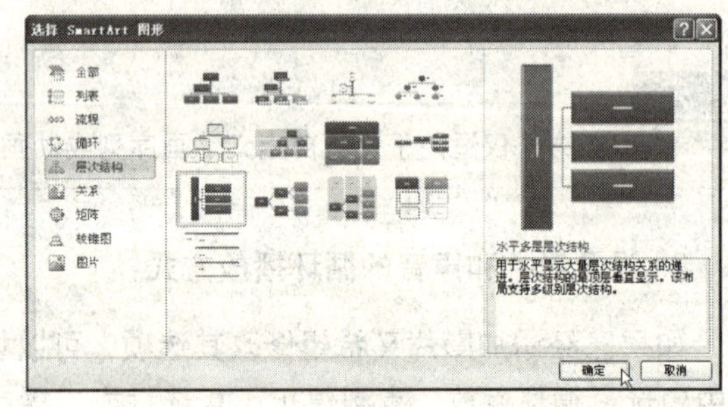

图 20.27 “选择 SmartArt 图形”对话框

Step 04 单击“确定”按钮，即可插入选择的图形。选择如图 20.28 所示的图框，按 Delete 键进行删除。

Step 05 选择如图 20.29 所示的图框，在“设计”选项卡下单击“创建图形”组中“添加形状”右侧的下三角按钮，在弹出的下拉菜单中选择“在下方添加形状”命令。

提 示

选择图框后，单击鼠标右键，在弹出的快捷菜单中选择“添加形状”命令，在弹出的子菜单中也可以选择“在下方添加图形”命令。

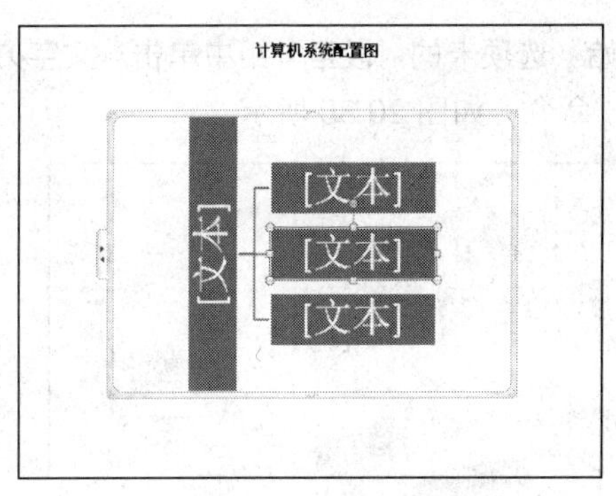

图 20.28　删除所选的图框

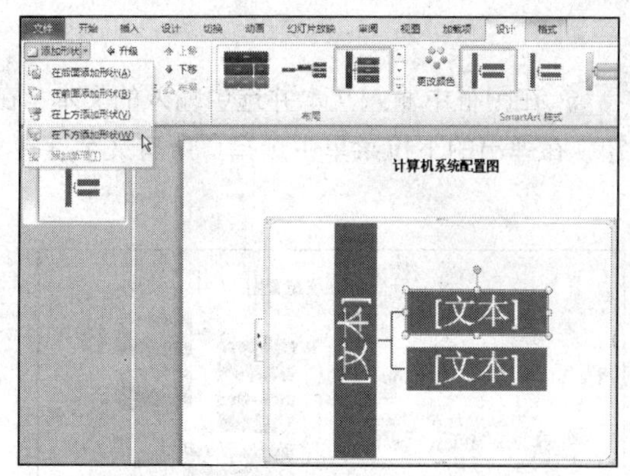

图 20.29　“在下方添加形状”命令

Step 06 使用相同的方法继续添加形状，完成后的效果如图 20.30 所示。

Step 07 添加完成后，选择图形，在“设计”选项卡的“SmartArt 样式”组中单击“其他”按钮，在弹出的库中选择一种样式，如图 20.31 所示。

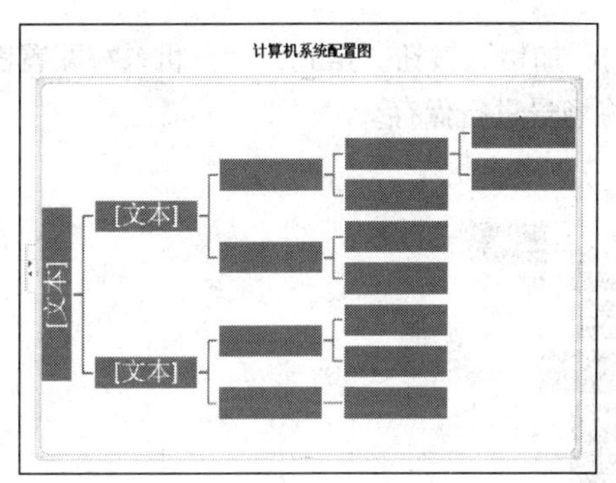

图 20.30　形状添加完成后的效果

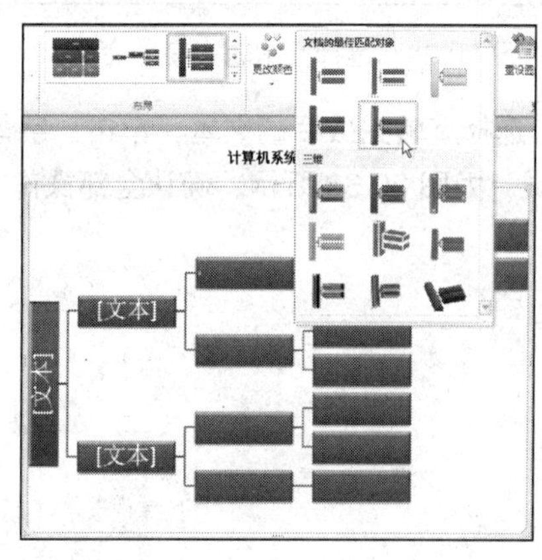

图 20.31　选择图形样式

Step 08 单击“更改颜色”按钮，在弹出的下拉菜单中选择一种颜色样式，如图 20.32 所示。

Step 09 颜色设置完成后，在除第一个图框外其他图框中输入文本，如图 20.33 所示。

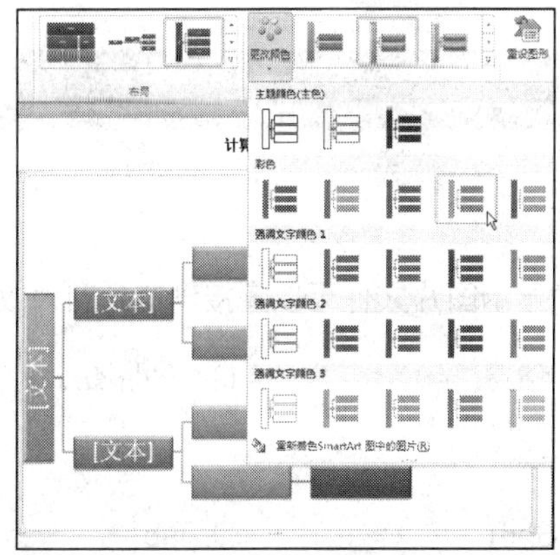

图 20.32　选择颜色样式

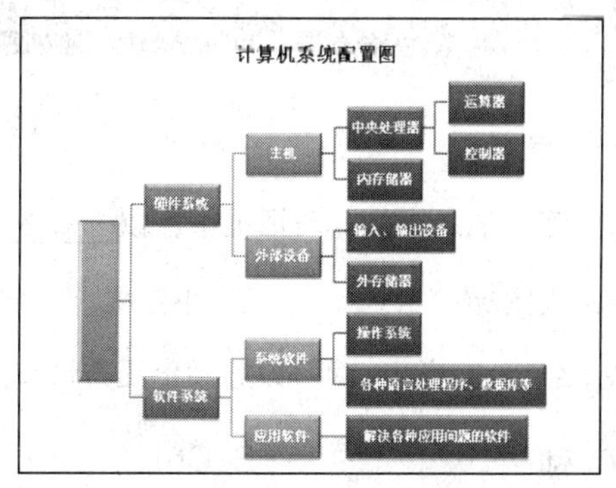

图 20.33　输入图表文本

Step 10 选择第一个图框并单击鼠标右键，在弹出的快捷菜单中选择“编辑文字”命令，如图 20.34

所示。

Step 11 在图框中输入文本并选中输入的文本，在“开始”选项卡的“段落”组中单击“文字方向”按钮，在弹出的下拉菜单中选择“所有文字旋转 90°”命令，如图 20.35 所示。

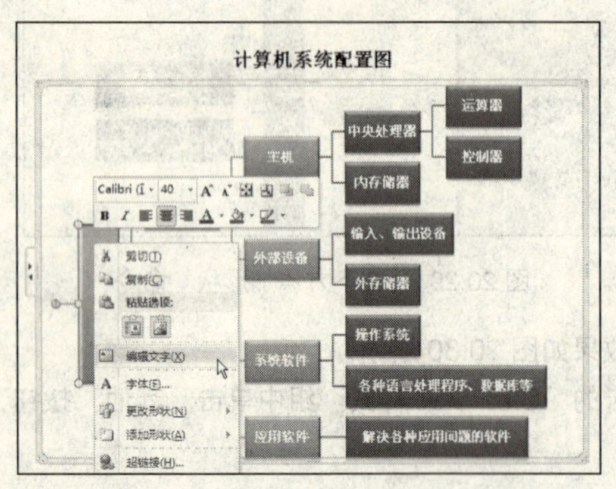

图 20.34 选择“编辑文字”命令

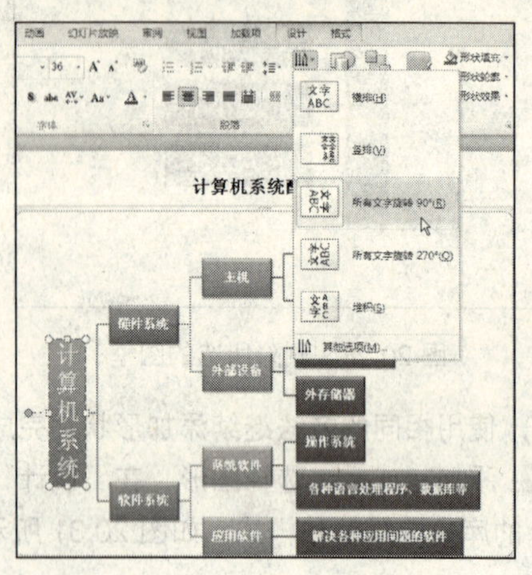

图 20.35 选择“所有文字旋转 90°”命令

Step 12 选择旋转完成后的文本，单击“字体”组中的“加粗”按钮。至此，计算机系统配置图就制作完成，如图 20.36 所示。确认全部操作完成后，将场景进行保存。

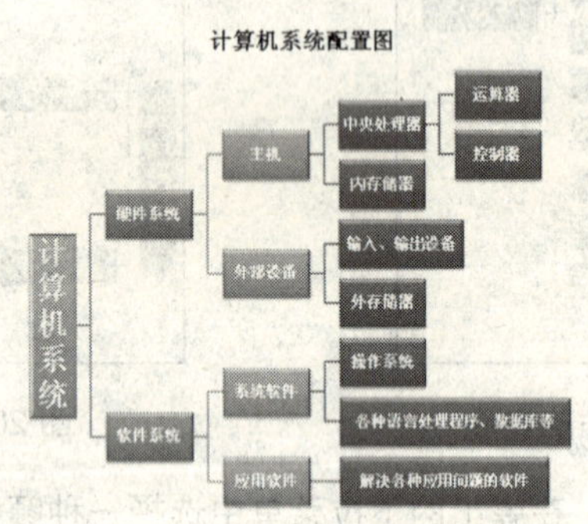

图 20.36 完成后的效果

20.4 课后练习与上机操作

一、选择题

1．在“插入图片”对话框中，以________视图模式显示图片文件可以直接浏览到图片效果。

A. 大图标　　B. 小图标　　C. 预览　　D. 缩略图

2．结合________键可以绘制出正方形和圆形图形。

A. Alt　　B. Ctrl　　C. Shift　　D. Tab

二、简答题

1．如何在 PowerPoint 2010 中插入来自文件的图片？

2. 如何插入组织结构图？
3. 如何设置影片和声音的播放方式？

三、操作题

1. 创建一个空演示文稿，在第 1 张幻灯片中插入艺术字“欢迎光临”。
2. 在第 2 张幻灯片中画出 4 个大红灯笼，上面分别写有“新”、“年”、“快”、“乐”4 个字。
3. 分别为两张幻灯片插入一首 CD 音乐并录制一段旁白。
4. 利用自动版式创建班级或公司的组织结构图。
5. 在班级或公司的组织结构图中，练习改变组织结构图的结构。

第21章

设置幻灯片动画和放映幻灯片

本章导读

本章将介绍如何为创建的幻灯片添加动画效果，以及如何根据演示文稿的用途和放映环境的需要设置放映方式。

知识要点

- 使用动画方案
- 添加动画效果
- 设置放映方式
- 放映时切换幻灯片
- 设置动作按钮

21.1 使用动画方案

PowerPoint 2010 提供了多种动画方案，在其中设置了幻灯片的切换效果和幻灯片中各对象的动画显示效果。使用这些预设的动画方案，能快速地为演示文稿中的一个或所有幻灯片设置动画效果。

要应用动画方案时，首先选择要应用动画的幻灯片、幻灯片中要应用动画方案的文本或对象，在“动画”选项卡的“高级动画”组中单击“添加动画”按钮，在下拉菜单中选择需要的动画方案，如图 21.1 所示。或者单击“动画”选项卡“动画”组中的“其他”按钮，在库中选择需要的动画方案，如图 21.2 所示。

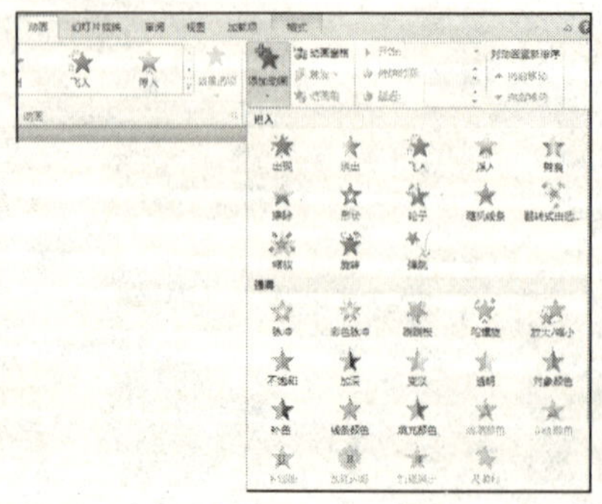

图 21.1 “高级动画”下拉菜单

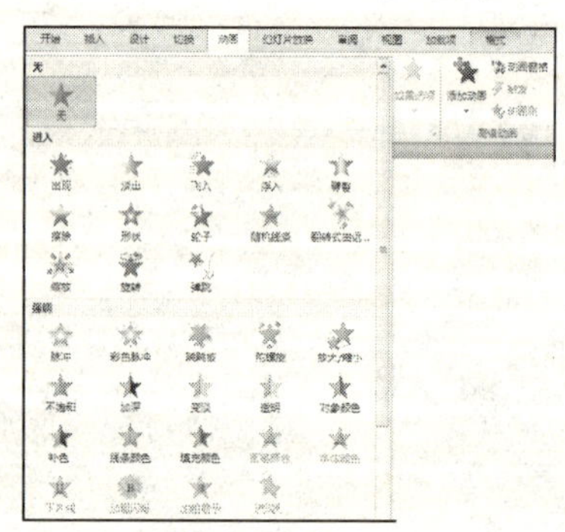

图 21.2 “动画”库

如果为图设置了动画方案，可单击“高级动画”组中的“动画窗格”按钮，在“动画”窗格中说明了该动画的信息，单击“播放”按钮，播放动画。

提 示

如果要删除为幻灯片设置的动画方案，按 Delete 键即可。

21.2 自定义动画效果

除了使用预定义的动画方案外，用户还可以为幻灯片中的对象应用自定义的动画效果，从而使幻灯片更具个性化。

21.2.1 添加动画效果

用户能为幻灯片中的对象设置进入、强调、退出和路径等动画效果。由于设置进入、强调和退出 3 种动画效果的方法基本相同，所以这里只介绍为幻灯片的对象添加“进入”动画效果。

添加“进入”动画效果的具体操作步骤如下。

Step 01 在普通视图中，显示要设置动画效果的文本或对象的幻灯片。

Step 02 选择幻灯片中要设置动画效果的对象。

Step 03 切换到“动画”选项卡，单击“高级动画”组中的“添加动画”按钮，在弹出的下拉菜单中选择“更多进入效果”命令，如图 21.3 所示。

Step 04 打开“添加进入效果”对话框，如图 21.4 所示。在其中选择一种效果，然后单击“确定”按钮，即可将该效果应用于幻灯片中所选的对象。这时，在幻灯片窗口中的幻灯片对象上出现了动画效果标记，例如 1 、 2 等。

图 21.3 选择“更多进入效果”命令

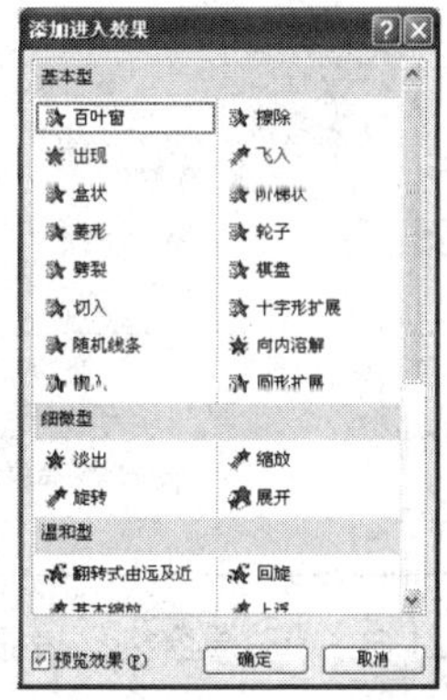

图 21.4 “添加进入效果”对话框

Step 05 如要更改动画效果的开始方式，可以单击“计时”组中的“开始”下拉列表框右边的下三角按钮，从打开的下拉列表中选择一种方式，具体选项说明如下。

- 单击时：选择此选项，则当幻灯片放映到动画效果序列中的该动画时，单击鼠标才开始动画显示幻灯片中的对象；否则将一直停在此位置以等待用户单击鼠标来激活。

- 同时：选择此选项，则该动画效果和前一个动画效果同时发生，这时其序号将和前一个用单击来激活的动画效果的序号相同。
- 之后：选择此选项，则该动画效果将在前一个动画效果播放完时发生，这时其序号将和前一个用单击来激活的动画效果的序号相同。

设置完后，可以单击“幻灯片放映”按钮来预览动画效果。

提 示

添加动作路径和添加其他动画效果的方法基本相同。只是在添加后，会出现动作路径的路径控制点，如图 21.5 所示。

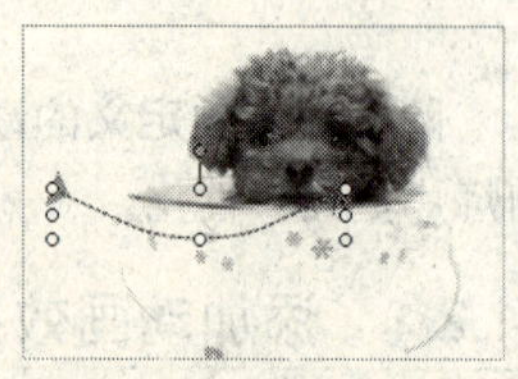

图 21.5 动作路径

如果要改变路径的长短，拖动尺寸控制点即可。如要改变路径的旋转角度，向左或向右拖动方向控制点即可。如果要改变路径的位置，移动鼠标指针到路径上，当鼠标指针变成“十”字箭头时，按住鼠标左键并拖动到合适的位置后释放即可。

如果要改变路径的形状，移动鼠标指针到路径上，当鼠标指针变成“十”字箭头时，单击鼠标右键，弹出快捷菜单，选择其中的“编辑顶点”命令进入路径节点编辑状态，这时就可以开始编辑路径了。

21.2.2 编辑动画效果

设置了动画效果后，还可以根据需要对其进行修改。更改动画序列的具体操作步骤如下。

Step 01 在普通视图中，显示要重新排序动画的演示文稿。

Step 02 切换到“动画”选项卡，单击“高级动画”组中的“动画窗格”按钮，如图 21.6 所示。弹出如图 21.7 所示的窗格。

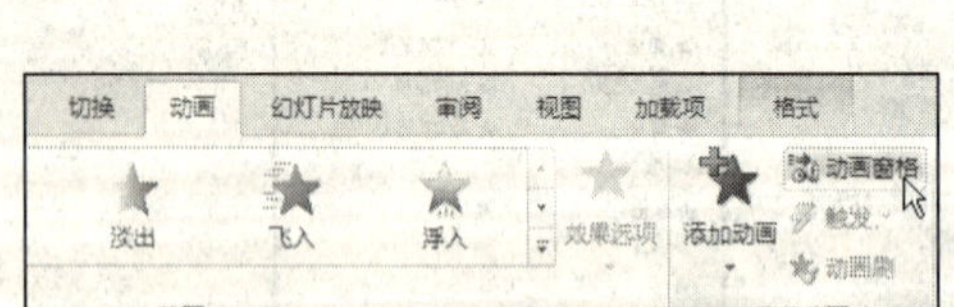

图 21.6 “动画窗格”按钮

图 21.7 打开的“动画窗格”

Step 03 在弹出的“动画窗格”中选择要移动的项目，单击鼠标，将其拖到其他位置即可；或单击“动画窗格”下方的⬆和⬇按钮来调整动画的序列。

提 示

如果在列表中没有发现要选择的动画，单击“动画”组中的▾按钮，可以展开动画列表框中没显示出来的动画效果。

删除动画效果的具体操作步骤如下。

Step 01 切换到“动画”选项卡，单击“高级动画”组中的“动画窗格”按钮。

Step 02 在弹出的任务窗格中选择需要删除的动画效果。

Step 03 在选中的效果上右击鼠标，在弹出的快捷菜单中选择“删除”命令，如图 21.8 所示。按 Delete 键，即可删除选定的动画效果，如图 21.9 所示。

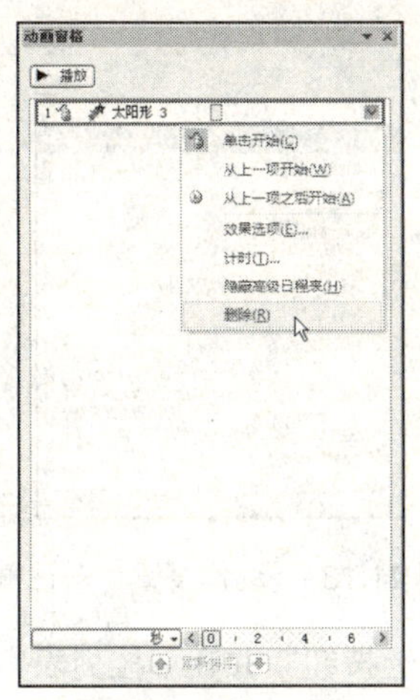

图 21.8　选择“删除”命令

图 21.9　删除动画效果

21.2.3　设置幻灯片的切换效果

切换效果是指幻灯片之间衔接的特殊效果。在幻灯片放映的过程中，由一张幻灯片转换到另一张幻灯片时，可以设置多种不同的切换方式，如“垂直百叶窗”方式或“盒状收缩”方式等，其具体操作步骤如下。

Step 01 在“幻灯片”窗格中打开要添加切换效果的幻灯片图标。

Step 02 切换到“切换”选项卡，在“切换到此幻灯片”组中选择一种切换的效果，如图 21.10 所示。设置完成后，单击“预览”按钮进行预览。

Step 03 单击“计时”组中的“声音”按钮右侧的下三角按钮，在弹出的下拉列表中选择一种声音特效，如图 21.11 所示。

Step 04 如果想将设置的切换效果用于演示文稿中的所有幻灯片上，可单击“计时”组中的“全部应用”按钮。

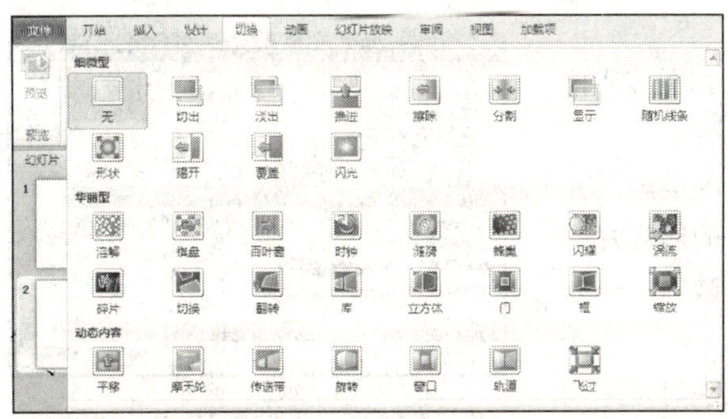

图 21.10　选择一种切换效果

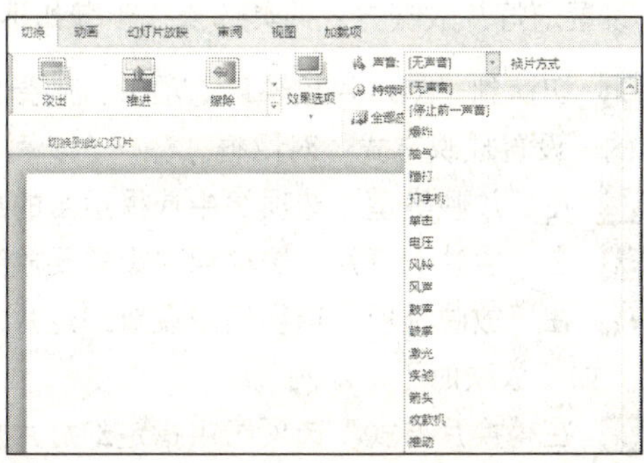

图 21.11　声音列表

21.2.4 设置动作按钮

用户可以将某个动作按钮添加到演示文稿中，然后定义如何在幻灯片的放映过程中使用它。创建动作按钮的具体操作步骤如下。

Step 01 在幻灯片中选择需要设置为动作按钮的图形对象，切换到“插入”选项卡，单击“链接”组中的“动作”按钮，如图 21.12 所示。

Step 02 此时会弹出如图 21.13 所示的“动作设置”对话框。

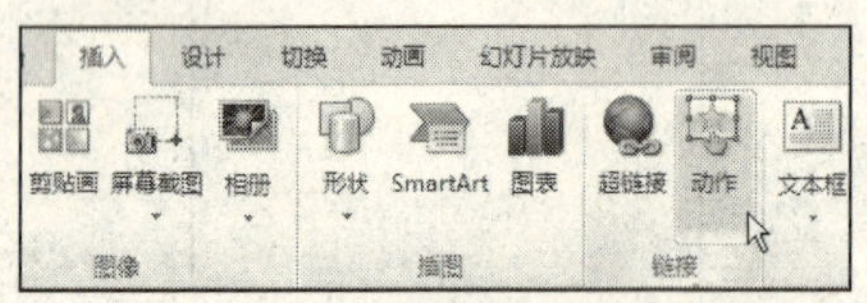

图 21.12 “动作”按钮

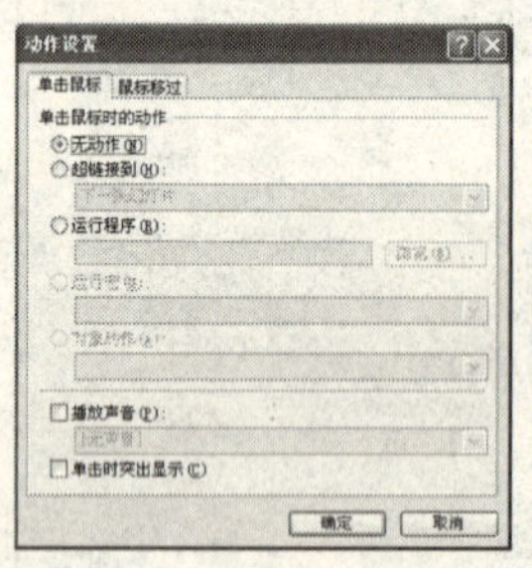

图 21.13 “动作设置”对话框

Step 03 在弹出的“动画设置”对话框中选中“超链接到”单选按钮，并在下拉列表中选择要链接到的幻灯片选项。

Step 04 在该对话框中勾选“播放声音”复选框，并单击“播放声音”复选框下方的下三角按钮，在弹出的下拉列表中选择一种声音，为幻灯片添加声音特效。

Step 05 设置完成后，单击“确定”按钮。单击“幻灯片”选项卡中的“从头开始”按钮，浏览设置完成的幻灯片。

21.3 放映幻灯片

用户在对幻灯片进行修饰并设置了一些特殊的效果之后，就可以对演示文稿进行预演了。在本节中，将介绍如何根据演示文稿的用途和放映环境的需要来设置放映方式，使演讲者随心所欲地控制放映过程。

21.3.1 设置放映方式

设置幻灯片放映方式的具体操作步骤如下。

Step 01 切换到“幻灯片放映”选项卡，则弹出如图 21.14 所示的“设置放映方式”对话框。

Step 02 在“放映类型”选项组中选择适当的放映类型。

Step 03 在“放映幻灯片”选项组中设置要放映的幻灯片。

Step 04 在“放映选项”选项组中设置幻灯片放映时的一些效果，如“放映时不加动画”。

Step 05 在“换片方式”选项组中指定幻灯片放映时是采用人工换片，还是采用排练时间定时自动换片。

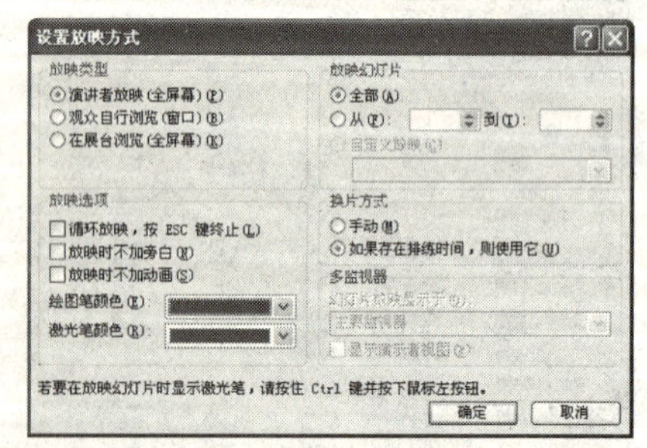

图 21.14 “设置放映方式”对话框

Step 06 设置完成后，单击“确定”按钮，即可完成放映设置。

通过对幻灯片进行排练，可精确分配每张幻灯片放映的时间。用户既可以使用排练计时，也可以人工设置放映时间。

使用排练计时，可以在排练时自动设置幻灯片放映的时间间隔。使用排练计时的具体操作步骤如下。

Step 01 打开要进行排练计时的演示文稿。

Step 02 切换到“幻灯片放映”选项卡，单击“设置”组中的“排练计时”按钮，进行预演。

Step 03 单击“预演”工具栏上的“暂停录制”按钮，则可暂停计时；单击“下一项”按钮，可排练下一张幻灯片；单击“重复”按钮时，可重新排练该幻灯片。排练完成后，则会弹出如图 21.15 所示的对话框提示是否保留幻灯片排练时间。

图 21.15 提示对话框

Step 04 单击“是”按钮，确认应用排练计时。此时会在幻灯片浏览视图中的每张幻灯片的左下角显示该幻灯片的放映时间。

用户还可以人工设置幻灯片放映的时间间隔，这样放映时就会自动换片，节省演讲者的时间和精力。人工设置放映时间的方法就是在设置幻灯片切换效果的同时设置时间。

21.3.2 启动幻灯片放映

放映演示文稿的方法很简单，具体操作步骤如下。

Step 01 在 PowerPoint 2010 中打开要放映的幻灯片。

Step 02 切换到“幻灯片放映”选项卡，单击“放映幻灯片开始”组中的“从头开始”按钮，或按 F5 键开始放映幻灯片。

Step 03 如果想停止幻灯片放映，按 Esc 键即可；或右击鼠标，在弹出的快捷菜单中选择“结束放映”命令。

21.3.3 放映时切换幻灯片

对于每种切换类型，在幻灯片放映过程中都有几种可选的方法。

1. 转到下一张幻灯片

转到下一张幻灯片的操作方法如下。

- 单击鼠标。
- 按空格键或 Enter 键。
- 单击鼠标右键，从弹出的快捷菜单上选择“下一张”命令。

2. 观看以前查看过的幻灯片

单击鼠标右键，从弹出的快捷菜单中选择“上次查看过的”命令即可。

3. 转到上一张幻灯片

转到上一张幻灯片的操作方法如下。

- 按 Back Space 键。
- 按键盘上的↑、↓键。
- 单击鼠标右键，从弹出的快捷菜单上选择“上一张”命令。

4. 观看指定的幻灯片

转到指定的幻灯片上的具体操作步骤如下。

- 输入幻灯片编号，再按 Enter 键。
- 单击鼠标右键，从弹出的快捷菜单中选择“定位至幻灯片”命令，然后选择所需的幻灯片即可。

21.4 案例实训

本案例实训根据前面所学的内容，制作装修效果图浏览幻灯片。

Step 01 打开 PowerPoint 2010，新建幻灯片，将版式设置为“空白”，如图 21.16 所示。

Step 02 切换到“设计”选项卡，单击“主题”组中的“其他”按钮，在弹出的库中选择一种主题样式，如图 21.17 所示。

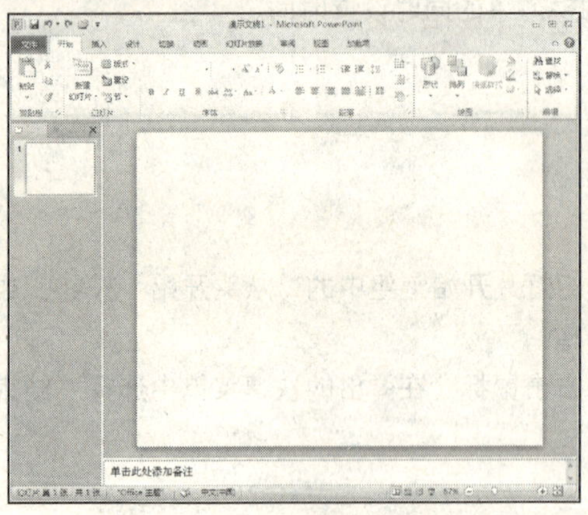

图 21.16 新建的幻灯片

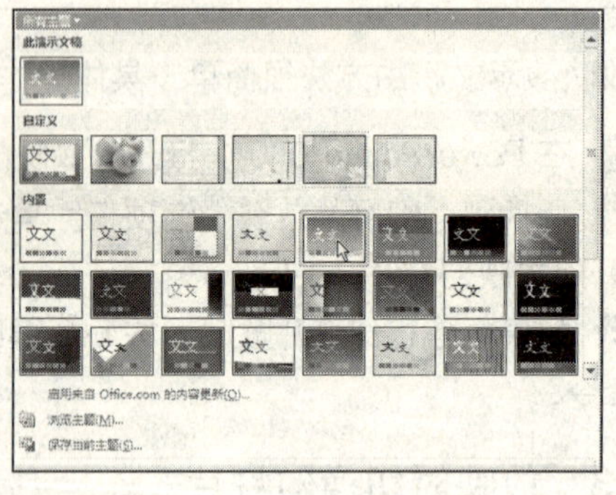

图 21.17 选择切换效果

Step 03 设置完成后，切换到“插入”选项卡，在“文本组”中单击“艺术字”按钮，在弹出的下拉菜单中选择一种艺术字样式，如图 21.18 所示。

Step 04 选择完成后，在弹出的文本框中输入标题文本，并调整文本框位置，如图 21.19 所示。

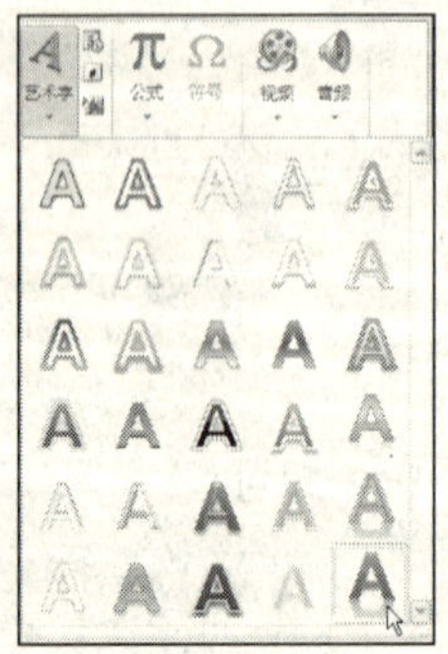

图 21.18 选择艺术字样式

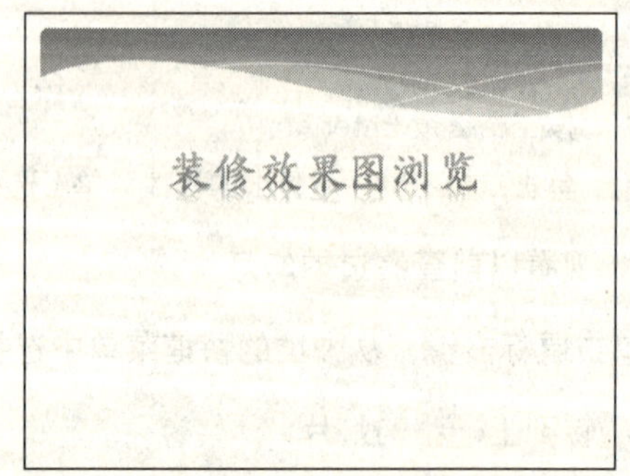

图 21.19 输入标题文本

Step 05 选择输入的标题文本，在“动画”选项卡的“动画”组中单击“其他”按钮，在弹出的库中选择“弹跳”，如图 21.20 所示。

Step 06 切换到“插入”选项卡，单击“图像”组中的“图片”按钮，在弹出的“插入图片”对话框中选择“素材\第二十一章\图片 1.wmf”素材文件，单击“插入”按钮，如图 21.21 所示。

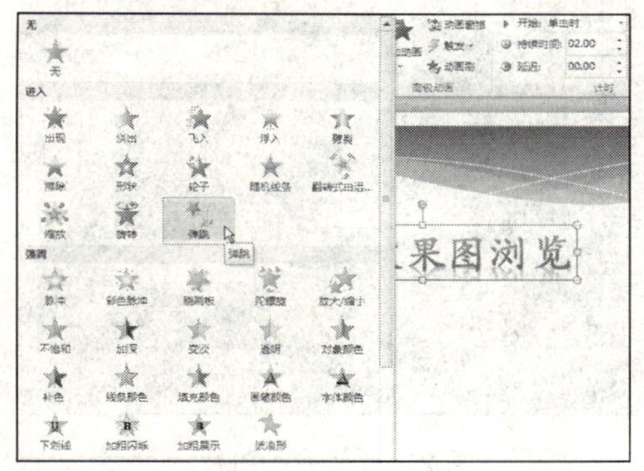

图 21.20 选择“弹跳”动画

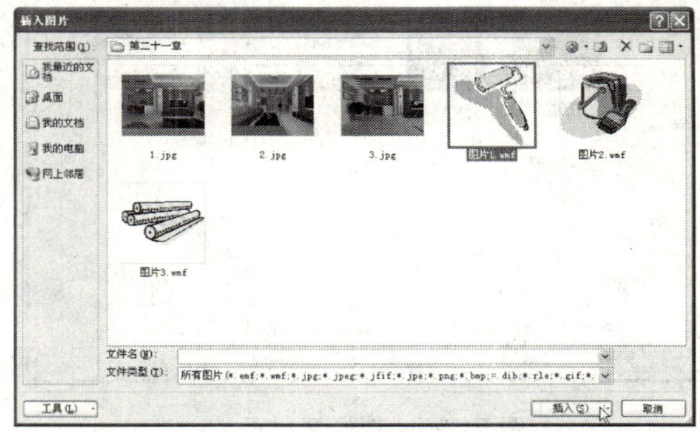

图 21.21 “插入图片”对话框

Step 07 此时选择的图片即可插入到幻灯片中，调整其位置，如图 21.22 所示。

Step 08 使用相同的方式继续插入“图片 2.wmf”、“图片 3.wmf”素材图片并调整其位置，完成后的效果如图 21.23 所示。

图 21.22 插入图片

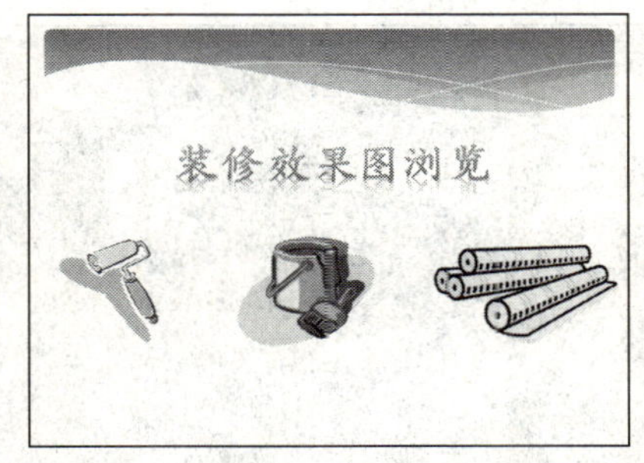

图 21.23 图片插入完成后的效果

Step 09 插入完成后，使用和前面相同的方法插入艺术字，并设置字体为“方正楷体简体”、“字号”为 44，完成后的效果如图 21.24 所示。

Step 10 切换到“开始”选项卡，单击“新建幻灯片”按钮，在弹出的下拉菜单中选择“空白”幻灯片版式，新建 3 张幻灯片，如图 21.25 所示。

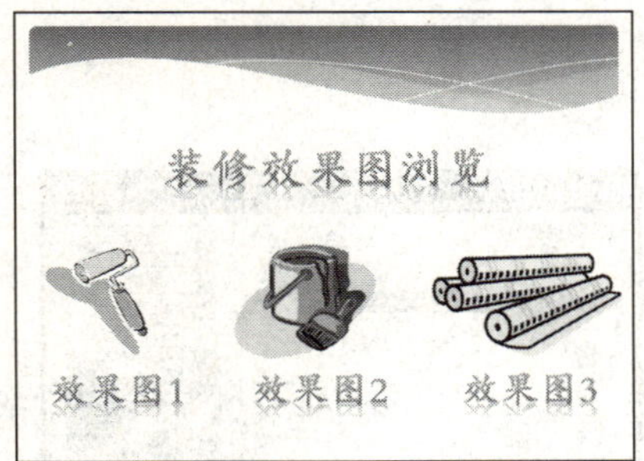

图 21.24 插入艺术字

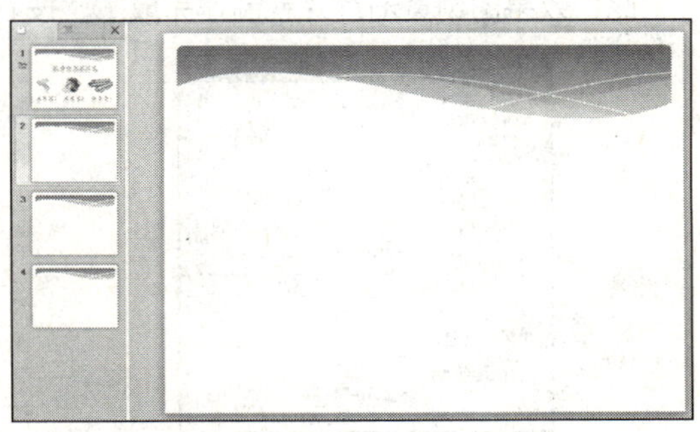

图 21.25 新建的幻灯片

Step 11 切换到“插入”选项卡，单击“图像”组中的“图片”按钮，在弹出的“插入图片”对话框中选择“素材\第二十一章\1.jpg”素材文件，单击“插入”按钮，如图 21.26 所示。

Step 12 图片插入后，会根据幻灯片大小自动调整比例，如图 21.27 所示。

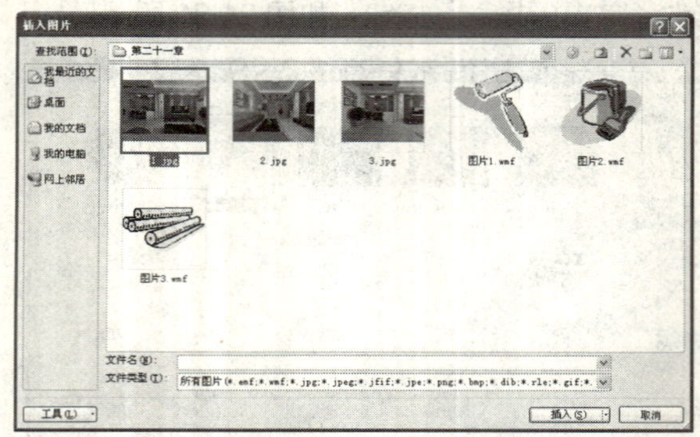

图 21.26 选择素材图片

图 21.27 插入图片

Step 13 使用相同的方法为剩余两张幻灯片插入图片，完成后的效果如图 21.28 所示。

Step 14 选择第 1 张幻灯片最左侧图片，切换到“插入”选项卡，单击“链接”组中的“动作”按钮，弹出“动作设置”对话框，选择“超链接到”单选按钮，在下拉列表中选择“下一张幻灯片”，如图 21.29 所示。

图 21.28 图片插入完成后的效果

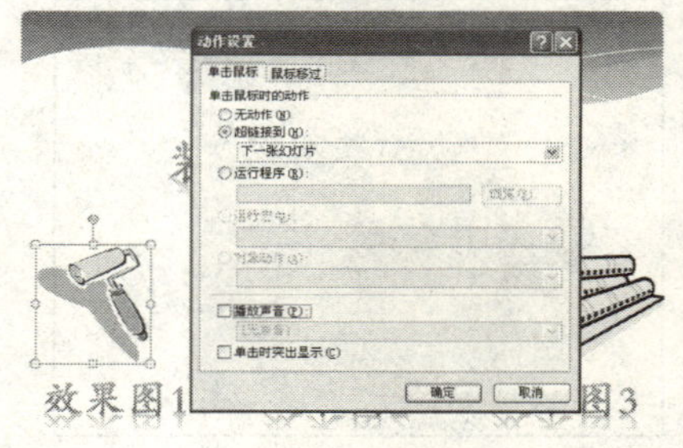

图 21.29 “动作设置”对话框

Step 15 选择中间的图片，打开“动作设置”对话框，选择“超链接到”单选按钮，在下拉列表中选择“幻灯片”，如图 21.30 所示。

Step 16 弹出“超链接到幻灯片”对话框，选择“幻灯片 3”，然后单击“确定”按钮，如图 21.31 所示。至此，效果图浏览幻灯片就制作完成了。按 F5 键进行幻灯片播放，最后将场景文件进行保存。

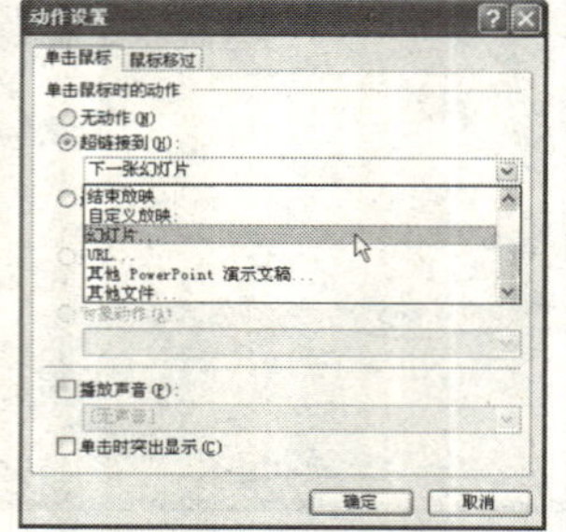

图 21.30 选择“幻灯片”

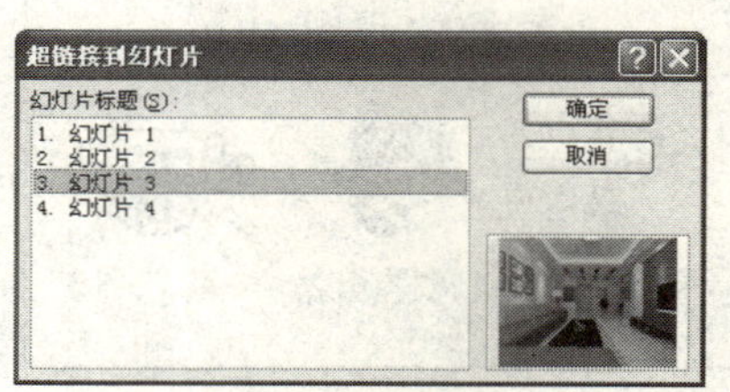

图 21.31 “超链接到幻灯片”对话框

21.5 课后练习与上机操作

一、选择题

1. 下列关于幻灯片动画效果的说法不正确的是________。

A. 如果要对幻灯片中的对象进行详细的动画效果设置，就应该使用自定义动画
B. 对幻灯片中的对象可以设置打字机效果
C. 幻灯片文本不能设置动画效果
D. 动画顺序决定了对象在幻灯片中出场的先后次序

2. 按________键可以启动幻灯片放映。

A. Enter　B. F5　C. F6　D. 空格

3. 在幻灯片放映过程中，能正确转到上一张幻灯片的操作是________。

A. 单击鼠标左键　B. 按 F5 键　C. 按 Back Space 键　D. 以上都不正确

二、简答题

1. 如何为幻灯片中的对象添加进入动画效果？
2. 如何设置幻灯片的切换效果？
3. 如何为幻灯片设置动作按钮？

三、操作题

1. 打开“素材\第二十一章\景点简介.ppt”文件，为每张幻灯片上的对象添加不同的自定义动画效果。
2. 适当地更改或删除某些自定义动画，并更改某些动画序列的顺序。
3. 分别为 3 张幻灯片设置不同的切换效果。
4. 为最后一张幻灯片添加一个跳转到第 1 张幻灯片的动作按钮。
5. 启动幻灯片的放映，并利用多种操作方法切换幻灯片。

第22章

认识 Access 2010

本章导读

本章将主要介绍启动与退出 Access 2010 的方法，并对 Access 2010 工作界面中的 3 个主要组件进行详细的介绍，分别是 Backstage 视图 、功能区和导航窗格。

知识要点

- Access 2010 简介
- 熟悉 Access 2010 的工作界面
- 启动 Access 2010
- 退出 Access 2010

22.1 Access 2010简介

Access 2010 是由 Microsoft 公司开发的、基于 Windows 操作系统、面向对象的、采用事件驱动机制的新型关系数据库管理系统。使用它，用户无须编写任何编码，仅通过简单直观的可视化操作，就可以完成大部分的数据库管理任务。

Access 2010 提供了表生成器、查询生成器、报表设计器等许多便捷的可视化操作工具，以及数据库向导、表向导、查询向导、窗体向导、报表向导等众多向导，可以很方便地构造功能完善的数据库管理系统。另外，还为数据库开发管理人员提供了 Visual Basic for Application（VBA）程序设计语言，便于高级用户开发使用。

22.2 启动Access 2010

Access 2010 是 Office 2010 的组件之一，在安装 Office 2010 时只要选择了 Access 组件，即可安装。

在安装完成后，系统会在“开始”菜单中自动创建一个 Access 的菜单命令，单击它，即可启动，具体操作步骤如下。

Step 01 单击 Windows 桌面上的“开始”按钮，在弹出的下拉菜单中选择“程序”|Microsoft Office

选项。

Step 02 在弹出的级联菜单中选择 Microsoft Access 2010 命令，即可启动 Access 2010 中文版应用程序。

提 示

在电脑桌面上双击 Microsoft Access 2010 应用程序图标也可以启动 Access 2010。

22.3 熟悉Access 2010的工作界面

与以前的版本相比，尤其是与 Access 2007 之前的版本相比，Access 2010 的工作界面发生了重大变化。Access 2007 中引入了两个主要的工作界面组件：功能区和导航窗格。而在 Access 2010 中，不仅对功能区进行了多处更改，还新引入了第三个工作界面组件 Microsoft Office Backstage 视图。

22.3.1 Backstage 视图

Backstage 视图不仅包含很多以前出现在 Access 早期版本的“文件”菜单中的命令，还包含适用于整个数据库文件的其他命令。在打开 Access，但未打开数据库时（例如，从 Windows “开始”菜单中打开 Access），可以看到 Backstage 视图，如图 22.1 所示。

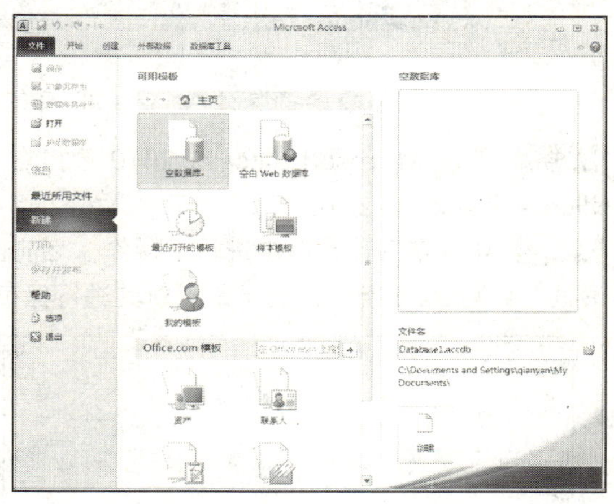

图 22.1 Backstage 视图

在 Backstage 视图中，可以创建新数据库、打开现有数据库、通过 SharePoint Server 将数据库发布到 Web，以及执行很多文件和数据库维护任务。

22.3.2 功能区

功能区是早期 Access 版本中菜单和工具栏的主要替代部分，并提供了 Access 2010 中主要的命令界面。功能区是由一系列命令选项卡组成的。在 Access 2010 中，主要的命令选项卡包括“文件”、“开始”、“创建”、“外部数据”和“数据库工具”，每个选项卡又包含多组相关命令，如图 22.2 所示。

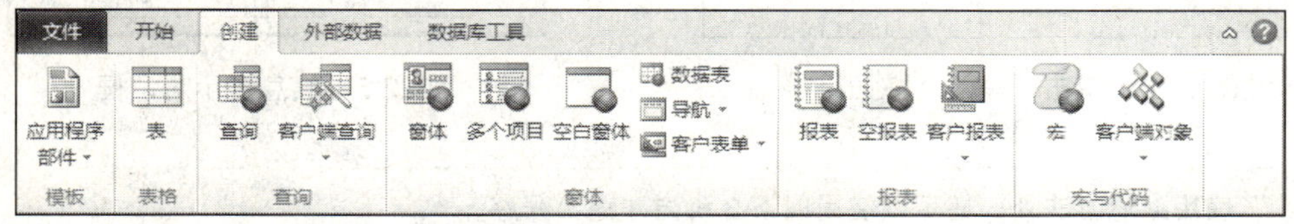

图 22.2 功能区

22.3.3 导航窗格

在打开数据库或创建新数据库时，数据库对象的名称将显示在“导航”窗格中。“导航”窗格取代了早期 Access 版本中所用的数据库窗口，如图 22.3 所示。

图 22.3 “导航”窗格

22.4 案例实训

本案例实训将教读者退出 Access 2010 的方法，具体操作步骤如下。

Step 01 单击 Microsoft Access 2010 窗口右上角的“关闭”按钮，如图 22.4 所示，即可退出 Microsoft Access 2010。

Step 02 如果在工作界面中进行了操作，之前也未进行保存，则在退出该软件时会弹出信息提示对话框，如图 22.5 所示，提示是否对其进行保存。

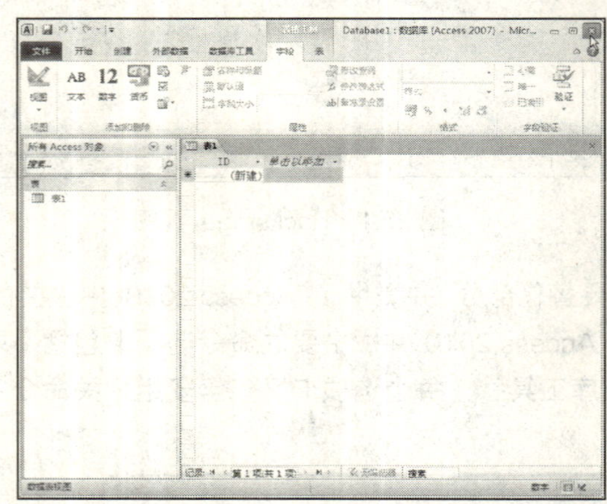

图 22.4 单击“关闭”按钮

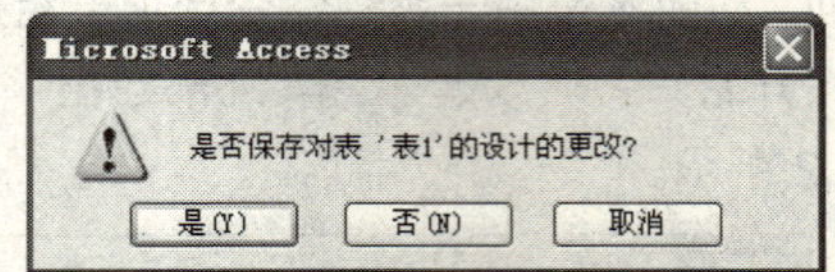

图 22.5 信息提示对话框

提 示

除了使用上述方法外，还可以使用以下 3 种方法退出程序。

方法 1：单击“文件”按钮，在弹出的下拉菜单中选择“退出”命令。

方法 2：按 Alt+F4 组合键。

方法 3：单击窗口左上角的A按钮，在弹出的下拉菜单中选择“关闭”命令。

22.5 课后练习与上机操作

一、简答题

1．简述启动 Access 2010 的方法。
2．简述功能区中包含哪几个选项卡。
3．简述退出 Access 2010 的方法。

二、操作题

1．使用多种方法启动 Access 2010。
2．在 Access 2010 的工作界面中熟悉 Backstage 视图的功能。
3．使用多种方法退出 Access 2010。

第23章

建立数据库

本章导读

本章将主要介绍创建数据库和表的方法，还对设置字段属性、创建索引、定义和更改主键进行详细的介绍。

知识要点

- ✪ 数据库的概述
- ✪ 创建数据库
- ✪ 设置字段属性
- ✪ 创建索引
- ✪ 创建新表
- ✪ 定义和更改主键

23.1 数据库的概述

数据库就是与特定主题或任务相关的数据集合。在 Access 2010 中，大多数数据存放在各种不同结构的表中。所谓表，就是具有相同结构的数据集合。

一个 Access 数据库是许多数据库对象的集合。其中数据库对象包括：表、查询、窗体、报表、宏和代码。在任何时候，Access 只能打开并运行一个数据库。但是，在每一个数据库中，可以拥有众多的表、查询、窗体、报表、宏和代码。

23.2 创建数据库

本节介绍创建数据库的两种方法：利用模板创建数据库和创建空数据库。

23.2.1 利用模板创建数据库

利用模板创建数据库，具体的操作步骤如下。

Step 01 启用 Access 2010 后，在“文件”下拉菜单中选择“新建”命令，然后在“可用模板”区域中单击“样本模板”按钮，如图 23.1 所示。

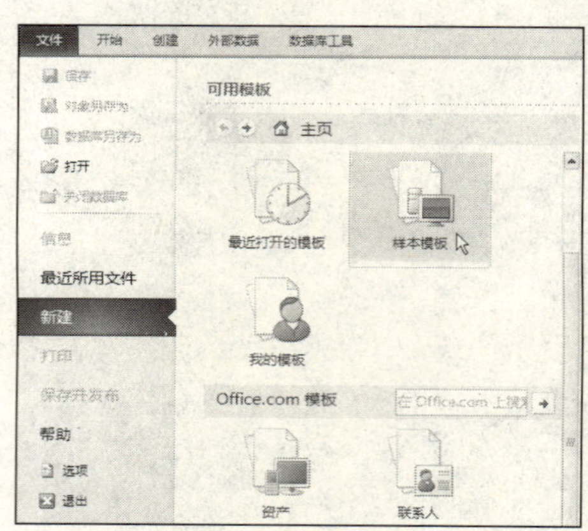

图 23.1 单击“样本模板”按钮

Step 02 在“样本模板”区域中单击“教职员”模板，然后单击右下角的“创建”按钮，如图 23.2 所示。

Step 03 打开该数据库，效果如图 23.3 所示。

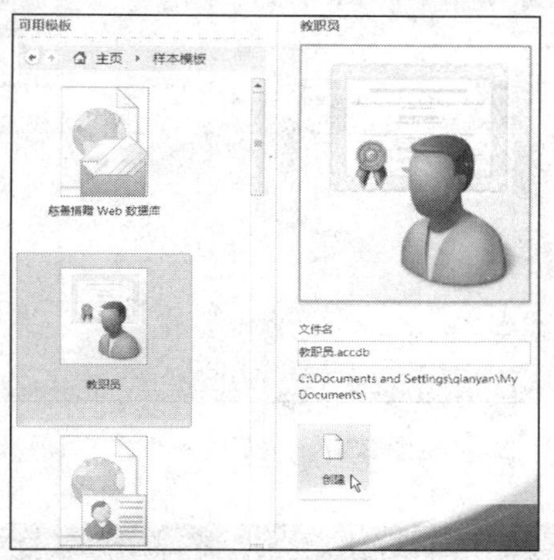

图 23.2 单击“创建”按钮

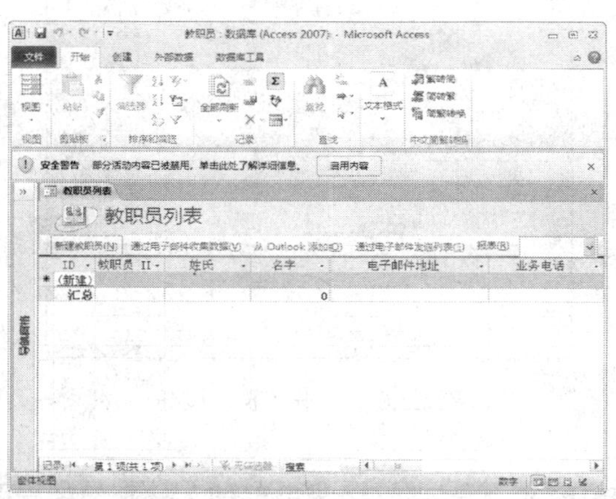

图 23.3 利用模板创建的数据库

23.2.2 创建空数据库

创建一个空数据库的操作步骤如下。

Step 01 启动 Access 2010 后，在“文件”下拉菜单中选择“新建”命令，在“可用模板”区域中单击“空数据库”按钮，然后单击右下角的“创建”按钮，如图 23.4 所示。

Step 02 打开创建的空数据库，效果如图 23.5 所示。

图 23.4 单击“空数据库”按钮

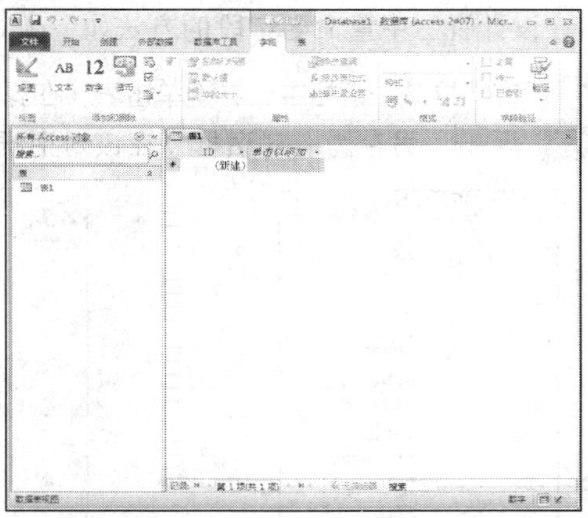

图 23.5 创建的空数据库

23.3 创建新表

在创建新的空数据库时，会自动插入一个新的空表。如果要在现有数据库中创建新表，可以使用下面的方法。

Step 01 切换到“创建”选项卡，在“表格”组中单击“表”按钮，如图 23.6 所示。

Step 02 在数据库中插入的一个新表，如图 23.7 所示。

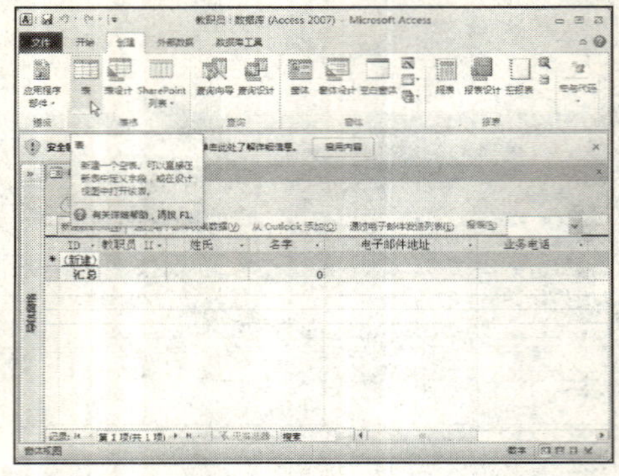

图 23.6 单击“表”按钮

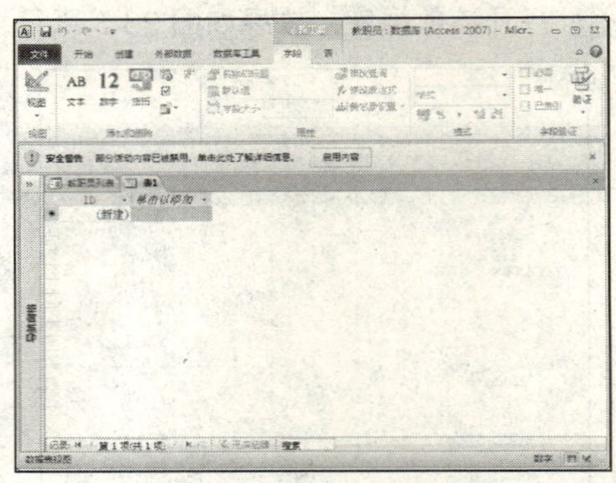

图 23.7 创建的新表

23.4 设置字段属性

通过设置字段属性可以控制字段的外观和行为，如重命名字段、更改字段的数据类型和格式等。

23.4.1 重命名字段

字段是表的基本存储单元，为字段命名可以方便地使用和识别字段。在数据表视图中，双击字段名，然后输入新的字段名称，再按 Enter 键即可；或者在字段名上单击鼠标右键，在弹出的快捷菜单中选择“重命名字段”命令，如图 23.8 所示，然后输入新的字段名即可。

在设计视图中重命名字段的方法如下。

Step 01 在“导航”窗格中，右键单击表，在弹出的快捷菜单中选择“设计视图”命令，如图 23.9 所示。

Step 02 弹出“另存为”对话框，在该对话框中可以为表输入新名称，如图 23.10 所示。

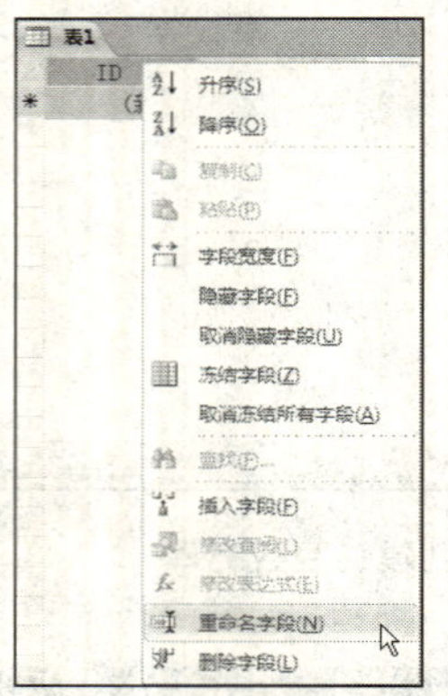

图 23.8 选择“重命名字段”命令

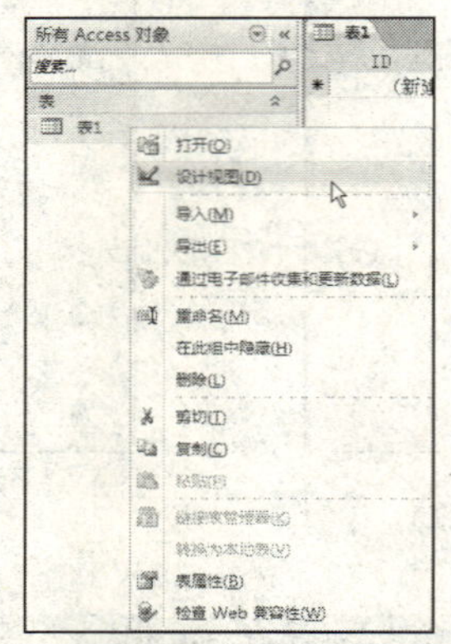

图 23.9 选择“设计视图”命令

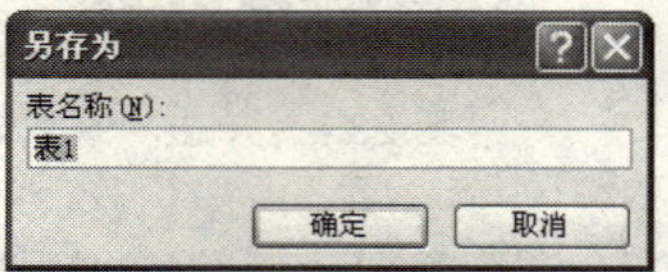

图 23.10 “另存为”对话框

Step 03 单击“确定”按钮，切换到设计视图中，然后在“字段名称”中输入新的字段名即可，如图 23.11 所示。

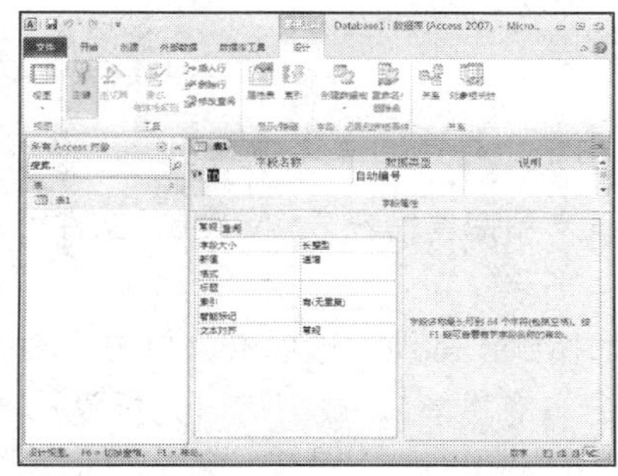

图 23.11 设计视图

23.4.2 设置数据类型

为字段命名后，必须确定该字段的数据类型。数据类型决定了该字段能存储什么样的数据，例如，文本和备注数据类型允许字段保存文本或数字，但是数字数据类型只允许字段保存数字。设置数据类型的主要方法如下。

方法 1：在数据表视图中，切换到“表格工具-字段”选项卡，在“格式”组中单击“数据类型”下拉列表框右侧的▾按钮，在弹出的下拉列表中选择一种数据类型即可，如图 23.12 所示。

方法 2：在设计视图中，单击“数据类型”下拉列表框右侧的▾按钮，在弹出的下拉列表中选择一种数据类型即可，如图 23.13 所示。

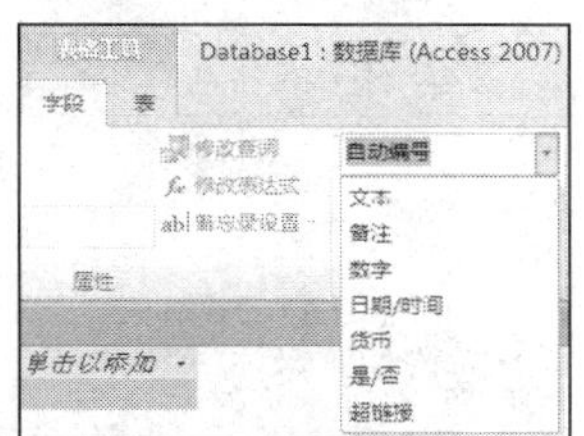

图 23.12 数据类型下拉列表（一）

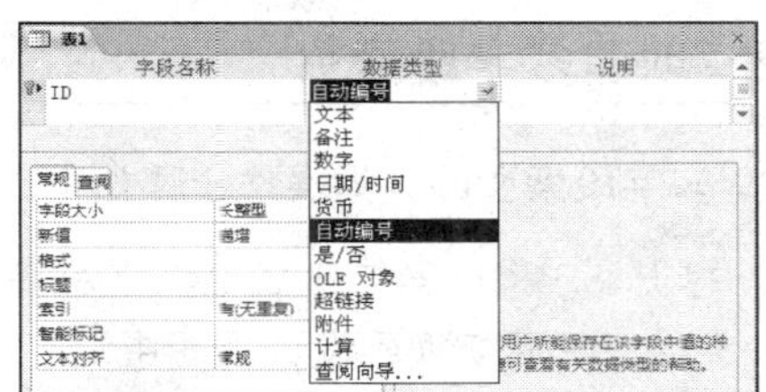

图 23.13 数据类型下拉列表（二）

23.4.3 输入字段说明

输入字段说明仅仅是帮助用户记住该字段的用途或者便于其他用户了解。如果为某一字段输入了字段说明，则每当在 Access 中使用该字段时，字段说明总是显示在状态栏中。

常用的输入方法是在设计视图中的“说明”文本框中直接输入字段的说明即可。

23.4.4 设置字段的其他属性

在设计视图中选择需要设置属性的字段，即可在“字段属性”窗格中显示出字段的属性。在该窗格中可以对字段的大小、格式、标题和文本对齐等属性进行设置。

23.5 创建索引

通过对一个字段进行索引，可显著加快查找、排序和分组的操作速度，也可以加快对字段的查询，但是需要更多的内存空间来存储信息。

23.5.1 创建单字段索引

创建单字段索引的方法比较简单，具体的操作步骤如下。

Step 01 打开“素材\第二十三章\产品销售情况表. Accdb”文件，然后切换到设计视图中，单击要创建索引的字段名称，如图 23.14 所示。

Step 02 在“字段属性”窗格中切换到“常规”选项卡，单击“索引”属性框，再单击右侧的按钮，在弹出的下拉列表中选择“有（有重复）”或“有（无重复）”选项即可，如图 23.15 所示。

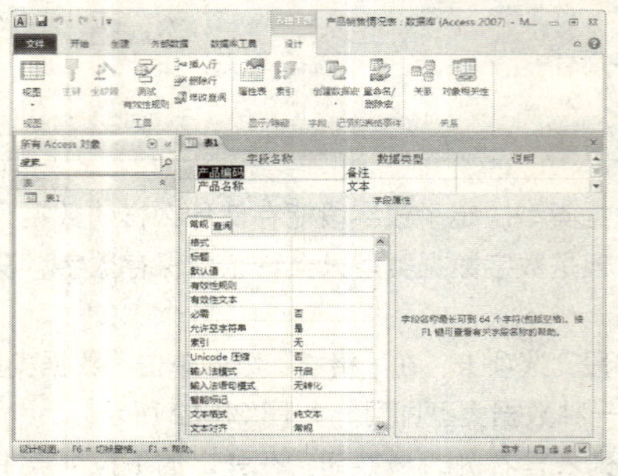

图 23.14 选择字段

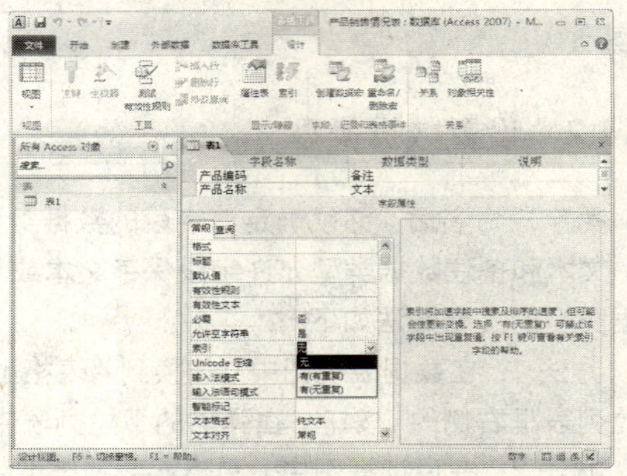

图 23.15 设置“索引”属性

23.5.2 创建多字段索引

创建多字段索引的具体操作步骤如下。

Step 01 打开“素材\第二十三章\产品销售情况表. accdb”文件，然后切换到设计视图中。

Step 02 切换到“表格工具-设计”选项卡，在“显示/隐藏”组中单击“索引”按钮，弹出“索引:表 1”对话框，如图 23.16 所示。

Step 03 在“索引名称”列中的第一个空白行内输入索引的名称，可以按照某一个索引字段的名称来命名索引，也可以使用其他名称。

Step 04 在“字段名称”列中单击按钮，在弹出的下拉列表中选择要用于索引的第一个字段，然后在下一行中选择要用于索引的第二个字段。重复操作，直至选择了要包含在索引中的所有字段为止。

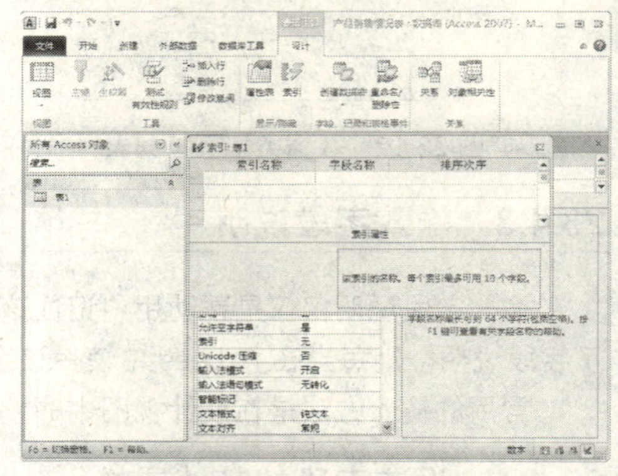

图 23.16 “索引:表 1”对话框

23.6 定义和更改主键

主键就是主关键字。虽然定义主关键字对单个表，并不是必须要求的，但最好还是指定一个主关键字。主关键字由一个或多个字段构成，它使记录具有唯一性。设置主关键字的目的就是要保证表中的所有记录都是唯一可识别的。

23.6.1 主键的类型

用户可以在 Access 中定义 3 种类型的主键：自动编号主键、单字段主键及多字段主键。

1. 自动编号主键

向表中添加每一条记录时，可将自动编号字段设置为自动输入连续数字的编号。将自动编号字段指定为表的主键，是创建主键的最简单方法。如果在保存新建的表之前没有设置主键，此时 Access 将询问是否要创建主键，单击“是”按钮，即可自动建立一个主键。对于每条记录，Access 将在该主键字段中自动设置一个连续数字。

2. 单字段主键

如果某字段中包含的都是唯一的值，例如，ID 号或零件编号，用户可以将该字段指定为主键。如果选择的字段有重复值或 Null（空）值，Access 将不会设置主键。

3. 多字段主键

在不能保证任何单字段都包含唯一值时，可以将两个或更多的字段指定为主键，这种情况最常出现在多对多关系中关联另外两个表的表中。

23.6.2 设置或更改主键

设置或更改主键的具体操作步骤如下。

Step 01 打开“素材\第二十三章\产品销售情况表. Accdb”文件，然后切换到设计视图中。

Step 02 选择所要定义为主键的一个或多个字段。如果要选择一个字段，请单击行选择器；如果要选择多个字段，在按住 Ctrl 键的同时，单击每一个所需字段的行选择器，如图 23.17 所示。

Step 03 选择“表格工具-设计”选项卡，在“工具”组中单击“主键”按钮，此时可以看到被定义为主键的字段名称前标有与“主键”按钮相似的标记，如图 23.18 所示。

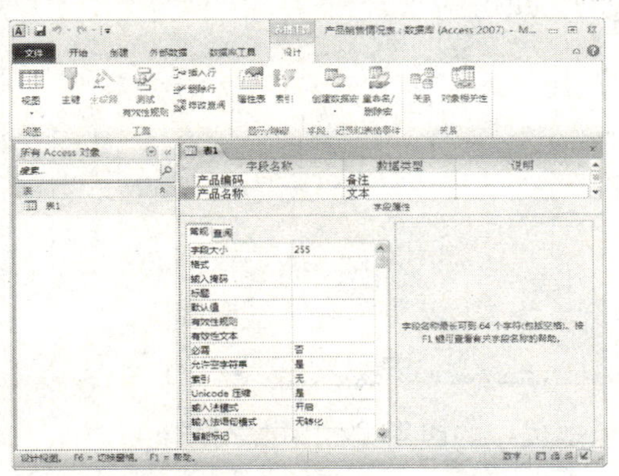

图 23.17 选择字段

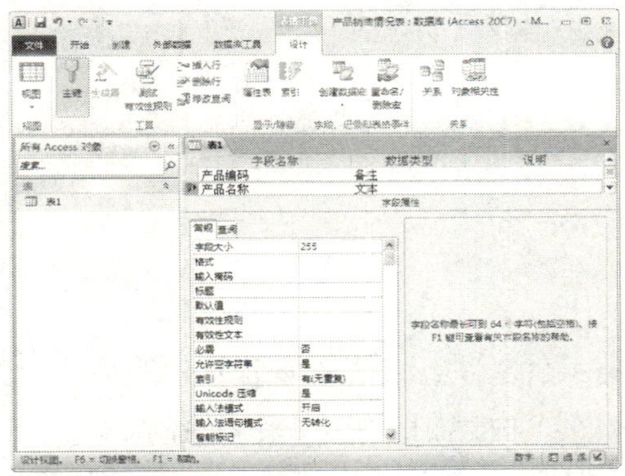

图 23.18 单击“主键”按钮

23.7 案例实训

本案例实训将主要练习创建空数据库、添加字段和定义主键等基本操作，其操作步骤如下。

Step 01 启动 Access 2010 后，在“文件”下拉菜单中选择“新建”命令，在“可用模板”区域中单击“空数据库”按钮，然后在右侧的“文件名”文本框中输入文件名，并单击“创建”按钮，如图 23.19 所示。

Step 02 在创建的一个空数据库中，双击“表 1”中第一个字段的字段名，然后输入新的字段名称，如“学号”，如图 23.20 所示。

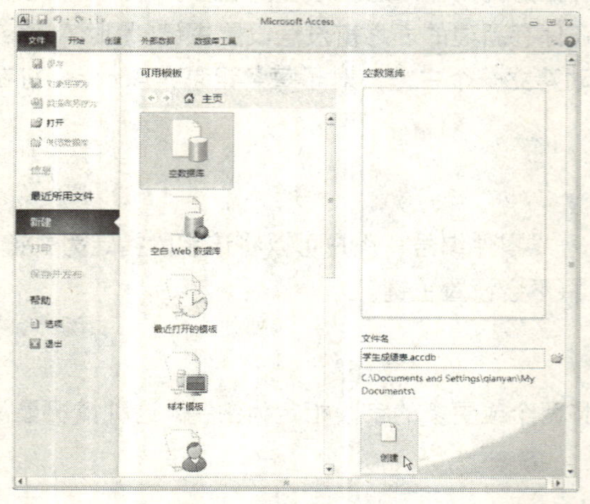

图 23.19 单击“创建”按钮

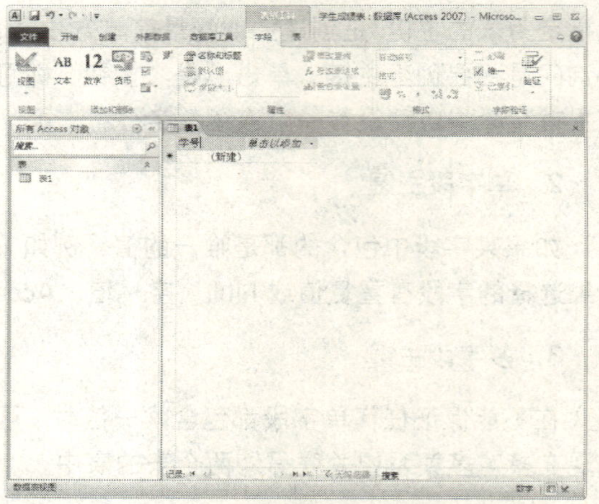

图 23.20 输入字段名

Step 03 选择该字段，然后选择“表格工具-字段”选项卡，在“格式”组中单击“数据类型”下拉列表右侧的 按钮，在弹出的下拉列表中选择“数字”选项，如图 23.21 所示。

Step 04 在该字段中输入学号，如图 23.22 所示。

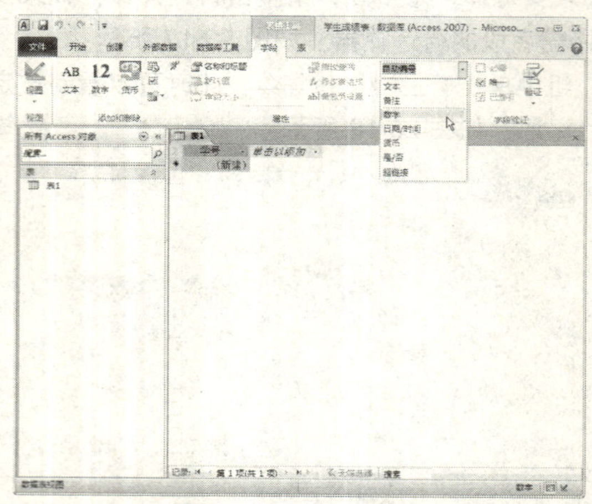

图 23.21 选择“数字”选项

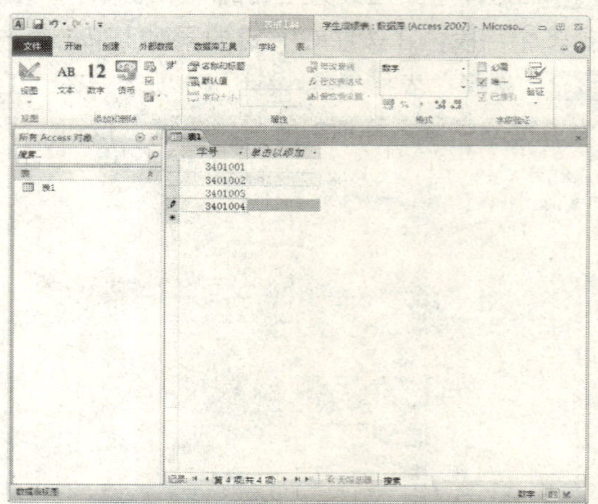

图 23.22 输入学号

Step 05 单击“单击以添加”按钮，在弹出的下拉列表中选择“文字”选项，然后为该字段重命名并输入文字，如“姓名”，如图 23.23 所示。

Step 06 使用同样的方法，添加多个字段，并为添加的字段重命名，然后输入内容，如图 23.24 所示。

Step 07 切换到设计视图中，单击“姓名”字段的行选择器，如图 23.25 所示。

Step 08 选择“表格工具-设计”选项卡，在“工具”组中单击“主键”按钮，设置该字段为主键，如图 23.26 所示。

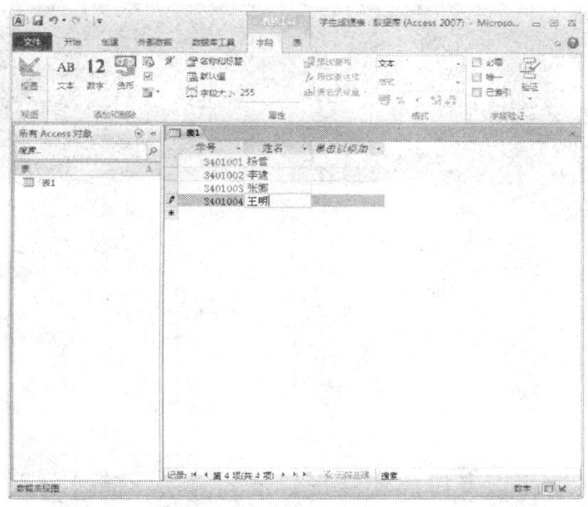
图 23.23　重命名并输入文字

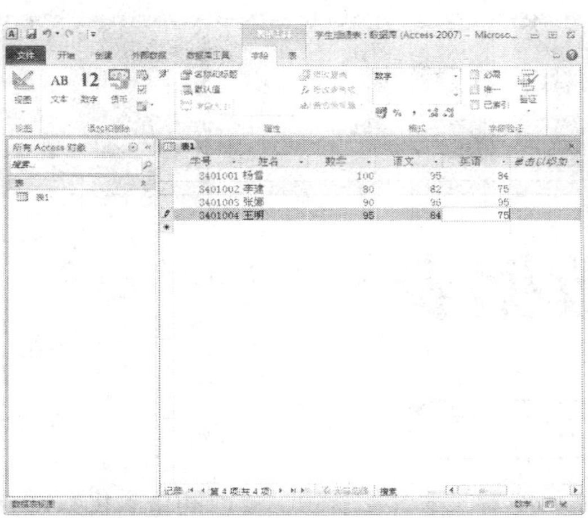
图 23.24　添加字段并输入内容

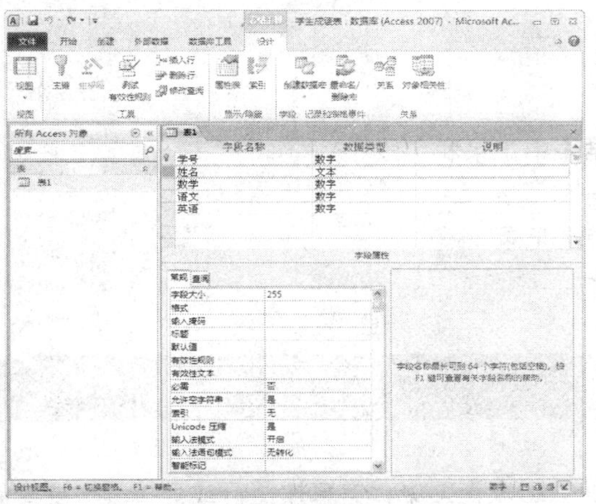
图 23.25　选择“姓名”字段

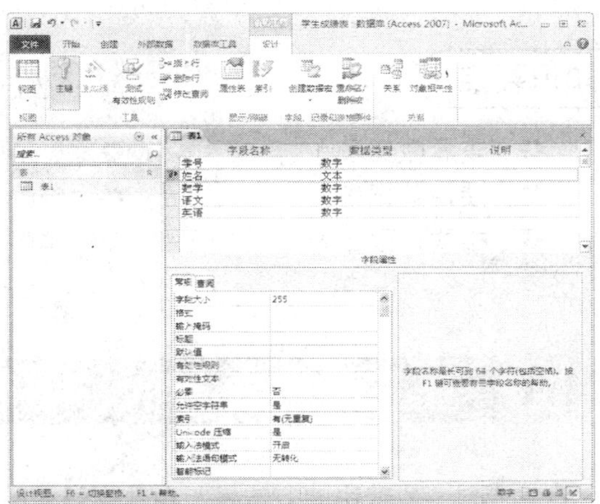
图 23.26　设置主键

23.8 课后练习与上机操作

一、简答题

1．简述创建空数据库的方法。
2．简述创建新表的方法。
3．简述重命名字段的方法。
4．简述创建单字段索引的方法。

二、操作题

1．创建一个空的数据库。
2．接上题，在数据库中创建 4 个表。
3．接上题，为每个表中的字段设置主键和创建索引。

第24章

数据表

本章导读

本章主要介绍使用、修改和格式化数据表的方法，以及排序和筛选记录的方法。通过对本章的学习，可以使读者熟练地掌握数据表的使用和设置方法，为后面的学习奠定基础。

知识要点

- ✪ 查看数据表
- ✪ 使用数据表
- ✪ 格式化数据表
- ✪ 显示数据表中记录和字段
- ✪ 修改数据表
- ✪ 排序和筛选记录

24.1 查看数据表

查看表时，最常用的方法是利用数据表视图。在数据表视图中，信息按照行或列排列。要查看数据表，其具体操作步骤如下。

Step 01 在“导航”窗格中单击对象组中的“表”对象。

Step 02 双击要打开的表对象即可。

24.2 显示数据表中记录和字段

使用数据表类似于在 dBase，FoxBase 中使用 Edit 或 Browse 命令来浏览、编辑数据库中的记录。数据表格中的数据也是以行和列形式显示的。每一行显示一条记录，每一列代表一个字段，列首是字段名。

在数据表视图中，窗口右边的滚动条（即记录滚动条）用于滚动显示在窗口中未显示出来的记录。在窗口下方的滚动条用于滚动显示在窗口中未显示出来的字段。屏幕底部的状态栏显示字段说明，它是在定义表时输入的。如果指定的字段没有字段说明，则在屏幕上显示“数据表视图”字样。

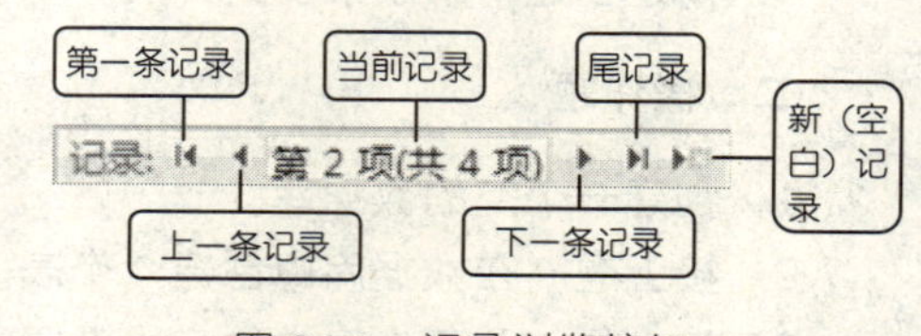

图 24.1 记录浏览按钮

记录浏览按钮位于数据表视图的下方，通过它们可以在记录间移动定位，指定并显示当前记录。如图 24.1

所示，标出了各按钮的功能。

用户还可以直接在当前记录文本框中输入记录号，然后按 Enter 键来快速定位到某个记录。

24.3 使用数据表

在设计视图中定义表结构之后，用户便可以使用数据表视图向表中输入记录、保存表中的记录、编辑修改表中的记录。

24.3.1 输入新记录

当打开数据表后，可看到表中的记录。如果打开的是一个空表或刚设计完成的表，则在数据表中看不到任何记录。

要输入记录到数据表中，其具体操作步骤如下。

Step 01 单击空记录行的第一个字段，将光标定位在该字段上。

Step 02 输入所需数据，然后按 Tab 键，将光标置于下一个字段中。

Step 03 依次输入完所需的字段值即可。

24.3.2 保存记录

在记录中输入全部的字段值之后，通常要移到下一条记录。每当移动到不同的记录或关闭该表时，所编辑输入的最后一条记录就被保存到表中。在数据表中，当看到行选择器上的铅笔状编辑记录指针 消失时，就意味着该记录值被存储到表中。

24.3.3 字段数据类型与输入方法

在数据表的各字段中输入数据，通常受到字段数据类型的限制，例如当输入的数据不符合以下定义的数据类型时，Access 就会给出一个提示框。

- 对于文本数据类型字段，默认文本长度为 255 个字符。文本字段其最大可输入的文本长度由该字段的字段属性值决定。在文本字段中输入的任何数据都将作为文本字符保存。
- 数字及货币数据类型字段，只允许输入有效数字。
- 日期/时间数据类型字段，只允许输入有效的日期和时间。
- 是/否数据类型字段，只能输入 Yes、No、True、False、On、Off 及 0 和–1 值之一。
- 自动编号数据类型字段不允许输入任何值，该字段的数字自动递增。
- 备注数据类型字段，允许输入的文本长度可达 64 000B。按 Shift+F2 组合键，可显示一个带有滚动条的“缩放”对话框。拖动滚动条就可以浏览备注字段中的文本。
- OLE 对象数据类型可输入图形、图表和声音文件等，即 OLE 服务器所支持的对象均可存储在 OLE 对象数据类型字段中。要在该字段中输入对象，可右击该字段，在弹出的快捷菜单中选择“插入对象”命令，弹出设置插入对象的对话框，如图 24.2 所示。在其中

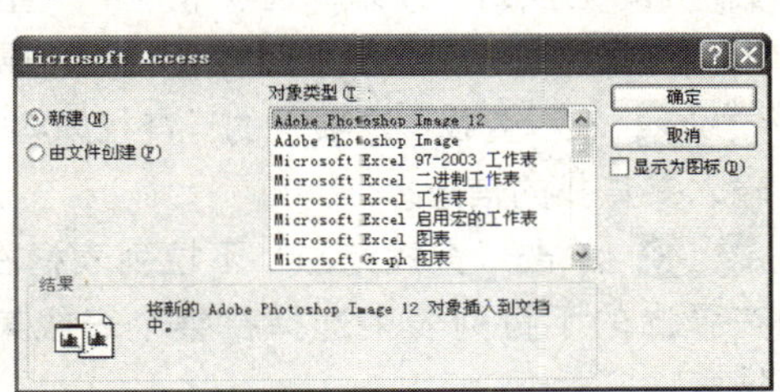

图 24.2 插入对象

勾选“新建”单选按钮后，在“对象类型”列表框中选择所需的类型，或勾选“由文件创建”单选按钮后插入字段。

24.4 修改数据表

在数据表视图中，Access 允许修改记录、添加新记录、查找与替换以及删除记录。

24.4.1 修改记录

对于表中的记录，可以很容易地在数据表视图中进行修改。对于要修改的数据，必须先选中它，然后才能进行修改。

若要用新值替换某一字段中的旧值或删除旧值，应先将光标移到该字段的左侧框线上，此时鼠标指针会变为✚形状，如图 24.3 所示。单击整个字段值，输入新值即可替换旧值，或者按 Delete 键删除整个字段值。

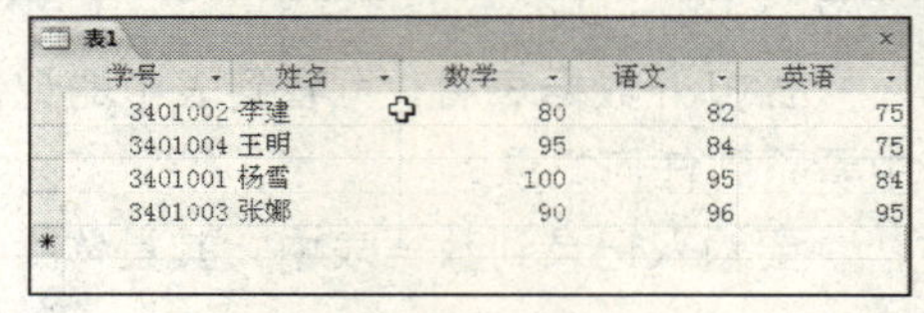

图 24.3 将鼠标移到字段的左侧框线上

若要在字段中插入数据，应先将光标定位在某字符前面，进入插入模式。当输入新值时，新值被插到该字符前面。当光标定位在字段中时，按 Back Space 键将删除光标左边的字符，按 Delete 键将删除光标右边的字符。

在开始编辑修改记录时，该记录最左边的行选择器上出现笔形编辑记录指针标记；直到编辑修改完该记录并将该记录写入表中，该标记才会消失。

24.4.2 添加新记录

要在数据表中添加新记录，可在数据表底部单击“新（空白）记录”按钮，此时光标会定位到最后一条记录的第一个字段处；或者切换到“开始”选项卡，在“查找”组中单击“转至”按钮，在弹出的下拉菜单中选择“新建”命令。

24.4.3 查找与替换

当用户需要在数据库中查找所需的特定信息（这些信息可能是文本、数字或日期）时，最简单的方法是使用“开始”选项卡中的“查找”按钮。

1．查找数据

使用“查找”按钮，在数据库中查找数据的具体操作步骤如下。

Step 01 切换到“开始”选项卡，在“查找”组中单击“查找”按钮，或者按 Ctrl+F 组合键，弹出“查找和替换”对话框，如图 24.4 所示。

Step 02 在“查找”选项卡的“查找内容”下拉列表框中输入要查找的信息。

Step 03 单击“查找范围”下拉列表框右侧的按钮，在弹出的下拉列表中选择在整个表或某个字段中进行搜索。

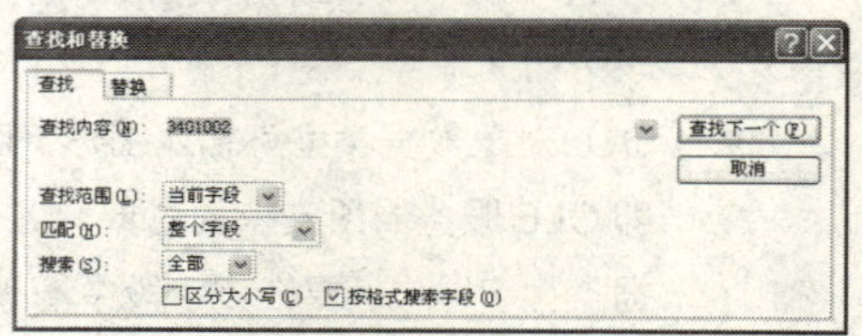

图 24.4 “查找和替换”对话框

Step 04 单击“匹配”下拉列表框右侧的按钮，在弹出的下拉列表中选择字段。

Step 05 单击“查找下一个”按钮，开始进行搜索。当找到匹配的字符时，会将其高亮显示。继续单击“查找下一个”按钮，将会继续进行搜索。

Step 06 单击“取消”按钮，或按 Esc 键即可关闭该对话框。

提 示

在“匹配”下拉列表中有 3 个选项可供选择。

- 字段任何部分：表示“查找内容”下拉列表框中的文本可包含在字段中的任何位置。
- 整个字段：表示字段内容必须与“查找内容”下拉列表框中的文本完全符合。
- 字段开头：表示字段必须是以“查找内容”下拉列表框中的文本开头，但后面的文本可以是任意的。

2. 替换数据

与其他 Office 2010 应用程序一样，Access 也可以用户指定的数据替换表中匹配的字符串、数字或日期。

替换数据的操作步骤如下。

Step 01 切换到“开始”选项卡，在“查找”组中单击“查找”按钮，弹出“查找和替换”对话框，然后切换到“替换”选项卡，如图 24.5 所示。

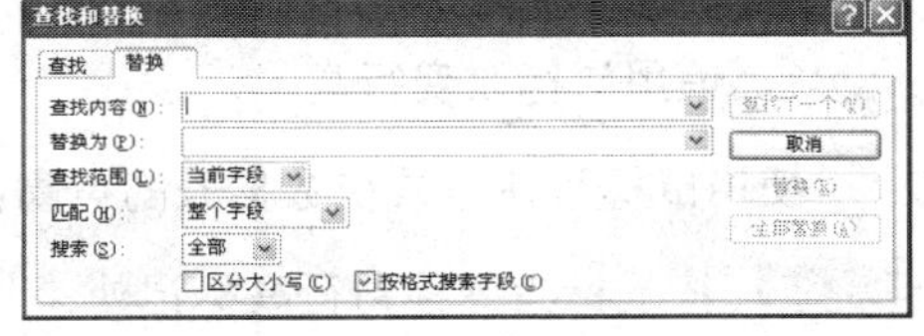

图 24.5 “替换”选项卡

Step 02 在“查找内容”下拉列表框中，输入要查找的数据（这也是将被替换的数据）。

Step 03 在“替换为”下拉列表框中输入替换数据。

Step 04 指定查找范围及匹配选项。

Step 05 单击“查找下一个”按钮，当找到匹配的字符时，将其高亮显示。

Step 06 单击“替换”按钮则替换文本，然后继续查找。

Step 07 单击“取消”按钮，或按 Esc 键即可关闭对话框。

提 示

在 Step 06 中替换了文本继续查找时，可以单击“查找下一个”按钮，继续查找下一个匹配的字符而不替换当前找到的字符；也可以单击“全部替换”按钮，一次性替换全部符合条件的字符。

24.4.4 删除记录

删除数据表中的某一条或多条记录的操作步骤如下。

Step 01 单击数据表中的行选择器，以选择该记录；或在行选择器上按住鼠标左键不放进行拖动，以选择多条记录，如图 24.6 所示。

Step 02 按 Delete 键或切换到“开始”选项卡，在“记录”组中单击“删除”按钮右侧的按钮，在弹出的下拉菜单中选择“删除记录”命令，此时会弹出如图 24.7 所示的信息提示对话框，提示是否删除选定的记录。

Step 03 单击“是”按钮，即可删除选定的记录。

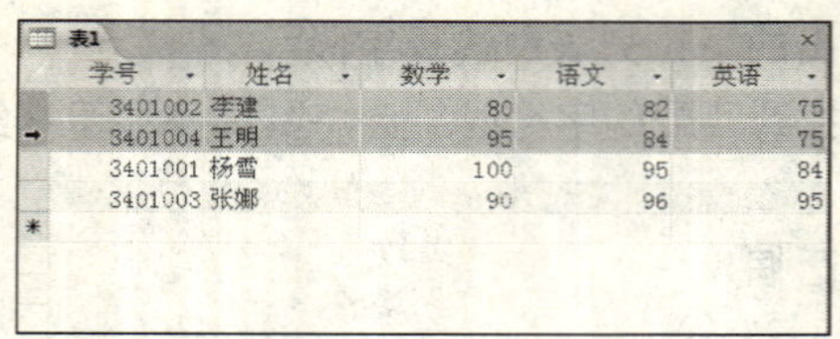

图 24.6　选择记录

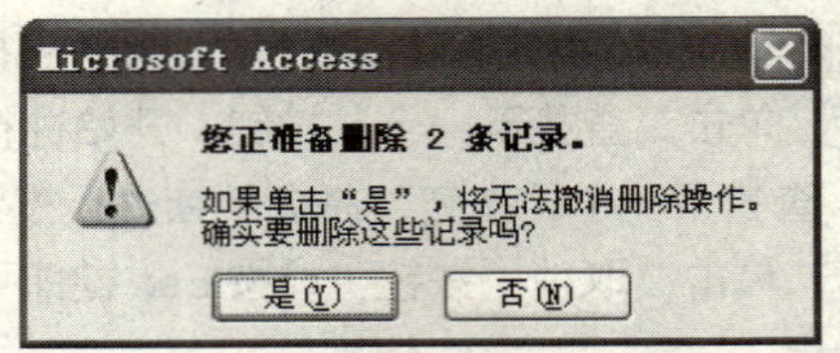

图 24.7　信息提示对话框

24.5 格式化数据表

在数据表视图中，可以重新调整行高与列宽、改变列字段顺序、隐藏列或显示被隐藏的列、冻结列，还可以设置数据表的格式和字体格式。

24.5.1　改变行高与列宽

在数据表视图中，Access 一开始是以默认的行高和列宽来显示所有的行和列，但用户可以自己改变行高与列宽。

1．使用鼠标改变行高

使用鼠标可快速改变数据表的行高，其具体操作步骤如下。

Step 01 将鼠标指针移到行高标记处，此时鼠标指针会变为如图 24.8 所示的样式。

Step 02 按住鼠标左键不放，并上下拖动鼠标，即可改变行高，如图 24.9 所示。

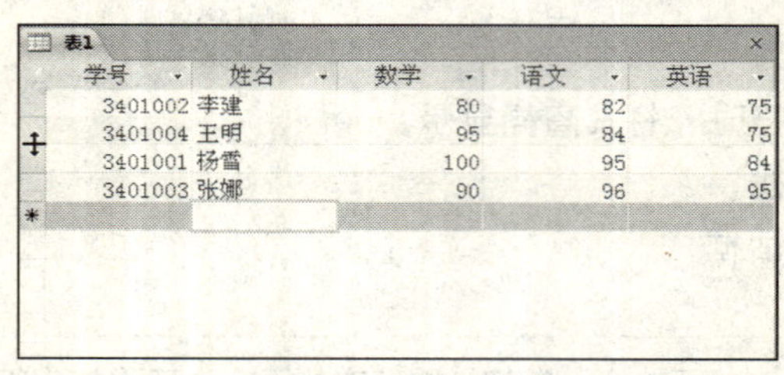

图 24.8　确定鼠标位置

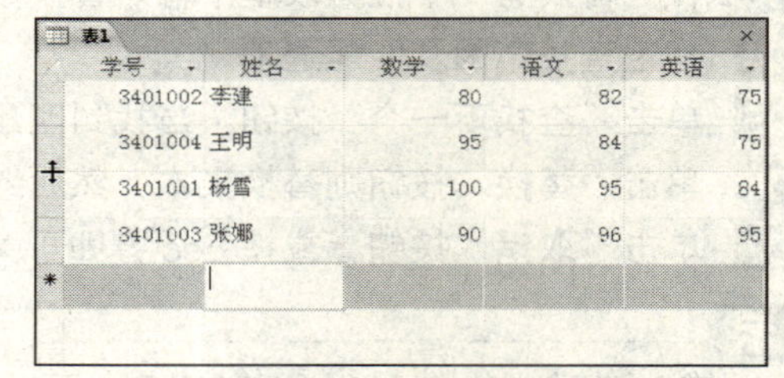

图 24.9　拖动鼠标

2．使用“行高”对话框改变行高

使用“行高”对话框可以精确地设置行高值，具体操作步骤如下。

Step 01 切换到“开始”选项卡，在“记录”组中单击“其他”按钮，在弹出的下拉菜单中选择“行高”命令，弹出“行高”对话框，如图 24.10 所示。

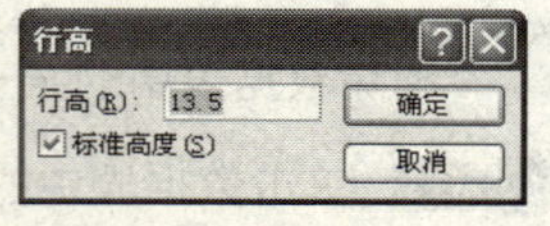

图 24.10　“行高”对话框

Step 02 在“行高”文本框中输入行高。

Step 03 单击“确定”按钮即可。若选中“标准高度”复选框，则会将行高设置为默认值。

改变列宽的方法与改变行高的方法相同，既可使用鼠标，也可在“记录”组中单击“其他”按钮，在弹出的下拉菜单中选择“字段宽度”命令，在此就不再赘述。

24.5.2 隐藏列或显示被隐藏的列

在数据表视图中，Access 一般会显示表中所有的字段。如果表中的字段比较多或数据较长，需要通过单击字段滚动条才能看到它们中的某些字段。如果不想浏览或打印表中的所有字段，可以把其中的一部分隐藏起来。

1. 隐藏列

隐藏列的具体操作步骤如下。

方法 1：单击要隐藏的列中的任意位置，切换到“开始”选项卡，在“记录”组中单击“其他”按钮，在弹出的下拉菜单中选择“隐藏字段”命令即可。

方法 2：将鼠标指针放在某一列的右分隔线上，当鼠标指针变为✛样式时，向左拖动分隔线到该字段的左分隔线上，释放鼠标左键即可隐藏该列。

2. 显示被隐藏的列

显示被隐藏的列的操作步骤如下。

Step 01 切换到“开始”选项卡，在“记录”组中单击“其他”按钮，在弹出的下拉菜单中选择“取消隐藏字段”命令，弹出“取消隐藏列”对话框，如图 24.11 所示。

Step 02 在“列”列表框中勾选字段名前的复选框，然后单击“关闭”按钮即可。复选框中有“✓”表示该字段没有被隐藏；如果复选框中没有“✓”，则表示该字段已经被隐藏。

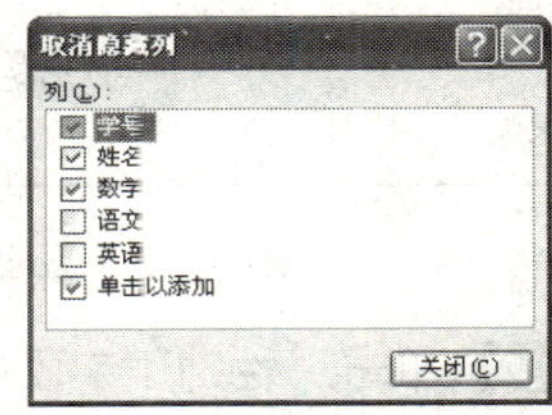

图 24.11 “取消隐藏列”对话框

24.6 排序和筛选记录

在数据表视图中对记录进行排序和筛选，有利于清晰地了解数据、分析数据和获取有用的数据。

24.6.1 排序

在数据表视图中打开一个表时，Access 一般是以表中定义的主关键字值排序显示记录的。如果在表中没有定义主关键字，那么将按照记录在表中的物理位置来显示记录。如果想改变记录的显示顺序，则需要在数据表视图中对记录进行排序。

在数据表视图中，可根据某一字段进行排序，其具体操作步骤如下。

Step 01 单击要根据该列字段进行排序的列，将光标定位在该字段中。

Step 02 切换到“开始”选项卡，在“排序和筛选”组中单击“升序”按钮或“降序”按钮，即可快速地进行排序，并在数据表中显示排序结果。如图 24.12 所示是将“数学”字段按降序排序的效果。

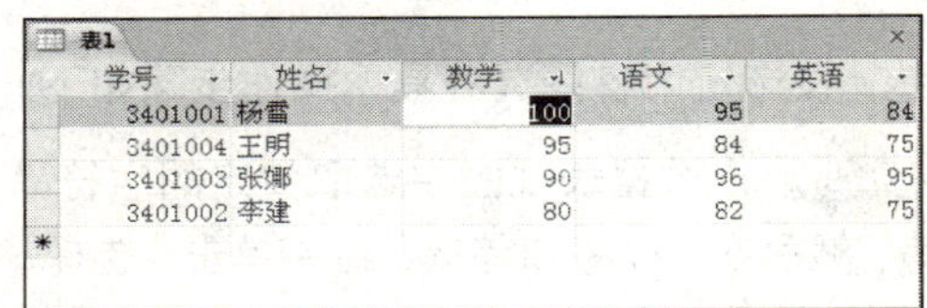

图 24.12 对“数学”字段按降序排序的效果

24.6.2 筛选记录

有时用户可能希望只显示与自己的条件匹配的记录，而不是显示表中的所有记录。此时，可以使用 Access 中提供的筛选功能。

1. 按窗体筛选

按窗体筛选的具体操作步骤如下。

Step 01 打开“素材\第二十四章\员工档案表.Accdb”文件，然后在“导航”窗格中双击“表 1”对象，查看数据表，如图 24.13 所示。

Step 02 切换到“开始”选项卡，在“排序和筛选”组中单击“高级筛选选项”按钮，在弹出的下拉菜单中选择“按窗体筛选”命令，此时数据表如图 24.14 所示。

表1

姓名	性别	出生日期	学历	基本工资
李丽	女	1987-4-15	大专	2000
丽萍	女	1990-4-20	本科	2300
刘猛	男	1992-3-14	大专	1800
孙娜	女	1988-7-12	大专	2000
王丽	女	1987-4-26	大专	2500
吴娜	女	1992-3-23	本科	2100
张建	男	1986-2-15	中专	1700
张娜	女	1988-4-17	本科	2300
赵强	男	1986-5-25	中专	1700
周杰	男	1990-2-17	大专	2000

图 24.13 查看数据表

图 24.14 选择“按窗体筛选”命令后的数据表

Step 03 单击“性别”字段中的按钮，在弹出的下拉列表中选择“女”选项，如图 24.15 所示。

Step 04 单击表格下方的“或”标签，然后单击“学历”字段中的按钮，在弹出的下拉列表中选择“本科”选项，如图 24.16 所示。

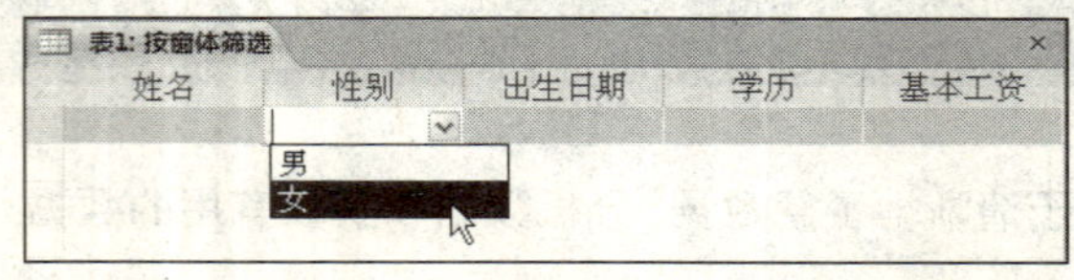

图 24.15 选择“性别”字段内的“女”选项

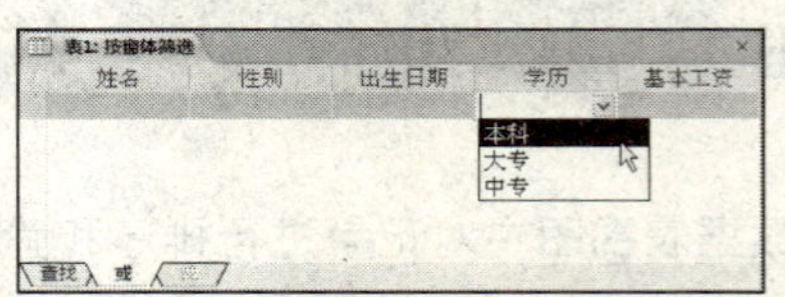

图 24.16 在“学历”字段中选择“本科”选项

Step 05 在“排序和筛选”组中单击“应用筛选”按钮，Access 会将筛选结果显示在数据表中，如图 24.17 所示。

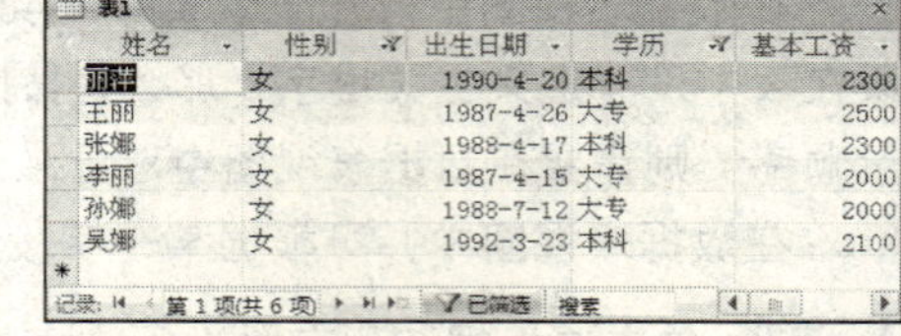

姓名	性别	出生日期	学历	基本工资
丽萍	女	1990-4-20	本科	2300
王丽	女	1987-4-26	大专	2500
张娜	女	1988-4-17	本科	2300
李丽	女	1987-4-15	大专	2000
孙娜	女	1988-7-12	大专	2000
吴娜	女	1992-3-23	本科	2100

图 24.17 “按窗体筛选”后的结果

2. 按选定内容筛选

按选定内容筛选的具体操作步骤如下。

Step 01 在数据表视图中选取特定的字符串，例如，这里选取“基本工资”字段下的“2000”字符串，然后在“排序和筛选”组中单击“选择”按钮，在弹出的下拉菜单中选择“小于或等于 2000”命令，如图 24.18 所示。

Step 02 将符合条件的记录显示在数据表中，如图 24.19 所示。

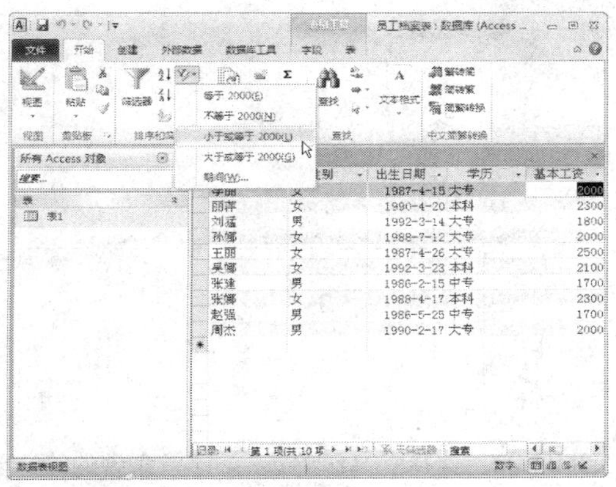

图 24.18 选择“小于或等于 2000”命令

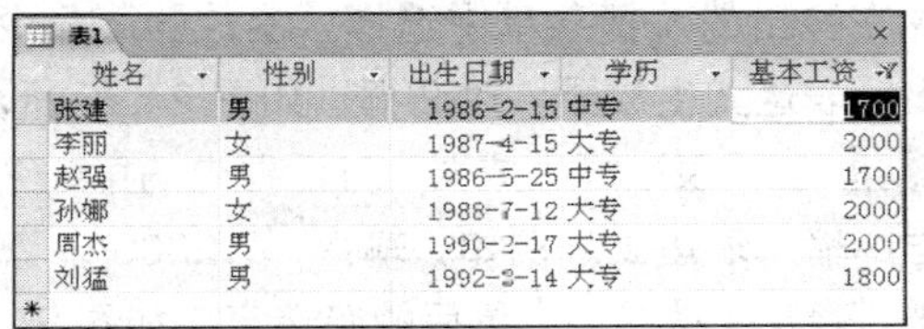

表1

姓名	性别	出生日期	学历	基本工资
张建	男	1986-2-15	中专	1700
李丽	女	1987-4-15	大专	2000
赵强	男	1986-5-25	中专	1700
孙娜	女	1988-7-12	大专	2000
周杰	男	1990-2-17	大专	2000
刘猛	男	1992-3-14	大专	1800

图 24.19 按选定内容筛选后的结果

3．按内容排除筛选

使用内容排除筛选，其执行结果与按选定内容筛选相反，Access 将显示除选定内容之外的其他所有记录。

按内容排除筛选的操作步骤如下。

Step 01 在数据表视图中选取特定的字符串，例如，这里选取“基本工资”字段下的“2000”字符串，然后在“排序和筛选”组中单击“选择”按钮，在弹出的下拉菜单中选择“不等于 2000”命令，如图 24.20 所示。

Step 02 将符合条件的记录显示在数据表中，如图 24.21 所示。

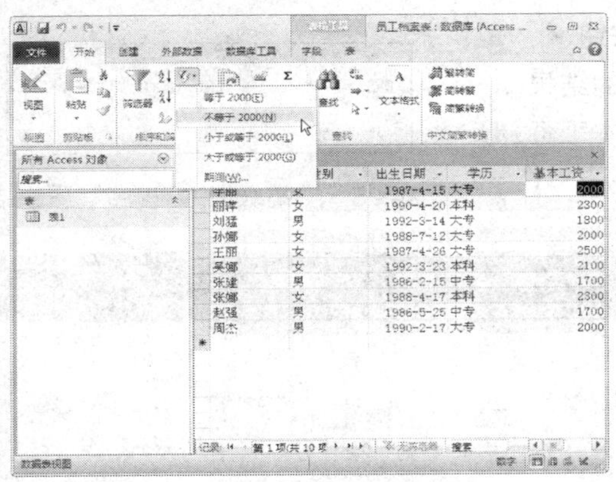

图 24.20 选择“不等于 2000”命令

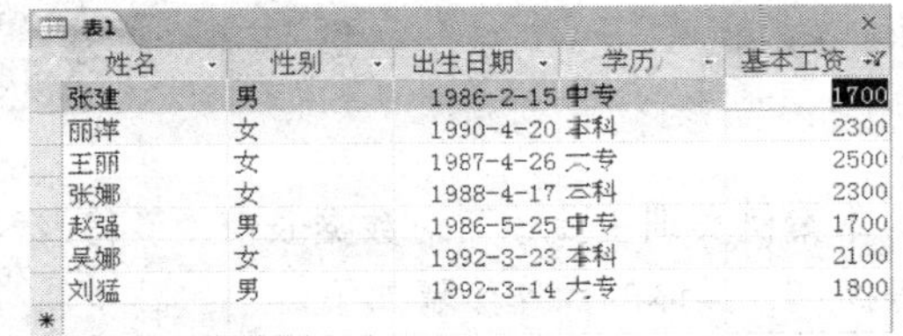

表1

姓名	性别	出生日期	学历	基本工资
张建	男	1986-2-15	中专	1700
丽萍	女	1990-4-20	本科	2300
王丽	女	1987-4-26	大专	2500
张娜	女	1988-4-17	本科	2300
赵强	男	1986-5-25	中专	1700
吴娜	女	1992-3-23	本科	2100
刘猛	男	1992-3-14	大专	1800

图 24.21 按内容排除筛选后的结果

4．高级筛选/排序

若要筛选并排序一个表中的记录，可不采用先筛选、后排序的操作过程。用户可直接选择“高级筛选/排序”命令。进行高级筛选/排序，具体操作步骤如下。

Step 01 在“排序和筛选”组中单击“高级筛选选项”按钮，在弹出的下拉菜单中选择“高级筛选/排序”命令，即可打开如图 24.22 所示的窗口。

Step 02 单击下方网格中第一个单元格右侧的按钮，在弹出的下拉列表中选择“性别”选项。

Step 03 在“条件”行中输入比较运算符和比较值，在这里输入“女”。

Step 04 单击第二列中的第一个单元格右侧的 按钮，在弹出的下拉列表中选择“基本工资”选项，在其下边的“排序”单元格中选择“升序”，在“条件”单元格中输入比较运算符和比较值。

Step 05 如果想使用表达式生成器，则右击“条件”行并在弹出的快捷菜单中选择“生成器”命令，弹出“表达式生成器”对话框，如图 24.23 所示。

Step 06 在“表达式生成器”对话框中的第一个文本框中输入表达式。例如，输入“>2000”，然后单击“确定”按钮，设置后的筛选窗口如图 24.24 所示。

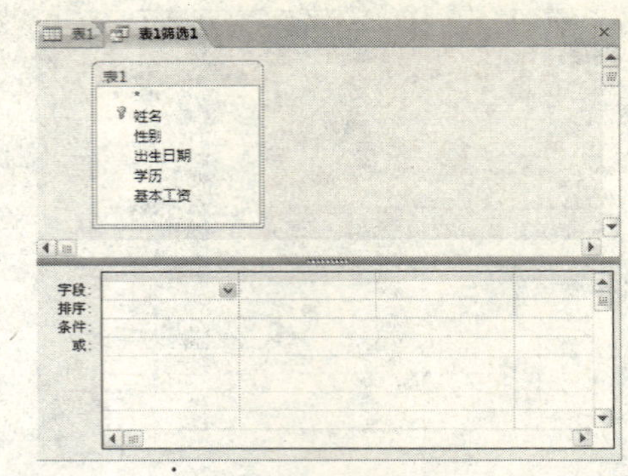

图 24.22 选择“高级筛选/排序”命令的筛选窗口

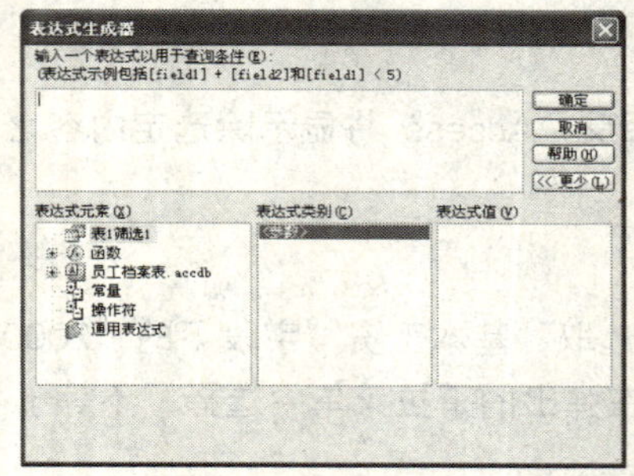

图 24.23 “表达式生成器”对话框

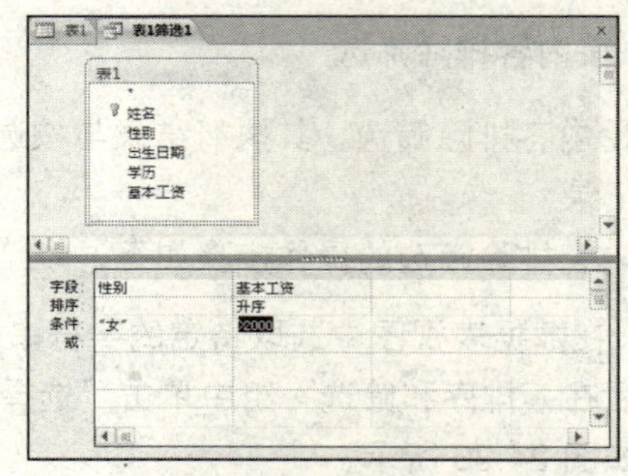

图 24.24 设置后的筛选窗口

Step 07 在“排序和筛选”组中单击“应用筛选”按钮，即可得到如图 24.25 所示的按“高级筛选/排序”后的结果。可以看到，这里筛选出“性别”为“女”，并且“基本工资”高于 2000 的员工。

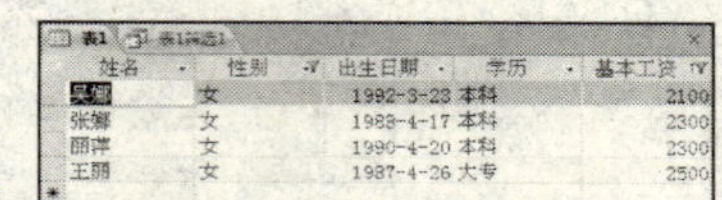

图 24.25 “高级筛选/排序”后的结果

24.7 案例实训

本案例实训主要练习对数据表使用、修改和设置格式等操作，具体的操作步骤如下。

Step 01 启动 Access 2010 后，在“文件”下拉菜单中选择“新建”命令，在“可用模板”区域中单击“空数据库”按钮，然后在右侧的“文件名”文本框中输入文件名，并单击“创建”按钮，如图 24.26 所示。

Step 02 在创建的一个空数据库中，双击“表 1”中第一个字段的字段名，然后输入新的字段名称，并将该字段的“数据类型”设置为“数字”，输入数值，如图 24.27 所示。

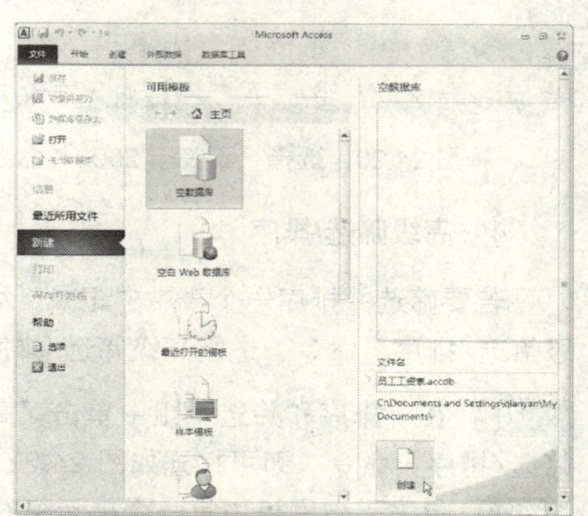

图 24.26 单击“创建”按钮

Step 03 单击“单击以添加”按钮，在弹出的下拉列表中选择“文本”选项，为该字段重命名并输入内容，如图 24.28 所示。

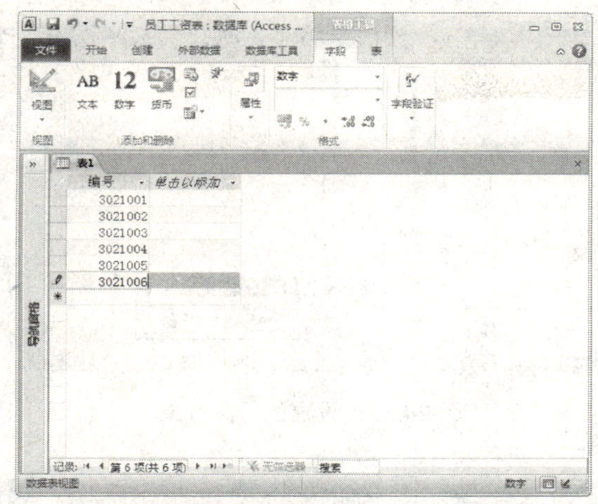

图 24.27　设置数据类型并输入内容

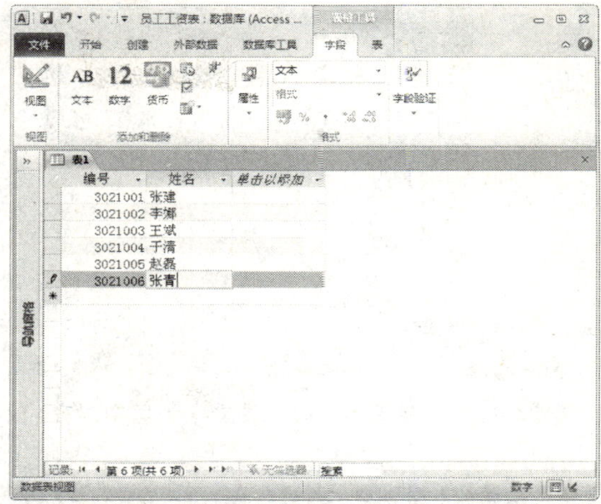

图 24.28　重命名字段名并输入内容

Step 04 使用同样的方法，添加多个字段，并为添加的字段重命名，然后输入内容，如图 24.29 所示。

Step 05 选择第一个字段，然后切换到“开始”选项卡，在“文本格式”组中单击“居中”按钮，即可将该字段中的文字居中对齐，效果如图 24.30 所示。

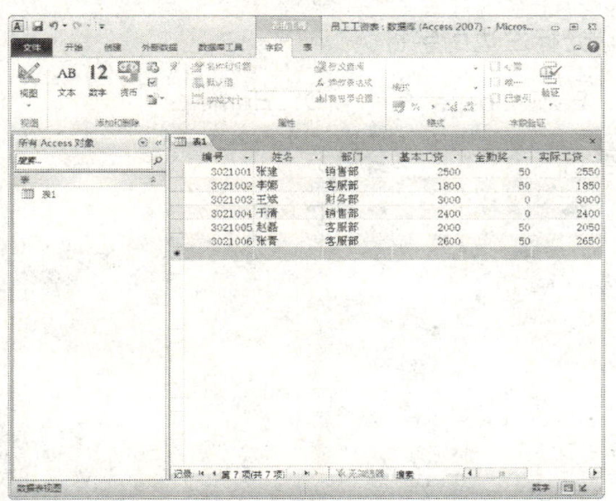

图 24.29　添加多个字段并输入内容

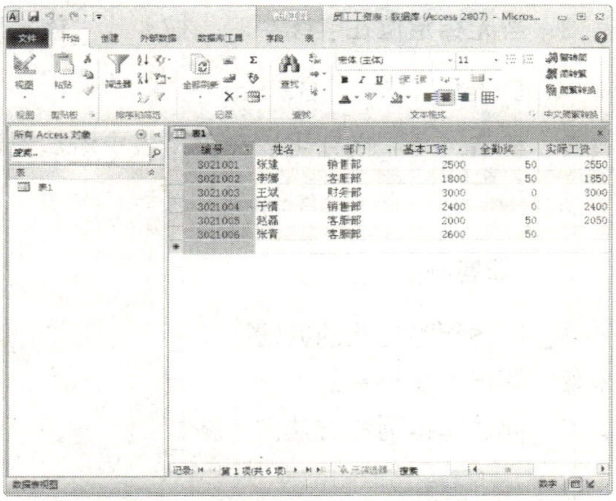

图 24.30　居中对齐

Step 06 使用同样的方法，也设置其他字段中的文字为居中对齐，如图 24.31 所示。

Step 07 切换到“开始”选项卡，在“记录”组中单击“其他”按钮，在弹出的下拉菜单中选择“行高”命令，弹出“行高”对话框，取消“标准高度”复选框的勾选，在“行高”文本框中输入 20，然后单击“确定”按钮，设置行高的效果如图 24.32 所示。

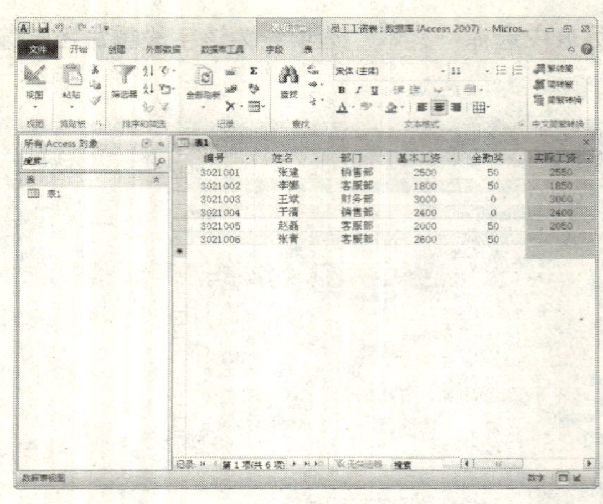

图 24.31 设置其他字段中的文字为居中对齐

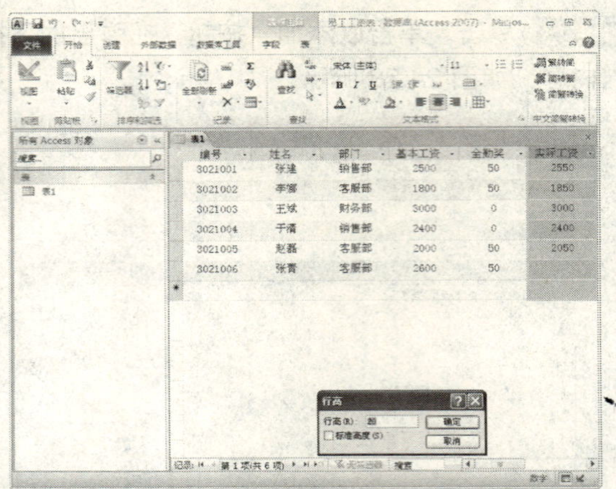

图 24.32 设置的行高效果

24.8 课后练习与上机操作

一、选择题

1．______数据类型字段，允许输入的文本长度可达 64 000B。

A．数字　　B．日期/时间　　C．自动编号　　D．备注

2．当光标定位在字段中时，按______键将删除光标左边的字符。

A．Delete　　B．End　　C．Back Space　　D．Home

3．单击______按钮可以在数据表中添加新记录。

A．⏮　　B．▶　　C．⏭　　D．▶*

二、简答题

1．简述删除记录的方法。
2．简述改变行高的方法。
3．简述隐藏列的方法。

三、操作题

1．在数据表中改变行高。
2．接上题，在数据表中将一部分列隐藏起来。
3．接上题，改变列字段顺序。

第25章

数据查询

本章导读

本章将介绍查询数据的方法，主要包括使用向导建立查询、汇总查询和操作查询。

知识要点

- 查询的定义
- 创建查询
- 修改查询
- 汇总查询
- 建立操作查询

25.1 查询的定义

查询就是对存储在表内的数据的查找或对数据进行某一要求的操作。利用查询可以按照不同的方式查看、更改和分析数据，也可以将查询作为窗体、报表和数据访问页的记录源。设计查询的目的就是告诉 Access 需要检索哪些数据。

25.2 创建查询

在 Access 中，有两种创建查询的方法：一种是使用向导创建查询；另一种是利用设计视图建立查询。使用向导创建查询时，用户需要按向导的提示一步一步地完成操作，Access 提供了“简单查询向导”和“交叉表查询向导”这两种查询向导，下面将分别进行介绍。

25.2.1 使用“简单查询向导”创建选择查询

使用“简单查询向导”创建单表查询的操作步骤如下。

Step 01 打开“素材\第二十五章\高一九班第一学期期中考试成绩表. Accdb”文件，然后在“导航”窗格中双击“表 1”对象，查看数据表，如图 25.1 所示。

Step 02 切换到“创建”选项卡，在“查询”组中单击“查询向导”按钮，弹出“新建查询”对话框，在右侧的列表框中选择“简单查询向导”选项，如图 25.2 所示。

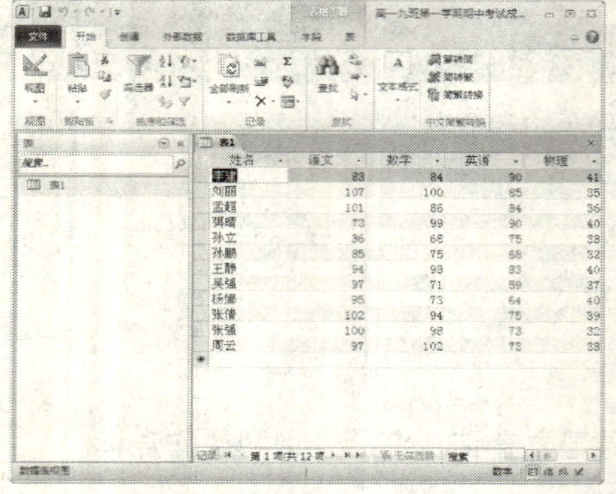

图 25.1　查看数据表

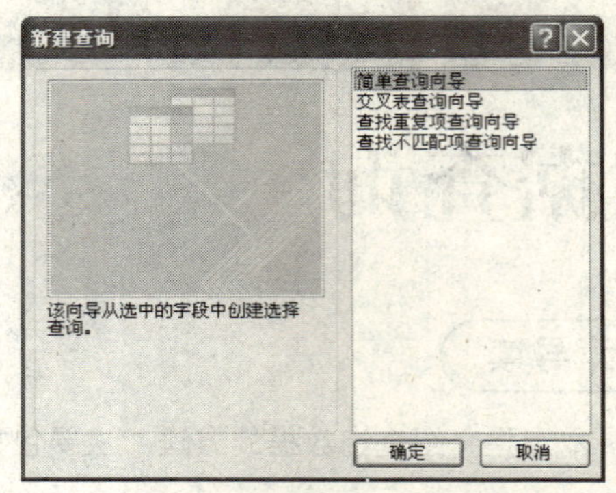

图 25.2　“新建查询”对话框

Step 03 单击“确定”按钮，弹出“简单查询向导”对话框，单击“表/查询”下拉列表框右边的按钮，在弹出的下拉列表中选择用来建立查询的表，然后在“可用字段”列表框中选择要用到的查询字段，再单击 > 按钮，将其添加到“选定字段”列表框中，如图 25.3 所示。如果单击 >> 按钮，则会将所有字段添加到“选定字段”列表框中。

Step 04 单击“下一步”按钮，弹出如图 25.4 所示的对话框，在该对话框中勾选“明细（显示每个记录的每个字段）单选按钮。

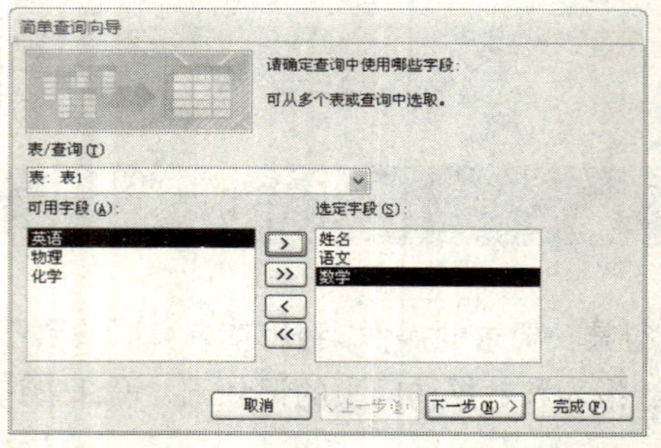

图 25.3　“简单查询向导”对话框

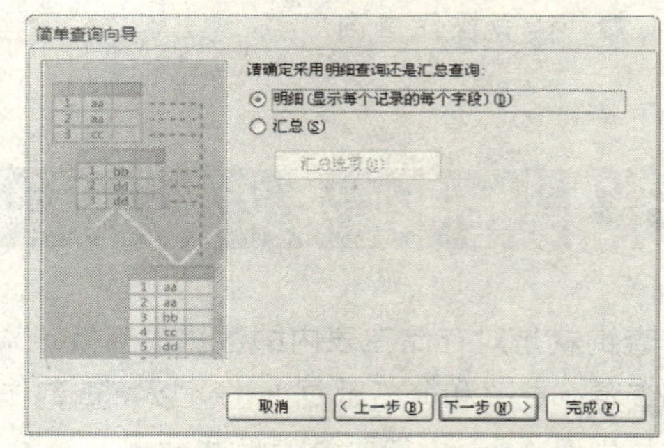

图 25.4　勾选“明细（显示每个记录的每个字段）”单选按钮

Step 05 单击“下一步”按钮，弹出如图 25.5 所示的对话框，在该对话框中可以为查询指定标题。

Step 06 单击“完成”按钮，即可显示出查询的结果，如图 25.6 所示。

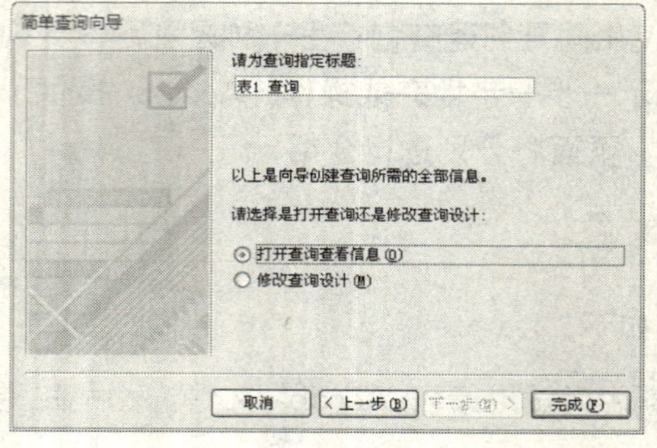

图 25.5　为查询指定标题

表1　表1 查询

姓名	语文	数学
李建	83	84
刘丽	107	100
孟超	101	86
玥晴	73	99
孙立	86	68
孙鹏	85	75
王静	94	98
吴强	97	71
杨娜	95	73
张倩	102	94
张强	100	98
周云	97	102

图 25.6　查询结果

25.2.2 使用“交叉表查询向导”创建交叉表查询

使用“交叉表查询向导”创建交叉表查询的操作步骤如下。

Step 01 打开“素材\第二十五章\学生资料统计表.Accdb”文件，然后在“导航”窗格中双击“表1”对象，查看数据表，如图 25.7 所示。

Step 02 切换到“创建”选项卡，在“查询”组中单击“查询向导”按钮，弹出“新建查询”对话框，在右侧的列表框中选择“交叉表查询向导”选项，如图 25.8 所示。

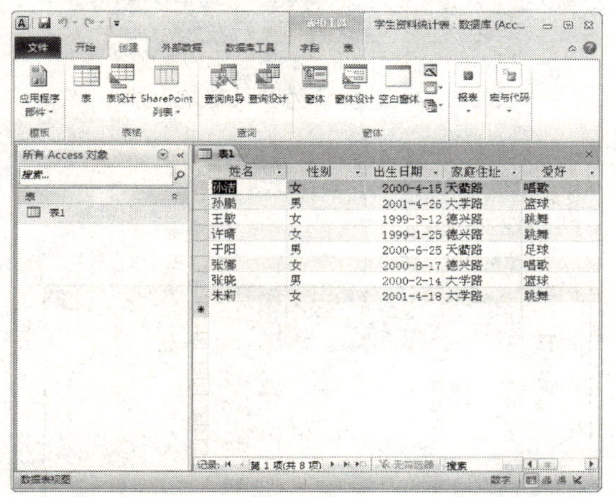

图 25.7　查看数据表

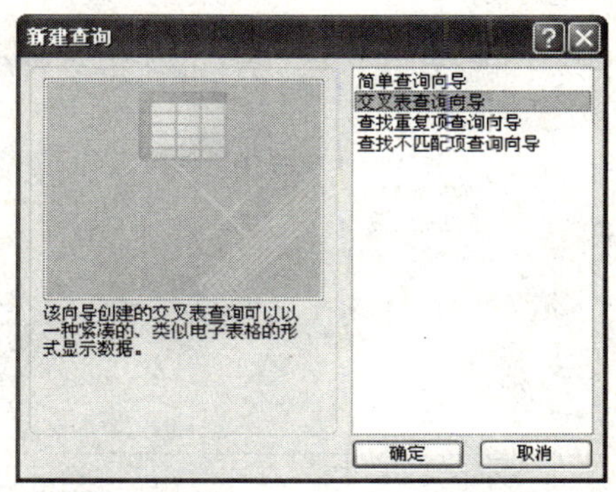

图 25.8　选择“交叉表查询向导”选项

Step 03 单击“确定”按钮，弹出“交叉表查询向导”对话框，在该对话框中使用默认设置即可，如图 25.9 所示。

Step 04 单击“下一步”按钮，弹出如图 25.10 所示的对话框，在“可用字段”列表框中选择作为行标题的字段，然后单击 > 按钮，将其添加到“选定字段”列表框中。

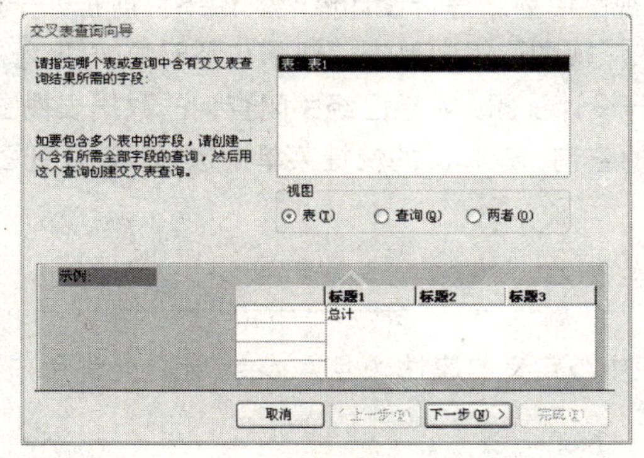

图 25.9　“交叉表查询向导”对话框

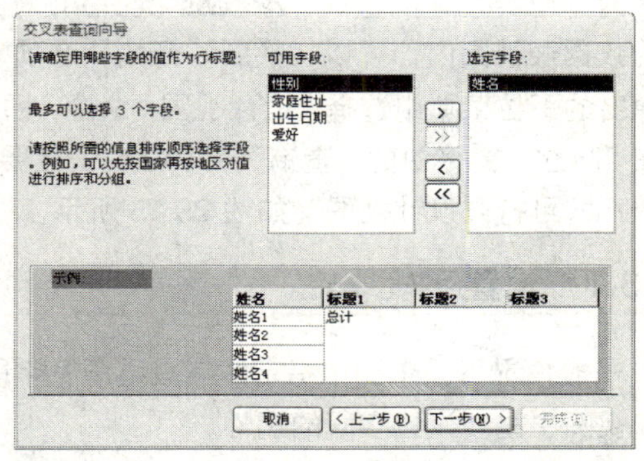

图 25.10　选择作为行标题的字段

Step 05 单击“下一步”按钮，弹出如图 25.11 所示的对话框，在列表框中选择作为列标题的字段。

Step 06 单击“下一步”按钮，弹出如图 25.12 所示的对话框，在“字段”列表框中选择“爱好”字段作为交叉值，然后在“函数”文本框中选择 First 选项。

Step 07 单击“下一步”按钮，弹出如图 25.13 所示的对话框，在该对话框中可以指定查询的名称。

Step 08 单击“完成”按钮，即可显示出查询的结果，如图 25.14 所示。

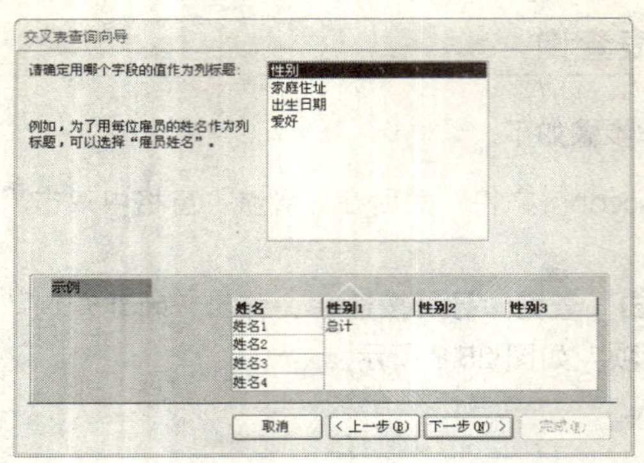
图 25.11 选择作为列标题的字段

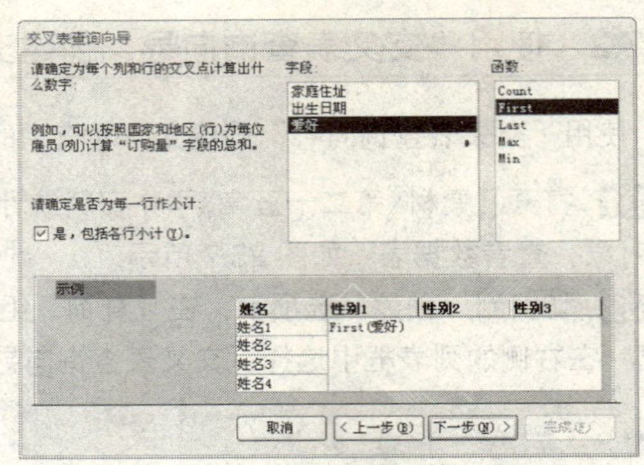
图 25.12 选择作为交叉值的字段

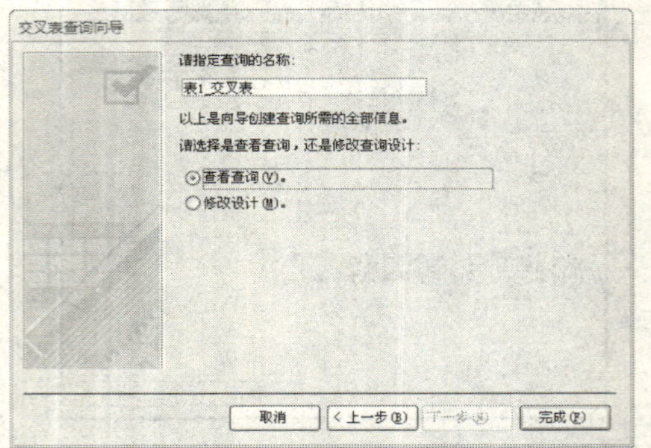
图 25.13 指定查询名称

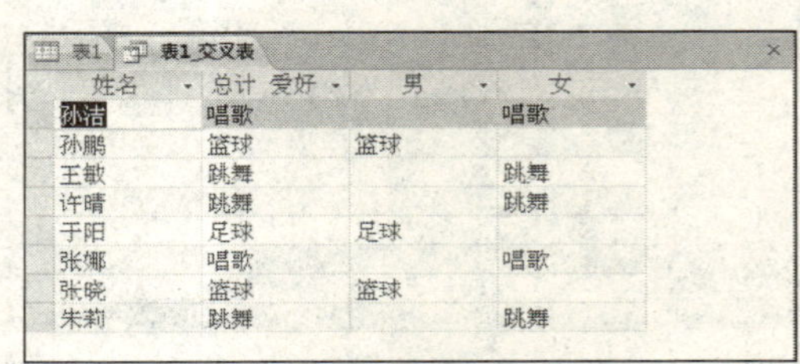
图 25.14 查询结果

25.3 修改查询

对于已经创建的查询，Access 允许用户在设计视图中重新进行设计修改。如果目前正处于查询的数据表视图内，可以切换到“开始”选项卡，在“视图”组中单击“视图”下三角按钮，在弹出的下拉菜单中选择“设计视图”命令，即可打开设计视图；如果已经关闭查询的数据表视图，可在“导航”窗格中的“查询”列表中右击需要修改的查询，在弹出的快捷菜单中选择“设计视图”命令，即可打开设计视图，如图 25.15 所示。

25.3.1 设置字段属性

一般情况下，查询中指定的字段继承了字段在表中被定义的属性，但 Access 还是允许用户在设计视图中重新设置字段的属性。

在设计视图中设置字段属性的操作步骤如下。

Step 01 单击设计视图下方网格中的“字段”文本框，将光标定位在该文本框中。

Step 02 切换到“查询工具-设计”选项卡，在“显示/隐藏”组中单击“属性表”按钮，弹出“属性表”窗格，如图 25.16 所示。

Step 03 在该窗口中设置完字段的属性后，单击窗口右上角的“关闭”按钮即可。

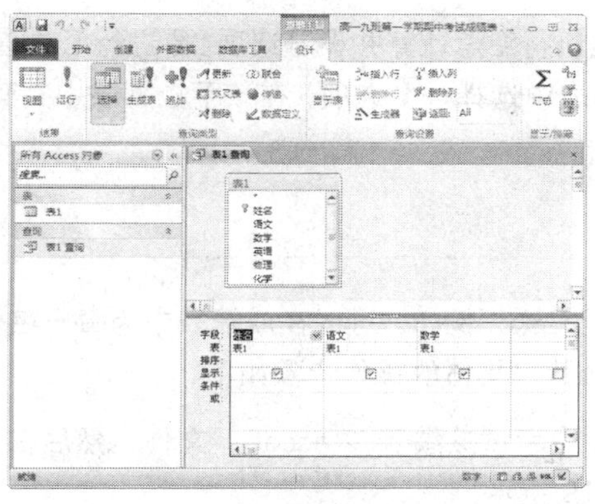

图 25.15　设计视图

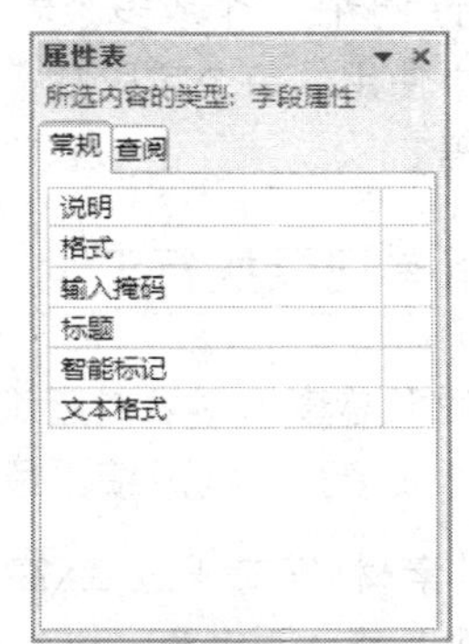

图 25.16　“属性表”窗格

25.3.2　删除字段

删除查询动态集中字段的操作步骤如下。

Step 01　在设计视图下方的网格中选择要删除的字段，如图 25.17 所示。

Step 02　按 Delete 键即可删除该字段，如图 25.18 所示。

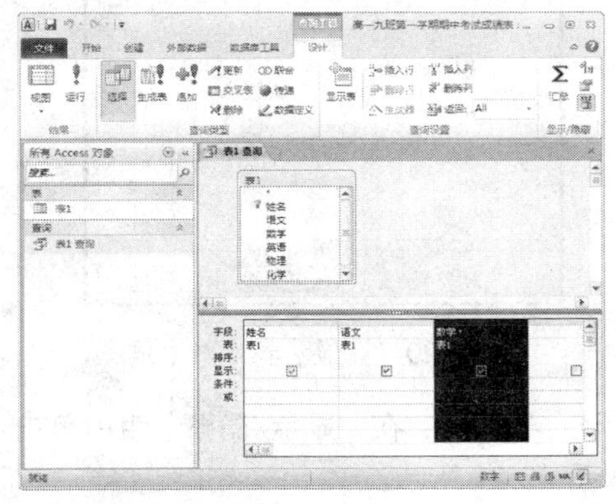

图 25.17　选择要删除的字段

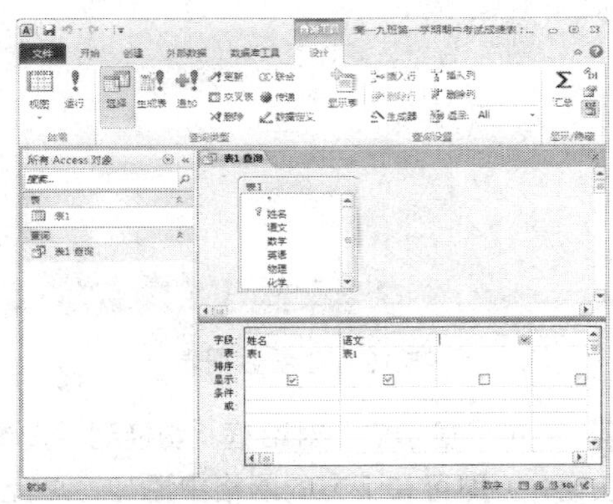

图 25.18　删除字段后的效果

25.4　汇总查询

有时，用户需要对表中的记录进行汇总。例如，在成绩表中，可以查看学生所修的课程及其成绩，但是并没有显示每一名学生的总成绩、平均成绩等信息。要想获得这些汇总数据，就必须创建一个汇总查询。

25.4.1　汇总查询的概述

汇总查询也是一种选择查询，所以创建汇总查询与前面介绍的创建选择查询是一样的。唯一不同之处在于：创建汇总查询时，需要切换到“查询工具-设计”选项卡，在“显示/隐藏”组中单击“汇总”按钮，Access 就会在设计视图下方的网格中增加“总计”行。

“总计”行用于在一个或多个表中对记录或记录组执行汇总计算并设置选项。要进行汇总查询，就必须为查询中使用的每个字段从“总计”行的下拉列表中选择一个选项，在该下拉列表中共有 12 个选项可供选择。

25.4.2 对所有记录执行汇总

用户可以用汇总查询对表或查询中的所有记录进行汇总。例如，可以在成绩表中为每一名学生计算出各自的总成绩、平均成绩、最高分数以及最低分数，具体的操作步骤如下。

Step 01 打开“素材\第二十五章\高一九班第一学期期中考试成绩表 2.accdb”文件，然后在“导航”窗格中双击“表 1”对象，查看数据表，如图 25.19 所示。

Step 02 切换到“创建”选项卡，在“查询”组中单击“查询设计”按钮，弹出“显示表”对话框，在列表框中选择“表 1”，单击“添加”按钮，如图 25.20 所示。

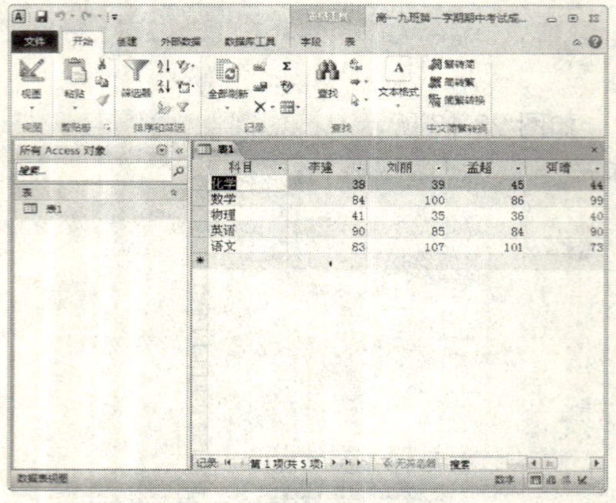

图 25.19 查看数据表

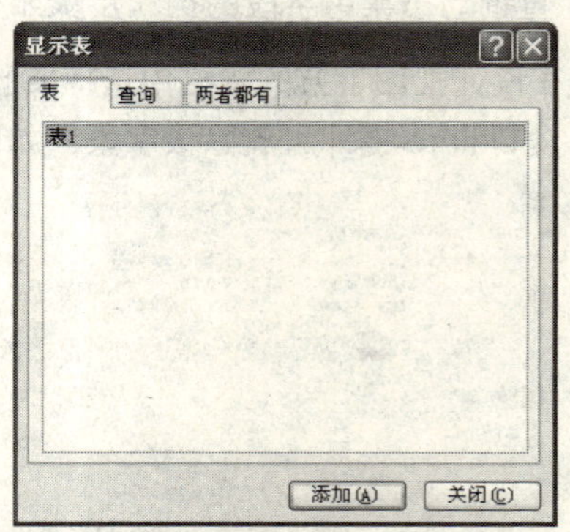

图 25.20 “显示表”对话框

Step 03 关闭“显示表”对话框，切换到“查询工具-设计”选项卡，在“显示/隐藏”组中单击“汇总”按钮，即可在下方的网格中添加“总计”行，如图 25.21 所示。

Step 04 双击“表 1”中的“李建”字段，将其添加到下方网格中，将光标置入“总计”下拉列表框中，然后单击右侧的按钮，在弹出的下拉列表中选择“合计”选项，如图 25.22 所示。

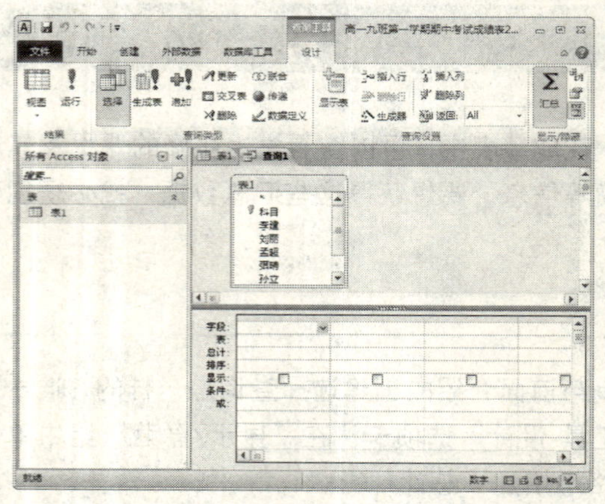

图 25.21 添加“总计”行

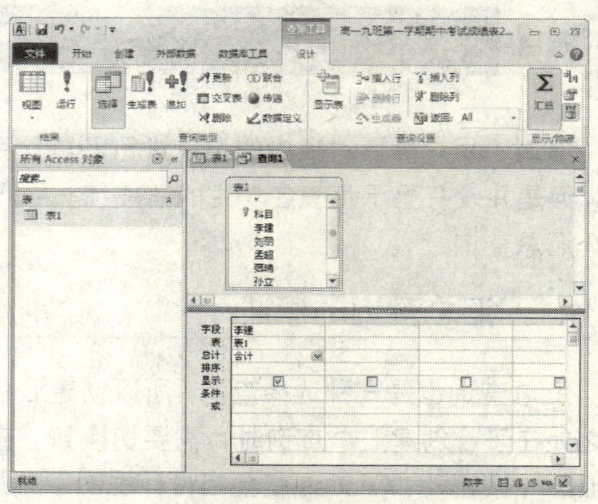

图 25.22 选择“合计”选项

Step 05 双击“表 1”中的“李建”字段，并在新增的第 2 个“李建”字段的“总计”行中选择“平均值”选项，如图 25.23 所示。

Step 06 双击“表 1”中的“李建”字段，并在新增的第 3 个“李建”字段的“总计”行中选择“最大值”选项，如图 25.24 所示。

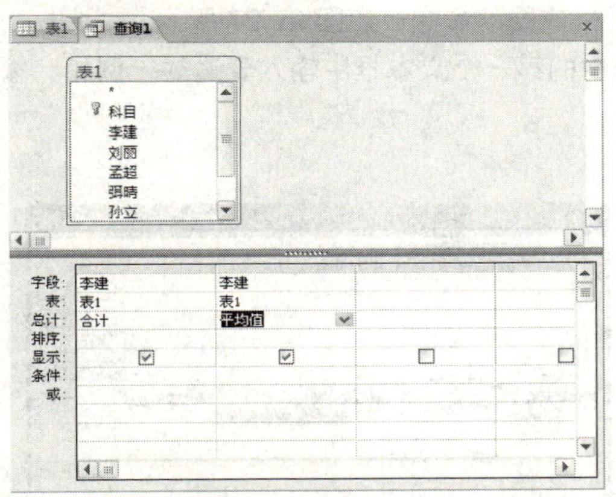

图 25.23 选择“平均值”选项

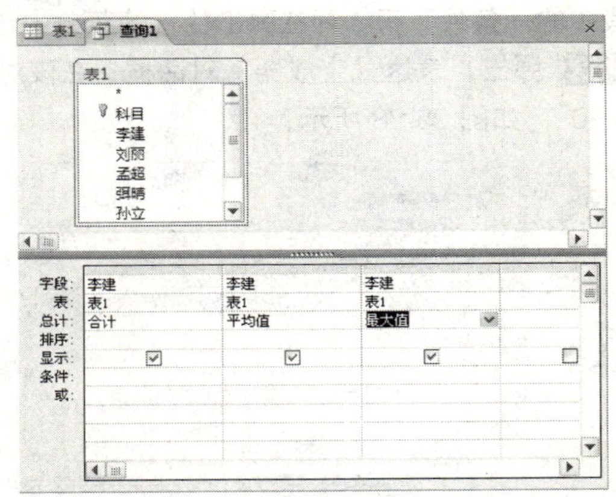

图 25.24 选择“最大值”选项

Step 07 双击“表 1”中的“李建”字段，并在新增的第 4 个“李建”字段的“总计”行中选择“最小值”选项，如图 25.25 所示。

Step 08 切换到“查询工具-设计”选项卡，在“结果”组中单击“运行”按钮，即可在数据表视图中显示出查询的结果，如图 25.26 所示。

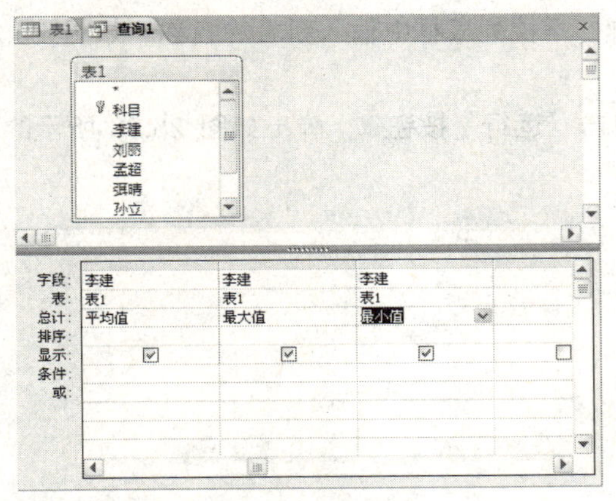

图 25.25 选择“最小值”选项

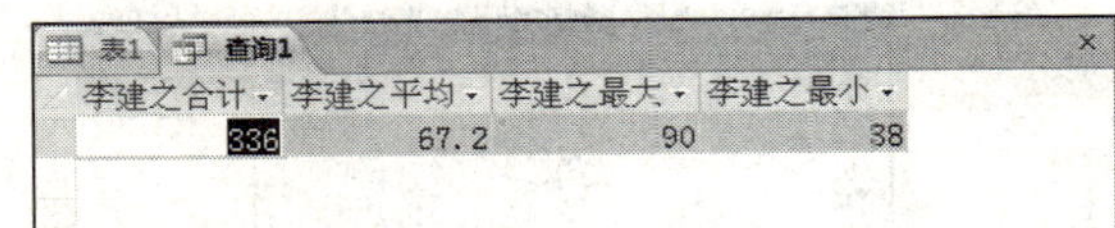

李建之合计	李建之平均	李建之最大	李建之最小
336	67.2	90	38

图 25.26 查询结果

25.5 建立操作查询

操作查询是 Microsoft Access 2010 查询中的一个重要组成部分，利用它可以对数据库中的数据进行简单的检索、显示和统计，而且可以根据用户的需要对数据库进行一定的修改。操作查询可以分为 4 种类型：生成表查询、更新查询、追加查询和删除查询。

生成表查询就是利用一个或多个表中的全部或部分数据创建一个新表。创建一个生成表查询的操作步骤如下。

Step 01 打开“素材\第二十五章\高一九班第一学期期中考试成绩表.accdb”文件，切换到“创建”选项卡，在“查询”组中单击“查询设计”按钮，弹出“显示表”对话框，在列表框中选择“表1”，单击“添加”按钮，然后关闭该对话框。

Step 02 双击“表 1”中的“姓名”字段和“语文”字段，将其添加到下方网格中，右击“语文”字段中的“条件”行，并在弹出的快捷菜单中选择“生成器”命令，如图 25.27 所示。

Step 03 弹出“表达式生成器”对话框，在该对话框中的第一个文本框中输入表达式，例如，输入“>90”，如图 25.28 所示。

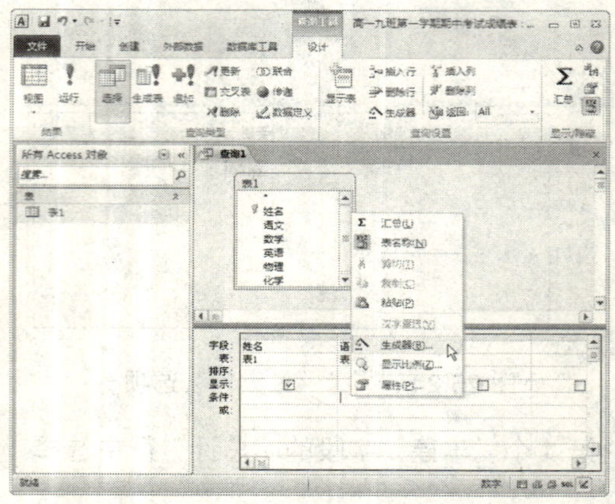

图 25.27　选择“生成器”命令

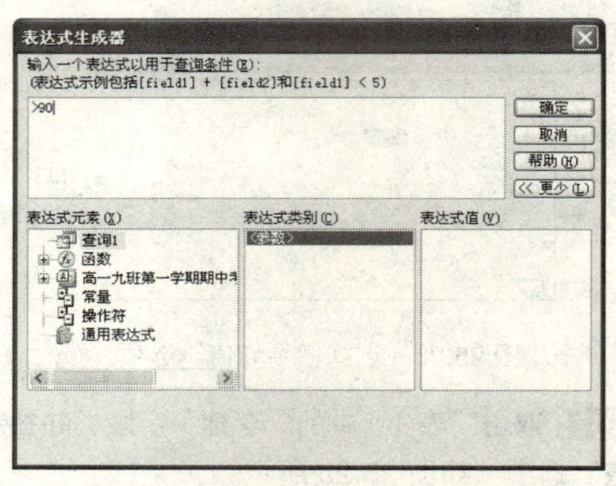

图 25.28　“表达式生成器”对话框

Step 04 单击“确定”按钮，然后切换到“查询工具-设计”选项卡，在“查询类型”组中单击“生成表”按钮，弹出“生成表”对话框，在“表名称”下拉列表框中输入新表的名称，如图 25.29 所示。

Step 05 单击“确定”按钮，然后在“结果”组中单击“运行”按钮，弹出如图 25.30 所示的信息提示对话框，在该对话框中单击“是”按钮。

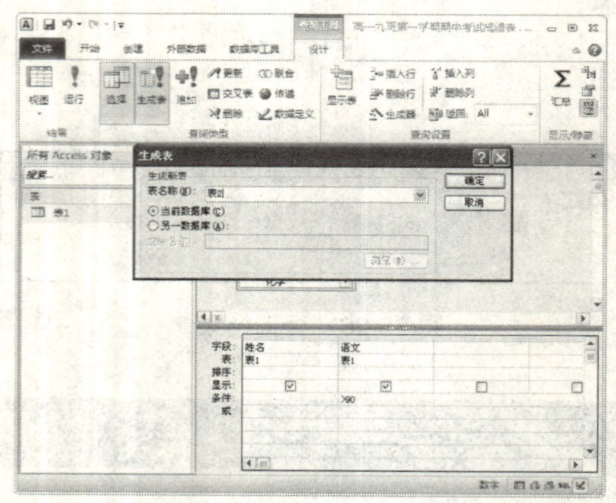

图 25.29　“生成表”对话框

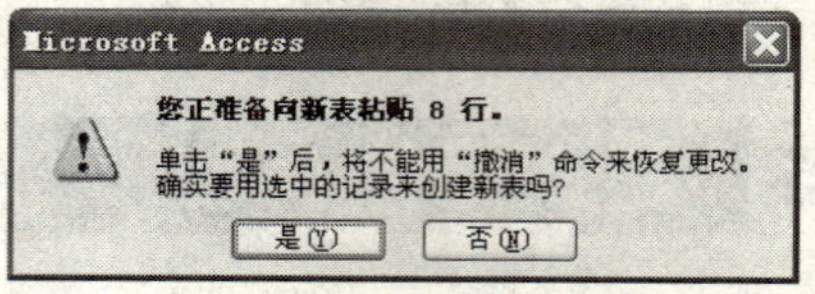

图 25.30　单击“是”按钮

Step 06 此时，可以看到在“导航”窗格中的表列中已经有了刚生成的新表，双击该表，如图 25.31 所示。

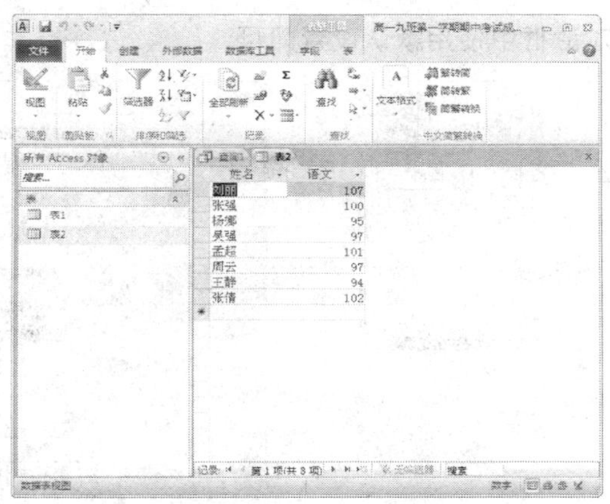

图 25.31　生成的新表

25.6 案例实训

本案例实训主要练习数据的查询，具体操作步骤如下。

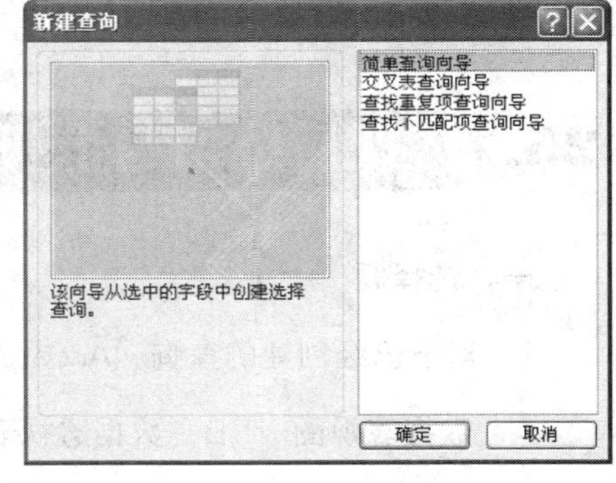

图 25.32　选择“简单查询向导”选项

Step 01　打开“素材\第二十五章\高一九班第一学期期中考试成绩表 2. accdb”文件，切换到“创建”选项卡，在“查询”组中单击“查询向导”按钮，弹出“新建查询”对话框，在右侧的列表框中选择“简单查询向导”选项，如图 25.32 所示。

Step 02　单击“确定”按钮，弹出“简单查询向导”对话框，在“可用字段”列表框中选择要用到的查询字段，再单击 > 按钮，将其添加到“选定字段”列表框中，如图 25.33 所示。

Step 03　单击“下一步”按钮，在弹出的对话框中勾选“汇总”单选按钮，如图 25.34 所示。

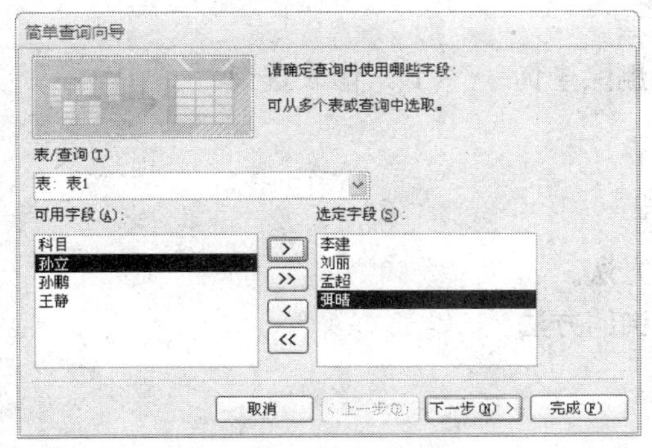

图 25.33　选择字段

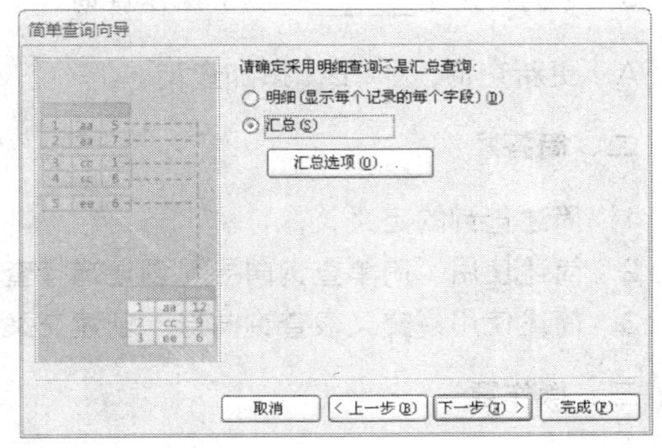

图 25.34　勾选“汇总”单选按钮

Step 04　单击“汇总选项”按钮，弹出“汇总选项”对话框，参照图 25.35 对复选框进行勾选。

Step 05　单击“确定”按钮，返回到“简单查询向导”对话框中，单击“下一步”按钮，弹出如图

25.36 所示的对话框，在该对话框中使用默认设置即可。

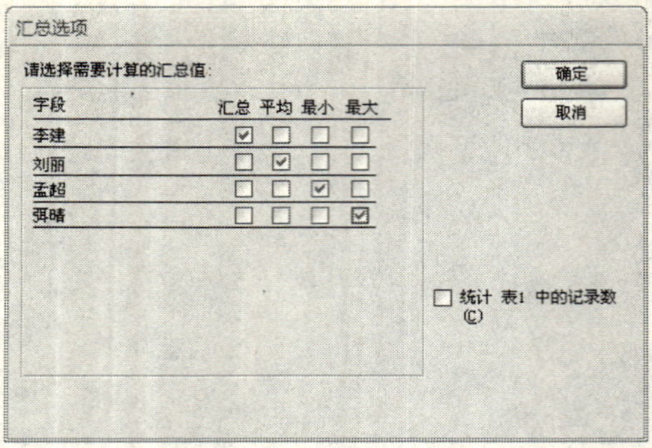

图 25.35 “汇总选项”对话框 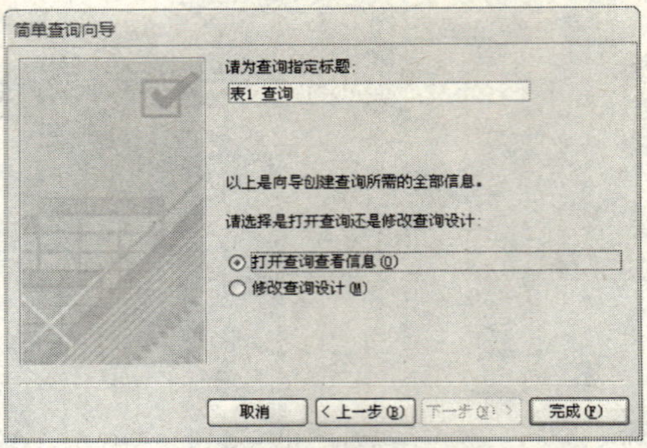　　　　图 25.36 “简单查询向导”对话框

Step 06 单击“完成”按钮，即可显示出查询的结果，如图 25.37 所示。

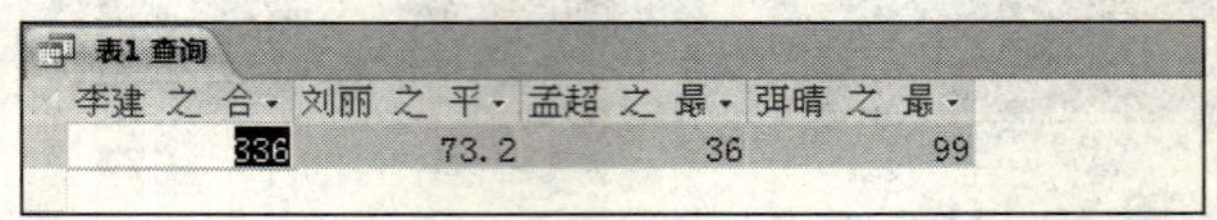

图 25.37 查询结果

25.7 课后练习与上机操作

一、选择题

1．对于已经创建的查询，Access 允许用户在______中重新进行设计修改。

A．数据表视图　　B．数据透视表视图　　C．设计视图　　D．数据透视视图

2．在设计视图下方的网格中选择要删除的字段，然后按______键即可删除该字段。

A．Delete　　B．Insert　　C．End　　D．Back Space

3．下列类型中______不属于操作查询。

A．更新查询　　B．追加查询　　C．删除查询　　D．修改查询

二、简答题

1．简述查询的定义。

2．简述使用“简单查询向导”创建选择查询的方法。

3．简述使用“交叉表查询向导”创建交叉表查询的方法。

三、操作题

1．创建一个含有表的数据库，然后使用“简单查询向导”创建选择查询。

2．接上题，修改查询。

3．接上题，对所有记录执行汇总。

第26章

窗体的设计

本章导读

本章主要讲述窗体的基础知识，其中包括创建窗体、窗体的编辑、向窗体添加控件等。

知识要点

- 创建窗体
- 窗体的编辑
- 向窗体添加控件

26.1 创建窗体

一般来说，窗体可以完成这些操作：显示和编辑数据、控制应用程序的流程、接收输入、显示信息。

窗体一般是由页眉、主体和页脚3部分组成的。根据窗体完成的功能不同，每一部分可以包含不同的控件。另外，按不同的种类标准来看，窗体可分为：单一窗体和连续窗体、单页窗体和多页窗体、主窗体和子窗体等。下面将介绍如何通过两种不同的方法创建窗体。

26.1.1 使用“设计视图”创建窗体

使用“设计视图”创建窗体是一种较为简单的方法。要使用“设计视图”创建窗体，其具体操作步骤如下。

Step 01 启动 Access 2010，单击“文件”按钮，在弹出的下拉菜单中选择“打开”命令，如图 26.1 所示。

Step 02 在弹出的对话框中选择“素材\第二十六章\销售记录.accdb”文件，如图 26.2 所示。

Step 03 单击“打开”按钮，在“导航”窗格中双击“销售表”，打开该数据表，效果如图 26.3 所示。

Step 04 切换到“创建”选项卡，在“窗体”组中单击“窗体设计”按钮 窗体设计，即可创建一个窗体，如图 26.4 所示。

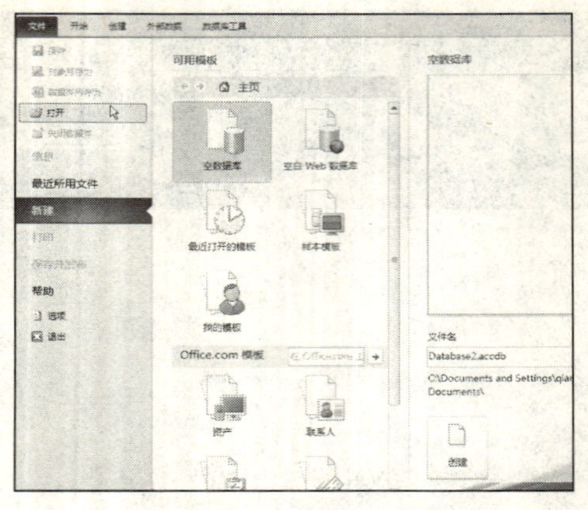

图 26.1 选择“打开”命令

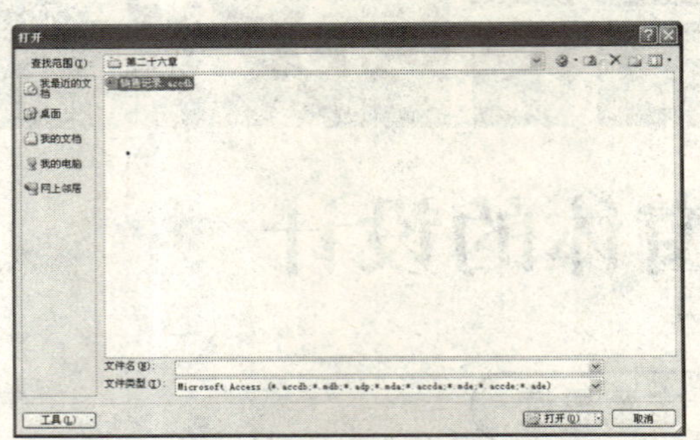

图 26.2 选择素材文件

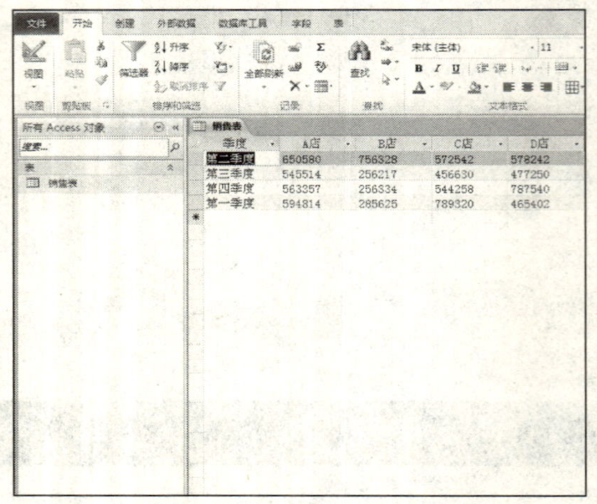

图 26.3 打开的数据表

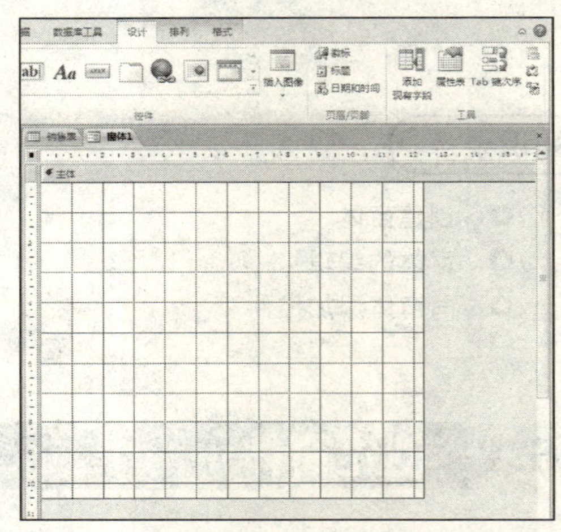

图 26.4 创建的窗体

Step 05 双击“窗体 1”左上角的■按钮，在弹出的“属性表”窗格中选择“全部”选项卡，单击“记录源”右侧的…按钮，即可弹出窗体查询器，如图 26.5 所示。

Step 06 在“显示表”对话框中选择“表”选项卡中的“销售表”，然后单击“添加”按钮，将其添加到“窗体 1:查询生成器”中，将“显示表”对话框关闭，如图 26.6 所示。

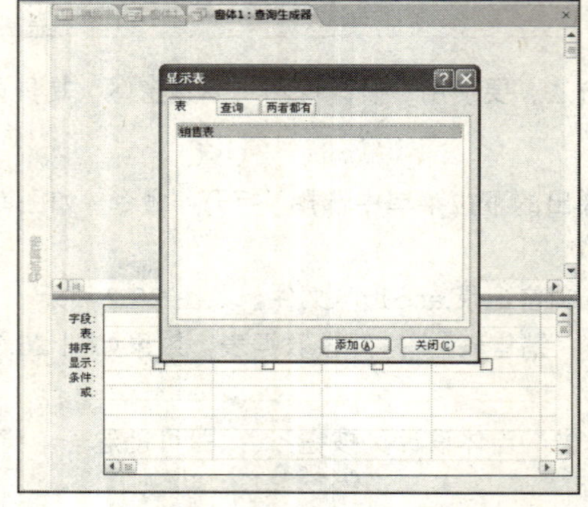

图 26.5 窗体查询器

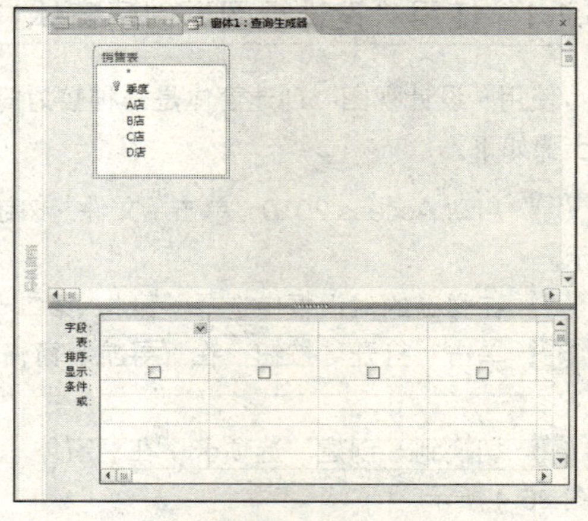

图 26.6 将“销售表”添加到查询生成器中

Step 07 在“窗体 1:查询生成器”中的“销售表”中双击要添加到窗体中显示的字段，效果如图 26.7 所示。

Step 08 切换到“查询工具-设计”选项卡，在“关闭”组中单击“关闭”按钮，如图 26.8 所示。

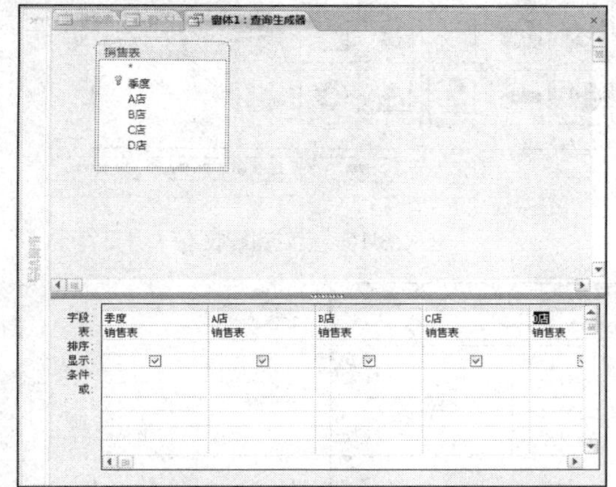

图 26.7 添加字段

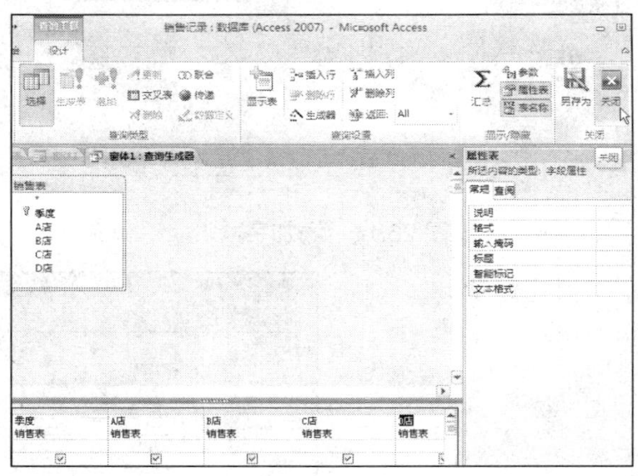

图 26.8 单击“关闭”按钮

Step 09 在弹出的对话框中单击“是”按钮，切换到“窗体布局工具-设计”选项卡，在“控件”组中单击“其他”按钮，在弹出的下拉列表中选择“图表”，如图 26.9 所示。

Step 10 执行该命令后，在“窗体 1”的任意位置单击鼠标并进行绘制，在弹出的“图表向导”对话框中选择“表”单选按钮，如图 26.10 所示。

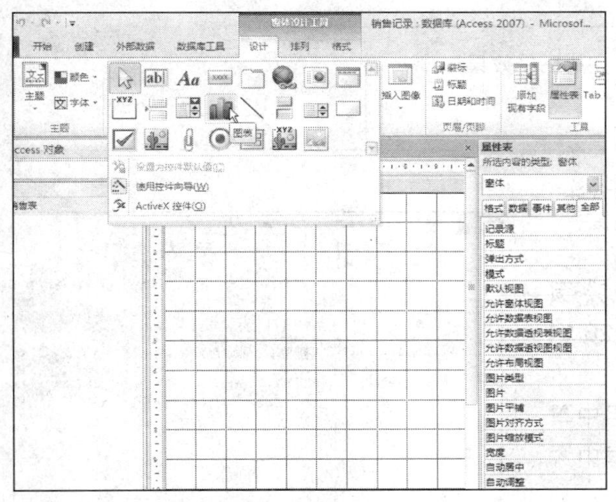

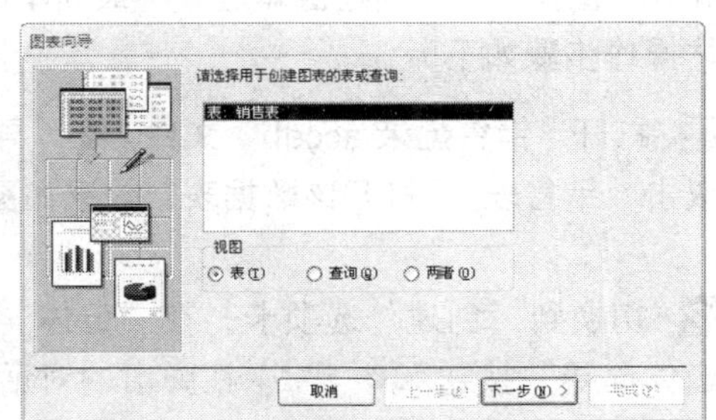

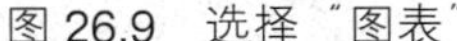
图 26.9 选择“图表”

图 26.10 选择“表”单选按钮

Step 11 单击“下一步”按钮，在弹出的界面中将“可用字段”中的字段添加到“用于图表的字段”列表框中，如图 26.11 所示。

Step 12 单击“下一步”按钮，在弹出的界面中选择一个图表，单击“完成”按钮，如图 26.12 所示。然后对插入的图表进行修改，修改后的效果如图 26.13 所示，将“窗体 1”保存即可。

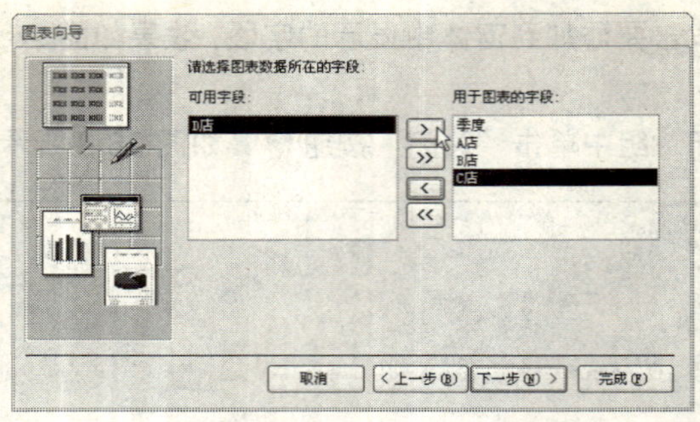

图 26.11 添加字段

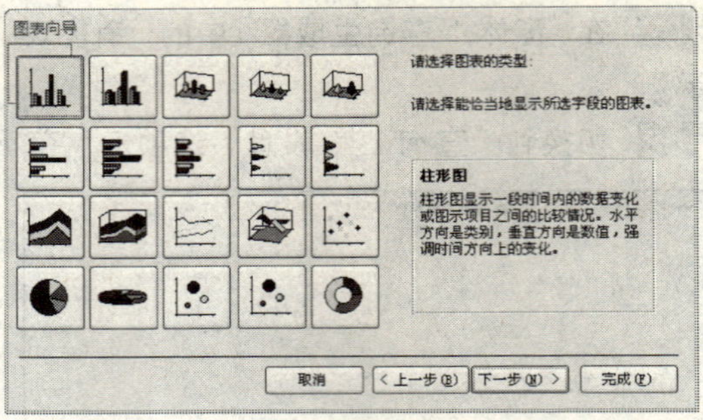

图 26.12 选择图表

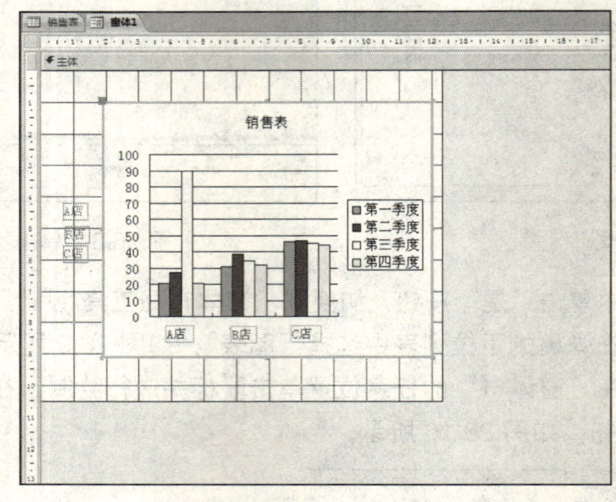

图 26.13 完成后的效果

26.1.2 使用“窗体向导”创建窗体

使用“窗体向导”创建窗体是一种最简单的方法，其具体操作步骤如下。

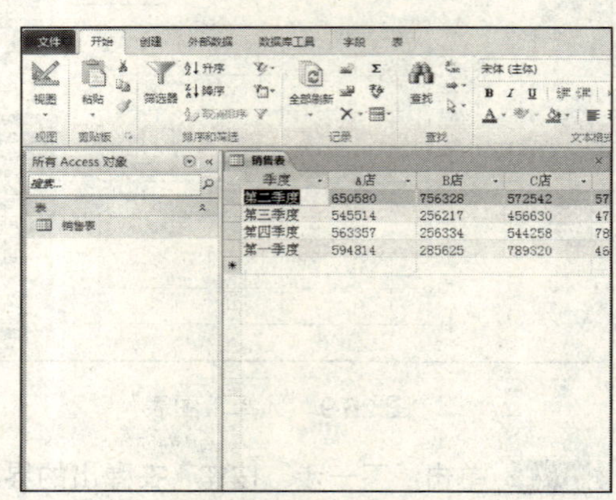

图 26.14 打开销售表

Step 01 打开“销售记录.accdb”文件，在“导航”窗格中双击“销售表”，打开该数据表，效果如图 26.14 所示。

Step 02 切换到“创建”选项卡，在“窗体”组中单击“窗体向导”按钮 窗体向导，在弹出的对话框中添加字段，如图 26.15 所示。

Step 03 添加完成后，单击“下一步”按钮，在弹出的界面中选择“数据表”单选按钮，如图 26.16 所示。

Step 04 在弹出的界面中选择“打开窗体查看或输入信息”单选按钮，如图 26.17 所示。

Step 05 设置完成后，单击“完成”按钮，即可创建一个窗体，如图 26.18 所示。

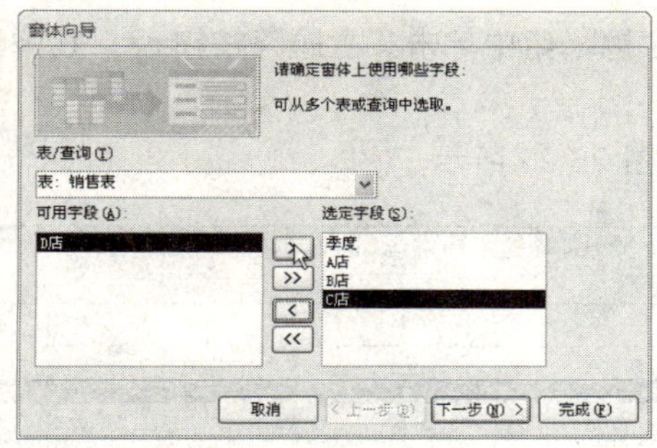

图 26.15　添加字段

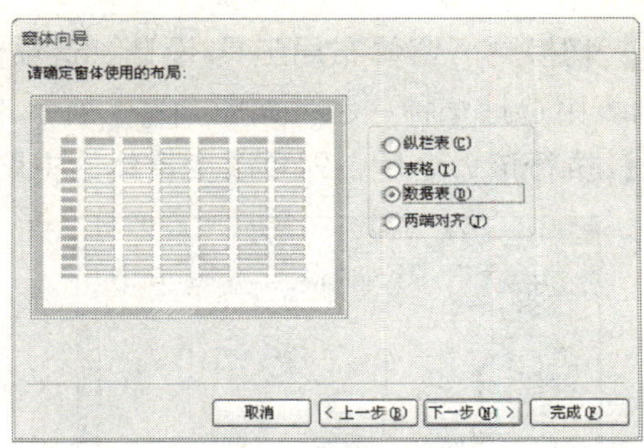

图 26.16　选择“数据表”单选按钮

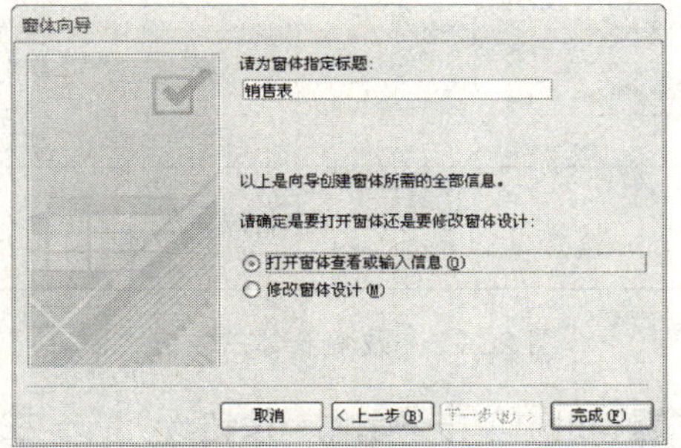

图 26.17　选择“打开窗体查看或输入信息”单选按钮

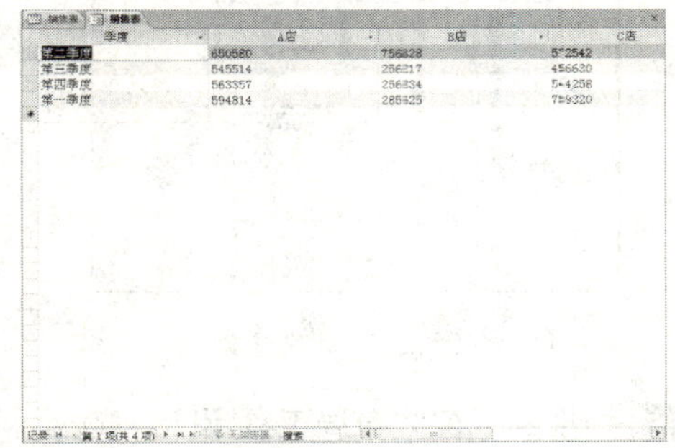

图 26.18　创建窗体后的效果

26.2 窗体的编辑

使用向导创建窗体，其结构和功能基本都是系统设置的，比较固定。有时候它并不符合用户的需要，因此，用户有必要自行定义满足特定需要或更具个性的窗体。

26.2.1　设计窗体

本节将介绍设计窗体，具体操作步骤如下。

Step 01　打开“销售表”窗体，切换到“开始”选项卡，在“视图”组中单击“视图”下三角按钮，在弹出的下拉菜单中选择“设计视图”，如图 26.19 所示。

Step 02　执行该命令后，即可改变窗体的显示视图，效果如图 26.20 所示。

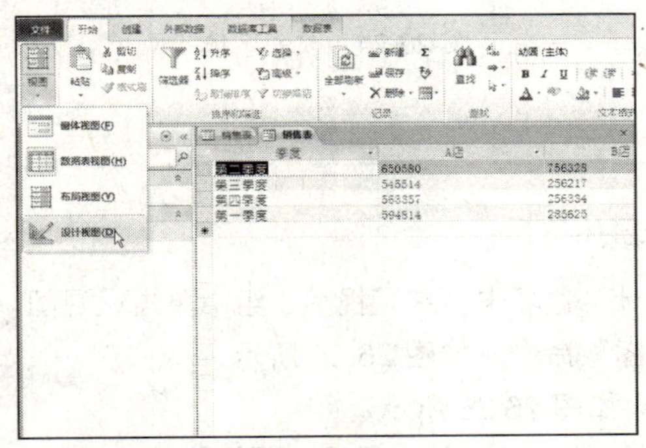

图 26.19　选择“设计视图”

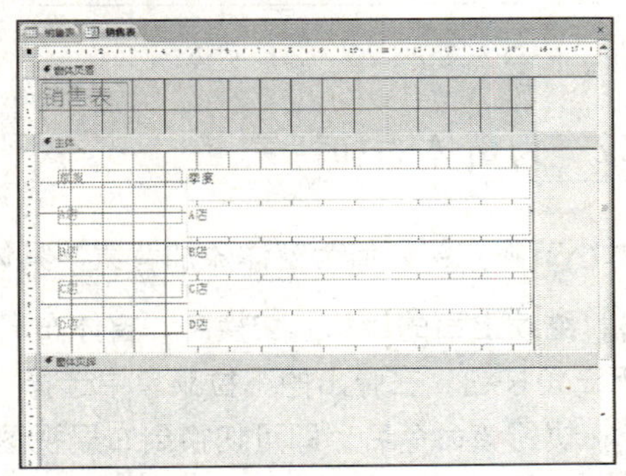

图 26.20　改变视图的显示方式

Step 03 切换到“窗体布局工具-设计”选项卡，在“主题”组中单击“主题”按钮，在弹出的下拉列表中选择一种主题，如图 26.21 所示。

Step 04 执行该命令后，即可改变窗体的主题，效果如图 26.22 所示。

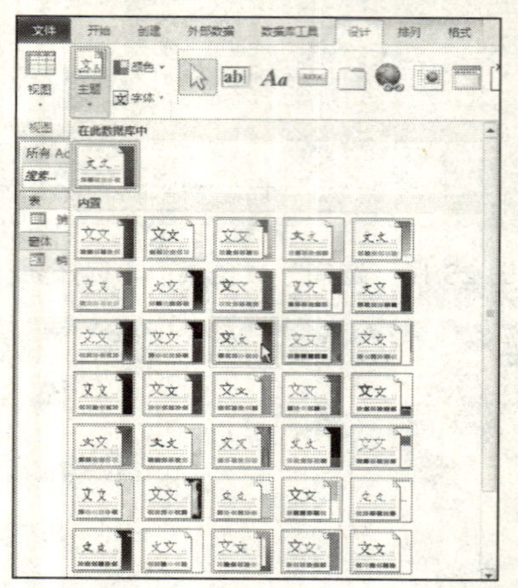

图 26.21 选择主题

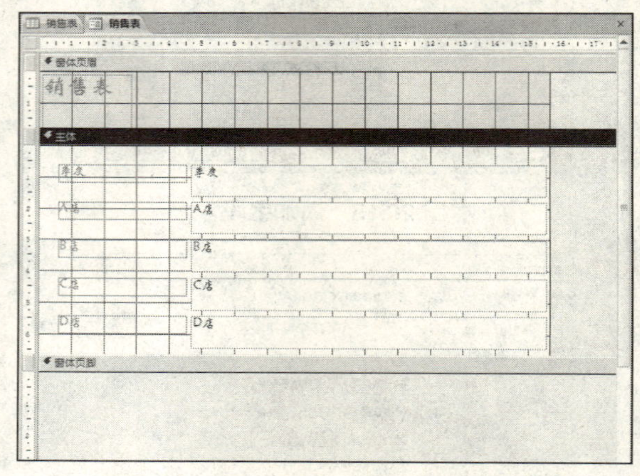

图 26.22 改变窗体的主题

Step 05 切换到“窗体布局工具-设计”选项卡，在“主题”组中单击“字体”按钮，在弹出的下拉列表中选择如图 26.23 所示的字体。

Step 06 执行该命令后，即可改变窗体的文字，效果如图 26.24 所示。

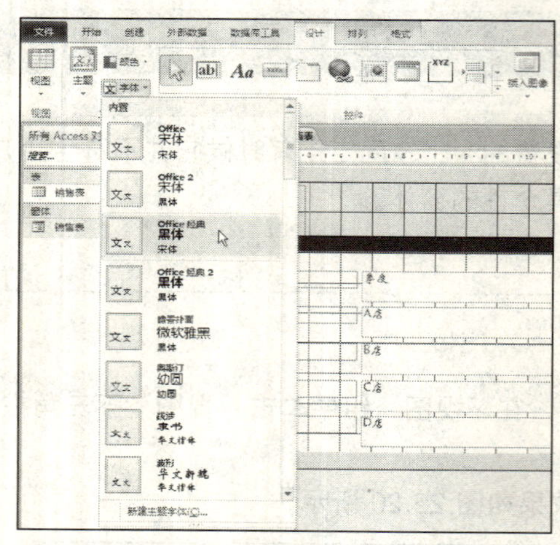

图 26.23 选择字体

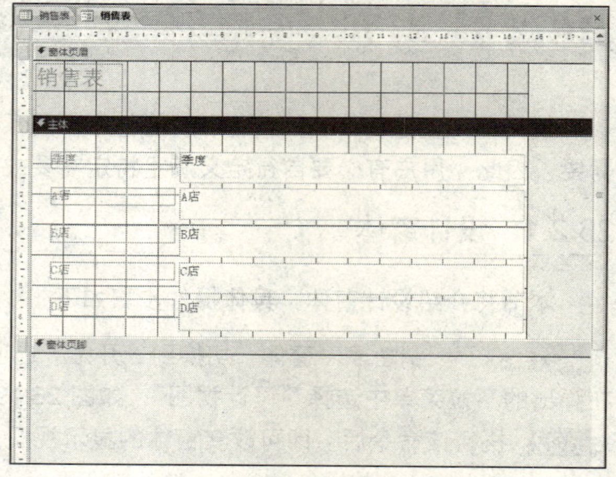

图 26.24 改变字体

26.2.2 为窗体添加背景

本小节将介绍如何为窗体添加背景，具体操作步骤如下。

Step 01 继续上面的操作，切换到“窗体布局工具-设计”选项卡，在“视图”组中单击“视图”下方的下三角按钮，在弹出的下拉菜单中选择“布局视图”命令，如图 26.25 所示。

Step 02 执行该命令后，即可切换到布局视图中，效果如图 26.26 所示。

Step 03 切换到“窗体布局工具-设计”选项卡，在“控件”组中单击“插入图像”按钮，在弹出的下拉菜单中选择“浏览”命令，如图 26.27 所示。

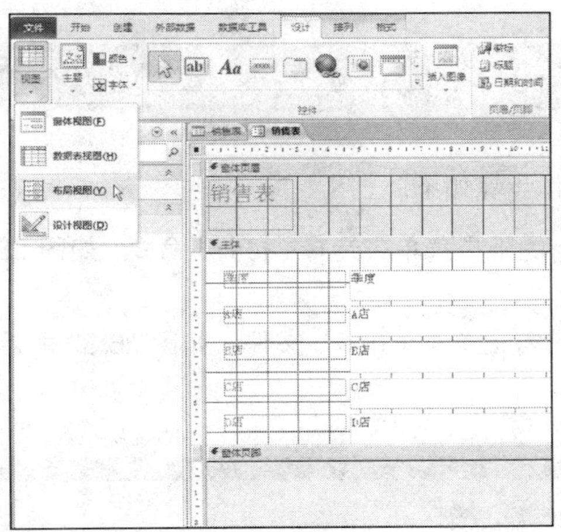

图 26.25 选择“布局视图”命令

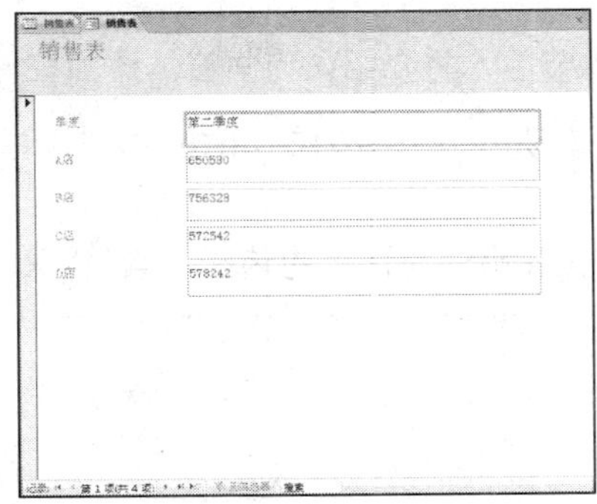

图 26.26 布局视图

Step 04 执行该命令后，即可打开“插入图片”对话框，在该对话框中选择“素材\第二十六章\5875.jpg”文件，如图 26.28 所示。

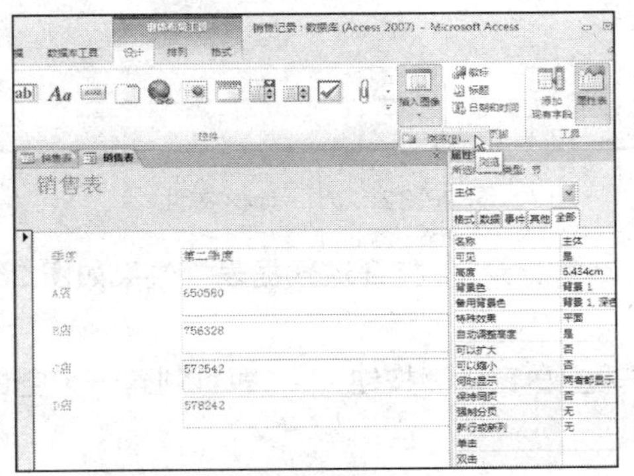

图 26.27 选择“浏览”命令

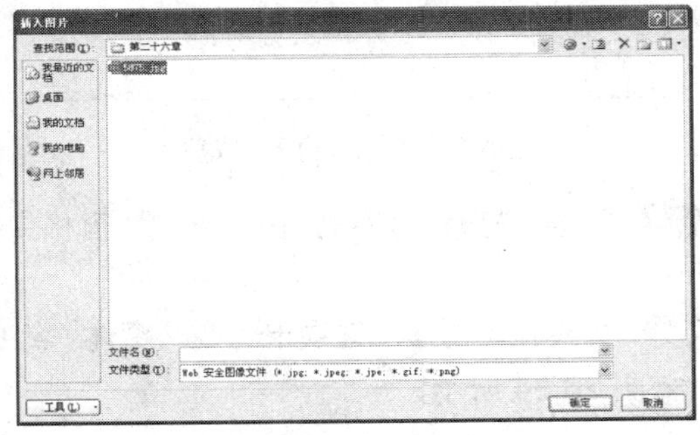

图 26.28 选择素材文件

Step 05 选择完成后，单击“确定”按钮，在窗体中进行绘制。插入图片后，选中插入的图片，右击鼠标，在弹出的快捷菜单中选择“位置”|“置于底层”命令，如图 26.29 所示。

Step 06 执行该命令后，即可将插入的图片置于底层，效果如图 26.30 所示。

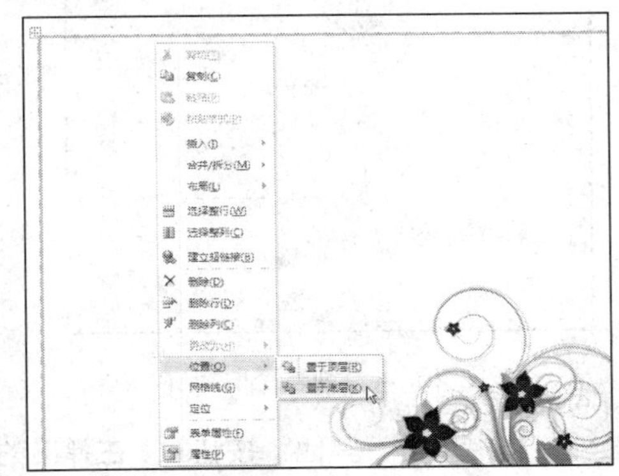

图 26.29 选择“置于底层”命令

图 26.30 插入图像后的效果

26.3 向窗体添加控件

在本节中，将介绍如何向窗体添加控件，具体操作步骤如下。

Step 01 启动 Access 2010，单击“文件”按钮，在弹出的下拉菜单中选择“打开”命令，如图 26.31 所示。

Step 02 在弹出的对话框中选择“素材\第二十六章\销售记录 1.accdb”文件，如图 26.32 所示。

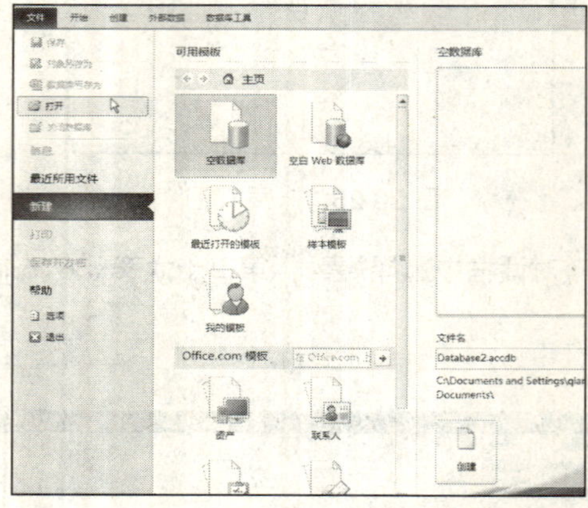

图 26.31 选择“打开”命令

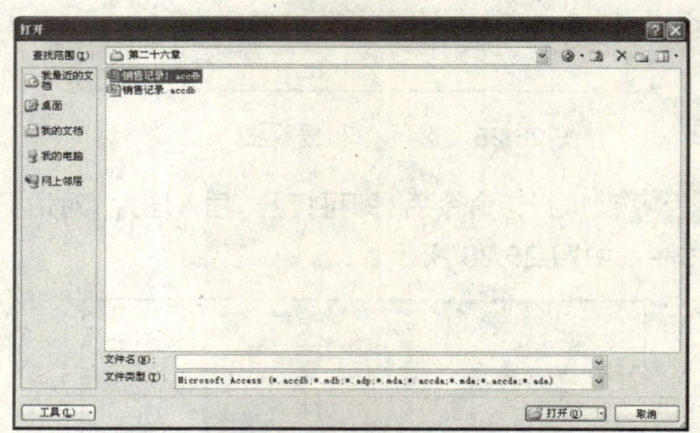

图 26.32 选择素材文件

Step 03 单击“打开”按钮，在“导航”窗格中双击“销售记录”，打开该数据表，效果如图 26.33 所示。

Step 04 切换到“创建”选项卡，在“窗体”组中单击“空白窗体”按钮，即可创建一个空白窗体，如图 26.34 所示。

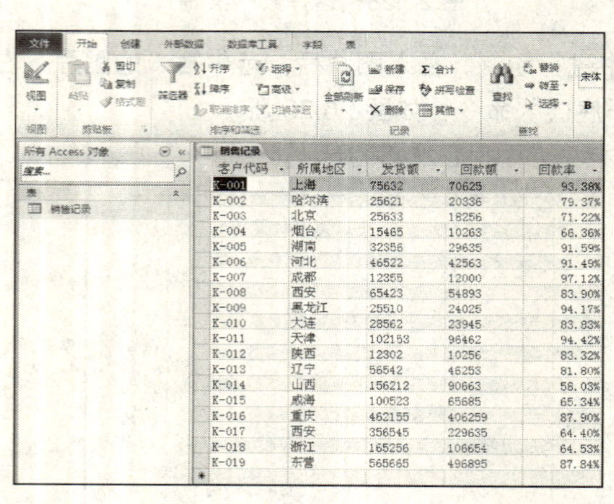

图 26.33 打开数据表

图 26.34 创建空白墙体

Step 05 切换到“窗体布局工具-设计”选项卡，在“控件”组中单击“其他”按钮，在弹出的库中选择“组合框”，如图 26.35 所示。

Step 06 在“窗体 1”中进行绘制，即可得到如图 26.36 所示的组合框。

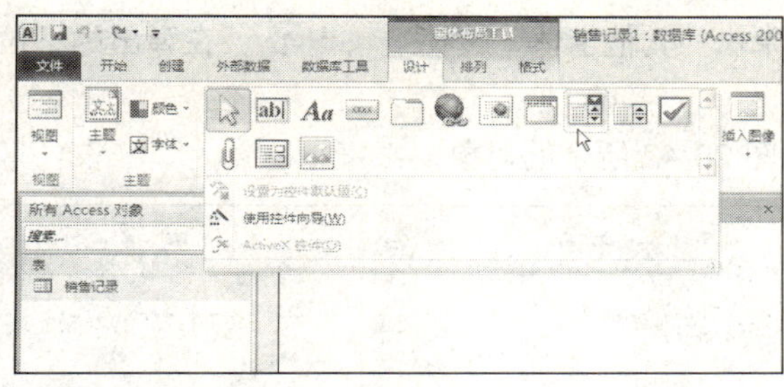

图 26.35　选择"组合框"

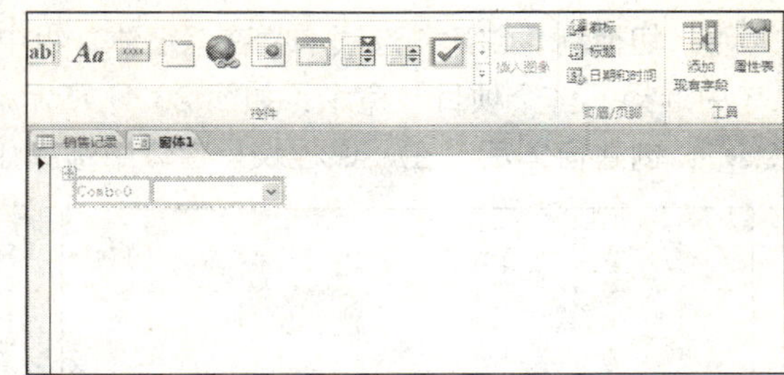

图 26.36　绘制组合框

Step 07　切换到"窗体布局工具-设计"选项卡，在"工具"组中单击"添加现有字段"按钮，在弹出的"字段列表"窗格中单击"显示所有表"链接，如图 26.37 所示。

Step 08　在打开的"销售记录表"中双击要添加的字段，添加后的效果如图 26.38 所示。

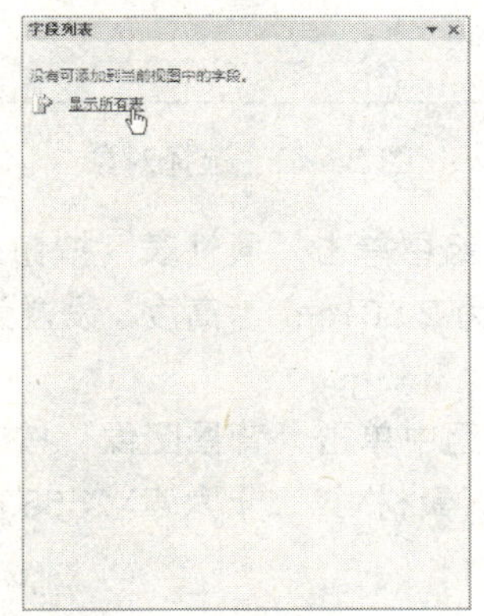

图 26.37　单击"显示所有表"链接

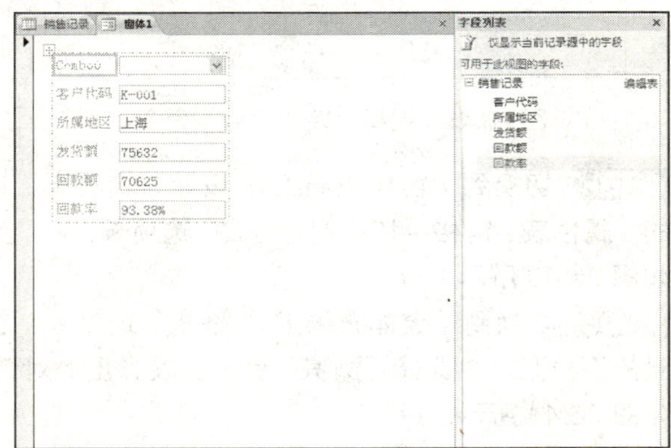

图 26.38　添加字段后的效果

26.4　案例实训

本案例实训主要练习窗体的设计，例如创建窗体、编辑窗体等，其具体的操作步骤如下。

Step 01　启动 Access 2010，单击"文件"按钮，在弹出的下拉菜单中选择"打开"命令，在弹出的对话框中选择"素材\第二十六章\课程表.accdb"文件，如图 26.39 所示。

Step 02　单击"打开"按钮，在"导航"窗格中双击"课程表"，打开该数据表，效果如图 26.40 所示。

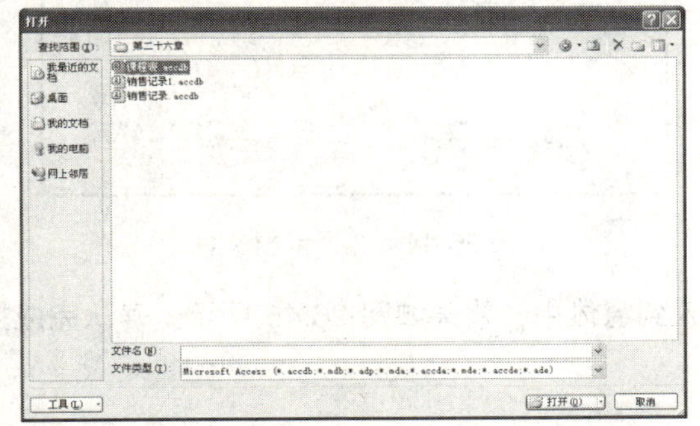

图 26.39　选择素材文件

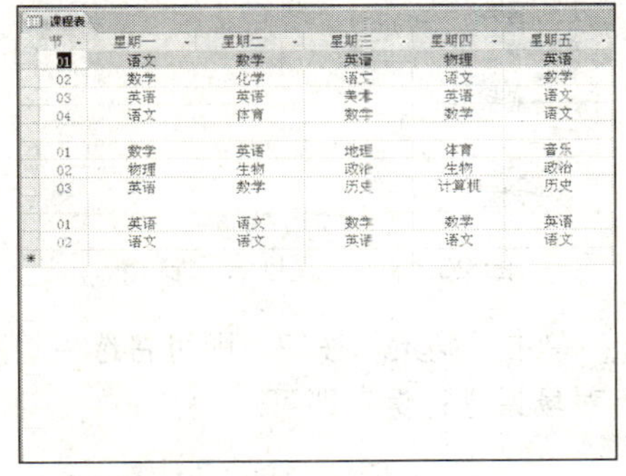

图 26.40　打开的数据表

Step 03 切换到“创建”选项卡，在“窗体”组中单击“其他窗体”按钮 其他窗体，在弹出的下拉菜单中选择“多个项目”命令，如图 26.41 所示。

Step 04 创建窗体后，在“课程表”窗体中选择如图 26.42 所示的对象。

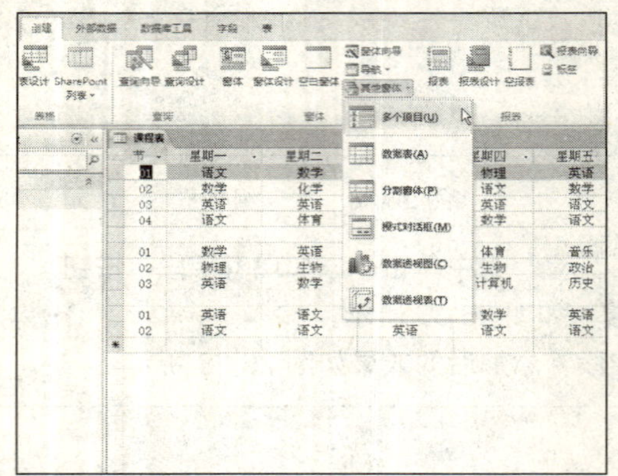

图 26.41 选择“多个项目”命令

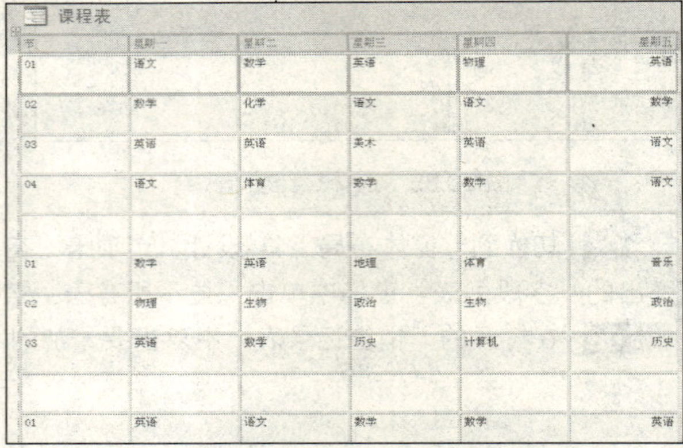

图 26.42 选择对象

Step 05 切换到“窗体布局工具-设计”选项卡，在“工具”组中单击“属性表”按钮，在弹出的“属性表”窗格中切换到“格式”选项卡，将“宽度”设置为 2.501cm，“高度”设置为 0.801cm，如图 26.43 所示。

Step 06 切换到“窗体布局工具-格式”选项卡，在“背景”组中单击“背景图像”按钮，在弹出的下拉菜单中选择“浏览”命令，在弹出的对话框中选择“素材\第二十六章\2563.jpg”文件，如图 26.44 所示。

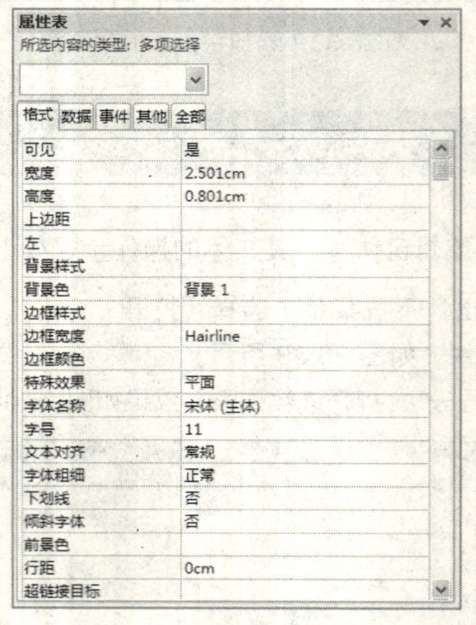

图 26.43 “属性表”窗格

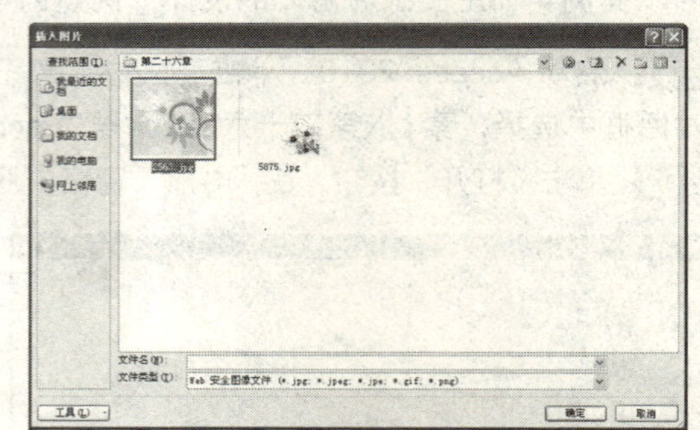

图 26.44 选择素材文件

Step 07 单击“确定”按钮，即可将选中的图片插入到窗体中，效果如图 26.45 所示。确认完成操作后，对场景进行保存即可。

课程表

节	星期一	星期二	星期三	星期四	星期五
01	语文	数学	英语	物理	英语
02	数学	化学	语文	语文	数学
03	英语	英语	美术	英语	语文
04	语文	体育	数学	数学	语文
01	数学	英语	地理	体育	音乐
02	物理	生物	政治	生物	政治
03	英语	数学	历史	计算机	历史
01	英语	语文	数学	数学	英语
02	语文	语文	英语	语文	语文

图 26.45　插入图片后的效果

26.5 课后练习与上机操作

一、简答题

1. 一般窗体是由哪些部分组成的？
2. 如何为窗体添加背景？

二、操作题

1. 创建含有一个表的数据库，然后使用“窗体向导”创建窗体。
2. 接上题，为创建的窗体添加控件。
3. 接上题，对窗体进行编辑。

第27章

报表

本章导读

本章主要介绍创建和设计报表的方法，以及对设计的报表进行打印的方法。

知识要点

- ✪ 报表对象的功能
- ✪ 打印报表
- ✪ 创建报表
- ✪ 设计报表

27.1 报表对象的功能

数据库是数据的集合，创建数据库就是要通过数据库来存储、处理、输出（以报表的形式）信息。Access 2010 中的报表就具有这方面的功能，它可以打印格式来显示数据库中的数据以及经过处理的数据。

Access 的报表对象可以完成以下操作。

- 对数据进行分组，且能嵌套。
- 对大组数据进行比较、汇总、求和。
- 包含子窗体、子报表。
- 包含图形、图表以及其他 OLE 对象。
- 能按特殊格式排版，例如，可生成发票、订单、标签等。
- 能打印所有表达式的值。

报表中的大部分内容是从数据库中的表、查询以及 SQL 语句中获得的。报表的其他内容将存储在报表设计中。

27.2 创建报表

Access 2010 作为一种办公软件，优点之一便是它的简便、易用性，在创建报表时也是如此。虽然它提供了报表设计视图来设计报表，但这是个很复杂的过程，需要了解数据库的一些详细情况，以及报表设计视图的使用方法。不过，Access 2010 还提供了另外一些创建报表的方法。

27.2.1 创建空报表

创建空报表的具体操作步骤如下。

Step 01 打开要创建报表的数据库窗口。

Step 02 切换到“创建”选项卡，在“报表”组中单击“空报表”按钮，新建一个空报表，可以在其中插入字段和控件，如图 27.1 所示。

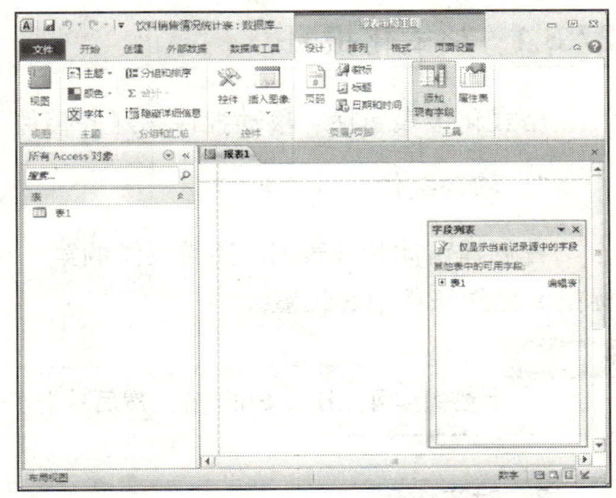

图 27.1 创建的空报表

27.2.2 创建当前查询或表中数据的基本报表

要创建当前查询或表中数据的基本报表，可以使用下面的方法。

Step 01 打开“素材\第二十七章\饮料销售情况统计表.accdb”文件，并在“导航”窗格中单击“表 1”对象。

Step 02 切换到“创建”选项卡，在“报表”组中单击“报表”按钮，即可创建一个当前表中数据的基本报表，如图 27.2 所示。

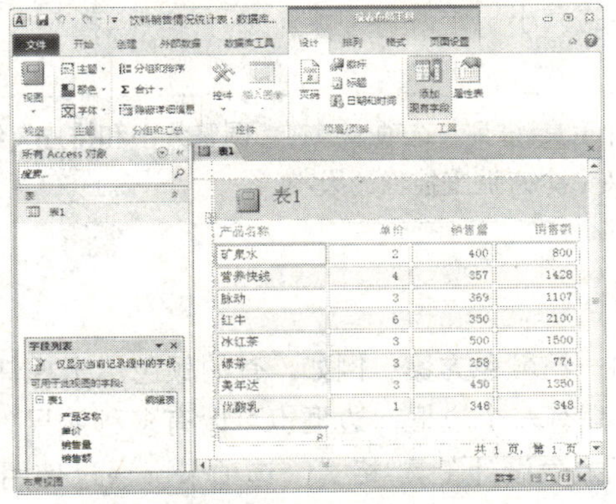

图 27.2 创建当前表中数据的基本报表

27.2.3 使用“报表向导”创建报表

Access 2010 中还提供了“报表向导”功能，可以指导用户一步一步地定制符合自己需要的报表，这里就不再赘述。

27.3 设计报表

使用 Access 2010 可自动生成报表或根据“报表向导”创建报表，但有它的局限性。用户可以使用设计视图设计出符合自己要求的报表。

27.3.1 格式化报表

格式化报表包括：移动控件、对齐控件、改变控件大小/颜色和改变文本的颜色。

1．移动控件

在创建窗体和报表时，通常要做的第一件事就是将控件在窗体或报表中重新定位，可以使用鼠标拖曳控件来移动其位置。

提示

上述操作可先按住 Shift 键，然后单击多个控件，也可用鼠标框选多个控件，再进行移动。

2．对齐控件

选择要对齐的控件后右击，在弹出的快捷菜单中选择“对齐”命令，在弹出的子菜单中选择相关命令后，即可将一组控件按指定方式对齐。

提示

也可以切换到“报表设计工具-排列”选项卡，在“调整大小和排序”组中单击“对齐”按钮，在弹出的下拉菜单中选择相关命令来对齐控件。

3．改变控件大小

选择要改变大小的控件后右击，在弹出的快捷菜单中选择“大小”命令，在弹出的子菜单中选择相关命令后，即可调整控件的大小。

提示

也可以切换到“报表设计工具-排列”选项卡，在“调整大小和排序”组中单击“大小/空格”按钮，在弹出的下拉菜单中选择相关命令来调整控件的大小。

4．改变控件的颜色

每一类控件都有其相应的一组颜色方案，例如，有的颜色用于控件的背景，有的颜色用于控件中的文本。此外，大多数控件都有一个边框，边框也可以有多种效果。

在选中控件后，切换到“报表设计工具-格式”选项卡，通过使用“控件格式”组中的“形状填充”按钮形状填充和“形状轮廓”按钮形状轮廓可以改变控件的背景颜色和边框颜色。

5. 改变文本的颜色

选中文本后，切换到“报表设计工具-格式”选项卡，通过使用“字体”组中的“字体颜色”按钮A·可以改变文本的颜色。

27.3.2 创建计算字段

要在报表中显示汇总数据，就必须创建计算字段。利用计算字段可以计算所需的数据，并且能够把它在计算控件中显示出来。

计算字段的数据来源并不是数据库表中直接存放的数据，而是表达式。表达式可以直接使用表或查询中存放的数据。在控件中具有“控件来源”属性的控件一般都可以作为一个计算控件来使用。

创建计算字段，具体的操作步骤如下。

Step 01 打开“素材\第二十七章\饮料销售情况统计表 2.accdb”文件，在“导航”窗格中右击“报表”列表中的“表 1”对象，在弹出的快捷菜单中选择“设计视图”命令，即可打开设计视图，如图 27.3 所示。

Step 02 切换到“报表设计工具-设计”选项卡，在“控件”组中单击“文本框”按钮ab|，并在报表的“主体”节中单击放置该控件，如图 27.4 所示。

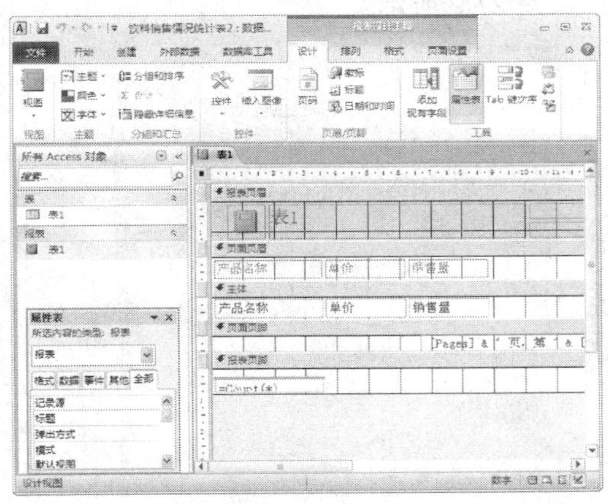

图 27.3 设计视图

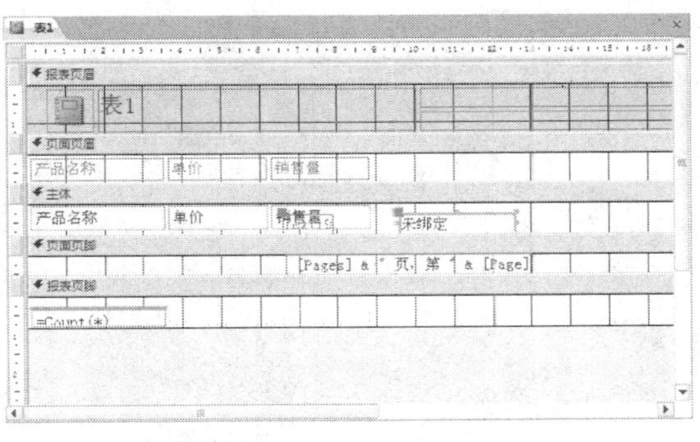

图 27.4 放置文本框控件

Step 03 按键盘上的↑键，并调整该文本框控件的位置，如图 27.5 所示。

Step 04 在上面的文本框控件中输入“销售额”，并选择下面的文本框控件，在“属性表”窗格中单击“全部”选项卡中“控件来源”右边的…按钮，如图 27.6 所示。

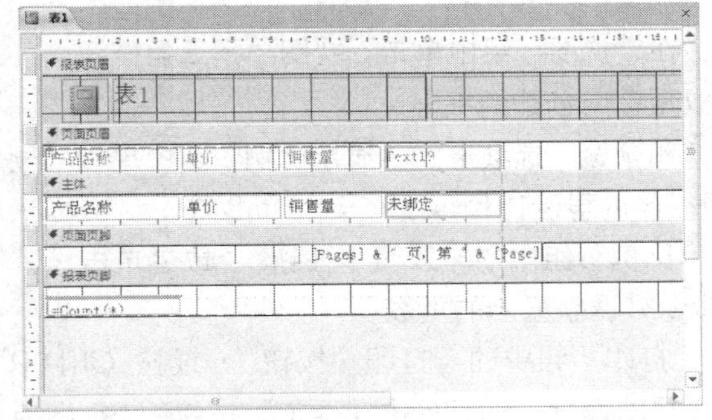

图 27.5 调整文本框控件的位置

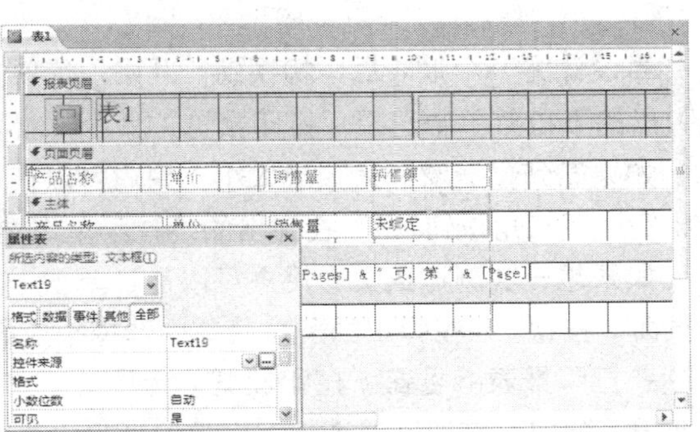

图 27.6 选择下面文本框控件并单击…按钮

Step 05 弹出“表达式生成器”对话框，在文本框中输入表达式，如图 27.7 所示。

Step 06 单击“确定”按钮，然后切换到“报表设计工具-设计”选项卡，在“视图”组中单击“视图”下三角按钮，在弹出的下拉菜单中选择“布局视图”命令，如图 27.8 所示。

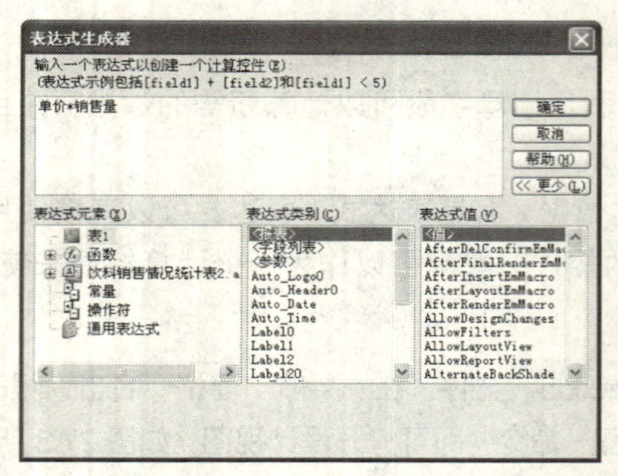

图 27.7 “表达式生成器”对话框

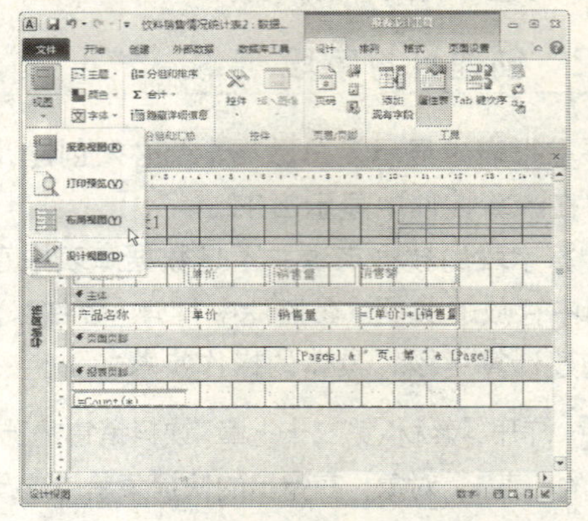

图 27.8 选择“布局视图”命令

Step 07 在布局视图中查看到创建计算字段后的效果，如图 27.9 所示。

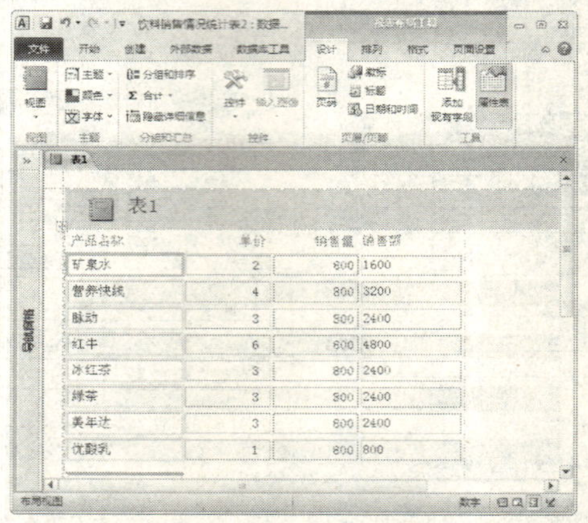

图 27.9 创建计算字段后的效果

27.4 打印报表

当设计完一个报表后，切换到“开始”选项卡，在“视图”组中单击“视图”下三角按钮，在弹出的下拉菜单中选择“打印预览”命令，就可以预览所创建的报表。

如果感到预览窗口太大或太小，用户可以在“打印预览”选项卡的“显示比例”组中单击“显示比例”下三角按钮，在弹出的下拉菜单中选择相应的显示比例。

如果想一次浏览数页，用户可以通过单击“显示比例”组中的“双页”按钮，或者单击“其他页面”按钮，在弹出的下拉菜单中选择相应的命令来调整显示的页数。

要打印报表，可在“打印预览”选项卡中单击“打印”组中的“打印”按钮，或按 Ctrl+P 组合键，弹出“打印”对话框，在该对话框中进行所需的设置，然后单击“确定”按钮。

27.5 案例实训

本案例实训主要练习创建和设计报表，具体的操作步骤如下。

Step 01 打开“素材\第二十七章\个人支出统计表.accdb”文件，并在“导航”窗格中单击“表 1”对象。然后切换到“创建”选项卡，在“报表”组中单击“报表”按钮，创建一个当前表中数据的基本报表，如图 27.10 所示。

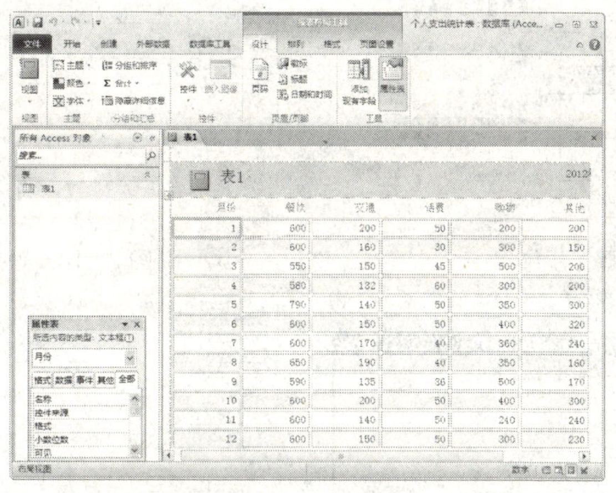

图 27.10 创建报表

Step 02 切换到“报表设计工具-设计”选项卡，在“视图”组中单击“视图”下三角按钮，在弹出的下拉菜单中选择“设计视图”命令，如图 27.11 所示。

Step 03 切换到设计视图中，然后选择“页面页眉”下的所有控件，如图 27.12 所示。

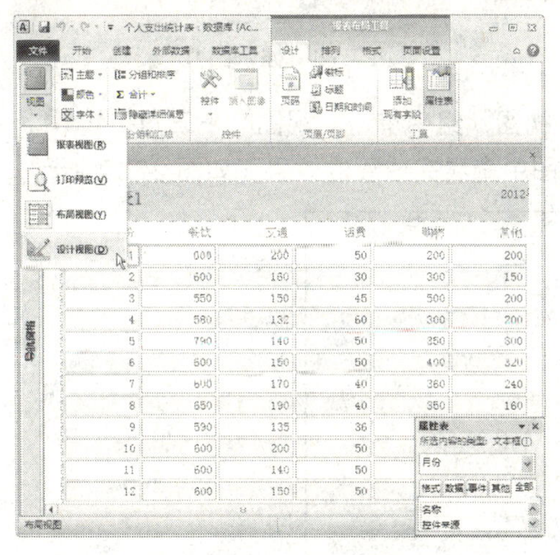

图 27.11 选择“设计视图”命令

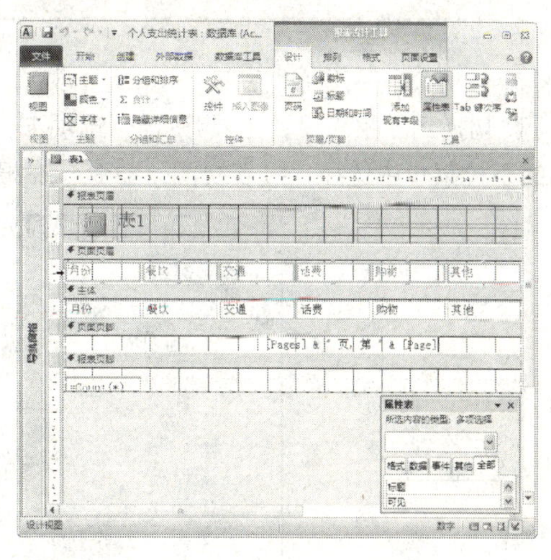

图 27.12 选择“页面页眉”下的所有控件

Step 04 切换到“报表设计工具-格式”选项卡，在“控件格式”组中单击“形状填充”按钮，在弹出的下拉列表中选择“浅绿”，如图 27.13 所示。

Step 05 使用同样的方法，将“主体”和“报表页脚”下的控件的填充颜色设置为透明，如图 27.14 所示。

Step 06 在“属性表”窗口中单击“图片”右边的...按钮，弹出“插入图片”对话框，在该对话框中选择“素材\第二十七章\背景.jpg”图片，如图 27.15 所示。

Step 07 单击“确定”按钮，即可将选择的图片插入到报表中，如图 27.16 所示。

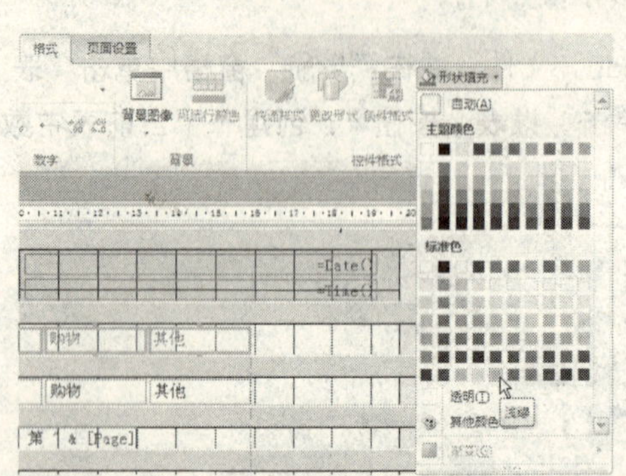

图 27.13　选择“浅绿”

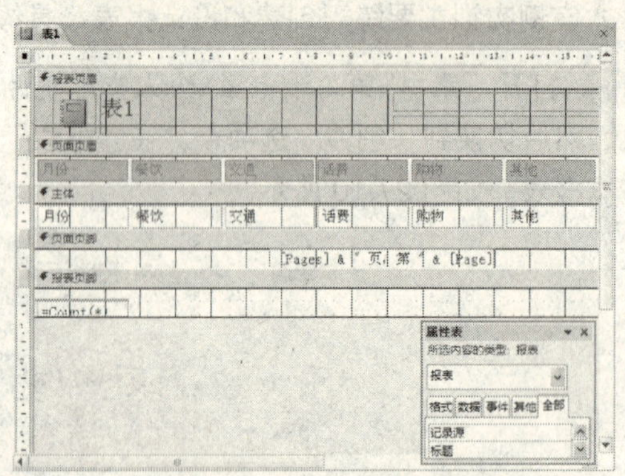

图 27.14　设置控件颜色

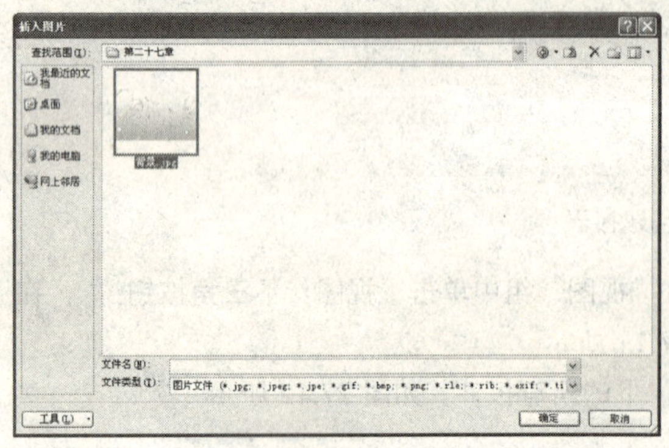

图 27.15　选择图片

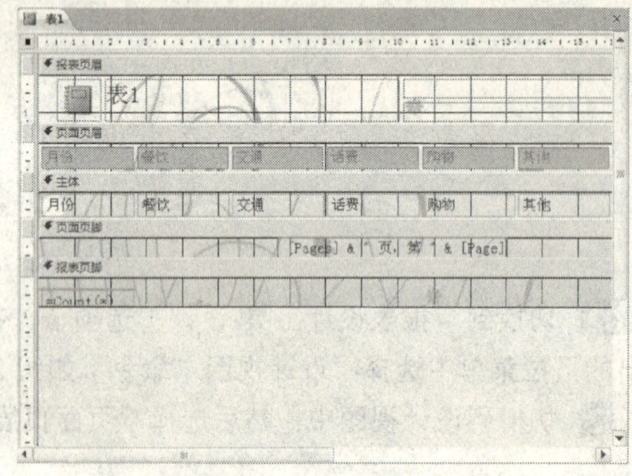

图 27.16　插入图片

Step 08 切换到“报表设计工具-设计”选项卡，在“视图”组中单击“视图”下三角按钮，在弹出的下拉菜单中选择“报表视图”命令，在报表视图中查看完成后的效果，如图 27.17 所示。

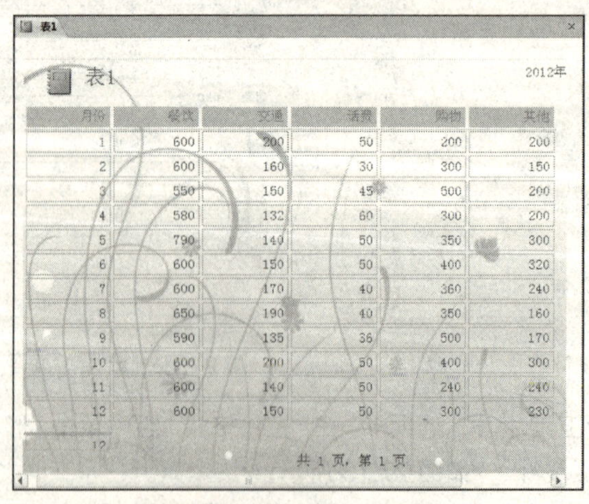

图 27.17　完成后的效果

27.6 课后练习与上机操作

一、简答题

1. 简述创建空报表的方法。
2. 简述改变控件颜色的方法。
3. 简述如何创建计算字段。

二、操作题

使用“报表向导”创建报表，并对控件和文本的颜色进行设置。

第28章

导入/导出文件

本章导读

在 Access 2010 中，不仅可以导入或导出其他类型的文件，还可以将一个 Access 数据库中的对象导入或导出到另一个 Access 数据库中。本章将主要介绍数据的导入和导出方法。

知识要点

- ✪ 导入/导出的概述
- ✪ 导入数据
- ✪ 导出数据

28.1 导入/导出的概述

其实 Access 2010 中的导入/导出操作就是输入/输出数据的意思。导入/导出操作听起来有点困难，但在 Access 2010 中完成导入/导出是很容易的，下面将分别进行介绍。

28.1.1 导入

导入就是对 Access 或者其他格式的数据文件做一个备份，然后把它存放到 Access 2010 的数据库中。

注 意

Access 2010 导入时所创建的或增加的表是一个备份，表中的数据和原来的数据是分开的。

如果下面任意一个条件成立，就可以考虑使用“导入”功能。

- 如果要使用的文件很小，且其他数据库的用户不会频繁地变动时。
- 源数据库系统已经不再使用了，而其系统数据库中的数据信息仍然需要继续在新系统中使用时。
- 创建的数据库不需要与其他数据库使用者共享数据时。
- 希望在 Access 2010 中运行的数据库有很高的工作效率时。

Access 2010 可以导入很多类型的数据文件，例如，dBase Ⅲ文件、dBase Ⅳ 文件、Paradox 文件、HTML 文件、Excel 文件、Exchange 文件、Outlook 文件、Lotus 1-2-3 文件中的数据以及支持 ODBC（开放式数据库互连）标准的任意数据库文件中的数据。当然，Access 2010 也可以把其对象从一个 Access 数据库中导入到另一个 Access 数据库中。

28.1.2 导出

实际上，导出是把 Access 2010 数据库中的数据做一个备份，并把这个备份传送到其他格式的文件中。

注 意

在导出数据的时候，Access 2010 对数据库中将要导出的数据做了一个备份，但是 Access 2010 并不检测数据的变化。Access 2010 并不导出除表以外的其他数据库对象，包括数据库格式。

Access 2010 数据库中的数据可以导出到数据库、电子表格、文本文件和其他的应用程序中。当然，也可以把一个 Access 数据库中的对象导出到另一个 Access 数据库中。

注 意

由于 Access 与其他的数据库应用程序不同，它允许使用长度达 64 个字符的字段，且允许字段名中包含空格。因此，当用户向其他数据库应用程序导出数据时，Access 将调整这些字段。

28.2 导入/导出数据

前面介绍了“导入/导出”的一些基本概念及其用途，相信读者已经对什么是“导入/导出”有了一点了解，现在就来介绍如何导入/导出数据。

28.2.1 导入数据

在 Access 中可以使用导入向导一步一步地进行导入操作，这是一件非常简单的事情。用户不但可以把外部的数据导入到 Access 2010 数据库中，也可以把一个 Access 数据库中的对象导入到另一个 Access 数据库中。

1．将一个 Excel 电子表格的数据导入到 Access 2010 数据库中

将一个 Excel 电子表格的数据导入到 Access 2010 数据库中的操作步骤如下。

Step 01 在要导入表格的数据库中，切换到“外部数据”选项卡，在“导入并链接”组中单击“Excel”按钮，弹出“获取外部数据-Excel 电子表格”对话框，在该对话框中单击“浏览”按钮，如图 28.1 所示。

Step 02 弹出“打开”对话框，在该对话框中选择“素材\第二十八章\图书销售统计表.xlsx”文件，如图 28.2 所示。

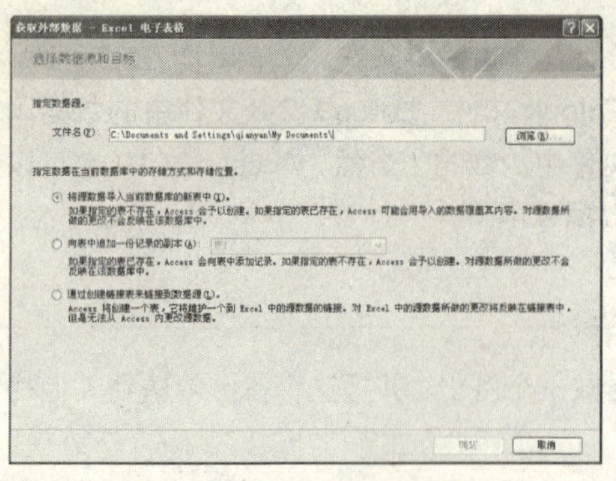

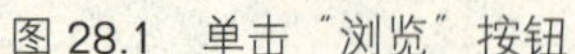

图 28.1　单击“浏览”按钮

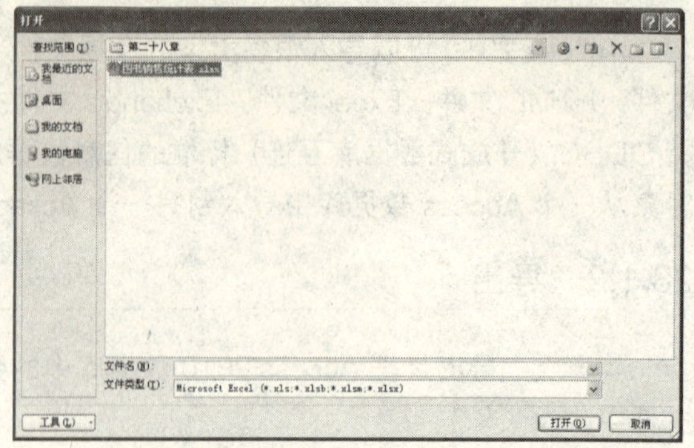

图 28.2　选择电子表格

Step 03 单击“打开”按钮，返回到“获取外部数据-Excel 电子表格”对话框中，单击“确定”按钮，弹出“导入数据表向导”对话框，在该对话框中使用默认设置即可，如图 28.3 所示。

Step 04 单击“下一步”按钮，弹出如图 28.4 所示的对话框，在该对话框中使用默认设置，单击“下一步”按钮。

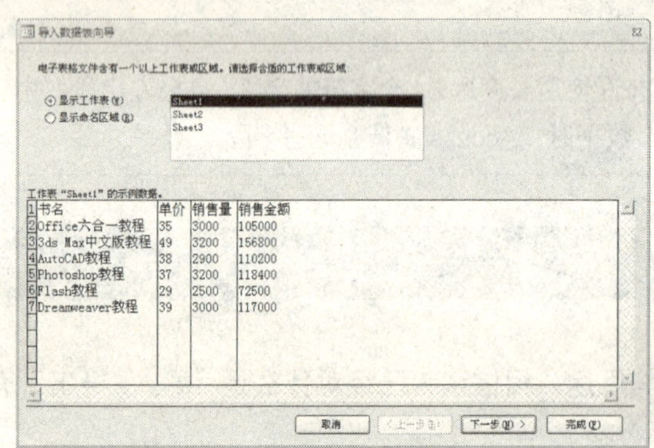

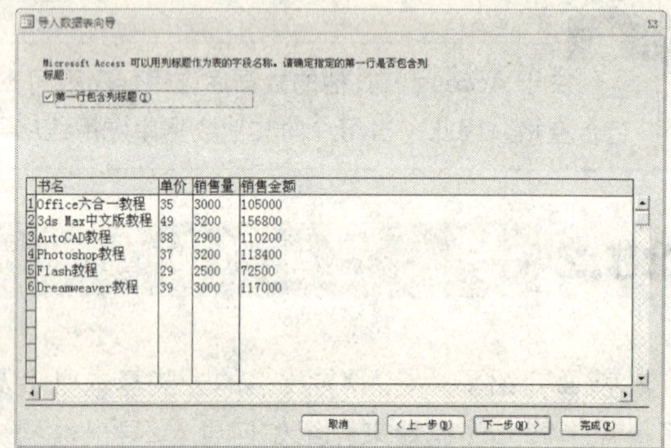

图 28.3　“导入数据表向导”对话框

图 28.4　单击“下一步”按钮

Step 05 弹出如图 28.5 所示的对话框，使用默认设置，直接单击“下一步”按钮。

Step 06 弹出如图 28.6 所示的对话框，在该对话框中选择添加主键的方法。

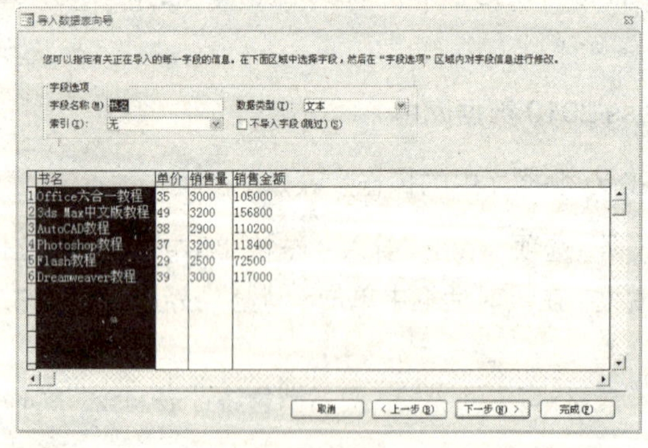

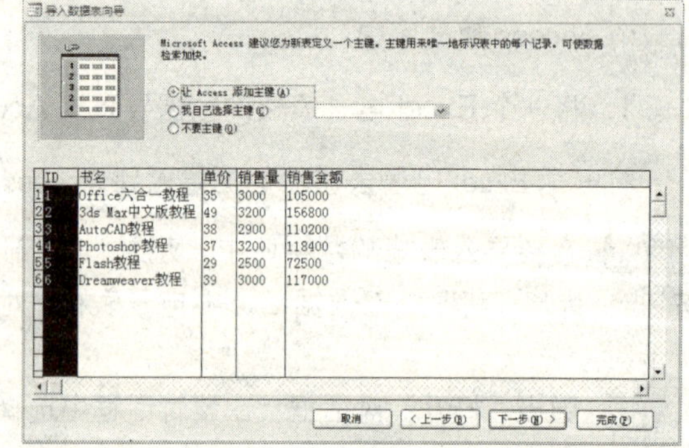

图 28.5　单击“下一步”按钮

图 28.6　选择添加主键的方法

Step 07 单击“下一步”按钮，弹出如图 28.7 所示的对话框，在“导入到表”文本框中输入“表 2”。

Step 08 单击“完成”按钮，弹出如图 28.8 所示的对话框，单击“关闭”按钮。

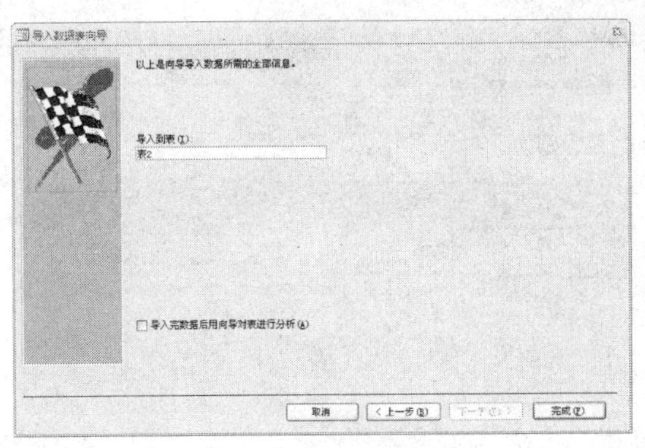

图 28.7　输入要导入到的表名称

图 28.8　单击“关闭”按钮

Step 09　可以看到，在“导航”窗格中的表列中显示出了“表 2”，双击该表，效果如图 28.9 所示。

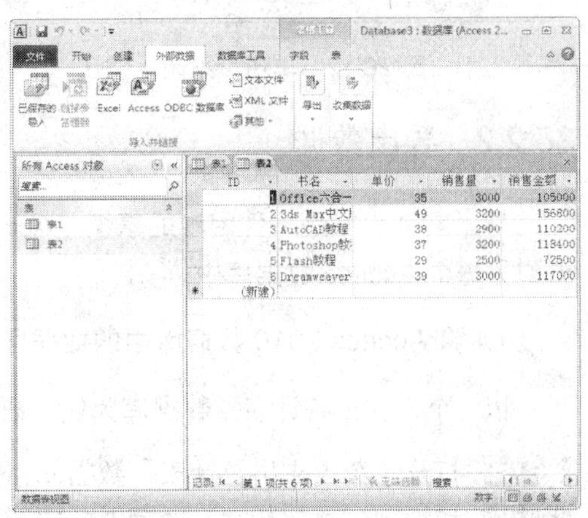

图 28.9　导入的电子表格数据

2. 将一个 Access 数据库中的对象导入到另一个 Access 数据库中

将一个 Access 数据库中的对象导入到另一个 Access 数据库中的操作步骤如下。

Step 01　在要导入数据的数据库中，切换到“外部数据”选项卡，在“导入并链接”组中单击“Access”按钮，弹出“获取外部数据-Access 数据库”对话框，在该对话框中单击“浏览”按钮，如图 28.10 所示。

Step 02　在弹出的“打开”对话框中选择要导入的 Access 文件，单击“打开”按钮，返回到“获取外部数据-Access 数据库”对话框中，单击“确定”按钮，弹出“导入对象”对话框，在该对话框中的列表框中选择“表 1”，然后单击“确定”按钮，如图 28.11 所示。

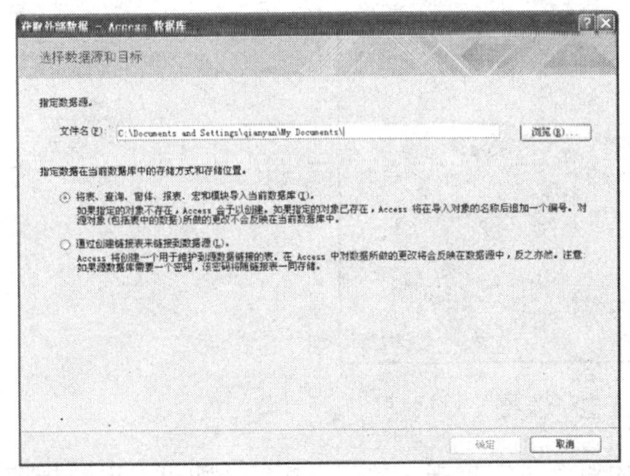

图 28.10　“获取外部数据-Access 数据库”对话框

图 28.11　“导入对象”对话框

Step 03　弹出如图 28.12 所示的对话框，单击“关闭”按钮即可。

Step 04　可以看到，在“导航”窗格中新添了一个表对象，该表为导入的数据表，双击该表，效果如图 28.13 所示。

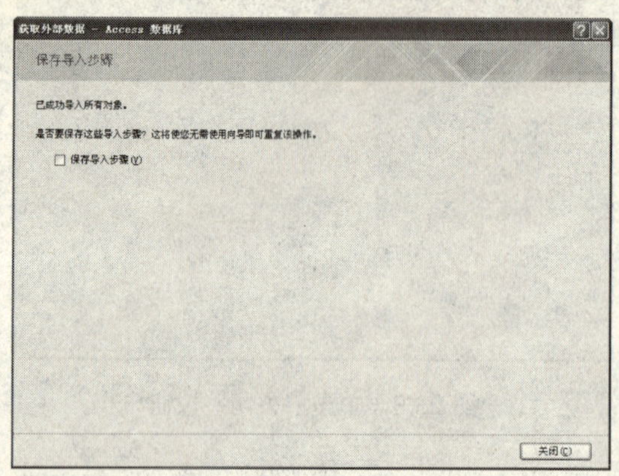

图 28.12　单击“关闭”按钮

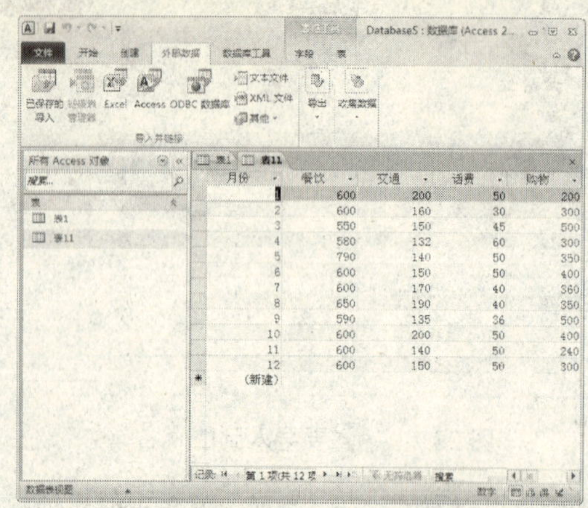

图 28.13　导入的数据表

28.2.2　导出数据

导出文件也不是一件困难的事情。Access 2010 数据库中的数据可导出到 Excel 中，也可以导出到另一个 Access 数据库中。

1．将 Access 2010 数据库中的数据导出到 Excel 中

以“个人支出统计表”数据库为例，把其中的“表 1”导出到 Excel 中，具体的操作步骤如下。

Step 01　打开“个人支出统计表”数据库，并在“导航”窗格中单击“表 1”对象。

Step 02　切换到“外部数据”选项卡，在“导出”组中单击 Excel 按钮，弹出“导出-Excel 电子表格”对话框，在“文件名”文本框中指定目标文件的位置，在“文件格式”下拉列表中选择文件的格式，如图 28.14 所示。

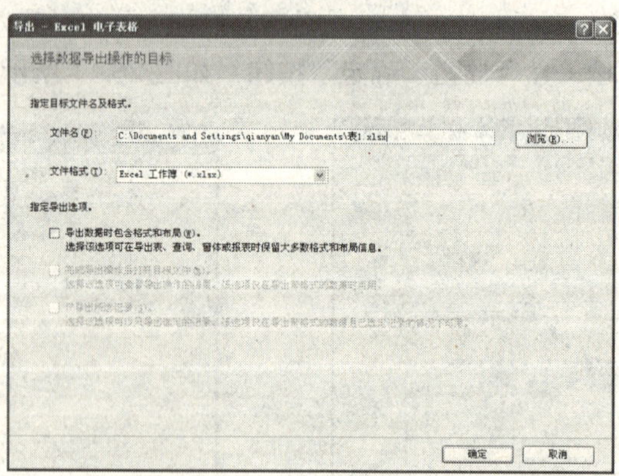

图 28.14　“导出-Excel 电子表格”对话框

Step 03　单击“确定”按钮，弹出如图 28.15 所示的对话框，单击“关闭”按钮，即可导出数据库。

Step 04　双击打开导出的目标文件，效果如图 28.16 所示。

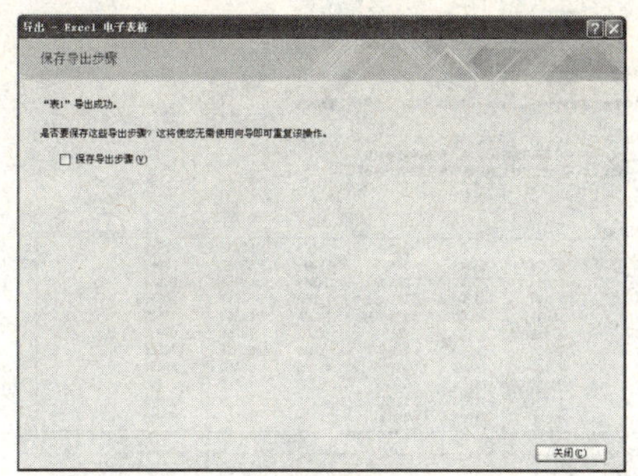

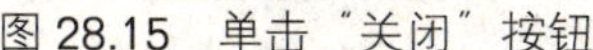
图 28.15　单击"关闭"按钮

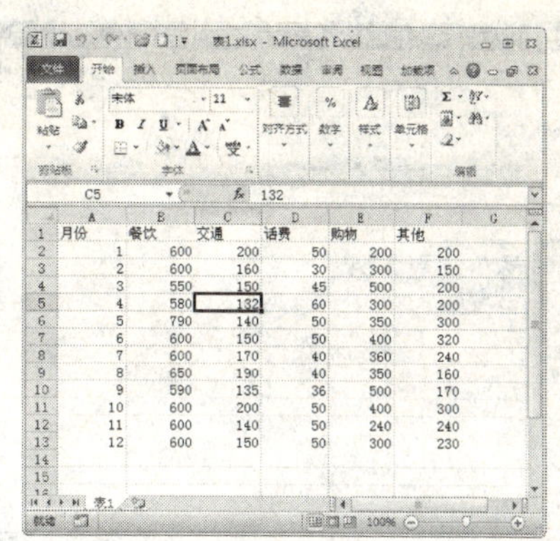
图 28.16　导出的文件

2．将 Access 2010 数据库中的数据导出到另一个 Access 数据库中

将 Access 2010 数据库中的数据导出到另一个 Access 数据库中的操作步骤如下。

Step 01 打开数据库，在"导航"窗格中选择要导出的表对象。

Step 02 切换到"外部数据"选项卡，在"导出"组中单击 Access 按钮 Access，弹出"导出-Access 数据库"对话框，在该对话框中指定目标文件，单击"确定"按钮，如图 28.17 所示。

Step 03 弹出"导出"对话框，在"将 表 1 导出到"文本框中输入表的名称，如图 28.18 所示。然后单击"确定"按钮，即可将数据导出到另一个 Access 2010 数据库文件中。

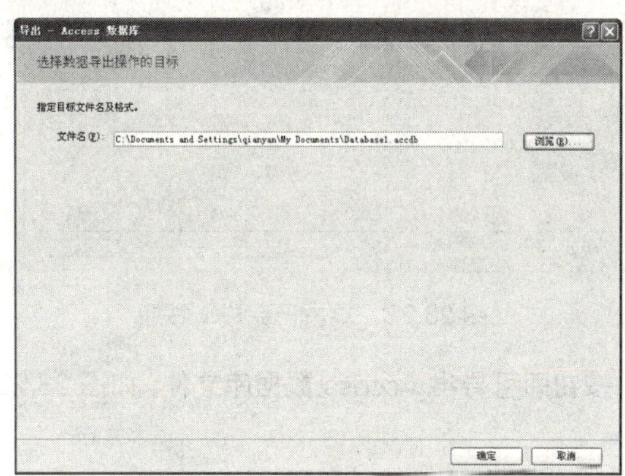

图 28.17　指定目标文件

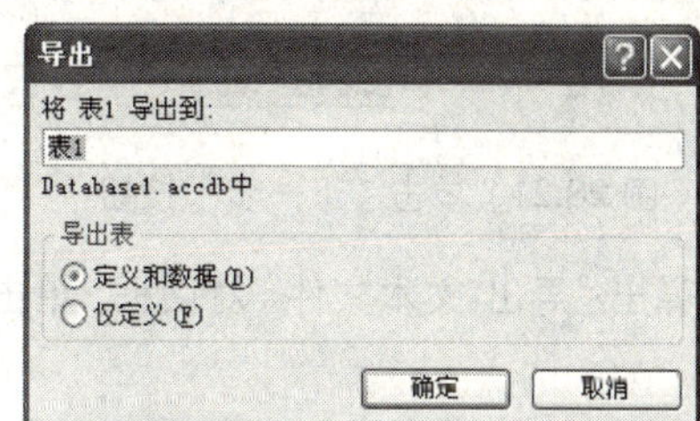

图 28.18　"导出"对话框

28.3 案例实训

本案例实训主要练习将 Access 数据库文件导出为文本文件的方法，具体的操作步骤如下。

Step 01 打开"素材\第二十八章\各分店年度销售统计表.accdb"文件，在"导航"窗格中选择"表 1"对象。

Step 02 切换到"外部数据"选项卡，在"导出"组中单击"文本文件"按钮，弹出"导出-文本文件"对话框，在该对话框中指定目标文件，单击"确定"按钮，如图 28.19 所示。

Step 03 弹出"导出文本向导"对话框，在该对话框中勾选"固定宽度-字段之间使用空格使所有字段在列内对齐"单选按钮，如图 28.20 所示。

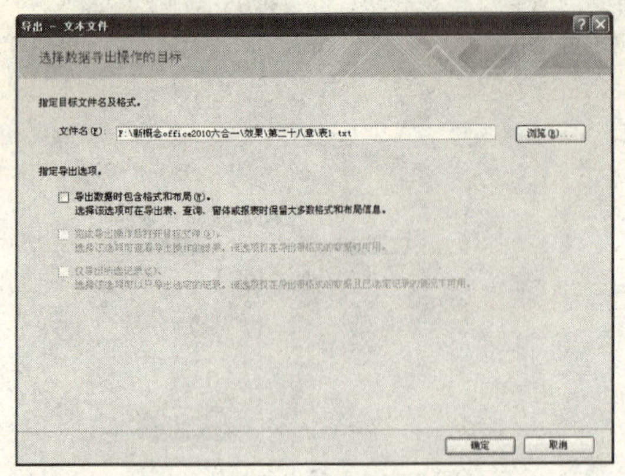

图 28.19　指定目标文件

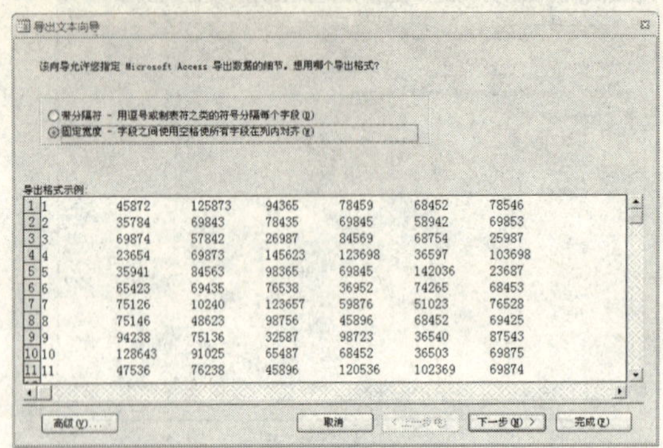

图 28.20　指定导出格式

Step 04　单击“下一步”按钮，弹出如图 28.21 所示的对话框，通过单击并拖动带箭头的线可以调整字段间的间距，在这里不做任何修改，单击“下一步”按钮即可。

Step 05　弹出如图 28.22 所示的对话框，在“导出到文件”文本框中显示出了导出路径，直接单击“完成”按钮即可。

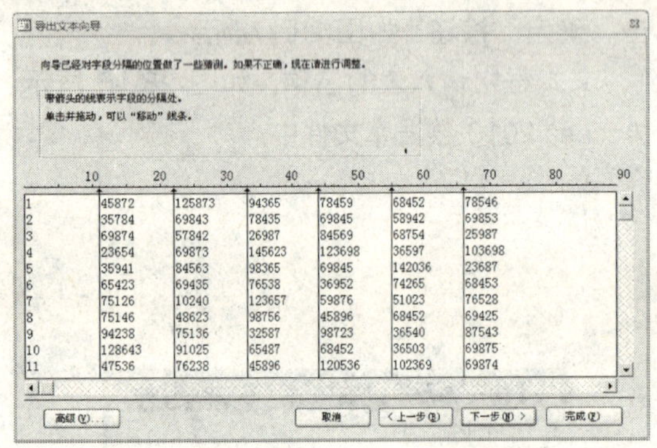

图 28.21　单击“下一步”按钮

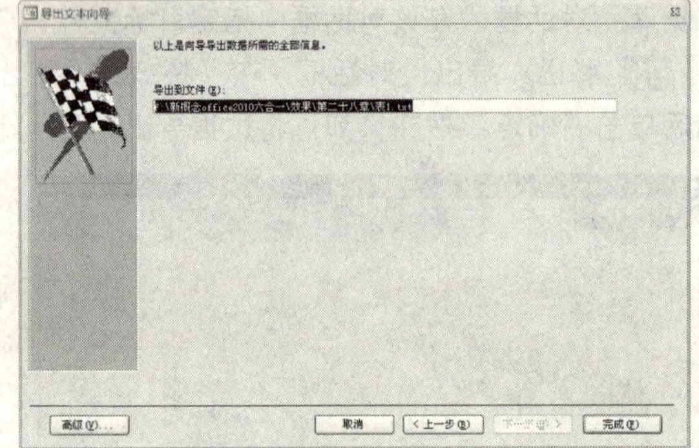

图 28.22　单击“完成”按钮

Step 06　弹出“导出-文本文件”对话框，单击“关闭”按钮即可导出 Access 数据库文件，如图 28.23 所示。

Step 07　根据导出路径打开导出的文本文件“表 1.txt”，效果如图 28.24 所示。

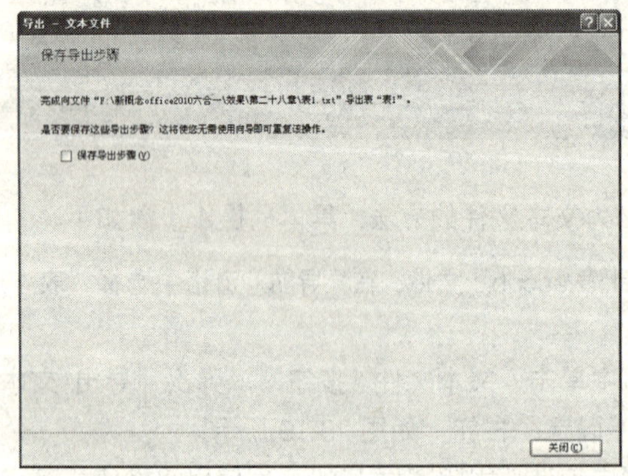

图 28.23　“导出-文本文件”对话框

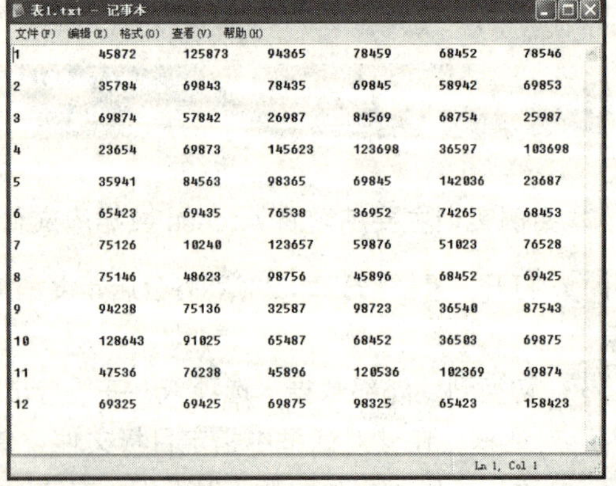

1	45872	125873	94365	78459	68452	78546
2	35784	69843	78435	69845	58942	69853
3	69874	57842	26987	84569	68754	25987
4	23654	69873	145623	123698	36597	103698
5	35941	84563	98365	69845	142036	23687
6	65423	69435	76538	36952	74265	68453
7	75126	10240	123657	59876	51023	76528
8	75146	48623	98756	45896	68452	69425
9	94238	75136	32587	98723	36540	87543
10	128643	91025	65487	68452	36503	69875
11	47536	76238	45896	120536	102369	69874
12	69325	69425	69875	98325	65423	158423

图 28.24　导出的文本文件

28.4 课后练习与上机操作

一、简答题

1. 简述将一个 Excel 电子表格的数据导入到 Access 2010 数据库中的方法。
2. 简述将 Access 2010 数据库中的数据导出到 Excel 中的方法。

二、操作题

1. 将一个 Access 数据库中的对象导入到另一个 Access 数据库中。
2. 将一个文本文件中的数据导入到 Access 数据库中。
3. 将一个 Access 数据库中的对象导出为 PDF 文件。

第29章

认识 Outlook 2010

本章导读

本章将介绍 Outlook 2010 的基础知识，通过对本章的学习，使用户对 Outlook 2010 有一个大概的了解。

知识要点

- 启动 Outlook 2010
- 创建 Outlook 账户
- 文件夹的操作

29.1 创建Outlook账户

启动Outlook 2010时，用户需要先创建账户。下面就以新浪邮箱账户为例介绍如何创建Outlook账户。

Step 01 启动 Outlook 2010，进入欢迎界面，如图 29.1 所示。

Step 02 单击“下一步”按钮，即可弹出“账户配置”对话框，在该对话框中选中“是”单选按钮，如图 29.2 所示。

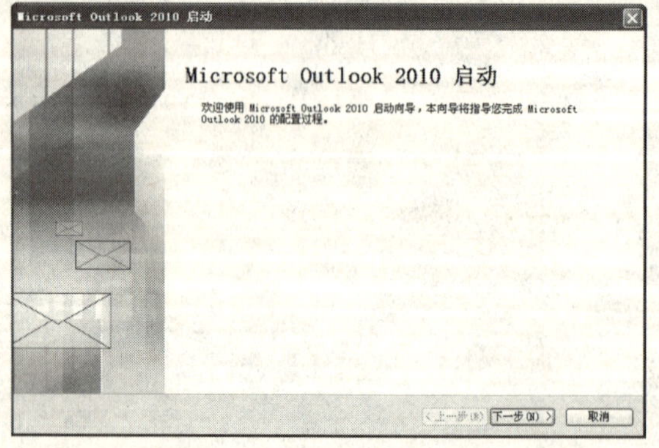

图 29.1 Outlook 2010 欢迎界面

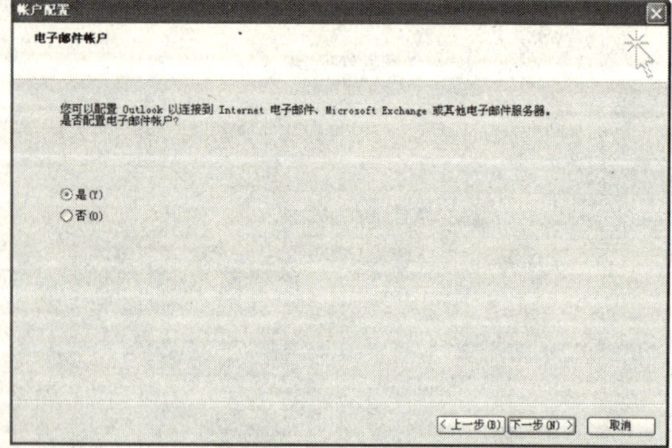

图 29.2 “账户配置”对话框

Step 03 单击“下一步”按钮，在弹出的对话框中选中“手动配置服务器设置或其他服务器类型”单选按钮，如图 29.3 所示。

Step 04 单击“下一步”按钮，在弹出的对话框中选中“Internet 电子邮件”单选按钮，如图 29.4 所示。

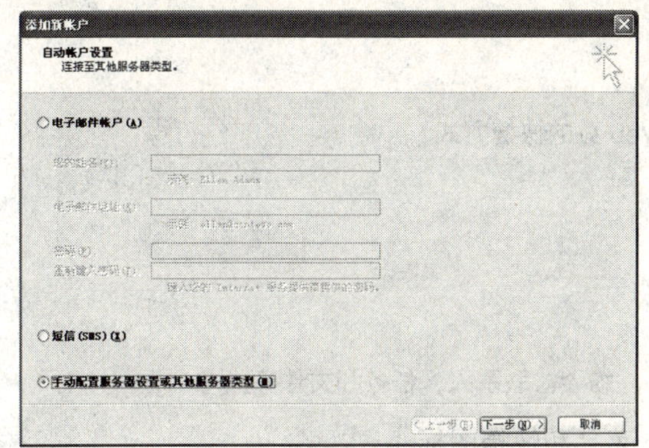

图 29.3 “添加新账户”对话框

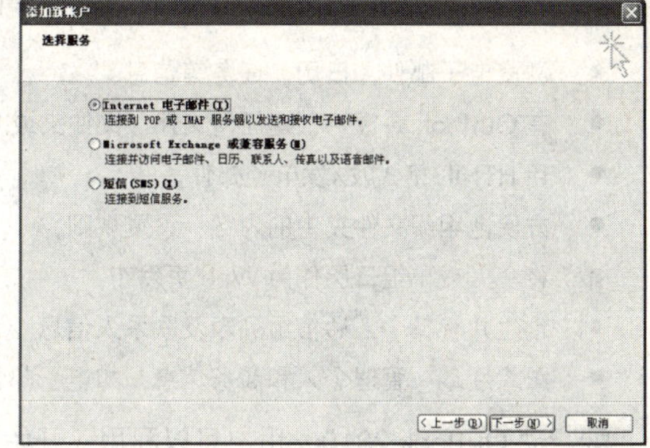

图 29.4 选中“Internet 电子邮件”单选按钮

Step 05 单击“下一步”按钮，在弹出的对话框中输入相应的内容，如图 29.5 所示。

Step 06 在该对话框中单击“其他设置”按钮，在弹出的对话框中切换到“发送服务器”选项卡，在该选项卡中勾选“我的发送服务器（SMTP）要求验证”复选框，如图 29.6 所示。

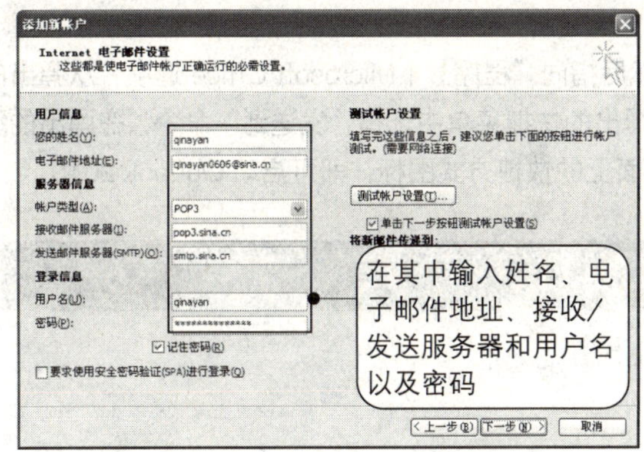

图 29.5 输入相应的信息

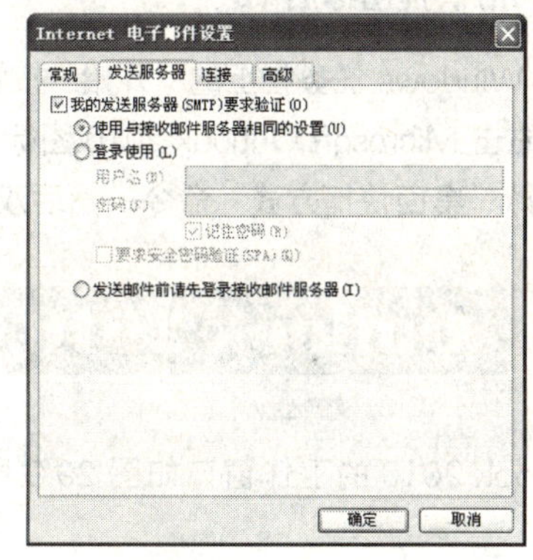

图 29.6 “Internet 电子邮件设置”对话框

Step 07 单击“确定”按钮，返回到“添加新账户”对话框中并单击“下一步”按钮，将会弹出一个“测试账户设置”对话框，如图 29.7 所示。

Step 08 单击“关闭”按钮，在弹出的对话框中单击“完成”按钮，如图 29.8 所示。

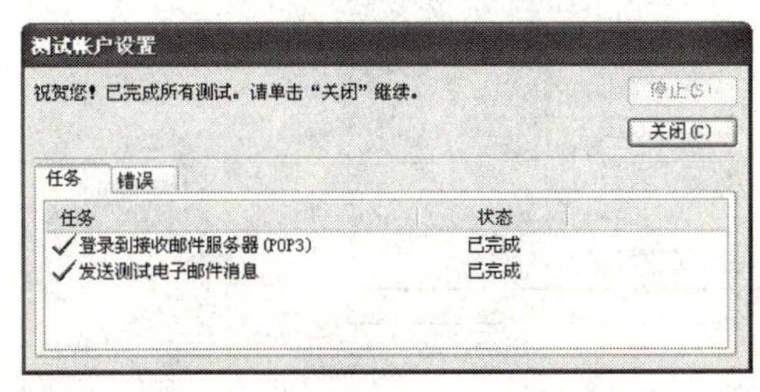

图 29.7 “测试账户设置”对话框

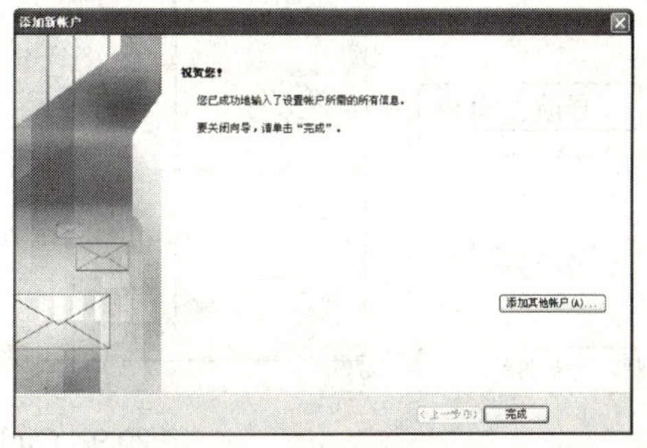

图 29.8 单击“完成”按钮

29.2 启动Outlook 2010

使用 Outlook 可以让用户轻松地完成以下操作。

- 浏览电子邮件、日历、任务等信息。
- 在 Outlook 面板中创建任何文件、文件夹或 Web 页的快捷方式。
- 用 HTML 格式收/发电子邮件。
- 方便地组织文件夹中的内容、设置规则。
- 将个人或小组日历作为 Web 页发布。
- 创建并存储个人通信组列表及联系人信息。
- 跟踪活动、管理个人和商务信息，如电子邮件、约会、联系人、任务和文件等。

要启动 Outlook 2010，用户可以利用“开始”菜单和快捷图标。

1．利用“开始”菜单启动

单击Windows任务栏上的“开始”按钮，然后选择“程序”| Microsoft Office | Microsoft Outlook 2010 命令，即可启动 Outlook 2010。

2．利用快捷图标启动

单击 Windows 任务栏上的“开始”按钮，然后指向“程序”| Microsoft Office 选项，从弹出的级联菜单中右击 Microsoft Outlook 2010 图标，在弹出的快捷菜单中选择“发送到”命令，在弹出的级联菜单中选择“桌面快捷方式”命令。然后双击桌面上的快捷方式图标，即可启动 Outlook 2010。

29.3 Outlook 2010工作窗口

Outlook 2010 的工作窗口如图 29.9 所示。

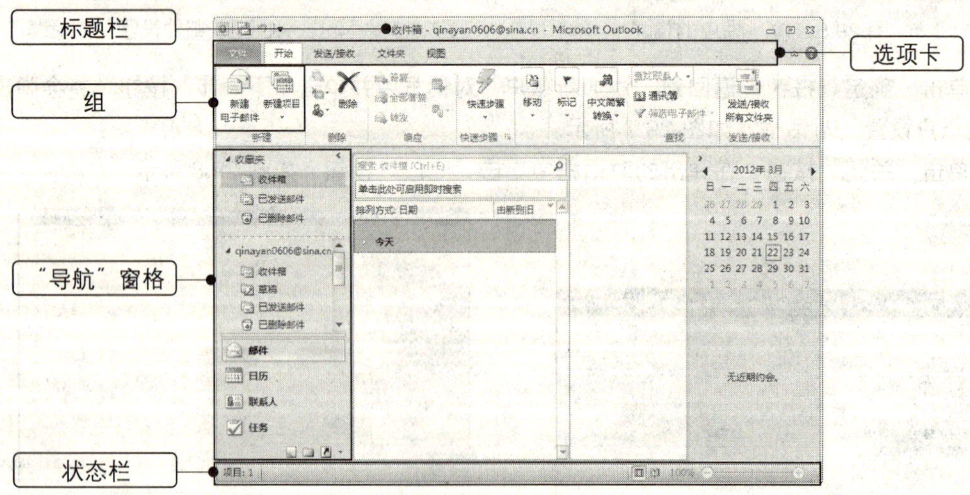

图 29.9　Outlook 2010 的工作窗口

从图 29.9 中可以看到，除了标题栏、选项卡、组外，在“导航”窗格中有邮件、日历、联系人和任务 4 个主要的 Outlook 2010 按钮位于较低的位置。而便笺、文件夹列表和快捷方式这几个默认情况下不显示的按钮可以通过窗格底部的图标获得。要想显示所有内容，向上拖放分隔栏即可；还可以收缩列表以图标方式显示各种视图。

29.4 文件夹的操作

在 Outlook 中，邮件、约会、联系人、任务等都称为项目。所有项目都是按不同类型存储的，一般都被存储在不同的项目文件夹中。所有这些项目文件夹又都保存在“个人文件夹”中，“个人文件夹”是一个以.pst 为扩展名的普通文件。

1．显示文件夹

要显示文件夹列表，可以通过单击任务栏下端的“文件夹列表”按钮来实现。

2．打开文件夹

如果要打开某个文件夹，单击“导航”窗格中的文件夹快捷图标即可。

3．新建文件夹

要新建文件夹，其具体操作步骤如下。

Step 01 切换到“文件夹”选项卡，在“新建”组中单击“新建文件夹”按钮，如图 29.10 所示。

Step 02 在该对话框中的“名称”文本框中输入新文件夹的名称，例如，输入“我的文件夹”；单击“文件夹包含”下拉列表框右边的下三角按钮，在弹出的下拉列表中选择文件夹所含项目类型，例如，选择“邮件和公告项目”文件夹，如图 29.11 所示。

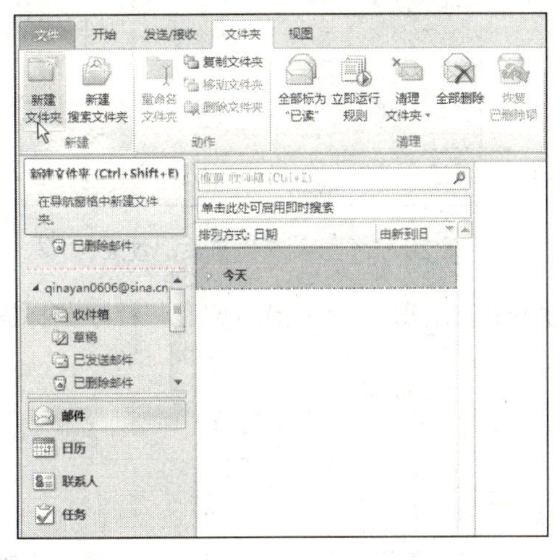

图 29.10　单击“新建文件夹”按钮

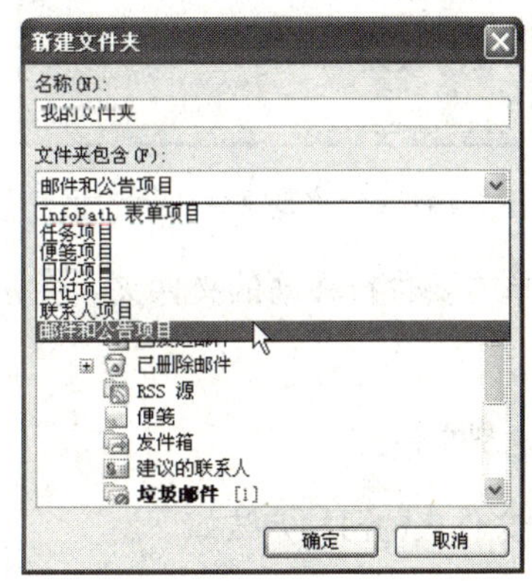

图 29.11　选择文件夹所含项目类型

Step 03 在“选择放置文件夹的位置”列表框中选择要放置文件夹的位置，例如，选择“草稿”文件夹，然后单击“确定”按钮。

Step 04 在“导航”窗格中单击“草稿”文件夹，即可看到新建的“我的文件夹”选项，如图 29.12 所示。

4．移动文件夹

要移动文件夹，其具体操作步骤如下。

Step 01 单击“导航”窗格底部的“文件夹列表”按钮，打开文件夹列表。在文件夹列表中选择要移动的文件夹，然后右击鼠标，在弹出的快捷菜单中选择“移动文件夹”命令，如图 29.13 所示。

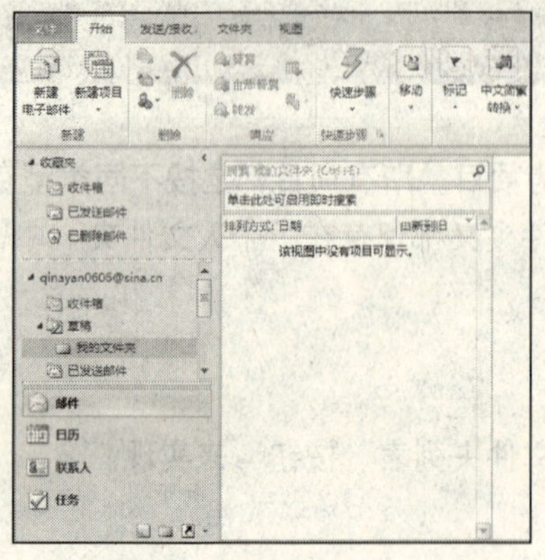

图 29.12 “我的文件夹”选项

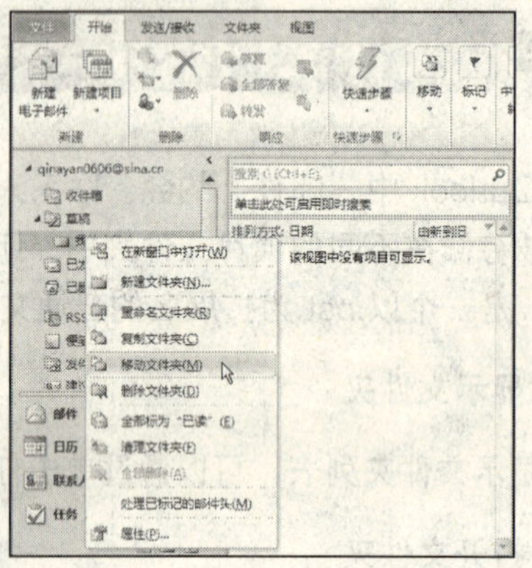

图 29.13 选择“移动文件夹”命令

Step 02 在弹出的对话框中选择要移至的文件夹，例如选择“收件箱”，如图 29.14 所示。

Step 03 选择完成后，单击“确定”按钮，即可将选中的文件夹进行移动，效果如图 29.15 所示。

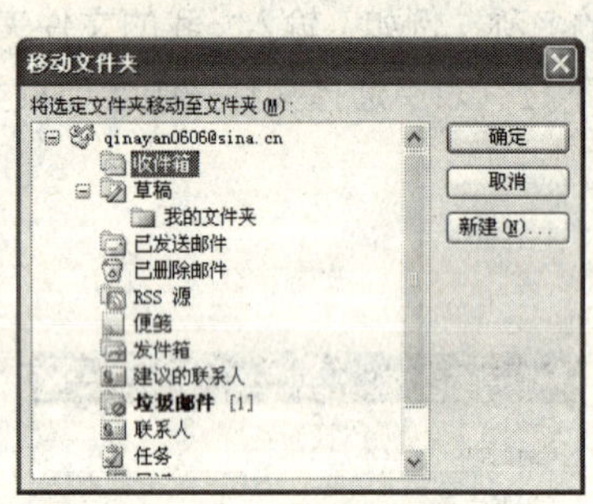

图 29.14 “移动文件夹”对话框

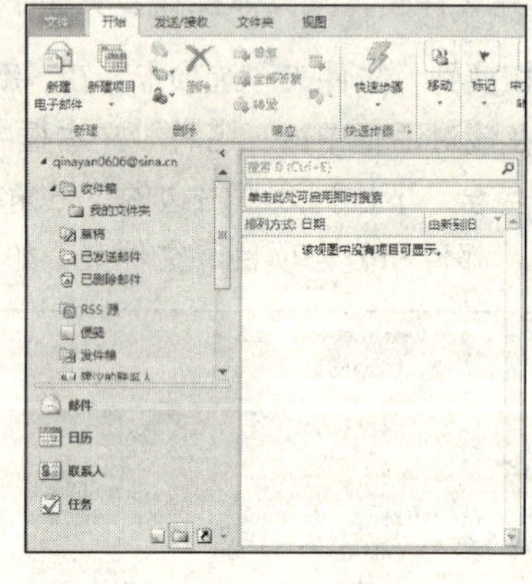

图 29.15 移动文件夹后的效果

Step 04 单击要进行移动的文件夹，并按住鼠标左键不放，将其拖到想要的位置，释放鼠标左键即可。

5．复制文件夹

复制文件夹的两种方法如下。

方法 1：要复制文件夹，可以在按住 Ctrl 键的同时，单击需要复制的文件夹并按住鼠标左键不放，将其拖动到目标位置即可。

方法 2：利用快捷菜单复制文件夹的具体操作步骤如下。

Step 01 右击要复制的文件夹，在弹出的快捷菜单中选择“复制文件夹”命令。

Step 02 在弹出的“复制文件夹”对话框中，选择要复制到的位置，单击“确定”按钮即可。

6. 重命名文件夹

要重命名文件夹，其具体操作步骤如下。

Step 01 在要重命名的文件夹上右击，在弹出的快捷菜单中选择“重命名文件夹”命令。

Step 02 执行该命令后，在文本框中重新输入文件夹名称即可。

7. 删除文件夹

要删除文件夹，其具体操作步骤如下。

Step 01 选择要删除的文件夹，切换到“开始”选项卡，在“删除”组中单击“删除”按钮。

Step 02 在弹出的提示对话框中单击“是”按钮，即可删除该文件夹。

除此之外，用户还可以按键盘上的 Delete 键将其删除。

29.5 案例实训

本案例实训主要练习 Outlook 2010 文件夹的操作，如新建、打开、复制、移动文件夹等，具体的操作步骤如下。

Step 01 启动 Outlook 2010，单击“导航”窗格底部的“文件夹列表”按钮，打开文件夹列表，如图 29.16 所示。

Step 02 在“收件箱”文件夹上右击鼠标，在弹出的快捷菜单中选择“新建文件夹”命令，如图 29.17 所示。

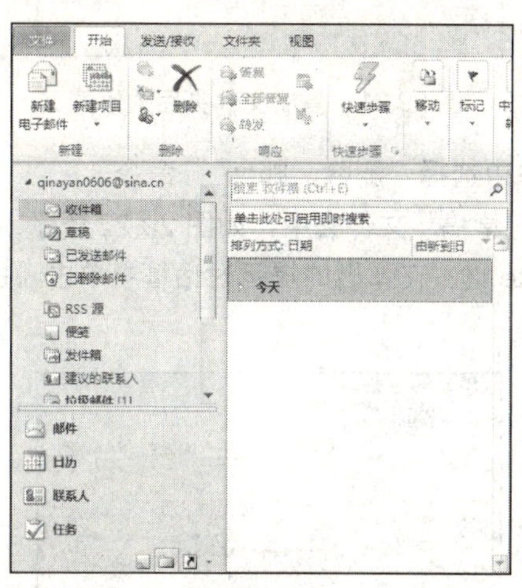

图 29.16 打开文件夹列表

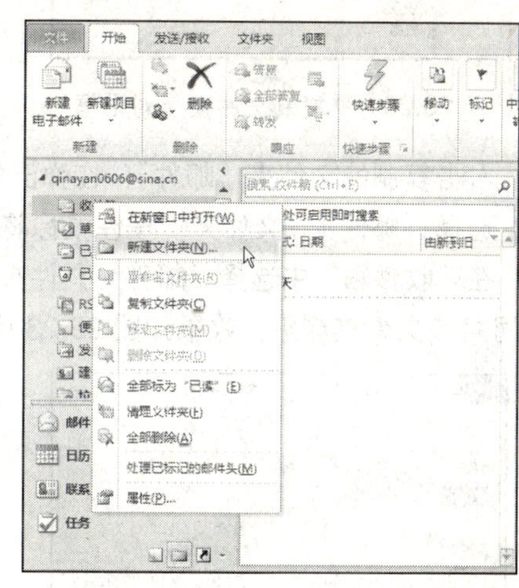

图 29.17 选择“新建文件夹”命令

Step 03 在弹出的“新建文件夹”对话框中，输入文件夹名“邮件”，选择文件的放置位置为“收件箱”，如图 29.18 所示。

Step 04 设置完成后，单击“确定”按钮。选中创建的“邮件”文件夹，右击鼠标，在弹出的快捷菜单中选择“复制文件夹”命令，如图 29.19 所示。

Step 05 在弹出的对话框中选择要复制到的文件夹，例如选择“收件箱”，如图 29.20 所示。

Step 06 选择完成后，单击“确定”按钮，即可复制选中的文件夹，效果如图 29.21 所示。

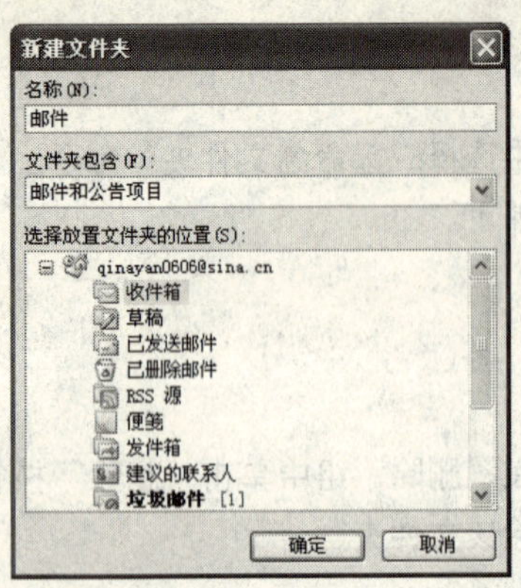

图 29.18 “新建文件夹”对话框

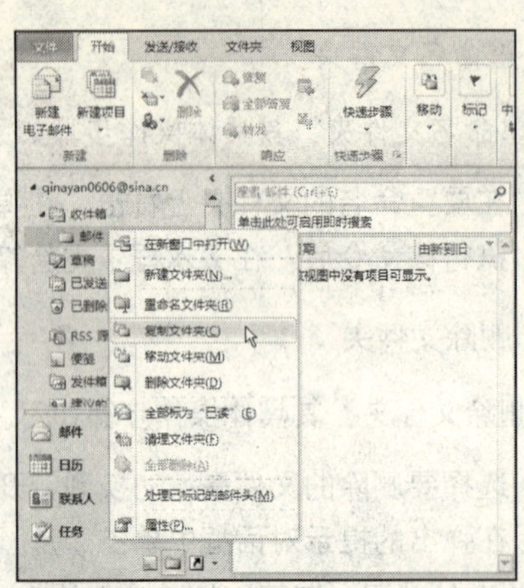

图 29.19 选择“复制文件夹”命令

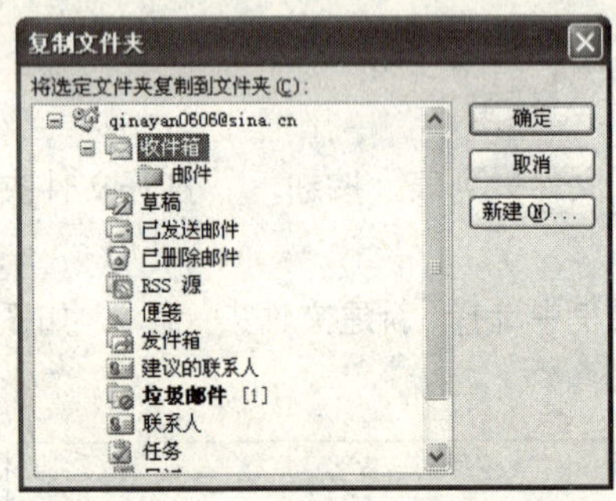

图 29.20 “复制文件夹”对话框

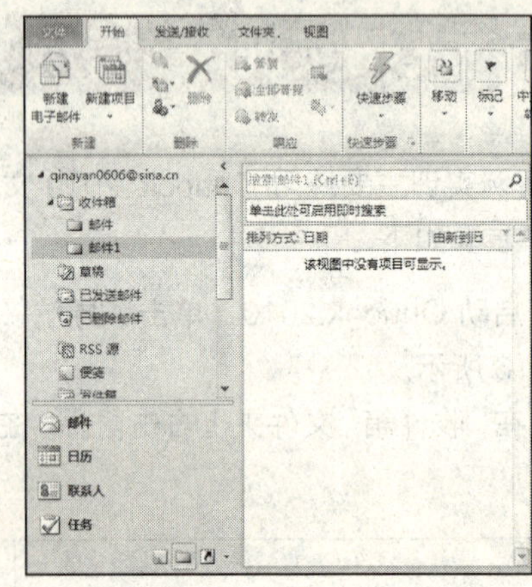

图 29.21 复制文件夹后的效果

Step 07 右击复制的文件夹“邮件”，在弹出的快捷菜单中选择“删除‘邮件’”命令。

Step 08 选择“邮件 1”文件夹，按住鼠标将其拖曳到“草稿”文件夹中，如图 29.22 所示。

Step 09 在“收件箱”中选择“邮件”文件夹，按 Delete 键，在弹出的提示对话框中单击“是”按钮，即可将该文件夹删除，效果如图 29.23 所示。

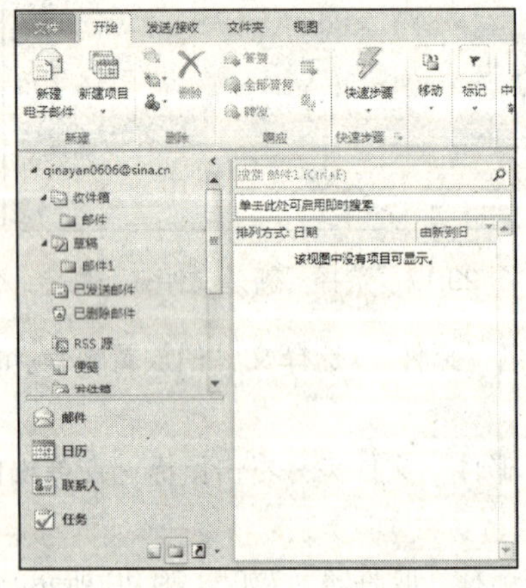

图 29.22 移动文件夹的位置

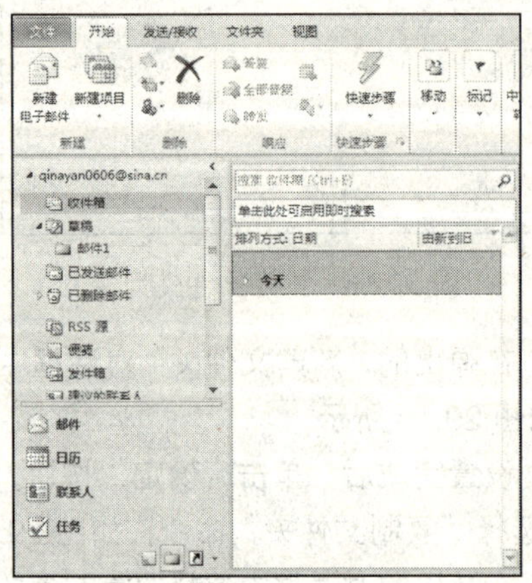

图 29.23 删除文件夹

29.6 课后练习与上机操作

一、选择题

1．在 Outlook 中，邮件、约会、________、任务等都称为项目。

A. 收件夹　　B. 联系人　　C. 草稿　　D. 发件箱

2．在 Outlook 2010 中，可以按________键删除文件夹。

A. Alt　　B. Enter　　C. Ctrl　　D. Delete

二、简答题

1．如何创建 Outlook 账户？
2．如何对文件夹进行重命名？

三、操作题

1．在 Outlook 2010 上新建一个文件夹。
2．接上题，移动新建的文件夹。
3．接上题，复制新建的文件夹。
4．接上题，删除新建的文件夹。

第30章

使用邮件

本章导读

电子邮件的应用已经深入到工作和日常的生活中，为信息传递提供了简易、快捷的平台。本章将主要介绍如何使用 Outlook 2010 发送/接收、查看、处理邮件。

知识要点

- 发送与接收邮件
- 查看邮件
- 处理邮件

30.1 发送与接收邮件

当要发送一个邮件或传真时，首先要创建一个邮件，然后确定收件人的地址，填写邮件的主题及内容，并且设置邮件的其他选项，最后将邮件发送出去。

30.1.1 发送邮件

在发送邮件之前，必须要先创建邮件，编辑邮件后，就可以发送邮件了。发送邮件的具体操作步骤如下。

Step 01 启动 Outlook 2010，切换到“开始”选项卡，在“新建”组中单击“新建电子邮件”按钮，如图 30.1 所示。

Step 02 执行该命令后，将会弹出一个邮件编辑窗口，如图 30.2 所示。

Step 03 在邮件编辑窗口中的“收件人”文本框中输入收件人的 E-mail 地址；在“主题”文本框中输入邮件的主题；在邮件正文区中输入邮件的内容，效果如图 30.3 所示。

Step 04 创建好邮件后，在邮件编辑窗口中单击“发送”按钮，如图 30.4 所示。

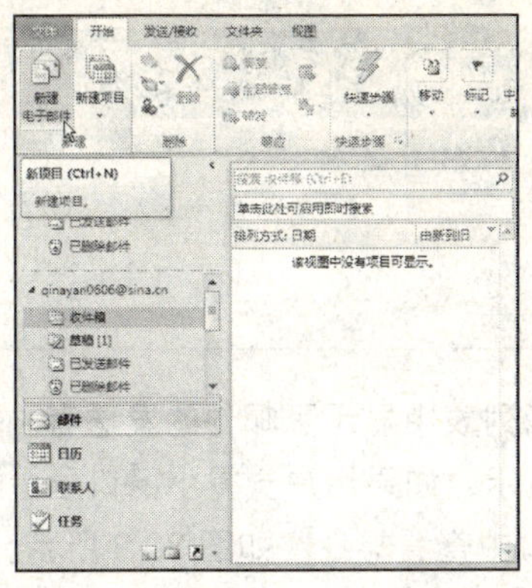

图 30.1　单击“新建电子邮件”按钮

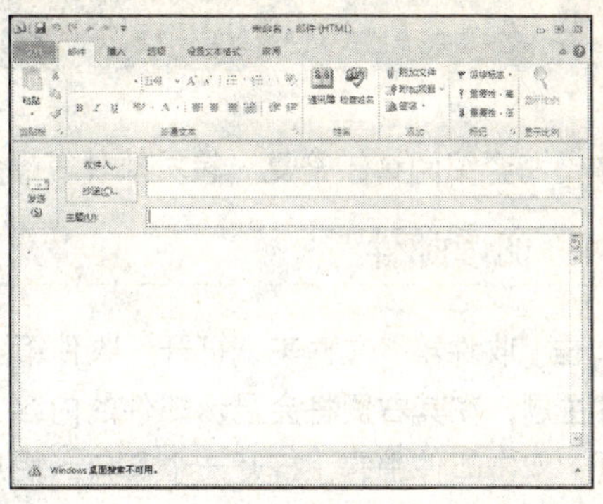

图 30.2　邮件编辑窗口

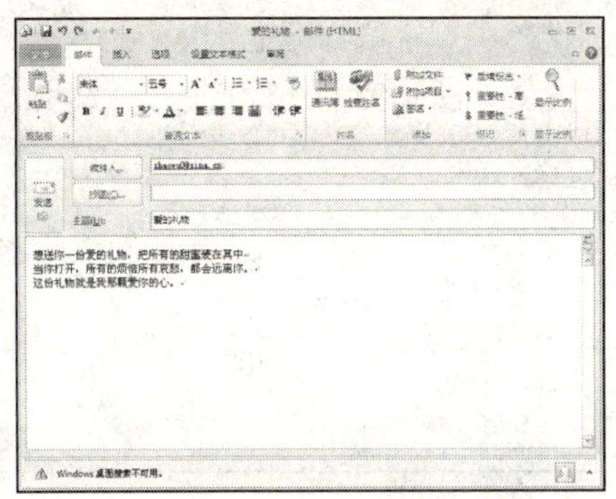

图 30.3　创建邮件

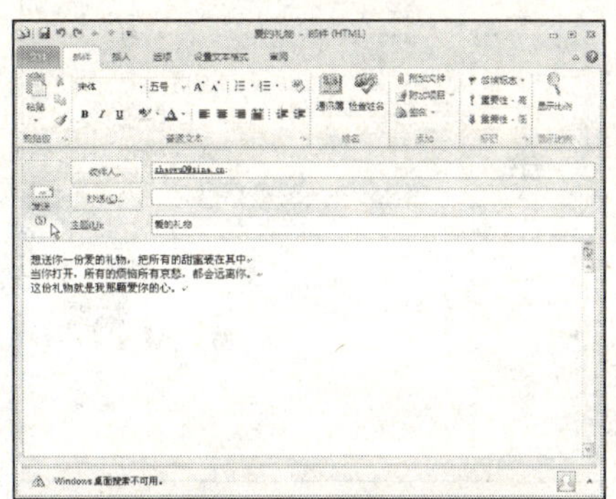

图 30.4　单击“发送”按钮

30.1.2　接收邮件

如果想接收邮件，其具体操作步骤如下。

连接 Internet，切换到“发送/接收”选项卡，在“发送和接收”组中单击“发送/接收所有文件夹”按钮，如图 30.5 所示。

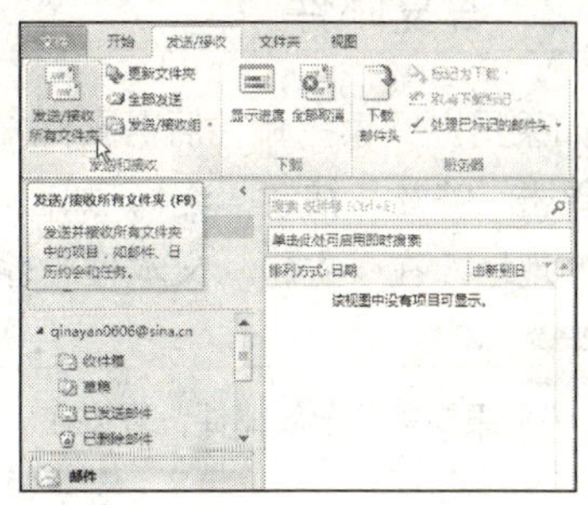

图 30.5　单击“发送/接收所有文件夹”按钮

注 意

如果用户有多个账号，则在单击“发送/接收所有文件夹”按钮后，Outlook 会依次接收各个账号下的邮件。如果只想接收某一个账号下的邮件，可切换到“发送/接收”选项卡，在“发送和接收”组中单击“发送/接收组”按钮，在弹出的下拉菜单中选择相应的账号，如图 30.6 所示。

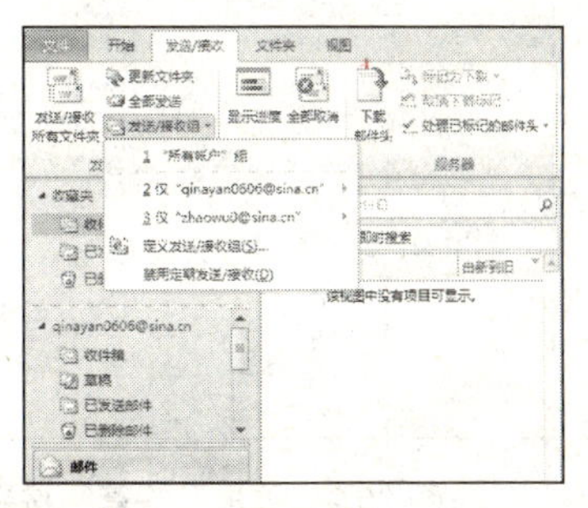

图 30.6　“发送/接收组”下拉菜单

30.2 查看与处理邮件

本节将介绍阅读、答复、转发邮件等操作的知识。

30.2.1 阅读邮件

单击“收件箱”文件夹，打开“收件箱”窗口，收件箱列表中显示了邮件的发送者、发送时间和邮件主题，在其右侧将会显示邮件的内容，如图 30.7 所示。如果用户觉得小窗口显示的内容不够直观，双击邮件主题，打开一个窗口，用户可以在该窗口中查看邮件，如图 30.8 所示。

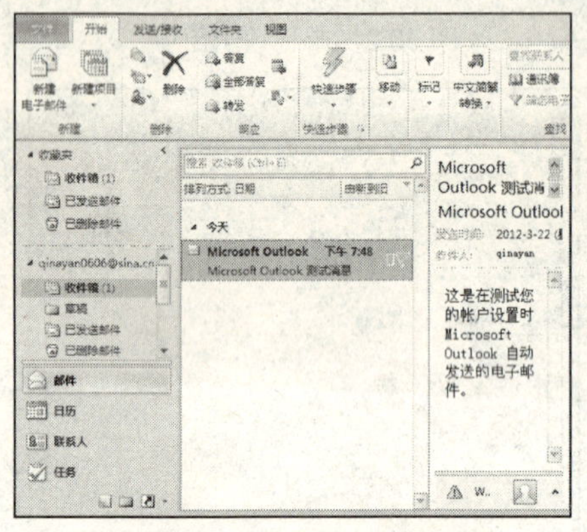

图 30.7 “收件箱”窗口

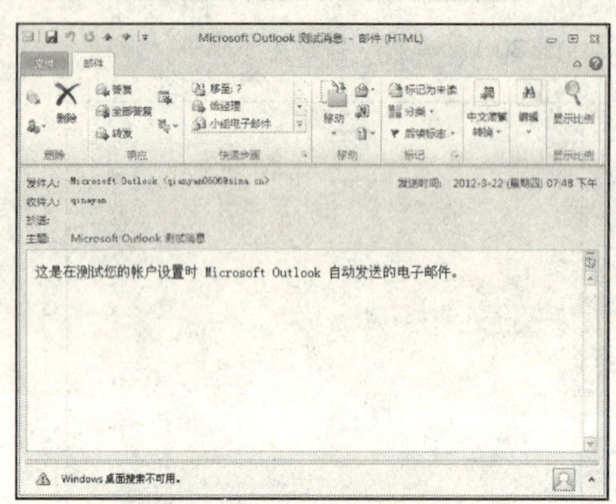

图 30.8 查看邮件

30.2.2 答复邮件

如果用户阅读完邮件后需要回复邮件，可以在邮件窗口中切换到“邮件”选项卡，在“响应”组中单击“答复”按钮![答复]，如图 30.9 所示。在回复邮件窗口中，在“收件人”文本框中显示答复人的地址，在“主题”文本框中输入答复的主题，然后输入邮件回复的内容，如图 30.10 所示。

提 示

如果要答复全部邮件，可以在“邮件”选项卡中单击“响应”组中的“全部答复”按钮![全部答复]。

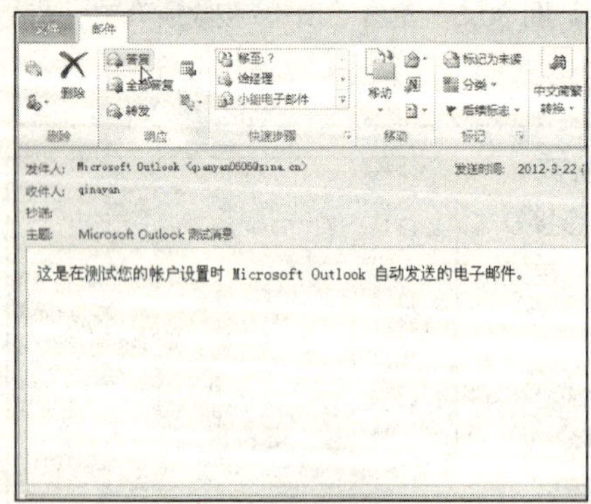

图 30.9 单击“答复”按钮

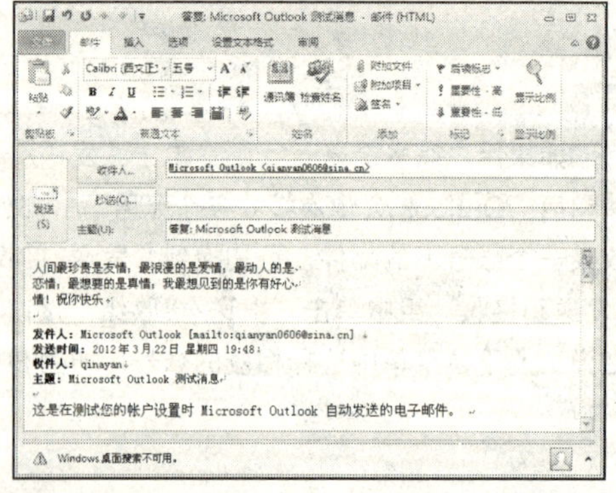

图 30.10 答复邮件

30.2.3 转发邮件

用户可将收到的邮件转发给其他人，其具体操作步骤如下。

Step 01 在收件箱中选取要转发的邮件。

Step 02 切换到“开始”选项卡，在“响应”组中单击“转发”按钮，此时会在邮件编辑窗口中打开该邮件。

Step 03 在“收件人”文本框中输入转发到的地址，然后单击“发送”按钮，即可转发该邮件。

30.2.4 删除邮件

要删除邮件，其具体操作步骤如下。

Step 01 在“收件箱”中单击要删除的邮件。

Step 02 切换到“开始”选项卡，在“删除”组中单击“删除”按钮，或者按键盘上的 Delete 键，即可将选中的邮件进行删除。

30.2.5 设置信纸

在 Outlook 2010 中，为了更好地美化邮件，可以为邮件添加信纸。添加信纸的具体操作步骤如下。

Step 01 打开 Outlook 2010 窗口，选择“文件”|“选项”命令，在弹出的对话框中切换到“邮件”选项卡，在其右侧的界面中单击“信纸和字体”按钮，如图 30.11 所示。

Step 02 单击该按钮后，即可弹出“签名和信纸”对话框，在该对话框中单击“主题”按钮，如图 30.12 所示。

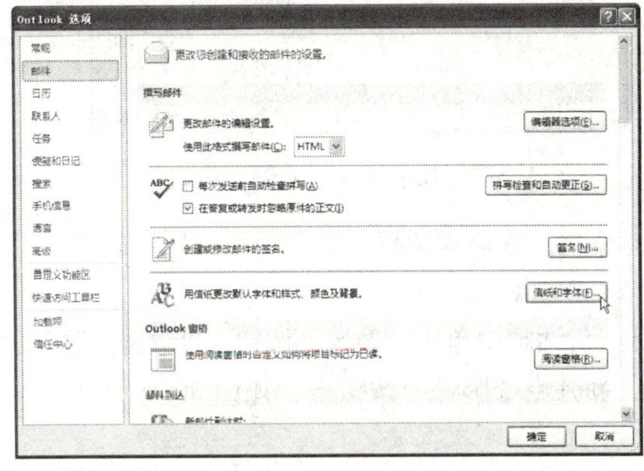

图 30.11 单击“信纸和字体”按钮

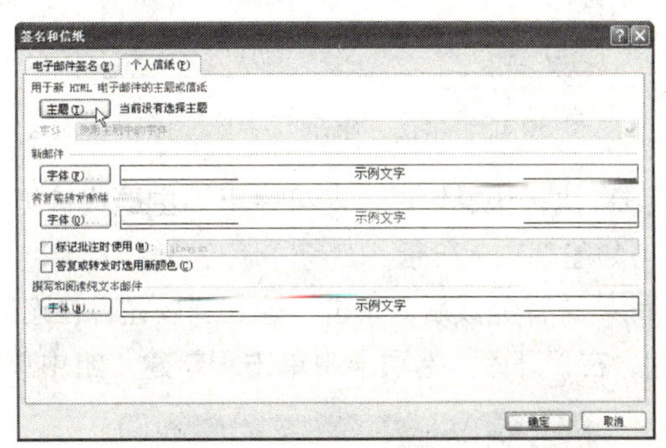

图 30.12 单击“主题”按钮

Step 03 执行该操作后，即可弹出“主题或信纸”对话框，在该对话框中左侧的列表框中选择所需要的主题，例如选择“工业型”，如图 30.13 所示。

Step 04 选择完成后，单击“确定”按钮，在返回到的对话框中单击“确定”按钮，再单击“确定”按钮。在“开始”选项卡中单击“新建”组中单击“新建电子邮件”按钮，即可查看添加信纸后的效果，如图 30.14 所示。

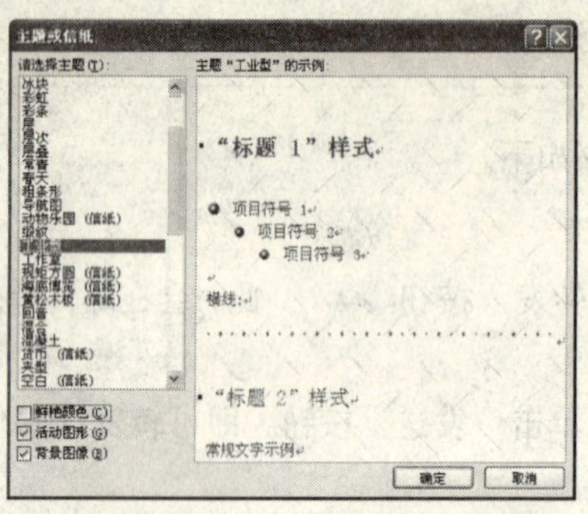

图 30.13　选择所需要的主题

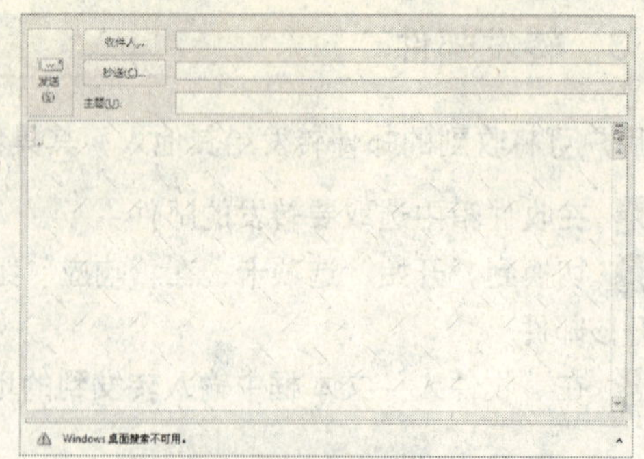

图 30.14　添加信纸后的效果

30.3 案例实训

本案例实训主要练习如何使用创建邮件并为邮件添加信纸，然后将其发送，具体的操作步骤如下。

Step 01 打开 Outlook 2010 窗口，选择“文件”|“选项”命令，在弹出的对话框中切换到“邮件”选项卡，在其右侧的界面中单击“信纸和字体”按钮，如图 30.15 所示。

Step 02 单击该按钮后，即可弹出“签名和信纸”对话框，在该对话框中单击“主题”按钮，如图 30.16 所示。

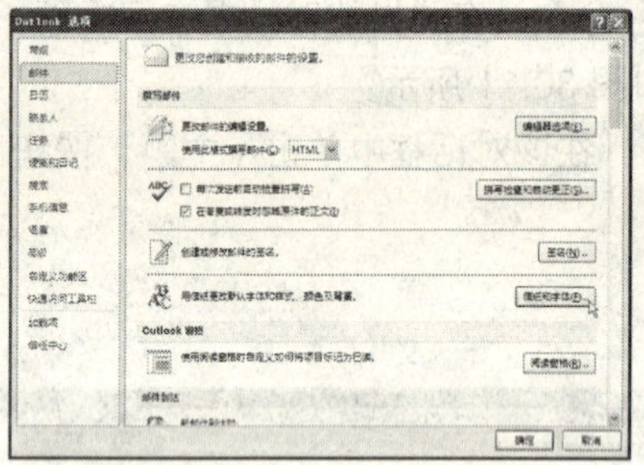

图 30.15　单击“信纸和字体”按钮

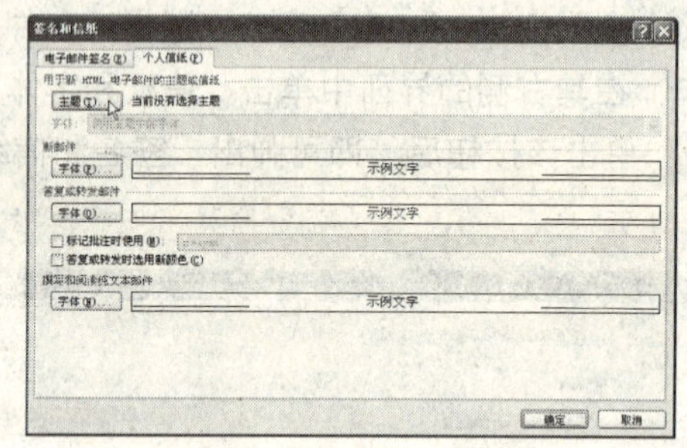

图 30.16　单击“主题”按钮

Step 03 执行该操作后，即可弹出“主题或信纸”对话框，在该对话框中左侧的列表框中选择“罗盘”，如图 30.17 所示。

Step 04 选择完成后，单击“确定”按钮，在返回到的对话框中单击“确定”按钮，再单击“确定”按钮。在“开始”选项卡中单击“新建”组中单击“新建电子邮件”按钮，如图 30.18 所示。

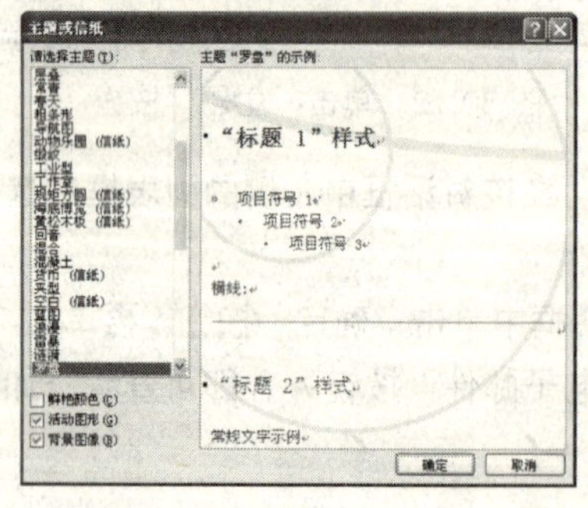

图 30.17　选择“罗盘”

图 30.18　新建邮件

Step 05 在“收件人”文本框中输入 zhaowu0@sina.cn，如图 30.19 所示。

Step 06 在“主题”文本框中输入“再别康桥”，然后输入内容，输入后的效果如图 30.20 所示。

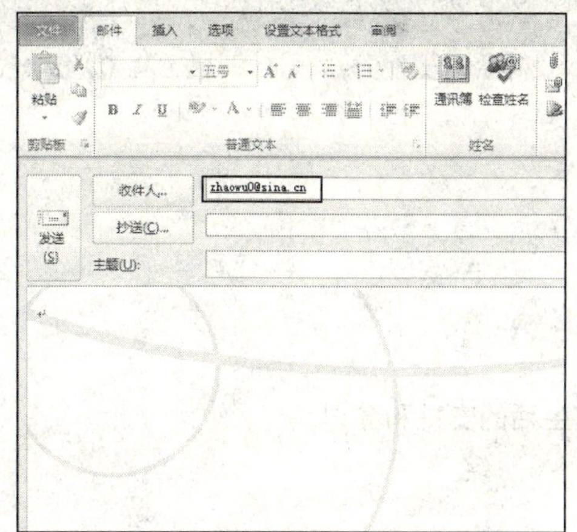

图 30.19　输入收件人的地址

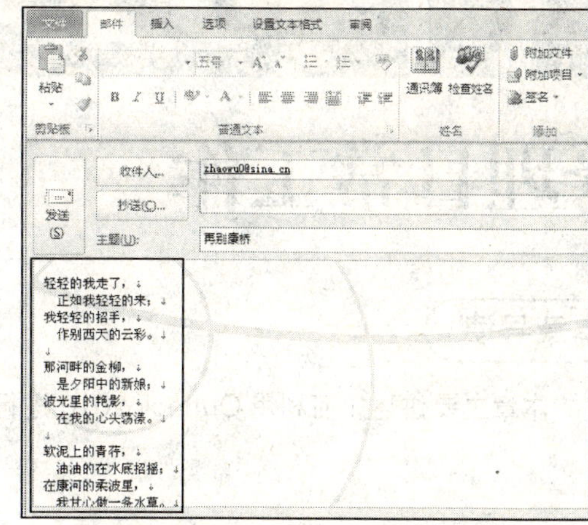

图 30.20　输入主题和内容

Step 07 输入完成后，单击“发送”按钮，即可将该邮件发送。

30.4 课后练习与上机操作

一、简答题

1．如何发送邮件？

2．如何为邮件添加信纸？

二、操作题

1．启动 Outlook 2010，设置一个邮件账号。

2．接上题，阅读邮件。

3．接上题，回复邮件。

4．接上题，删除邮件。

第31章

管理日常工作

本章导读

本章主要讲述如何利用 Outlook 2010 进行日常生活的安排和管理。

知识要点

- 日历
- 联系人
- 任务
- 便笺

31.1 日历

Outlook 2010 的日历可以帮助用户把工作日程安排得井井有条，有效地提高工作效率。在日历中，用户可以安排约会和策划会议，还可以在用户设置的时间自动显示提示信息，以保证用户不会耽误工作。

31.1.1 日历的基本操作

用户在启动日历后，可以改变日历中的视图，对日历中过期的项目还可以删除。

1. 启动日历

启动 Outlook 2010 后，单击“导航”窗格中的“日历”按钮，即可进入“日历”界面，如图 31.1 所示。

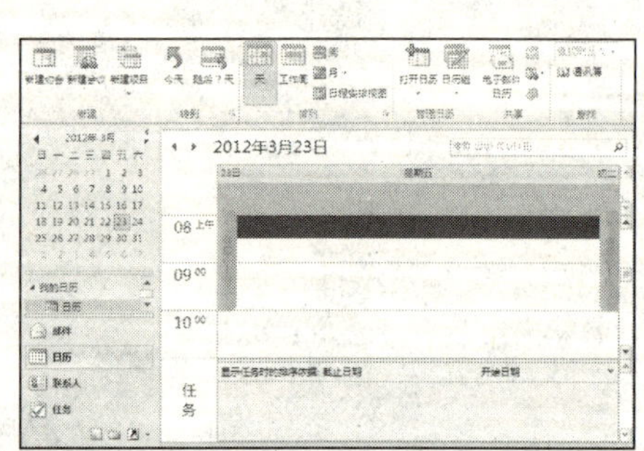

图 31.1 “日历”界面

2. 改变日历中的视图

在“日历”界面中，视图的显示方式有多种，以便用户安排或查看约会、会议。要改变日历中的视图，其具体操作步骤如下。

Step 01 单击 Outlook “导航” 窗格中的 “日历” 按钮，打开” 日历” 界面。

Step 02 切换到 “开始” 选项卡，在 “排列” 组中单击 “工作周” 按钮，即可以以工作周显示，效果如图 31.2 所示。

Step 03 在 “排列” 组中单击 “月” 按钮，即可以以月显示，效果如图 31.3 所示。

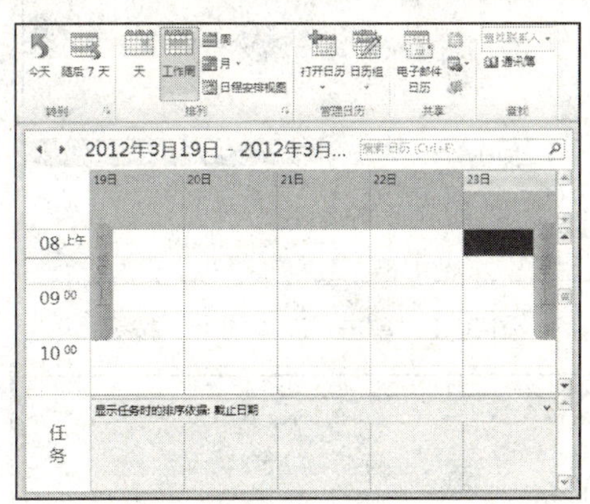

图 31.2 单击 “工作周” 按钮后的效果

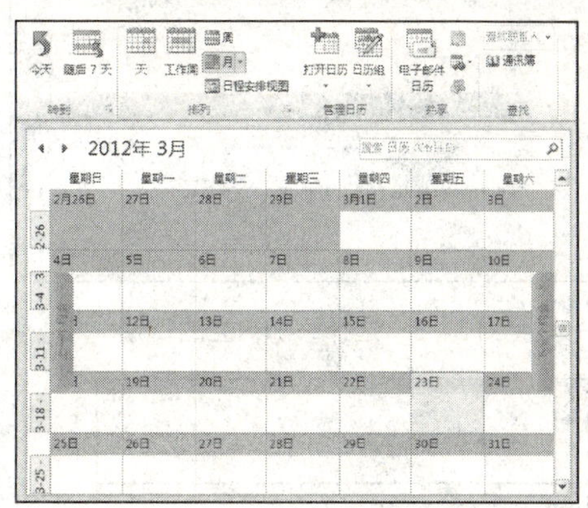

图 31.3 单击 “月” 按钮后的效果

3. 删除日历中的项目

删除日历中的项目，其具体操作步骤如下。

Step 01 在 “日历” 界面中，单击要删除的日历项目。若要删除多个日历项目，在按住 Ctrl 键的同时逐个单击要删除的项目。

Step 02 切换到 “日历工具-约会” 选项卡，在 “动作” 组中单击 “删除” 按钮，即可删除选中的项目。

31.1.2 约会

约会是在日历中限定时间的活动。这种活动在日常安排上占用时间不会超过 24 小时，并且不需要邀请其他人出席。创建约会，其具体操作步骤如下。

Step 01 启动 Outlook 2010，在 “导航” 窗格中单击 “日历” 按钮，如图 31.4 所示。

Step 02 在弹出的 “日历” 界面中选中要添加约会的时间，例如选择下午一点，如图 31.5 所示。

Step 03 切换到 “开始” 选项卡，在 “新建” 组中单击 “新建约会” 按钮，如图 31.6 所示。

Step 04 单击该按钮后，即可弹出 “约会” 窗口。在该窗口中输入约会的信息，如图 31.7 所示。

Step 05 在 “约会” 选项卡中的 “动作” 组中单击 “保存并关闭” 按钮，即可创建约会，效果如图 31.8 所示。

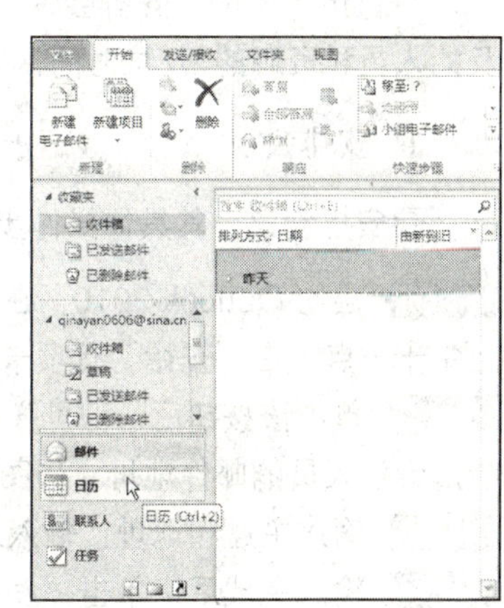

图 31.4 单击 “日历” 按钮

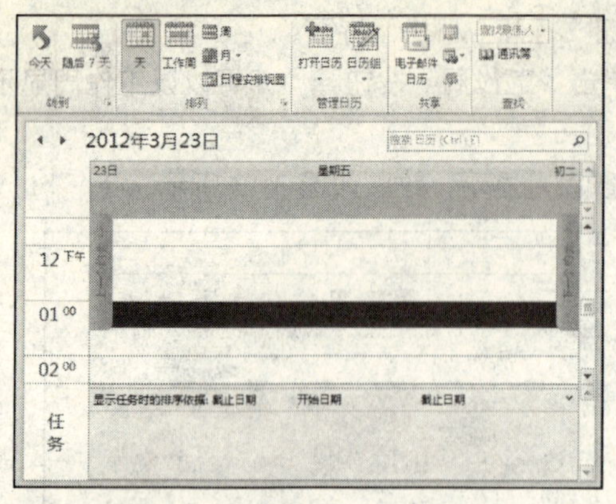

图 31.5　选择添加约会的日期

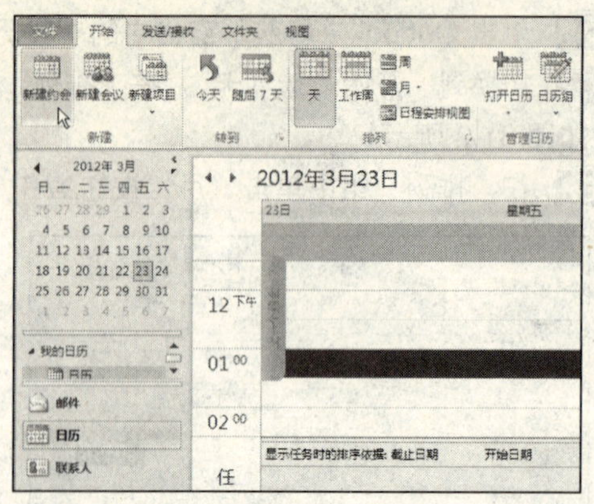

图 31.6　单击“新建约会”按钮

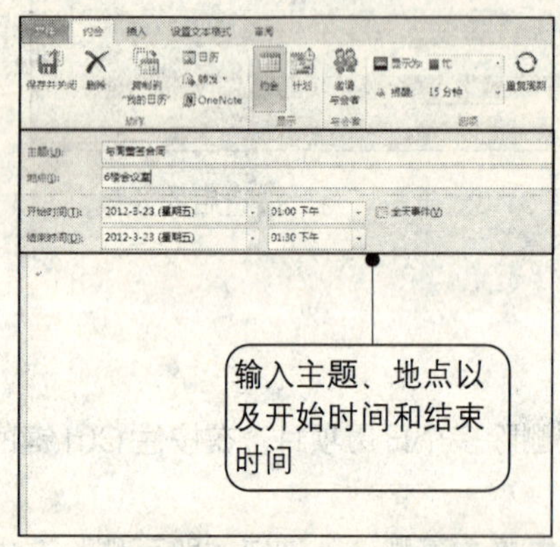

图 31.7　输入约会信息

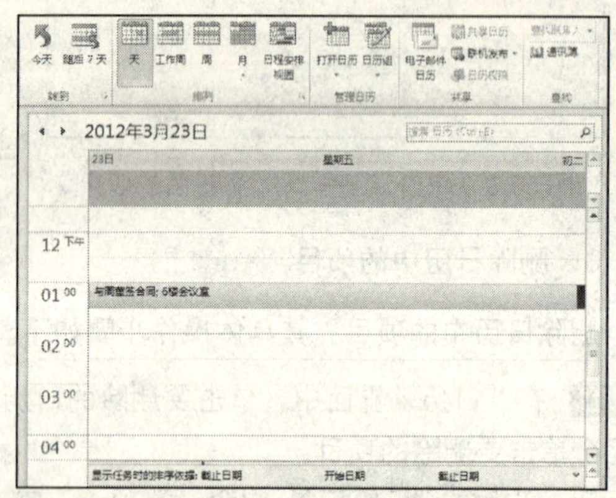

图 31.8　创建约会后的效果

31.1.3　会议

“日历”中的“安排会议”功能可以帮助用户快速地安排会议。“安排会议”将显示会议所涉及的人员和资源的闲/忙时间，这样对确定会议的时间是十分方便的。

1. 安排会议

要安排会议，其具体操作步骤如下。

Step 01 启动 Outlook 2010，在“导航”窗格中单击“日历”按钮，在打开的“日历”界面中选择上午十一点，在“开始”选项卡中的“新建”组中单击“新建会议”按钮，如图 31.9 所示。

Step 02 单击该按钮后，即可弹出“会议”对话框。在该对话框中的“收件人”文本框中输入邀请参加会议人员的邮件地址，如图 31.10 所示。

Step 03 输入主题和地址，输入后的效果如图 31.11 所示。

Step 04 输入完成后，单击“发送”按钮，将会议邀请发送出去。当会议约定时间到达提前提醒时间时，会弹出如图 31.12 所示的提示对话框。

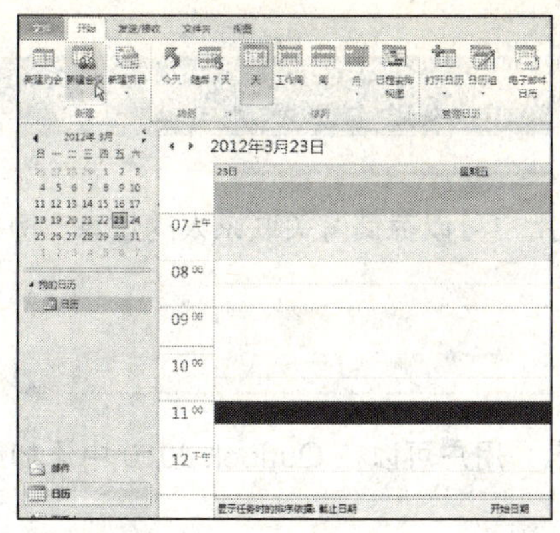

图 31.9　单击“新建会议”按钮

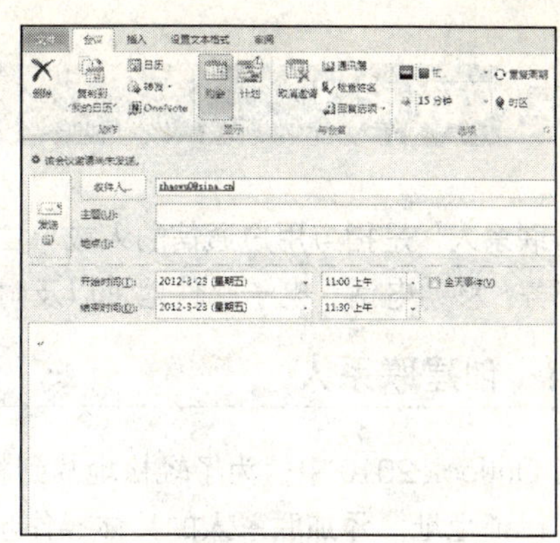

图 31.10　输入收件人的邮件地址

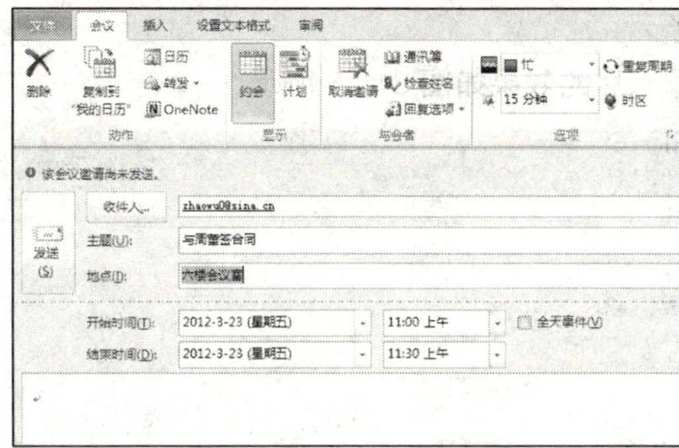

图 31.11　输入主题和地址

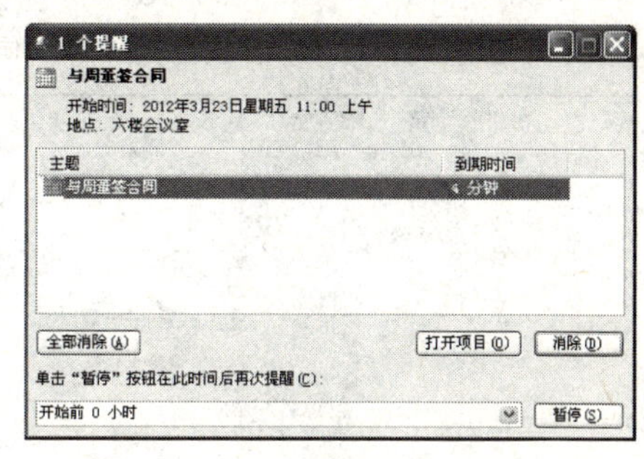

图 31.12　提示对话框

2．取消会议

要取消会议，其具体操作步骤如下。

Step 01　单击 Outlook“导航”窗格中的“日历”按钮，打开”日历”界面。

Step 02　双击要取消的会议，打开“会议”窗口。

Step 03　切换到“会议”选项卡，在“动作”组中单击“取消会议”按钮，用户可以根据需要发送取消通知，如图 31.13 所示。

当取消会议但并不发送取消通知时，关闭“会议”窗口会弹出一个提示对话框，如图 31.14 所示。用户在该对话框中选择任意一项，然后单击“确定”按钮即可。

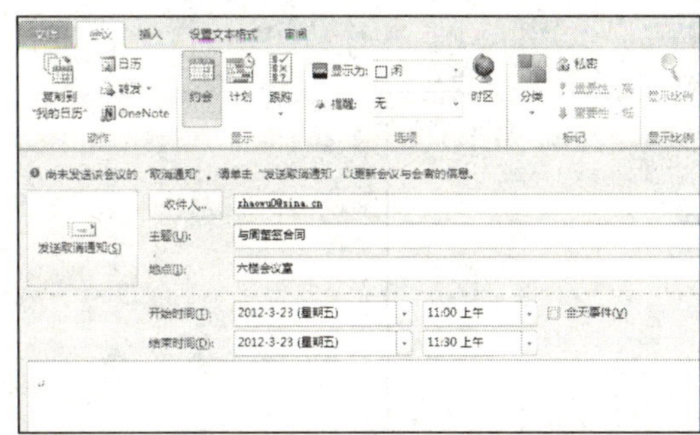

图 31.13　发送取消通知

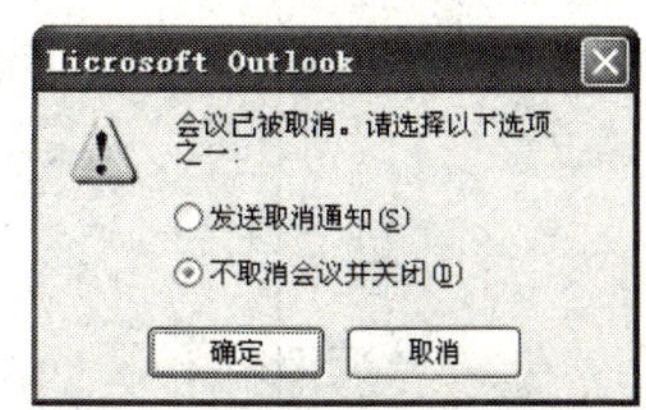

图 31.14　提示对话框

31.2 联系人

“联系人”是指与用户通信的人或单位。在其中，用户可以存储有关联系人的信息，例如，单位、职务、移动电话、电子邮件地址以及附注等。

31.2.1 创建联系人

在 Outlook 2010 中，为了轻松地找到特定的联系人，用户可以在 Outlook 2010 中添加经常联系的 E-mail 地址。添加联系人的具体操作步骤如下。

Step 01 启动 Outlook 2010，在“导航”窗格中单击“联系人”按钮，在“开始”选项卡中的“新建”组中单击“新建联系人”按钮，如图 31.15 所示。

Step 02 在弹出的窗口中输入联系人的相关信息，输入后的效果如图 31.16 所示。

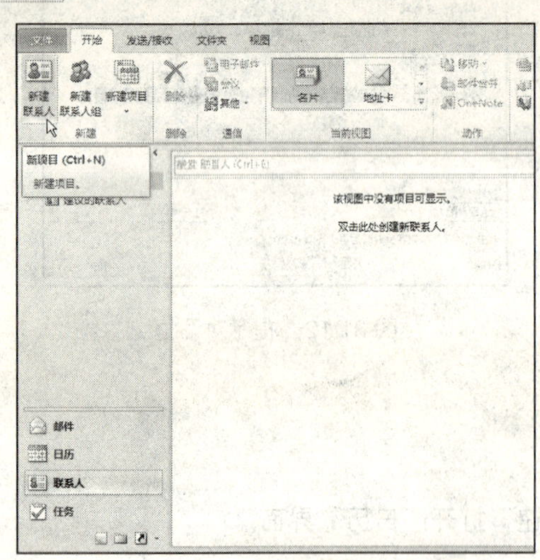

图 31.15 单击“新建联系人”按钮

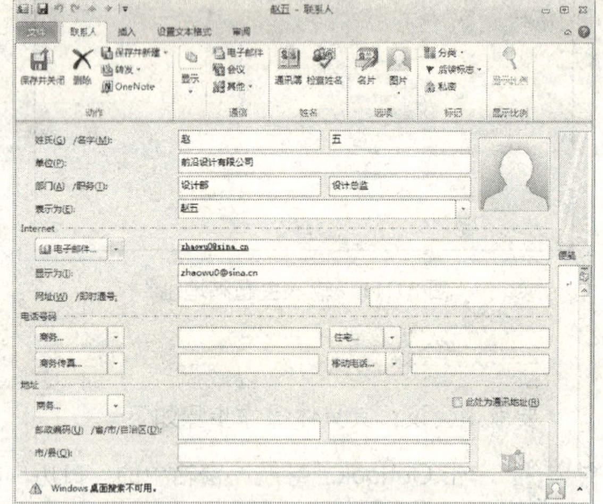

图 31.16 输入联系人的信息

Step 03 输入完成后，在“联系人”选项卡中的“动作”组中单击“保存并关闭”按钮，即可保存联系人的信息，效果如图 31.17 所示。使用同样的方法，用户可以添加其他联系人。

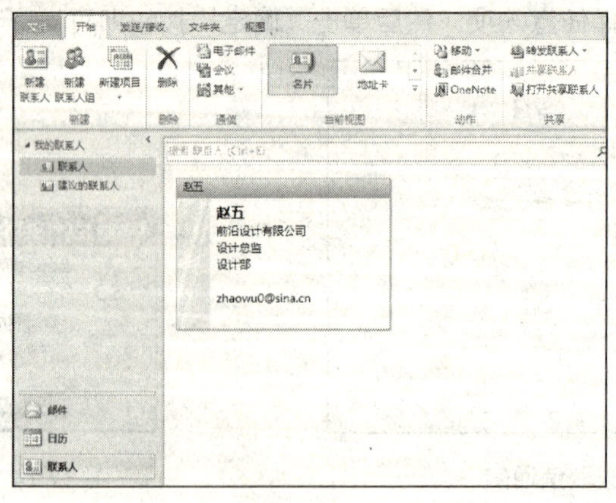

图 31.17 创建联系人后的效果

31.2.2 查看联系人信息

在 Outlook 2010 中，用户可以随意查看联系人的信息。查看联系人信息的具体操作步骤如下。

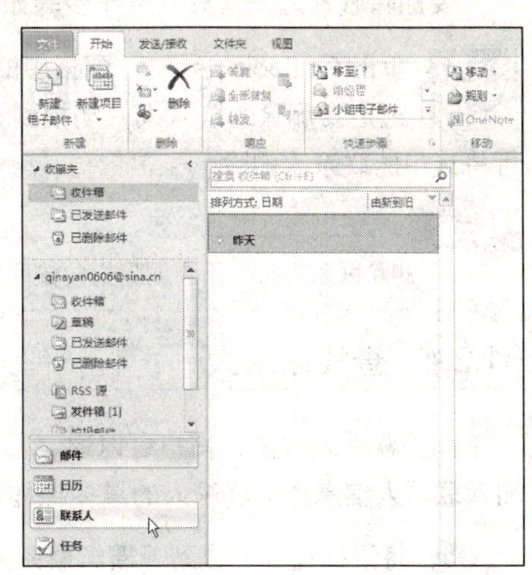

图 31.18 单击"联系人"按钮

Step 01 打开 Outlook 2010，在"导航"窗格中单击"联系人"按钮，如图 31.18 所示。

Step 02 单击该按钮后，会切换到"联系人"界面中，其默认以名片的形式显示出所有联系人的信息，如图 31.19 所示。

Step 03 如果要修改联系人的显示形式，可切换到"开始"选项卡，在"当前视图"组中单击"其他"按钮，在弹出的库中选择一种显示方式，例如选择"列表"，如图 31.20 所示。

Step 04 选择显示方式后，即可改变显示方式，效果如图 31.21 所示。

Step 05 如果需要查看联系人的信息，在联系人所在的位置双击，即可查看该联系人的信息，如图 31.22 所示。

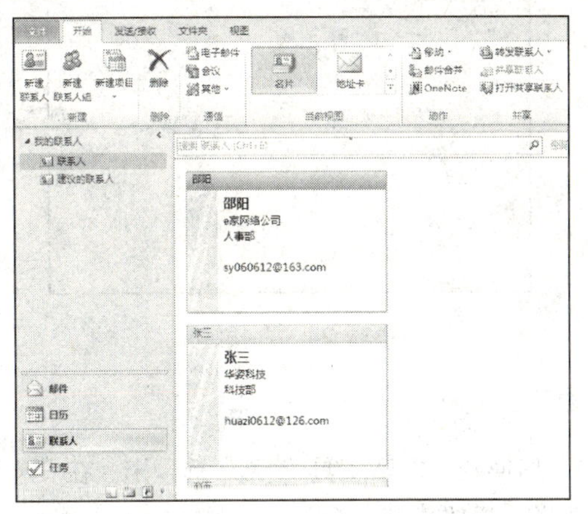

图 31.19 "联系人"界面

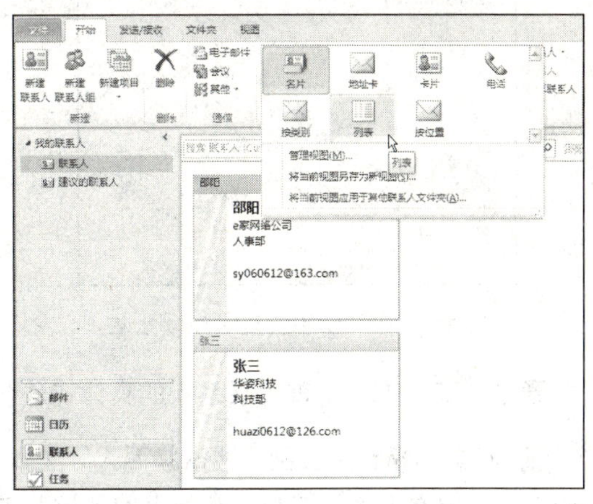

图 31.20 选择"列表"

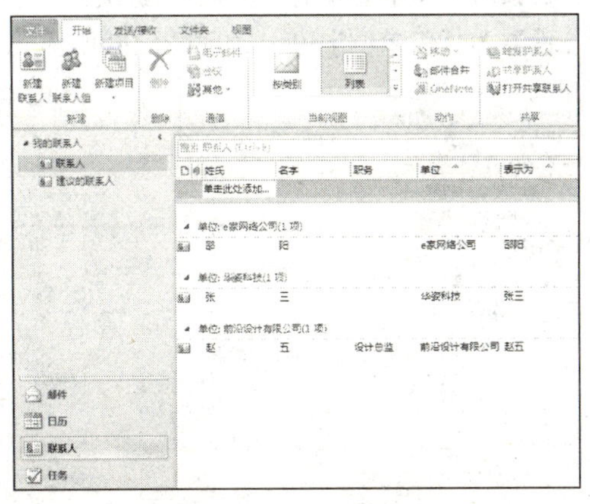

图 31.21 以列表的形式显示

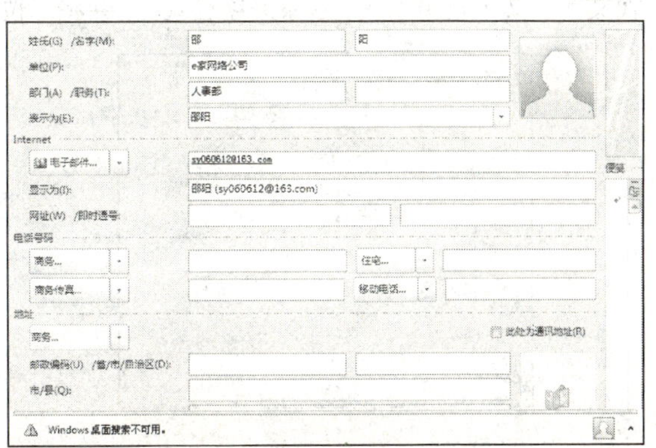

图 31.22 查看联系人的信息

31.2.3 删除联系人

要删除联系人，其具体操作步骤如下。

Step 01 单击 Outlook“导航”窗格中的“联系人”按钮，打开“联系人”界面。

Step 02 选定要删除的联系人，切换到“开始”选项卡，在“删除”组中单击“删除”按钮，即可将选中的联系人删除。

> **注 意**
>
> 删除联系人时，不会删除指向该联系人的日记条目。

31.2.4 查找联系人

如果联系人过多，用户可以通过 Outlook 2010 自带的“查找联系人”功能来自动查找。通过输入联系人信息查找联系人的具体操作步骤如下。

Step 01 将鼠标指针定位到“搜索联系人”文本框中，如图 31.23 所示。

Step 02 在该文本框中输入需要查找的信息，按 Enter 键确认，查找结果将会显示在其下方的位置，如图 31.24 所示。

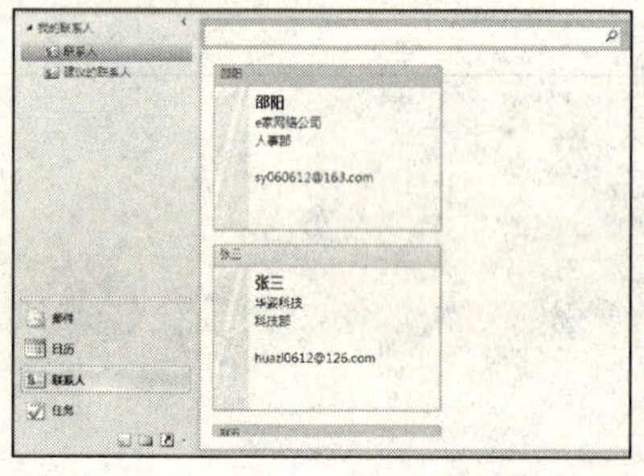

图 31.23 “搜索联系人”文本框

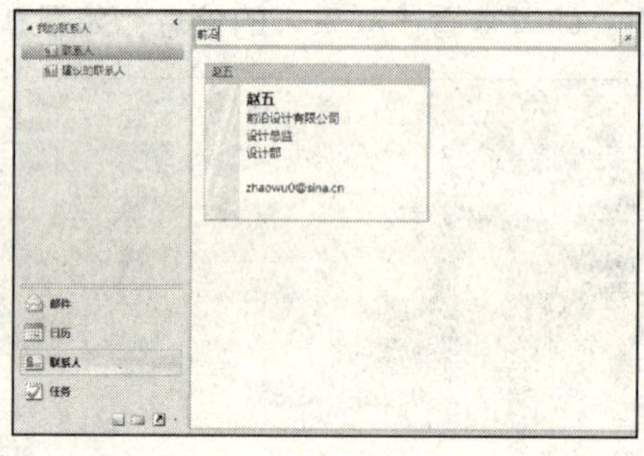

图 31.24 查找结果

通过“高级查找”查找联系人的具体操作步骤如下。

Step 01 将鼠标指针定位到“搜索联系人”文本框中，切换到“搜索工具-搜索”选项卡，在“选项”组中单击“搜索工具”按钮，在弹出的下拉菜单中选择“高级查找”命令，如图 31.25 所示。

Step 02 执行该命令后，即可弹出“高级查找”对话框。在该对话框中切换到“联系人”选项卡，在“查找文字”文本框中输入“e 家网络公司”，并将“位置”设置为“仅单位字段”，如图 31.26 所示。

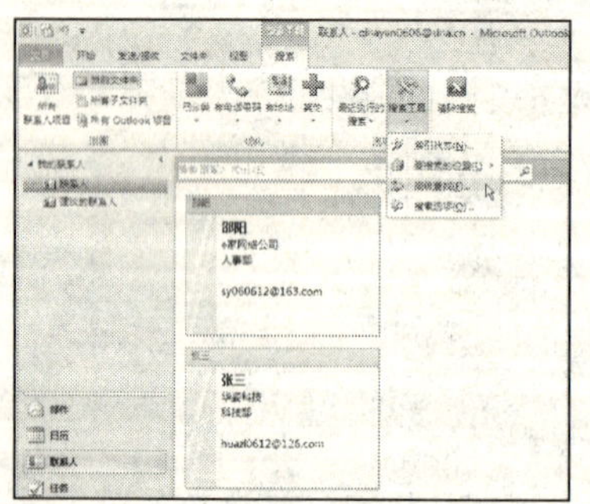

图 31.25 选择“高级查找”命令

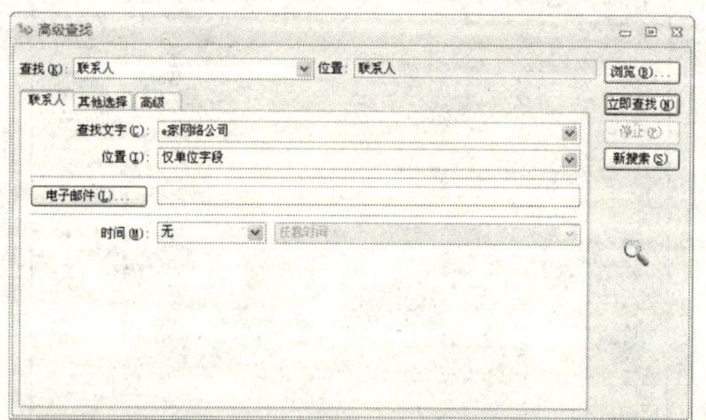

图 31.26 输入查找内容

Step 03 在该对话框中单击“立即查找”按钮，在该对话框的下方将会显示查找结果，如图 31.27 所示。

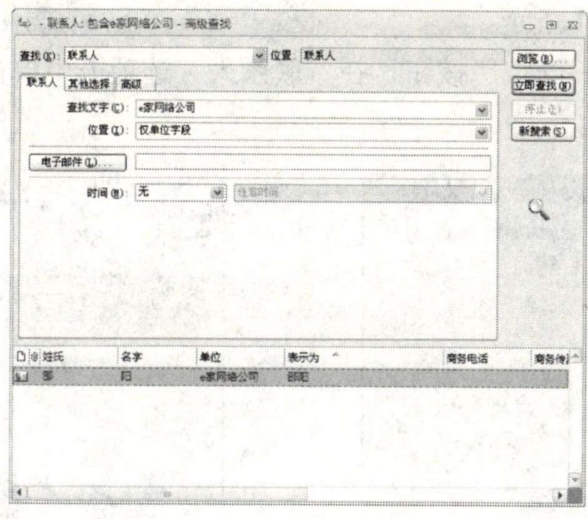

图 31.27　查找结果

31.2.5　编辑联系人的名片

用户在打印或者发送联系人的名片之前，可以对名片的显示内容和形式进行设置。编辑联系人的名片，具体操作步骤如下。

Step 01 打开 Outlook 2010，在“导航”窗格中单击“联系人”按钮，在“联系人”界面中选择要进行编辑的联系人，如图 31.28 所示。

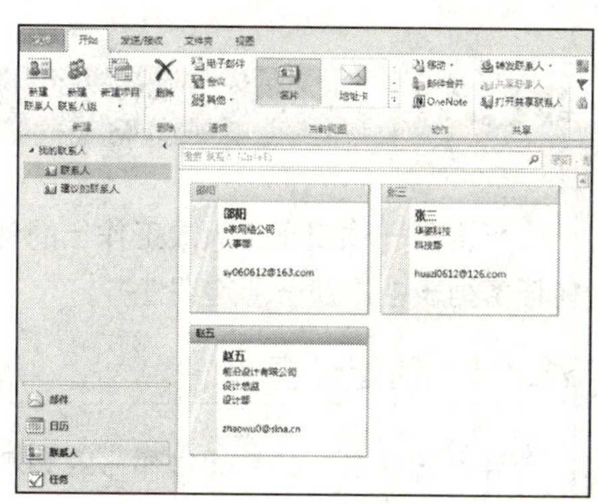

图 31.28　选择要编辑的联系人

Step 02 双击鼠标，打开“联系人”窗口。在该窗口中切换到“联系人”选项卡，在“选项”组中单击“名片”按钮，如图 31.29 所示。

Step 03 单击该按钮后，即可弹出“编辑名片”对话框。在弹出的对话框中单击“背景”按钮，在弹出的对话框中选择一种背景颜色，如图 31.30 所示。

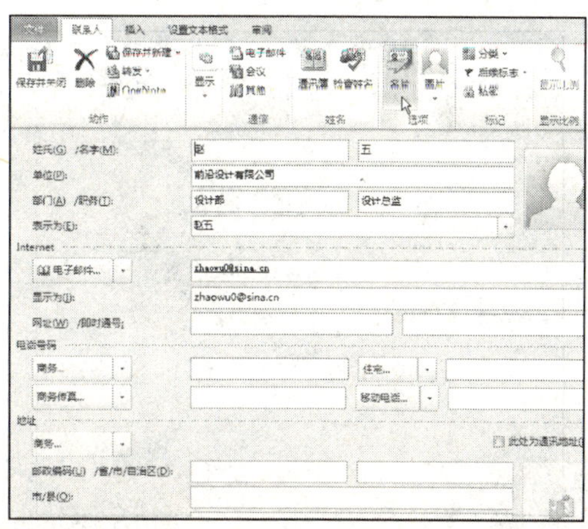

图 31.29　单击“名片”按钮

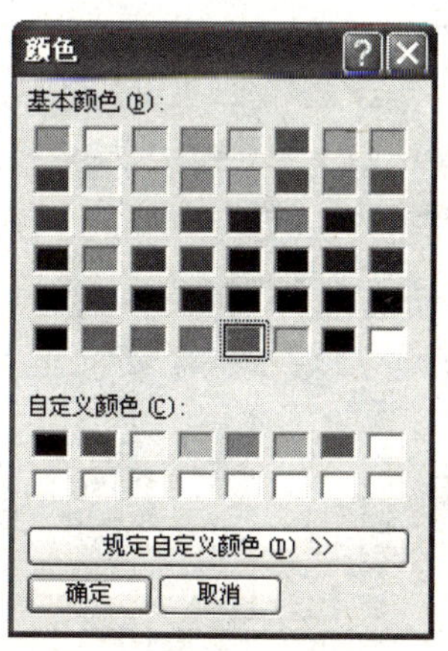

图 31.30　选择背景颜色

Step 04 单击“确定”按钮，在该对话框中的“字段”列表框中选择“全名”，在“编辑”区域中单击“字体颜色”按钮，在弹出的对话框中选择“白色”，然后单击“确定”按钮，返回到“编辑名片”对话框中，如图 31.31 所示。

Step 05 设置完成后，单击“确定”按钮，在“联系人”选项卡中单击“保存并关闭”按钮，效果如图 31.32 所示。

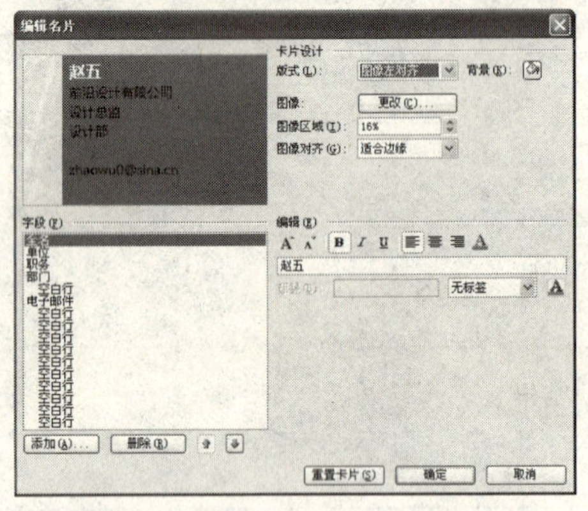

图 31.31 “编辑名片”对话框

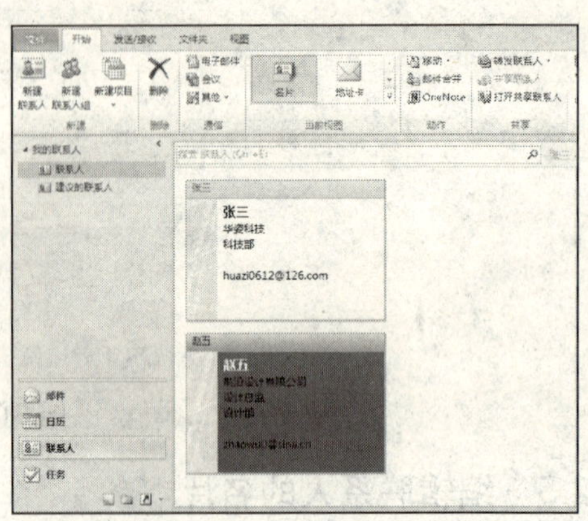

图 31.32 设置名片后的效果

31.3 任务

任务是一项属于个人或工作上的责任与事务，且在完成过程中要对其进行跟踪。用户一次只能向任务列表中添加一项定期任务。

31.3.1 创建任务

要创建任务，其具体操作步骤如下。

Step 01 打开 Outlook 2010，在“导航”窗格中单击“任务”按钮，打开“任务”界面，如图 31.33 所示。

Step 02 选择“开始”选项卡，在“新建”组中单击“新建任务”按钮，在弹出的“任务”窗口中输入任务的内容，在“开始日期”和“截止日期”下拉列表中选择任务的时间，如图 31.34 所示。

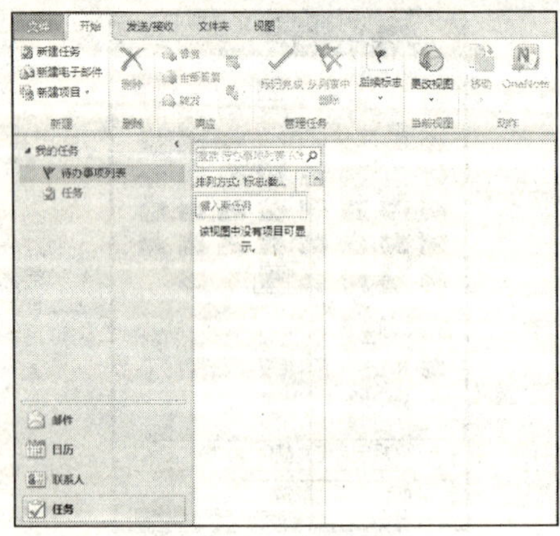

图 31.33 “任务”界面

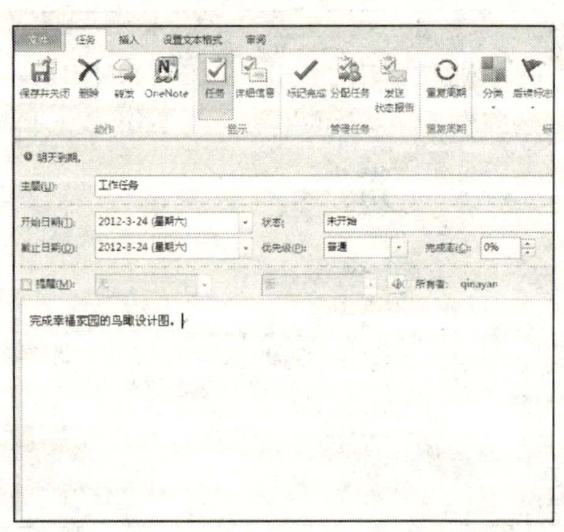

图 31.34 输入任务内容

Step 03 在“任务”窗口中的“状态”下拉列表中选择“进行中”命令，如图 31.35 所示。

Step 04 设置完成后，单击“保存并关闭”按钮，即可添加任务，效果如图 31.36 所示。若要创建按固定间隔重复的任务，可在“任务”窗口中，单击“任务”选项卡中的“重复周期”组中的“重复周期”按钮，在弹出的“任务周期”对话框中选中重复任务的频率“按天”、“按周”、“按月”或“按年”等单选按钮，然后在其右侧选定相应的选项，如图 31.37 所示。

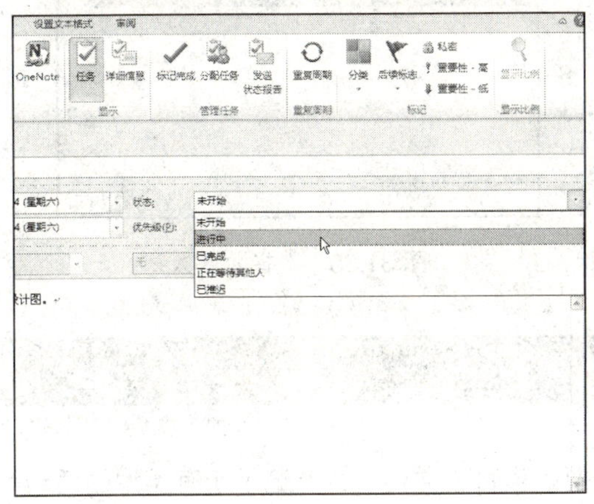

图 31.35 选择“进行中”命令

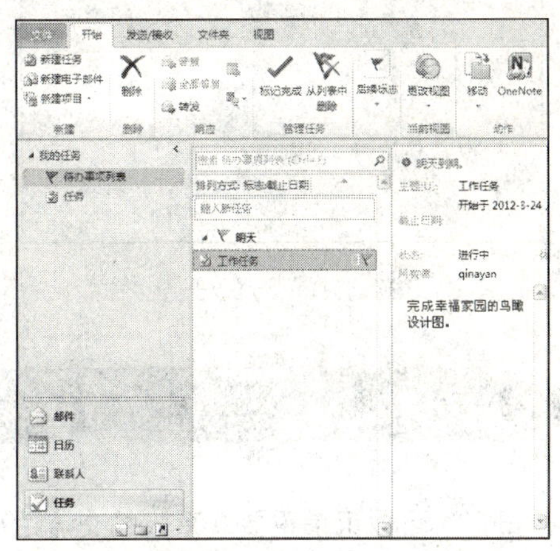

图 31.36 添加任务后的效果

31.3.2 打开任务

要打开任务，其具体操作步骤如下。

Step 01 在“导航”窗格中单击“任务”按钮，打开“任务”界面。

Step 02 在“任务”界面的任务列表中选择要打开的任务，然后双击鼠标，即可打开任务。

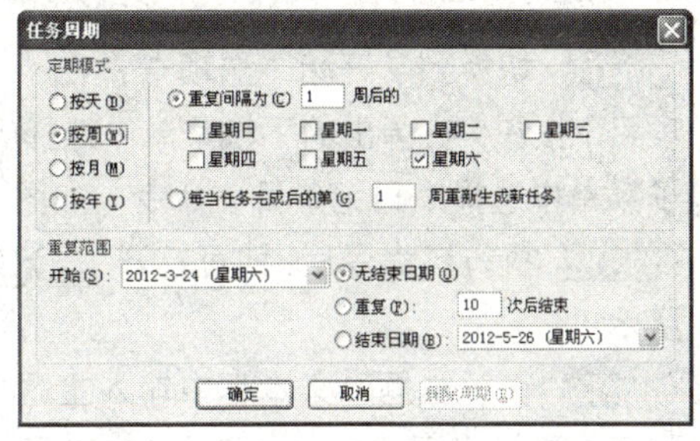

图 31.37 “任务周期”对话框

31.3.3 删除任务

要删除任务，其具体操作步骤如下。

Step 01 在“导航”窗格中单击“任务”按钮，打开“任务”界面。

Step 02 在“任务”界面的任务列表中选择要删除的任务，切换到“开始”选项卡，在“删除”组中单击“删除”按钮，即可将选中的任务删除。

31.3.4 分配任务

在 Outlook 2010 中，用户可以根据需要将任务分配给下属完成。要分配任务，具体操作步骤如下。

Step 01 在“导航”窗格中单击“任务”按钮，打开“任务”界面，在该界面中选择一个任务，右击鼠标，在弹出的快捷菜单中选择“分配任务”命令，如图 31.38 所示。

Step 02 在弹出的窗口中单击“收件人”按钮，在弹出的对话框中收件人的邮件地址上双击鼠标，将其添加到“收件人”文本框中，如图 31.39 所示。

Step 03 选择完成后，单击“确定”按钮，再单击“发送”按钮即可。

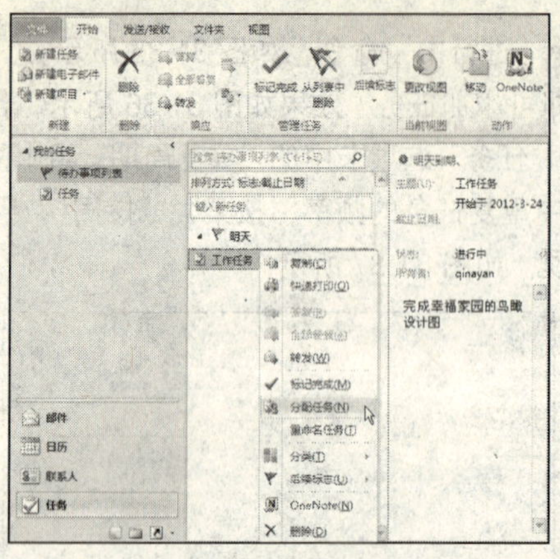

图 31.38 选择“分配任务”命令

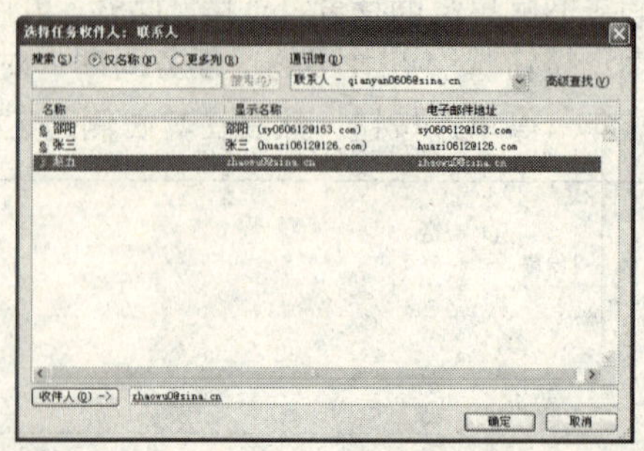

图 31.39 选择收件人

31.4 日记

“日记”可以记录重要联系人的交流活动、重要的项目或文档，以及记录所有类型的活动等。

31.4.1 创建日记条目

创建日记条目，其具体操作步骤如下。

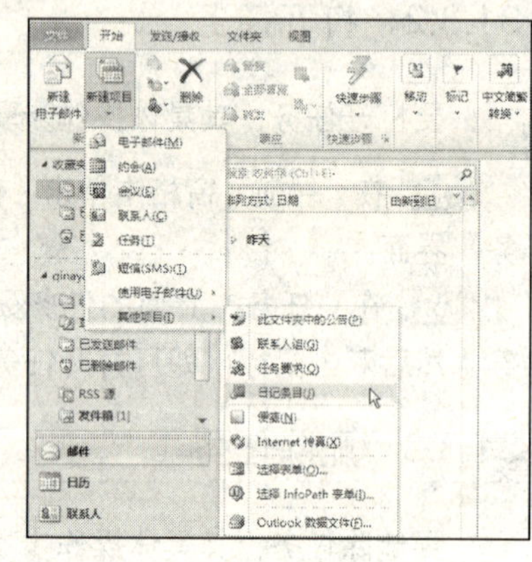

图 31.40 选择“日记条目”命令

Step 01 切换到“开始”选项卡，在“新建”组中单击“新建项目”按钮，在弹出的下拉菜单中选择“其他项目”，在弹出的子菜单中选择“日记条目”命令，如图 31.40 所示。

Step 02 执行该命令后，即可打开“日记条目”窗口，如图 31.41 所示。

Step 03 在“主题”文本框中输入主题，在“条目类型”下拉列表中选择日记的类型，如图 31.42 所示。

Step 04 输入日记的内容后，单击“保存并关闭”按钮即可 保存并关闭。

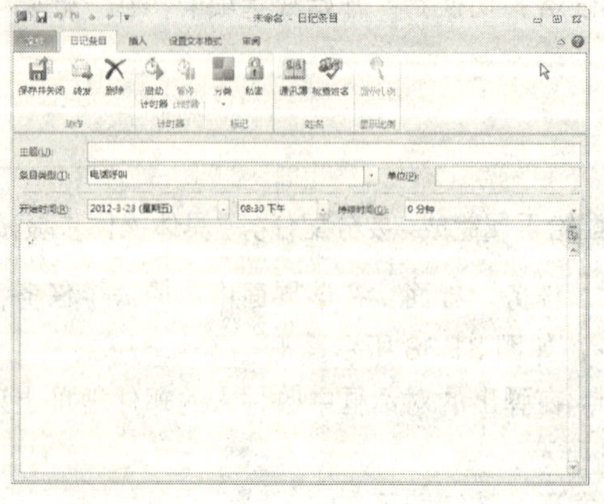

图 31.41 “日记条目”窗口

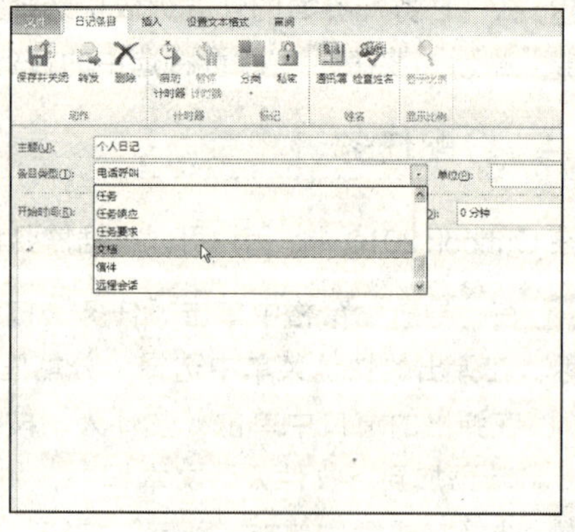

图 31.42 选择日记的类型

31.4.2 打开日记条目

要打开日记条目，其具体操作步骤如下。

Step 01 在“导航”窗格中单击“文件夹列表”按钮，再单击“日记”按钮。

Step 02 在弹出的“日记”界面中选择要查看的日记条目，双击要打开的日记条目，即可打开该日记条目。

31.5 便笺

“便笺”可记下问题、想法、提醒及任何要写在便笺上的内容。工作时，可让便笺在屏幕上呈打开状态，以便随时使用。当然，Outlook 2010 可自动保存对便笺所做的更改。

31.5.1 创建便笺

要创建便笺，其具体操作步骤如下。

Step 01 切换到“开始”选项卡，在“新建”组中单击“新建项目”按钮，在弹出的下拉菜单中选择“其他项目”，再在弹出的子菜单中选择“便笺”命令，如图 31.43 所示。

Step 02 执行该命令后，即可弹出一个便笺，如图 31.44 所示。

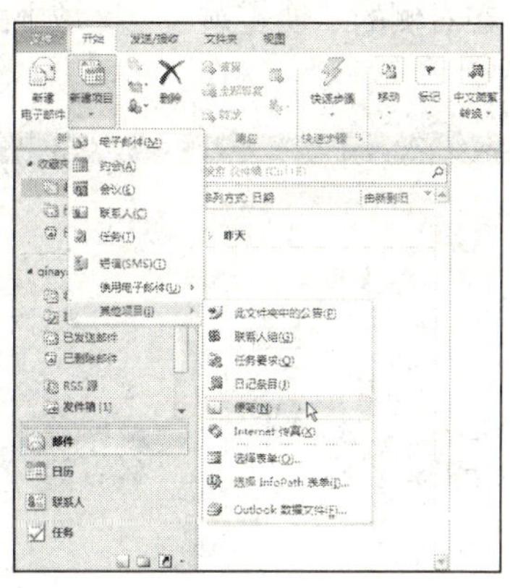

图 31.43 选择“便笺”命令

图 31.44 创建的便笺

Step 03 在便笺中输入便笺的内容，输入后的效果如图 31.45 所示。

Step 04 在便笺中单击其左上角的按钮，在弹出的下拉菜单中选择“保存并关闭”命令，如图 31.46 所示。

图 31.45 输入内容

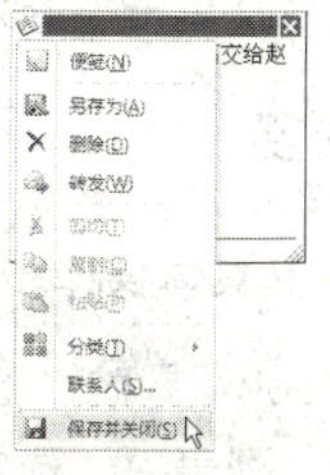

图 31.46 选择“保存并关闭”命令

注 意

除了上述方法之外，用户还可以通过在“导航”窗格中单击“便笺”按钮来创建便笺。

31.5.2 打开便笺

要打开便笺，其具体操作步骤如下。

Step 01 单击 Outlook“导航”窗格中的“便笺”按钮，打开“便笺”窗口。

Step 02 双击要打开的便笺图标，即可打开该便笺。

31.5.3 更改便笺大小

要更改便笺的大小，其具体操作步骤如下。

Step 01 单击 Outlook“导航”窗格中的“便笺”按钮，切换到“便笺”界面。

Step 02 双击要打开的便笺图标，打开该便笺。

Step 03 将鼠标指针移到便笺的任一边框或其右下角，待鼠标指针变为双向箭头时，按住鼠标左键不放并进行拖动，即可改变便笺的大小。

除了上述方法外，用户还可以通过“Outlook 选项”对话框设置便笺的大小，具体操作步骤如下。

Step 01 单击“文件”按钮，在弹出的下拉菜单中选择“选项”命令，如图 31.47 所示。

Step 02 在弹出的对话框中切换到“便笺和日记”选项卡，在右侧的“便笺选项”区域中的“默认大小”下拉列表中选择便笺的大小，如图 31.48 所示。

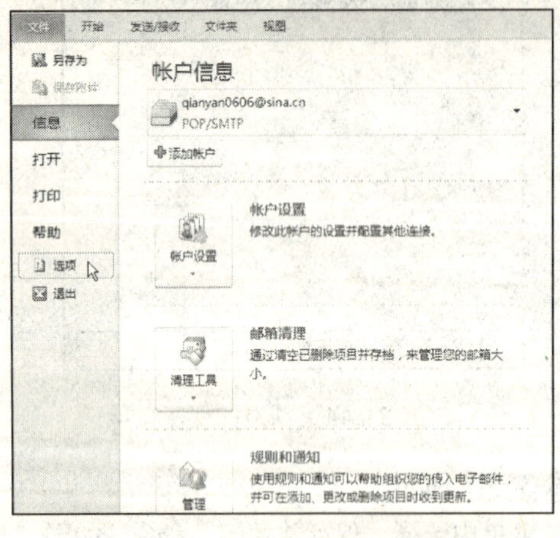

图 31.47 选择“选项”命令

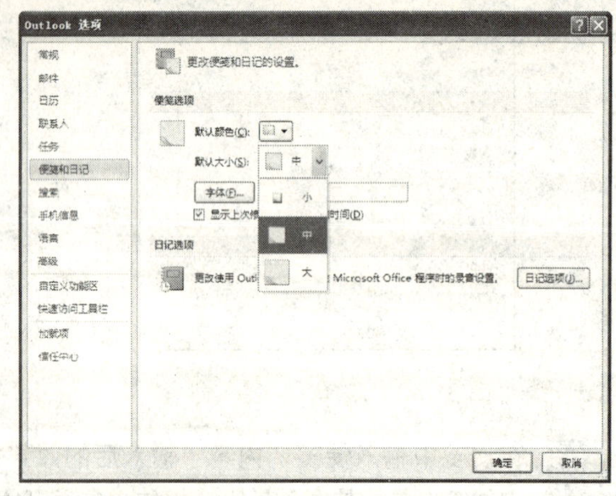

图 31.48 “默认大小”下拉列表

Step 03 设置完成后，单击“确定”按钮即可。

31.5.4 删除便笺

要删除便笺，其具体操作步骤如下。

Step 01 单击 Outlook“导航”窗格中的“便笺”按钮，切换到“便笺”界面。

Step 02 在“便笺”列表中，选定要删除的便笺。

Step 03 切换到“开始”选项卡，在“删除”组中单击“删除”按钮，即可将选中的便笺删除。

提 示

用户也可以删除已打开的便笺，其方法是：单击便笺左上角的按钮，然后在弹出的下拉列表中选择“删除”命令。

31.6 案例实训

本案例实训主要练习如何添加新的联系人，并为联系人发送会议，其具体的操作步骤如下。

Step 01 启动 Outlook 2010，在“导航”窗格中单击“联系人”按钮，在“开始”选项卡中的“新建”组中单击“新建联系人”按钮，如图 31.49 所示。

Step 02 在弹出的窗口中输入联系人的相关信息，输入后的效果如图 31.50 所示。

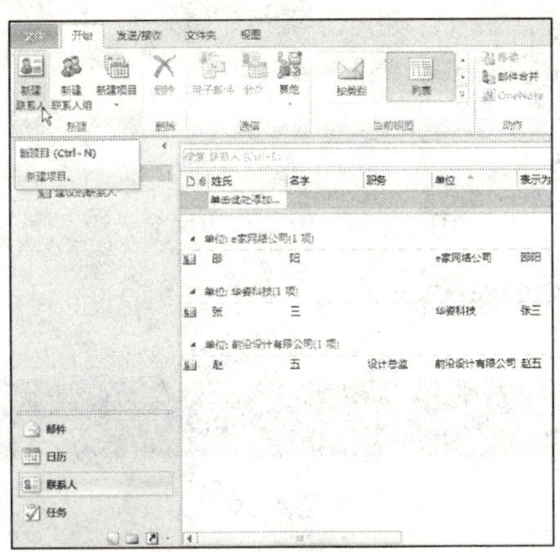

图 31.49 单击“新建联系人”按钮

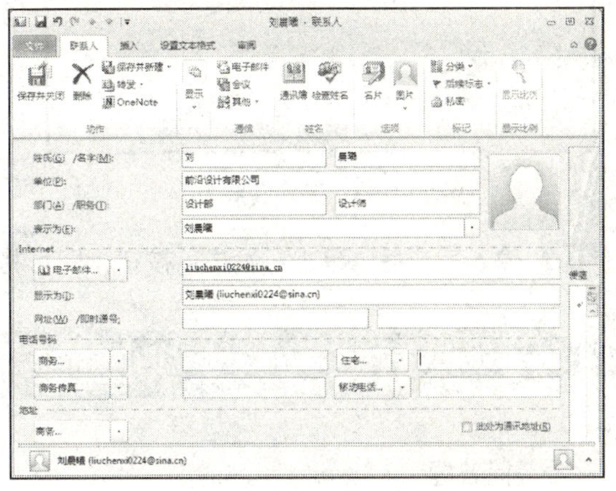

图 31.50 输入联系人的信息

Step 03 输入完成后，在“联系人”选项卡中的“动作”组中单击“保存并关闭”按钮，即可保存联系人的信息，效果如图 31.51 所示。

Step 04 在“导航”窗格中单击“邮件”按钮，然后切换到“开始”选项卡，在“新建”组中单击“新建项目”按钮，在弹出的下拉菜单中选择“会议”命令，如图 31.52 所示。

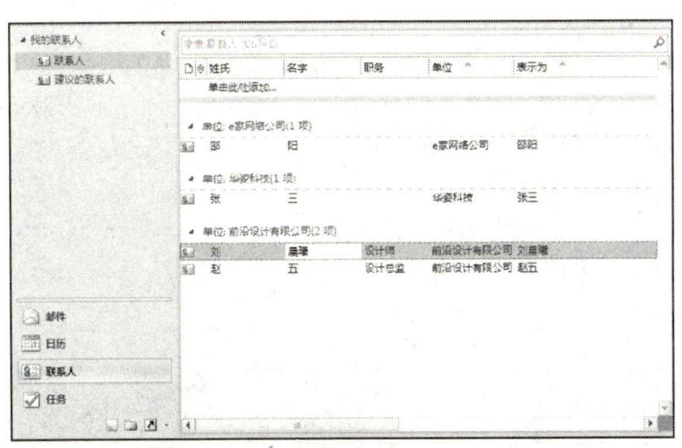

图 31.51 添加联系人后的效果

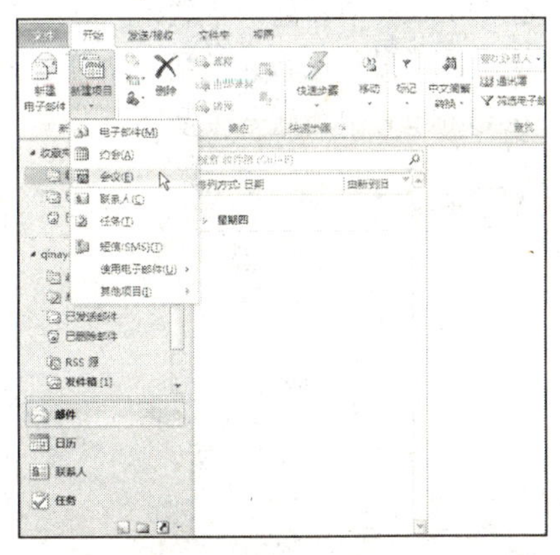

图 31.52 选择“会议”命令

Step 05 在弹出的窗口中单击“收件人”按钮，在弹出的对话框中选择收件人的邮件地址，然后双击鼠标，将其添加到“必选”文本框中，如图 31.53 所示。

Step 06 选择完成后，单击“确定”按钮，然后再输入主题、地点以及内容，将“开始时间”和“结束时间”设置为“星期一”，如图 31.54 所示。

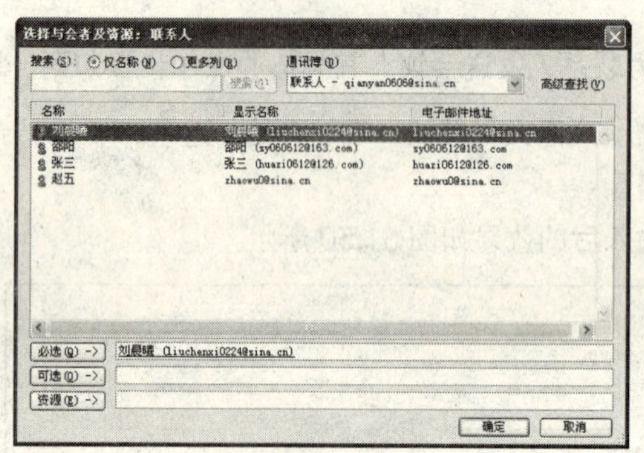

图 31.53 添加联系人

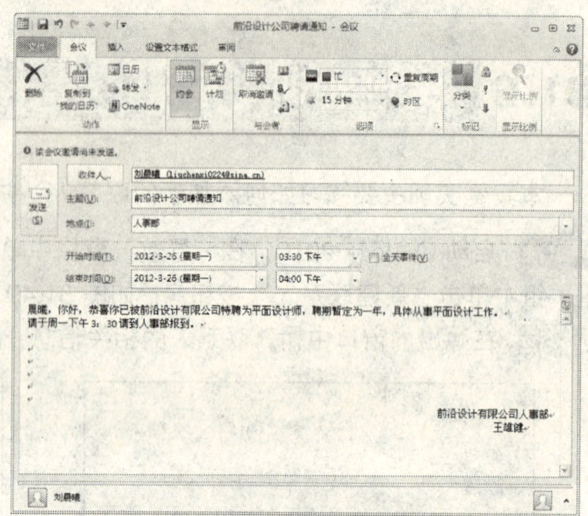

图 31.54 输入会议内容

Step 07 输入完成后，单击“发送”按钮，即可将该邮件发送。

31.7 课后练习与上机操作

一、简答题

1. 如何创建联系人？
2. 如何分配任务？
3. 如何打开日记条目？

二、操作题

1. 在 Outlook 中新建一个联系人。
2. 接上题，向该联系人分配一个任务。
3. 在 Outlook 中新建一个便笺。

第32章

打印

本章导读

本章将简单介绍打印的基本操作，使读者通过本章的学习对打印有大概的了解。

知识要点

- 页面设置
- 打印特殊项目和视图

32.1 页面设置

在 Outlook 2010 中，纸张和页面都具有特殊的意义。所谓纸张，就是放入打印机中的物理纸张。所谓页面就是要打印的纸张区域。页面设置就是在选择了一定的纸张类型的基础上，对在纸张上所打印页面的大小、格式等进行设置。

要进行页面设置，其具体操作步骤如下。

Step 01 单击“文件”按钮，在弹出的下拉菜单中选择“打印”命令，在弹出的界面中单击“打印选项”按钮，如图 32.1 所示。

Step 02 执行该命令后，即可弹出“打印”对话框。在该对话框中单击“页面设置”按钮，如图 32.2 所示。

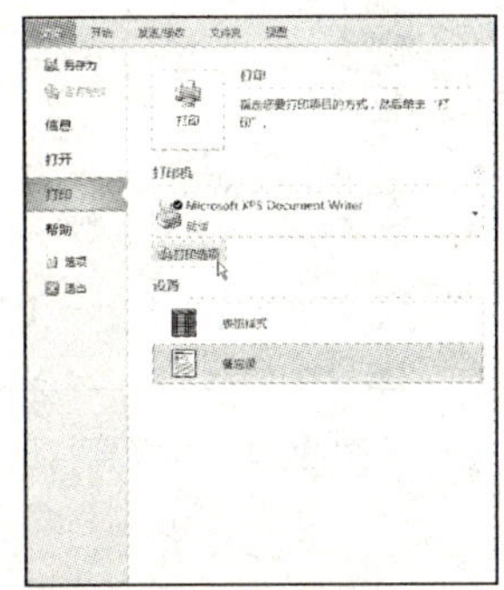

图 32.1 单击“打印选项”按钮

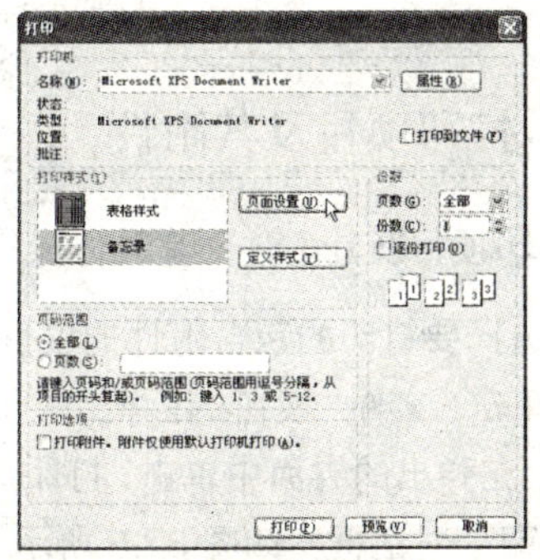

图 32.2 单击“页面设置”按钮

Step 03 执行该命令后，即可弹出“页面设置”对话框。用户可以在该对话框中设置页面属性，如图 32.3 所示。

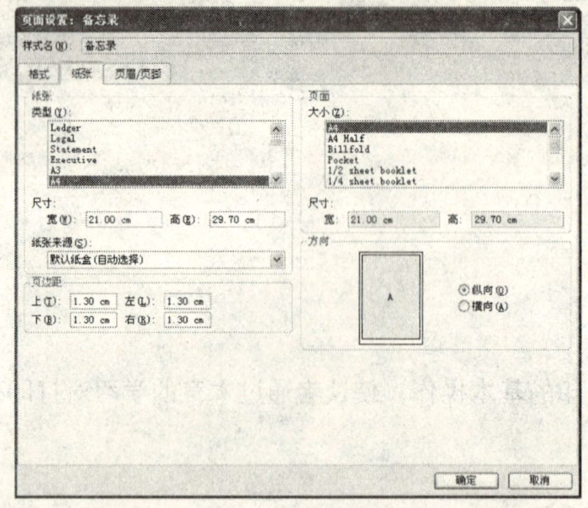

图 32.3 “页面设置”对话框

32.2 打印特殊项目和视图

由于 Outlook 2010 包含了许多种不同的项目和项目视图，在执行“打印”命令时，其打印效果也不尽相同。下面分别加以介绍。

32.2.1 打印某个类别中的所有项目

要打印某个类别中的所有项目，其具体操作步骤如下。

Step 01 将要打印的项目指定为相同的类别。

Step 02 在“导航”窗格中单击“收件箱”，在收件箱中选择要打印的项目，如图 32.4 所示。

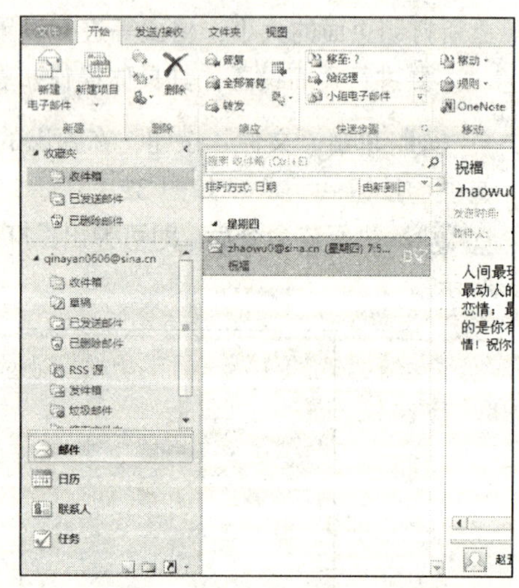

图 32.4 选择要打印的项目

Step 03 单击“文件”按钮，在弹出的下拉菜单中选择“打印”命令，在弹出的界面中单击“打印选项”按钮 打印选项，在弹出的“打印”对话框中单击“页面设置”按钮，用户可以在弹出的对话框中进行相应的设置。设置完成后，单击“打印”按钮即可。

32.2.2 打印项目及其附件

要打印项目及其附件，其具体操作步骤如下。

Step 01 选择要打印的包含附件的项目。

Step 02 单击“文件”按钮，在弹出的下拉菜单中选择“打印”命令，在弹出的界面中单击“打印选项”按钮 打印选项，弹出“打印”对话框，如图 32.5 所示。

Step 03 在“打印样式”列表框中选择“备忘录”选项。

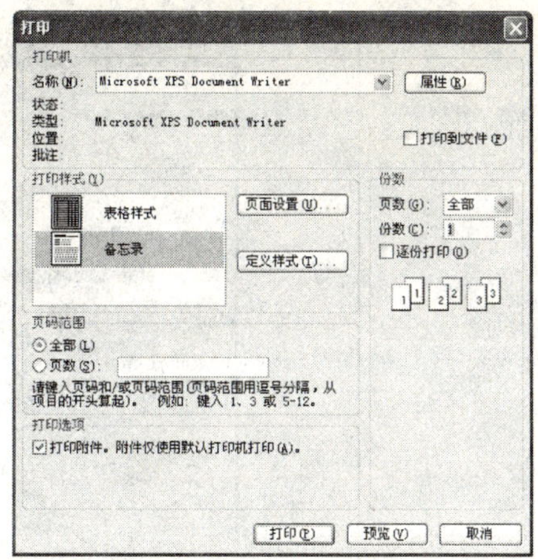

图 32.5 “打印”对话框

Step 04 在“打印选项”选项组中，选中“打印附件”复选框。

Step 05 进行其他相关设置后，单击“打印”按钮，即可开始打印。

32.3 案例实训

本案例实训主要练习打印日历，其具体的操作步骤如下。

Step 01 在“导航”窗格中单击“日历”按钮，如图 32.6 所示。

Step 02 单击该按钮后，弹出“日历”界面，然后切换到“开始”选项卡，在“排列”组中单击“月”按钮，日历即可以以月显示，如图 32.7 所示。

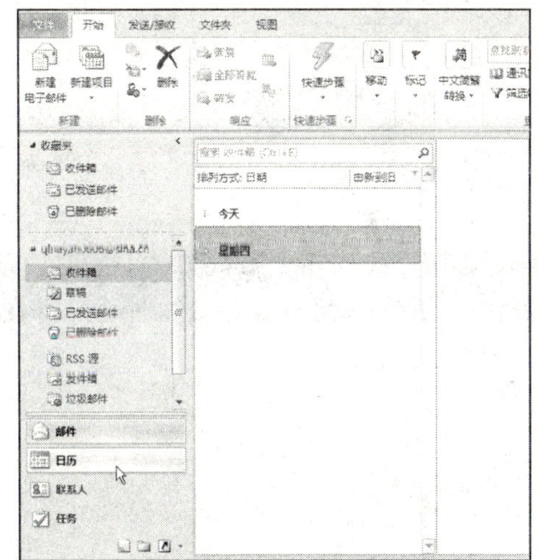

图 32.6 单击“日历”按钮

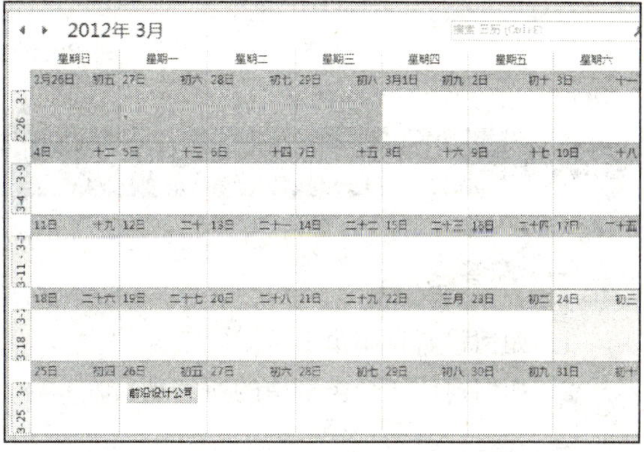

图 32.7 以月显示效果

Step 03 单击“文件”按钮，在弹出的下拉菜单中选择“打印”命令，在弹出的界面中单击“打印选项”按钮，如图 32.8 所示。

Step 04 在弹出的对话框中单击“页面设置”按钮，在弹出的对话框中切换到“格式”选项卡，在该选项卡中勾选“附注区（画线）”复选框，如图 32.9 所示。

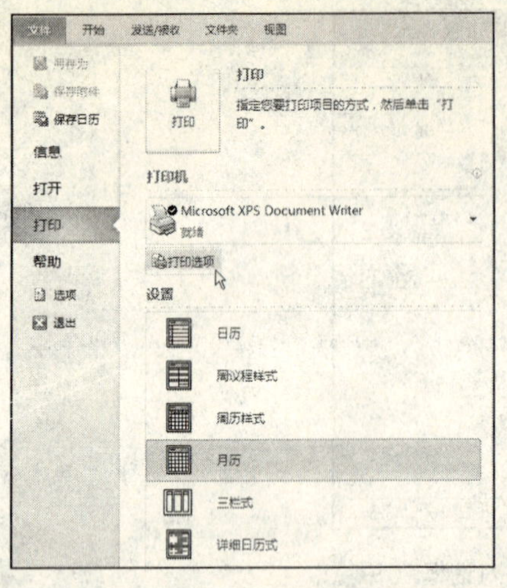

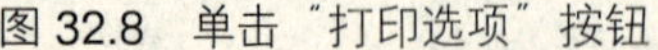
图 32.8　单击"打印选项"按钮

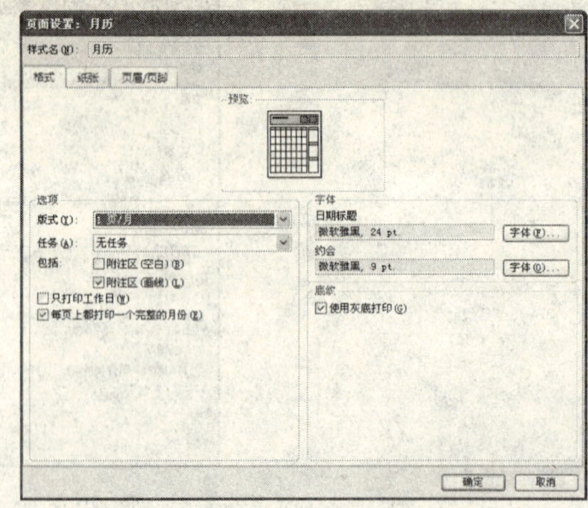

图 32.9　勾选"附注区（画线）"复选框

Step 05 设置完成后，单击"确定"按钮，返回到"打印"对话框中。在该对话框中单击"预览"按钮，预览效果如图 32.10 所示。

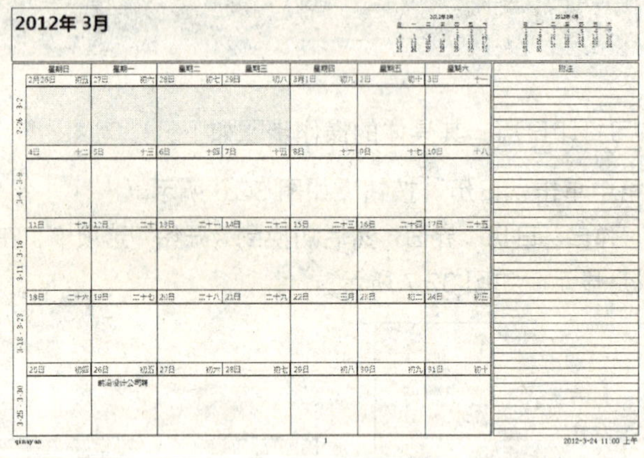

图 32.10　日历效果

32.4 课后练习与上机操作

一、简答题

1．如何设置打印页面？

2．如何打印某个类别中的所有项目？

二、操作题

1．练习打印邮件。

2．练习打印日历。

第33章

认识 OneNote 2010

本章导读

本章将介绍 Microsoft OneNote 2010 的界面及基本操作。通过对本章的学习，读者可以熟悉该软件的使用方法。

知识要点

- ✪ 启动 OneNote 2010
- ✪ OneNote 2010 工作窗口
- ✪ 快速创建笔记

33.1 启动与退出OneNote 2010

Microsoft OneNote 2010 是一种数字笔记本，它可以随心所欲地获取、组织和再利用你的笔记，并且为用户提供了一个收集笔记和信息的场所。除此之外，还为用户提供了强大的搜索功能和共享优势，使得我们可以迅速搜索到所需内容，并且与其他用户进行更加有效的协作。

OneNote 2010 的主要特点如下。

- 简易的操作界面。如果用户曾使用过 Office 家族，那么对于 OneNote 来说就不会太陌生。因为不论是在外观还是在操作上，它和 Office 的其他软件十分相似。
- 通过将输入或手写笔记与 Office OneNote 2010 录音和录像同步，捕获客户电话和会议的详细信息。
- 与 Office 2010 软件包其他部件完美整合，方便互相调用数据信息。
- 创建工作组知识库，以便每个用户都可以访问相同的信息，从而有助于使新工作组成员迅速提高效率并减少重复工作的发生。
- 通过以 HTML 形式发送笔记，让具有电子邮件客户端或 Web 浏览器的任何人都能够查看笔记。

33.1.1 启动 OneNote 2010

要启动 OneNote 2010，用户可以利用“开始”菜单和快捷图标。

1. 利用“开始”菜单启动

单击 Windows 任务栏上的“开始”按钮，然后选择“程序”| Microsoft Office 选项，从弹出

的级联菜单中选择 Microsoft OneNote 2010 命令，即可启动 OneNote 2010。

2．利用快捷图标启动

单击 Windows 任务栏上的“开始”按钮，然后指向“程序”|Microsoft Office 选项，从弹出的级联菜单中右击 Microsoft OneNote 2010 图标，在弹出的快捷菜单中选择“发送到”命令，在弹出的级联菜单中选择“桌面快捷方式”命令。然后双击桌面上的快捷方式图标，即可启动 OneNote 2010。

33.1.2 退出 OneNote 2010

退出 OneNote 2010 常用的方法有以下 3 种。

方法 1：选择“文件”|“退出”命令，如图 33.1 所示。

方法 2：按 Alt+F4 组合键。

方法 3：单击 OneNote 2010 标题栏最右侧的“关闭”按钮。

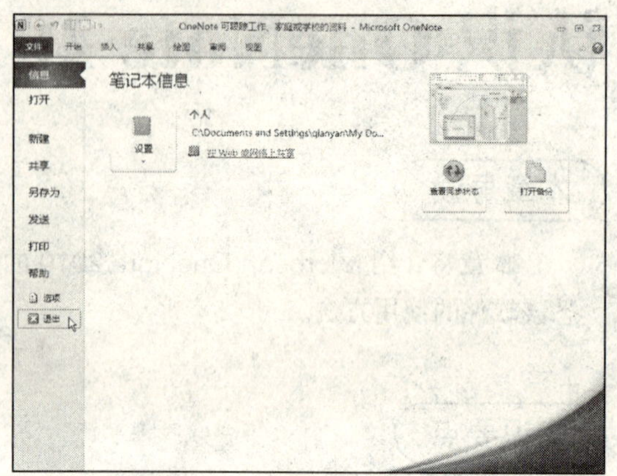

图 33.1 选择“退出”命令

33.2 OneNote 2010工作窗口

OneNote 2010 的工作窗口如图 33.2 所示。

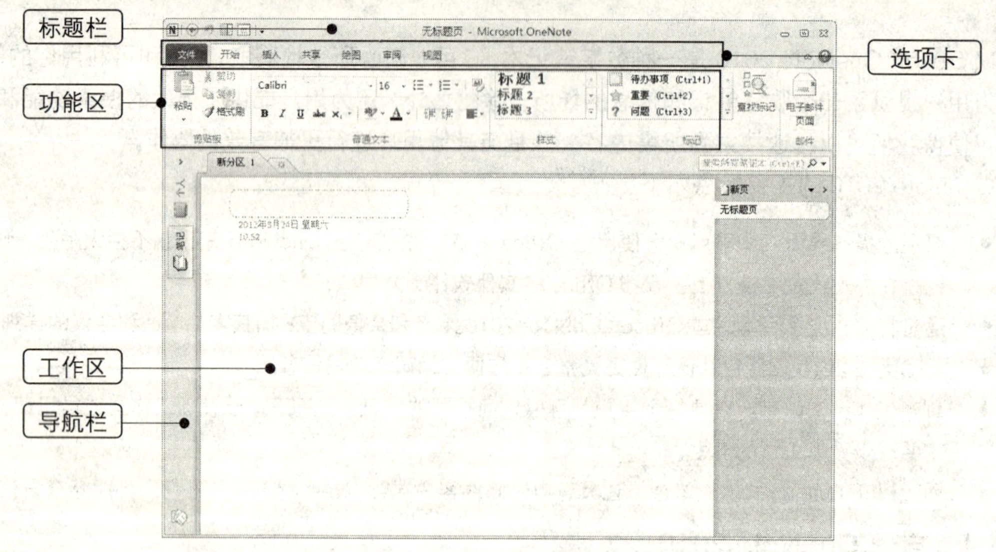

图 33.2 OneNote 2010 的工作窗口

1．标题栏

标题栏位于窗口的顶部，其中从左到右依次为“后退”按钮、“撤销”按钮、“停靠到桌面”按钮、“整页视图”按钮、正在编辑的文件名或程序名称、“最小化”按钮、“还原”按钮⊡和“关闭”按钮☒。

2．菜单栏

在标题栏的下方是选项卡，选项卡是将一类活动（功能）组织在一起，其中包含若干个组，通过对选项卡中命令的选择可以执行 OneNote 2010 的各种功能。

3．功能区

功能区位于选项卡下方，可以帮助用户快速找到完成某一任务所需的按钮选项。按钮选项被组织在组中，组集中在选项卡中。

4．工作区

在视图中最大的区域为工作区，在该区域中可以进行 OneNote 2010 的各种操作。

5．导航栏

导航栏用于显示文件存储位置及相关信息。

33.3 快速创建笔记本

在 OneNote 2010 中，我们可以快速创建笔记本，同时也为我们提供了很多笔记本模板，按照需要选择模板创建即可。模板类型几乎可以满足日常工作需要，下面我们将学习创建各种类型笔记本的方法。

33.3.1 创建空白笔记本

最常用的是创建空白笔记本，它类似于 Word 中空白文档的创建，具体操作步骤如下。

Step 01 打开 OneNote 2010 软件，单击“文件”按钮，在弹出的下拉菜单中选择“新建”命令，在右侧的“将笔记本存储在以下位置”组中选择“我的电脑”，在“名称”文本框中输入笔记本名称，然后在“位置”文本框中选择存储路径，设置完成后，单击“创建笔记本”按钮，如图 33.3 所示。

Step 02 此时系统会自动创建新的空白笔记本，如图 33.4 所示。

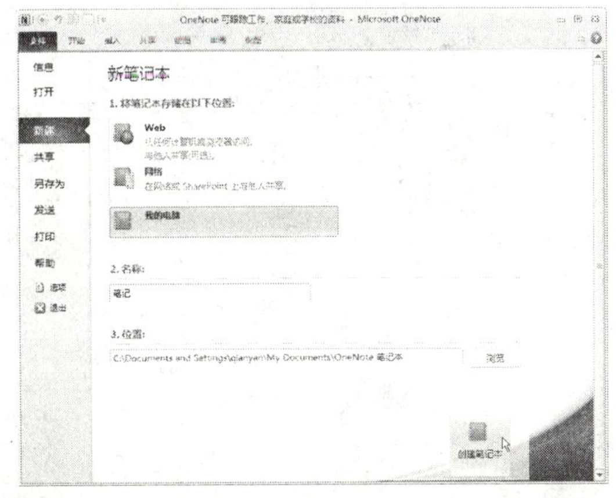

图 33.3 单击“创建笔记本”按钮

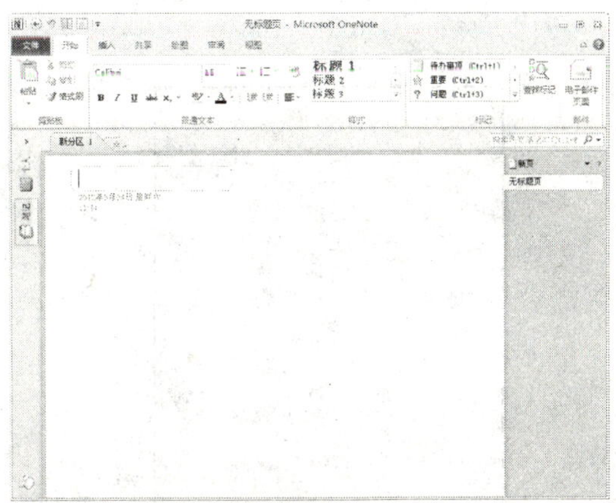

图 33.4 创建空白笔记本

提 示

如果在“将笔记本存储在以下位置”组中选择其他两项，将可以进行文件的共享。

Step 03 在标题文本框中输入标题内容，在右侧窗格中则显示该笔记本标题名称，如图 33.5 所示。

Step 04 在内容文本框中输入笔记内容即可，如图 33.6 所示。

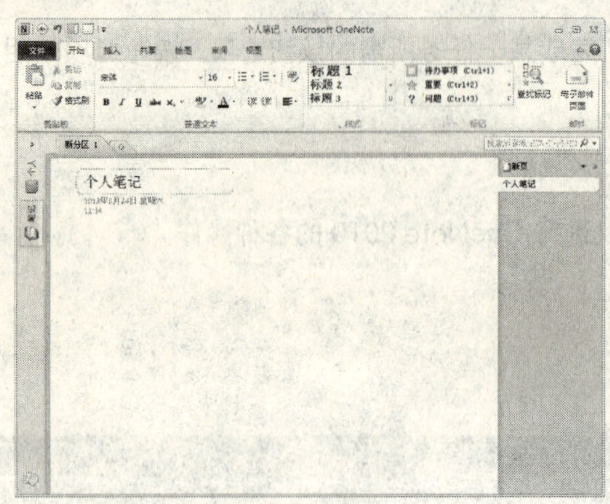

图 33.5 输入标题

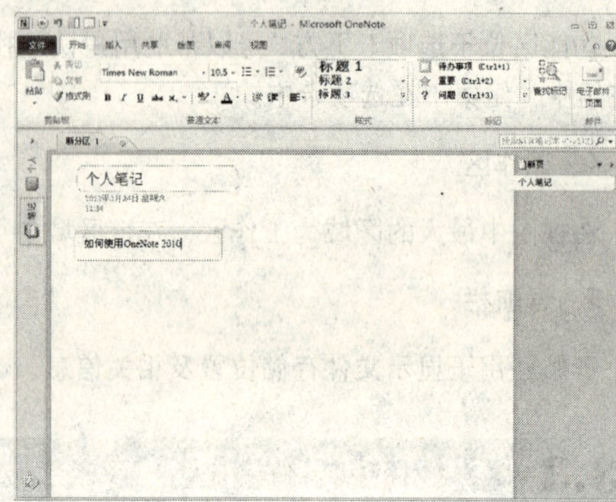

图 33.6 输入内容

33.3.2 基于原有页面创建新页

创建完成空白笔记本后，我们可以基于该笔记本页面继续创建新页面。

Step 01 创建完成空白笔记本后，在工作区右侧单击“新页”下三角按钮，在弹出的下拉列表中选择“新建页面”命令，如图 33.7 所示。

Step 02 此时系统会将自动在当前笔记本中添加新的页面，如图 33.8 所示。

提 示

直接单击“新页”按钮也可创建新页面。

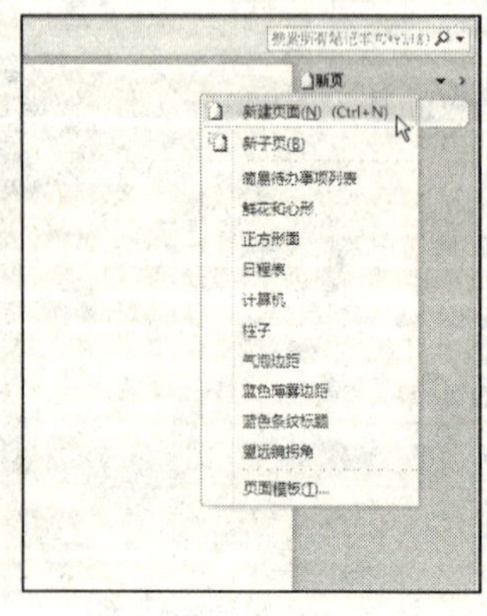

图 33.7 选择“新建页面”命令

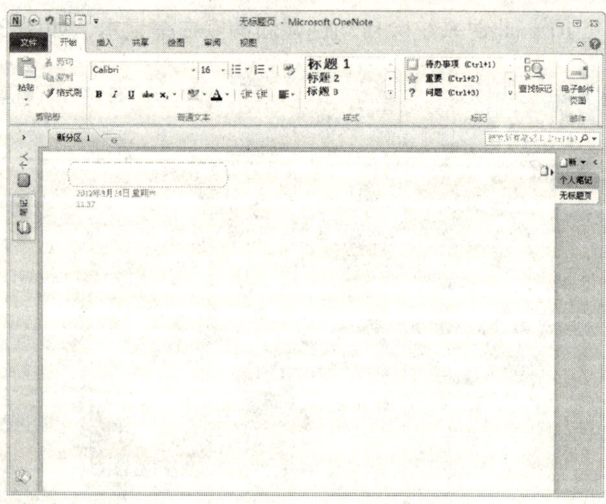

图 33.8 新建页面

33.3.3 创建子页

添加完新的页面后，我们还可以在每个页面下方创建子页面，具体操作步骤如下。

Step 01 在工作区右侧单击“新页”下三角按钮，在弹出的下拉列表中选择“新子页”命令，如图 33.9 所示。

Step 02 系统将自动在笔记本中添加子页面，在工作区内输入子页面的标题，会发现子页面标题在主页面后方，如图 33.10 所示。

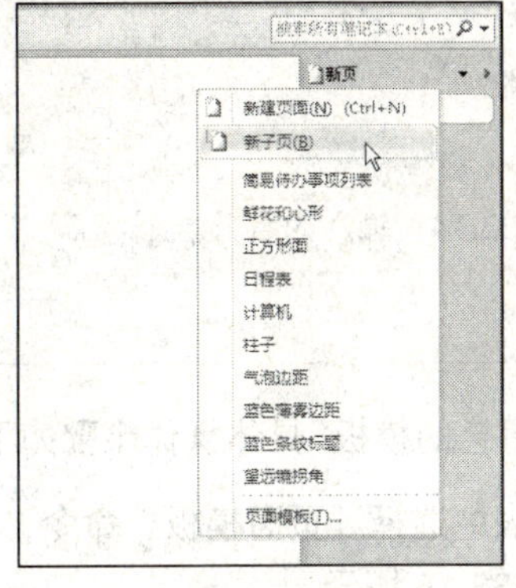

图 33.9 选择“新子页”命令

图 33.10 新建子页面

33.3.4 创建详细讲座笔记

创建完成空白笔记本模板后，即可创建详细讲座笔记模板，具体操作步骤如下。

Step 01 在工作区右侧单击“新页”下三角按钮，在弹出的下拉列表中选择“页面模板”命令，弹出“模板”窗格，如图 33.11 所示。

Step 02 在“添加页”列表框中单击“学院”选项，在展开的选项列表中选择“详细讲座笔记”模板，如图 33.12 所示。

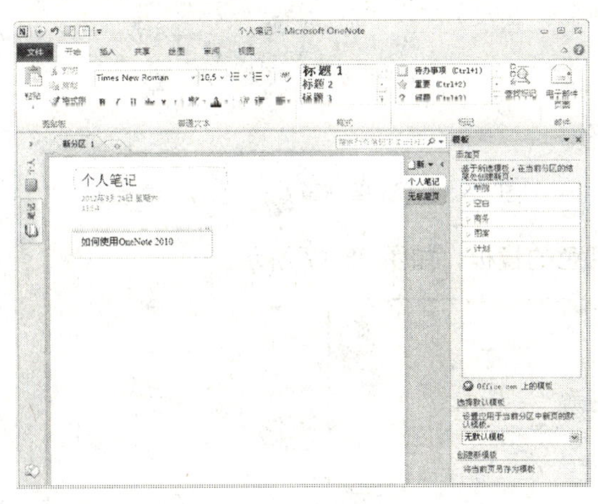

图 33.11 “模板”窗格

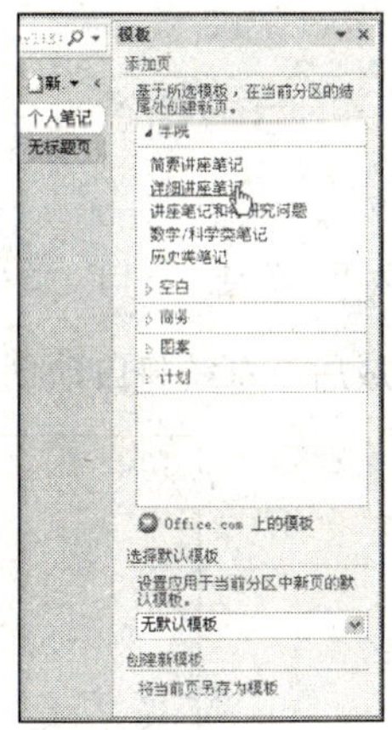

图 33.12 选择“详细讲座笔记”模板

Step 03 选择完成后，系统将自动创建选择模板，如图 33.13 所示。

Step 04 创建完成后，单击“关闭”按钮，将“模板”窗格关闭，在编辑区内输入相应内容即可，如图 33.14 所示。

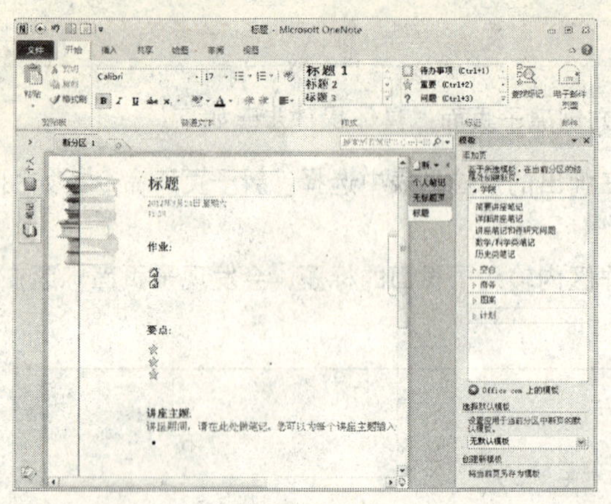

图 33.13 创建模板

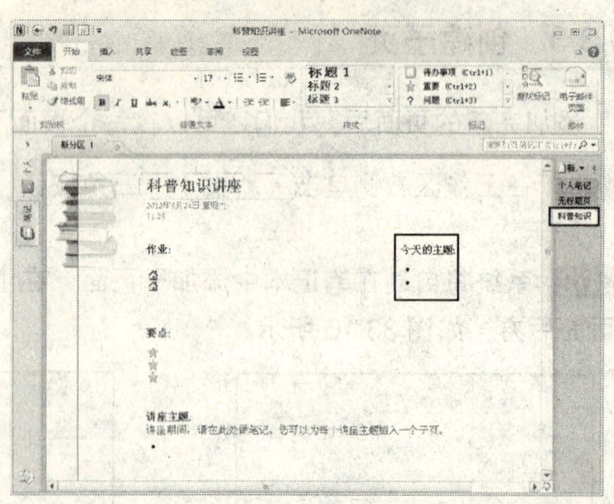

图 33.14 输入内容

33.3.5 创建带有背景色的空白模板

如果我们想为空白模板添加背景色，可以直接选择创建带有背景色的模板，具体操作步骤如下。

Step 01 在工作区右侧单击“新页”下三角按钮，在弹出的下拉列表中选择“页面模板”命令，弹出“模板”窗格，在“添加页”列表框中单击“空白”选项，如图 33.15 所示。

Step 02 在展开的选项列表中选择“背景—红色”模板，如图 33.16 所示。

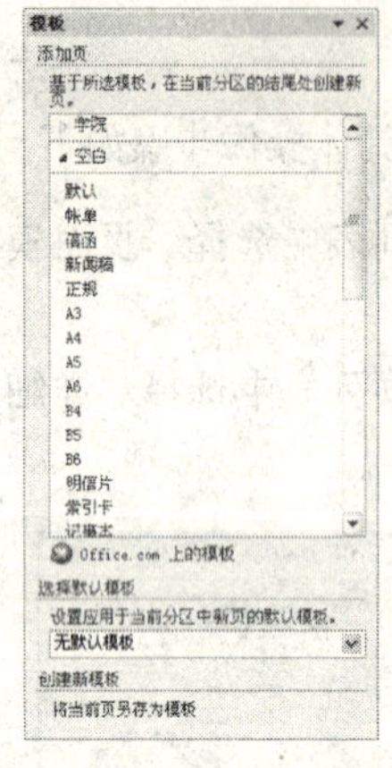

图 33.15 选择“空白”选项

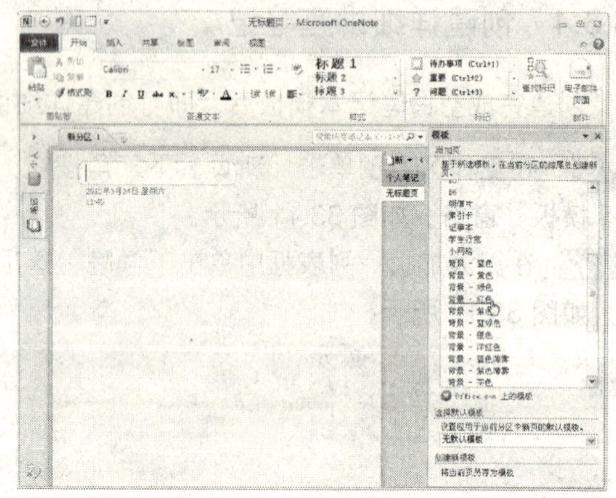

图 33.16 选择“背景—红色”模板

Step 03 选择完成后，系统将自动创建背景颜色为红色的模板，如图 33.17 所示。

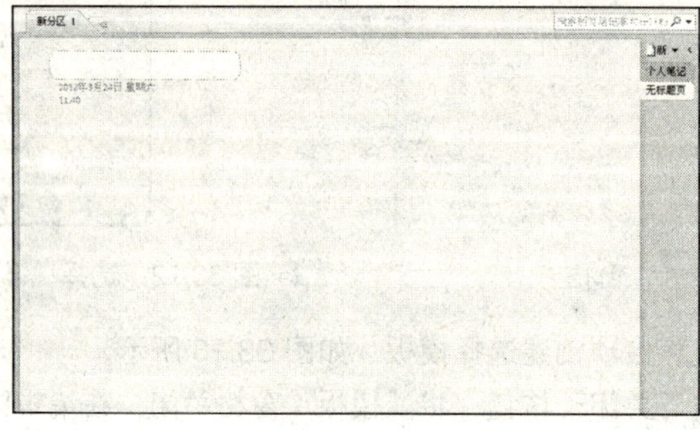

图 33.17 创建模板

33.3.6 创建详细会议笔记模板

创建详细会议笔记模板，具体操作步骤如下。

Step 01 在工作区右侧单击“新页”下三角按钮，在弹出的下拉列表中选择“页面模板”命令，弹出“模板”窗格，在“添加页”列表框中单击“商务”选项，如图 33.18 所示。

Step 02 在展开的选项列表中选择“详细会议笔记”模板，如图 33.19 所示。

Step 03 选择完成后，系统将自动创建背景颜色为红色的模板，如图 33.20 所示。

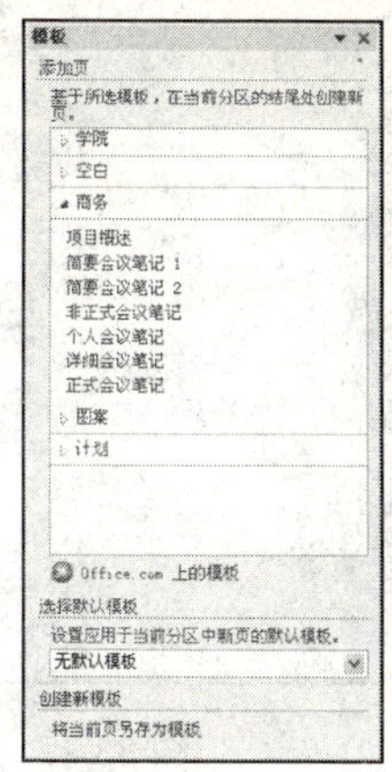

图 33.18 选择“商务”选项

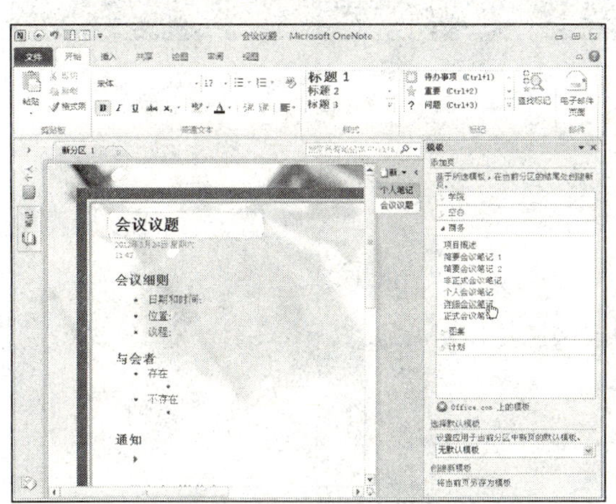

图 33.19 选择“详细会议笔记”模板

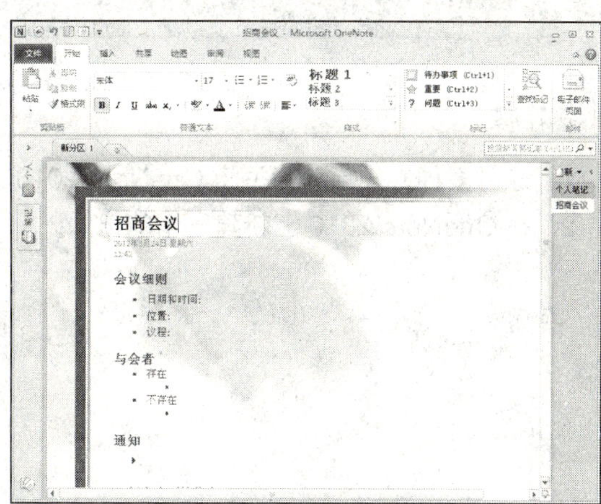

图 33.20 创建模板

33.4 案例实训

本案例实训主要练习 OneNote 2010 创建笔记本的操作，其具体操作步骤如下。

Step 01 在 OneNote 2010 工作界面上，单击“新页”右侧下三角按钮，在弹出的下拉列表中选择“页面模板”命令，弹出“模板”窗格，在“添加页”列表框中单击“计划”选项，选择“简易待办事项列表”模板，如图 33.21 所示。

Step 02 创建完成后，单击“关闭”按钮，将“模板”窗格关闭，如图 33.22 所示。

Step 03 在模板中编辑区内输入待办事项的标题及列表，即可完成操作，如图 33.23 所示。

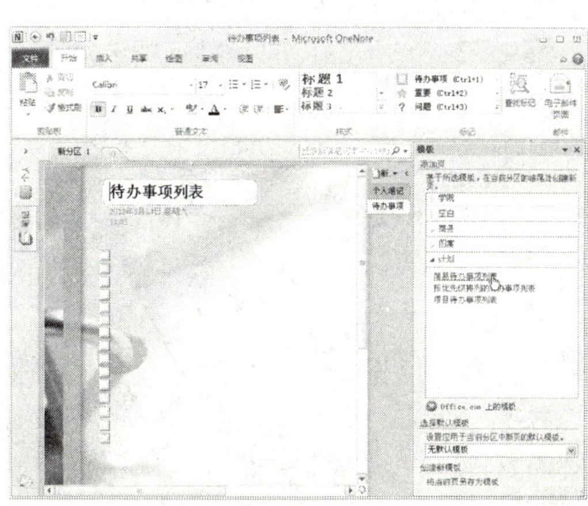

图 33.21 选择“简易待办事项列表”模板

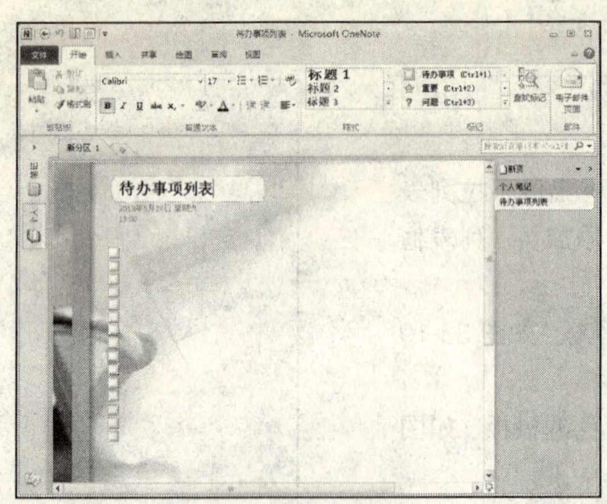

图 33.22　创建模板

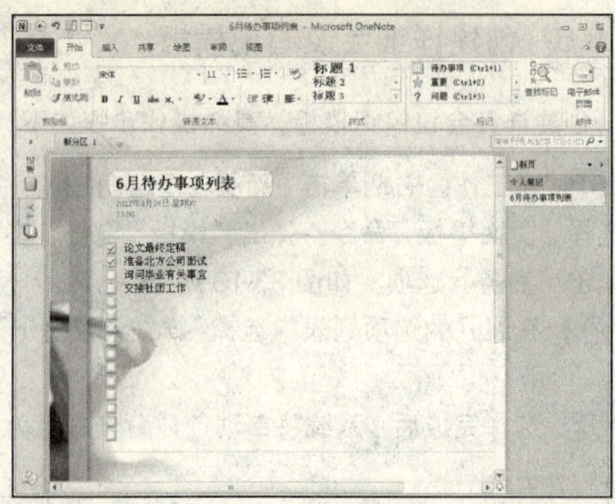

图 33.23　输入文本

33.5 课后练习与上机操作

操作题

1．练习多种方式启动和关闭 OneNote 2010。

2．在 OneNote 2010 上新建一个笔记本。

第34章

创建笔记

本章导读

笔记本创建完成后，我们可以输入所需内容，包括文本、形状、表格及图案的输入等，并对文本样式进行设置。

知识要点

- ✪ 输入笔记内容
- ✪ 输入文本
- ✪ 设置文本样式
- ✪ 设置字体

34.1 输入笔记内容

完成笔记本的创建后，我们即可在笔记本中输入内容。

34.1.1 输入文本

在 OneNote 2010 中有两个文本框，分别为标题文本框和内容文本框，其中内容文本框是可以任意移动的。

Step 01 启动 OneNote 2010，创建空白笔记本后，在工作区标题文本框中输入标题，如图 34.1 所示。

Step 02 输入完成后，在工作区空白位置处单击，即可在单击位置处弹出内容文本框，输入内容，如图 34.2 所示。

图 34.1 输入标题

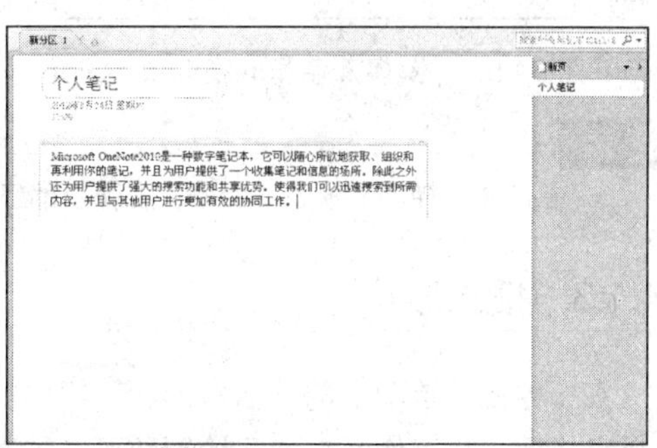

图 34.2 输入内容

34.1.2 使用手写笔输入

在工作区中可以直接输入文字，还可以使用手写笔进行输入。该工具相当于画笔工具，可以手写文字，也可以绘制图画。

Step 01 启动 OneNote 2010，创建空白笔记本后，在工作区标题文本框中输入标题，切换到“绘图”选项卡，在“工具”组中单击“其他”按钮，在弹出的库中选择一种笔触类型，如图 34.3 所示。

Step 02 选择完成后，在工作区中按住鼠标左键拖动，即可进行书写和绘制，如图 34.4 所示。

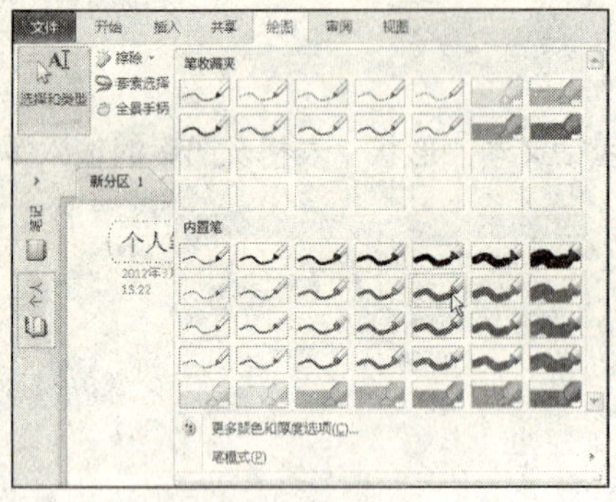

图 34.3 选择笔触类型

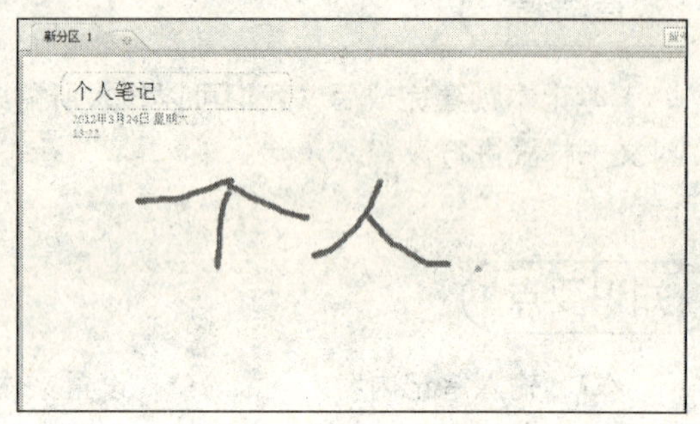

图 34.4 使用手写笔输入

Step 03 如果默认的样式不符合要求，还可以在库中选择“更多颜色和厚度选项”命令，如图 34.5 所示。

Step 04 此时会弹出“笔属性”对话框，在该对话框中设置所需效果即可，如图 34.6 所示。

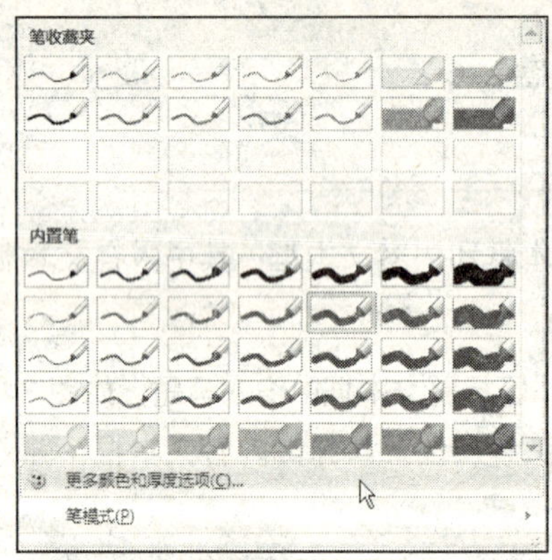

图 34.5 “更多颜色和厚度选项”命令

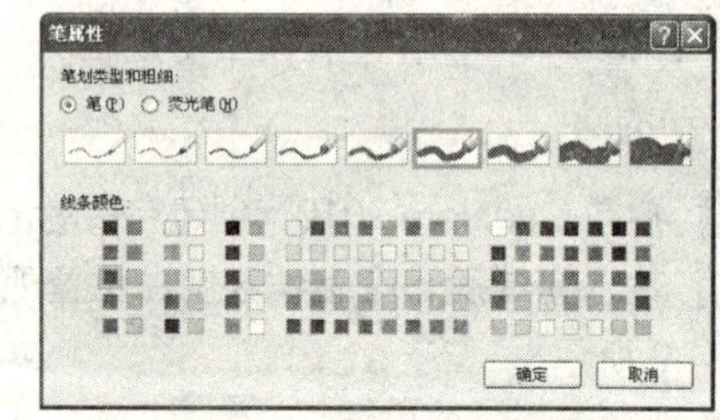

图 34.6 “笔属性”对话框

提 示

在库中选择“笔模式”命令，在弹出的级联菜单中可以设置笔模式。

34.1.3 插入形状

在“绘图”选项卡的“插入形状”组中的“形状”列表框中选择需要的形状，如图 34.7 所示。选择完成后，在工作区中进行绘制即可，如图 34.8 所示。

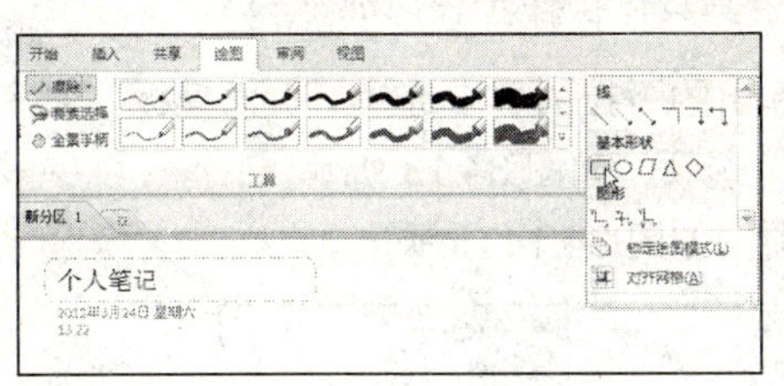

图 34.7 选择形状

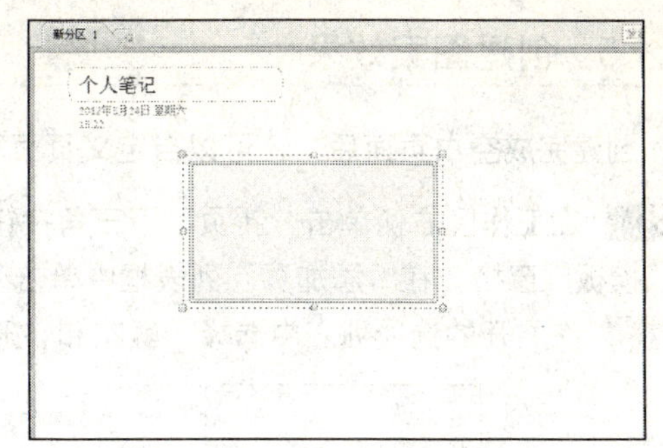

图 34.8 绘制形状

提 示

如果需要对绘制的形状进行边框颜色和粗细的设置，在“插入形状”组中单击“颜色和厚度”按钮（见图 34.9），在弹出的“颜色和粗细”对话框中进行设置即可，如图 34.10 所示。

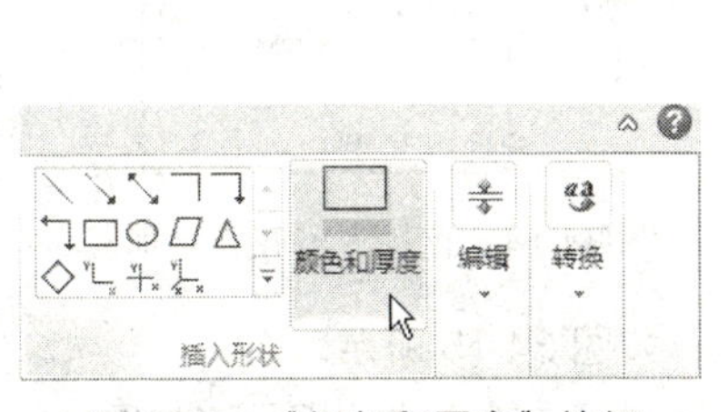

图 34.9 “颜色和厚度”按钮

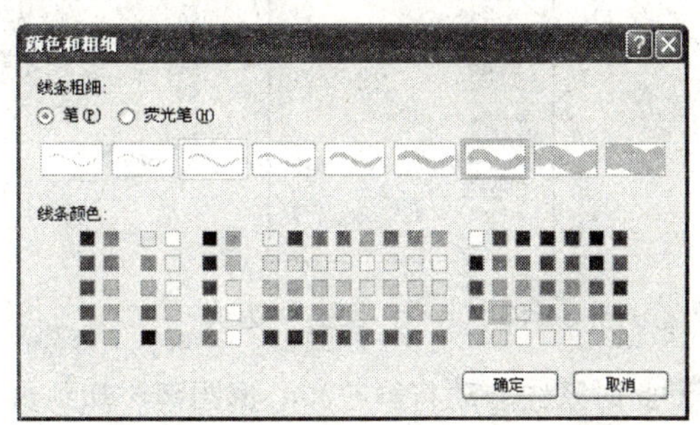

图 34.10 “颜色和粗细”对话框

34.1.4 插入表格

当我们需要创建表格时，利用 OneNote 2010 同样也可以执行插入表格的操作，其操作步骤与在 Word 中插入表格相同。

Step 01 在“插入”选项卡的“表格”组中单击“表格”按钮，在弹出的下拉菜单中可以拖动鼠标选择表格范围，如图 34.11 所示，也可以选择“插入表格”命令，在弹出的对话框中进行设置，然后插入表格。

Step 02 选择完成后，即可在工作区中插入表格，如图 34.12 所示。

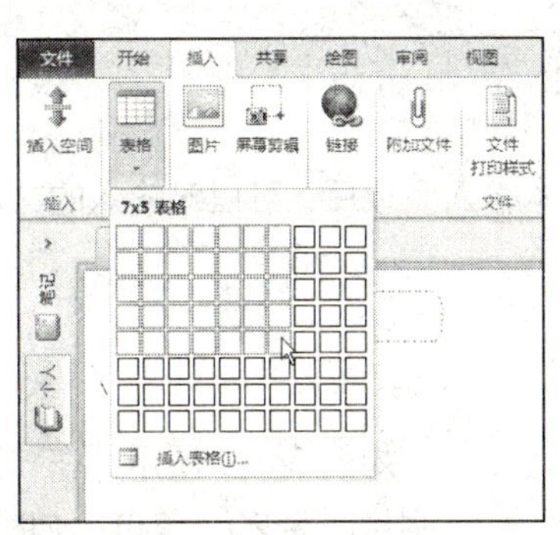

图 34.11 选择表格范围

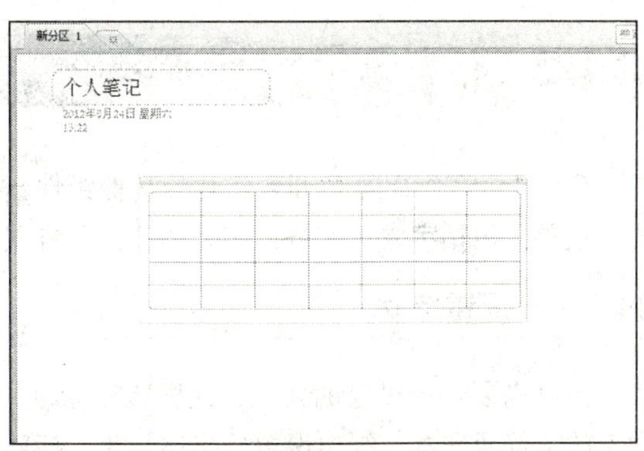

图 34.12 插入表格

34.1.5 创建图案效果

创建完成空白页面后，还可以自定义页面的图案，其具体操作步骤如下。

Step 01 在工作区右侧单击“新页”下三角按钮，在弹出的下拉列表中选择“页面模板”命令，弹出“模板”窗格，在“添加页”列表框中单击“图案”选项，如图 34.13 所示。

Step 02 在展开的选项列表中选择“鲜花和心形”选项，如图 34.14 所示。

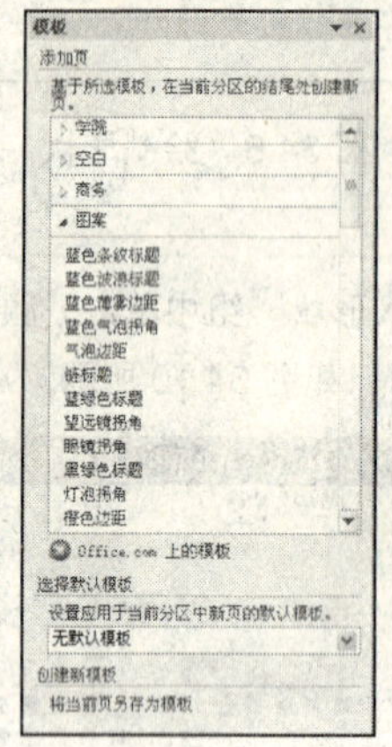

图 34.13 选择“图案”选项

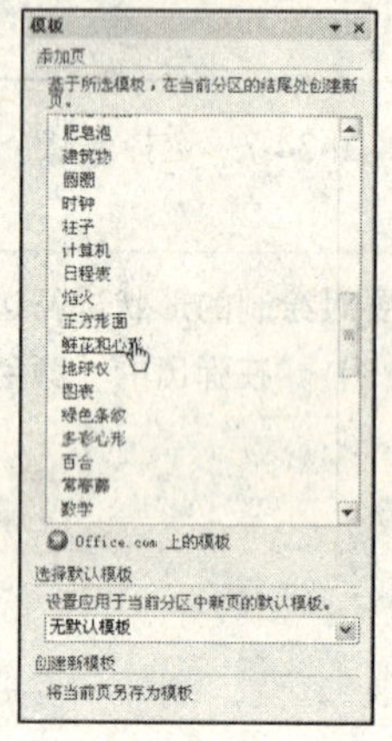

图 34.14 选择“鲜花和心形”选项

Step 03 此时系统自动将鲜花和心形图案添加到页面中，如图 34.15 所示。

Step 04 单击“关闭”按钮，将“模板”窗格关闭，在编辑区中输入内容即可，如图 34.16 所示。

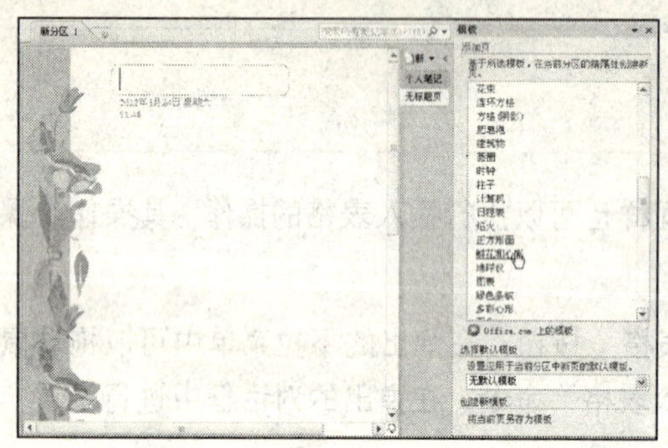

图 34.15 添加图案

图 34.16 关闭模板后输入内容

34.2 设置文本样式

OneNote 2010 同 Office 软件的其他组件一样，当文本输入完成后，可以对输入的文本进行样式的设置，包括字体、字号、字体颜色以及样式格式等。

34.2.1 设置字体

选择需要进行设置的文本，这里选择标题文本“个人笔记”，如图 34.17 所示。在“开始”选项卡的“普通文本”组中设置“字体”为“楷体-GB2312”、“字号”为 20，单击“加粗”按钮，如图 34.18 所示。

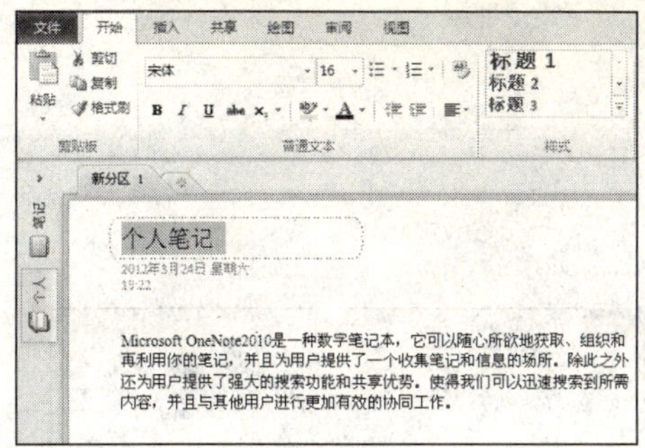
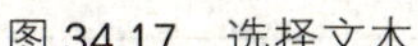

图 34.17 选择文本

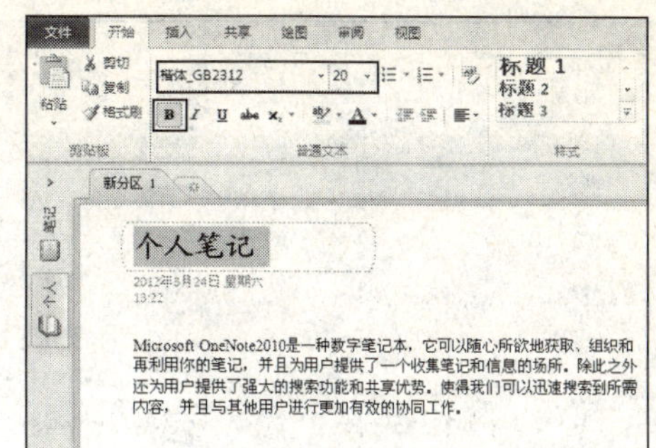

图 34.18 设置文本

提 示

在"普通文本"组中还可以设置文字颜色以及为文本添加符号或编号列表。

34.2.2 设置样式

OneNote 2010 内置了几种文本样式，可以直接进行使用，其具体操作步骤如下。

Step 01 选择需要应用样式的文本，在"开始"选项卡的"样式"组中单击"其他"按钮，在弹出的库中选择一种样式，如图 34.19 所示。

Step 02 此时选择的样式即可应用在文本中，如图 34.20 所示。

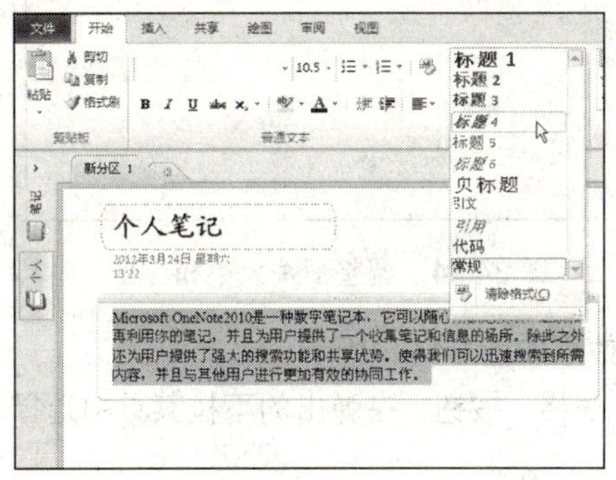

图 34.19 选择样式

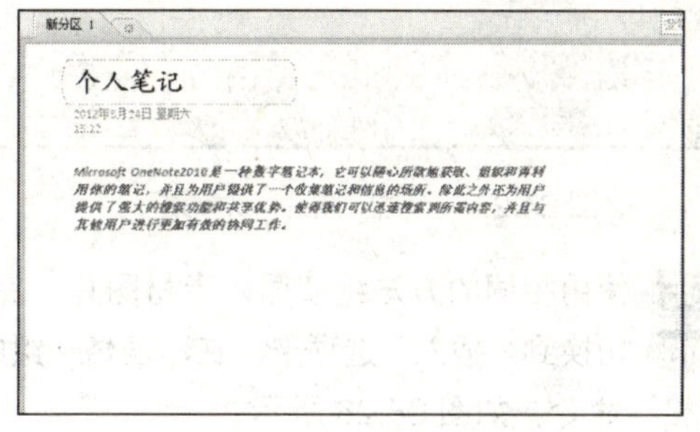

图 34.20 应用样式后的效果

提 示

如果需要清除样式，首先选择设置完样式的文本，在"样式"下拉列表中选择"清除格式"命令即可。

34.3 案例实训

学习完如何在表格中插入内容后，下面我们结合前面所学内容进行案例的制作，其中涉及插入图片和表格的操作。

Step 01 创建空白笔记本模板后，在工作区右侧单击"新页"下三角按钮，在弹出的下拉列表中选择"页面模板"命令，弹出"模板"窗格，在"添加页"列表框中单击"学院"选项，在展开的选项列表中选择"详细讲座笔记"模板，如图 34.21 所示。

Step 02 创建完成后，在"插入"选项卡的"图像"组中单击"图片"按钮，如图 34.22 所示。

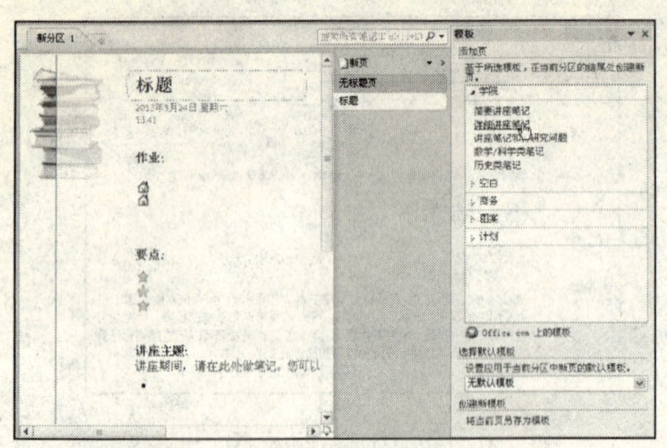

图 34.21 选择“详细讲座笔记”模板

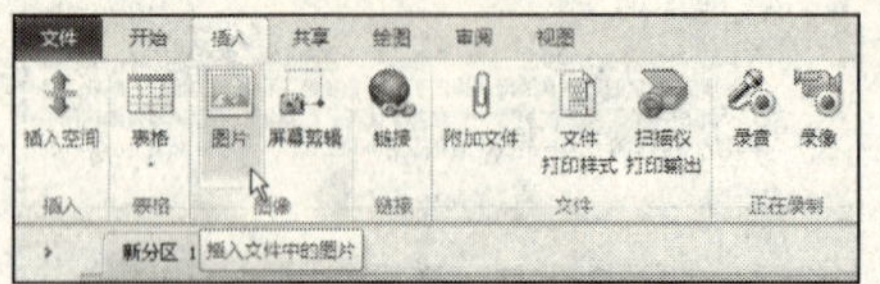

图 34.22 “图片”按钮

Step 03 此时会弹出“插入图片”对话框，选择“素材\第三十四章\图片 1.png”文件，然后单击“插入”按钮，如图 34.23 所示。

Step 04 此时即可将选择的图片插入到页面中，调整其大小和位置，如图 34.24 所示。

图 34.23 “插入图片”对话框

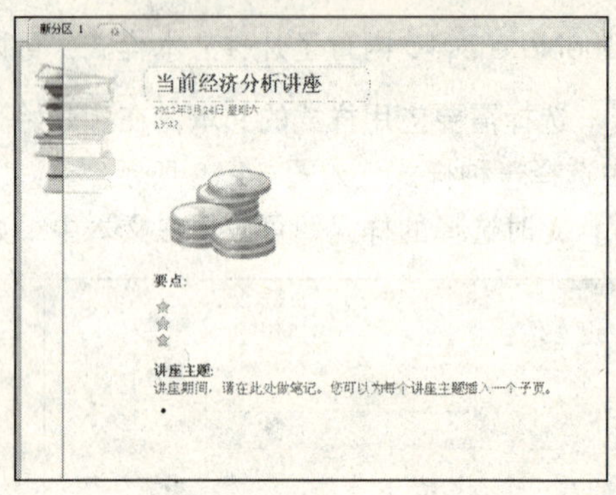

图 34.24 调整图片大小和位置

Step 05 使用相同的方法继续插入素材图片，完成后的效果如图 34.25 所示。

Step 06 切换到“插入”选项卡，在“表格”组中单击“表格”按钮，在弹出的下拉菜单中选择“插入表格”命令，如图 34.26 所示。

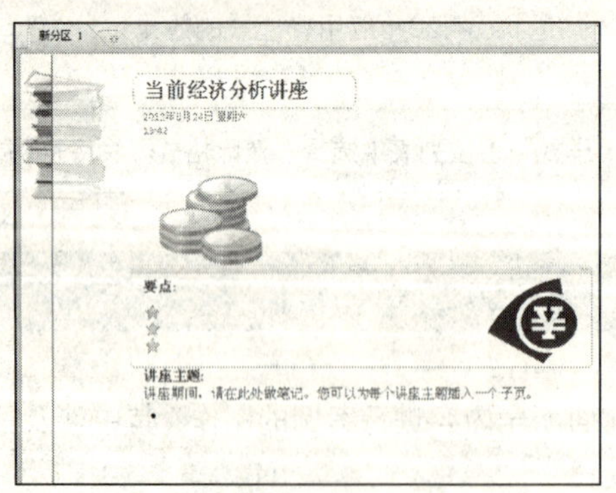

图 34.25 插入剩余图片

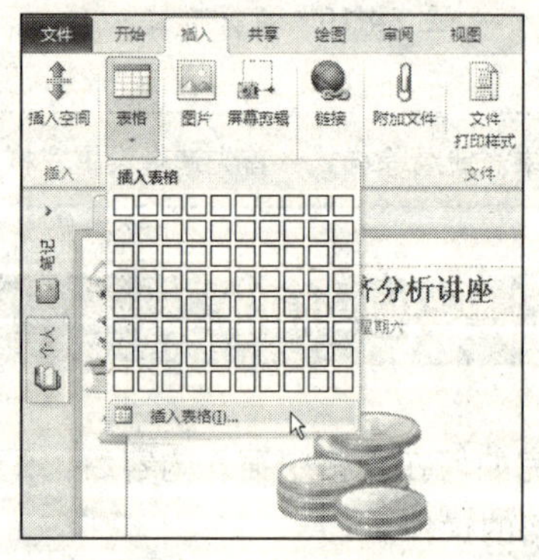

图 34.26 选择“插入表格”命令

Step 07 在弹出的“插入表格”对话框中设置“列数”为 4、“行数”为 5，如图 34.27 所示。

Step 08 设置完成后，单击“确定”按钮，即可创建表格。然后对创建的表格进行调整，如图 34.28 所示。

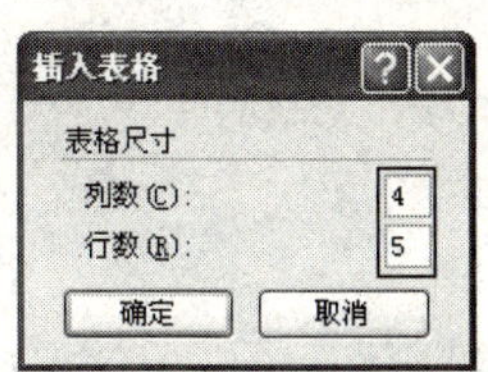

图 34.27 “插入表格”对话框

图 34.28 调整表格

Step 09 对创建完成的文件进行保存，选择“文件”|“另存为”命令，在“保存当前的工作”组中选择“笔记本”，在“选择格式”组中选择一种文件类型，然后单击“另存为”按钮，如图 34.29 所示。

Step 10 在弹出的“另存为”对话框中设置存储路径和文件名，然后单击“保存”按钮即可，如图 34.30 所示。

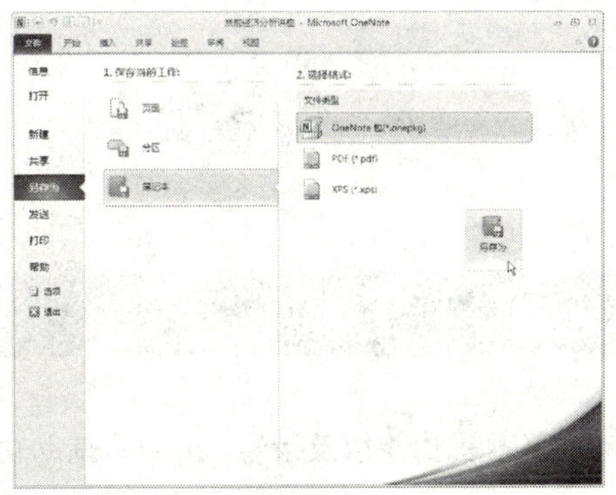

图 34.29 设置存储类型

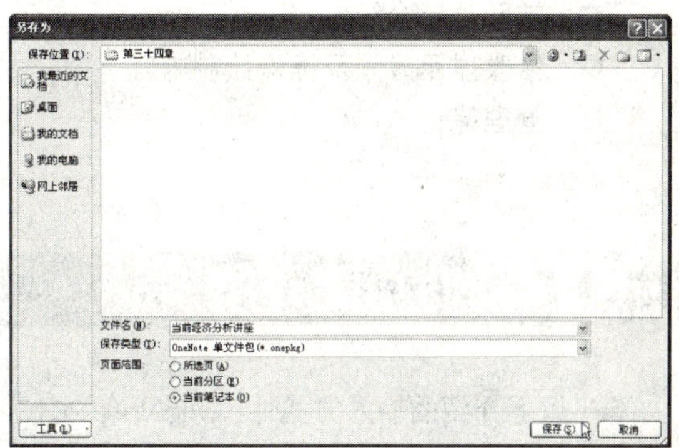

图 34.30 “另存为”对话框

34.4 课后练习与上机操作

一、简答题

1. 如何输入笔记文本？
2. 如何创建图案效果？
3. 如何设置文本样式？

二、操作题

1. 在 OneNote 2010 中新建一个空白笔记本并输入文本。
2. 接上题，对输入的文本进行字体及字号的设置。
3. 使用手写笔进行图案绘制。

第35章

管理笔记本

本章导读

使用 OneNote 2010 中的辅助工具可以进行截图以及录制视/音频的操作。通过管理笔记本，可以使得我们的文件更加有条理性。

知识要点

- ✪ 辅助功能介绍
- ✪ 修改显示时间及擦除绘制内容
- ✪ 管理笔记本

35.1 辅助功能介绍

除了以上介绍的输入方式外，OneNote 2010 还支持屏幕剪辑功能以及录音、录像等辅助功能。

（1）屏幕剪辑功能

屏幕剪辑功能可以轻松地实现捕捉图形的目的。使用方法与 QQ 截图功能类似：首先打开需要进行截图的图片，切换到“插入”选项卡，在“图像”组中单击“屏幕剪辑”按钮，如图 35.1 所示；此时系统会切换至打开的图片界面中，按住鼠标左键拖曳需要截取的区域，如图 35.2 所示。

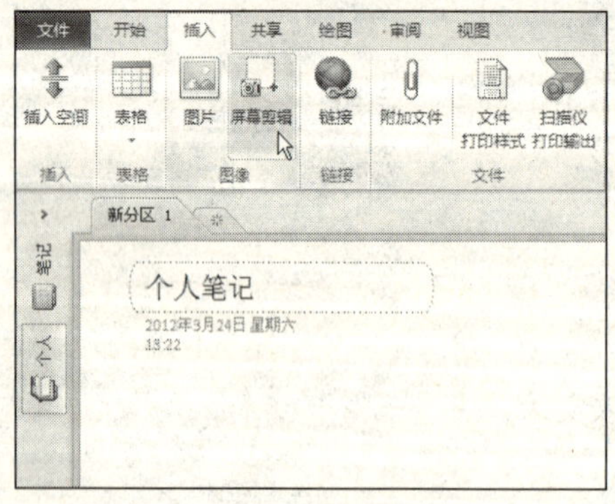

图 35.1 单击“屏幕剪辑”按钮

图 35.2 选择截取区域

选择完成后，将自动切换至 OneNote 2010 界面，此时图像也出现在工作区中，如图 35.3 所示。

（2）录音和录像功能

录音和录像功能可以详细且没有遗漏地记录所需内容，常用于会议和讲座中。下面介绍录音功能的使用方法。

Step 01 在“插入”选项卡的“正在录制”组中单击“录音”按钮，如图 35.4 所示。

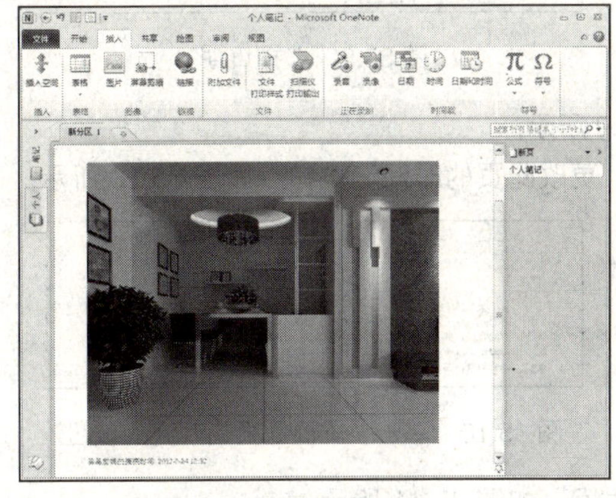

图 35.3 显示截取图像

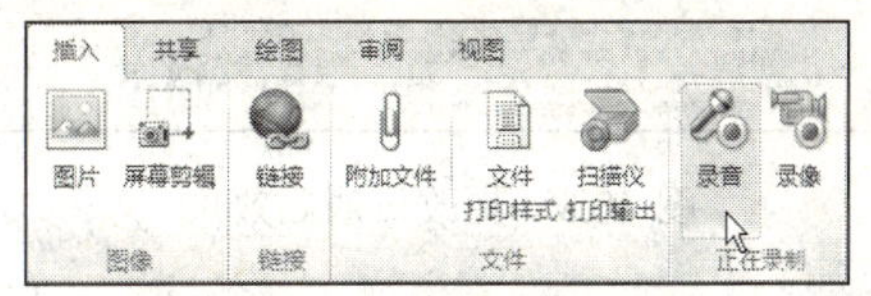

图 35.4 单击“录音”按钮

Step 02 此时系统将开始录音，如图 35.5 所示。录音完成后，单击“播放”组中的“停止”按钮，可以停止录制，如图 35.6 所示；在“播放”组中单击“播放”按钮，可以进行试听。“录像”工具的使用方法与“录音”工具的类似，这里不再赘述。

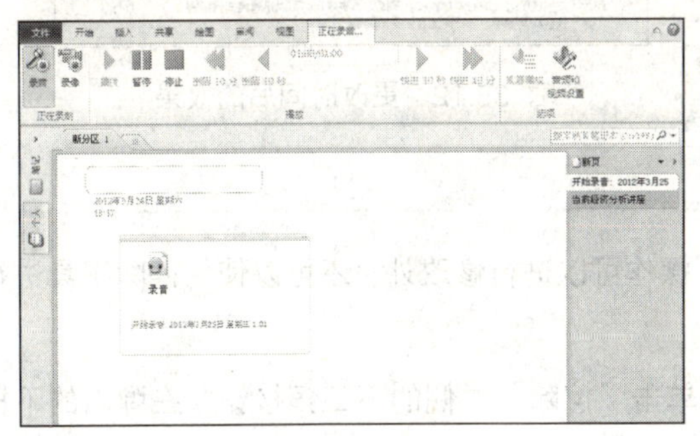

图 35.5 正在录音

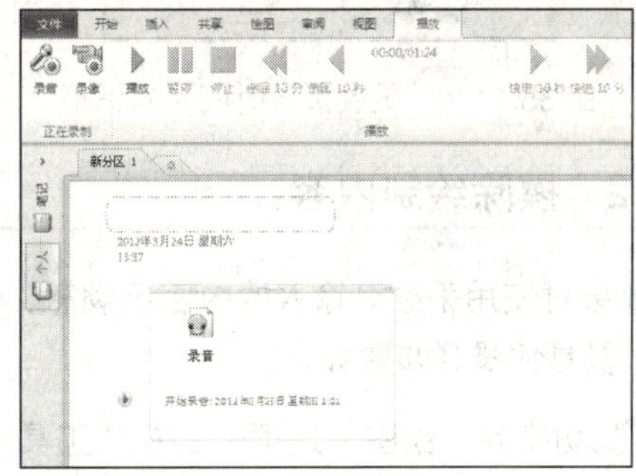

图 35.6 停止录音

提 示

在使用“录音”和“录像”工具时，我们需要提前将麦克风和摄像设备与电脑连接起来。

35.2 修改时间及擦除内容

笔记内容输入完成后，往往还需要进行修改或编辑。下面我们介绍编辑笔记内容的方法。

35.2.1 修改显示时间

在笔记本标题文本框下方有时间显示区，可以根据需要对时间进行修改，具体操作步骤如下。

Step 01 在标题文本框下方单击“日期”右侧的“更改此页的日期”按钮，如图 35.7 所示。

Step 02 在弹出的日期扩展栏中选择需要的日期，如图 35.8 所示。

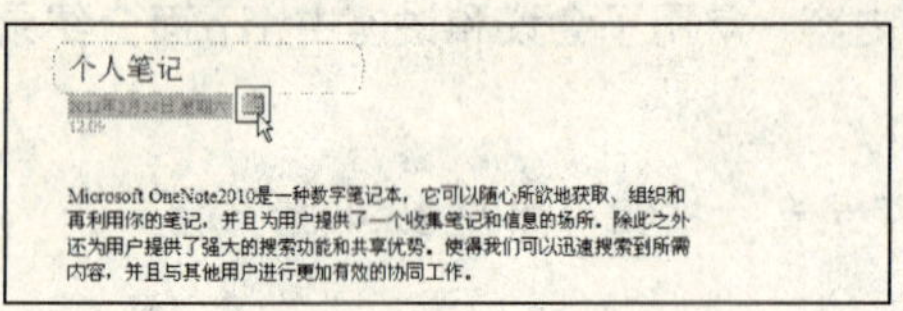

图 35.7　单击“更改此页的日期”按钮

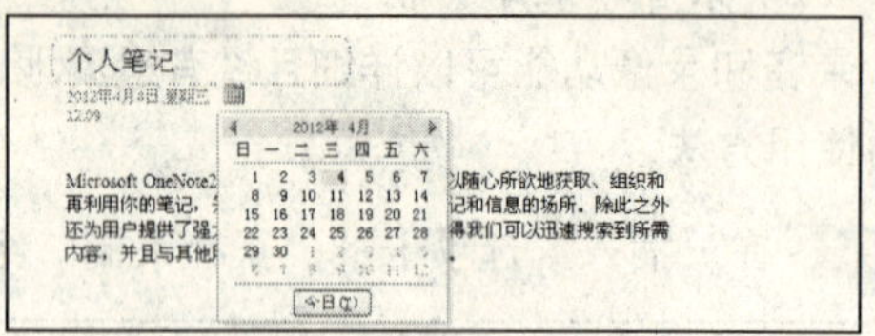

图 35.8　选择日期

Step 03 选择完成后，即可应用更改日期，如图 35.9 所示。

Step 04 如果需要更改时间，单击“时间”右侧的“更改此页的时间”按钮，如图 35.10 所示。

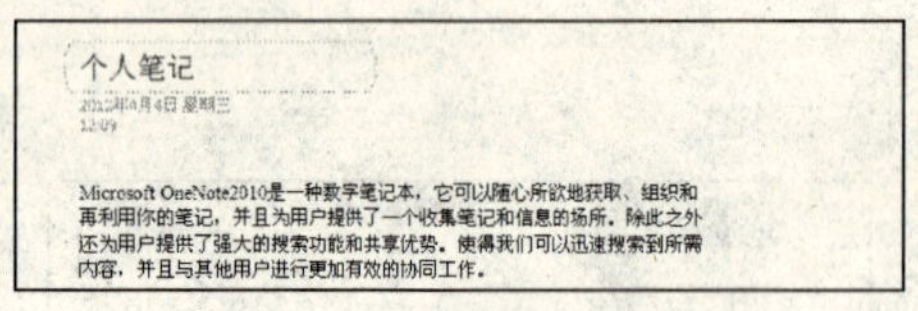

图 35.9　更改日期后效果

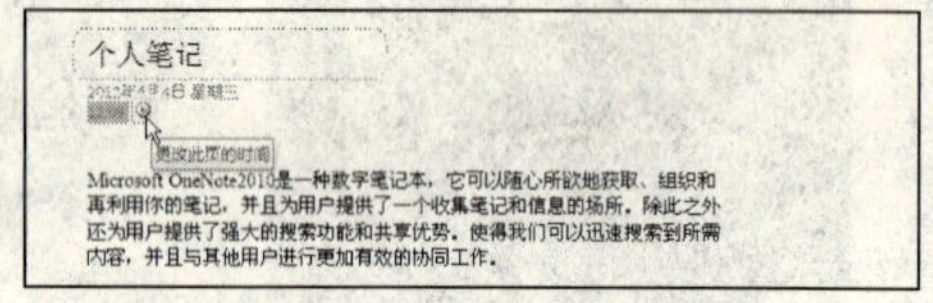

图 35.10　单击“更改此页的时间”按钮

Step 05 在弹出的“更改页面时间”对话框中输入时间，如图 35.11 所示。

Step 06 更改完成后，单击“确定”按钮，此时页面时间即可更改，如图 35.12 所示。

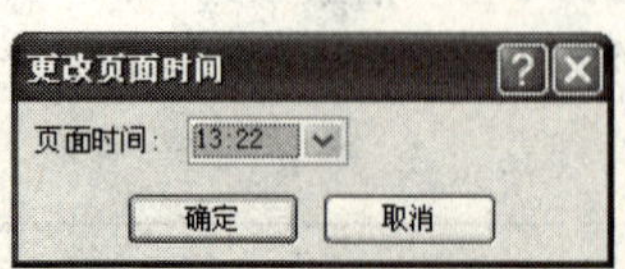

图 35.11　“更改页面时间”对话框

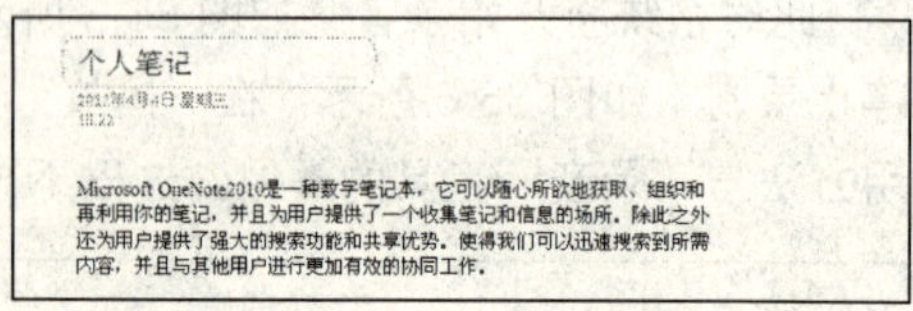

图 35.12　更改时间后的效果

35.2.2　擦除绘制内容

如果对使用手绘笔输入的内容不满意，除撤销操作可以进行修改外，还可以使用擦除工具进行擦除，其具体操作步骤如下。

Step 01 切换到“绘图”选项卡，在“工具”组中单击“擦除”右侧的下三角按钮，在弹出的下拉菜单中选择“中橡皮擦”，如图 35.13 所示。

Step 02 在工作区中按住鼠标左键，在需要擦除的内容中拖动，即可擦除相关内容，如图 35.14 所示。

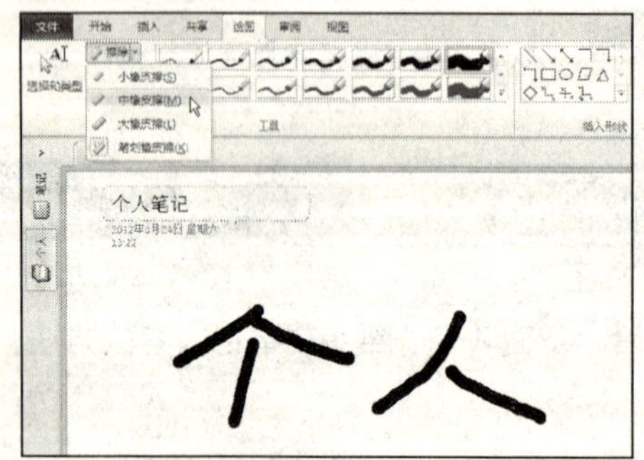

图 35.13　选择“中橡皮擦”

图 35.14　擦除效果

35.3 笔记本的管理

创建完成笔记后，我们可以对笔记进行管理，包括添加笔记本、添加分区等，以方便查看和查找。

35.3.1 新建笔记本

新建笔记本，其具体操作步骤如下。

Step 01 在左侧“笔记本”窗格中单击鼠标右键，在弹出的快捷菜单中选择“新建笔记本”命令，如图 35.15 所示。

Step 02 此时会打开“新建”列表，在右侧“将笔记本存储在以下位置”组中选择“我的电脑”，在“名称”文本框中输入笔记本名称，然后在“位置”文本框中选择存储路径，设置完成后，单击“创建笔记本”按钮，如图 35.16 所示。

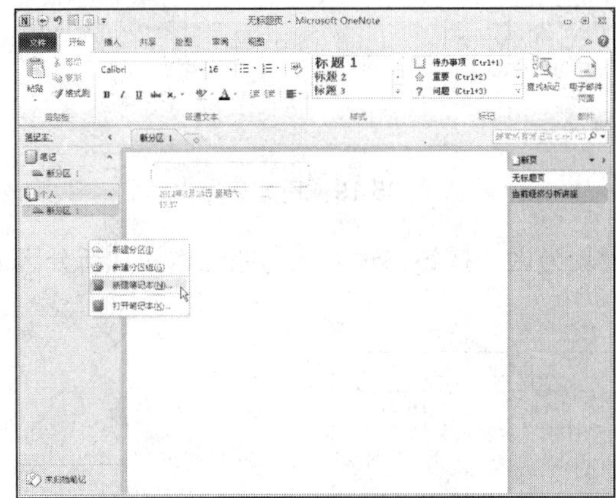

图 35.15 选择“新建笔记本”命令

图 35.16 单击“创建笔记本”按钮

Step 03 此时系统将会创建一个新笔记本，并为该笔记本自动添加了一个分区，如图 35.17 所示。

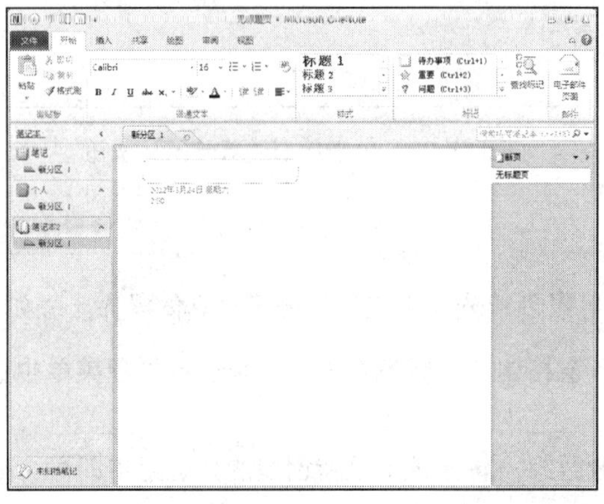

图 35.17 添加笔记本

35.3.2 新建分区

创建完新笔记本后，我们继续创建新分区，其具体操作步骤如下。

Step 01 在左侧“笔记本”窗格中单击鼠标右键，在弹出的快捷菜单中选择“新建分区”命令，如图 35.18 所示。

Step 02 此时即可在选择的笔记本下方创建分区，并命名为“新分区 2”，如图 35.19 所示。

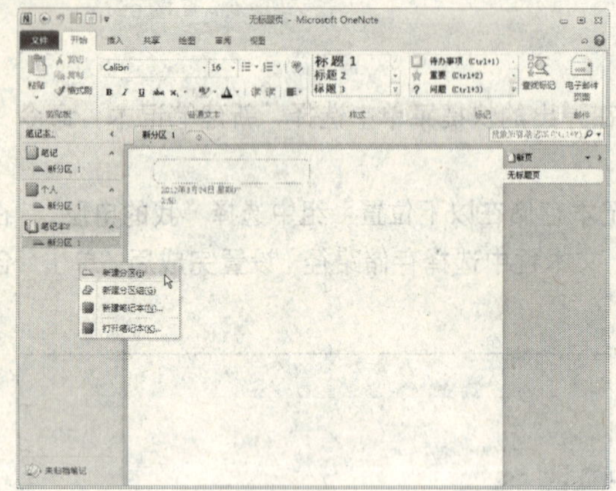

图 35.18 选择“新建分区”命令

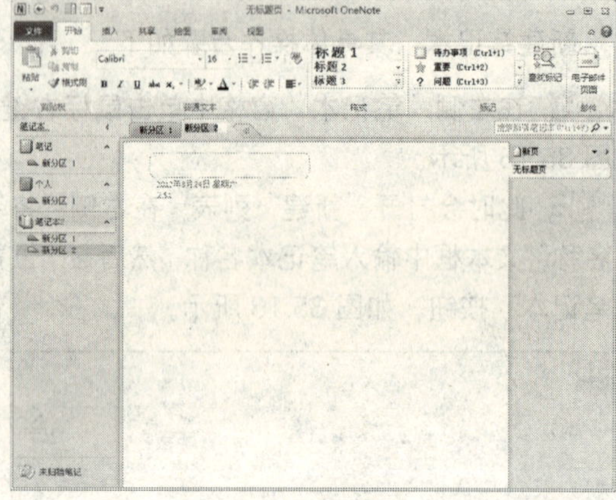

图 35.19 新建分区

Step 03 此外，单击“新分区 2”标签右侧的“创建新分区”按钮，也可以为笔记本添加新分区，如图 35.20 所示。

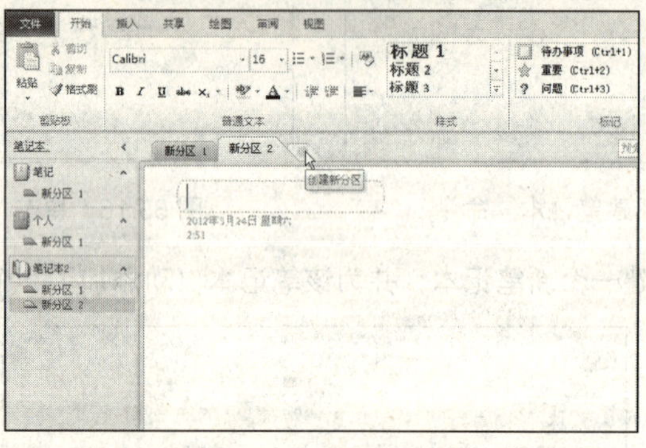

图 35.20 单击“创建新分区”按钮

35.3.3 新建分区组

当分区过多时，我们可以创建分区组来管理分区，具体操作步骤如下。

Step 01 在左侧“笔记本”窗格中单击鼠标右键，在弹出的快捷菜单中选择“新建分区组”命令，如图 35.21 所示。

Step 02 此时即可创建新分区组，将分区拖至新创建的分区组中即可，如图 35.22 所示。

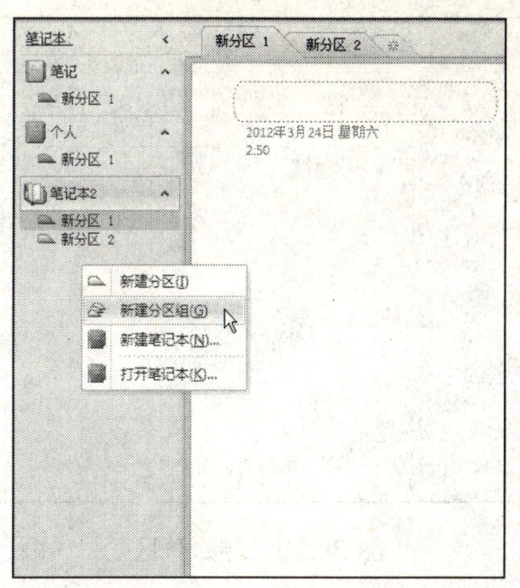

图 35.21 选择"新建分区组"命令

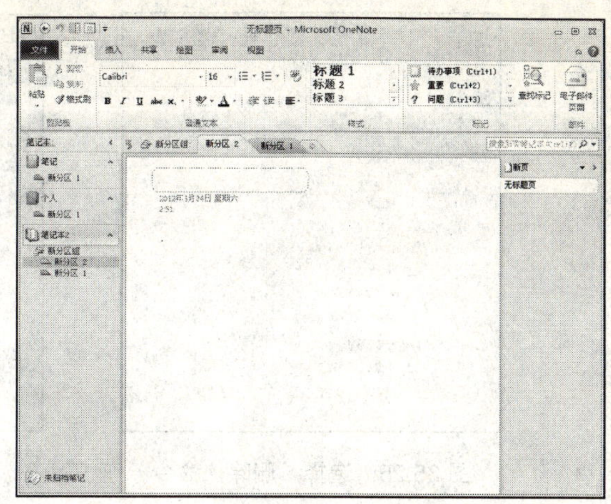

图 35.22 调整分区至分区组

35.3.4 重命名分区

新分区创建完成后都使用默认名称，我们可以根据需要对其进行重命名，具体操作步骤如下。

Step 01 在需要进行重命名的分区上单击鼠标右键，在弹出的快捷菜单中选择"重命名"命令，如图 35.23 所示。

Step 02 此时在分区名称文本框中输入新的名称即可，如图 35.24 所示。

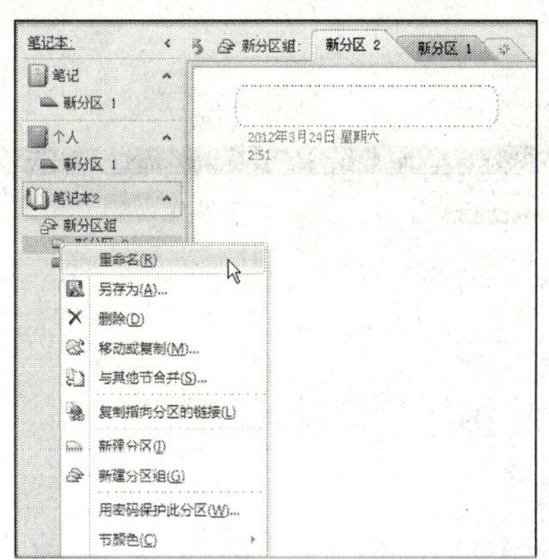

图 35.23 选择"重命名"命令

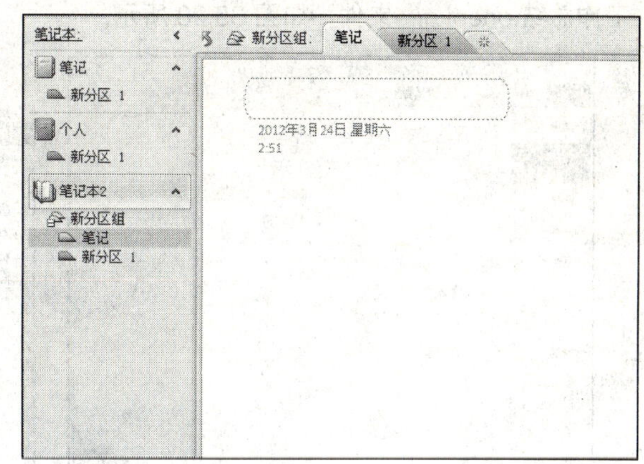

图 35.24 输入新的分区名称

提 示

分区组也可以重命名，其重名方式与分区相同。

35.3.5 删除分区

当不再需要分区时，我们可以将其删除，具体操作步骤如下。

Step 01 在需要删除的分区上单击鼠标右键，在弹出的快捷菜单中选择"删除"命令，如图 35.25 所示。

Step 02 在弹出的提示对话框中单击"是"按钮，此时选择的分区即可被删除，如图 35.26 所示。

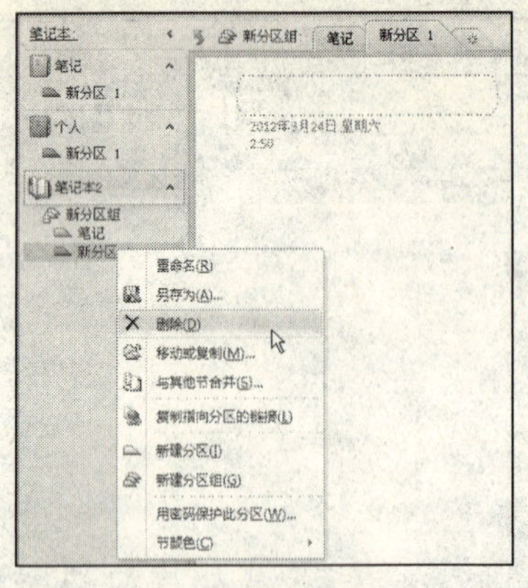

图 35.25 选择“删除”命令

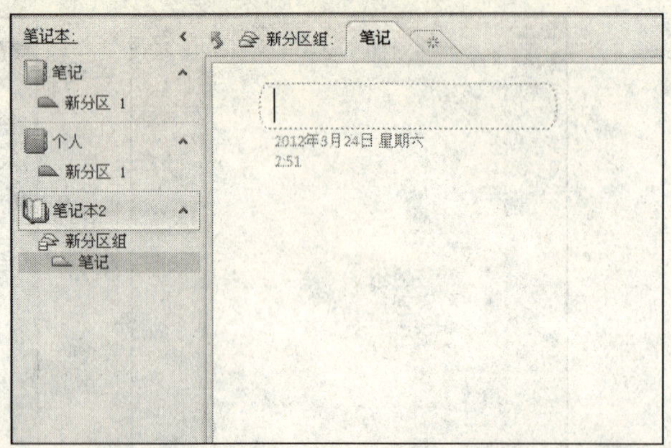

图 35.26 删除分区

35.4 案例实训

本案例实训主要练习如何向 OneNote 2010 中插入空间，其具体操作步骤如下。

Step 01 启动 OneNote 2010，单击“文件”按钮，在弹出的下拉菜单中选择“打开”命令，在弹出的界面中单击“打开笔记本”按钮，如图 35.27 所示。

Step 02 单击该按钮后，即可打开“打开笔记本”对话框。在该对话框中选择“素材\第三十五章\工作总结.onepkg”文件，如图 35.28 所示。

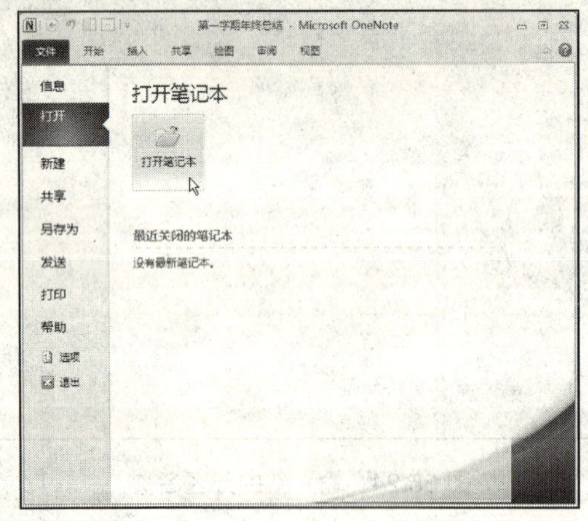

图 35.27 单击“打开笔记本”按钮

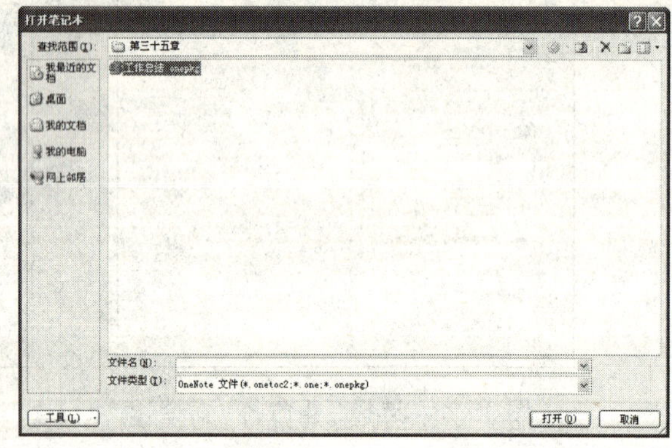

图 35.28 选择素材文件

Step 03 单击“打开”按钮，在弹出的“解压缩笔记本”对话框中单击“取消”按钮，如图 35.29 所示。

Step 04 单击该按钮后，即可打开选中的文件，如图 35.30 所示。

Step 05 切换到“插入”选项卡，在“插入”组中单击“插入空间”按钮，如图 35.31 所示。

Step 06 在需要插入空间的位置处单击，按住鼠标向下拖动，这时页面上会出现一个双向箭头，如图 35.32 所示。

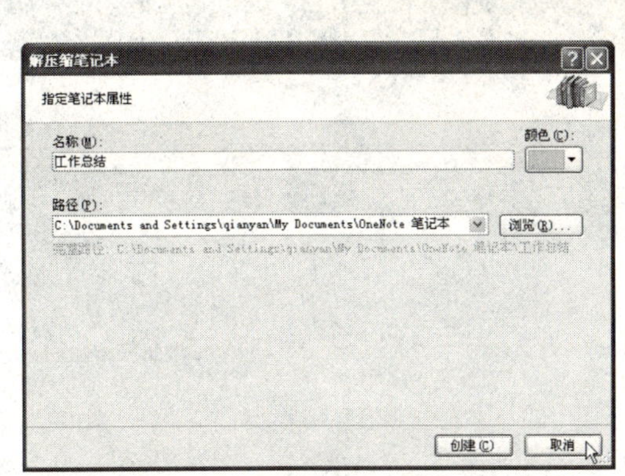

图 35.29 "解压缩笔记本"对话框

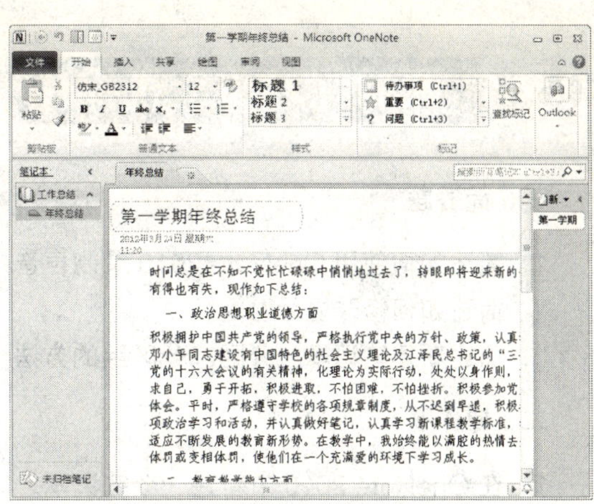

图 35.30 打开的素材文件

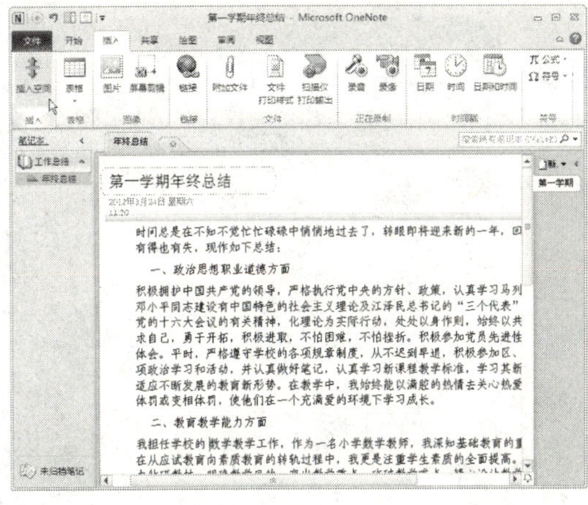

图 35.31 单击"插入空间"按钮

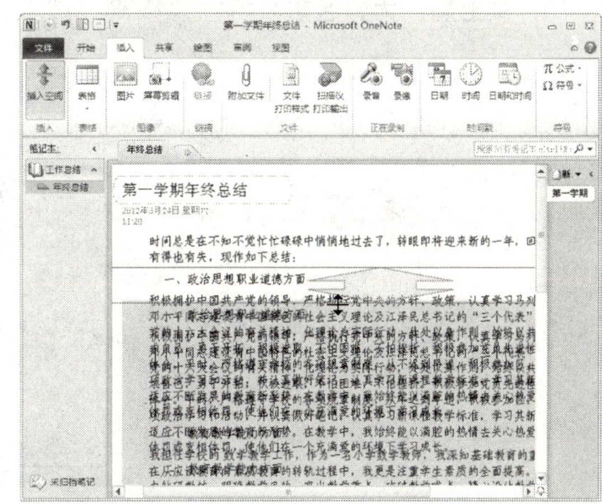

图 35.32 双向箭头

Step 07 当将鼠标拖曳到合适的位置上时，释放鼠标，即可添加一个空间，如图 35.33 所示。确认完成操作后，对场景进行保存即可。

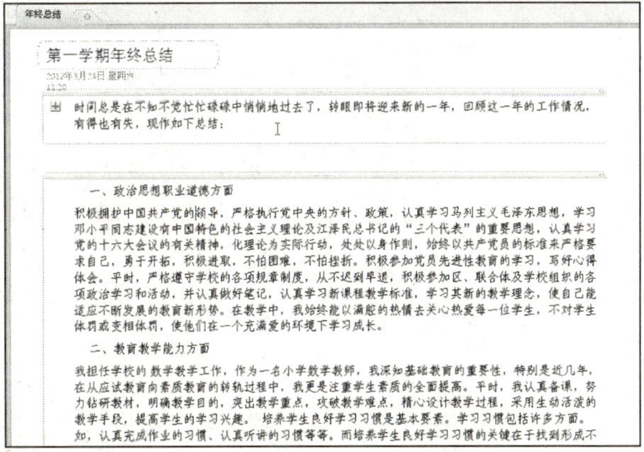

图 35.33 插入空间后的效果

35.5 课后练习与上机操作

一、简答题

1．简述如何使用 OneNote 2010 录制声音。
2．简述如何修改显示时间。
3．简述新建笔记本、分区、分区组的方法。

二、操作题

1．在 OneNote 2010 中新建一个笔记本。
2．接上题，在新建的笔记本中创建分区。
3．接上题，为分区重命名。

附录　课后练习与上机操作答案

第 1 章　创建 Word 2010 文档

一、选择题

1. A　2. A　3. B　4. C

二、简答题

1. 提示：见 1.2.2 节。

2. 提示：见 1.5 节。

第 2 章　编辑文档

一、选择题

1. C　2. A　3. C

二、简答题

1. 提示：见 2.3 节。

2. 提示：见 2.4 节。

第 3 章　字符格式编排

一、选择题

1. A　2. B

二、简答题

1. 提示：见 3.1.3 节。

2. 提示：见 3.2 节。

第 4 章　段落格式编排

一、选择题

1. B　2. C

二、简答题

1. 提示：见 4.3 节和 4.4 节。

2. 提示：见 4.7 节。

第 5 章　样式和模板

一、选择题

1. D　2. A

二、简答题

1. 提示：见 5.2.1 节。

2. 提示：见 5.3.1 节。

第 6 章　Word 中表格的应用

一、选择题

1. B　2. A　3. A

二、简答题

1. 提示：见 6.1 节。

2. 提示：见 6.2.4 节。

3. 提示：见 6.3 节。

第 7 章　图片、图形和艺术字设置

一、选择题

1. B　2. B　3. C

二、简答题

1. 提示：见 7.1 节。

2. 提示：见 7.2 节。

3. 提示：见 7.3.2 节。

第 8 章　页面设置和打印输出

一、选择题

1. A　B　C　D　2. C　3. C

二、简答题

1. 提示：见 8.1.1 节。

2. 提示：见 8.1.3 节。

3. 提示：见 8.2 节。

第 9 章　Excel 2010 的基本操作

一、选择题

1. C　2. B

二、简答题

1. 提示：见 9.5.1 节。

2. 提示：见 9.5.2 节。

3. 提示：见 9.6 节。

第 10 章　管理工作表

一、选择题

1. B　2.A　3.C

二、简答题

1. 提示：见 10.1.2 节。

2. 提示：见 10.1.2 节。

3. 提示：见 10.1.4 节。

4. 提示：见 10.2 节。

5. 提示：见 10.3 节。

第 11 章　格式化工作表及检测工作簿信息

一、选择题

1. A　2. A　3. B

二、简答题

1. 提示：见 11.3 节。

2. 提示：见 11.3.3 节。

3. 提示：见 11.4 节。

第 12 章　公式与函数

一、选择题

1. A　2. D　3. C

二、简答题

1. 提示：见 12.1.1 节。

2. 提示：见 12.3 节。

3. 提示：见 12.4 节。

4. 提示：见 12.4 节。

第 13 章　图表的创建与编辑

一、选择题

1. C　2. C

二、简答题

1. 提示：见 13.3 节。

2. 提示：见 13.3 节。

第 14 章　管理数据

一、选择题

1. C

二、简答题

1. 提示：见 14.1 节。

2. 提示：见 14.2 节。

3. 提示：见 14.3 节。

第 15 章　工作表的打印

一、选择题

1. C　2. A　B

二、简答题

1. 提示：见 15.1.2 节。

2. 提示：见 15.2 节。

第 16 章　信息共享与超链接

一、选择题

C

二、简答题

1. 提示：见 16.2 节。

2. 提示：见 16.3 节。

3. 提示：见 16.4 节。

第 17 章　认识 PowerPoint 2010

一、选择题

1. A　2. D　3. A　4. D

二、简答题

1. 提示：见 17.3 节。

2. 提示：见 17.1.2 节。

3. 提示：见 17.1.3 节。

4. 提示：见 17.1.4 节。

第 18 章　格式化幻灯片

一、选择题

1. C　2. B

二、简答题

1. 提示：见 18.1.1 节。

2. 提示：见 18.2 节。

第 19 章　处理幻灯片

一、选择题

1. B　2. A　3. B

二、简答题

1. 提示：见 19.1.2 节。

2. 提示：见 19.1.3 节。

3. 提示：见 19.2 节。

4. 提示：见 19.2.1 节。

第 20 章　在幻灯片中插入各种对象

一、选择题

1. C　D　2. C

二、简答题

1. 提示：见 20.1.2 节。

2. 提示：见 20.1.5 节。

3. 提示：见 20.2.4 节。

第 21 章　设置幻灯片动画和放映幻灯片

一、选择题

1. C　2. B　3. C

二、简答题

1. 提示：见 21.2.1 节。

2. 提示：见 21.2.3 节。

3. 提示：见 21.2.4 节。

第 22 章　认识 Access 2010

二、简答题

1. 提示：见 22.2 节。

2. 提示：见 22.3.2 节。

3. 提示：见 22.4 节。

第 23 章　建立数据库

二、简答题

1. 提示：见 23.2.2 节。

2. 提示：见 23.3 节。

3. 提示：见 23.4.1 节。

4. 提示：见 23.5.1 节。

第 24 章　数据表

一、选择题

1.D　2.C　3.D

二、简答题

1. 提示：见 24.4.4 节。

2. 提示：见 24.5.1 节。

3. 提示：见 24.5.2 节。

第 25 章　数据查询

一、选择题

1.C　2.A　3.D

二、简答题

1. 提示：见 25.1 节。

2. 提示：见 25.2.1 节。

3. 提示：见 25.2.2 节。

第 26 章　窗体的设计

一、简答题

1. 提示：见 26.1 节。

2. 提示：见 26.2.2 节。

第 27 章　报表

一、简答题

1. 提示：见 27.2.1 节。

2. 提示：见 27.3.1 节。

3. 提示：见 27.3.2 节。

第 28 章　导入/导出文件

一、简答题

1. 提示：见 28.2.1 节。

2. 提示：见 28.2.2 节。

第 29 章　认识 Outlook 2010

一、选择题

1. B　2. D

二、简答题

1. 提示：见 29.1 节。

2. 提示：见 29.4 节。

第 30 章　使用邮件

一、简答题

1. 提示：见 30.1.1 节。

2. 提示：见 30.2.5 节。

第 31 章　管理日常工作

一、简答题

1. 提示：见 31.2.1 节。

2. 提示：见 31.3.4 节。

3. 提示：见 31.4.2 节。

第 32 章　打印

一、简答题

1. 提示：见 32.1 节。

2. 提示：见 32.2.1 节。

第 34 章　创建笔记

一、简答题

1. 提示：见 34.1.1 节。

2. 提示：见 34.1.5 节。

3. 提示：见 34.2 节。

第 35 章　管理笔记本

一、简答题

1. 提示：见 35.1 节。

2. 提示：见 35.2.1 节。

3. 提示：见 35.3 节。